共和

吉堂先生屬

孫文

旨朕欽奉

隆裕皇太后懿旨前因民軍起事各省響應九夏沸騰
生靈塗炭特命袁世凱遣員與民軍代表討論大局
議開國會公決政體兩月以來尚無確當辦法南北
暌隔彼此相持商輒於途士露於野徒以國體一日
不決故民生一日不安今全國人民心理多傾向共
和南中各省既倡議於前北方諸將亦主張於後人
心所嚮天命可知予亦何忍因一姓之尊榮拂兆民
之好惡是用外觀大勢內審輿情特率皇帝將統治
權公諸全國定為共和立憲國體近慰海內厭亂望
治之心遠協古聖天下為公之義袁世凱前經資政
院選舉為總理大臣當茲新舊代謝之際宜有南北
統一之方即由袁世凱以全權組織臨時共和政府
與民軍協商統一辦法總期人民安堵海宇乂安仍
合滿漢蒙回藏五族完全領土為一大中華民國予
與皇帝得以退處寬閒優游歲月長受國民之優禮
親見郅治之告成豈不懿歟欽此

宣統三年十二月二十五日

內閣總理大臣臣袁世凱
署外務大臣臣胡惟德
民政大臣臣趙秉鈞
署度支大臣臣紹英　假
學務大臣臣唐景崇
陸軍大臣臣王士珍　假
署海軍大臣臣譚學衡
司法大臣臣沈家本　假
署農工商大臣臣熙彥
署郵傳大臣臣梁士詒
理藩大臣臣達壽

鸣沙

016

鼎 革
南北议和与清帝退位

尚小明　著

社会科学文献出版社
SOCIAL SCIENCES ACADEMIC PRESS (CHINA)

目　录

引 言

与中国历史上历次以一姓兴亡为表征、循环往复的改朝换代不同,辛亥革命具有崭新的内涵——推翻满族君主专制统治、建立民主共和国家,也就是所谓种族革命与政治革命。当革命还在进行之中,《大公报》的一篇社论已提醒国人注意这一特异之点:

> 自有中国以来,变乱之事多矣,未有如此次之奇特者也。盖历代乱事之起,或由贵戚,或由宗藩,或由强镇,或由权阉,或由敌国外患,或由流寇土匪,若者谓之割据,若者谓之篡窃,若者谓之僭号,若者谓之正统,其所争者,不过为个人之成败、一姓之兴亡,与中国国家并无丝毫关系也。故起因虽异,结果则同,历史具在,千古几如一辙。若夫此次革命,其别立标帜以号召于人者,曰政治,曰种族,其宗旨不在觊觎神器,不在割据地方,朝廷既不得指为叛逆,外人

亦不能认为乱民。此其事虽数见于世界各国，而在中国，则自古迄今，实为未有之创局，追原祸始，要皆野蛮专制政府，有以迫成之。①

稍后，南京临时政府成立时发表的《檄满洲蒙古文》也强调此次革命与往时改朝换代不同："古者有帝王革命，无国民革命；有统绪革命，无政治革命，今并二义而一之。"②或许因为布告对象是满洲和蒙古，檄文未用"种族革命"一词，实则不推翻满族君主专制统治，改治革命就不可能实现，其理至明。

革命的最终结果是清帝于 1912 年 2 月 12 日以颁诏退位形式结束了满族王朝对中国二百六十八年的统治，同时也终结了中国两千余年君主专制统治的历史，由此进入民主共和时代。二十五年后，亲历革命并发挥过重要作用的赵凤昌回顾这段历史，从清末以来"民志"与"民力"不断聚合的角度，解释了清王朝的统治何以在短短数月内土崩瓦解，同时揭示了辛亥革命的另一个重要特征——一场时间短、流血少、损失小，基本以和平方式实现国体变革的革命。其言曰：

①　梦幻：《论中国现在及将来之大势》，《大公报》1911 年 11 月 28 日，第 1 版。

②　《檄满洲蒙古文》（1912 年 1 月 1 日），孙中山故居纪念馆编《馆藏辛亥革命前后中外文档案》第 1 册，广东人民出版社，2021，第 31 页。按，本书征引史料既有旧时出版的，也有近年整理的，各种凭料标注时间极其混乱，有用阴历的，也有用阳历的，还有阴阳历混用的。本书力求统一，凡出自清方的文件，尽量用阴历，以宣统纪年；凡出自民军或民国方面的文件，1912 年 1 月 1 日以前尽量用阴历，以"辛亥"纪年，1912 年 1 月 1 日以后一律用阳历，以公元纪年；其他如报纸及外国档案文献等均用阳历；正文叙述亦用阳历。所引资料凡原标注时间不符以上规则的，一律径改，不再一一说明。主要史事阴阳历对照，请参阅附录。

　　武昌事起，不重朝而三镇克捷，更旬日而大江南北相继底定，计至岁暮，不过四月，清廷逊位，共和告成。即此四阅月中，除武汉、南京战事较烈，余多望风传檄，云集景从，光复邦家，改革政体。其事之易，无逾于此，而人民所受之损失，亦无轻于此。以视中外历史，每月〔阅〕革除，备经兵燹，相去竟不可以道里计……国体嬗衍，同于瓜代，即清室之退位，废弃数千年之专制，结束爱新觉罗氏之国祚，亦不过斗室翰墨之间，尽接洽磋商之事。①

　　这一结果一方面应归功于革命党人，他们以长期不懈的武装斗争，给予这个腐朽没落的王朝一次又一次打击，使其陷于风雨飘摇之中；另一方面则应归功于立宪派人士，他们中的有识之士在武昌起义爆发后不到一周，就意识到民主共和乃大势所趋，因此集会商量"时局前途之对付方法"，②从有利于国家和人民的角度出发，拟定了尽可能以和平方式促成共和的五条政见：

　　　　保全全国旧有疆土，以巩固国家之地位；
　　　　消融一切种族界限，以弭永久之竞争；
　　　　发挥人道主义，以图国民之幸福；
　　　　缩减战争时地，以速平和之恢复；
　　　　联合全国军民，以促共和之实行。③

---

① 赵凤昌：《廿五年前今日之回忆》，《大公报廿五年国庆特刊》，1936年10月，第14页。
② 中国社会科学院近代史研究所整理《黄炎培日记》第1卷，华文出版社，2008，第22页。
③ 《拟定政见五条》，国家图书馆善本部编《赵凤昌藏札》第10册，国家图书馆出版社影印本，2009，第441页。

　　这些主张很快得到许多地方精英支持，如湖北樊增祥，湖南宋教仁，陕西于右任，江西夏敬观，江苏唐文治、张謇、赵凤昌、庄蕴宽，浙江汤寿潜、张元济、姚桐豫，安徽江谦，福建高凤谦，广东伍廷芳、温宗尧，云南岑春煊，贵州杨寿彤，四川程德全，河南王抟沙，等等。其中以江浙立宪派为中坚，又吸纳了部分革命党代表人物、开明官员和其他社会名流。他们共同发起组织"全国会议团"，[①]促成独立各省都督府代表联合会议的召集，又在多种因素共同作用下促成南北议和，最终舍弃了残酷的战争方式，以漫长曲折的谈判，就清帝退位、国体改革达成妥协。这不仅是中国近代史上具有转折意义的大事，也是中国数千年历史发展进程中的一件大事。

　　对于这段历史，早已有许多史家倾注心血进行过研究，除了各种有名的辛亥革命史、北洋军阀史、中华民国史或中国近代史著作详细阐述外，相关论著和专题论文亦不少。[②]但有两方面不能令人满意。一是绝大多数研究都是从革命视角出发，对于清廷内部情况，特别是其内部纷争及其与袁世凯之间的复杂关系缺乏足够的重视，以致在相当程度上把清廷、袁世凯与革命党三方的关系，简化为袁世凯及其支持者与革命党两者之间的关系，从而影响到对一系列重要史事的判断。二是绝大多数研究习惯于聚焦这段历史中的重要人物或事件，对历史演进过程，特别是各方如何在复杂的对立中一步步走向妥协，缺乏全面细致研究，结果造成许多重要史料被舍弃，大量史实细节被忽视；而那些对重要人

---

① 　《组织全国会议团通告书》，国家图书馆善本部编《赵凤昌藏札》第10册，第449—452页。

② 　相关论著在此不一一罗列，凡有征引或辨正者，均见书中注释，并于书后"征引文献"中列出。

物或事件的研究，也常常因为与历史演进过程脱节，漏洞百出，难以令人信服。

其实，从武昌起义爆发，到清廷颁诏退位，总计不过一百二十五天。如果我们抱着最大的敬意重返历史现场，从清廷、袁世凯、革命党、立宪派、列强和舆论六个维度，详细考察这一百二十五天中每一天所发生的事及其相互之间的逻辑关系，然后再进行综合叙述和分析，那么我们将会讲出怎样的故事？那些我们原本以为接近真相的认识，是否还能成立？那些早已被我们认为是常识的东西，还有多少值得信守？接下来本书将努力呈现和解答这些问题。

第一章

武昌起义后朝局演变与袁氏掌权

武昌起义爆发后，随着三镇接连陷落，清廷陷入一片恐慌。在紧急派遣陆军大臣荫昌和海军提督萨镇冰赴鄂镇压民军的同时，不论皇族内阁的总、协理大臣还是驻京各国公使，都认为只有袁世凯出山才能收拾局面。懦弱的摄政王载沣不得不接受这一建议，任命袁氏为湖广总督，并派人到河南彰德洹上村劝驾。老谋深算的袁氏深知革命党非一般土匪可比，绝对不能小视，因此并不急于复出，而是先提出若干需要筹备的事项，以求获得军事全权。清廷接连颁旨，一一满足了其要求，并授其为钦差大臣。正当袁氏准备前往湖北接替荫昌时，在直隶滦州等待参加秋操的第二十镇统制张绍曾忽然联合奉天第二混成协统领蓝天蔚等发动兵谏，要求实行英国式君主立宪。紧接着，山西又宣布独立。清廷立时陷入南北夹击的危境中，不得不颁布罪己诏，同意组织完全责任内阁，将宪法交资政院协议，并开放党禁。迨袁氏刚入湖北，清廷又允准皇族内阁辞职，任命袁氏为内阁总理大臣，请其速速回京组织责任内阁，同时拟定并颁布《宪法重大信条十九条》(简称"十九信条")。适逢汉口刚下，于是袁氏下令停止进攻，一方面派人尝试以朝廷承诺进行政治改革招抚民军，另一方面考虑北上组阁。待驻守石家庄的第六镇统制、革命党人吴禄贞被刺，以及资政院依据十九信条选举袁氏为总理大臣，自认为得到民意支持的袁氏终于入京。他首先就十九信条中内阁和国会的权限问题与资政院沟通，接着宣布组阁名单，正式取代皇族内阁，接管了清廷行政大权。而后他又通过改革奏事、入对制度，进一步剥夺了清廷的权力。在此过程中，先后有十四省宣布独立，脱离清廷统治。面对这一现实，袁氏不得不与南方协商停战谈判。他以达到虚君共和为目的，首先在奕劻配合下迫使摄政王退位归藩，以示好于南方。接着又将好战的冯国璋由前线调回京城担任禁卫军总统，代之以更为自己信任的段祺瑞。与此同时，袁氏采取一系列措施，加强对北方革命的镇压以及对京师和近畿诸省的控制，稳住了清廷的统治，造成南北对峙局面，从而为议和提供了后盾。

一　武昌首义与十四省响应

以孙中山为首的革命党人，自兴中会成立后，中经同盟会的创立，在前后十数年中历经十余次武装起义失败，终于在1911年秋迎来了革命的大爆发。

先是是年夏，清廷推行铁路干线国有政策，结果引发声势浩大的四川保路运动，愈演愈烈，清廷不得不从湖北抽调部分新军，由督办川汉粤汉铁路大臣端方率领前往镇压，湖广总督瑞澂和第八镇统制张彪也紧急调拨部分军队前往邻近四川的郧阳、施南、宜昌、襄阳等地驻守，[①]这就使湖北省城的防卫力量

---

① 《宣统三年七月份第八镇各标营驻扎省份地方情形报告单》（宣统三年八月十三日），中国第一历史档案馆藏陆军部全宗，15-01-001-000016-0232。

有所削弱，为革命党人乘机实施中部同盟会所定在长江流域发动起义的策略创造了良机。在此之前，文学社、共进会等湖北革命团体已分别在新军中进行了大量策反和组织工作，为发动革命做了较为充分的准备。

是年8月，文学社与共进会联合，公推文学社社长蒋翊武为湖北革命军总指挥、共进会会长孙武为参谋长，设总指挥部于武昌小朝街85号。10月9日午，孙武在汉口俄租界宝善里机关部制造炸弹时不慎引爆，惊动了俄捕房，受伤的孙武及时避入医院，但机关部所有手枪、炸弹、旗帜、文告、名册、印信等均被俄捕房搜去，移交武昌湖北当局。瑞澂立刻下令紧闭四门，搜捕党人。数小时后，蒋翊武在武昌总指挥部获知消息，遂向革命军各部发布命令，以当晚12时南湖炮队鸣炮为号，内外各军同时举义。不料因全城戒严，命令未能传至炮队，导致当晚未及发动。而包括小朝街总指挥部在内的各处革命机关相继暴露，刘复基、彭楚藩、杨宏胜等三十二名革命党人被捕，总指挥蒋翊武乘机逃脱。10月10日黎明，刘、彭、杨三人在督署衙门前惨遭杀害。①

在主要领导人或伤或避的危急时刻，蔡济民、吴醒汉、熊秉坤等革命党骨干决计立即起义，蔡对众人曰："名册已搜去，各处捕人甚急，总是一死，不如今夜起事，死中求生。"②10月10日晚8时许，驻守武昌城内的新军工程第八营约三百名革命党人

---

① 李廉方：《辛亥武昌首义纪》卷上，湖北通志馆，1947，第75—76、82—83页；邓玉麟：《辛亥武昌起义经过》，辛亥首义同志会主编《辛亥首义史迹》，辛亥首义同志会，1946，第22页；《湖广总督致内阁军谘府陆军部请代奏电》（宣统三年八月十九日），《内阁官报》第50号，宣统三年八月二十一日，"电奏"，第3—4页。

② 李廉方：《辛亥武昌首义纪》卷上，第86页。

在队长熊秉坤带领下首先发难，占领楚望台军械库，推左队队官吴兆麟为总指挥。接着，城外第二十一混成协的辎重、工程两队七十余人烧毁营房，由李鹏升带领入城；城外第八标炮队亦在邓玉麟带领下入城；同时李翊东偕方兴、甘绩熙带领测绘学生约八十人，蔡济民带领步队第二十九标士兵二十余人，方维带领第三十标部分革命士兵，亦陆续赶到。起义队伍总计二千余人齐集楚望台，仍推吴兆麟为总指挥，然后分三路向督署发起进攻，同时在中和门城楼及蛇山置炮轰击督署。[①]瑞澂一面与湖北提督、第八镇统制张彪等分派军警抵御，一面急电湘、豫速派巡防队来鄂会剿，同时请朝廷速派大员多带劲旅至鄂剿办。[②]豫抚宝棻当即决定派遣豫军步队一营专车赴鄂，请邮传部大臣盛宣怀速电京汉铁路局派专车在郑州候用，以便运送军队南下。[③]无奈瑞澂率领卫队稍一抵抗，见势不妙，即命差役于署后围墙打洞，然后带卫队一排从文昌门出逃，登上长江"楚豫"兵轮，随即驶至汉口租界，寻求外国兵舰保护。瑞澂一逃，城中无主，张彪困守文昌门内公馆，束手无策。天将亮时，张彪见大势已去，也由文昌门出城渡江，逃至"楚豫"兵轮，随后又收拾第八镇残部至汉口刘家庙车站布防。起义军占领督署、藩署、电报局等，吴兆麟派队防守各城门，城内外各学校及各营留守兵士纷纷响应，至正午武

---

① 熊秉坤：《辛亥武昌起义纪实》，阳海清、孙式礼、张德英编《辛亥革命稀见史料汇编》，中华全国图书馆文献缩微复制中心，1997，第329页；曹亚伯：《武昌革命真史》中册，上海书店影印本，1982，第4—18页。

② 《宣统政纪》（《清实录》第六〇册附）卷六十一，宣统三年八月乙卯，中华书局影印本，1987，第1095页。

③ 《宝棻致邮传部电》（宣统三年八月十九日）、《开封宝中丞电奏》（宣统三年八月廿二日），上海图书馆编《上海图书馆藏稀见辛亥革命文献》第3册，上海科学技术文献出版社，2011，第1356、1416页。

昌全城光复。①

　　10月11日上午，吴兆麟等在谘议局集议，欲推议长汤化龙为都督，汤以不懂军事辞，众人遂举其负责民政，另举第二十一混成协协统黎元洪为都督，当即派人将黎从其军营住所室后搜出（一说从黄土坡其参谋刘文吉家搜出），带至谘议局议事。黎到后不愿视事，吴兆麟等只好暂时将其监守，然后一面以黎元洪名义发布安民告示等，一面集议各项事宜，决定以谘议局为军政府，称中国为中华民国，改政体为五族共和，定国旗为五色旗，以黄帝纪元。②是日下午，革命党人在都督府集议，决定创设参谋部，以杨开甲、张景良为正、副部长，吴兆麟为兵谋科科长，蔡济民、邓玉麟、李春萱、张廷辅、王宪章、谢石钦、黄元吉、吴醒汉等二十余人为参谋官，③是为"军政府初期成立最早且最重要的一个机关"。④

---

① 《直隶总督陈夔龙为鄂事危迫叛兵攻占楚望台军械库据有军械甚多请迅拨山野炮机关枪营队并加派军队助剿事致内阁军谘府陆军部》（宣统三年八月二十日），中国第一历史档案馆藏陆军部全宗，15-01-001-000049-0197；曹亚伯：《武昌革命真史》中册，第17—18页。

② 李廉方：《辛亥武昌首义纪》卷上，第103—104页；曹亚伯：《武昌革命真史》中册，第33—38页。

③ 佚名：《都督府参谋部沿革及事实》，中国人民政治协商会议湖北省暨武汉市委员会、中国社会科学院近代史研究所、湖北省博物馆、武汉市档案馆编《武昌起义档案资料选编》上卷，湖北人民出版社，1981，第269页；吴醒汉：《武昌起义三日记》，《建国月刊》第4卷第1期，1930年，第15页；黄元吉：《首义后之临时机关》，辛亥首义同志会主编《辛亥首义史迹》，第45页。按，吴醒汉、黄元吉均记10月11日所创立者为"谋略处"，似非正式名称，正式名称应为"参谋部"。

④ 张海鹏：《湖北军政府"谋略处"考异》，《历史研究》1987年第4期，第184页。按，参谋部设立后，旋于10月17日改组，仍以杨开甲为部长，副部长为吴兆麟、杨玺章，内分兵谋、调查、侦探三科。10月19日又改组，正式设立都督府军务、参谋、军令、政事四部。参阅佚名《都督府参谋部沿革及事实》，中国人民政治协商会议湖北省暨武汉市委员会、中国社会科学院近代史研究所、湖北省博物馆、武汉市档案馆编《武昌起义档案资料选编》上卷，第269页。

10月11日夜，驻汉阳兵工厂第四十二标第一营起义，占领兵工、钢药两厂。10月12日晨，起义军于龟山置炮击退瑞澂所派攻击龟山的鱼雷艇，又占领汉阳府署，汉阳全城光复。[1]同日，驻汉口居仁门的第四十二标第二营起义，汉口亦光复。[2]10月13日，汉口建立军分政府，以詹大悲、何海鸣为正、副主任。[3]是日下午，湖北军政府召开军事会议，黎元洪当众宣布曰："我前天未决心，昨天也未决心，今天上半天还未决心，这时是已决心了，无论如何我总算是军政府的人了，成败利钝，死生以之。"[4]10月14日，居正、谭人凤自上海到武昌，参与谋划革命。[5]

起义军虽然顺利占领武汉三镇，但对一般支持或同情革命的人而言，欣喜之余不免担忧，以为"起义复仇固可喜，设各省无响应，一旦北京满兵开到，无异以卵碰石也"。[6]不过接下来形势的发展大大出人预料。尽管当时一些人认为清廷的统治算不上"暴虐"，然其软弱腐朽早已不得民心。还在武昌起义爆发前三个月，长沙关税务司伟克非（Wakefield，C.E.S.）在致总税

[1] 《王寿昌致陆军部承政司电报》（宣统三年八月二十六日），中国第一历史档案馆、海峡两岸出版交流中心编《清宫辛亥革命档案汇编》第64册，九州出版社，2011，第353页；前四十二标革命实录处：《前四十二标占领兵工、钢药两厂节略》，中国人民政治协商会议湖北省暨武汉市委员会、中国社会科学院近代史研究所、湖北省博物馆、武汉市档案馆编《武昌起义档案资料选编》上卷，第88—90页。

[2] 张难先：《湖北革命知之录》，商务印书馆，2011，第296—297页；〔英〕计约翰：《辛亥武昌战守闻见录》，余绳龄、杜志圭、杨红译，李雪云校，刘萍、李学通主编《辛亥革命资料选编》第2卷，社会科学文献出版社，2012，第188页。

[3] 胡祖舜：《武昌开国实录》上册，中华印书馆，1948，第53页。

[4] 甘绩熙：《躬与辛亥武昌首义及阳夏麋兵之经过实录》，丘权政、杜春和选编《辛亥革命史料选辑》上册，湖南人民出版社，1981，第392页。

[5] 居正：《梅川日记》，大东书局影印本，1945，第47—48页。

[6] 胡香生辑录，严昌洪编《朱峙三日记（1893—1919）》，华中师范大学出版社，2011，第296页。

务司安格联（Aglen，F.A.）信中就说："毫无疑问，大多数老百姓是希望换个政府的，不能就说他们是革命党，但是他们对于推翻清朝的尝试是衷心赞成的。"① 又说："中国的前途似乎非常黯淡，我看在不久的将来，一场革命是免不了的，现在已公开鼓吹革命，并且获得普遍的同情，而政府并没有采取任何预防措施，却尽在瞎胡闹。"② 起义爆发一周后，《泰晤士报》驻京记者莫理循（Morrison，George Ernest）在给达·狄·布拉姆（Braham，Dudley Disraeli）的信中写道："我遇到的任何人，不论是中国人，还是中国人的外籍同事，都私下告诉我，他们希望革命成功。有一天晚上，我的一个朋友同刚刚通过北京归国留学生考试的十二位毕业生聚餐，他们是从英国、美国、日本回来的留学生，大家为革命的成功祝酒。"③ 由此可见，清廷早已坐在火山口上。

经过不到两周的沉寂，从 10 月 22 日开始，革命洪流终于汹涌到来，各地纷纷宣布独立，或由新军武装起事造成，或由谘议局联合新军造成，或由各界施压督抚造成。清廷对瑞澂弃城出逃未能及时严惩，动摇了地方官员坚守职责的决心，于是"瑞澂一开逃死之风，疆臣各成解体之势"。④ 仅一月有余，就有十四个省的数十座城市宣布独立（见表 1-1）。

---

① 《1911 年 5 月 12 日长沙关税务司伟克非致安格联第 80 号函》（自汉口发），中国近代经济史资料丛刊编辑委员会主编《中国海关与辛亥革命》，中华书局，1983，第 87—88 页。

② 《1911 年 5 月 16 日伟克非致安格联第 81 号函》，中国近代经济史资料丛刊编辑委员会主编《中国海关与辛亥革命》，第 88 页。

③ 《致达·狄·布拉姆函》（北京，1911 年 10 月 17 日），〔澳〕骆惠敏编《清末民初政情内幕——〈泰晤士报〉驻北京记者、袁世凯政治顾问乔·厄·莫理循书信集》上册，刘桂梁等译，知识出版社，1986，第 762 页。

④ 《监察御史赵熙奏片》（宣统三年九月初七日），中国第一历史档案馆、海峡两岸出版交流中心编《清宫辛亥革命档案汇编》第 66 册，第 365 页。

表 1-1　武昌首义及各省独立响应情况（截至 1911 年 12 月底）

省份	地点	起事或宣告独立时间	军（分）政府都督更迭	备注
湖北	武昌	八月十九日（10.10）	黎元洪	
湖南	长沙	九月初一日（10.22）	焦达峰、谭延闿	
陕西	西安	九月初一日（10.22）	张凤翙	
江西	九江	九月初二日（10.23）	马毓宝	
	南昌	九月初十日（10.31）	吴介璋、彭程万、马毓宝	
山西	太原	九月初八日（10.29）	阎锡山	
云南	腾越	九月初六日（10.27）	张文光	称滇西都督
	昆明	九月初九日（10.30）	蔡锷	
江苏	上海	九月十三日（11.3）	陈其美	
	吴淞	九月十四日（11.4）	李燮和	称光复军司令
	苏州	九月十五日（11.5）	程德全	
	常州	九月十六日（11.6）	何健明	
	无锡	九月十六日（11.6）	秦毓鎏	称总理、司令
	松江	九月十六日（11.6）	钮永建	称军政长
	镇江	九月十八日（11.8）	林述庆	
	扬州	九月十九日（11.9）	徐宝山	
	清江	九月廿二日（11.12）	蒋雁行	
	南京	十月十二日（12.3）	程德全、庄蕴宽	
浙江	杭州	九月十四日（11.4）	童伯吹、汤寿潜	
	宁波	九月十六日（11.6）	刘询	
贵州	贵阳	九月十四日（11.4）	杨荩诚、赵德全（代）	
广西	桂林	九月十七日（11.7）	沈秉堃、王芝祥	
安徽	安庆	九月十八日（11.8）	朱家宝、李烈钧、孙毓筠	
福建	福州	九月十九日（11.9）	孙道仁	
广东	广州	九月十九日（11.9）	胡汉民、陈炯明（代）	
山东	济南	九月廿三日（11.13）	孙宝琦、胡建枢	旋取消独立

续表

省份	地点	起事或宣告独立时间	军（分）政府都督更迭	备注
四川	重庆	十月初二日（11.22）	张培爵	
	万县	十月初二日（11.22）	刘朝望	
	泸州	十月初五日（11.25）	刘汉卿	
	成都	十月初七日（11.27）	蒲殿俊、尹昌衡	

资料来源：李廉方《辛亥武昌首义纪》卷下，第200—204页；张国淦编著《辛亥革命史料》，龙门联合书局，1958，第208—257页；郭孝成编《中国革命纪事本末》，商务印书馆，2011，第57—219页。

　　表1-1总共罗列了十五个省，其中山东宣布独立后仅十余日又取消独立，因此真正宣布独立的省份共有十四个。每省宣布独立的城市，以上也仅列举了部分曾设军（分）政府者。未独立省份，如东三省、直隶、河南、甘肃乃至新疆也都有革命党人积极策划起义。更值得注意的是，清政府海军也于11月中旬在提督萨镇冰率领下投入革命阵营。

　　列强对于革命爆发最初无疑是惊恐的，担心再次出现义和团那样"排外"的情形。不过，湖北革命军对百姓秋毫无犯，湖北军政府宣布承认清廷与列强签订的条约，承诺由各省按期如数摊还赔款，以及保护各国人民财产及既得权利等，[①]使列强认识到，"这纯粹是一场内部的、反政府的、反朝廷的运动。这是广泛的反对腐败政治的起义……不是针对外国人的，相反各方都尽力和外国人修好"。[②]因此他们很快就承认民军为交战团体，宣布严守

---

① 《中华民国军政府鄂省都督致汉口各国领事照会》（1911年11月12日），辛亥革命武昌起义纪念馆、政协湖北省委员会文史资料研究委员会编《湖北军政府文献资料汇编》，武汉大学出版社，1986，第593页。

② 《致埃·特·新常富函》（北京，1911年10月26日），〔澳〕骆惠敏编《清末民初政情内幕——〈泰晤士报〉驻北京记者、袁世凯政治顾问乔·厄·莫理循书信集》上册，第766页。

"中立"。[①] 他们在"中立"名义下攫取中国关税保管权，把独立和未独立省份海关所征税款存入汇丰银行总税务司账户内控制起来，[②] 这种做法不仅对革命政权的生存造成很大影响，对清廷亦是沉重打击。

清王朝的统治正处于急速瓦解态势。但它仍然控制着大片国土和大批军队，并不甘心就此灭亡，仍然要孤注一掷，想方设法继续维持其统治。

二   清廷决定出兵及起用袁世凯

武昌起义爆发前，湖广总督瑞澂就已获悉湖北军心不稳，并探得不断有革命党人到达汉口等地活动。这把他吓得不轻，"每日昼间在署，夜间即到楚豫兵轮住宿"，还早早将家眷送往上海。[③]10月9日破获革命党机关后，瑞澂似乎以为危机已经解除，于10月10日上午向朝廷报称"现在武昌、汉口地方一律安谧，商民并无惊扰"，请出力员弁照例择尤奖赏。[④] 同时向内阁协理大臣那桐报

① 《驻汉英俄法德日各国领事关于严守中立的布告》（1911年10月18日），辛亥革命武昌起义纪念馆、政协湖北省委员会文史资料研究委员会编《湖北军政府文献资料汇编》，第594页。

② 《1911年11月23日朱尔典致英国外交大臣格雷（Edward Grey）呈》，中国近代经济史资料丛刊编辑委员会主编《中国海关与辛亥革命》，第340—343页。

③ 《监察御史陈同善奏折》（宣统三年八月二十九日），中国第一历史档案馆、海峡两岸出版交流中心编《清宫辛亥革命档案汇编》第65册，第146页。

④ 《湖广总督致内阁军谘府陆军部代奏电》（宣统三年八月十九日），《内阁官报》第50号，宣统三年八月二十一日，"电奏"，第4页；《瑞澂报告破获汉口俄租界革党组织电》（宣统三年八月十九日），中国第二历史档案馆编《中华民国史档案资料汇编》第1辑，凤凰出版社，2019，第167—168页。

告"幸即获犯惩办，未致起事"。^① 清廷接报后，于10月11日降旨肯定瑞澂"弭患初萌，定乱俄顷，办理尚属迅速"，准许其择尤酌保出力各员。^② 不料该旨刚刚发出，瑞澂报告新军起义、武昌失守的电奏紧跟着就到了，自称"辜恩溺职"，请"严加治罪"，并请派北洋劲旅来鄂剿办。^③ 与此同时，邮传部大臣盛宣怀和内阁协理大臣那桐，也分别通过豫抚宝棻来电及外务部所获警电，第一时间得知武昌发生变乱。^④ 于是朝廷内一片慌乱。民政部立刻咨请步军统领衙门派兵扼要驻扎京师附近村镇，以资震慑；请税务处和崇文门商税衙门认真检查所有往来行人及携带行李，以防危险；请陆军部迅速派兵防守存储军装、军械、弹药地方，以保公安；令消防公所完整配置相关器具，以防火警。^⑤

当天午后，盛宣怀和那桐到协理大臣徐世昌处商量应对办法，三人一起谒见总理大臣奕劻，奕劻随即持电报至监国摄政王载沣处面奏。^⑥ 随后内阁召开紧急会议，除总、协理大臣及邮传部大

---

① 《瑞澂致那桐电》（宣统三年八月十九日），上海图书馆编《上海图书馆藏稀见辛亥革命文献》第3册，第1349页。

② 《宣统政纪》卷六十一，宣统三年八月甲寅，第1094页。

③ 《瑞澂致内阁军谘府陆军部海军部度支部请代奏电》（宣统三年八月十九日），上海图书馆编《上海图书馆藏稀见辛亥革命文献》第3册，第1350—1355页。按，此电拟于10月10日晚，但发出在11日上午9时30分，由汉口道署寄出。

④ 《宝棻致邮传部电》（宣统三年八月十九日），上海图书馆编《上海图书馆藏稀见辛亥革命文献》第3册，第1356页；王孝绳：《辛亥武昌兵变旅行记》，陈旭麓、顾廷龙、王熙主编《辛亥革命前后：盛宣怀档案资料选辑之一》，上海人民出版社，1981，第200页。

⑤ 《宣统三年八月二十日民政部咨步军统领衙门文》《宣统三年八月二十日民政部咨税务处、崇文门商税衙门文》《宣统三年八月二十日民政部咨陆军部文》《宣统三年八月二十日民政部札消防公所文》，陈真选辑《辛亥武昌起义后京师戒备状况》，《北京档案史料》1992年第4期，第3页。

⑥ 吴思鸥等点校《徐世昌日记》第2册，北京出版社，2018，第275页；《醇亲王载沣日记》，群众出版社，2014，第413页；王孝绳：《辛亥武昌兵变旅行记》，陈旭麓、顾廷龙、王熙主编《辛亥革命前后：盛宣怀档案资料选辑之一》，第200页。

臣盛宣怀外，军谘府大臣毓朗、陆军部大臣荫昌、陆军部副大臣寿勋、海军部副大臣谭学衡、弼德院副院长邹嘉来以及外务部左、右侍郎胡惟德、曹汝霖等也被匆忙召至。经过长时间商量，初步决定派荫昌率陆军两镇兵马南下援鄂。[①] 因瑞澂失职，众议另选湖广总督，但有主张征召袁世凯者，也有主张征召岑春煊者，还有主张将督办粤汉川汉铁路大臣端方调回者，未能形成一致意见。[②]

摄政王载沣时年二十八岁，不曾经历大风大浪，因此面对突发变故，只能依靠老臣代为筹谋。10月12日早5时，天刚亮，摄政王即在勤政殿召集奕劻、那桐、徐世昌及毓朗、载洵等了解情况，商议对策。[③] 经讨论，当即降旨：湖广总督瑞澂着即行革职，仍暂署理，戴罪图功；军谘府和陆军部迅派两镇人马，陆续开拔，赴鄂剿办；海军部加派兵轮，由萨镇冰督率赴鄂，并饬程允和率长江水师即日赴援；所有湖北各军及赴援军队，均归荫昌节制调遣。[④] 又以武昌失守后，长江两岸最关重要，令两江总督张人骏、江苏巡抚程德全、安徽巡抚朱家宝、江西巡抚冯汝骙等长江督抚加意防范，毋稍疏虞，并令各省督抚随时严密侦防革命党人。[⑤] 陆军大臣负责全国军事行政，位高权重，以陆军大臣亲

---

① 吴思鸥等点校《徐世昌日记》第2册，第275页；北京市档案馆编《那桐日记》下册，新华出版社，2006，第700页；冯耿光：《荫昌督师南下与南北议和》，中国人民政治协商会议全国委员会文史资料研究委员会编《辛亥革命回忆录》第6集，文史资料出版社，1981，第350页。

② 《京师对于鄂乱之惊慌情形》，《申报》1911年10月17日，第1张第5版。

③ 《监国召见群臣侍议乱事》，《大公报》1911年11月15日，第2版。

④ 《宣统三年八月二十一日上谕》，中国史学会主编《中国近代史资料丛刊·辛亥革命》第5册，上海人民出版社，1981，第291页。

⑤ 《内阁致各省督抚电》（宣统三年八月二十一日），辽宁省档案馆编《辛亥革命在辽宁档案史料》，辽宁省档案馆，1981，第37—38页。

征，可见清廷极端重视平定湖北变乱。据内阁阁丞华世奎披露，当讨论时，那桐曾提出异议，认为"武昌一隅蠢动，奚必以陆军大臣亲临前线"，华世奎提议不如由江北提督段祺瑞率清江浦混成协乘军舰迅速到鄂剿办，但奕劻等没有采纳。① 荫昌曾在德国留学，习陆军，但并无统兵作战经验，奉旨后对人言："我一个人马也没有，让我到湖北去督师，我倒是去用拳打呀，还是用脚踢呀？"② 但既领命，遂开始进行各项筹备工作，包括军械、枪弹、粮饷以及行营司令处的组织等，以易迺谦任总参谋官，丁士源任副官长兼总执法官，恽宝惠任秘书长。③

在当天的会议上，摄政王表现得非常惊慌，那桐与徐世昌提出征召袁世凯，以应对眼下的局面。他们都是袁世凯的亲信，前者与袁世凯为姻亲，"是著名大贪污分子"；④ 后者与袁世凯为总角之交，有数十年的交情，袁被开缺后，其在京、保一带的嫡系部队即由徐氏暗中照料。⑤ 还在 1911 年 5 月皇族内阁成立后遭各省谘议局攻击时，奕劻和那、徐作为总、协理大臣奏请辞职，那桐在辞折中就已提出起用袁氏，谓"其才具固胜臣十倍，其誉望亦众口交推"。⑥ 而根据徐世昌所述，保路运动兴起后，那桐又"密

---

① 张国淦编著《辛亥革命史料》，第 104 页。
② 冯耿光：《荫昌督师南下与南北议和》，中国人民政治协商会议全国委员会文史资料研究委员会编《辛亥革命回忆录》第 6 集，第 351 页。
③ 《陆军大臣行营司令处编成表》（宣统三年八月），中国第一历史档案馆藏陆军部全宗，15-01-001-000016-0056。
④ 载涛：《载沣与袁世凯的矛盾》，中国人民政治协商会议全国委员会文史资料研究委员会编《辛亥革命回忆录》第 6 集，第 326 页。
⑤ 张达骧：《袁世凯与徐世昌》，吴长翼编《八十三天皇帝梦》，文史资料出版社，1983，第 201—204 页。
⑥ 《内阁协理大臣那桐奏恳请收回成命折》，《政治官报》第 1266 号，宣统二年四月十三日，折奏类，第 8—9 页。

推项城"出山处理，但没有下文。^①现在湖北发生变乱，省城失守，清廷压力陡增，这显然是再请袁氏出山的绝佳机会。至于奕劻，与袁氏的关系更加非同一般，其人"无钱不要，为人所共知"，以致被载涛称为"叫袁拿金钱喂饱的人"。^②当那、徐在10月12日的会议上提出起用袁世凯后，奕劻同样认为非袁氏出山不能收拾局面，但因他与袁氏的关系尽人皆知，为避嫌起见，没有开口讲话。他料定载沣、载洵等少年亲贵最终不能不求助于他，然而载沣并未表态。^③因情势危急，当天载沣没有回府，就北海西所休息，载洵、毓朗两贝子也值宿内廷。^④由于谣言开始流传，民政部令内外城巡警总厅严加防范，并应陆军部的要求，传知在京各报馆暂缓登载有关湖北乱事消息。^⑤

10月13日上午，摄政王载沣又召见奕劻、那桐、徐世昌、毓朗、荫昌、载涛和载泽，商酌应对之策。^⑥其中军谘大臣载涛在武昌起义爆发当天恰好被派往直隶永平总监秋操事宜，此刻急

① 张国淦编著《辛亥革命史料》，第269页。

② 载涛：《载沣与袁世凯的矛盾》，中国人民政治协商会议全国委员会文史资料研究委员会编《辛亥革命回忆录》第6集，第323、326页。

③ 《张镇芳为清廷内情事致袁世凯函》（宣统三年八月二十五日），北洋军阀史料编委会编《天津市历史博物馆馆藏北洋军阀史料·袁世凯卷》（1），天津古籍出版社，1992，第504—505页。

④ 《醇亲王载沣日记》，第414页；《监国召见群臣侍议乱事》，《大公报》1911年11月15日，第2版。

⑤ 《宣统三年八月二十一日民政部札内外城巡警总厅文》，陈真选辑《辛亥武昌起义后京师戒备状况》，《北京档案史料》1992年第4期，第4页；《陆军部为鄂省匪乱应预为防范并传知报馆缓登乱事给民政部咨文》（宣统三年八月二十一日），中国第一历史档案馆藏民政部全宗，21-0656-0002。

⑥ 《宫门钞》（宣统三年八月二十二日），《内阁官报》第52号，宣统三年八月二十三日，第1页。

匆匆赶回北京，奏请停罢秋操，全力剿平"鄂乱"。[①]度支部大臣载泽本来因病休假，此刻亦提前销假，在郑孝胥建议下向摄政王提议四事："一，以兵舰速攻武昌；二，保护京汉铁路；三，前敌权宜归一；四，河南速饬戒严。"[②]荫昌则是在赴鄂前请训，摄政王谕其命各军严守纪律，剿抚兼施，以收人心；荫昌奏陈"克复鄂城六策"，摄政王允其照行。[③]当天，清廷降旨将张彪即行革职，命瑞澂责令张彪迅速"痛剿逆匪，克复省城"，又命瑞澂待荫昌到后会同筹划，迅赴事机。[④]又从当天起，民政部令内外城一律停演夜戏，并禁止夜市。[⑤]此举更加剧了京城的紧张气氛，正在京城的徐兆玮于日记中写道："此次京师之谣言蜂起，半由民政部桂大臣临事张皇，而外厅丞吴彭秋亦举动失措，致有停止夜戏之谕。幸庆王闻而诘问，谓如此恐人心更为浮扰。桂大臣支吾其说，谓观剧之窑子太多，恐有闹事，一时传为谈柄云。"[⑥]

　　10月14日，清廷令军谘府和陆军部立刻对近畿六镇新军及禁卫军进行混合编配，组成三个军，具体为：陆军第四镇（统制吴凤岭）及第二镇混成第三协（统领王占元）、第六镇混成第十一

---

① 《贝勒载涛门上司礼长德贵为呈报贝勒载涛奉派赴永平府阅操启程日期事》（宣统三年八月），中国第一历史档案馆藏宗人府全宗，06-01-001-000727-0211；《涛贝勒为鄂事紧急已饬第六镇出操部队一标回保定加入混成协一并赴援电询是否停操或在操地酌拨等事致内阁军谘府等》（宣统三年八月二十一日），中国第一历史档案馆藏陆军部全宗，15-01-001-000049-0193；《宣统政纪》卷六十一，宣统三年八月丙辰，第1097页。

② 中国历史博物馆编，劳祖德整理《郑孝胥日记》第3册，中华书局，1993，第1349页。

③ 《专电》，《申报》1911年10月14日，第1张第3版。

④ 《上谕》（宣统三年八月二十二日），中国第一历史档案馆、海峡两岸出版交流中心编《清宫辛亥革命档案汇编》第64册，第177页。

⑤ 《宣统三年八月二十二日内城巡警总厅申复民政部文》，陈真选辑《辛亥武昌起义后京师戒备状况》，《北京档案史料》1992年第4期，第4页。

⑥ 李向东、包岐峰、苏醒等标点《徐兆玮日记》第2册，黄山书社，2013，第1209页。

协（统领李纯）编为第一军，由陆军大臣荫昌任总统；陆军第五镇（统制张永成）及第三镇混成第五协（统领卢永祥）、第二十镇混成第三十九协（统领伍祥桢）编为第二军，由军谘府副大臣冯国璋任总统；禁卫军及陆军第一镇（统制何宗莲）编为第三军，由军谘府大臣贝勒载涛任总统。当时第一军大部分正集中在直隶永平参加秋操，便于调动，故令荫昌督率迅速出征；第二军驻地分散，故令冯国璋负责迅速筹备，听候调遣；第三军均在京城及附近，故由载涛督率，驻守近畿，防卫京师。[1]荫昌奉命后当即奏请刊刻木质关防一颗，文曰"钦命陆军大臣行营关防"，以便沿途发递文电。[2]

就在 10 月 14 日，起用袁世凯一事有了结果。当天摄政王召见奕劻、那桐、徐世昌、载涛、毓朗、溥伦、载泽等，[3]据阁丞华世奎讲述，奕劻不再沉默，提议起用袁氏，那、徐随声附和，摄政王沉默不言。奕劻道："此种非常局面，本人年老，绝对不能承当，袁有气魄，北洋军队都是他一手编练，若令其赴鄂剿办，必操胜算，否则畏葸迁延，不堪设想，且东交民巷亦盛传非袁不能收拾，故本人如此主张。"可见其时不只奕劻与那、徐支持袁氏，代表列强的各国外交官也支持袁氏。但摄政王还是有些顾虑，问奕劻："你能担保没有别的问题吗？"奕劻答："这个不消说的。"摄政王蹙眉道："你们既这样主张，姑且照你们的办。"又

---

[1]　《上谕》（宣统三年八月二十三日），中国第一历史档案馆编《宣统朝上谕档》第 3 册，广西师范大学出版社，2009，第 247 页；张国淦编著《辛亥革命史料》，第 105—106 页；《陆军各镇一览表》，《大公报》1911 年 10 月 27 日，第 6 版。

[2]　《宣统三年八月二十三日陆军大臣荫昌奏折》，中国史学会主编《中国近代史资料丛刊·辛亥革命》第 5 册，第 332 页。

[3]　《宫门钞》（宣统三年八月二十三日），《内阁官报》第 53 号，宣统三年八月二十四日，第 1 页。

对奕劻等道:"但是你们不能卸责。"[1]另有一说,谓袁氏之出,载泽其实起了重要作用。当时奕劻屡劝摄政王起用袁氏,摄政王不听,载泽请"独对"后,摄政王终于同意;而在背后推动其事者则为盛宣怀,"由盛说载泽,由泽说摄政,而项城起用矣"。[2]故盛宣怀半年多后在给孙宝琦信中说:"此次潜龙再出,承泽起之,摄政畏之,决之于如春,而如春决之于鄙人,竭力解说,乃底于成。"[3]"潜龙""承泽""如春"即袁世凯、奕劻、载泽。此外,海军部大臣载洵在参事冯公度鼓动下,也向摄政王提出迅速起用袁氏,并托御史史履晋于当天上奏提出,谓北洋六镇都是袁氏旧部,如派袁氏署理湖广总督,"责以督帅各镇,克复已失城池,似觉略有把握",对摄政王下定决心起了一定作用。[4]

起用袁世凯之议既定,摄政王遂赴仪銮殿征求隆裕皇太后意见,获得允准。[5]于是,清廷连降两道谕旨。第一道谕旨:"湖广总督著袁世凯补授,并督办剿抚事宜……迅速赴任,毋庸来京陛见。"[6]此旨并没有特别提及兵权,想来袁氏轻易不会接受,于是在载涛、毓朗奏请下,[7]紧接着发出第二道谕旨:"袁世凯现简授湖广总督,所有该

---

① 张国淦编著《辛亥革命史料》,第108页。

② 江庸:《趋庭随笔》,出版者不详,1934,第20页。

③ 刘体智:《异辞录》卷4,上海书店影印本,1984,第47页;《盛宣怀致孙宝琦函》(1912年5月13日,神户),陈旭麓、顾廷龙、汪熙主编《辛亥革命前后:盛宣怀档案资料选辑之一》,第276页。

④ 《某人致袁世凯函》(宣统三年八月二十七日),北洋军阀史料编委会编《天津市历史博物馆馆藏北洋军阀史料·袁世凯卷》(1),第510—511页;《宣统三年八月二十三日御史史履晋奏折》,中国史学会主编《中国近代史资料丛刊·辛亥革命》第5册,第404页。

⑤ 《醇亲王载沣日记》,第414页;许恪儒整理《许宝蘅日记》第1册,中华书局,2010,第368页。

⑥ 《上谕》(宣统三年八月二十三日),中国第一历史档案馆编《宣统朝上谕档》第3册,第245页。

⑦ 《袁岑兵权由涛朗所特请》,《大公报》1911年10月18日,第2版。

省军队暨各路援军均归该督节制调遣，荫昌、萨镇冰所带水陆各军并著袁世凯会同调遣，迅赴事机，以期早日裁定。"①此旨给了袁氏调遣两湖军队及各路援军的权力，但要调遣荫昌、萨镇冰南下所统陆海军，则须与二人协商。值得注意的是，第一道谕旨使用了"督办剿抚事宜"的说法，表明清廷的策略已由一开始决心剿灭转变为剿抚并用。据徐世昌言，这一转变实为袁氏幕后推动。当时奕劻急电袁氏询商策略，袁氏认为，"在此潮流转变之下，民心思动已非一朝，不是单靠兵力所能平定，主张剿抚兼施"，于是徐世昌等在摄政王前"旁敲侧击"。摄政王"只知事机危急，虽说重在用兵，而一面主剿，一面主抚，亦为摄政所愿听，载泽等无能反对"。②显然，清廷认为只有依靠袁氏的实力和威信，才能剿杀革命党，或者与革命党达成妥协，从而挽救朝廷。

亲贵中当然也有坚决反对起用袁氏的。如禁卫军协统良弼曾暗中联络各旗军都统上疏，奏陈袁之不可起用多条。③恭亲王溥伟也谒见摄政王，询问起用袁氏原因。摄政王曰："袁氏有将才，且名望亦好，故命他去。"恭亲王曰："袁世凯鹰视狼顾，久蓄逆谋，故景月汀（禁烟大臣景星——引者）谓其为仲达（即司马懿——引者）第二。初被放逐，天下快之，奈何引虎自卫？"摄政王默然良久，始嗫嚅言曰："庆王、那桐再三力保，或者可用。"因朝旨已下，溥伟亦无可如何。④

① 《上谕》（宣统三年八月二十三日），中国第一历史档案馆编《宣统朝上谕档》第3册，第245页。
② 张国淦编著《辛亥革命史料》，第269页。
③ 常顺：《责臣被炸追记》，中国人民政治协商会议全国委员会文史资料研究委员会编《辛亥革命回忆录》第6集，第390页。
④ 溥伟：《让国御前会议日记》，中国史学会主编《中国近代史资料丛刊·辛亥革命》第8册，第110页。

袁克定从 1907 年 4 月底至 1910 年 10 月底，一直担任农工商部右丞，[1]在京城充当他的耳目；他与各色人等，特别是北洋系统人物，有着频繁的书信往来，借以联络感情；他甚至在家中设有电报房，接收各处往来电报，[2]"退职大员私设电报处，与外地直接谍报往返，也只有他敢于这样做"。[3]虽然从丙午官制改革至载沣摄政以来，一批满族亲贵逐渐掌握各部实权，如善耆掌民政部，载泽掌度支部，绍昌掌法部，溥颋掌农工商部，铁良掌陆军部，载洵掌海军部，载涛掌军谘府，毓朗任军谘大臣，等等，但在军机处，到 1910 年下半年，随着世续被罢以及戴鸿慈、鹿传霖先后死去，袁氏势力又占了上风，四名军机大臣中，除毓朗外，奕劻、那桐和新任军机大臣徐世昌都是袁系人物。到 1911 年 5 月军机处撤销、"皇族内阁"成立时，奕劻为总理大臣，那桐、徐世昌为协理大臣，依旧掌握着朝廷大权。军队方面，1911 年初陆军部尚书铁良以病免职，由荫昌取而代之，这对袁来说更是好消息。因铁良不仅具有军事才干，而且具有满汉"种族思想"，与袁氏关系向来不睦；而荫昌并无所谓"种族思想"，与袁氏长子袁克定关系还很密切，[4]这就使袁氏复出少了一重障碍。

任命袁世凯为湖广总督的谕旨对先前袁氏被开缺一事只字未提，朝廷显然不会公开认错，这会让摄政王和亲贵们面子上下不来。但私底下，他们在这关系朝廷命运的关键时刻，不得不低下

---

① 钱实甫编《清代职官年表》第 4 册，中华书局，2005，第 3080—3083 页。

② 丁士源：《梅楞章京笔记》，荣孟源、章伯锋主编《近代稗海》第 1 辑，第 459 页。

③ 冯耿光：《荫昌督师南下与南北议和》，中国人民政治协商会议全国委员会文史资料研究委员会编《辛亥革命回忆录》第 6 集，第 353—354 页。

④ 薛观澜：《我所知道的袁大公子》，薛观澜等：《袁世凯的开场与收场》，当代中国出版社，2018，第 261 页。

头来。就在上谕颁发当日，即 10 月 14 日，庆王奕劻派参议阮忠枢携带其手书前往河南彰德，"传监国摄政王密谕"，恳挚劝驾。[①] 谷锺秀、李剑农、陶菊隐等不少人的著作均说徐世昌微服出京劝驾，[②] 这不是事实。[③] 与阮忠枢一同前往彰德的还有杨度。杨、袁关系密切，1908 年杨度自日本回国后任职宪政编查馆，即由袁氏推荐。袁氏被罢后，杨亦失势。1910 年夏，杨度曾致函袁氏，针对当时有人希望袁氏复出，劝袁氏不要轻易出山，谓"吾师出山过迟，则中国愈不可救；若出山过早，非在国事败坏、不可收拾之日，则权终不属，虽出而无益也"。[④] 袁氏复函，称其所言"语长心重，可谓实获我心"。[⑤] 现在，清廷迫切希望袁氏出山，杨度却认为时机仍然未到，"革命初起，袁公督师，必一鼓平之，清之改善，殆无希望"。显然，杨度认为，平定武昌革命易如反掌，但若很快平定，对促进清廷改革朝政将不会起到作用。他试图利用一时的革命给清廷以教训，从而促使清廷进行根本的改革。袁氏心腹王锡彤和长子袁克定亦赞同杨度的意见。不过袁氏不以为然，他说："余不能为革命党！余子孙亦不

① 《复庆亲王奕劻函稿》（宣统三年八月二十四日），骆宝善、刘路生主编《袁世凯全集》第 19 卷，河南大学出版社，2013，第 3 页；《复张提法镇芳》（宣统三年八月廿七日），全国公共图书馆古籍文献编委会编《袁世凯未刊书信稿》下册，中华全国图书馆文献缩微复制中心，1998，第 1579 页。

② 谷锺秀：《中华民国开国史》，上海泰东图书局，1917，第 19 页；李剑农：《中国近百年政治史》，商务印书馆，2017，第 295 页；陶菊隐：《北洋军阀统治时期史话（1895—1916）》上册，上海人民出版社，2022，第 98 页。

③ 侯宜杰：《辛亥革命爆发后徐世昌是否密赴彰德会见袁世凯》，《近代史研究》2011 年第 3 期，第 144—148 页。

④ 钱基博整理编纂《复堂师友手札菁华》下册，人民文学出版社，2015，第 1244—1245 页。

⑤ 《复杨京卿度》（宣统二年七月十二日），全国公共图书馆古籍文献编委会编《袁世凯未刊书信稿》中册，第 667 页。

愿其为革命党！"① 可见他已打定主意，不愿放过这次重返政治舞台的机会，也不愿对清廷见死不救。

但他也不打算贸然复出。10 月 16 日，盛宣怀电促袁氏迅速出山，谓："此乱蓄之已久，若不早平，恐各省响应。公出处关系中原治乱，并请默念，此身负环球重望，岂能久安绿野？与其迟一日，不如早一日，万勿迟疑。"② 当晚，荫昌督师路过彰德，特地到袁宅拜访，③ "与袁帅面商剿抚事宜"。④ 甫一落座，袁氏便曰："此次革命不可小觑。"荫昌曰："当然。"⑤ 言谈中，袁氏发现荫昌"兴致颇为踊跃"，对于剿乱颇愿"踊跃从事"，以至于袁氏也受到感染，认为"蠢兹小丑，不难一鼓荡平"。⑥ 既然已有荫昌统兵，袁氏也就无须着急。他先上了一道谢恩折，表示"足疾未愈"，已经延医赶紧调治，一旦稍可支持，即将就道。⑦ 这简直就是提醒朝廷不要忘了当初是如何将他赶走的。但袁氏并没有拒绝朝廷的恳求，他同时开具"节略"八条，交阮忠枢带回京城，面呈奕劻。他的底线是，"如各事照办……自当力疾一行"。⑧ 所开

① 王锡彤：《抑斋自述》，河南大学出版社，2001，第 172 页。

② 《寄彰德袁宫保》（宣统三年八月二十五日），盛宣怀：《愚斋存稿》卷八十七"电报六十四"，上海人民出版社影印本，2018，第 1768 页。

③ 王锡彤：《抑斋自述》，第 173 页。

④ 袁晓风整理《恽毓鼎澄斋日记》第 2 册，第 552 页。

⑤ 丁士源：《梅楞章京笔记》，荣孟源、章伯锋主编《近代稗海》第 1 辑，第 458 页。

⑥ 《复邮传部大臣盛宣怀电》（宣统三年八月二十六日）、《复军谘冯国璋函稿》（宣统三年八月二十七日），骆宝善、刘路生主编《袁世凯全集》第 19 卷，第 11、12 页；《复张提法镇芳》（宣统三年八月廿七日），全国公共图书馆古籍文献编委会编《袁世凯未刊书信稿》下册，第 1580 页。

⑦ 《新授湖广总督谢恩并沥陈病状折》（宣统三年八月二十五日），骆宝善、刘路生主编《袁世凯全集》第 19 卷，第 7 页。

⑧ 《复张提法镇芳》（宣统三年八月廿七日），全国公共图书馆古籍文献编委会编《袁世凯未刊书信稿》下册，第 1579 页。

八条概略如下：其一，民军与寻常土匪不同，王师宜出万全，必须赶速筹备，知彼知己，方可节节进图规复，不可轻敌，致涉孟浪；其二，已派出各镇、协，除去留守后路之兵外，实际作战之兵不过一万数千人，恐难敷用，须预筹济师；其三，鄂省本无防营，陆军又全数变去，拟就直隶续备、后备各军调集万余人，仿照湘淮军章制，先编二十四五营，作为鄂省驻防之军；其四，请从保定军械各局拨用枪炮接济，不敷则请江南协拨，或酌量订购；其五，请饬度支部先筹拨三四百万金，作为军饷及各项急需；其六，调委人员、增集军队及办理各项公事，无关防不足以昭信守，拟先刊行营木质关防，以便开用；其七，准许奏调人员以为佐理，并准不拘成例，择人奏请补署逃亡官缺；其八，用兵之道，因时变化，请军谘府、陆军部稍假事权，不为遥制。[1]

　　袁氏的聪明之处，就在于他明白此刻绝对不能坐地起价，否则"要挟愈多，猜嫌愈甚"，[2]因此他所提条件均属军事性质，合

---

[1] 《内阁总理大臣袁世凯单》（宣统三年八月），中国第一历史档案馆、海峡两岸出版交流中心编《清宫辛亥革命档案汇编》第78册，第84—88页。关于袁世凯出山时所提条件，当时报纸报道甚多，说法不一，但大多包含政治条件。以后逐渐有六条件说，即：明年即开国会；组织责任内阁；宽容与于此次事变之人；解除党禁；须委以指挥水陆各军及关于军队编制的全权；须予以十分充足的军费。许多著作采用此说，如李剑农《中国近百年政治史》（第295页），黎澍《辛亥革命前后的中国政治》（人民出版社，1954，第64页），陶菊隐《北洋军阀统治时期史话》上册（第98—99页），郭廷以《近代中国史纲》（中华书局，2018，第309页），胡绳《从鸦片战争到五四运动》（人民出版社，1981，第812页），章开沅、林增平主编《辛亥革命史》下册（人民出版社，1981，第237页），来新夏等《北洋军阀史》（东方出版中心，2019，第197页），李侃、李时岳等《中国近代史》（中华书局，2012，第383页），张海鹏、李细珠《中国近代通史》第5卷（江苏人民出版社，2013，第413页），杨天石《帝制的终结》（岳麓书社，2021，第313页），等等。然根据清宫辛亥革命档案，六条件说并非事实。参阅丁健《辛亥革命时袁世凯出山问题的成因及真相考述》，《北京档案》2019年第4期，第53—56页；王庆帅《袁世凯与辛亥政局演变》，博士学位论文，北京大学，2019，第35—39页。

[2] 无妄：《闲评一》，《大公报》1911年10月23日，第2版。

情合理，为迅速镇压革命所必需。故10月18日进呈后，① 监国摄政王载沣和度支部大臣载泽均表示可以照办。奕劻、那桐、徐世昌遂联名函复袁氏，"即请分别电奏，请旨遵行"，② 同时请袁氏赶紧调治，迅速赴任。③ 然而，在接下来的一周，袁氏并没有向朝廷确认何时起程赴鄂。于是后来人就有多种说法：有人说他"是要泄一泄愤"，"是要等事变扩大，使载沣不能收拾"，这样才能"取得对于一己合算的条件"；又有人说他"是要让清朝朝廷更多地受到革命火焰的煎熬，以至不得不向他交出更多的权力"；还有人说"清政府不能满足袁世凯的要求，袁世凯也就继续按兵不动，待价而沽"。④ 但这些都是猜测而已，摄政王请求袁氏出山这一举动本身已经说明他已无法收拾局面。正如汉口一家德国人所办英文报纸所言："在他（袁世凯）退休了几年之后，居然又被起用，这就说明北京方面认识到当前局势的严重性。一般人自然会想到，北京政府里已经找不出一个可靠的人来应付革命并解决当前国内的政治纠纷了。"⑤ 总税务司安格联也认为："重新起用袁世凯并任他为湖广总督，说明政府已经认识到局势是多么严重，这对摄政王来说一定是件苦事。"⑥ 袁氏之所以没有即刻赴任，主要

---

① 许恪儒整理《许宝蘅日记》第1册，第369页。

② 《上谕》（宣统三年八月二十七日），中国第一历史档案馆编《宣统朝上谕档》第3册，第255页。

③ 《宣统政纪》卷六十一，宣统三年八月辛酉，第1113页。

④ 李剑农：《中国近百年政治史》，第294—295页；胡绳：《从鸦片战争到五四运动》下册，第811页；张海鹏、李细珠：《中国近代通史》第5卷，第413页。

⑤ 《〈汉口日报〉编辑部编印的〈革命日志〉》（1911年10月16日），中国近代经济史资料丛刊编辑委员会主编《中国海关与辛亥革命》，第362—363页。

⑥ 《1911年10月15日安格联致苏古敦函》，中国近代经济史资料丛刊编辑委员会主编《中国海关与辛亥革命》，第8页。

还是担心贸然复出，于事无补。在 10 月 17 日复盛宣怀电中，袁氏谓："鄂军尽变，库款全失，赤手空拳，用何剿抚……各路援军在鄂境应归敝处节制者，现有若干？"[①] 同日致两江总督张人骏电谓："鄂兵全变，各路零星援兵绝少，急切难到。部军皆有专帅，讵易会调。凯现赴鄂，无地驻足，亦无兵节制，用何剿抚？"[②] 10 月 18 日致张镇芳函说："无兵无饷，赤手空拳，何能办事？""仅有会同调遣之权，恐多推诿。"[③] 同日致冯国璋函又说："鄂军全变，各路援军极少。兄纵前往，无兵节制，赤手空拳，用何剿抚？至北去各军，均归荫帅统辖，兄仅有会同调遣之权。"[④] 凡此皆表明袁氏最关心的并非一直以来史家所臆想的"政治权力"，而是有无军队、军饷、军权，否则无补于"剿抚"大事。袁克定曾明确告诉英国驻华公使朱尔典（Jordan, John Newell），"除非他父亲被授予直接指挥军队的权力，否则其父非常不愿意动身去汉口"。[⑤]

清廷接受袁氏所提八条后，即开始逐步满足其要求。10 月 19 日首先降下谕旨一道："袁世凯现已补授湖广总督，所有长江一带水陆各军均著暂归该督节制调遣，会同沿江各该督抚妥筹办

① 《彰德袁宫保来电》（宣统三年八月二十六日），盛宣怀：《愚斋存稿》卷八十七"电报六十四"，第 1770 页。

② 《致两江总督张人骏电》（宣统三年八月二十六日），骆宝善、刘路生主编《袁世凯全集》第 19 卷，第 10 页。

③ 《复提法镇芳》（宣统三年八月廿七日），全国公共图书馆古籍文献编委会编《袁世凯未刊书信稿》下册，第 1579—1580 页。

④ 《复军谘冯国璋函稿》（宣统三年八月二十七日），骆宝善、刘路生主编《袁世凯全集》第 19 卷，第 11—12 页。

⑤ 《英国驻华公使矢尔典致英国外交大臣格雷电》（234 号电报，北京，1911 年 10 月 21 日），李丹阳译《英国外交档案摘译：武昌起义后袁世凯父子与英国公使的密谈》，《档案与史学》2004 年第 3 期，第 64 页。

理。"① 同 10 月 14 日谕旨相比，此旨将袁氏节制调遣军队的范围
从两湖扩大至"所有长江一带"，并且不再提会同荫昌、萨镇冰
调遣军队，似乎正准备进行人事调整。与此同时，袁氏开始紧
锣密鼓进行各方面的筹备工作。首先以革督瑞澂困守长江楚豫兵
轮，无法交接，奏请刊刻"湖广总督督办剿抚事宜行营关防"，②
并请在直隶、河南、山东等省招募曾经入伍壮丁一万二千五百
人，按照武卫左军营制，编为二十五营，作为湖北巡防军，并请
度支部速拨四百万两以为饷项。③ 接着奏调各项辅佐人员，具体
如下。第一，电招与黎元洪有同乡之谊的鄂人刘承恩到彰德，命
其"办理招抚事宜"；请调海军参领蔡廷幹、奉天劝业道黄开文
随营差遣。第二，请旨饬令正在河北正定府养病的卸任署江北提
督、开缺副都统王士珍襄办湖北军务，专门负责增募新军、布置
后路各事。第三，请旨饬令军谘府副使、第二军总统冯国璋迅速
到彰德筹商一切，然后与袁氏一同南下，会同荫昌"先布守堵"；
其所负责编集的第二军暂不急于调发，待探明军情后，如必须第
二军往助，再令冯国璋迅回带往。第四，请旨奏调开缺奉天度支
使张锡銮、已革黑龙江民政使倪嗣冲、直隶候补道段芝贵、山东
军事参议官陆锦、直隶补用副将张士钰、直隶候补知府袁乃宽，
随同袁世凯驰往前敌，委用差遣；饬下第四镇统制吴凤岭（不久
因病改王遇甲）迅赴前敌，以专责成。第五，请旨调署江北提督

---

① 《宣统三年八月二十八日上谕》，中国史学会主编《中国近代史资料丛刊·辛亥革命》第 5
　册，第 334 页。
② 《致内阁请代奏电》（宣统三年八月二十八日），骆宝善、刘路生主编《袁世凯全集》第 19
　卷，第 16 页。
③ 《致内阁请代奏电》（宣统三年八月二十八日），骆宝善、刘路生主编《袁世凯全集》第 19
　卷，第 16—17 页。

段祺瑞由海道迅速北上，径赴鄂境。[①]同时袁氏还考虑到外交问题，认为各国宣布中立"是以我之逆匪作为友邦，安有此理"，因此致电盛宣怀设请法使唐绍仪出山办理外交事务。[②]

以上刊刻木质关防、编练巡防军、奏调辅佐人员等要求也一一得到清廷允准。[③]清廷并于10月21日致电袁氏，承诺给予军事全权，一俟其启程，即将荫昌撤回，所有派出之水陆各军均归袁氏节制，"暂不由府、部遥制，以重事权"。[④]

在袁氏筹划同时，截至10月16日，已有部分援鄂清军陆续赶到汉口及其附近，包括河南巡抚宝棻派出的陆军步队第五十八标（统带张锡元）第三营及第五十七标第三营左队，湖南来援的王鼎华、夏占魁两巡防营，以及荫昌所统南下清军前锋第六镇步队第二十二标（统带马继增），他们与从武昌逃出的张彪第八镇残部辎重一营及步、马各一队，在刘家庙车站及江岸度支部造纸厂附近与民军对峙。萨镇冰带领兵舰七艘也先后抵达汉口，停泊于日本租界下游，不时派出水雷艇巡逻于武昌、汉阳之间，限

---

① 《刘承恩致袁世凯书》，见卞孝萱辑《闵尔昌旧存有关武昌起义的函电》，中国科学院历史研究所第三所编《近代史资料》创刊号，科学出版社，1954，第69页；《袁世凯致清内阁请代奏电》（宣统三年八月二十九日），卞孝萱辑《闵尔昌旧存有关武昌起义的函电》，中国科学院历史研究所第三所编辑《近代史资料》创刊号，第61—62页；张国淦编著《辛亥革命史料》，第106—107页；《宣统政纪》卷六十二，宣统三年九月丙寅，第1126页。

② 《袁世凯致盛宣怀电》（宣统三年九月初三日，彰德），陈旭麓、顾廷龙、王熙主编《辛亥革命前后：盛宣怀档案资料选辑之一》，第218—219页。

③ 《宣统政纪》卷六十一，宣统三年八月甲子，第1121—1122页；《宣统政纪》卷六十二，宣统三年九月丙寅，第1126页；《湖广总督袁世凯为木质关防于宣统三年九月初一日开用事致陆军大臣荫昌》（宣统三年九月初四日），中国第一历史档案馆藏陆军部全宗，15-01-001-000019-0206。

④ 《内阁致新授湖广总督袁世凯电报》（宣统三年八月卅日），中国第一历史档案馆、海峡两岸出版交流中心编《清宫辛亥革命档案汇编》第78册，第339页。

制武昌革命军向汉阳方面之接应。[1] 主帅荫昌则在河南信阳逗留。[2]10月17日，民军在三道桥以北滠口铁桥附近与刚刚到来的第二十二标马继增所部发生小规模冲突。10月18日拂晓，民军三千余人由汉口大智门向江岸刘家庙清军发起进攻，双方正式接仗。适第二镇混成第三协（统领王占元）赶到参战，民军受挫。10月19日午后，民军三千余人再次由大智门向刘家庙发起进攻，至天将黑时攻占刘家庙车站，清军沿江岸退至滠口车站附近。当日，瑞澂以所乘军舰米、煤、机油用尽，开往九江。10月21日，民军又由刘家庙向滠口之敌发起进攻，但未能克敌，于是双方分别于三道桥南北两端据险以守，形成对峙，间有小规模接战。同时，在黄陂、孝感、祁家湾等车站，清军主力分数路源源南下，包括第四镇统制王遇甲亲统的一部分军队、李纯统领的第六镇第十一混成协等。[3] 首战失利后意识到民军并不容易对付的

① 《陆军部第五十八标统带张锡元报告》（宣统三年八月二十四日），中国第一历史档案馆、海峡两岸出版交流中心编《清宫辛亥革命档案汇编》第64册，第265页；《陆军步队第五十八标统带官张锡元为报告武汉三镇失守于刘家庙铁路沿线与敌军开战情形事》（宣统三年九月初三日），中国第一历史档案馆藏陆军部全宗，15-01-001-000036-0013；刘淙译，傅钟涛校《日本驻汉口总领事馆情报》，刘萍、李学通主编《辛亥革命资料选编》第2卷，第89页；《盛宣怀致军谘府函》（宣统三年八月二十五日），上海图书馆编《上海图书馆藏稀见辛亥革命文献》第3册，第1430页；《革职湖广总督瑞澂致内阁代奏电》（宣统三年八月二十四日），方裕谨编《清政府镇压武昌起义电文一组》，《历史档案》1981年第3期，第21页。

② 《陆军大臣致内阁请代奏电》（宣统三年八月二十八日），《内阁官报》第59号，宣统三年八月三十日，第6页。

③ 《日记草稿》（宣统三年八月底九月初），中国第一历史档案馆、海峡两岸出版交流中心编《清宫辛亥革命档案汇编》第65册，第347—348页；《陆军大臣荫昌致军谘府等电报》（宣统三年九月初六日），中国第一历史档案馆、海峡两岸出版交流中心《清宫辛亥革命档案汇编》第66册，第330页；《陆军部承政司致参事官等移付》（宣统三年九月初八日）、《陆军部承政司致参事官等移付》（宣统三年九月初九日），中国第一历史档案馆、海峡两岸出版交流中心《清宫辛亥革命档案汇编》第67册，第58—60、126页；《陆军部派兵赴鄂抗拒革命军阵中日记》，中国第一历史档案馆、海峡两岸出版交流中心《清宫辛亥革命档案汇编》第79册，第81页；《陆军第六镇步队并混成第三协由京南下直抵汉在刘家庙等处与革党交战情形报单》（宣统三年九月），中国第一历史档案馆藏陆军部全宗，15-01-001-000049-0060。

荫昌，在调来炮队后，亦于 10 月 22 日由信阳抵达孝感，以便就近指挥一切。[1]

袁氏对清军采取主动进攻行动，态度十分谨慎，一方面受到清军首战失利影响，另一方面他似乎不愿看到荫昌斩获首功，因此在清廷承诺给予其军事全权后，立刻于 10 月 22 日启用木质关防，[2] 同时致电荫昌，开始直接参与前线战事谋划，向荫昌提出"前锋不竞，似宜择地集合，固布守局，以待筹备完善，再图进取"。[3]10 月 23 日，九江民军起事，逃至该处的瑞澂放弃楚豫兵轮，改乘商船逃往上海。[4] 同日，冯国璋抵达彰德，与袁氏商量战守事宜，袁氏强调："乱党颇有知识，与寻常土匪为乱，情势迥有不同；且占据武汉，是负嵎之势已成；又兼厂工未停，火器日出不穷，势力如此之大，诚有不可轻视者。而在我军，饷械未到，人员未齐，脱令出师太骤，万一偶有失利之处，则关系大局，实非浅鲜。是非筹备周妥，计出万全，断难督师进攻。"[5] 冯国璋以为然。于是，10 月 24 日，袁氏奏请改冯国璋为第一军总统，迅赴前敌，与荫昌协商"先布守局，候筹备完善，足以制匪，再图进攻"；同时请调第二军各部陆续开拔至河南信阳一带集结，待段祺瑞北上，

---

① 《官军赴鄂剿办革党每日行程战况等记事册》（宣统三年），中国第一历史档案馆藏陆军部全宗，15-01-001-000049-0061；王庆帅：《辛亥荫昌南下督师及袁世凯出山内情考》，《中国国家博物馆馆刊》2017 年第 11 期，第 85—86 页。

② 《湖广总督袁世凯为木质关防于宣统三年九月初一日开用事致陆军大臣荫昌》（宣统三年九月初四日），中国第一历史档案馆藏陆军部全宗，15-01-001-000019-0206。

③ 《致陆军大臣荫昌电》（宣统三年九月初一日），骆宝善、刘路生主编《袁世凯全集》第 19 卷，第 22—23 页。

④ 《革职湖广总督瑞澂致内阁代奏电》（宣统三年九月初五日），方裕谨编《清政府镇压武昌起义电文一组》，《历史档案》1981 年第 3 期，第 26 页。

⑤ 《冯国璋致寿勋函》（宣统三年九月初四日），中国第二历史档案馆编《中华民国史档案资料汇编》第 1 辑，第 190 页。

即派充第二军总统，会合第一军，早图规复。10月25日，清廷批准。① 当日，袁氏再次致电内阁，强调："大举进攻武汉，必须筹备完善，一鼓歼除，未可猛浪从事。最可虑者，前敌稍挫，军气不振，兵心亦多不固，已详细分条嘱冯军统首先安抚兵心，激劝士气，较筹备尤为紧要。"② 然而，荫昌与袁氏的想法并不相同，他南下途中一直在考虑进攻问题。他觉得仅靠海军的炮火支援还不够，于是提出借调禁卫军德炮一营参战。③ 当他听说天津礼和洋行有两尊攻城炮之后，又立刻要陆军部接洽购买，将其南运，以备攻坚之用。④ 10月22日抵达孝感后，他即致电军谘大臣载涛，表示要发动进攻。载涛虽然认为"敌人炮火充足，我军拟骤尔一试一节，自宜慎重从事"，但也指示"江岸刘家庙一带尚有我军，请火速先派一支队，占江岸刘家庙等处，则与海军既能联络，又可作攻击汉阳之根据点"。⑤ 10月25日抵达更加靠近民军的滠口后，他又致电内阁，表示"连日正以兵力侦查敌情，俟审度稍有把握，定即督饬进攻，万不愿虚耗光阴"。⑥

---

① 《致内阁请代奏电》（宣统三年九月初三日），骆宝善、刘路生主编《袁世凯全集》第19卷，第26页；《宣统政纪》卷六十二，宣统三年九月戊辰，第1132页。

② 《致内阁请代奏电》（宣统三年九月初四日），骆宝善、刘路生主编《袁世凯全集》第19卷，第27页。

③ 《军谘府军谘大臣载涛为转彰德袁世凯电称海军日内可到汉口俟其到后联络协合进攻并请缓运前借禁军德炮一营事致陆军部大臣荫昌》（宣统三年八月二十四日），中国第一历史档案馆藏陆军部全宗，15-01-001-000049-0035。

④ 《陆军部承政司为抄移陆军部大臣荫昌由郑州急请即饬办妥购买礼和洋行现有攻城炮事宜并编运南来以备攻坚来电一件事致李司长》（宣统三年八月二十六日），中国第一历史档案馆藏陆军部全宗，15-01-001-000049-0039。

⑤ 《军谘府军谘大臣载涛为酌请火速派队占领江岸刘家庙等处地方既可联络海军又可作攻击汉阳根据点事致陆军部大臣荫昌》（宣统三年九月初五日），中国第一历史档案馆藏陆军部全宗，15-02-001-000048-0004。

⑥ 《陆军大臣荫昌致内阁电》（宣统三年九月初四日），方裕谨编《清政府镇压武昌起义电文一组》，《历史档案》1981年第3期，第25页。

10 月 26 日，袁氏电告内阁，冯国璋将于当晚自彰德先行南下，自己则待军饷到后于 10 月 28 日起程赴鄂。①

袁氏请求任命冯国璋为第一军总统的理由是，荫昌虽然"智勇兼有，确有治军谋略"，但"以大臣而统数军则可，若兼统一军，躬莅戎行，则非其责矣"。②然而，荫昌毕竟手握"钦命陆军大臣行营关防"，③倘若他继续留在湖北，那么随着袁世凯到任，冯国璋将在袁、荫之间无所适从，袁、荫两人权限如何划分，更是难题。廷臣为此纷纷建言。急于镇压革命的盛宣怀尤其积极，他代载泽草拟节略，请其在摄政王前痛陈"一军两帅为行军所忌，俟该督抵汉，应将新军及湘、豫各省援军悉归节制，以一事权"。④其他如京师大学堂总监督刘廷琛、给事中蔡金台、监察御史齐忠甲、监察御史麦秩严、直隶总督陈夔龙等也纷纷上奏，认为事权不一乃兵家大忌，要求将荫昌调回，一切军务通归袁世凯一人办理，以专责成。⑤因此，获知袁氏启程日期后，清廷即于 10 月 27 日连

① 《致内阁请代奏电》（宣统三年九月初五日），骆宝善、刘路生主编《袁世凯全集》第 19 卷，第 28 页。

② 《冯国璋致寿勋函》（宣统三年九月初四日），中国第二历史档案馆编《中华民国史档案资料汇编》第 1 辑，第 190 页。

③ 《宣统三年八月二十三日陆军大臣荫昌奏折》，中国史学会主编《中国近代史资料丛刊·辛亥革命》第 5 册，第 332 页。

④ 《盛宣怀致载泽函》（宣统三年八月三十日午夜，北京）附《盛宣怀代拟：载泽面奏节略之一、之二、之三》（宣统三年八月二十九日），陈旭麓、顾廷龙、王熙主编《辛亥革命前后：盛宣怀档案资料选辑之一》，第 215—217 页。

⑤ 《大学堂监督刘廷琛奏折》（宣统三年八月二十六日）、《给事中蔡金台奏折》（宣统三年八月二十七日），中国第一历史档案馆、海峡两岸出版交流中心编《清宫辛亥革命档案汇编》第 64 册，第 328、369—370 页；《监察御史齐忠甲奏折》（宣统三年八月二十七日）、《监察御史麦秩严奏折》（宣统三年九月初一日），中国第一历史档案馆、海峡两岸出版交流中心编《清宫辛亥革命档案汇编》第 65 册，第 29—31、360—361 页；《直隶总督陈夔龙致内阁电》（宣统三年八月二十九日），方裕谨编《清政府镇压武昌起义电文一组》，《历史档案》1981 年第 3 期，第 22 页。

下三道谕旨：一是授袁氏为钦差大臣，督办湖北剿抚事宜，所有赴援海陆各军并长江水师等，均归其节制调遣，"军谘府、陆军部不为遥制，以一事权而期迅奏成功"；二是令荫昌将第一军交冯国璋统率，同时以"部务繁重，势难在外久留"为由，令其在袁世凯到后，即行回京供职；三是令段祺瑞总统第二军，亦归袁世凯节制调遣。[1] 至此，前线军事大权完全落入袁氏之手，袁氏随即电请颁发"钦差大臣关防"，迅速送至前敌，以便启用。[2] 惟军饷方面，因武昌起义以后谣言四起，北京、天津、上海、广东均发生大清银行挤兑之事，国库储备白银已不足一百万两，消息灵通的满汉富人纷纷携带各种财宝，从北京逃往天津、上海的外国租界，乃至运往奉天，希望在日本人保护下可保安全，甚至连小店主也开始关门歇业，逃往乡间，[3] 不得已，隆裕皇太后拨出宫中内帑一百万两，于 10 月 27 日由内务府交度支部专作军中兵饷之用，以暂解燃眉之急。[4] 恽毓鼎称"此举为历史所无"。[5] 度支部则以军需紧急，供给不敷，奏请息借洋款，以资要用，奉旨依议。[6]

再说荫昌，眼看自己将被袁氏和冯国璋取代，内心怎能没有想法。就是交权，也要让自己体面些。因此，他虽然在 10 月 26

---

① 《上谕》（宣统三年九月初六日），中国第一历史档案馆、海峡两岸出版交流中心编《清宫辛亥革命档案汇编》第 66 册，第 280、282、284 页。

② 《致内阁电》（宣统三年九月初七日），骆宝善、刘路生主编《袁世凯全集》第 19 卷，第 31 页。

③ 丁士源：《梅楞章京笔记》，荣孟源、章伯锋主编《近代稗海》第 1 辑，第 458 页；《致达·狄·布拉姆函》（北京，1911 年 10 月 24 日）、《致达·狄·布拉姆函》（北京，1911 年 10 月 27 日），〔澳〕骆惠敏编《清末民初政情内幕——〈泰晤士报〉驻北京记者、袁世凯政治顾问乔·厄·莫理循书信集》上册，第 764、768 页。

④ 《上谕》（宣统三年九月初六日），中国第一历史档案馆编《宣统朝上谕档》第 3 册，第 271 页。

⑤ 史晓风整理《恽毓鼎澄斋日记》第 2 册，第 555 页。

⑥ 《上谕》（宣统三年九月初六日），中国第一历史档案馆编《宣统朝上谕档》第 3 册，第 276 页。

日接到袁氏来电，强调"必须筹备完全，厚集兵力"，然后"一鼓荡平"，①但他并没有听从。10月27日黎明，在萨镇冰所统军舰支援下，荫昌指挥清军主力由滠口向民军发起进攻，经过激战，通过三道桥，于上午11时占领刘家庙车站，至晚又占领大智门，民军则退至歆生路一带阻击。10月28日早起，双方再次恶战数小时，清军以重炮攻击，民军不支，向后溃退。清军追踪，进入汉口街市。②当天上午，冯国璋行抵孝感，荫昌将第一军交其统率，下午冯国璋即前赴汉口战地。③10月29日午后，冯国璋到汉口。④陆军部致电荫昌，表扬其"督率有方，尤堪嘉尚"，命其"督饬将士，一鼓作气，收复武汉，俟袁世凯到后，再行回京供职"。⑤

冯国璋到夹前本打算"先行查看情形，择一合宜地点，暂作守势，使将士精锐之气，蓄而待发"，⑥但现在清军将下汉口，冯国璋也就只能继续采取攻势。他令清军用重炮轰击，民军伤亡惨重，退至街巷顽强抵抗。⑦为了彻底清剿街市内的民军，从10月30日下午

① 《袁世凯致荫昌电》（宣统三年九月初五日），中国第二历史档案馆编《中华民国史档案资料汇编》第1辑，第190页。

② 刘淙译，傅钟涛校《日本驻汉口总领事馆情报》，刘萍、李学通主编《辛亥革命资料选编》第2卷，第88—95页；《荫昌密电》（宣统三年九月初八日），中国第二历史档案馆编《中华民国史档案资料汇编》第1辑，第176页。

③ 《陆军部派兵赴鄂亢拒革命军阵中日记》，中国第一历史档案馆、海峡两岸出版交流中心编《清宫辛亥革命档案汇编》第79册，第81页。

④ 《易迺谦密电》（宣统三年九月初九日），中国第二历史档案馆编《中华民国史档案资料汇编》第1辑，第177页。

⑤ 《陆军部奉旨官军攻占汉口将士奋勇督率有方仍著荫大臣督军收复武汉俟袁世凯到后回京事致信阳行营陆军大臣荫昌》（宣统三年九月初九日），中国第一历史档案馆藏陆军部全宗，15-01-001-000049-0196。

⑥ 《冯国璋致寿勋函》（宣统三年九月初四日），中国第二历史档案馆编《中华民国史档案资料汇编》第1辑，第190页。

⑦ 杨玉如：《辛亥革命先著记（之二）》，刘萍、李学通主编《辛亥革命资料选编》第2卷，第352—353页。

起，冯国璋又令清军实施火攻，[1] 繁华街市顿时陷入滚滚浓烟之中，不少老弱病残者被烧死，受灾市民扶老携幼，狼狈逃难，情形极惨。

同日，袁氏乘车自彰德启程南下，临行前对幕僚表示："余甚稳健，对于革命党决不虐视。"并接受了王锡彤"凡事留有余地"的建议。[2] 可知他自始便有为自身利益而与民军妥协的考虑。

10 月 31 日，袁氏到达信阳车站，等候荫昌到来。当晚，荫昌由孝感抵达信阳，二人在车站进行了接洽，荫昌令参谋长易迺谦将全线各事与袁之参谋长陆锦交接，又命副官长丁士源将所管各事与段芝贵、倪嗣冲交接。[3] 11 月 1 日，在大火焚烧三日，毁掉三分之二的街市后，清军终于占领汉口，革命军撤至武昌和汉阳。[4] 此时的汉口"满目疮痍，无门不闭，十室九空……百物如洗"。[5] 当天，荫昌由信阳北上，回陆军部，[6] 袁氏则由信阳到达孝感，在萧家港设立司令部。[7] 此时袁氏的布置是：以王士珍在信阳筹备募兵事宜及

① 《第 24 件的附件 驻华总司令官致海军部电》（1911 年 10 月 30 日经上海转发），胡滨译《英国蓝皮书有关辛亥革命资料选译》上册，中华书局，1984，第 37 页。

② 王锡彤：《抑斋自述》，第 173 页。

③ 丁士源：《梅楞章京笔记》，荣孟源、章伯锋主编《近代稗海》第 1 辑，第 469—470 页；《致内阁请代奏电》（宣统三年九月十一日），骆宝善、刘路生主编《袁世凯全集》第 19 卷，第 33 页；《凯（袁世凯）致冯军统（冯国璋）电》（宣统三年九月十八日），中国社会科学院近代史研究所编，虞和平主编《近代史所藏清代名人稿本抄本·袁世凯档》第 3 辑第 11 册，大象出版社，2017，第 281 页。

④ 刘淙译，傅钟涛校《日本驻汉口总领事馆情报》，刘萍、李学通主编《辛亥革命资料选编》第 2 卷，第 95—96 页；〔英〕计约翰：《辛亥武昌战守闻见录》，余绳龄、杜志圭、杨红译，李雪云校，刘萍、李学通主编《辛亥革命资料选编》第 2 卷，第 219—221 页。

⑤ 朱通儒：《五十日见闻录》，北京通报馆，1912，第 4 页。

⑥ 《陆军部承政司为收到易总参谋致陆军部徐司长关于果谦等随荫昌由信阳北上十二日上午到京请税务局关照等请电报事致参事官等》（宣统三年九月十日），中国第一历史档案馆藏陆军部全宗，15-01-001-000032-0145。

⑦ 《致内阁请代奏电》（宣统三年九月十一日），骆宝善、刘路生主编《袁世凯全集》第 19 卷，第 33 页。

后路一切计划；所统大军分为左右两翼，左翼翼长段芝贵，右翼翼长倪嗣冲；巡防营务处总办以张士钰充任，粮饷转运等局总办以袁乃宽充任。诸人均为袁氏旧部。其余各项要差，也都以旧部充任。①

四　滦州兵谏提出政纲十二条

当袁氏准备离开彰德时，10月27日，位于山海关内京奉铁路线上、距离京城仅有一百数十公里的滦州，忽然发生了一件震骇朝廷的大事，这就是"滦州兵谏"。面对军人干政，清廷不得不做出重大妥协，政局因此发生巨变。

先是武昌起义爆发后，从10月17日开始，京师大学堂总监督刘廷琛、江苏巡抚程德全、山东巡抚孙宝琦、弼德院参议恩华、资政院总裁世续、弼德院顾问陈宝琛等纷纷上奏，或劝清廷速下"哀痛之诏"，"自引用人不当、政事失宜之咎"，并将办理不善各臣工分别严惩，以收服人心；或劝清廷解散亲贵内阁，迅速组织完全责任内阁，提前召集国会，并将宪法交资政院协议，以政治革命消弭种族革命。②然皆未见清廷有何积极回应。

①　《袁项城军事之布置》，《大公报》1911年11月13日，第2版。

②　《大学堂总监督刘廷琛奏折》（宣统三年八月二十六日），中国第一历史档案馆、海峡两岸出版交流中心编《清宫辛亥革命档案汇编》第64册，第325—327页；《弼德院参议恩华奏折》（宣统三年八月二十八日），中国第一历史档案馆、海峡两岸出版交流中心编《清宫辛亥革命档案汇编》第65册，第97—99页；《资政院总裁大学士世续等奏折》（宣统三年九月初五日）、《弼德院顾问陈宝琛奏折》（宣统三年九月初七日），中国第一历史档案馆、海峡两岸出版交流中心编《清宫辛亥革命档案汇编》第66册，第238—239、345—346页；《程德全致孙宝琦电》（宣统三年八月二十七日）、《孙宝琦致内阁请代奏电》（宣统三年九月初四日），上海图书馆编《上海图书馆藏稀见辛亥革命文献》第3册，第1488—1495、1523—1524页。

现在局势终于恶化到难以收拾，以至于激成兵谏。发动兵谏的主要人物是第二十镇统制张绍曾及该镇所辖第三十九协统领伍祥桢、第四十协统领潘矩楹，以及奉天第二混成协统领蓝天蔚、第三镇代统制卢永祥等。第二十镇是徐世昌和锡良先后任东三省总督期间，从北洋第五、六镇抽调部分兵力，再加东北巡防营以及从京师调往东北的民政部协巡队等组建的；[①]奉天第二混成协则是徐世昌从北洋第二、四两镇抽调兵力组建的。自袁氏被逐后，北洋陆军中就有几个日本陆军士官学校出身的革命党人掌握了部分军队的权力，除了第六镇统制吴禄贞外，蓝天蔚也算一个，而张绍曾虽然也沾染了一点革命气味，但更倾向立宪。第二十镇和第二混成协的驻地原本在奉天，第三镇驻地原本在长春，但就在武昌起义爆发前，因为参加永平秋操，第二十镇移驻滦州。如前所述，清廷得到武昌起义消息后，陆军部和军谘府于10月14日下令由第二十镇第三十九协、第三镇第五协及驻山东第五镇全镇组成第二军，由冯国璋任总统，迅速筹备，准备出兵。旋改由第四十协加入第二军，冯国璋当即致电张绍曾，要求其率领第四十协于10月20日出发，由秦皇岛乘兵轮开往长江一带。[②]10月24日，军谘府又改令第四十协开赴郑州驻扎，严守京汉铁路，以保护第一军后方联络。[③]蓝天蔚的奉天第二混成协本来不在征调之

[①] 中国社会科学院近代史研究所中华民国史组编《中华民国史资料丛稿专题资料选辑》第二辑《清末新军编练沿革》，中华书局，1978，第161页。

[②] 《冯国璋电》（宣统三年八月二十四日，北京），杜春和编选《辛亥滦州兵谏函电选》，中国社会科学院近代史研究所近代史资料编辑部编《近代史资料》总91号，中国社会科学出版社，1997，第49页。

[③] 《军谘府致赵尔巽电》（宣统三年九月初三日），中国第一历史档案馆编《清代档案史料丛编》第8辑，中华书局，1982，第6页；《军谘大臣为滦州第四十协应迅即开拔至郑州驻扎严守京汉铁路并另派一支队警戒潼洛方面竭力防堵等情事》（宣统三年九月初四日），中国第一历史档案馆藏陆军部全宗，15-02-001-000055-0087。

列，因第四十协被令开赴郑州后第二军兵力过于单薄，军谘府遂与陆军部商量，于 10 月 26 日决定调第二混成协加入第二军。①10 月 27 日，军谘府连发火急电报，催促第四十协迅速开拔。②

清廷怎么也不会料到，上述征调决定会引发一场巨大的危机。由于张绍曾深受康、梁学说影响，主张君主立宪，③蓝天蔚则很早就有革命思想，两人都不愿自残同胞，因此，接到征调命令后，他们经过研究，并征得卢永祥、伍祥桢、潘矩楹等同意，决定按兵不动，奏请朝廷立宪，根据朝廷允否，来定进止。④遂由幕僚吕均、杨德邻、石润金等草拟奏稿及政纲十二条。⑤10 月 27 日，张绍曾等一面派人将奏稿及政纲送往北京，一面联名向各省总督、巡抚、将军、陆军统制、统领、防军统领、谘议局发出通电，指出"目今致变之源，皆由政治不良而起，若不从政治改革着手，而徒恃兵讨，窃恐治丝益纷［棼］……已提出政纲十二条，请愿朝廷速改政体，即开国会，改正宪法"，希望各方"同舟风雨，安危与共……共匡大局，遥相声援"。⑥又分别致电内阁总理大臣奕劻、钦差大臣袁世凯和东三省总督赵尔巽，通报"兵

① 《致内阁电》（宣统三年九月初六日），骆宝善、刘路生主编《袁世凯全集》第 19 卷，第 29 页。

② 《军谘府电》（宣统三年九月初六日，北京）、《章通采电》（宣统三年九月初六日，北京），杜春和编选《辛亥滦州兵谏函电选》，中国社会科学院近代史研究所近代史资料编辑部编《近代史资料》总 91 号，第 51、53 页。

③ 张绍程：《张绍曾事迹回忆》，中国人民政治协商会议全国委员会文史资料研究委员会编《文史资料选辑》第 30 辑，文史资料出版社，1962，第 207 页。

④ 《张绍曾致奕劻电》（宣统三年九月初六日，滦州），杜春和编选《辛亥滦州兵谏函电选》，中国社会科学院近代史研究所近代史资料编辑部编《近代史资料》总 91 号，第 51 页。

⑤ 罗正纬：《滦州革命纪实》，出版者不详，1936，第 28 页。

⑥ 《张绍曾等通电》（宣统三年九月初六日，滦州），杜春和编选《辛亥滦州兵谏函电选》，中国社会科学院近代史研究所近代史资料编辑部编《近代史资料》总 91 号，第 52 页。

谏"缘由，寻求支持。① 巧合的是，当天资政院的议员们也议决
向朝廷具奏弭乱三策：一罢亲贵内阁，二将宪法交院协赞，三解
除党禁。② 据张绍程回忆，张绍曾与资政院议员陶葆廉、劳乃宣、
汪荣宝等人素有往还，"其主张君主立宪，思想上受了他们一定程
度的影响"，并且张绍曾等所上条陈曾"秘密送与陶葆廉等人阅
过"，③ 则两方事前似乎有过沟通。

当晚，有第二十镇军官到京城向军谘大臣载涛密报，于是载
涛深夜召集毓朗、那桐、徐世昌等协商。毓朗的弟弟毓盈在《述
德笔记》中有一段记述，真实再现了当晚的情景。他写道：

　　一日夜半，忽有电话，云有极要事件，涛邸候商，乃赴
军谘府。至则人已满矣。有一军官且泣且言，云来自滦州张
绍曾军，邀朝廷让一切政权于内阁，其军汹汹欲变，危在眉
睫，明早苟无旨宣布，京师即不可问。危词耸听，声泪俱
下。环顾左右，有索索战栗者，举张皇无措。然细审之，殊
无至此栗栗之事实，遂悟其伪，不为动。既而众谋，请涛邸
同余兄往见庆邸。余兄笑曰：此时迫丑正矣，趣庆邸起，则
老人体素弱，经此震骇，明早必不能上朝矣，如此，是欲速
而转迟也，不如往见那、徐两相。众以为然，乃行。兄于车

① 《张绍曾致奕劻电》（宣统三年九月初六日，滦州）、《张绍曾致袁世凯电》（宣统三年九月
初六日，滦州）、《张绍曾致赵尔巽电》（宣统三年九月初六日，滦州），杜春和编选《辛亥
滦州兵谏函电选》，中国社会科学院近代史研究所近代史资料编辑部编《近代史资料》总
91号，第51—52页。
② 韩策、崔学森整理，王晓秋审订《汪荣宝日记》，中华书局，2013，第310页。
③ 张绍程：《张绍曾事迹回忆》，中国人民政治协商会议全国委员会文史资料研究委员会编
《文史资料选辑》第30辑，第207页。

> 中谓涛邸曰：庆邸素无主见，见必诺之，而旋食前言，从此
> 多事矣，吾故为此言以缓之也。既见那相，不置可否。徐相
> 旋来，议久不决。忽良弼求见，见即曰："议既不决，请俟异
> 日缓图之。"遂归。①

根据以上记述，当天夜半载涛先是请毓朗到军谘府与众人商量，然后又一起找那桐、徐世昌商量。他们先到那桐处，徐世昌随后来，良弼随后亦到。徐世昌当天日记有"夜，涛、朗两贝勒至琴轩（即那桐——引者）宅，约往谈公事，夜深始归"的记述，那桐当天日记有"夜，涛、朗两贝勒、徐相、良赉臣来谈公事"的记述，与毓盈所记正相吻合。②不过，当晚的商量并没有拿出任何对策。

从毓盈所记可知，毓朗认为奕劻"素无主见"，担心其轻易答应兵谏要求，因此没有阻止载涛在第一时间与奕劻商量。但到了10月28日上午，奕劻还是知道发生了大事，这是因为，前所提及10月27日张绍曾致奕劻电，已经简要通报了兵谏缘由，并告诉奕劻"所有详情，已由陆军部杨科员镇、书记长陈邦俊面禀一切"，请据情代奏。③那么，到了10月28日上午，奕劻自然就会得到消息，而且理应见到了杨镇和陈邦俊。当天，张绍曾和载涛曾互致电函，张绍曾电称"朝廷如能俯允所请，早一日明白宣布，即能早一日收拾人心，尚可使大一统帝国完全无缺"，请代为奏明。载涛则

---

① 爱新觉罗·毓盈：《述德笔记》卷7，民族出版社，2009，第9页。
② 吴思鸥等点校《徐世昌日记》第2册，第276页；北京市档案馆编《那桐日记》下册，第702页。
③ 《张绍曾致奕劻电》（宣统三年九月初六日，滦州），杜春和选编《辛亥滦州兵谏函电选》，中国社会科学院近代史研究所近代史资料编辑部编《近代史资料》总91号，第51页。

在复函中告诉张绍曾已经收到陈邦俊呈送的"统制等条陈各节"。
①如此，则奕劻当然也收到了相关文书。《大公报》描述奕劻看到
政纲十二条后，"阅尚未终，即面貌失色，两手发颤，顿足云：'大
势去矣！'"当即会同那桐、徐世昌入奏。②在奏折中，张绍曾等写
道："此次变乱起原，其肇因虽有万端，消纳言之，政治之无条理
及立宪之假筹备所产出之结果已耳……今日军民所仰望要求者，惟
在于改革政体而已。为朝廷计，与其迟徊不决，以启天下之疑，何
如明示政纲，以钳党人之口。又况要求之改革目的，于我皇上地位
之尊荣无丝毫之损，而于我国家基础之巩固有邱山之益，所不便
者独革党与朝贵耳。"奏稿要求改定宪法，"以英国之君主宪章为准
的"，并附有请愿政纲十二条，要求朝廷迅即降旨，明白宣示。末
以"披甲执戈，以待复命"，急切催促。③所陈请愿政纲十二条为：

一、大清皇帝万世一系。

二、立开国会，于本年之内召集。

三、改定宪法，由国会起草议决，以君主名义宣布，但
君主不得否决之。

四、宪法改正提案权专属于国会。

五、海陆军直接大皇帝统率，但对内使用应由国会议决
特别条件遵守，此外不得调遣军队。

---

① 《张绍曾致载涛电》（宣统三年九月初七日，滦州）、《载涛函》，杜春和编选《辛亥滦州兵
谏函电选》，中国社会科学院近代史研究所近代史资料编辑部编《近代史资料》总91号，
第54、71页。

② 《张统制电奏之惊人》，《大公报》1911年11月3日，第2版。按，《大公报》谓奕劻看到
十二款是10月29日，然根据相关史实，应在10月28日。

③ 《陆军第二十镇统制官张绍曾等奏折》，中国第一历史档案馆、海峡两岸出版交流中心编
《清宫辛亥革命档案汇编》第67册，第279—284页。

六、格杀勿论、就地正法等律不得以命令行使；又对于一般人民不得违法随意逮捕、监禁。

七、关于国事犯之党人，一体特赦擢用。

八、组织责任内阁，内阁总理大臣由国会公举，由皇帝敕任；国务大臣由内阁总理大臣推任，但皇族永远不得充任内阁总理及国务大臣。

九、关于增加人民负担及媾和等国际条约，由国会议决，以君主名义缔结。

十、凡本年度预算未经国会议决者，不得照前年度预算开支。

十一、选任上议院议员时，概由国民对于有法定特别资格者公选之。

十二、关于现时规定宪法、国会选举法及解决国家一切重要问题，军人有参议之权。①

按以上十二条，清帝将失去 1908 年《钦定宪法大纲》所赋予的立法、司法、行政诸方面的全部大权，事实上成为"虚君"。

摄政王接到报告后立刻特开密议。隆裕皇太后于会上责怪诸人曰："尔等平日干些甚事，以致现今弄成这样，尔等既为王大臣，有何妙法，有甚主见，可以从速奏明。"奕劻、载涛密奏多时，退出时，只见"监国及涛贝勒均有泪痕，而庆邸复现有愁惨之色"。② 密奏详情虽不可知，但从接下来清廷的举动，可知御前

---

① 《陆军第二十镇统制张绍曾等单》（宣统三年九月），中国第一历史档案馆、海峡两岸出版交流中心编《清宫辛亥革命档案汇编》第 78 册，第 99—101 页。

② 《慈宫召见监国及庆邸等志闻》，《大公报》1911 年 10 月 31 日，第 2 版。

会议做出了一个决定，即派第六镇统制吴禄贞和军谘府厅长陈其采前往滦州宣抚，由吴禄贞向张绍曾通报资政院连日已在讨论立宪等相关事项，要求张绍曾等严守秩序。载涛当即致函张绍曾通知了这一决定。① 在京的陈邦俊得悉后，也以加急电报告张绍曾。吴禄贞、陈其采又直接电告张绍曾，谓"有事相商，准明早七钟专车到滦"。② 当晚，载涛复至徐世昌处商量，直至深夜始去。③

到了10月29日，张绍曾等见清廷未有明确宣示，于是致电资政院，请议员质问政府，从速解决。电云："国亡无日，非将现在政体痛加改革，万不足以固邦本而系人心。绍曾等前提出政纲十二条，奏请宣布，实为现在扶危定倾之不二法门，自谓一字不可增减，乃折奏于六日（即10月27日，实际呈递应为10月28日——引者）呈递，至今尚未明白宣布，不知究竟系谁人把持……敬乞迅予提案，质问政府。"④ 同日，资政院总裁世续等上奏折三道，提出：其一，另行组织责任内阁，不用懿亲为国务大臣；其二，速开党禁，赦免一切政治犯；其三，颁布明诏，将宪法交资政院协赞。⑤ 这样张绍曾兵谏与资政院奏请就形成内外压

---

① 《载涛函》（宣统三年九月初七日，北京），杜春和编选《辛亥滦州兵谏函电选》，中国社会科学院近代史研究所近代史资料编辑部编《近代史资料》总91号，第71页。

② 《陈邦俊电》（宣统三年九月初七日）、《吴禄贞等电》（宣统三年九月初七日，北京），杜春和编选《辛亥滦州兵谏函电选》，中国社会科学院近代史研究所近代史资料编辑部编《近代史资料》总91号，第54页。

③ 吴思鸥等点校《徐世昌日记》第2册，第276页。

④ 《张绍曾致资政院电》（宣统三年九月初八日，滦州），杜春和编选《辛亥滦州兵谏函电选》，中国社会科学院近代史研究所近代史资料编辑部编《近代史资料》总91号，第55页。

⑤ 《资政院总裁世续等奏请罢亲贵另组责任内阁折》（宣统三年九月初八日）、《资政院总裁世续等请速开党禁以收拾人心折》（宣统三年九月初八日）、《资政院总裁世续等请明诏将宪法交资政院协赞折》（宣统三年九月初八日），故宫博物院明清档案部编《清末筹备立宪档案史料》上册，中华书局，1979，第596—597、92—93、94—95页；《监国之含泪钤章》，《大公报》1911年11月3日，第5版。

迫之势。当晚，载涛、载洵、毓朗及陆军副大臣寿勋一同到摄政王处探访，摄政王慨叹"时事孔亟之至"。①

再说吴禄贞和陈其采于 10 月 29 日到达滦州后，即致电伍祥桢和蓝天蔚，请二人自奉天到滦州来，二人以"身统重兵，未能轻离职守"，电请张绍曾代表二人与吴禄贞协商。②吴早具革命思想，与张、蓝均毕业于日本士官学校，号称"士官三杰"。他见到张绍曾后，劝张不必诉诸立宪，可乘荫昌率军南征武昌、京城不备之机，与其所统驻扎保定的第六镇一同倒戈，兵不血刃，占领京城。具体设想是：张部为第一军，蓝部为第二军，吴部为第三军。第一军由滦州西趋丰台，第三军由保定北趋长辛店，第二军则作为后援队，最后会师北京，以覆清廷。③张绍曾没有听从，而是与蓝天蔚、伍祥桢、潘矩楹、卢永祥及陈文运（第三镇第六协统领）等组织"立宪军"，准备"以兵力为请求改定宪法之最后手段"，④"如政府不允所请，各军均向北京进发，驻扎京师附近，一面要求改良政治，一面命令革命军及第一军停战，以

---

① 《醇亲王载沣日记》，第 415 页。

② 《吴禄贞等电》（宣统三年九月初七日，北京）、《伍祥桢、蓝天蔚电》（宣统三年九月初八日，奉天），杜春和编选《辛亥滦州兵谏函电选》，中国社会科学院近代史研究所近代史资料编辑部编《近代史资料》总 91 号，第 54、55 页。

③ 蓝薇薇：《蓝天蔚年谱长编》，上海交通大学出版社，2016，第 145—146、149—150 页。

④ 《张绍曾等所拟立宪军之义条》，杜春和编选《辛亥滦州兵谏函电选》，中国社会科学院近代史研究所近代史资料编辑部编《近代史资料》总 91 号，第 69—70 页。按，卢永祥虽参与组织"立宪军"，但并非真正支持兵谏，很快他就奉清廷之命，于 10 月 31 日起，由长春开到奉天，接着从 11 月 5 日起，由奉天开拔到丰台，不久又开拔到山西，镇压民军。参见《陆军部承政司为抄移第三镇统制曹锟发来混成第五协定于宣统三年九月十五日起由奉乘京奉车分次开赴丰台集合电报事致军制司》（宣统三年九月十六日），中国第一历史档案馆藏陆军部全宗，15-02-001-000055-0148；《军谘府为山西巡抚及卢永祥电称报告克复平阳等处应请贵部会电嘉奖等情事致陆军部》（宣统三年十二月十八日），中国第一历史档案馆藏陆军部全宗，15-01-001-000050-0061。

救生命涂炭之苦，一面照会各国不必干涉”，同时分电各省，寻求响应。①

正当吴禄贞在滦州宣抚第二十镇之际，山西新军于10月29日起事，杀死巡抚陆钟琦及其子陆光熙，推阎锡山为都督、温寿泉为副都督，宣布独立，响应武昌。②陆军部和军谘府急忙训令驻扎保定的第六镇署理第十二协统领吴鸿昌迅速开拔，星夜赶至太原附近防剿。10月30日下午6时，吴鸿昌率军由保定开拔，当晚11时半到达石家庄。③吴禄贞得悉后，对张绍曾等人曰："吾劝诸将袭北京，而所部攻晋，吾何面目在此与诸将相向乎！"遂于当天赶赴石家庄阻止战争。④但对张绍曾等人的计划，吴也予以支持，曾与张联名致电黎元洪，请停止南北战事，集合代表到北京"协议组织新政府"。⑤又致函张绍曾等，肯定其"所要求改良政治，亦属国家要图"，组织立宪军"为四万万同胞请命，决非大逆不道也"，"中国存亡，全仗此举"，第六镇"亦应高举义旗，首先赞助"。⑥

滦州兵谏和山西独立让清廷顷刻陷于南北夹击的危境之

---

①　《致张绍曾函》（宣统三年九月），皮明庥、虞和平、吴厚智编《吴禄贞集》，华中师范大学出版社，2011，第227页。

②　《吴禄贞致内阁电》（宣统三年九月十三日），中国第二历史档案馆编《中华民国史档案资料汇编》第1辑，第196页。

③　《吴鸿昌致陆军部呈文》（宣统三年九月二十九日），中国第二历史档案馆编《中华民国史档案资料汇编》第1辑，第198页。

④　钱基博：《吴禄贞传》，中国史学会主编《中国近代史资料丛刊·辛亥革命》第6册，上海人民出版社，1981，第371页。

⑤　《第二十镇、第六镇统制张绍曾、吴禄贞等致革命军电》（1911年11月1日），《大公报》1911年11月6日，第6版。

⑥　《致张绍曾函》（宣统三年九月），皮明庥、虞和平、吴厚智编《吴禄贞集》，第227页。

中，一时浮言四起，甚至有朝廷将"北狩"之说。^①为了挽回时局、安定人心，清廷密议良久，终于下定决心，于 10 月 30 日连降四道谕旨。首先由摄政王"含泪钤章"，以宣统名义降罪己之诏，力图挽回人心。诏书承认登基三年来，"用人无方，施治寡术。政地多用亲贵，则显戾宪章；路事朦于金壬，则动违舆论。促行新治，而官绅或借为网利之图；更改旧制，而权豪或只为自便之计。民财之取已多，而未办一利民之事；司法之诏屡下，而实无一守法之人。驯致怨积于下，而朕不知，祸迫于前，而朕不觉……此皆朕一人之咎也"。郑重宣布："誓与我国军民维新更始，实行宪政，凡法制之损益、利病之兴革，皆博采舆论，定其从违，以前旧制、旧法有不合于宪法者，悉皆除罢……军民何罪，果能翻然归正，决不追究既往……尚赖国民扶持，军人翼戴，期纳我亿兆生灵之幸福，而巩我万世一系之皇基。"^②如此危急情势下，心心念念仍是以巩固"皇基"为最终考量，不能不让人怀疑"罪己"的诚意。由于陈宝琛在 10 月 28 日曾奏请皇上"颁诏自咎，誓与国民更始，实行宪政，以收人心，而固邦本"，^③因此该诏据说是由摄政王特派陈宝琛起草，会同阁臣参拟，然后呈请钦定颁布。^④同日所颁另外三道诏书，则是允准先一日资政院提出的三项要求：一是责成溥伦等"敬遵《钦定宪法大纲》，迅

---

① 《宣统政纪》卷六十二，宣统三年辛亥九月壬申，第 1148 页。
② 《上谕》（宣统三年九月初九日），中国第一历史档案馆编《宣统朝上谕档》第 3 册，第 278—279 页。
③ 《弼德院顾问陈宝琛奏折》（宣统三年九月初七日），中国第一历史档案馆、海峡两岸出版交流中心编《清宫辛亥革命档案汇编》第 66 册，第 345—346 页。
④ 《罪己诏之起草大员》，《大公报》1911 年 11 月 2 日，第 2 版。

将宪法条文拟齐，交资政院详慎审议"，呈候钦定颁行；①二是承认"懿亲执政与立宪各国通例不符"，"一俟事机稍定，简贤得人，即令组织完全内阁，不再以亲贵充国务大臣"；②三是同意速开党禁，赦免戊戌以来持异见之政治犯，嗣后非据法律不得擅以嫌疑逮捕臣民。③

资政院依据 10 月 30 日的罪己诏和三道谕旨，于 10 月 31 日复电张绍曾，对"兵谏"之举表示同情，指出政府允准不用懿亲、协赞宪法、特赦党人三条，与政纲十二条所开正相符合。又称资政院已"决议采用英国立宪主义，用成文法规定"，将参照政纲十二条"拟具重要信条"，一面征集各省谘议局意见，汇由资政院议决，奏请即日宣布。④

然而，张绍曾等对清廷的宣示和资政院的答复并不满意，局势朝着越发紧张的方向发展。

五　清廷颁布《宪法重大信条十九条》

对于清廷颁布"罪己诏"并允准资政院所奏三条，恽毓鼎悲

---

① 《上谕》（宣统三年九月初九日），中国第一历史档案馆编《宣统朝上谕档》第 3 册，第 279—280 页。

② 《上谕》（宣统三年九月初九日），中国第一历史档案馆编《宣统朝上谕档》第 3 册，第 280 页。

③ 《上谕》（宣统三年九月初九日），中国第一历史档案馆编《宣统朝上谕档》第 3 册，第 280—281 页。

④ 《资政院等电》（宣统三年九月初十日，北京），杜春和编选《辛亥滦州兵谏函电选》，中国社会科学院近代史研究所近代史资料编辑部编《近代史资料》总 91 号，第 56 页。

喜交集，以为"自皇上践祚以来，诏令之美，今日为第一"。①
宝熙则"不觉泣下"，认为"此举太示弱于天下，无异城下之盟，
弥增耻愤"。②而在严复看来，这一切都太迟了，他感叹道："如
果一个月前做到这三条之中任何一条的话，会在清帝国发生什么
样的效果啊！"③现在，不但革命党不会相信清廷，就连张绍曾
等也因清廷的承诺与政纲十二条的要求尚有相当的距离而不满。
比如，关于内阁，谕旨称"一俟事机稍定，简贤得人，即令组
织完全内阁，不再以亲贵充国务大臣"。这与张绍曾等原奏要求
的"内阁大臣必由民选"完全不同；且"事机稍定"含义模糊，
"稍定果在何时？"关于宪法，谕旨令溥伦等"敬遵《钦定宪法大
纲》，迅将宪法条文拟齐，交资政院详慎审议，候朕钦定颁布"。
这与张绍曾等所要求的"改定宪法由国会起草议决"，亦完全不
同。④由于资政院在上奏中仅要求将宪法"交资政院协赞"，并表
示这样做"与先朝圣训钦定之意毫无所妨"，⑤因此可以断定，上
引10月31日该院答复张绍曾电文中所谓"本院决议采用英国立
宪主义""拟具重要信条"云云，不过是为了敷衍或安抚张绍曾
等，不可能真正满足政纲十二条的要求。为此，张绍曾于11月1

---

① 　史晓风整理《恽毓鼎澄斋日记》第2册，第555页。

② 　宝熙：《沈盦日记》，宣统三年九月初九日，上海社会科学院历史研究所藏稿本。

③ 　《严复来函》(414号函附件，1911年11月7日于北京东城金鱼胡同)，〔澳〕骆惠敏编《清
末民初政情内幕——〈泰晤士报〉驻北京记者、袁世凯政治顾问乔·厄·莫理循书信集》
上册，第784页。

④ 　《张绍曾致军谘府代奏电》(宣统三年九月十一日，滦州)，杜春和编选《辛亥滦州兵谏函
电选》，中国社会科学院近代史研究所近代史资料编辑部编《近代史资料》总91号，第
59页。

⑤ 　《资政院总裁世续等请明诏将宪法交院协赞折》(宣统三年九月初八日)，故宫博物院明清
档案部编《清末筹备立宪档案史料》上册，第95页。

日电请军谘府代奏朝廷，谓"内阁一日不成立，即内乱一日不平息"，要求朝廷"收回成命，取消《宪法大纲》，由议院制定"，电末以"荷戈西望，不胜惶恐待命之至"警示朝廷。①

同时，为了迅速达到目的，张绍曾又采取一系列举动以加大对清廷施压的力度。一方面，他联络卢永祥和蓝天蔚，请二人运兵到滦州集结，并请蓝部在张部一旦进兵北京时作为后援；另一方面，他以军队在滦州条件艰苦，"闻都中匪徒丛伏，深恐惊扰宫廷"，请军谘府转告邮传部即日派出列车二百辆，将军队移驻南苑，既便安慰士卒，兼可保卫都城；复通知冯国璋，滦州队伍因天气渐冷，准备进驻南苑或通州，"如火车不到，即用徒步行军前进"。他还根据革命党人彭家珍提供的情报，将清廷自西伯利亚所购大批军火截留在滦州，然后通报军谘府和湖北军政府，要求双方停战，"集合军民代表共诣北京，协议组织新政府及宪法进行方法"。②

当此时刻，湖南、陕西、江西、山西、云南等省已先后宣布独立，其他各省局势也很不稳。内外交困、四方夹击，使皇族内阁再也支撑不住，准备接受张绍曾等的立宪要求。10 月 31 日，奕劻、那桐、徐世昌就请许宝蘅拟好了皇族内阁辞职折稿，③这对

---

① 《张绍曾致军谘府代奏电》(宣统三年九月十一日，滦州)，杜春和编选《辛亥滦州兵谏函电选》，中国社会科学院近代史研究所近代史资料编辑部编《近代史资料》总 91 号，第 59 页。

② 《张绍曾致卢永祥电》(宣统三年九月十一日，滦州)、《张绍曾致蓝天蔚电》(宣统三年九月十一日，滦州)、《张绍曾致军谘府电》(宣统三年九月十一日，滦州)、《张绍曾致冯国璋电》(宣统三年九月十一日，滦州)、《彭家珍电》(宣统三年九月十一日，奉天)、《张绍曾致黎元洪等电》(宣统三年九月十一日，滦州)，杜春和编选《辛亥滦州兵谏函电选》，中国社会科学院近代史研究所近代史资料编辑部编《近代史资料》总 91 号，第 57—59 页。

③ 许恪儒整理《许宝蘅日记》第 1 册，第 372 页。

摄政王而言无疑是噩耗，但又无可奈何。当天适逢新任民政大臣
赵秉钧到京，摄政王召见了他，要他主持京师治安诸务。赵秉钧
发现，"摄政王无精打采，头脑似已完全混乱，毫无定见"，"似已
全然无心过问政事"。①11月1日上午，奕劻等正式提出辞职，
摄政王向隆裕皇太后面陈"立宪一切事宜"，获准施行，于是下
旨批准皇族内阁全体辞职，同时授袁世凯为内阁总理大臣，请其
即行来京"组织完全内阁"，迅即筹划"改良政治"一切事宜，
在其到京前各大臣仍照常办事。袁授内阁总理后，所有派赴湖北
陆海各军及长江水师仍归其节制调遣。②军谘大臣载涛因内阁辞
职而处于忧危恐惧之中，因此也于同日呈递辞折，改由陆军大臣
荫昌接替，仍兼管陆军大臣事宜。③清廷又火急派军谘副使哈汉
章赴滦州与张绍曾沟通，请其静候朝廷的安排，这项使命朝廷本
来有意派赵秉钧去执行，但被赵婉言辞却了。④

　　皇族内阁表面上仍在维持，等待袁世凯到来，但实际上已陷
入恐慌而束手无策。朝局巨变之际，资政院对政府的态度亦强硬
起来，于11月1日晚些时候召开秘密会议，向政府提出协商条

① 《伊集院驻清公使致内田外务大臣电》（1911年11月1日，第395号），中国社会科学院近代史研究所中华民国史研究室主编，邹念之编译《日本外交文书选译——关于辛亥革命》，中国社会科学出版社，1980，第56页。

② 《上谕》（宣统三年九月十一日），中国第一历史档案馆编《宣统朝上谕档》第3册，第285页；《醇亲王载沣日记》，第416页；北京市档案馆编《那桐日记》下册，第702页；许恪儒整理《许宝蘅日记》第1册，第372页。

③ 《上谕》（宣统三年九月初六日），中国第一历史档案馆编《宣统朝上谕档》第3册，第286页；《涛贝勒之不安于其位》，《大公报》1911年11月5日，第2版。

④ 《哈汉章电》（宣统三年九月十一日，北京），杜春和编选《辛亥滦州兵谏函电选》，中国社会科学院近代史研究所近代史资料编辑部编《近代史资料》总91号，第57页；《伊集院驻清公使致内田外务大臣电》（1911年11月1日，第395号），中国社会科学院近代史研究所中华民国史研究室主编，邹念之编译《日本外交文书选译——关于辛亥革命》，第56页。

件八款及质问事件三款共计十一款如下：

一、宪法应采用英国君主立宪主义，仍用成文法规定之。

二、凡与宪法主义抵触之法律及制度，一律废止。

三、请明降谕旨，表示朝廷不欲用兵平内乱之意。

四、提前赶办帝国议会议员选举，即行开会。

五、修正谘议局章程，确定谘议局为各省长官对待机关。

六、请不用亲贵为军谘大臣。

七、确筹八旗生计，所有京外八旗名目一律废止。

八、八旗人等均译汉姓。

九、川、鄂、湘省肇乱不职诸臣请置重典。

十、有无借外兵定乱之事。

十一、有无借外债之事。①

奕劻、徐世昌和那桐作为政府代表参加了秘密会议。其中第一款制宪问题最为重要，奕劻答应向摄政王报告。其他各款，三人也都予以积极回应。②于是，议员陈敬第等当天即开始拟定《宪法重大信条十九条》。11月2日接续讨论，并很快议定。议员陈懋鼎提出十九信条应早颁布。牟琳亦谓"滦州军队既有要求，希望甚切，应早发布，以安军心"。易宗夔附和，谓"信条非宪法

---

① 《本年九月十一日资政院开秘密会与政府协商条件》，李希泌辑录《有关辛亥南北议和文电抄》，《文献》1981年第3期，第36—37页；《九月十一日资政院秘密会议经过情形》，渤海寿臣编《辛亥革命始末记》，台北，文海出版社有限公司影印本，1969，第1197—1199页。

② 《九月十一日资政院秘密会议经过情形》，渤海寿臣编《辛亥革命始末记》，第1197—1199页。

比，有不完全者后来亦可补足，及早颁布，亦弭乱之一法"。就在此时，朝廷接受张绍曾等奏请将宪法"交资政院起草"的谕旨降下，议长向议员们进行了传达。这不仅意味着正在进行的十九信条草拟得到了朝廷的认可，更意味着原先只相当于法律咨询机构的资政院被赋予了起草宪法的权力，因此议场内一片欢呼之声。接下来，议员们对十九信条和陈敬第等所拟上奏稿略加修改，然后表决，全体起立赞成，决定次日上奏。①

11月3日，资政院总裁李家驹等奏报所拟十九信条，请宣誓太庙，予以刊行。奏称："东西各国君主立宪，皆以英国为母，此次起草，自应采用英国君主立宪主义，而以成文法规定之……兹谨先拟具宪法内重大信条十九条，凡属立宪国宪法共同之规定，则暂从阙略，俟全部起草时，再行拟具。"因事机紧迫，稍纵即逝，李家驹等请朝廷"将重大信条先行颁示"，宣誓太庙，"以固邦本而维皇室"；又以"宪法为万世不磨之大典，君民共守，关系至巨"，除请各省谘议局参与意见外，并"准军人暂行参与意见"。② 折上后，那桐请摄政王详细斟酌，摄政王不以为然，认为"现时势已至此，朝廷已决将国务大权交付国民，毫无疑义，尚有何斟酌之处"，奕劻亦以为然，于是清廷当即降旨，全部裁可，③准备择期宣誓太庙，布告天下，作为将来起草宪法的准则。

---

① 《谕旨》（宣统三年九月十二日），中国第一历史档案馆、海峡两岸出版交流中心编《清宫辛亥革命档案汇编》第67册，第214页；韩策、崔学森整理，王晓秋审订《汪荣宝日记》，第311—312页；《醇亲王载沣日记》，第417页；《资政院第六次会议纪略》，渤海寿臣编《辛亥革命始末记》，第1204—1205页。

② 《资政院总裁李家驹等请草拟宪法内重大信条先行颁示并请准军人参与宪法起草意见折》（宣统三年九月十三日），故宫博物院明清档案部编《清末筹备立宪档案史料》上册，第101—102页。

③ 《重大信条并无斟酌》，《大公报》1911年11月6日，第5版。

所裁可之《宪法重大信条十九条》具体如下：

第一条　大清帝国皇统万世不易。

第二条　皇帝神圣不可侵犯。

第三条　皇帝之权以宪法所规定者为限。

第四条　皇位继承顺序于宪法规定之。

第五条　宪法由资政院起草议决，由皇帝颁布之。

第六条　宪法改正提案权属于国会。

第七条　上院议员由国民于有法定特别资格者公选之。

第八条　总理大臣由国会公举，皇帝任命；其他国务大臣，由总理大臣推举，皇帝任命；皇族不得为总理大臣及其他国务大臣并各省行政长官。

第九条　总理大臣受国会弹劾时，非国会解散，即内阁辞职；但一次内阁不得为两次国会之解散。

第十条　陆海军直接皇帝统率，但对内使用时，应依国会议决之特别条件，此外不得调遣。

第十一条　不得以命令代法律，除紧急命令应特定条件外，以执行法律及法律所委任者为限。

第十二条　国际条约非经国会议决不得缔结，但媾和宣战不在国会开会期中者，由国会追认。

第十三条　官制官规以法律定之。

第十四条　本年度预算未经国会议决者，不得照前年度预算开支；又预算案内不得有既定之岁出，预算案外不得为非常财政之处分。

第十五条　皇室经费之制定及增减由国会议决。

　　第十六条　皇室大典不得与宪法相抵触。

　　第十七条　国务裁判机关由两院组织之。

　　第十八条　国会议决事项由皇帝颁布之。

　　第十九条　以上第八、第九、第十、第十二、第十三、第十四、第十五、第十八各条，国会未开以前，资政院适用之。①

　　很明显，十九信条的核心内容就是张绍曾等所奏政纲十二条。11月4日资政院全体议员致张绍曾、卢永祥、蓝天蔚、伍祥桢、潘矩楹等电，也有"本院顷据贵镇奏请实行政纲，拟订信条十九条，已奉旨准誓庙颁布"之报告。②参与草拟十九信条的汪荣宝对这一结果非常满意，认为"朝廷如此让步，是亦可以已矣"。③舆论也称赞十九信条为"中国之大宪章"，"中国四千年创见之特典"。④在当时的危急形势下，甚至有人认为"此信条比军队更有力量，是分崩离析状态下唯一的希望"。⑤

　　按照十九信条，虽然清朝皇统万世不易，皇帝神圣不可侵犯，但皇帝之权受到宪法全面约束：没有钦定议员和任用内阁总理及国务大臣权，没有提议修改宪法权或立法权，没有对内无条件调遣陆海军权，没有财政权，没有对外缔结国际条约权，没有否决国会议决案或解散国会权，总之彻底失去了1908年《钦定

① 《择期颁布君主立宪重要信条谕》（宣统三年九月十三日），故宫博物院明清档案部编《清末筹备立宪档案史料》上册，第102—104页。

② 《资政院全体议员电》（宣统三年九月十四日，北京），杜春和编选《辛亥滦州兵谏函电选》，中国社会科学院近代史研究所近代史资料编辑部编《近代史资料》总91号，第64页。

③ 韩策、崔学森整理，王晓秋审订《汪荣宝日记》，第312页。

④ 《要件》，《大公报》1911年11月5日，第5版。

⑤ 窦坤等译著《〈泰晤士报〉驻华首席记者莫理循直击辛亥革命》，福建教育出版社，2011，第114页。

宪法大纲》中所规定的"总揽统治权"的地位，"将皇朝的最高权力转交给了国会，通过向国会负责的总理大臣和内阁来执行这些权力"。[①] 皇帝则退到后台，成为名义上的元首，按康有为所言，"名虽为君，实则非君"，可称为"虚君共和国"。[②] 一些人对皇帝的权力被过度剥夺深表不满。如御史温肃奏称："宪法十九信条发于前二十镇统制张绍曾之要求，成于资政院议员之奏请，其中削夺君权，与君主立宪之旨殊多不合，朝廷曲允其请，原具不得已之苦衷。"[③] 典礼院直学士曹广权奏称："宪法由资政院议决，国会议决事项由皇帝颁布之，宪法改正提案权属国会，是君主不能否决，不能提议，与各国号称君主立宪者不同；至原奏请并准军人暂行参与意见等语，则不但君主立宪所绝无，抑民主宪政所未有。"[④] 钦选议员严复对十九信条也颇不满，认为"所谓的宪法的十九项条款，在我看来根本不是宪法，它不过将专制政权从皇帝转移到未来的国会或现在的议会，这种事绝不会持久、稳固，因而不是进步的"。[⑤]

随着十九信条颁布，压力转到了张绍曾一边。兵谏和扣押军火之举，引起外间猜疑，特别是俄、英、日等外部势力时刻关注

---

① 《鲍明钤文集》，鲍丽玲、毛树章译，中国法制出版社，2011，第17页。
② 《致党内公启》（1911年11月），姜义华、张荣华编校《康有为全集》第9集，中国人民大学出版社，2007，第218页。
③ 《宣统三年九月二十六日御史温肃奏折附片一》，中国史学会主编《中国近代史资料丛刊·辛亥革命》第5册，第495页。
④ 《宣统三年九月二十九日典礼院直学士曹广权奏折》，中国史学会主编《中国近代史资料丛刊·辛亥革命》第5册，第496页。
⑤ 《严复来函》（414号函附件，1911年11月7日于北京东城金鱼胡同），〔澳〕骆惠敏编《清末民初政情内幕——〈泰晤士报〉驻北京记者、袁世凯政治顾问乔·厄·莫理循书信集》上册，第784页。

滦州军队之举动，蠢蠢欲动，试图借机向奉天和京津地区渗透军力。在京陆军同人等因此致电张绍曾，要求其立刻放行军火，以免招致外祸。①清廷对张绍曾的忠诚也产生了疑虑，既然张绍曾主张南北停战，清廷遂于11月6日下旨，称赞张绍曾"关怀时政，热心改良"，赏给其侍郎衔，授为宣抚大臣，令其驰赴长江一带宣布朝廷德意，所遗第二十镇统制则改由第四十协统领潘矩楹署理。②这实际上等于削夺了其兵权。11月9日，张绍曾以健康为由奏请开缺，获得清廷允准，③自此暂时退出政界和军界。同日，梁启超自日本抵达大连。他自武昌起义以来便设想一种"和袁、慰革、逼满、服汉"的大方针，打算依靠北军和资政院的支持者，驱逐奕劻、载泽，以载涛为总理，迅速召集国会，然后下罪己诏，废除八旗，皇帝自改汉姓，满人一律赐姓，同时停止进攻民军，与其交涉，劝其服从。故得知张绍曾兵谏后即返国在奉天活动，欲有所行动。不料张已去职，吴禄贞又被杀（详后），遂于数日后复返日本。④其时有人对张绍曾未能抓住机会举兵直捣北京感到失望，也有人为其坐失大权感到惋惜。不过，从其提出政纲十二条及清廷颁布十九信条来看，兵谏目的已然达到，故又有人誉之为"宪政之魁"。⑤

---

① 《在京陆军同人电》（宣统三年九月十四日，北京），杜春和编选《辛亥滦州兵谏函电选》，中国社会科学院近代史研究所近代史资料编辑部编《近代史资料》总91号，第63—64页。

② 《电寄谕旨》（宣统三年九月十六日，北京），杜春和编选《辛亥滦州兵谏函电选》，中国社会科学院近代史研究所近代史资料编辑部编《近代史资料》总91号，第65页。

③ 《内阁电》（宣统三年九月十九日，北京），杜春和编选《辛亥滦州兵谏函电选》，中国社会科学院近代史研究所近代史资料编辑部编《近代史资料》总91号，第66—67页。

④ 丁文江、赵丰田编《梁启超年谱长编》，上海人民出版社，1983，第552—562页。

⑤ 《佚名函》（宣统三年九月十九日），杜春和编选《辛亥滦州兵谏函电选》，中国社会科学院近代史研究所近代史资料编辑部编《近代史资料》总91号，第66—67页。

六　袁氏当选内阁总理及入京与资政院沟通

得知张绍曾发动兵谏后，庆亲王奕劻立刻意识到亲贵内阁已无法维持，于 10 月 29 日面见摄政王时奏称："此种政体为近来立宪各国所不容，现内外臣工及资政院既已极力反对，革党亦以为口实，朝廷务必批准，以顺舆情而弭乱党。"[①] 摄政王表示认同，因此有 10 月 30 日的罪己诏和三道谕旨。决定颁旨前，皇族中尚有某大臣表示反对，奕劻斥责道："大局现已破坏，将见不出十日，各省必皆肇变。此次办法不过如孤注之一掷，其是否有效尚不得知，汝尚敢持异议，以误国家大事乎？"某大臣遂无言而退。[②]10 月 31 日接受摄政王召见时，奕劻又力陈时局艰危，请迅速实行立宪，称："现所患者，不专在革党之构兵，实在人心之思变，故风声所至，响应如此之速；即尚有未变各省，亦必不能多延时日。须即实行立宪，以为收拾人心之计。"[③] 摄政王深以为然，故于 11 月 1 日批准皇族内阁辞职，并授袁氏为内阁总理大臣。

清廷之所以选中袁氏，首要原因是在当时的严峻形势下，实在找不出第二个像袁世凯那样具有实力和影响力的人物。《大公报》的一篇评论以略带调侃的口吻写道："天发杀机，龙蛇并起，于尸山血海之中，涌出一旧店新招牌之人物焉，曰袁世凯。武昌

---

① 《庆邸力陈亲贵内阁之失》，《大公报》1911 年 11 月 2 日，第 2 版。

② 《庆邸痛陈危言》，《大公报》1911 年 11 月 3 日，第 2 版。

③ 《庆邸至此亦知实行立宪矣》，《大公报》1911 年 11 月 4 日，第 2 版。

陷而袁世凯总督湖广，长沙陷而袁世凯钦差大臣，山陕陷而袁世凯总理内阁，是大清帝国之命运，与袁之命运适成一反例。"[1] 另外，这一任命可能还与奕劻、载涛一派同载泽一派的内斗有关。根据军谘大臣毓朗 11 月 1 日退朝后向日本人川岛浪速透露的内幕，任用袁世凯为总理大臣，全由庆亲王奕劻一手举荐，那桐、徐世昌及载涛均表同意。其中载涛之所以同意，"实因庆亲王、涛贝勒与泽公之间倾轧素深，近来几至达到顶点，涛贝勒甚至暗自忧恐其为泽公所暗害。当此时刻，如能引袁世凯入主中枢，或可缓和其间矛盾，至少可能暂时维持小康状态。此事庆亲王与袁世凯之间事先似已早有默契"。[2] 列强对袁氏被授内阁总理大臣也极表欢迎，驻京各国公使除了向外务部道贺外，还致电袁氏，敦请其来京任职，对袁氏调停战局深抱希望。[3]

尽管摄政王令皇族内阁在袁世凯就职前照旧留守办事，但实际上无人愿意管事，更不愿负责，以致朝廷几近无政府状态。同时，载沣、奕劻等"担心帝国中枢若没有一个能够应付自如地处理内部外部局面的领导人物，将会给对外关系带来更多的困难"，因此他们急切希望袁氏迅速进京组阁，[4] 故在授袁氏为内阁总理同时，又降旨补授魏光焘为湖广总督，以代袁氏。考虑到魏光焘一时不能到任，紧接着又于 11 月 2 日降旨，令正在协助袁氏办理

---

① 　大心：《闲评二》，《大公报》1911 年 11 月 6 日，第 5 版。

② 　《伊集院驻清公使致内田外务大臣电》（1911 年 11 月 1 日，第 400 号），中国社会科学院近代史研究所中华民国史研究室主编，邹念之编译《日本外交文书选译——关于辛亥革命》，第 58 页。

③ 　《外人对于袁内阁之欢迎》，《大公报》1911 年 11 月 4 日，第 2 版；《宣告实行组织内阁》，《大公报》1911 年 11 月 5 日，第 2 版。

④ 　《鸷泽与四二来函》（北京，1911 年 11 月 14 日），〔澳〕骆惠敏编《清末民初政情内幕——〈泰晤士报〉驻北京记者、袁世凯政治顾问乔·厄·莫理循书信集》上册，第 788 页。

军务的王士珍，在魏光焘到任前署理湖广总督，以便袁氏能够迅速脱身来京。①

　　然而，随着11月3日《宪法重大信条十九条》颁布，出现了新的情况。根据信条第八条，"总理大臣由国会公举、皇帝任命"，又第十九条规定，第八条等各条在"国会未开以前，资政院适用之"。清廷既然誓言推行宪政，那么十九信条颁布后，11月1日任命袁世凯为内阁总理的谕旨，还算不算数呢？如果坚持该项任命，那么它推行宪政的诚意将受到质疑，十九信条将成为一纸空文。袁氏最初对清廷任命他为总理大臣态度是很积极的，曾上奏表示等段祺瑞到鄂后，即进京组织完全内阁，并提出须调唐绍仪、梁鼎芬、伍廷芳、梁敦彦、瞿鸿禨到京襄理一切，似乎已在考虑国务大臣人选。②但在得知十九信条后，其态度立刻发生变化，于11月4日奏称，"内阁总理任极重大，深虑弗克负荷，恳请收回成命"。③然而，这并非袁世凯的真意。从清廷方面看，自10月30日下罪己诏以后，虽然宣布了一系列重大改革举措，但局势仍在持续恶化，短短几天内，上海、浙江、贵州等省份又纷纷宣告独立。11月6日，清廷以"事机危迫，一切事宜均俟该大臣到京筹商，刻不容缓"，请其迅速来京，所有前敌事宜先交署湖广总督王士珍接办。④袁氏并未松口，于11月7日奏称："现

---

① 《上谕》（宣统三年九月十二日），中国第一历史档案馆编《宣统朝上谕档》第3册，第287页。

② 《致内阁请代奏电》（宣统三年九月十三日），骆宝善、刘路生主编《袁世凯全集》第19卷，第37页。

③ 《致内阁请代奏电》（宣统三年九月十三日），骆宝善、刘路生主编《袁世凯全集》第19卷，第38页。

④ 《宣统政纪》卷六十三，宣统三年九月庚辰，第1175页。

在才能无论是否胜任，且新颁重大信条第八条，总理大臣系属公举，而世凯以钦简忝颜赴任，是信条已全失信用，益难昭信于全国。"同时在给资政院的复电中表示："若认组织内阁之命，公等所拟之信条即首先失其信用。"① 很明显，袁氏婉转地提出了一个要求，即资政院要公举他为内阁总理，只有这样才符合十九信条，他才能名正言顺入京，他的就任也才有民意和法律基础。

除上述障碍外，可能还有一个重要原因，让袁氏不能即刻进京，就是革命党人吴禄贞所统第六镇部分劲旅当时正驻兵正太、京汉铁路要冲石家庄，这是袁氏北归必经之地。前已述及，10月29日吴禄贞赴滦州与张绍曾会谈时，适逢山西宣布独立，清廷命第六镇第十二协吴鸿昌部自保定开赴石家庄镇压，吴禄贞闻讯急忙于10月30日折返。10月31日，吴禄贞到达石家庄，其时吴鸿昌部已占领燕晋咽喉井陉。11月1日，吴禄贞亲赴井陉督师。11月2日，山西民军退守娘子关。11月3日，吴禄贞以山西巡抚被戕，请朝廷简员来晋，以安民心。②11月4日，清廷令吴禄贞署理山西巡抚，迅速赴任。③ 同日，吴禄贞先派副官周维桢、参谋官朱鼎勋前往娘子关"招抚"革军。④ 周带去了吴给阎锡山的信，信中写道："革命之主要障碍为袁世凯，欲完成革命，

---

① 《致内阁请代奏电》(宣统三年九月十七日)、《复资政院敦劝应诏组织内阁电》(宣统三年九月十七日)，骆宝善、刘路生主编《袁世凯全集》第19卷，第43、44页。

② 《吴禄贞致内阁电》(宣统三年九月十三日)，中国第二历史档案馆编《中华民国史档案资料汇编》第1辑，第196页。

③ 《上谕》(宣统三年九月十四日)，中国第一历史档案馆编《宣统朝上谕档》第3册，第291页。

④ 《致陆军部、军谘府电》(宣统三年九月十四日)，皮明庥、虞和平、吴厚智编`《吴禄贞集》，第226—227页。按，此电原编者标注时间为宣统三年九月十五日（11月5日），应是收电时间，结合内容判断，发电应在九月十四（11月4日），故径改。

必须阻袁入京。若袁入京，无论忠清与自谋，均不利于革命。望公以麾下晋军东开石家庄，共组燕晋联军，合力阻袁北上。"① 同时，吴禄贞电告陆军部、军谘府，声称晋军"已允输诚"，自己将"单骑赴娘子关抚慰晋军"。② 当天吴禄贞即到娘子关，经过密谈，约定阎锡山迅速派兵到石家庄与吴部组合"燕晋联军"，以阻袁入京，吴任都督，阎任副都督。③ 很快，在 11 月 5 日、6 日两天内就有山西民军一标、巡防两营，由火车运至石家庄以西驻扎。④ 而 11 月 5 日吴禄贞给内阁的奏报则称"已经招抚晋省混成一协、巡防队二十余营，可供调遣"，请朝廷"明降谕旨，大赦各省革党，速停战争"，"朝廷若不速定政见，一旦阻绝南北交通而妨害第一军之后路，则非禄贞所能强制"。⑤ 11 月 6 日，吴禄贞又致电军谘府、陆军部和资政院，以袁世凯奏请官军缓进，设法招抚，已蒙朝廷允准为由，宣布"凡有运往战地军火、子弹，暂行扣留，以消战争而保和平"。⑥ 同日，陆军部令第六镇第十一协统领官李纯（时在湖北前线）任第六镇统制，剥夺了吴禄贞的兵权。⑦ 11 月 7 日凌晨 1 时半，吴禄贞在石家庄火车站军营忽然

① 张殿兴编《阎锡山回忆录》，人民出版社，2019，第 17—18 页。

② 《致陆军部、军谘府电》（宣统三年九月十四日），皮明庥、虞和平、吴厚智编《吴禄贞集》，第 226—227 页。

③ 张殿兴编《阎锡山回忆录》，第 19 页。

④ 《吴鸿昌致陆军部呈文》（宣统三年九月二十九日），中国第二历史档案馆编《中华民国史档案资料汇编》第 1 辑，第 199 页。

⑤ 《宣统政纪》卷六十三，宣统三年九月庚辰，第 1176 页；《致清内阁》（1911 年 11 月），皮明庥、虞和平、吴厚智编《吴禄贞集》，第 224 页。

⑥ 《致军谘府、陆军部、资政院电》（宣统三年九月），皮明庥、虞和平、吴厚智编《吴禄贞集》，第 223 页。

⑦ 《陆军部清单》（宣统三年九月十六日），中国第一历史档案馆、海峡两岸出版交流中心编《清宫辛亥革命档案汇编》第 68 册，第 38 页。

被枪杀身亡，副官周维桢、来宾张世膺同时被杀。① 京汉铁路亦遭破坏，暂时中断。清廷当即命段祺瑞前往查办确情，旋又命直隶总督陈夔龙将实情迅速查明电奏。② 一时众说纷纭，有谓清廷主使者，有谓袁氏主使者，还有谓"仅系由于个人的私仇者"，陈夔龙最终也未能获得实情。③ 不过，袁氏幕僚王锡彤有一说很值得注意，其人在吴禄贞被刺当天曾见有人从吴军来彰德，王询问情况，来人云："吴统制调兵来袭袁宅，车已升火待发矣，部下卒皆袁公旧部，闻之愤怒，结合数十人刺吴死，故来告。"王获此消息，感慨不已，于日记中写道："余思死生命也，吴果来袭，余以久病之身，葬身炮火中无疑；且彰为后路粮台，彰德如失，大局将不可问。吴未行而先死，袁公之德泽在军人深矣，余固在庇荫中也。"④ 吴被杀后不久，袁氏在与宝熙谈话时也坦言："吴禄贞反形久著，而亲贵竟用之。吴之死，则余第六镇之旧部曲之所为。"⑤ 则吴为袁氏及其旧部杀害，确凿无疑。吴之死扫除了袁氏入京的障碍，且使北洋六镇中不再有掌握军事大权的非袁系分子，北方军政大权由此落入袁氏一人之手。有论者谓："禄贞负雄才大度，有澄清天下之志……使禄贞不遇害，则当时北方局面不

---

① 《吴鸿昌致陆军部呈文》（宣统三年九月二十九日），中国第二历史档案馆编《中华民国史档案资料汇编》第1辑，第199页。

② 《宣统政纪》卷六十三，宣统三年九月壬午，第1179—1180页。

③ 阙名：《辛亥六镇兵变纪实》，中国史学会主编《中国近代史资料丛刊·辛亥革命》第6册，第329—330页；载涛：《吴禄贞被刺真相》，中国人民政治协商会议全国委员会文史资料研究委员会编《辛亥革命回忆录》第8集，文史资料出版社，1982，第246—248页；陈夔龙著，张文苑、顾菊英整理《梦蕉亭杂记》，中华书局，2018，第105页。

④ 王锡彤：《抑斋自述》，第174页。

⑤ 《沈盦日记》，宣统三年十月二十五日。

至操于袁氏之手，而国事或不至长期误于北洋军阀可知也。"① 又谓："吴不死，清且立覆，而袁世凯亦无由肆志；吴之死，实当时革命军最大之损失也！"②

资政院遵照十九信条于 11 月 8 日下午举行内阁总理大臣选举。该院共有钦、民选议员二百名，根据院章，"非有议员三分之二以上到会，不得开议"，开会时"以到会议员过半数之所决为准"。③ 武昌起义次日，清廷召集议员，准备开第二次常年会，当时京师戒严，议员纷纷出京。到 10 月 22 日正式开议时，除奉旨赏假及缺额者外，总计一百八十三人中实际报到者约一百四十人，勉强达到三分之二。④ 开议后，每次到会之人又大大减少。11 月 8 日系开议后第八次会议，根据严复日记，其时"风信极恶，江浙皆告独立，资政院民选议员鸟兽散"，⑤ 因此参与投票者只有八十七人，其中民选议员二十余人。⑥ 结果，岑春煊、黄兴、王人文各得两票，梁启超、锡良、那彦图各得一票，袁世凯得七十八票，以超过半数当选。⑦ 恽宝惠谓当时仅有一人投票反对袁氏，事后知为外蒙古喀尔喀亲王那彦图，⑧ 显然不是事实。实情是，资政院议员中，惟有那彦图得一票而已。11 月 9 日，资政院

---

① 　居正：《梅川日记》，第 61 页。

② 　《胡汉民自传》，中华书局，2016，第 90 页。

③ 　《资政院会奏续拟院章并将前奏各章改订折　附清单》（宣统元年七月初八日），故宫博物院明清档案部编《清末筹备立宪档案史料》上册，第 634 页。

④ 　《资政院第四次会议记录》，渤海寿臣编《辛亥革命始末记》，第 1189 页。

⑤ 　王栻主编《严复集》第 5 册，中华书局，1986，第 1511 页。

⑥ 　《资政院现象之萧索》，《大公报》1911 年 11 月 12 日，第 2 版。

⑦ 　《资政院第八次会议纪略》，渤海寿臣编《辛亥革命始末记》，第 1216 页。

⑧ 　恽宝惠：《辛亥杂忆》，中国人民政治协商会议全国委员会文史资料研究委员会编《辛亥革命回忆录》第 8 集，第 486 页。

电告袁氏投票结果，清廷同时颁发上谕，正式任命袁世凯为内阁总理大臣。[①] 袁氏电奏一二日内即起程，清廷则令其即日兼程北上，同时电谕王士珍立即启程赴鄂署理湖广总督。[②] 11 月 10 日，随着晋兵退出直境，返回娘子关，京汉铁路亦得到修复，邮传部于是奉摄政王之命，预备专车前赴袁世凯行辕，等候启行。[③] 11 月 11 日上午 8 时，袁氏自孝感乘京汉铁路专车起程入京。[④] 同日，清廷命军谘大臣毓朗开缺，以大学士徐世昌充军谘大臣，[⑤] 似乎以此示好袁氏兼表示亲贵决不再任大臣的决心。11 月 12 日，袁氏即将入京的消息传开，朱尔典向英国外交部报告，说清廷把希望都寄托到了袁氏身上。[⑥] 11 月 13 日，上谕命所有近畿各镇及各路军队并姜桂题所部军队，均归袁世凯节制调遣，随时会商军谘大臣办理。[⑦] 这是进一步表示对袁氏的信任，袁氏自此掌握了几乎所有清廷可以掌握的军队。是日下午 5 时左右，袁氏终于入京，住进锡拉胡同。据曹汝霖描述，当时"万人空巷，争看风采，所过之处，欢声雷动，外人登城观看，亦拍手欢迎"，[⑧] 与三年前

---

① 《命袁世凯为内阁总理大臣谕》（宣统三年九月十九日），故宫博物院明清档案部编《清末筹备立宪档案史料》上册，第 601 页。

② 《宣统政纪》卷六十四，宣统三年九月癸未，第 1181—1182 页。

③ 《吴郁生等致庆亲王等信函》（宣统三年九月二十日），中国第一历史档案馆、海峡两岸出版交流中心编《清宫辛亥革命档案汇编》第 68 册，第 131 页。

④ 《交战记》（1911 年 11 月 11 日），上海时事报馆编辑《中国革命记》第 5 册，上海时事新报社，1912，"记事二"，第 1 页。

⑤ 《上谕》（宣统三年九月二十一日），中国第一历史档案馆编《宣统朝上谕档》第 3 册，第 297 页；吴思鸥等点校《徐世昌日记》第 2 册，第 278 页。

⑥ 《第 51 件　朱尔典爵士致格雷爵士电》（1911 年 11 月 12 日发自北京，同日收到），胡滨译《英国蓝皮书有关辛亥革命资料选译》上册，第 54 页。

⑦ 《上谕》（宣统三年九月二十三日），中国第一历史档案馆编《宣统朝上谕档》第 3 册，第 298 页。

⑧ 曹汝霖：《一生之回忆》，台北，传记文学出版社，1980，第 90 页。

他仓皇离京相比，真是恍如隔世。当晚，那桐和徐世昌先后拜访了袁氏，袁、徐进行了长谈，所谈内容未见记载，但可想象无非是当前局势、何时就任以及如何组阁等问题。[①]11月14日上午，袁氏到宫中请安谢恩。在等待召见时，各王公大臣向袁氏表达慰问之意，袁氏答曰："此次朝廷起用世凯，实系破格之隆恩，然世凯孱弱之躯，恐难膺此重寄，惟有竭诚矢忠，以报圣恩于万一，仍望诸大臣之匡扶，俾挽危机，以臻于平和。"[②]而后袁氏入对良久，摄政王"晓以大义，并勉其力任艰难"，"著即到阁办事，悉心筹画，保全大局，用副朝野之望"，[③]但袁氏并没有即刻允诺。

按照十九信条，在正式国会成立前，资政院相当于国会。袁氏如就任内阁总理大臣，就要与资政院打交道，资政院那班议员究竟有些什么想法，不能不事先了解。所以11月14日上午见过摄政王后，袁氏紧接着就在住所与李家驹、刘若曾、吴郁生和宝熙讨论时局，特别是"资政院信条十九条之利害"。[④]随后资政院召开谈话会，讨论如何与袁氏接洽。李家驹向众人报告了与袁氏初步接触的情况，称袁氏"尚拟辞职，又对于宪法信条上总理大臣之地位颇不了了，且亦未深悉资政院政见是否与己相合，故非讨论明白，不能担此重任"。[⑤]可知袁氏之所以不愿痛快就职，首先是对十九信条将权力主要归于国会不满。他曾向日本公使伊

---

① 北京市档案馆编《那桐日记》下册，第702—703页；吴思鸥等点校《徐世昌日记》第2册，第278页。

② 《袁项城答复各大臣辞》，《大公报》1911年11月16日，第2版。

③ 《醇亲王载沣日记》，第419页；许恪儒整理《许宝蘅日记》第1册，第376页；《上谕》（宣统三年九月二十四日），中国第一历史档案馆编《宣统朝上谕档》第3册，第300页。

④ 《沈龠日记》，宣统三年九月二十四日。

⑤ 韩策、崔学森整理，王晓秋审订《汪荣宝日记》，第316页。

集院表示，对十九信条"本人最不满意。按该条文决定政治，绝不可能。但目前又不能遽然更改，只能暂守缄默"。[①] 而且资政院有何具体改见，袁氏亦不清楚，这就不免让其担心行使权力可能受到掣肘，故他首先需要就相关问题与资政院沟通。经反复商量，资政院推举陈懋鼎、陈树楷、邵羲和汪荣宝四人，于当晚到锡拉胡同谒见袁氏，解决各项问题。袁氏首先讲述了自己主张君主立宪的宗旨及理由，接着就十九信条提出种种疑问，然后又谈及对内对外种种困难情形，末了仍流露出辞职之意。汪荣宝等则一一为之解释，劝其"当以天下为己任，不可固辞"，袁氏答应再商。[②] 至于资政院对袁氏的愿望，则可以从袁氏档案保存的由议员陈命官提出的"协商大意"九条窥见一斑：

一、请总理克期到院，宣示施政方针，谋同一之进行。

一、新内阁之组织宜力除阶级资格，及引用私故旧习，搜罗人望，以收得人之效。

一、速与各友邦严确交涉，请其严守中立，无得借端干涉，致启瓜分之祸。

一、剿抚事宜，当因时制宜，总以仰体朝廷不欲以兵力平内乱之德意为抱定宗旨，不得预存尚可一战成见，逐次用兵，致演兵连祸结、外人干涉之惨剧。

一、沟通各省之隔阂，宜从社会一方面着手，设一总机

---

① 《伊集院驻清公使致内田外务大臣电》（1911 年 11 月 18 日，第 540 号），中国社会科学院近代史研究所中华民国史研究室主编，邹念之编译《日本外交文书选译——关于辛亥革命》，第 251 页。

② 韩策、崔学森整理，王晓秋审订《汪荣宝日记》，第 316 页。

关，征集天下公论，以决办法；若但由朝廷遣使宣慰，恐不徒无益，而反有害。

一、确定财政上之计画，即必不得已而借债，亦须将用途及偿法，明白揭示，公同议决。

一、速还张绍曾兵权，以安军心。

一、各部属官如尚可用，暂勿更易，以安官吏之心。

一、近畿各镇及各军，既统归总理节制，宜严诚所部申明纪律，无得互相猜忌，及为观剧与冶游诸事，以肃军纪而免意外。①

以上第一、三、四、五、六条所涉内容基本不会招致袁氏反对，因此在条目前标有"留"字；第二、七、八、九条内容涉及如何组阁及文武官员任用、军队纪律等，容易招致袁氏反对，故标有"打消"二字，未敢提出协商。特别是第二条，强调新内阁之组织应力除引用私人故旧之习，本来极具针对性，却打消协商，可知议员们实际上放弃了十九信条所赋予的权力，对袁氏组阁采取了完全放任的做法。

由性质上说，"资政院为国会之基础，并非国会"，②这一点议员们是有共识的，因此才会在十九信条的最后一条有"国会未开以前，资政院适用之"的临时性规定。各省谘议局此时也多不把资政院放在眼里，清廷令将宪法交资政院起草的谕旨下达后，各

① 《袁世凯档存陈议员命官提出〈拟与内阁总理协商大意〉》，中国社会科学院近代史研究所编，虞和平主编《近代史所藏清代名人稿本抄本·袁世凯档》第3辑第11册，第327—328页。

② 《资政院第七次会议记录》，渤海寿臣编《辛亥革命始末记》，第1209页。

省谘议局即纷纷反对，认为应该召集临时国民会议研究条文，起草上奏，方为有效。[①]资政院的处境如此尴尬，再加民选议员大多缺席本次常年会，而袁氏又是内阁总理的不二人选，这就使参加本次常年会的议员们只能抱着一种低姿态与袁氏沟通。对袁氏而言，资政院的孱弱很容易就可以看得到，从而断定其不会对自己的权威构成挑战。

还是在 11 月 14 日，清廷颁发谕旨，以署理湖广总督王士珍奏请开去署任，决定赏给段芝贵副都统衔，由其暂行护理湖广总督。[②]王士珍辞职的理由是健康欠佳，但从随后的情况看，这更像袁氏为准备组阁而进行的人事上的一次重要调整。

七　皇族内阁结束与袁内阁组成

袁氏觉得就任内阁总理大臣的时机已到，因此于 11 月 15 日一大早便入宫谒见摄政王，递上谢恩折，正式入阁办事。[③]同日，英国外交大臣格雷致电驻华公使朱尔典，表达了对袁内阁的支持，称："我们对袁世凯怀有很友好的感情和敬意，我们希望看到，作为革命的一个结果，有一个强有力的政府，能够与各国公正交往，并维持内部秩序和有利条件，使在中国建立起来的贸易获得发展。这样一个政府将得到我们能够提供的一切外交上的

① 《资政院起草宪法之反对》，渤海寿臣编《辛亥革命始末记》，第 1214 页。

② 《上谕》（宣统三年九月二十四日），中国第一历史档案馆编《宣统朝上谕档》第 3 册，第 301 页。

③ 《醇亲王载沣日记》，第 419 页；北京市档案馆编《那桐日记》下册，第 703 页。

支持。"①

先是袁氏入京前，奕劻等鉴于局势危险，已经请前东三省总督锡良进京，②打算任以热河都统，然后皇室退往热河，故袁氏入阁当天，摄政王曾就此征询意见。袁氏自然不会同意，因皇室一旦退往热河，袁氏将难以施加影响，难免还会对内阁施政形成掣肘，故他向摄政王表示："此事请从缓议，免致京师扰乱，至热防改任锡良，诚较溥颋为相宜。"③清廷遂于当天降旨补授锡良热河都统，而将原都统溥颋调京差遣。④

当天袁氏除了与摄政王、庆邸及那、徐二人商量召集临时国会、组织内阁、筹划财政各要政外，还做了一件重要的事，就是向摄政王呈递了一封湖北军政府都督黎元洪写给袁氏本人的信。该信是在他入京前派往武昌招抚革命党的机要幕僚蔡廷幹刚刚带回来的。⑤在信中，黎元洪抨击戊戌以来满族亲贵的专制统治，提醒袁氏不要忘记光宣之际满人排挤汉人、剥夺其权力的事实，称鄂军倡义以来清廷重新起用袁氏是"出其咸同故技，以汉人杀汉人之政策"。又称袁氏"一身系汉族及中国之存亡"，"何不趁此机会，揽握兵权，反手王齐，匪异人任；即不然，亦当起中州健儿直捣幽燕"；否则民军倘为清廷镇压，袁氏将不免"飞鸟尽，

---

① 《第58件　格雷爵士致朱尔典电》（1911年11月15日发自外交部），胡滨译《英国蓝皮书有关辛亥革命资料选译》上册，第58页。

② 《宫门钞》（宣统三年九月二十二日），《内阁官报》第82号，宣统三年九月二十三日，第1页。

③ 《锡帅授热河都统之原因》，《大公报》1911年11月19日，第5版。

④ 《谕旨》（宣统三年九月二十五日），《内阁官报》第85号，宣统三年九月二十六日，第2页。

⑤ 《419信的附件（机密）蔡廷干上校来访接谈记录》（1911年11月16日），〔澳〕骆惠敏编《清末民初政情内幕——〈泰晤士报〉驻北京记者、袁世凯政治顾问乔·厄·莫理循书信集》上册，第794页。

良弓藏，狡兔死，走狗烹"。信中还对清廷召袁氏还京提出二项
应对策略："一、清廷之召执事回京也，恐系疑执事心怀不臣，
欲借此以释兵权，则宜援'将在外君命有所不受'之例以拒之；
二、清廷果危急而召之也，庚子之役，各国联军入都，曾召合肥
（即李鸿章——引者）入定大乱，合肥留沪不前，沈机观变，前
事可师。"① 很显然，信的内容极度敏感，袁氏本可以不向摄政王
呈交，可他却这样做了，他想以此来表明自己内心坦荡、忠于朝
廷，同时又巧妙地借黎元洪之口提醒朝廷曾经有亏于自己，自己
现在是以德报怨。摄政王也表达了对袁氏的信任，当袁氏向摄政
王征求朝廷对于各省乱事的意见时，摄政王曰："在朝廷确无何
项成见，今资政院既公举汝为总理，嗣后全国之安危、朝廷之安
危，均在汝一身，汝其便宜行事，以期转危为安，朝廷绝无何项
阻碍之处。"②

　　根据十九信条第八条，国务大臣由内阁总理大臣推举，皇帝
任命。11 月 16 日，袁氏向摄政王面奏组织"完全责任内阁"，推
举国务大臣。③ 当天下午，新内阁成员即获清廷批准，正式宣布。
从此刻起皇族内阁正式结束。在此之前，清廷于 11 月 1 日任命
袁氏为内阁总理时，已同时降旨授庆亲王奕劻为弼德院院长，大
学士那桐、徐世昌为弼德院顾问大臣，对原皇族内阁最重要的三
个人的去处做好了安排。

　　新内阁国务大臣共 10 位，即外务梁敦彦，民政赵秉钧，度支

---

① 《黎元洪等致袁世凯书》（1911 年 11 月 12 日），见卞孝萱辑《闵尔昌旧存有关武昌起义的
　　函电》，中国科学院历史研究所第三所编《近代史资料》创刊号，第 73—74 页。
② 《监国之倚重袁项城》，《大公报》1911 年 11 月 19 日，第 2 版。
③ 《醇亲王载沣日记》，第 419 页。

严修，学务唐景崇，陆军王士珍，海军萨镇冰，司法沈家本，农工商张謇，邮传杨士琦，理藩达寿；梁敦彦、严修、王士珍、萨镇冰、张謇到任以前，外务由胡惟德暂署，度支由绍英暂署，陆军由寿勋暂署，海军由谭学衡暂署，农工商由熙彦暂署。同时又宣布各部副大臣如下：外务胡惟德，民政乌珍，度支陈锦涛，学务杨度，陆军田文烈，海军谭学衡，司法梁启超，农工商熙彦，邮传梁如浩，理藩荣勋。又因胡惟德和熙彦暂署国务大臣，故外务与农工商副大臣分别由曹汝霖、祝瀛元暂署；梁启超、梁如浩两人到任前，司法、邮传两部副大臣分别由定成、梁士诒暂署。①11 月 17 日，因学部副大臣杨度奏请开缺，改任刘廷琛为学部副大臣。② 又因署理湖广总督王士珍担任陆军大臣，而护理湖广总督段芝贵名誉不佳遭到舆论谴责，改派第二军总统段祺瑞署理湖广总督兼会办剿抚事宜。③

　　针对这个阁员组成及其中几个主要人物当时的动向，徐世昌曾有解释。他说："邮传本拟唐绍怡，因唐别有策划，故以杨士琦署，其后杨别有任务，故解职。王士珍虽辞，以与袁关系，不能不来。萨镇冰在武汉作战，张謇有电主共和，自不管北政府任命。其中赵秉钧第一，梁士诒亦有能力，胡惟德颇能奉命而行，其余则随同画诺而已。至杨度以为副大臣作用少，不如其他活动（最初即办国事维持会），故准其开缺。梁启超则在日本，以党魁

① 《谕旨》（宣统三年九月二十六日），中国第一历史档案馆、海峡两岸出版交流中心编《清宫辛亥革命档案汇编》第 68 册，第 233、235 页。

② 《上谕》（宣统三年九月二十七日），中国第一历史档案馆编《宣统朝上谕档》第 3 册，第 307 页。

③ 《上谕》（宣统三年九月二十七日），中国第一历史档案馆编《宣统朝上谕档》第 3 册，第 306 页；窦坤等译著《〈泰晤士报〉驻华首席记者莫理循直击辛亥革命》，第 126 页。

080 鼎革 南北议和与清帝退位

自负，又与革命党派不合，亦不轻于回国也。陈锦涛解职，随同唐绍怡赴沪，以广东人关系，任南京政府财政总长，但尚不及熊希龄活动之力。"① 以上所谓"唐别有策划"，综合各种资料来看，是指唐绍仪此时正在幕后推动袁内阁奏请朝廷召集国民会议决定国体，详见下文。"其后杨别有任务"是指 12 月 9 日杨士琦随唐绍仪南下议和，不过杨当时是带职南下，唐、伍议和失败后杨方辞职。"萨镇冰在武汉作战"说法不确，因袁组阁时海军已在九江反正，萨镇冰已离开舰队，正准备前往上海。②

对于袁氏组阁，当时国人尚有抱一线希望者，认为"朝局大变，果能举从前老朽、庸劣、腐败之人物习气一扫而空之，上下一心，力图整顿，巩皇基而安区寓，大有可望矣"。③ 而多数人则丝毫不抱希望，组阁前即有人提出尖锐批评，谓"袁党之人，大抵有才无识，贪黩为务，贿赂公行……吾知内阁成立之日，即袁党树帜之时，试问此成立之内阁，为中国责任内阁乎？抑为袁党责任内阁乎？"④ 果然，名单公布后，批评者谓"袁世凯之目光不能远及直隶之外"，"所用者无非其旧日之私人……至于高瞻远瞩、英伟救国之士，多不肯入其彀中"，而且"用当其位者殊不多"。⑤ 值得注意的是，其中一些阁员并未征得其本人同意，或者明知其不可能到任，仍然为了装点门面任命，以致名单公布后，有多人

---

① 张国淦编著《辛亥革命史料》，第 112—113 页。

② 《萨镇冰来沪》，《申报》1911 年 11 月 22 日，第 2 张第 2 版。

③ 史晓风整理《恽毓鼎澄斋日记》第 2 册，第 556 页。

④ 《潇湘居士函》，杜春和编选《辛亥滦州兵谏函电选》，中国社会科学院近代史研究所近代史资料编辑部编《近代史资料》总 91 号，第 75 页。

⑤ 许恪儒整理《许宝蘅日记》第 1 册，第 376 页；《译电》，《申报》1911 年 11 月 19 日，第 1 张第 4 版；《袁内阁摇摇欲倒》，《申报》1912 年 1 月 20 日，第 3 版。

请求收回成命、另简贤能，[①]杨度、梁敦彦、严修、梁启超最终没有受任，张謇、陈锦涛则先后转投南方。袁氏不得不另外请人暂署，结果，正、副大臣总共 20 名，最后任命的人则多达 26 人，组阁实际上成了袁氏收买人心、聚集私党的机会。莫理循通过分析一个多月后出现的南京临时政府各部总长人选，认为"袁世凯的内阁无法与这个内阁相比。袁世凯的内阁是袁世凯强制组成的，根本无法工作，大部分阁员请病假，避不就职"。[②]而法国驻华公使斐格则在内阁组成不到一个月时描述称："由于缺乏经费，各部人员都跑光了，部里空空如也。只有外务部、内务部和军事部门还在坚持有组织的工作。内阁由他私人的朋友们组成，阁员中没有一个杰出的人物，没有一个省代表或新思想十分突出的代表。作为这样一个内阁的总理，袁现在在皇太后和幼帝身边的样子真像是政府惟一的工人。"[③]

不过，在国务大臣中，有一人可谓用当其位，这就是民政部大臣赵秉钧。早在袁任直隶总督时期，赵即在天津协助办理警政，后历任巡警部、民政部侍郎，袁被罢后赵亦休致。武昌起义之初，京城气氛紧张，出现金融恐慌，银行、钱铺相继倒闭。时任民政部大臣桂春张皇失措，不但无法调停市面，反而下令停止夜戏、夜市，并要求清查汉人户口，[④]以致人心更加惊扰，谣言

---

① 《宣统政纪》卷六十四，宣统三年九月辛卯，第 1196—1198 页；《宣统政纪》卷六十五，宣统三年十月丁酉，第 1203 页。

② 《致达·狄·布拉姆函》（北京，1912 年 1 月 5 日），〔澳〕骆惠敏编《清末民初政情内幕——〈泰晤士报〉驻北京记者、袁世凯政治顾问乔·厄·莫理循书信集》上册，第 824 页。

③ 《斐格致外交部长先生》（1911 年 12 月 11 日，北京），章开沅、罗福惠、严昌洪主编《辛亥革命史资料新编》第 7 册，湖北人民出版社，2006，第 240 页。

④ 李向东、包岐峰、苏醒等标点《徐兆玮日记》第 2 册，第 1216 页。

四起。监察御史赵熙、监察御史温肃和弼德院参议施愚先后上奏弹劾，要求另简民政大臣。①10 月 29 日，清廷降旨令赵秉钧来京预备召见。10 月 30 日降旨授其署理民政大臣，原署理民政大臣桂春则令回仓场侍郎本任。②10 月 31 日，摄政王召见赵秉钧，令其主持京师治安，不料隔日奕劻内阁即提出总辞职。清廷授袁世凯为内阁总理大臣，但在袁氏到京前仍令各大臣照旧办事，因此赵秉钧严格说来也算皇族内阁的国务大臣。清廷起用赵秉钧时，正值张绍曾兵谏发生，人心惶惑，谣言四起，亲贵眷属纷纷逃往天津，京津火车拥挤到无立足之地。③又加"种族革命"之说流播，一些地方多有旗人被杀，以致京师旗人惴栗自危。赵秉钧受任后立即于 11 月初出示，告诫军民人等各安生业，不得轻信谣言，"如有造谣生事之人，即系妨害治安，法所不贷，除饬厅严查外，并准尔等扭送厅区惩办"。④又下令将桂春从城外圆明园、火器营、健锐营秘密调进城内的旗兵二千余人，火速调出城外，仍在原地驻扎，每人发给现大洋一元，以为安抚。⑤鉴于京师军警林立，为免冲突，赵秉钧复邀集姜桂题、冯国璋、段芝贵、陆建章、乌珍、江朝宗、马龙标等军警负责人组织军警联合会，定

①   《监察御史赵熙奏折》（宣统三年九月初七日），中国第一历史档案馆、海峡两岸出版交流中心编《清宫辛亥革命档案汇编》第 66 册，第 352—353 页；《弼德院参议施愚奏折》（宣统三年九月初九日）、《监察御史温肃奏折》（宣统三年九月初九日），中国第一历史档案馆、海峡两岸出版交流中心编《清宫辛亥革命档案汇编》第 67 册，第 96—97、106 页。

②   《上谕》（宣统三年九月初九日），中国第一历史档案馆编《宣统朝上谕档》第 3 册，第 281 页。

③   曹汝霖：《一生之回忆》，第 89 页。

④   《民政部要示汇记》，《大公报》1911 年 11 月 9 日，第 5 版。

⑤   恽宝惠：《辛亥杂忆》，中国人民政治协商会议全国委员会文史资料研究委员会编《辛亥革命回忆录》第 8 集，第 487—488 页。

期召开会议，讨论保守秩序、维持治安办法，由赵任总司令，"所有军警皆受其指挥"，京师秩序因之渐安。① 一年后，当赵秉钧准备出任民国国务总理时，袁世凯曾委托梁士诒到临时参议院说明赵之功绩，谓"赵当去年九月就职民政部，维持北方，风声鹤唳，险象环起。赵则苦心经营，调和兵警，融洽满汉，卒使大局和平解决，一般人民称其才而颂其德"。② 而在赵秉钧死后，大总统抚恤令亦称赞赵秉钧曰："改革之际，危机四伏，一发千钧，深赖苦心毅力，不辞艰险，卒能以道德化干戈，拯生灵于涂炭，功在吾华，允垂不朽。"③ 可以想象，如果没有赵秉钧整肃京师治安，袁世凯入京组阁将会遇到不小的困难。但他是皇族内阁的民政大臣，而按十九信条，国务大臣应由总理大臣推举，因此他于 11 月 16 日提出辞职，④ 紧接着又在当天被袁世凯推举为新内阁的民政大臣。

除赵秉钧外，阁员中梁士诒、曹汝霖与袁氏的关系亦极为密切。此外袁氏又招张一麐、金邦平、章宗祥、汪荣宝、施愚、陆宗舆等作为幕僚，襄议枢政。⑤ 其中，资政院钦选议员汪荣宝是袁氏同资政院联络的关键人物。袁世凯开始入阁任事后，汪荣宝等即于 11 月 16 日就应当与袁内阁接洽办理的具体事项，提出如

---

① 李飞鹏:《军警联合公所记事录缘起》,《军警联合公所记事录汇编》,出版机构不详,1914年铅印本,第1—2页;佚名编《马锦门先生年谱》,周德明、吴建伟主编《上海图书馆藏珍本年谱丛刊续编》第45册,国家图书馆出版社,2019,第434页。

② 《梁士诒报告赵秉钧之成绩》,《中国日报》1912年9月24日,第2版。

③ 《大总统令》(1914年2月27日),《政府公报》第651号,1914年3月1日,第3页。

④ 《民政部大臣赵秉钧奏为遵照宪法信条恳准辞职事》(宣统三年九月二十六日),中国第一历史档案馆藏军机处全宗,03-7462-139。

⑤ 陆宗舆:《陆闰生先生五十自述记》,北京日报社,1925,第10页。

下九项，在资政院内部进行讨论：

　　一、宣誓太庙。

　　二、改用阳历。

　　三、剪发。

　　四、除祭祀外废跪拜之礼。

　　五、此次推举国务大臣，又派往各国之一二等使臣，须得本院之承认。

　　六、万不可借援列国，如有外国干涉，无论如何，须严词拒绝。

　　七、承认各省议会有选举地方长官之权。

　　八、速将内阁官制及关于奏事、召见各项法案提出。

　　九、此次各省乱事，务须用平和方法解决，不以兵力从事。①

　　其中第五项有为十九信条第八条"其他国务大臣由总理大臣推举，皇帝任命"设置条件之意，意在由资政院掌握国务大臣的任用权；第七项在信条中没有规定，有补充十九信条之意，意在由各省议会掌握地方长官的任用权；至于第九项，则是要求袁氏用和平方法处理各省独立问题。这些要求将对袁氏权力构成挑战，很难为袁氏接受。资政院内部也颇有争论。汪荣宝等"虑生意见，乃将条件内易生疑问者自行撤销"。②因此，在现存袁氏档

① 《袁世凯档存佚名提出〈拟与内阁总理大臣协商条件〉》，中国社会科学院近代史所编，虞和平主编《近代史所藏清代名人稿本抄本·袁世凯档》第3辑第11册，第329—330页。
② 韩策、崔学森整理，王晓秋审订《汪荣宝日记》，第316—317页。

案中，第五、七、九项前皆标注"打消"二字。而放弃这三项最为重要的要求，意味着资政院将国务大臣、各省长官的任用权，以及解决独立各省问题的权力完全交给了袁氏，议员们不过俯首听命而已。

由于东三省为清廷根本重地，直隶、河南、山东为袁氏旧有根据地，清廷通过起用袁氏，很快就使北方军政大局统一于袁氏之下，从而与南方独立各省逐渐形成对峙之势。本已朝不保夕的清廷，暂时又安稳下来。但它也为此付出了巨大代价，不得不赋予袁氏组织"完全责任内阁"的权力，其结果各国皆认为收拾大局非袁莫属。但对袁氏而言，距离建立"完全责任内阁"尚有一道障碍必须排除，这就是监国摄政王。接下来，袁氏将把焦点集中在奏事、召对制度的改革上，这是上述资政院提出的需要办理的事项之一，也是袁氏确立完全责任内阁制所必须做的。

八　摄政王载沣退政归藩

新内阁名单宣布第二天，即 11 月 17 日，摄政王召见内阁总理大臣及各部院大臣曰："现在内阁成立，应守定君主立宪宗旨，和衷共济，应办之事可与总理大臣商办。"袁附和曰："应抱定君主立宪宗旨，公忠体国，和衷共济，以维大局。"[1]

11 月 19 日，清廷降旨，宣布于 11 月 26 日举行告庙礼，将十九信条敬谨宣誓太庙，由摄政王代宣统皇帝行礼，另遣庆亲王

---

① 张剑整理《绍英日记》上册，中华书局，2018，第 174 页。

奕劻行礼。①

　　根据十九信条，内阁总理大臣对国家行政负完全责任，凡确定政治方针、保持行政统一等，皆责成于内阁。如此则皇帝之下复有摄政，就于政体不合，必须改革。袁世凯做的第一件事是面奏摄政王，以后所降谕旨凡关于某部事项，均由该部国务大臣随同总理大臣署名，清廷当即降旨允准。② 这样，内阁国务大臣就必须与总理大臣共负责任。紧接着，袁氏于 11 月 22 日面奏《关于奏事入对暂行停止事项》，就内阁和朝廷之间的关系提出要求，对什么样的官员才能奏事和接受召见进行严格限制，亦于 11 月 23 日获清廷允准。具体规定如下：

　　　　一、除照内阁官制召见国务大臣外，其余召见官员均暂停止，俟定有章制，再行照章办理。总理大臣不必每日入对，遇有事件奉召入对，并得随时自请入对。

　　　　一、除照内阁官制得由内阁国务大臣具奏外，其余各衙门应奏事件均暂停止，所有从前应行请旨事件，均咨行内阁核办；其必应具奏者，暂由内阁代递；凡无须必请上裁事件，均以阁令行之。其关于皇室事务，如宗人府、内务府、銮舆卫、钦天监等衙门，暂仍照向章具奏，统由内务府大臣承旨署名。具奏后仍及时知照内阁，但所奏以不涉及国务为限。

---

① 《上谕》（宣统三年九月二十九日），中国第一历史档案馆编《宣统朝上谕档》第3册，第308—309页。

② 《副署上谕》（宣统三年九月二十八日），骆宝善、刘路生主编《袁世凯全集》第19卷，第58页。

一、各部例行及属于大臣专行事件毋须上奏，其值日办
法应暂停止。

一、向由奏事处传旨事件均暂停止。内外折照题本旧例，
均递至内阁，由内阁拟旨进呈，再请钤章。其谢恩、请安折
件及进呈贡物，仍暂由奏事处照旧呈递。①

据此，责任内阁设立后，皇帝将不再拥有召见国务大臣以外
官员的权力，作为国务大臣领袖的内阁总理大臣一方面不必每日
入对，另一方面又可随时自请入对，这样在其与皇帝的关系中，
就在某种程度上居于主动位置。与这一变化相对应，只有内阁国
务大臣才有具奏权，其他官员除与处理皇室事务有关者外，均不
再拥有具奏权，而与处理皇室事务有关的衙门虽然仍有具奏权，
但所奏内容不能涉及国务。各衙门从前应行请旨事件改为咨行内
阁核办，如须具奏，暂由内阁代递；各部例行之事及属于大臣职
权范围之事，则无须上奏。经此变化，奏事处自然也就失去原来
的作用，除了谢恩、请安折件及进呈贡物等礼节性事务仍由奏事
处呈递外，有关各部行政的内外折件均改向内阁呈递，由内阁总
理与国务大臣裁决后拟旨进呈，再请皇帝钤章。这样，皇帝与内
阁之外百僚的直接连接就被阻断，皇帝的权力被尽可能限制，内
阁的权力被尽可能扩张。给袁氏筹划此项办法的是顾鳌和汪荣
宝，据顾言："袁就总理大臣职，名曰责任内阁，然格于旧例，苦
于无从下手。本人认为是一机会，都中鲜可言者，遂去津约汪来
京共想办法，筹思数日，草拟此项停止入对、奏事说帖，以为减

____
① 《上谕》（宣统三年十月初二日），中国第一历史档案馆编《宣统朝上谕档》第3册，第
311页。

消君权、加重阁权之初步，大为袁所激赏，据以呈递邀准，自此一切政令集中内阁。"[1]

这样，从 11 月 23 日起，清廷就正式实行阁制，皇帝不再逐日召见大臣。摄政王于当天日记中写道："由今日起，按照完全责任内阁办事章程办事……无代〇〇召见事，以符君主立宪政体。"[2] 袁氏当天也没有进宫，而是到内阁公署召开初次内阁会议。许宝蘅恰好从当天开始到内阁公署上班，据其日记，他于六时二刻天刚黎明即到公署，七时袁世凯来处理公事，许宝蘅等为拟旨三道。九时许宝蘅和另外一人送进呈事件匣入乾清门，交内奏事处，呈监国钤章发下，然后领回公署，分别发交。午饭后一时，许宝蘅又与阁丞等同阅各折件，拟旨记档，至四时半方毕。[3] 这就是内阁公署办事的一般流程，是内阁公署的日常工作。由此可见，政事的处理完全转移到内阁，在袁世凯控制之下，摄政王或皇帝的作用只剩下钤章而已。恽毓鼎对这一变化感叹不已，谓："阁臣权重，于斯为极（前明首辅权极重，然尚轻于此）！中国官僚政治之局，至此大变。"[4]

紧接着，袁氏又督饬法制院拟具《修正内阁官制案》《各部官制通则案》《公式制案》《奏事制案》，经国务大臣会议讨论后，提交资政院会议讨论通过，然后奏请颁布施行。其中《奏事制案》规定："凡关于国务统由内阁具奏"，"本制施行后，凡从前有奏事权之官署及例得奏事人员，除谢恩、请安外，均不得

---

① 张国淦编著《辛亥革命史料》，第 114 页。

② 《醇亲王载沣日记》，第 420 页。

③ 许恪儒整理《许宝蘅日记》第 1 册，第 378—379 页。

④ 史晓风整理《恽毓鼎澄斋日记》第 2 册，第 561 页。

具奏"。①

11 月 26 日，摄政王代表宣统皇帝就施行十九信条宣誓太庙。誓词曰："兹由资政院诸臣博采列邦君主最良之宪法，上体亲贵不与政事之成规，先撰重大信条十九条，其余未尽事宜一并归入宪法，迅速编纂，并速开国会，以符立宪政体。审查情势，已允施行。用敢矢言于我列祖列宗之前，继自今，藐藐之躬，振振之族，当与内外臣工、军民人等，普同遵守，子孙万世，罔或敢渝。"②

经过上述改革之后，载沣基本上失去了处理朝政的权力，但"监国摄政王"的名号依然存在，摄政王在满人乃至汉人当中还有一定的影响力，这对袁氏彻底掌握朝政不是好事。同时，南方坚持民主共和，不可能允许保留皇帝和摄政王，已经于 11 月 12 日通电明确要求皇帝和摄政王退位。③在这种对立情形下，为保留"虚君"而牺牲优柔寡断的摄政王，使和局易成，就成为袁内阁的一种选择。这样做也是为了让全国确信，"未来的满族统治仅止于名义上而已"，④政权实际由汉人掌握。为此，唐绍仪作为"政府和革命党之间的调解人"，提出一个方案，即"摄政王应发布诏书宣告退位，并且指定一名汉人，最好是过去曾任内阁阁员的徐世昌，担任皇帝的监护人；或任命一个有汉人参加的摄政会

① 《世续等奏照章拟订议案请旨交议折底——附〈公式制案〉〈奏事制案〉清单》，刘路生、骆宝善、〔日〕村田雄二郎编《辛亥时期袁世凯秘牍——静嘉堂文库藏档》，中华书局，2014，第 13—14 页。

② 《醇亲王载沣日记》，第 420 页；《恭录宣誓太庙词》，《大公报》1911 年 11 月 28 日，第 2 版。

③ 《伍廷芳等请摄政王逊位电》（1911 年 11 月 12 日），时事新报馆编辑《革命文牍类编》第 4 册，时事新报馆，1912，电报类，第 1 页。

④ 《朱尔典爵士致格雷爵士函》（1911 年 12 月 8 日于北京），章开沅、罗福惠、严昌洪主编《辛亥革命史资料新编》第 8 册，第 148 页。

议。两个诏书应以皇太后的名义发布"。① 进入 12 月后，随着南北双方达成停战协议，议和即将开始，"各方情况愈益证明，为挽救时局，摄政王之废黜已成为不可避免"。② 为防止摄政王退位时出现混乱，袁氏把曹锟统领的第三镇由关外调驻北京及附近京汉铁路沿线，以及京津铁路线上的廊坊地区，而把一部分满洲军人调离北京。③

12 月 4 日，袁氏到庆王府密商事件。④12 月 5 日，应袁氏请求，摄政王召见了他，奕劻也一同去了，这是摄政王最后一次召见大臣。袁氏递上准备向南方提出的四项议和条款，协商"良久方退"。摄政王在日记中用"妥商戡乱政策"六字记录了这次召见。⑤ 当晚，袁氏又约徐世昌到其寓所谈话。⑥ 到了 12 月 6 日，摄政王和奕劻请求隆裕皇太后召见，摄政王"面请辞退"，自称摄政三年，"用人行政，多拂舆情"，"以一人措施失当，而令全国生灵横罹惨祸"，"诏令已鲜效力，政治安望改良"。隆裕皇太后照准。当晚，准许他辞退的旨谕正式颁发。谕旨系袁内阁拟定，具体经手者为阮忠枢，⑦ 共有四个要点：其一，监国摄政王退位，

① 《致达·狄·布拉姆函》（北京，1911 年 11 月 28 日），〔澳〕骆惠敏编《清末民初政情内幕——〈泰晤士报〉驻北京记者、袁世凯政治顾问乔·厄·莫理循书信集》上册，第 803 页。

② 《内田外务大臣致伊集院驻清公使电》（1911 年 12 月 5 日，第 349 号），中国社会科学院近代史研究所中华民国史研究室主编，邹念之编译《日本外交文书选译——关于辛亥革命》，第 264 页。

③ 《致克·达·卜鲁斯函》（北京，1911 年 11 月 30 日），〔澳〕骆惠敏编《清末民初政情内幕——〈泰晤士报〉驻北京记者、袁世凯政治顾问乔·厄·莫理循书信集》上册，第 803 页。

④ 《沈盦日记》，宣统三年十月十六日。

⑤ 许恪儒整理《许宝蘅日记》第 1 册，第 381 页；《醇亲王载沣日记》，第 421—422 页。

⑥ 吴思鸥等点校《徐世昌日记》第 2 册，第 280 页。

⑦ 《退位谕旨之起草员》，《大公报》1911 年 12 月 10 日，第 5 版。

后"垂帘听政"那样的制度又回来了。[①] 吉林巡抚陈昭常为此于12月7日致电东三省总督赵尔巽、直隶总督陈夔龙及奉天、山东、河南等省巡抚，提议分别上奏，恳请收回成命，以安人心。[②] 赵尔巽头脑还是很清楚的，他接电后于12月8日给袁氏发了一封电报，说"监国逊位，外省多误会为垂帘，恐生危险，似宜声明，以维大局"。[③] 于是，12月10日，愤怒的隆裕皇太后颁发懿旨一道，对陈昭常妄议摄政王退位之事痛加申饬：

> 此次醇亲王恳辞监国摄政王之位，经予俯准所请，并确照立宪政体，凡用人行政一切均责成内阁总理大臣及各国务大臣担负责任，惟有颁布诏旨盖用御宝及觐见典礼，予率同皇帝将事，与先朝垂帘训政制度迥不相同，正系实行改良政本，以示不私君权，与民更始。乃该抚等辄以"庙堂之上先事纷更"及"政权不一""宫庭不和"等词漫相推测，实未深悉朝廷因时制宜、大公无私之至意。陈昭常等殊属昧于时势，不知大体，均着传旨申饬。现在大局岌岌，不可终日，人心浮动，谣言四起，该抚等务当同心协力，镇静维持，以保治安，而杜纷扰。[④]

---

① 《第28件 朱尔典爵士致格雷爵士函》(1911年12月20日于北京，1912年1月8日收到)，胡滨译《英国蓝皮书有关辛亥革命资料选译》上册，第235页。

② 《吉林巡抚陈昭常致赵尔巽等电》(宣统三年十月十七日)，中国第一历史档案馆编《清代档案史料丛编》第8辑，第73—74页。

③ 《东三省总督赵尔巽致袁世凯电》(宣统三年十月十八日)，中国第一历史档案馆编《清代档案史料丛编》第8辑，第74—75页。

④ 《上谕》(宣统三年十月二十日)，中国第一历史档案馆编《宣统朝上谕档》第3册，第337—338页。

对于摄政王载沣的为人和能力，载涛是很了解的，他说："载沣是我的胞兄，他的秉性为人，我知道得比较清楚。他遇事优柔寡断，人都说他忠厚，实则忠厚即无用之别名。他日常生活很有规律，内廷当差谨慎小心，这是他的长处。他做一个承平时代的王爵尚可，若仰仗他来主持国政，应付事变，则决难胜任。"又说载沣本来不愿将袁世凯这个"大对头"请出，"以威胁自己的政治生命"，"但他素性懦弱，没有独作主张的能力，亦没有对抗他们的勇气，只有听任摆布，忍泪屈从"。① 实际上，从11月1日皇族内阁辞职起，载沣就已无心政事，所以退位反而让他有如释重负之感。在当天的日记中，载沣写道："予由光绪三十四年十月二十日奉□□诏摄政之日起，每日均代理庶政，至今日辞退之日止。今日回府后，即杜门谢客，不干预政事也。"② 恰好退位前十余日，载沣得一女，③ 从此他可以有更多时间享受天伦之乐了。

摄政王退位次日，即12月7日上午，袁氏入对养心殿，隆裕皇太后谕曰："余一切不能深知，以后专任于尔。"④ 对袁氏而言，这应是非常愉快的一天。不过，在此前后，仍有一些官员，不是国务大臣，却不经内阁纷纷上奏。袁氏认为这既与11月23日奏准的入对奏事暂行停止事项清单相背，又与十九信条抵触，因此于12月20日再次上奏，请降旨申明，"除业经规定奏事各衙门外，嗣后凡向应奏事人员关于国务有所陈述者，均呈由内阁核办，一切封奏概行停止，庶于统一政治免有窒碍"，清廷当即允

---

① 载涛：《载沣与袁世凯的矛盾》，中国人民政治协商会议全国委员会文史资料研究委员会编《辛亥革命回忆录》第6集，第323、325页。

② 《醇亲王载沣日记》，第421页。

③ 《醇亲王载沣日记》，第420—421页。

④ 许恪儒整理《许宝蘅日记》第1册，第382页。

准。① 两天后，隆裕皇太后令奏事处将 12 月 20 日以前各衙门违章直接上奏的要折共三匣送至内阁，交由袁世凯亲自拆阅。② 继掌握军事大权后，袁世凯终于又掌握了行政大权，隆裕皇太后和年幼的宣统皇帝将不得不直面袁氏。不过聪明的隆裕皇太后早从袁氏入京第二天，即 11 月 14 日起，就以自己和小皇帝的名义，每日两次给袁氏赏赐食品菜肴，一直持续不断。③ 这虽然不可能改变其政治处境，却也使袁氏不忍过分对待这对寡妇孤儿。

逼退摄政王可视为袁氏向民军示好之举，他希望以朝廷的妥协换取民军的妥协，但看起来并没有多大效果。对民军而言，由于皇帝与皇太后依然存在，摄政王退位不过换汤不换药之举。对亲贵王公而言，摄政王被迫退位让他们对袁氏深感忧虑，他们觉得袁氏这个人行事很难捉摸，一旦与南方议和失败，会不会进一步废止皇帝呢？④ 袁氏深知亲贵王公对其不满，因此也充满戒心，特别将心腹段芝贵调至京城为卫队翼长，马龙标为卫队统领，以资防护。⑤ 又以自己在京供职为由，奏请将其出山时提出招募、现已练成的湖北巡防军二十五营计一万二千五百人，改名为武卫右军，以拱卫京畿。⑥

---

① 《上谕》（宣统三年十一月初一日），中国第一历史档案馆编《宣统朝上谕档》第 3 册，第 352 页。

② 《奏事处封发要折》，《大公报》1911 年 12 月 25 日，第 5 版。

③ 《蔡廷干来函》（北京，1912 年 1 月 8 日），〔澳〕骆惠敏编《清末民初政情内幕——〈泰晤士报〉驻北京记者、袁世凯政治顾问乔·厄·莫理循书信集》上册，第 828 页。

④ 《清廷之恐惧与袁世凯之自信》（译阳历 12 月 9 日本时事新报），《时事新报》1911 年 12 月 15 日，第 1 张第 2 版。

⑤ 《中国革命史五十二纪》，《时事新报》1911 年 12 月 16 日，第 1 张第 2 版。

⑥ 《节制各路军队大臣袁世凯奏折》（宣统三年十月十五日），中国第一历史档案馆、海峡两岸出版交流中心编《清宫辛亥革命档案汇编》第 71 册，第 2—3 页。

九　冯国璋总统禁卫军

在摄政王时代，由于宣统皇帝年幼，全国陆海军由摄政王以代理大元帅名义统率，而禁卫军作为皇室亲军，亦由摄政王亲自统辖调遣。进入袁内阁时代后，摄政王名义上还是全国陆海军代理大元帅，但实际上已经没有管辖调遣国家军队的权力，迫其退位，则连禁卫军的统辖调遣权也没有了。鉴于禁卫军一时无人统领，清廷特别于 12 月 7 日降旨，令专司禁卫军训练大臣督饬兵士认真训练。[①]紧接着于 12 月 8 日降旨，补授冯国璋察哈尔都统；12 月 9 日又降旨，令冯国璋充禁卫军总统，[②]同时补授禁卫军第一协统领良弼镶白旗汉军副都统、军谘府军谘使。[③]由于当天适逢唐绍仪作为袁世凯的全权代表离京南下，准备与南方进行议和谈判，政治嗅觉灵敏的汪荣宝立刻意识到禁卫军的人事调整，"可谓龙骧虎步，举动非常"。[④]而要明白这一点，则不能不了解禁卫军的历史。

禁卫军的编练其实很晚。庚子以后，各省普练新军，但专司宫禁护卫的军队一直阙如，主要从北洋第一、六两镇抽调兵士，轮流入值。[⑤]因"统自外僚"，不免存有隐忧。因此，到了 1907

---

① 《上谕》（宣统三年十月十七日），中国第一历史档案馆编《宣统朝上谕档》第 3 册，第 332 页。

② 《上谕》（宣统三年十月十八日）、《上谕》（宣统三年十月十九日），中国第一历史档案馆编《宣统朝上谕档》第 3 册，第 334、336 页。

③ 《上谕》（宣统三年十月十九日），中国第一历史档案馆编《宣统朝上谕档》第 3 册，第 337 页。

④ 韩策、崔学森整理，王晓秋审订《汪荣宝日记》，第 325 页。

⑤ 《禁卫军训练处人员执掌并应支饷章奏底册》（宣统元年），中国第一历史档案馆藏禁卫军训练处全宗，70-00-000-000001-0004。

年初，御史赵炳麟奏请仿照日本近卫师团制度，编练禁卫军。宣统继位后，摄政王载沣于 1909 年初正式下令编练禁卫军，设立训练处，派贝勒载涛、毓朗及陆军部尚书铁良为训练大臣。[①] 不过，据载涛讲，载沣决定训练禁卫军，主要是受了德国影响。他自 1901 年访德时目睹德国皇室之威势及禁卫军之精良，曾向德皇胞弟亨利亲王请教，后者向他建议"皇室应以揽握兵权、革新武备为第一要着"。1905 年亨利亲王来访时又与载沣谈及建立皇室武装问题，故载沣担任摄政王后即着手此事。[②] 而毓朗之弟毓盈则说载涛"纳良弼之言，请设禁卫军"。[③]

禁卫军训练处参照督练公所及镇司令处之制，下辖军械、军法、军需、军医四科，各设监督、科员等，具体办理训练事宜；又有一二三等军谘官若干员，负责摄政王府与训练处之间传令等事。训练情况直接报告摄政王，不同于普通新军训练由陆军部和军谘府负责。载涛、毓朗皆不知兵，铁良不久被派筹办海军，因此禁卫军的训练实际上是由毕业于日本陆军士官学校的良弼主持一切。[④] 经过两年训练，到 1911 年 8 月共成两协，开始宿卫颐和园宫门及紫禁城午门等处。第一协统领良弼，第二协统领王廷桢，两协合计有步队四标，马、炮队各一标，工程、辎重、机关炮各一营，军乐一队，总人数约一万二千人。士兵除步队第四标招募自直隶、山东等处的汉族青壮年外，其余都是从京营八旗及

---

① 中国社会科学院近代史研究所中华民国史组编《中华民国史资料丛稿专题资料选辑》第二辑《清末新军编练沿革》，第 132—133 页。

② 载涛：《禁卫军之建立与改编》，文安主编《晚清述闻》，中国文史出版社，2004，第 41—42 页。

③ 爱新觉罗·毓盈：《述德笔记》卷 7，第 4 页。

④ 爱新觉罗·毓盈：《述德笔记》卷 7，第 4 页；曹汝霖：《一生之回忆》，第 98 页。

圆明园营、健锐营、内外火器营以及蒙旗选拔而来，不是满族，就是蒙古族。[1]营房在南苑，练成后迁入在西郊畅春园旧址新建的营房。[2]

　　袁氏组阁后，军政大权在握，惟禁卫军尚未归其管辖，他有意收归自己节制，但遭到各亲贵坚决反对，认为"无论至何地步，禁卫军决不能交非皇族管领"。[3]但十九信条颁布后，皇族去除兵柄已是大势所趋，加之当时外间猜疑禁卫军排汉，让载涛难以自安，因此于12月2日奏请添派徐世昌为专司训练禁卫军大臣，以为防范，这样袁氏势力就进入禁卫军。[4]摄政王退位后，禁卫军两协亟须编制成军，另外委人统领，载涛复推举第一军总统冯国璋担任该职，[5]这才有了内阁先奏请简补冯国璋为察哈尔都统，然后令充禁卫军总统的安排，同时将良弼升职，调任军谘府军谘使，以便冯国璋能够完全掌控禁卫军，实则已将良弼置之闲曹而已。又因第三军已经撤销，而第二军未能集合，故请一并撤销，由军谘府、陆军部另行编配第二军，筹备畿辅及海防，以冯国璋兼充第二军总统，第一军总统则改由署理湖广总督段祺瑞

① 中国社会科学院近代史研究所中华民国史组编《中华民国史资料丛稿专题资料选辑》第二辑《清末新军编练沿革》，第132—139页；《专司训练禁卫军大臣载涛奏报禁卫军两协成立日期并请摄政王校阅事》（宣统三年七月初五日），中国第一历史档案馆藏宫中全宗，04-01-01-1112-009。

② 载涛：《禁卫军之建立与改编》，文安主编《晚清述闻》，第43页。

③ 《袁总理要请禁军管理权》，《大公报》1911年11月19日，第2版；《袁总理已停止续请节制禁军》，《大公报》1911年11月25日，第5版。

④ 《上谕》（宣统三年十月十二日），中国第一历史档案馆编《宣统朝上谕档》第3册，第323—324页；《第28件　朱尔典爵士致格雷爵士函》（1911年12月20日于北京，1912年1月8日收到），胡滨译《英国蓝皮书有关辛亥革命资料选译》上册，第236页；《徐大臣之与禁卫军》，《大公报》1911年12月6日，第5版。

⑤ 《禁卫军总统冯国璋通报》（1912年2月14日），中国第一历史档案馆、海峡两岸出版交流中心编《清宫辛亥革命档案汇编》第77册，第342页。

兼充。① 由在前敌统领第一军作战，到调至后方担任禁卫军总统兼第二军总统，冯国璋难免会有想法。为免误会，降旨当日，袁氏另有一电致冯，表示此举并非"遽撤兵柄"，而是对冯的倚重，以安慰冯氏。略谓：

> 公之忠义，朝廷素所深悉，只因现承友邦玉成之意，与民军议和，故授以察哈尔都统之任，复畀以卫军总统，实为倚重之意，万毋听信浮言，误为遽撤兵柄。然刻下虽经英人调停，结局如何，尚未敢卜。即请依旧训勉驻汉前军，严加防守，俟另简接替公任者有人，听候阁电，再行回京。幸毋懈怠，并请切嘱军官将士，深体朝廷倚公总统禁军之深意，用固军心。②

禁卫军官兵大部分是旗人，忠于清室，难以驾驭。之所以令冯国璋总统该军，据说是唐绍仪的建议，因"其将佐皆国璋门人，惟国璋能戢之也"。③ 而且冯国璋任陆军贵胄学堂总办时，载洵、载涛、毓朗等亲贵均曾在该堂学习，与冯国璋交好；④ 冯国璋又有"忠于清"的思想，当初听说要派他到前线镇压革命，兴奋地说："这一来，咱的黄马褂子算是穿上了，还许来个世袭罔

---

① 《上谕》（宣统三年十月十九日），中国第一历史档案馆编《宣统朝上谕档》第3册，第336页。

② 《袁世凯与冯国璋之关系》，《申报》1911年12月22日，第1张第5版。

③ 禅那：《唐绍仪传略》，出版者不详，1938，第13页。

④ 爱新觉罗·毓盈：《述德笔记》卷7，第4页；张一麐：《故代理大总统冯公事状》，《心太平室集》卷4，铅印本，1947，第16页。

替呢。"① 故他在前方作战十分卖力，这就使他比较容易为禁卫军官兵接受。另一方面，从袁氏在小站练兵起，到袁氏担任山东巡抚、直隶总督，冯国璋一直追随麾下，"对袁既是部属又是门生"，"向来以袁的意志为意志"，关键时刻应该不会背叛袁氏。② 君宪党人王荫棠所谓"北京军队惟冯国璋最可靠，然其出袁门下，不助袁亦不能攻袁也"，③ 可谓一语中的。尤当注意的是，在南北议和开始的关键时刻，袁氏将冯国璋从前线调回京城，实际是要向南方表明不与决战之意，从而为议和创造条件，这在他致冯国璋的电文中表达得很明白。同时，他也是要利用冯国璋来控制禁卫军，从而减少后顾之忧，为议和顺利进行提供保障。

冯国璋既任禁卫军总统兼新编第二军总统，所遗第一军总统就顺理成章由署理湖广总督段祺瑞兼任，④ 后者虽然也对袁氏未能乘胜克复武昌不满，⑤ 但为人朴实稳重，较之热心名利的冯国璋更加为袁氏信任。不过此决定似乎也让段、冯互生嫌隙，冯以前敌事关重要，不愿立刻北上，段亦要求收回成命。⑥ 袁氏不准，经

---

① 李炳之:《良弼印象记》，中国人民政治协商会议全国委员会文史资料研究委员会编《辛亥革命回忆录》第 8 集，第 557 页。

② 恽宝惠:《我所知道的冯国璋》，全国政协文史资料委员会编《文史资料存稿选编》第 1 册《晚清·北洋》上册，中国文史出版社，2002，第 860 页。

③ 《王荫棠等信函》(宣统三年十二月初五日)，中国第一历史档案馆、海峡两岸出版交流中心编《清宫辛亥革命档案汇编》第 75 册，第 225 页。

④ 《宣统三年十月二十四日署湖广总督段祺瑞致内阁请代奏电》，中国史学会主编《中国近代史资料丛刊·辛亥革命》第 5 册，第 361 页;《袁内阁面嘱段制军》，《大公报》1911 年 11 月 30 日，第 5 版。

⑤ 《宣统三年十月十六日署湖广总督段祺瑞致内阁军谘府电》，中国史学会主编《中国近代史资料丛刊·辛亥革命》第 5 册，第 358 页。

⑥ 《宣统三年十月二十日新授禁卫军总统致内阁军谘府陆军部电》《宣统三年十月二十日署湖广总督新授第一军总统段祺瑞致内阁请代奏电》，中国史学会主编《中国近代史资料丛刊·辛亥革命》第 5 册，第 360、361 页。

催促，冯、段终于在 12 月 14 日进行了交接，段正式兼充第一军总统，[①] 冯则起程回京。12 月 21 日、22 日，载涛与冯国璋进行了交接，冯国璋正式接统禁卫军，原训练处改为禁卫军司令处。[②] 接着，禁卫军由内城移驻西苑训练，内城禁卫军原驻兵处则由武卫军（袁氏卫队）移驻，于是紫禁城不再有护卫清廷的皇家军队。[③] 同时，袁氏以京师各军云集，难免时相龃龉，奏请设立京防营务处，联络各军，稽查匪类，派陆建章充京防营务处差，从而加强对京城的控制。[④]

这样，在议和开始前后，袁氏就大体形成如下布局：湖北前线由段祺瑞负责，禁卫军、畿辅及海防由冯国璋等负责，京师治安由赵秉钧、陆建章等负责。但这还远远不够，为了在与民军的较量中立于不败之地，袁氏又采取一系列有力措施，以加强对京师外围及近畿诸省的控制。

十　袁氏强化对近畿诸省之控制

袁氏 10 月 30 日离开彰德赴鄂时，全国已有五个省宣布独立，

① 《宣统三年十月二十一日内阁发署理湖广总督段祺瑞电旨》《宣统三年十月二十四日署湖广总督段祺瑞致内阁请代奏电》，中国史学会主编《中国近代史资料丛刊·辛亥革命》第 5 册，第 360、361 页；《袁世凯与冯国璋之关系》，《申报》1911 年 12 月 22 日，第 1 张第 5 版。

② 中国社会科学院近代史研究所中华民国史组编《中华民国史资料丛稿专题资料选辑》第二辑《清末新军编练沿革》，第 132—139 页；《详纪禁卫军交代事宜》，《大公报》1911 年 12 月 25 日，第 5 版。

③ 《禁卫军移驻西苑》，《大公报》1911 年 12 月 31 日，第 5 版。

④ 《上谕》（宣统三年十一月初一日），中国第一历史档案馆编《宣统朝上谕档》第 3 册，第 351—352 页。

英国公使朱尔典当时即认为："运动已发展到如此广阔的范围，对袁世凯这样一个具有实际见识的人来说，任何以武力镇压运动的企图，大概不会具有很大的成功希望。"① 迨 11 月 10 日袁氏自鄂起程入京时，张謇于日记中写道："计自八月十九日至今三十二日，独立之省已十有四，何其速耶！"② 时人更加认为，"项城兵力虽厚，然欲借此以平十四省，则不仅势所不可，力所不能，且亦心所不敢"。③ 因此，袁氏此时考虑的重点，并不是如何迅速镇压南方革命，而是首先完成组阁，想方设法扩大自己的权力，巩固朝廷在未独立省份的统治，镇压北方省份的革命，从而有资本与南方革命党人较量。为此他密集采取了一系列措施，以求达到目的。

首先是解决皇室所在京师外围的安全问题。让袁世凯稍感宽慰的是，热河牢牢掌握在朝廷手中，通过任命锡良为都统更加强了对该地区的控制；而东三省总督赵尔巽与直隶总督陈夔龙都坚决主张君宪，并想方设法压制了各自境内官绅要求独立的势头，④这就为京师的安全提供了屏障。但让袁氏极感不安的是，发动兵谏的张绍曾第二十镇第四十混成协仍然驻扎在滦州要地，其中一些中下级军官主张革命，随时可向京、津进发，并可切断京奉铁路线，以阻止身后东三省清军的追击。因此，袁氏入京途中即

---

① 《第60件　朱尔典爵士致格雷爵士函》(1911年10月30日于北京，1911年11月17日收到)，胡滨译《英国蓝皮书有关辛亥革命资料选译》上册，第60页。

② 《柳西草堂日记》，李明勋、尤世玮主编《张謇全集》第8册，上海辞书出版社，2012，第729页。

③ 丁文江、赵丰田编《梁启超年谱长编》，第580页。

④ 《东三省总督赵尔巽致内阁电稿》(宣统三年九月二十四日)，中国第一历史档案馆编《清代档案史资料丛编》第8辑，第17页；陈夔龙著，张文苑、顾菊英整理《梦蕉亭杂记》，第107—108页。

于石家庄致电赵尔巽，急切表示："倘根本动摇，我辈何以对天下？"提出将驻扎长春等地的曹锟第三镇移驻关内北戴河、昌黎一带候调，以资防范。① 入京当天，上谕命所有近畿各镇及各路军队并姜桂题所部军队均归袁世凯节制调遣，随时会商军谘大臣办理，② 从而使其可以调军外出镇压革命。接着袁氏又简任王怀庆为直隶通永镇总兵，令其节制第二十镇第四十混成协并防练各军，驻扎汤河、秦王岛等重地，一方面加强对该协的控制，另一方面加强对京师东部沿海地带的防护。③

　　接下来，袁氏重点考虑如何应对山西、陕西两个北方独立省份的革命，以及如何稳固对河南的统治。山、陕两省独立，一方面使袁氏无法专心一意对付南方独立各省，另一方面对北方其他未独立省份构成巨大威胁。袁氏要控制北方，就必须把这两省掌握在手。其中山西密迩畿辅，山西民军占据太原及娘子关等要地后，向东可以控制或破坏京汉铁路，截断南下清军与后方的联络，向北可出雁门关，取道大同、宣化，威胁京师；陕西民军则向西、向北可以扰动甘肃、宁夏，东进可以扰动中原，同样威胁南下清军后路。面对这一复杂、严峻的局面，袁氏的应对策略是：一方面在关键位置安置心腹，以加强控制；另一方面以"剿匪"名义，派军四出镇压。比如，山西方面，袁氏以张锡銮为巡抚，以代被杀的吴禄贞，然后命曹锟率第三镇之混成第五协（协

---

① 《内阁总理大臣袁世凯致赵尔巽电》（宣统三年九月二十二日），中国第一历史档案馆编《清代档案史料丛编》第8辑，第13页。

② 《上谕》（宣统三年九月二十三日），中国第一历史档案馆编《宣统朝上谕档》第3册，第298页。

③ 《内阁等致赵尔巽电》（宣统三年十月二十四日），中国第一历史档案馆编《清代档案史料丛编》第8辑，第84页。

统卢永祥）出征娘子关，命姜桂题派陈希义率武卫左军（毅军）混成一协与杨荣泰所统淮军亲军五营出征大同，命何宗莲率第一镇混成一标出防张家口，以阻止山西民军向东、向北发展。陕西方面，袁氏以前陕甘总督升允署理陕西巡抚，与现任陕甘总督长庚相机办理"剿匪"事宜。升允会同总兵马安良和布政使彭英甲为一路，长庚会同提督张行志为一路，分别从泾川、陇南迎击陕军，又由赵倜率武卫左军混成一协由河南灵宝出征潼关，从而阻止陕西民军向东、向西发展。至于河南，自古为四战之地，又是袁氏根基所在，故他极为重视，先以齐耀琳任巡抚取代宝棻，以倪嗣冲任布政使帮办军务，然后由石家庄调周符麟率第六镇混成一协出征洛阳，先镇压省内王天纵起义军，然后配合赵倜进攻潼关，以阻止陕西民军进入豫南。①

　　山东也是袁氏必争之地。该省北接直隶，西连河南，南为安徽、江苏，东临大海，是江浙民军沿津浦线北上必经之地。袁氏北上前，上海、苏州、常州、扬州、杭州、镇江、宁波等地均已为民军控制，江浙沪联军正准备进攻地处南北交通孔道的南京，一旦得手，南方将全部为民军所有，不仅可与长江中游的革命军相呼应，还可长驱北上，经山东进入直隶，逼近京畿；而袁氏北上当天，恰逢山东各界宣布独立，推举原巡抚孙宝琦为都

---

① 《谕旨》（宣统三年九月二十五日），《内阁官报》第85号，宣统三年九月二十六日，第2页；《上谕》（宣统三年九月二十七日）、《上谕》（宣统三年十月十一日）、《上谕》（宣统三年十月十三日），中国第一历史档案馆编《宣统朝上谕档》第3册，第306、323、325页；《出征武汉等处军队清单》，中国第一历史档案馆、海峡两岸出版交流中心编《清宫辛亥革命档案汇编》第79册，第11—16页；朱叙五、党自新：《陕西辛亥革命回忆》，全国政协文史和学习委员会编《亲历辛亥革命：见证者的讲述》下册，中国文史出版社，2010，第964—965页。

督，第五镇协统贾宾卿为副都督，[①] 这就使控制山东成为袁氏急切需要解决的大事。不过，由于孙宝琦为袁氏亲家，且第五镇内部在独立问题上主张并不统一，因此袁氏没有像对付山、陕那样采取武力镇压，而是委任心腹张广建署理山东布政使，吴炳湘署理山东巡警道，[②] 秘密运动军、警两界，由巡防营统领聂宪藩及第五镇中级军官如吴鼎元、张树元等出面活动，逐渐扭转山东局势。[③]

除以上各处外，豫、皖边境也是战略要地，控制该地对于阻止民军北上、巩固北方、威胁南方意义重大。为此，袁氏以齐耀琳兼管皖北吏治军务，倪嗣冲兼署安徽布政使，[④] 并由倪嗣冲率第一镇混成一标以及从石家庄第三、六两镇调拨的陆炮一队、马数队，还有就近抽调的巡防步队两营，驰赴皖、豫边境防堵。[⑤]

以上袁氏所为，时人多以"远交近攻"概括。[⑥] 所谓"远交"，

---

① 《孙宝琦致清内阁电》（宣统三年九月二十三日），卞孝萱辑《山东假独立资料》，中国科学院历史研究所第三所编辑《近代史资料》总 8 号，科学出版社，1956，第 128 页。

② 《上谕》（宣统三年十月初四日），中国第一历史档案馆编《宣统朝上谕档》第 3 册，第 313 页。

③ 《孙宝琦致清内阁电》（宣统三年十月初七日）、《聂宪藩致袁世凯书》（宣统三年十月初一日），卞孝萱辑《山东假独立资料》，中国科学院历史研究所第三所编辑《近代史资料》总 8 号，第 130—131、133—134 页；《山东取消独立始末记》，《时事新报》1911 年 12 月 11 日，第 2 张第 2 版。

④ 《上谕》（宣统三年十月二十二日），中国第一历史档案馆编《宣统朝上谕档》第 3 册，第 340—341 页。

⑤ 《出征武汉等处军队清单》，中国第一历史档案馆、海峡两岸出版交流中心编《清宫辛亥革命档案汇编》第 79 册，第 11—12 页。

⑥ 《各省代表团来》（辛亥十月念七日）、《致北京袁世凯电》（1912 年 1 月 30 日），观渡庐编《共和关键录》第 2 编，上海易堂书局，1912，第 57、71 页；《秦晋豫陇协会来函》，观渡庐编《共和关键录》第 4 编，第 23 页。

即对南方独立各省基本采取守势，力图以招抚及议和手段达到目的；所谓"近攻"，是指以"剿匪"为名，用武力镇压北方山、陕两省独立革命以及未独立省份革命党人的活动。其策略总体而言取得了成效。到南北议和正式开始前，山西民军被打败，从太原向北退至绥远，向南退至晋南；陕西民军与清军展开拉锯战，被阻挡在潼关；河南王天纵起义军被打败，党人张锺瑞等谋划开封起义被扼杀，河南谘议局因支持民军与民主共和被内阁严令豫抚解散；①山东被迫取消独立，重新处于袁氏心腹控制之下；豫、皖边境也被倪嗣冲部控制。本已摇摇欲坠的清廷稳住了阵脚，逐渐形成南北对峙之势。

---

① 《袁世凯致齐巡抚耀琳》（宣统三年十一月十九日），《辛亥年河南官绅与袁世凯往来函电》，中国历史研究院图书馆藏，乙 F64。

第二章

袁党密谋主动召集国民会议未果

袁世凯从一开始就意识到，对付革命党很难纯以武力剿杀，因此一直把"抚"作为平息革命的主要策略之一。赴鄂前后他曾三次令幕僚刘承恩致函鄂军都督黎元洪，进行和平试探；北上准备组阁时更派刘承恩、蔡廷干直接与湖北军政府接触，试图以朝廷决行君宪招抚民军。湖北军政府虽然拒绝招抚，但同时伸出橄榄枝，希望袁氏反正，做华盛顿式人物，这对袁氏无疑是很大的诱惑。袁氏入京后，洪述祖和唐绍仪这两位袁氏的老相识，开始鼓动袁氏劝导清廷主动召集国民会议，以决定国体应为君主还是民主。洪、唐二人其时已经暗中与在上海支持共和的赵凤昌等联络，因此他们的建议不无借机以和平方式推倒清廷的意图。而袁氏则在南方已经开始召集各省都督府代表会议的情况下，为抢占先机，同时出于对实行君宪的乐观判断，接受了洪、唐的建议，并向亲贵游说。然而，亲贵们"害怕国民专要共和"，拒绝了袁氏的建议。唐绍仪复代袁氏草拟密折，推动其上奏，亦被清廷拒绝。与此同时，在袁氏支持下，革命党人汪兆铭与君宪党人杨度等发起成立国事共济会，主张停战，以国民会议公决国体，并陈请资政院讨论及请内阁代奏，与袁内阁的活动形成呼应之势。由于各方反对，袁氏推动清廷主动召集国民会议的设想最终未能实现，国事共济会也草草收场。紧接着，袁氏调头加强与民军联系，通过汪兆铭派遣朱芾煌秘密赴鄂，与代行中央职权的湖北军政府订立"推袁"密约。此举虽不能视为袁氏转向共和，但对后来的南北议和影响至巨。

一 袁氏以君主立宪招抚民军被拒

袁氏是光绪末主张君宪最为有力之一人，直至武昌起义爆发，清廷陷于困境，其主张依然根深蒂固。故当杨度及袁克定等劝其不要轻易出山，欲利用革命党人教训清廷时，袁氏不以为然，曰："余不能为革命党！余子孙亦不愿其为革命党！"[1] 张绍曾提出政纲十二条及资政院奏请立宪，让摄政王以为"致乱之源，实由政治彷徨"，"至种族革命之谬说，容或有之，究居少数"，甚至认为"各省纷扰，祸变日深，其本意率在宪政实行……并非如前代叛民，希图非望"，[2]因此试图通过颁发罪己诏、颁布十九信条、建立责任内阁、大赦党人等来消弭革命。

袁氏本就把招抚视为主要策略之一，在尚未到湖北时便于10月29日及31日两次令幕僚刘承恩致函湖北军政府，想诱使其进行和谈，但被拒绝。[3]清廷决定实施上述改革后，袁氏认为或可带来和平，于是在11月1日到达湖北并奉到谕旨后，一面"令

① 王锡彤：《抑斋自述》，第172页。
② 《醇亲王载沣日记》，第418页。
③ 胡鄂公：《辛亥革命北方实录》，中华书局，1948，第65、73页；曹亚伯：《武昌革命真史》中册，第173页。

前敌暂停进攻，一面出示晓谕招抚，令鄂员作书，雇洋人往武昌向黎逆宣布圣德，劝解投顺"。① 所谓"鄂员"即刘承恩，是为刘承恩第三次致函黎元洪。该函于 11 月 2 日送往黎元洪处，在函中，刘承恩表示"国政尚可有挽回振兴之期"，"不如趁此机会，暂且和平了结，且看政府行为如何"，并保证政府"不独不咎既往，尚可定必重用，相助办理朝政也"。黎元洪当即复信，称"现在开会，一二日定局再告"。② 袁氏将此情形向朝廷报告，11 月 4 日得旨："办理甚合朕意。"③

　　然而，湖北军政府一般革命党人皆认为来函"纯属汉奸认贼作父之词"，主张置之不理。④ 11 月 7 日，刘承恩又派侦探王洪胜携带书信到武昌谒见黎元洪，仍希图招抚。见面后，黎问："送信是什么意见？"王答："意在两下取和，以免汉人受害，保全大局。"黎曰："现在要说和，须将皇族另置一地与他居住，管他的吃穿，不准他管我们汉人的事情。"王答："现在朝廷有旨，政府各大臣旗人庆亲王、那桐等，都已开缺，派袁宫保总理内阁大臣。"黎曰："宫保见事差矣！这时不该出来。先前宫保做直隶总督⑤，好好的，为甚么开缺？现在有乱事，又请宫保出来，为甚么不叫满人带第一镇来打仗？可见旗人大有奸心。"又曰："这个

① 《致内阁请代奏电》（宣统三年九月十三日），骆宝善、刘路生主编《袁世凯全集》第19卷，第35页。

② 《袁世凯嘱刘承恩致黎元洪议和书》（宣统三年九月十一日），上海时事报馆编辑《中国革命记》第5册，"文牍"，第1—2页；《致内阁请代奏电》（宣统三年九月十四日），骆宝善、刘路生主编《袁世凯全集》第19卷，第38页。

③ 《致内阁请代奏电》（宣统三年九月十四日），骆宝善、刘路生主编《袁世凯全集》第19卷，第38页；《醇亲王载沣日记》，第418页。

④ 曹亚伯：《武昌革命真史》中册，第174页。

⑤ 按，袁氏系以军机大臣、外务部尚书开缺，而非以直隶总督开缺。

时候，不将皇上推倒，随便和了，以后大权归他，他更比从前加一倍的狠，我们更无有法子了……要照满人一登位的时待我们汉人光景，现在我们汉人应分将他满人的全家杀完，这才可以报前仇。现在我们许给他一块地方，供应他的吃穿，是很对得住他的。"最后，黎说："你回去即将我的话，禀知你们大人（即刘承恩——引者）。你们大人若是能过江来，就请过来谈谈，要过来时，先派人送个信来，我好派人到江边去接。"①

　　除与黎元洪联络外，刘承恩还与在汉阳的民军战时总司令黄兴取得联系，转达袁氏希望停战言和之意。②其时，《民立报》《神州日报》等由革命党人掌握的报纸，从10月底袁氏尚未到鄂时，便公开鼓吹由袁氏为第一任大总统，"较普遍地存在着一种认为袁世凯如能反正，借袁之力推翻清廷，以建民国最为有利的心理状态"。③黄兴或许受了这种主张影响，于11月9日复函袁氏，一方面指出清廷颁发罪己诏、宣布实行立宪、开放党禁、皇族不问国政等"乃枝叶问题而非根本问题，兴等之意原不在此"；另一方面以三年前清廷罢免袁氏之事激发袁氏，指出清廷命其回京组织责任内阁，"乃袭伪游云梦之故智，非所以扬我公，实所以抑我公，非所以纵我公，实所以缚我公也"，希望袁氏反戈一击，谓："明公之才能，高出兴等万万，以拿破仑、华盛顿之资格，出而建拿破仑、华盛顿之事功，直捣黄龙，灭此虏而朝食，非但湘、鄂人民戴明公为拿破仑、华盛顿，即南北各省当亦无有不拱手听

①　《刘承恩致袁世凯书》，见卞孝萱辑《闵尔昌旧存有关武昌起义的函电》，中国科学院历史研究所第三所编《近代史资料》创刊号，第69—70页。
②　李书城：《辛亥前后黄克强先生的革命活动》，中国人民政治协商会议全国委员会文史资料研究委员会编《辛亥革命回忆录》第1集，第191页。
③　胡绳武：《孙中山让位于袁世凯的历史环境》，《历史研究》1987年第1期，第46页。

命者。"① 但同时黄兴又对袁氏招抚民军保持高度警惕，特别向九江司令官马毓宝等发送密谕一件，指斥袁氏甘心事虏，派心腹多名赴各省散发传单，发表演说，"冀离间我同胞之心，涣散我已成之势"，命诸将领速速派人严密查拿此类游说之人，粉碎其卑劣手段。②

黎元洪在"举袁"问题上表现得比黄兴更加积极。江海关税务司苏古敦（Sugden，A.H.）在 11 月 9 日给总税务司安格联的报告中写道："黎元洪宣称他已通电各都督，有七省都督已经同意成立一个共和国，推举袁世凯为第一任大总统。"③ 同时，日本驻汉口总领事馆的情报亦称："传说黎元洪曾对某外国人谈，现在中国各地革命军之五个司令官均已同意函请袁世凯担任中华共和国第一任大总统云。"④

民军方面出现的这种舆论或主张，对当时正准备北上组阁的袁氏不能说丝毫没有吸引力。11 月 10 日，袁氏忽然致电冯国璋曰："顷黎元函至刘道，颇有就抚意，已遣员与商解决。小艇如未行，可暂停；如已开，可设法召回，或通信令勿攻击。"⑤ 可知，王洪胜走后，黎元洪曾有信回复刘承恩，但信的内容与他对王洪

① 《黄兴致袁世凯书》（1911 年 11 月 9 日），卞孝萱辑《闵尔昌旧存有关武昌起义的函电》，中国科学院历史研究所第三所编《近代史资料》创刊号，第 70—71 页。

② 刘淙译，傅钟涛校《日本驻汉口总领事馆情报》，刘萍、李学通主编《辛亥革命资料选编》第 2 卷，第 108—109 页。

③ 《1911 年 11 月 9 日苏古敦致安格联第 125 号函》，中国近代经济史资料丛刊编辑委员会主编《中国海关与辛亥革命》，第 26 页。

④ 刘淙译，傅钟涛校《日本驻汉口总领事馆情报》，刘萍、李学通主编《辛亥革命资料选编》第 2 卷，第 106 页。

⑤ 《致第一军军统冯国璋电》（宣统三年九月二十日），骆宝善、刘路生主编《袁世凯全集》第 19 卷，第 45 页。按，"黎元函至刘道"，原文如此。

胜大谈"反满"不同，而是"颇有就抚意"。袁氏随后在致内阁、
资政院的电报及致阮忠枢函中，也有"革党内讧甚烈，黎元洪决
降，已允电致某省解散""黎元洪又来复书，意似悔过""黎元
洪关于议和之第三次文牍含有和平解决之意，故即派军使二员前
赴武昌"，以及"元洪来书，其词亦恭谨，现正极意招抚"等说
法。① 由于黎元洪给刘承恩的复信至今未见，袁氏所说真实性难
以判断，但要说袁以如此重大之事接二连三向冯国璋、内阁、资
政院和阮忠枢撒谎，亦难置信。则吾人有一个基本判断：汉口陷
落后黎元洪的立场已发生动摇，他同意刘承恩过江来谈谈，就是
态度松动的表现。至于袁电所谓"军使二员"，即刘承恩与蔡廷
幹。刘与黎是湖北同乡，蔡则在任职海军时为黎的上级。② 11 月
10 日，二人携带袁氏致黎元洪函，自汉口渡江到武昌直接与黎元
洪商谈和平。黎元洪派人到江岸欢迎他们。湖北军政府内部因为
此事分成两派，胡鄂公等反对接见，孙武、胡瑛等主张接见，后
一派占多数，因此 11 月 11 日下午，刘、蔡被引导至湖北军政府
议事厅，与都督黎元洪及军政府各部负责人会面。③ 刘承恩首先
登台，代表袁氏发表主张君主立宪意见，希望鄂方能够息兵，派
代表共同组织由汉人掌握大权的新内阁。其言曰：

---

① 《致内阁电》（宣统三年九月二十一日）、《致资政院电》（宣统三年九月二十一日）、《应诏
　回京途中在彰德致资政院电》（宣统三年九月二十二日）、《致阮忠枢函》（宣统三年九月
　二十七日刊载），骆宝善、刘路生主编《袁世凯全集》第 19 卷，第 46、57 页。

② 《419 信的附件（机密）蔡廷幹上校来访接谈记录》（1911 年 11 月 16 日），〔澳〕骆惠敏编
　《清末民初政情内幕——〈泰晤士报〉驻北京记者、袁世凯政治顾问乔·厄·莫理循书信
　集》上册，第 791 页。

③ 胡鄂公：《辛亥革命北方实录》，第 73—74 页；郭孝成编《中国革命纪事本末》，第 249 页。
　按，曹亚伯《武昌革命真史》将刘承恩、蔡廷幹与黎元洪会谈系于 11 月 10 日下，不确。

都督首先倡义，东南十余省相继而起，实可钦佩。项城之意，不过三世受恩，不忍清政府推倒，故特派代表等前来协议。都督所以革命之原因，无非为清廷虚言立宪，实行专制。现清廷已下诏罪己，宣誓太庙，将一切恶税恶捐，全行改除，实行立宪，与民更始，目的可谓已达，倘再延长战争，生灵益将涂炭。都督本为救民起见，若救之而反以害之也，于心安乎？况某某两国，均派水师提督带兵入境，不知是何居心。上下交争，恐彼等乘势袭取，致酿瓜分之祸。伏望都督统筹善策，顾全大局，传知各省，暂息兵端。一面公举代表入京，组织新内阁，共图进行之策，朝廷仍拥帝位之虚名，人民已达参政之目的，所谓一举而两善存也。满人虽居心狡诈，然经此一番改革，大权均操之汉人。清帝号虽存，已如众僧人供奉一佛祖。佛祖有灵，则皈依崇拜之；不然，焚香顶礼，权在僧人，佛祖亦无能为也。[①]

黎元洪不以为然，接言：

愚哉！项城瓜分之语，岂足以吓湖北革命党。无论各国向守公法，不至有不正当举动，或有之，而鄂省数千万同胞，无一非热血捐命之徒，亦可与办正当交涉，断不容异族侵占我有土地权。且中华同胞不革命，满人能担任各国不瓜分乎？至于项城命二公来表意见，余已敬聆。窥其意，是盖欲现时牢笼各省都督，不加兵力，嗣后即设法反间，使自相

---

① 　郭孝成编《中国革命纪事本末》，第249—250页。

冲突。维时大权在项城手，再以兵力驱逐满人而自立。惜乎
其意虽佳，误于实行。若项城现率所部转取冀、汴，尚不失
为都督，将来大功告成，公选总统时，以项城威望，或可当
选，否则约期决战，多言无益。至谓三世事满、受恩深重，
试问犹记得溥仪初立，头颅几落之时代乎？此时大局已去，
恐项城今世永无见用于满之日。且中华土地本我汉有，譬如
我之家产被强人所占，我之妻孥被强人所夺，而强人犹欲派
我管事，纵令极凉血动物，亦断不至尚认强人为有恩于我
者。二公俱汉人，不知以为何如？①

假如前述黎元洪致袁氏函属实的话，此时黎元洪的表现就让
人觉得他实际上有两副面孔，私下里向袁氏讲和，公开场合则又
不敢妥协。

蔡廷幹也就实行君主立宪发表主张，认为从法兰西共和国所
显示的极度的腐败，以及南美洲墨西哥共和国屡屡发生自相残杀
的情况来看，共和政体不适合中国国情，像英国那样的君主立宪
制才是最稳定的政体，是廉洁政府的最好例证。袁氏主张"保留
清朝而限制君权是维持帝国统一的最好的保障"。②

汤化龙登台致答词，主张共和，反对君主，谓：

我们武昌此次首义，并非专行种族革命，实政治革命。

---

① 《袁使乞和颠末记》，《申报》1911年11月21日，第1张第5版。
② 《419信的附件（机密）蔡廷干上校来访接谈记录》（1911年11月16日），〔澳〕骆惠敏编
《清末民初政情内幕——〈泰晤士报〉驻北京记者、袁世凯政治顾问乔·厄·莫理循书信
集》上册，第792—793页。

我中华民国据有二十二行省，内有汉满蒙回藏五大族，求五族平等，所以必须改建五族共和。处现在二十世纪时代，君主国逐渐减少，民主国日益加多，如能按照共和制度，实事求是，则满清永久立于优待地位，享共和幸福，较之君主时代之危险，至有世世子孙莫生帝王家之惨，胜百倍矣。我想清廷真有觉悟，顺应潮流，必以吾言为然。请蔡、刘二君转达项城，不必固执可也。①

宋教仁也发表演说道：

吾辈之目的原在共和，今满政府仍欲君主立宪，则吾辈之目的并未达耳。满政府并无实行君主立宪之诚心，征诸年来事实，即可知之。此次所下立宪伪谕，皆鉴于吾国民已能将共和国家建成，不得不作此摇尾乞怜之计。吾辈若堕其计，事后焉知不复其故态。至谓已开党禁，尤属可笑。党禁之开否，视乎吾辈之实力，吾辈亦不期彼开党禁。②

其他孙发绪、胡瑛、胡瑞霖等亦相继演说，大意均是劝刘、蔡二使转告袁氏牺牲君主立宪，赞助共和。刘、蔡答曰："诸君之意，我二人已领教矣。一俟返汉，即将尊意转达，能否收效，尚不敢必，因为我们所受意旨是君主立宪，如项城能牺牲己见，免除战祸，亦属幸事。"③随即，黎都督在府欢宴二使，并由汤化龙

<hr>

① 曹亚伯：《武昌革命真史》中册，第263—264页。

② 《袁世凯尚敢言和乎》，《民立报》1911年11月20日，第3版。

③ 曹亚伯：《武昌革命真史》中册，第264—265页。

代拟复袁氏书，交二使返汉转达袁氏。次晨二人离去。①

这次招抚失败后，江汉关道黄开文曾与日本人有一段谈话，对结果深感失望。他说：

> 我方曾提出如革命军不进攻时官军亦不加攻击为停战条件，然终不为对方所容纳，至今未能实现和平，诚堪浩叹……革命军本意专在排满，此在今日毕竟系不可行之问题，细思清朝何以非排不可乎？即使由革命军之观点以言，若实现政治上之改革，亦决非不可满足者。今我朝廷已更迭内阁，任袁氏为总理，其余亦均以汉人充任，是可谓已着着走向改革。试观各国政体，如贵国，如英、德、俄，无一非君主立宪政体。彼美、法两国虽为共和政体，而今日不亦有已悔其非是之人乎？故今日选择政体，勿宁以君主立宪为优。假若采取共和政体，首先必须选举大总统，现我国各省皆有都督，则广东人欲选广东人，湖南人欲使湖南人当选，各省相争，必至互相倾轧而酿大祸。故此刻当乘外国尚未干涉之前，和平解决为要。②

由以上情形来看，虽然北方的山、陕两省及南方各省已宣告独立，但袁氏并不认为民主共和已是大势所趋，仍然对实行君主立宪抱有希望。这与他一贯的主张和对局势的乐观判断有关。此时的袁氏是不会想到以召集国民会议的方式来决定国体应为君主

① 胡鄂公：《辛亥革命北方实录》，第73页。
② 刘淙译，傅钟涛校《日本驻汉口总领事馆情报》，刘萍、李学通主编《辛亥革命资料选编》第2卷，第127页。

还是民主的。而对那些主张民主共和的人来说，君主立宪已经不是选项，当然也不会提出以召集国民会议的方式来决定国体。尽管南方独立省份的有识之士在武昌起义后不久即谋划召集临时国会，并且在 11 月 11 日发出"组织全国会议团通告书"，但他们的主要目的不是讨论君主民主问题，而是统一独立各省的军事、外交，以及讨论"对于清皇室之处置"问题，以为建立临时中央政府之预备。①

南北双方的诉求，距离如此之大，看起来毫无妥协的可能。然而，就在此时，一种新的主张开始出现，呼吁通过召集国民会议来决定国体应为君主还是民主。率先提出这种主张的，既不是完全倾向清廷的人，也不是南方革命党人，而是一位与两方皆有关系，但在之前并未特别引人注目的人物——被罢斥的前直隶候补道洪述祖。②

---

① 《组织全国会议团通告书》，国家图书馆善本部编《赵凤昌藏札》第10册，第449—451页。

② 按照张国淦的说法，武昌起义爆发后，江苏巡抚程德全等于 10 月 16 日电奏，请现任亲贵内阁解职，处分酿乱祸首，提前宣布宪法。折上留中。10 月 18 日，内阁阁丞华世奎向张国淦透露了程德全的电奏，并询问其意见，张不以为然，谓："此次武昌起事，在民党方面，酝酿不止一朝，其潜伏势力弥漫全国，若视为武昌一隅，能用大兵剿灭，便是错误，当求其他方法解决。雪帅（程德全）电奏办法，如在两三年前或可有效，现在局势如此，似非此种常谈所能挽回。"华世奎将张国淦的意见转陈内阁总协理后，于 10 月 19 日又见张国淦，传达总协理的话，请他写一节略。于是张国淦拟一说帖，于 10 月 20 日交华世奎带去。说帖提出，"为今之计，唯有开诚布公，以全国人心为趋向，当即饬令开拔军队停止前进，赶速召集国民大会，商讨今日中国如何立国，以解决一切所不能解决之问题"，并有"与其人为汤武，毋宁我为尧舜"等语（张国淦编著《辛亥革命史料》，第 273—275 页）。张国淦所言如果属实，那么他毫无疑问是武昌起义爆发后最早主张召集国民会议的人，但从当时形势来看，其他各省尚未独立响应，南下清军刚刚与湖北民军接战，鹿死谁手尚难预料，张国淦的认识似过于超前，难以令人置信。而且按他所讲，说帖并未引起内阁重视，因此难以专门讨论。其编著《辛亥革命史料》所录说帖全文未标时间，是否写于此时，尚存疑问。参阅该书第 179 页注。

二　洪述祖首倡召集国民会议

洪述祖（1859—1919），原名洪熙，字荫之，江苏武进人。早年曾为江西学政陈宝琛、江西巡抚潘霨、钦差大臣督办福建军务左宗棠及台湾巡抚刘铭传等幕僚。甲午之役爆发前，奉同乡津海关道盛宣怀之命，赴朝鲜汉城等地办理电报事务，因此得与时任总理朝鲜交涉通商事宜委员的袁世凯及驻汉城总领事唐绍仪结识。甲午以后长期混迹于江浙、湖北、直隶等省，或为大员幕僚，或任候补官员。宣统元年（1909）底以直隶候补道担任井陉矿务局总办，但大约一年后即因谋取私利，被直隶总督陈夔龙劾罢，自此闲居天津，与同住天津的唐绍仪、赵秉钧等交往颇密。[①]

这样一个人何以会想到召集国民会议决定国体这样的办法呢？这就不能不提到另一个重要人物——洪述祖的表兄赵凤昌。此人亦是江苏武进人，曾在张之洞任两广总督及湖广总督时长期佐其幕府，辛亥革命前久居上海，无论与立宪派还是革命派，皆保持密切关系，堪称东南绅商中最有影响力的人物之一。武昌起义爆发仅五天，赵凤昌就开始召集一些东南名流商量应对时局之法。[②]他们意识到共和已是大势所趋，因此积极联络各方面人物，筹划召集临时国会，在上海开会，讨论大局。他们的秘密计划之一，是电请赋闲在津的前邮传部尚书唐绍仪担任南方外交代表，与各国驻华公使接洽承认临时国会之事。[③]其时适逢清廷下

---

①　尚小明：《宋案重审》，社会科学文献出版社，2018，第66—74、246页。

②　中国社会科学院近代史研究所整理《黄炎培日记》第1卷，第22页。

③　《念三日会议结果》，国家图书馆善本部编《赵凤昌藏札》第10册，第447页。

旨罢免邮传大臣盛宣怀，谕令唐绍仪补授，[①] 故赵凤昌在 10 月 27 日致电唐氏，劝其"缓到任"。[②] 洪述祖因与赵、唐保持亲密关系而得见密电，并知晓南方与唐绍仪之间的秘密互动。对洪述祖来说，武昌起义后出现的混乱局面，正是一个可以让他重新出人头地的难得的机会，因此他非常积极主动地加入赵凤昌等的秘密计划，并以高人一筹的胆略，于 11 月上旬采取了一项惊世骇俗的行动——以隆裕皇太后名义草拟"皇太后懿旨"一道，提出与全国国民讨论宪政。内容如下：

宣统三年□月□日钦奉皇太后懿旨：盖闻天下者，天下之天下。我朝入关，本由于明臣求请，其时中原无主，四海困穷，我世祖章皇帝体天爱民，运会所乘，不得不代为主持，以拯黎庶。我圣祖仁皇帝尽革前代弊政，深仁厚泽，超迈汉、唐。至今二百余年，家法相承，从未出一暴君，行一虐政，此薄海臣民共见共晓者也。同治巳 [以] 来，国无长君，遂不得不任用亲贵。其贤者固能一秉大公，佐成治理，而日久弊生，亦不免有背公为私之辈。深宫蔽锢，觉察无方，此则朝廷之咎也。我德宗皇帝有鉴于国权不振，慨然变法，创中国二千年来未有之局。下诏立宪，原为保全国土民生起见，本无自私自利之心。皇帝入承大统，继志述事，惟日孜孜。而王公大臣等奉行不善，阳借立宪之名，阴行专制之实，实非意料所及，朝廷用人不当，夫复何言！此次武昌

①　《上谕》（宣统三年九月初五日），中国第一历史档案馆编《宣统朝上谕档》第 3 册，第 266—267 页。

②　《赵凤昌致天津唐绍仪电》（初六午发），上海社会科学院历史研究所编《辛亥革命在上海史料选辑》，上海人民出版社，1966，第 1052 页；钱实甫编《清代职官年表》第 1 册，第 331 页。

兵变，固由不肖疆吏所逼而起，而不及一月，各省云合响应，足见政治之窳败，人心之积愤，已达极点。及此改良，组织完全宪政，未始非中国剥极而复之机。余与皇帝仰体列圣爱民如子之心，实不愿以改革政治妨害民命。即如汉口一役，官军、军民死于战阵已堪悯恻，又闻无辜良民生命、财产惨遭荼毒者不可胜计，深宫闻之，实深痛恨！自念余一妇人，皇帝方在冲龄，忝居臣民之上，不能绥辑万方，已为疚心，何忍再使生灵涂炭。兹着派□□□为暂任代表议政员，即日择地与全国国民妥议宪政。自宣布此次谕旨之后，立即停止战事，无论官军、民军，不得再发一弹，再血一刃。所派赴鄂各军，克日撤回，军械、子弹收储勿用，以副朝廷弭兵安民之至意。所议宪法，但求于中国土地人民多所保全，无论君主立宪、民主列［立］宪，余与皇帝均乐观厥成。此系祖述尧舜公天下之心，朝廷出自至诚，当为薄海臣民所共信，亦必为列圣在天之灵暨皇族、宗支、王公亲贵等所共谅也。宣布海内，咸使闻知。①

---

①《皇太后懿旨》，国家图书馆善本部编《赵凤昌藏札》第10册，第522—527页。按，该"懿旨"又见中国人民政治协商会议全国委员会文史资料研究委员会编《辛亥革命回忆录》第6集，题名《洪述祖所拟退位诏书原稿》。关于这篇"诏稿"的草拟，曾任袁世凯谘议的唐在礼后来回忆："据说最早的退位诏书是直隶候补道员洪述祖所拟的。洪与民政大臣赵秉钧的交情、关系都很深密，他是赵的亲信秘书。他就是夤缘着赵的关系，得到袁的赏识，那个诏书就是洪到袁的私邸去，由袁面授要意，而后由洪着意撰写的。内容较为冗长，开宗明义纵论上下古今，然后以停战议宪为要旨，说明'但求于中国土地人民多所保全，无论君主立宪，民主立宪，余（隆裕自称）与皇帝均乐观厥成'。并未明诏退位，文字少输迂娓，有欠捷当。"（唐在礼：《辛亥前后我所亲历的大事》，中国人民政治协商会议全国委员会文史资料研究委员会编《辛亥革命回忆录》第6集，第338页）唐在礼的这些说法与事实多不相符。洪述祖实际上在袁世凯入京之前已拟就诏稿，袁世凯入京后，洪述祖方通过唐绍仪将诏稿递至袁世凯手中。至于唐在礼说洪"就是夤缘着赵的关系，得到袁的赏识"，亦不够准确。洪、袁二人早在甲午年间便已相识，并且当时袁便对洪的才能极为赏识，以后二人亦保持着联系。

"懿旨"最关键之意是表示愿意实行政治改良,"组织完全宪政",为此准备派"暂任代表议政员","即日择地与全国国民妥议宪政",实质上就是主张召开国民会议来讨论宪政问题。诏稿中虽然没有"退位"字样,但皇太后与皇帝若同意下此诏书,则其中"无论君主立宪、民主列[立]宪,余与皇帝均乐观厥成"一句,实际上意味着清帝同意退位。

洪述祖不但草拟了"懿旨",还托人游说当局,试图将"懿旨"变成事实,但没有任何结果。① 等袁世凯入京组阁,洪述祖又通过唐绍仪推动袁氏召集国民会议(详下文)。张国淦在《辛亥革命史料》"南北议和"一节中曾引民初赵秉钧在国务院所言曰:"唐绍仪到京,住东交民巷六国饭店。直隶候补道洪述祖,在北洋时与唐有旧,力劝其不就邮传大臣职务,乘此机会仿照美、法,将中国帝制改造民主。其进行,一方面挟北方势力与南方接洽,一方面借南方势力以胁制北方。其对于宫廷、亲贵、外交、党人,都有运用方法,照此做去,能使清帝退位。清廷无人,推倒并不甚难,可与宫保(袁)详密商定,创建共和局面,宫保为第一任大总统,公为新国内阁总理。"② 这段话虽然没有提及国民会议,但可以帮助我们理解洪述祖和唐绍仪当时推动国民会议的真正动机。

由于不久后召集国民会议成为南北议和的中心议题,洪述祖颇为其当初的举动感到荣耀。他曾将草拟"懿旨"所用砚台命名曰"共和砚",请人以篆书刻砚上,落款云"壬子十月观川居士

---

① 《述祖(洪述祖)致竹哥(赵凤昌)》(宣统三年十月初一日),国家图书馆善本部编《赵凤昌藏札》第10册,第520页。

② 张国淦编著《辛亥革命史料》,第289页。

属陶心如补篆并刻"。"观川居士"即洪述祖，陶心如指书画家陶洙。又在砚背左侧刻以隶书云："辛亥九月砚得主，共和诏书起于此，勒铭左侧志不忘，中华男子洪述祖。"[1] 洪述祖还常以"革命元勋"自居，甚至狂言"共和系我首功，无我即无共和"。[2] 然而，其人与其说是共和主义者，不如说是机会主义者，故不久又有主谋杀害共和功臣宋教仁之事。

三　袁氏接受国民会议及游说亲贵失败

随着 11 月中旬袁氏入京组阁，与袁氏关系密切的唐绍仪就任邮传部尚书的可能性越来越大。深知南方用意的洪述祖不但劝说唐氏不要赴任，而且将唐氏拉了进来，继续推销其国民会议方案。

先是资政院拟定十九信条及选出内阁总理，紧接着又奏请速开国会，以符立宪政体。[3] 但其时议员处于涣散状态，开议时到者颇鲜，以至于有时竟无法开议，为此清廷考虑召集临时国会。[4] 11 月 13 日下午袁氏入京后，摄政王于 11 月 14 日上午在勤政殿召见袁氏，询问弭乱之方。袁氏对曰："此次乱党起于鄂，

---

① 按，此砚现藏江苏省常州市博物馆，为黑色方形星座纹歙砚，边长 33 厘米，厚 6.7 厘米，除两侧刻有文字外，底部有八卦图案。

② 《专电·北京电》，《申报》1913 年 4 月 17 日，第 2 版。

③ 《资政院总裁李家驹等奏折》（宣统三年九月十五日），中国第一历史档案馆、海峡两岸出版交流中心编《清宫辛亥革命档案汇编》第 67 册，第 325 页。

④ 《李家驹致资政院议员书》（1911 年 11 月 11 日）、《亲贵联请速开临时国会》，《大公报》1911 年 11 月 14 日，第 2 版。

其宗旨在改革政治……若朝廷体恤民意，立即召集国会，实行宪法，不惟武汉一隅立即可告靖，即各省变乱，亦将同时归于消弭。故臣之愚见，欲消弭此巨乱，惟须立即召集国会。"①此时无论亲贵还是袁氏，依然是把召集国会视为消弭"乱党"的手段，而没有把它与国体问题联系起来。摄政王对袁氏的建议表示首肯，当即降旨曰："自武昌事起，各省纷扰，大局岌岌，实为全国存亡所关。朝廷胞与为怀，不设成心，亟应征集国民意见，共谋扶危定倾之策。著各督抚传谕各该省士绅，每省迅速公举素有名望、通晓政治、富于经验、足为全省代表者三五人，克期来京，公同会议，以定国是而奠民生。"②

　　清廷的上述命令似乎让洪述祖看到了召集国民会议的希望，因此他立刻将"皇太后懿旨"抄写两份，然后在唐绍仪帮助下分途呈递袁氏。从洪述祖随后给赵凤昌的通报来看，袁氏对召集国民会议决定国体"甚为赞成"，但身为内阁总理大臣，"难于启齿"。他有意让唐氏出头，但唐氏若就任内阁邮传部大臣，同样不便出头，而且唐氏在赵凤昌、洪述祖等鼓动下也不愿就任。因此，袁氏在11月16日组阁时另任杨士琦为邮传部大臣，从而使唐氏可以幕僚身份放手活动。11月17日，唐绍仪自天津入都，为袁氏出谋划策。隔天洪述祖也来到北京。③

　　那么，袁氏为何于此时忽然赞同以召集国民会议方式讨论

① 《摄政王载沣召见时之奏对》（宣统三年九月二十四日），骆宝善、刘路生主编《袁世凯全集》第19卷，第49页。

② 《谕旨》（宣统三年九月二十四日），中国第一历史档案馆、海峡两岸出版交流中心编《清宫辛亥革命档案汇编》第68册，第207页。

③ 《述祖（洪述祖）致竹哥（赵凤昌）》（宣统三年十月初一日），国家图书馆善本部编《赵凤昌藏札》第10册，第520—521页。

君主、民主问题呢？这一方面与局势的最新动向有关，另一方面与袁氏对大局的整体判断有关。就局势而言，首先有湖北军政府都督黎元洪于11月9日发出通电，请独立各省代表到武昌开会，讨论成立临时中央政府，得到湘、赣、粤、桂、黔等省复电响应。① 紧接着江苏都督程德全、浙江都督汤寿潜于11月11日发出"组织全国会议团通告书"，倡议仿照美国独立时设立十三州会议总机关之例，由各省谘议局和独立各省都督府各派代表一人常驻上海，设立临时会议机关，集议"外交代表"、"对于军事进行之联络方法"以及"对于皇室之处置"等事项。② 随即由江苏都督府代表雷奋、沈恩孚及浙江都督府代表姚桐豫、高尔登于11月12日致电二十省都督府或谘议局，请各省派代表到上海参加临时国会，讨论未来国家建设，并推伍廷芳、温宗尧二人为临时外交代表，以便与外交团正式交涉，请各省公认。③ 11月15日，来自江苏、上海、福建等地代表率先在上海江苏教育总会开会，决定会议定名为各省都督府代表联合会。④ 特别值得注意的是，近在肘腋的直隶谘议局，不仅在各省谘议局中率先反对资政院所拟十九信条，⑤ 而且派代表赴

---

① 曹亚伯：《武昌革命真史》中册，第262页；《鄂军都督来电》，《时事新报》1911年11月27日，第2张第1版。

② 《组织全国会议团通告书》，国家图书馆善本部编《赵凤昌藏札》第10册，第449—451页；《苏州程都督、杭州汤都督致沪都督电》（1911年11月11日），政协浙江省萧山市委员会文史工作委员会编《汤寿潜史料专辑》（《萧山文史资料选辑》第4辑），政协浙江省萧山市委员会文史工作委员会，1993，第593—594页。

③ 《雷奋、沈恩孚、姚桐豫、高尔登致二十省都督府》（辛亥九月二十二日），国家图书馆善本部编《赵凤昌藏札》第10册，第498—503页。

④ 刘星楠遗稿《辛亥各省代表会议日志》，中国人民政治协商会议全国委员会文史资料研究委员会编《辛亥革命回忆录》第6集，第241页。

⑤ 《资政院第七次会议记录》，渤海寿臣编《辛亥革命始末记》，第1209页。

沪参加独立各省代表会议，还致电资政院和内阁，要求仿照欧洲革命史成例，明颁谕旨，速行停战，召集国民会议，以国体政体"征之全国舆论"，"将中国前途如何解决付之公议，庶几以和平弭战争，杜全国残杀之祸，而免受制于外人"。① 就连在海外的梁启超，也在 11 月 18 日辞谢司法副大臣电文中向袁氏提出："今惟有于北京、武昌两地之外，别择要区，如上海之类，速开国民会议，合全国人民代表，以解决联邦国体、单一国体、立君政体、共和政体之各大问题，及其统一组织之方法条理。会议结果，绝对服从，庶几交让之精神得发生，分裂之祸可免。"②

上述情势，特别是上海拟组织临时国会并召开独立各省代表会议，让袁氏颇为担忧，③ 他需要采取对策，以便掌握主动。不过，此时袁氏对大局的判断仍然比较乐观。11 月 15 日袁氏就任内阁总理大臣后曾约见来访的朱尔典，后者当天向英国外交大臣报告："袁世凯告诉我……建立共和国的方案在上海和南方其他革命中心获得了支持，但在北方，民情则倾向于君主立宪政体，而且正是他打算领导的党派主张这后一种政制。由于国家的民意已经不再由资政院所代表，他计划将他的方案提请能代表各省的国民会议认可，而召集这样一个会议是他的意图，地点将定在上海或天津。袁认为，如果他能够整合北方各省认同他的政策方针，就有可能形成一个政府的中心，依靠这个中心，南方终将或者被

① 《谘议局电陈救危政见》，《大公报》1911 年 11 月 20 日，第 2 版；《顺直谘议局之要电》，《大公报》1911 年 11 月 24 日，第 2 版。

② 《梁启超致袁世凯电》，《时事新报》1911 年 11 月 27 日，第 2 张第 1 版。

③ 《袁内阁对于上海临时国会》，《大公报》1911 年 11 月 29 日，第 2 版。

争取过来，或者被用武力所克复。"① 在随后发表的政见中，袁氏更认为，中国数千年来都是以君主立国，君主观念深入人心，辛亥革命爆发后虽然民主共和高唱入云，但"不过起于一二党魁之议论"；"革命党人已见互相离异之象"，有些省份"其实非全然独立，有数省权尚在保守派之手……迹近中立"；"民军分南北派，不能调合，且人民十分之七主张保守，满清政府一倒，必起第二革命"；欲"保全中国不致离析"，宜坚持"大清万世一系"，"尽力重设一坚固政府"；"惟限制君权，拥君主为大权之表，方可保瓜分之患"。②

　　袁氏的判断并不能说是盲目乐观。事实上，就连主张共和者也意识到，"南方各省虽皆宣告独立，然察其内容，事权不一，意见不齐，有未能趋于统一之势"，③ 因此才急于建立临时中央政府。日本是列强当中最关心中国局势发展的国家之一，在日本政府看来，"各省争先宣布独立，并非它们真正有实力这样做，而是为了自保，希望避免跟革命军冲突。革命人士因为是起于全国许多不同的地方，所以并不是团结一致的。在某地区，有一位革命领导者已准备逃避责任，因为他被推举为首领，并非他的心愿。另外在别的地方，则有一些革命领导者不断在互相争执中。接着各地又感觉到难以筹备资金，以应付战事及行政工作所需。事实上，

---

① 《英国驻华公使朱尔典致英国外交大臣格雷电》（281 号电报，北京，1911 年 11 月 15 日），李丹阳译《英国外交档案摘译：武昌起义后袁世凯父子与英国公使的密谈》，《档案与史学》2004 年第 3 期，第 65 页。

② 《收路透电》（宣统三年十月初三日），中国第一历史档案馆编《清代军机处电报档汇编》第 24 册，中国人民大学出版社，2005，第 271 页；《译电》，《时报》1911 年 11 月 24 日，第 2 版。

③ 《请各省代表迅速莅沪集议大纲》，国家图书馆善本部编《赵凤昌藏札》第 10 册，第461 页。

有些地方正在考虑采用由军队向民间征粮的办法。此外，革命军大部分是新兵，其中当然包括许多罪犯地痞，这正显现在他们不守纪律的本色"。① 肃亲王善耆与日本人关系密切，不知是否受到日本人影响，对大局时也"颇持乐观之说，以为东南各省之纷扰殆同儿戏，倘中央政府立定脚跟，各省自然瓦解"，还劝汪荣宝保持镇定，"毋自惊扰"。② 又有某亲贵，"痛陈各省独立，并未联合一气，宗旨互异，势力必弱，请以全力注重武汉，其余各省不难迎刃而解"。③ 京师大学堂总监督刘廷琛也认为，"各省纷纷宣告独立，或冀图自保，或附和文明，非有坚悍之势，似不难设法招抚"。④

因此，按照袁氏的判断，即使召集国民会议公决国体政体，最后的结果仍然可能是君主立宪。

袁氏既决定采用国民会议方案，遂由唐绍仪于 11 月 18 日亲赴庆亲王奕劻处游说。在唐绍仪反复劝说下，奕劻"声泪并下"，但"不能独断"，只是答应"次早决定"。然而，到了 11 月 19 日早，奕劻态度忽然大变，"说恐怕国民专要共和"，于是"全局又翻"。显然，奕劻是与摄政王等密商后，因摄政王等反对才改变了态度。袁世凯和徐世昌见状，向奕劻力争，但未能说动。⑤

---

① 《日本政府给日本驻英代办山座圆次郎的指示》，章开沅、罗福惠、严昌洪主编《辛亥革命史资料新编》第 8 册，第 120 页。

② 韩策、崔学森整理，王晓秋审订《汪荣宝日记》，第 317 页。

③ 《专电》，《申报》1911 年 11 月 18 日，第 3 页。

④ 《宣统三年九月二十三日大学堂总监督刘廷琛奏折》，中国史学会主编《中国近代史资料丛刊·辛亥革命》第 5 册，第 494 页。

⑤ 《述祖（洪述祖）致竹哥（赵凤昌）》（辛亥十月初一日），国家图书馆善本部编《赵凤昌藏札》第 10 册，第 520—521 页。

摄政王反对以国民会议决定国体不难理解，毕竟这是关系朝廷生死命运的大事。特别是几天前他刚收到伍廷芳、张謇、唐文治、温宗尧等要求他逊位的通电，谓"君主立宪政体断难相容于此后之中国……倘荷幡然改悟，共赞共和，以世界文明公恕之道待国民，国民必能以安富尊荣之礼报皇室"。[1] 紧接着又接连看到顺直谘议局、保安会的电报，要求召开国民会议，组织共和政体。他怎么能够不犹豫呢？

就这样，袁党初次运动清廷召集国民会议以失败告终。

四　唐绍仪推动袁氏密奏召集国民会议

初次运动朝廷召集国民会议失败，让袁世凯焦急万分。在此情形下，唐绍仪建议袁氏干脆采取强硬态度，以上奏要求朝廷召开国民会议，"倘不允，即日辞职，以去就争之"。[2] 唐绍仪并代袁氏草拟了奏折。关于此折，迄今学界均以为已经不存，[3] 但实际上早在 20 世纪 80 年代初李希泌就已经整理并刊登于《文献》杂志，底本则藏于国家图书馆善本部。

奏折首先描述了武昌起义后各处响应，朝廷四面楚歌、惨祸将临的严峻形势："窃自武昌乱起，全国鼎沸，事变万端，朝不保暮。浙、苏、皖、赣相继独立，以为武昌后援，江宁之军，困守一隅。

① 《伍廷芳等请摄政王逊位电》（1911 年 11 月 12 日），时事新报馆编辑《革命文牍类编》第4 册，电报类，第 1 页。
② 《述祖（洪述祖）致竹哥（赵凤昌）》（辛亥十月初一日），国家图书馆善本部编《赵凤昌藏札》第 10 册，第 521 页。
③ 桑兵：《旭日残阳：清帝退位与接收清朝》，广西师范大学出版社，2018，第 61 页。

海军全降，长江流域已非我有。山、陕继变，山东暨东三省各处，又纷纷以自保为名，不奉诏命。朝廷政令，不能出都门一步之外。至于封疆大臣，不惜走险；军队行动，肆其自由；益以库储奇绌，内帑已将告罄，借款尚无成言。军中纵有可用之兵，藏府已无可支之饷，相持不解，革军即未北犯，亦必有兵溃之忧。况海军既叛，漕粮断绝，军械药弹无法输运，接济之路塞，援应之术穷。而大沽口、秦皇岛等处密迩津、京，彼则随时随地可以登岸进攻，我则备多力分，直将不暇兼顾，虽使前敌幸获一二胜仗，而楚歌四面，终成束手坐困之势。列强利害所关，乘隙而进，此时虽左右不祖，异日必玉石俱焚。为全国计，则所虑者不仅一时之兴废，而并有种族残灭之忧；以大势言，则所患者不止全局之崩离，而兼有土宇瓜分之祸。"然而，"环顾朝列，尚未有人为朝廷筹一线生机，破除忌讳，沥陈大计者，臣实痛之"。接下来，奏折就朝廷应当如何采取主动、挽救危局阐述意见，中心意思是"非速由朝廷召集国民大会不能挽救"，建议隆裕皇太后颁布诏旨，在上海召集国民大会，讨论君主、民主问题，变被动为主动。其词曰：

夫救亡之道，一言尽之，朝廷既无实力之可恃，即当争无形之先着，以收握总机关。自武昌肇衅以来，凡夫下诏罪己，开除党禁，颁布宪法信条，超轶德、日，媲美英伦，在朝廷可谓仁至义尽矣。顾海内汹汹，兵连祸结而不息者，则以讨谟颁布，无不稍后一着耳。且国民久伏于专制之下，恩旨虽颁，动辄以平日猜疑政府之用心，肆相揣度，恩溥而不孚，言美而未信，往日全国力争而未得当者，一旦骤予之，反犹以为未足，此非国是之不臧，实以机关之未善。迩者人心瓦解，自当更进一层。为今日计，亟宜由皇太后降懿旨，召集国民大会于上海，以君主立宪、民主立宪何者为最适于中国二大问题付之公决。诏中须敷陈利害，力主和平，务使天下咸晓然于朝廷并无意以天下徇一姓之私，实欲以国民己力解决今日之大局，但使公意所存，则宁牺牲大宝，以保东亚之治安，不肯南北相持，以自召糜烂瓜分之祸。此诏既出，必令革党之有破坏而无建设者立失其根据地位，天下之爱国家而兼爱朝廷者激发其忠诚，外人观听一新，亦为鼓舞。其召集当易于为功，其解决或可望仍归于君主立宪，此所谓将欲取之，必先与之也。[1]

紧接着，奏折进一步指出，只要朝廷主动召集国民会议，其结果仍将归于君主立宪。并解释之所以要在上海召集国民会议，实为针对革党已在上海发起国民会议而采取的"先着"，建议朝廷再降谕旨，将11月14日谕令各省公举代表来京开会，改为以上海为开会之地，以示"不设成心"，从而潜移民心。其词曰：

臣之敢为此言者，似以朝廷为孤注之掷，罪不容诛。不知治得几先，实足为大清绵有道之基，永世罔坠。昔法兰西革命之后，拿破仑继起，召集国民会议，而全体议决，卒归帝政；瑞典，哪〔挪〕威两邦分裂，兵祸相寻，亦以此两义付国民解决，卒奉瑞典旧君为君主；况我朝深仁厚泽，沦浃民心乎？今若舍臣谋不用，长此相持，无论相持之局于财

---

① 《请速召集国民大会折》，李希泌辑录《有关辛亥南北议和文电抄》，《文献》1981年第3期，第38页。

政、于外交均不能延至两个月以上，即勉能持久，而革党已于上海发起国民会议，冀以建立新国，要求列强承认；各国方苦于无法可以解决中国问题，对于彼党多表同情，若一旦承认，则大局一去，不可收拾，朝廷更无一谋一兵之可用，种族残杀之祸，必不可免，何论君主？何论朝廷？此臣所谓无形之先着，千载而一时者也。伏读九月二十四日（11月14日）上谕，令各省公举代表三五人来京，共谋扶危定倾之策，并谕以朝廷不设成心。臣默体圣怀，确有以天下为公之意，惟前旨词浑穆，似有未尽，且都城偏在北方，召集亦稍形未便。拟请再降谕旨，以上海为开会之地，由各省所公推政党中人为代表，特派明达中外事体大员主持其事。一面布告全国，以表示朝廷保爱平和、不设成心之确据，庶群情悦服，可施潜移默运之功。务请朝廷俯念民命为重，种祸可忧，毅然决断，勿为庸臣顽固狭陋所惑。臣受恩深重，与国休戚，不敢不冒死一言，伏乞圣明裁择施行。谨恭折密陈，伏乞皇上圣鉴训示。①

根据洪述祖11月21日给赵凤昌的密函，11月19日袁世凯、徐世昌争取奕劻失败后，"少川代谋，即以此宗旨（指请求召集国民会议——引者）由项城奏请施行（约五日即可见）"，因此袁氏上奏密折时间应在11月20日至24日之间。《大公报》报道11月21日袁氏接受摄政王召见时，曾奏陈召开临时国会事宜，②则

---

① 《请速召集国民大会折》，李希泌辑录《有关辛亥南北议和文电抄》，《文献》1981年第3期，第38—39页。

② 《摄政王倚赖袁宫保之重》，《大公报》1911年11月24日，第5版。

此折似即上于当时。

略言之，密折主要是鉴于武昌起义后清廷所面临的四面楚歌的严峻形势，建议朝廷应当针对"革党已于上海发起国民会议，冀以建立新国，要求列强承认"的新情况，迅速主动降旨"召集国民大会于上海，以君主立宪、民主立宪何者为最适于中国二大问题付之公决"，这样才能争得"先着"，再施以"潜移默运"之功，"其解决或可望仍归于君主立宪"，"所谓将欲取之，必先与之也"。①

从私下游说到上折奏请，表明随着形势变化，袁氏决心调整应对南方党人的策略，即由派人招抚转为主动召集国民会议，力争先着。迈出这一步的主要原因即他对局势的乐观判断，以为仍可造成君主立宪。但唐绍仪的用心就比较复杂了，表面上他所拟奏折仍以追求君主立宪为目的，实际上在他为袁氏谋划前就已经与南方的赵凤昌等暗中联络；在11月19日同朱尔典的谈话中，唐绍仪又明确表达了希望尽早在上海召集国民会议决定国体，最终建立民国，并由袁世凯担任总统的愿望。②袁、唐二人后来之分歧在此时已露出端倪。

五　杨度、汪兆铭组织国事共济会

在袁氏秘密奏请朝廷召集国民会议时，由杨度和汪兆铭等组

① 《请速召集国民大会折》，李希泌辑录《有关辛亥南北议和文电抄》，《文献》1981年第3期，第38—39页。

② 《朱尔典致格雷爵士电》(1911年11月19日北京发，同日收，第287号)，章开沅、罗福惠、严昌洪主编《辛亥革命史资料新编》第8册，第105—106页。

织、本部设于天津的国事共济会也于 11 月中下旬活跃起来,他
们公开主张南北停战、召集国民会议决定国体,并采取了一些行
动,从而与袁内阁的活动隐然形成配合之势。

　　杨度是君主立宪党人,汪兆铭是民主革命党人,尽管他们在
留学日本时便已相识,但分属两个阵营。1910 年春,汪兆铭与黄
复生、罗世勋等因谋炸摄政王失败被捕,幸好章宗祥时任民政部
内城总厅厅丞,求情于尚书肃亲王善耆,因得免死,定为永远监
禁。① 武昌起义后,清廷于 10 月 30 日下令开放党禁,以缓和革
命空气,收买人心。法部随即奏请将政治犯悉予释放。11 月 6 日,
清廷正式降旨,将汪兆铭、黄复生、罗世勋等开释,发往广东,
交总督张鸣岐差遣。② 当天出狱时,"赴法部望精卫风采者千余人,
途为之塞"。③ 有人当即致电东三省总督赵尔巽,指出汪兆铭素为
革党所信任,请赵尔巽与袁氏商量,同汪兆铭协商停战事宜。④

　　清廷希望汪兆铭迅速离京,而汪兆铭则"拟暂留都下,揆大
局何若",⑤ 故他出狱后并没有返回广东,而是先在骡马市泰安栈
住了几日,然后住进京中党人杜柴扉家。不久,同盟会会员朱芾

---

①　张伯桢编《篁溪自订年谱》,周德明、吴建伟主编《上海图书馆藏珍本年谱丛刊续编》第
　　62 册,第 403—404 页。

②　《开去司法大臣绍昌等奏折》(宣统三年九月十六日)、《谕旨》(宣统三年九月十六日),中
　　国第一历史档案馆、海峡两岸出版交流中心编《清宫辛亥革命档案汇编》第 67 册,第
　　371、364 页。

③　张伯桢编《篁溪自订年谱》,周德明、吴建伟主编《上海图书馆藏珍本年谱丛刊续编》第
　　62 册,第 403 页。

④　《致东三省总督赵尔巽电报》(宣统三年九月十六日),中国第一历史档案馆、海峡两岸出
　　版交流中心编《清宫辛亥革命档案汇编》第 68 册,第 32—33 页。

⑤　张伯桢编《篁溪自订年谱》,周德明、吴建伟主编《上海图书馆藏珍本年谱丛刊续编》第
　　62 册,第 404 页。

煌到京，与汪同住一室，大约半月有余。① 朱氏为胡适在上海中
国公学就读时的同学，据胡适讲，朱氏那时便与袁克定相识，② 以
后朱氏留学日本，加入中国同盟会（一说朱氏与袁克定在日本相
识）。武昌起义爆发后朱氏返国，先到上海，然后到彰德，通过
袁克定劝说袁氏支持共和，许以总统。离开彰德后，朱芾煌又北
上津、京，经袁克定介绍，游说梁士诒、唐绍仪。③ 适逢汪兆铭
出狱不久，朱氏大约又在此时介绍汪与正在京城的袁克定相识。④

　　也就是在此期间，汪兆铭与杨度等发起国事共济会。该会酝
酿是在 11 月 12 日，即袁氏入京前一日。当天上午，李符曾、李
石曾兄弟及唐易庵、黄远庸、稽恪生、江庸等首先在天津严修处
聚会，由黄远庸"发挥政见"。⑤ 紧接着，下午在北京又有一场聚
会，参会的汪荣宝记述如下：

　　　　二时半赴晳子约，顺道复访闰生……遂诣晳子，商榷国

---

① 黄以镛：《记京津同盟会分会成立之经过》，丘权政、杜春和选编《辛亥革命史料选辑》下
　册，第 284 页。

② 《跋中央研究院历史语言研究所藏的〈毅军函札〉中的袁克定给冯国璋的手札》，季羡林主
　编《胡适全集》第 13 卷，安徽教育出版社，2003，第 660 页。

③ 《胡适留学日记》上册，安徽教育出版社，2006，第 107 页；梁勤峰、杨永平、梁正坤整
　理《胡适许怡荪通信集》，上海人民出版社，2017，第 30 页；任鸿隽《前尘琐记》，樊洪
　业、张久春选编《科学救国之梦——任鸿隽文存》，上海科技教育出版社，2002，第 714
　页；吴玉章：《武昌起义前后到二次革命》，中国人民政治协商会议全国委员会文史资料研
　究委员会编《辛亥革命回忆录》第 1 集，第 114 页。

④ 《致达·狄·布拉姆函》（北京，1911 年 11 月 3 日）、《致达·狄·布拉姆函》（北京，1911
　年 11 月 21 日），〔澳〕骆惠敏编《清末民初政情内幕——〈泰晤士报〉驻北京记者、袁世
　凯政治顾问乔·厄·莫理循书信集》上册，第 773、796 页；税西恒、何鲁、唐午园：《记
　京津同盟会二三事》，中国人民政治协商会议全国委员会文史资料研究委员会编《辛亥革
　命回忆录》第 6 集，第 57 页。

⑤ 《严修日记》编辑委员会编《严修日记》第 3 册，南开大学出版社，2001，第 1707—
　1708 页。

民会议发起事。预议者除余及晢子外，有孟鲁、静生、继新、翊云、远容，议决先组织一团体，名为国事共济会，由会中提出一陈请书于资政院，请召集国民会议，解决近日纷争之问题。傍晚回寓……晚饭后孟鲁及宰平来谈，孟鲁报告国事共济会发起办法，顷又议得妥当办法。本夕尚拟接续会商，因复共诣闰生一谈，旋又同往晢子处商榷，至三时顷而散。[①]

将同一日在津、京的两次聚会联系起来，即可知参与筹划国事共济会者有严修、汪荣宝、杨度（晢子）、汪兆铭（继新或季新）、李符曾、李石曾、李景铢（孟鲁）、范源廉（静生）、江庸（翊云）、黄远庸（远容）、陆宗舆（闰生）、林志均（宰平）、唐易庵、稽恪生等十余人。其中黄远庸的踪迹尤其值得注意，他之所以到天津严修处"发挥政见"，似乎是为了提前与李石曾等沟通组织国事共济会之事，而后他又与江庸匆匆忙忙赶回北京，参加当天下午的聚会。等到 11 月 13 日，《严修日记》又记："访黄远庸、唐易庵，晤翊云、宰平、季新、李景圻、石曾……晚车同石曾晋京。"[②] 可知经过在北京的商谈后，黄远庸、江庸又带着汪兆铭、林志钧、李景圻等于 11 月 13 日来到天津，其中林志钧到津事《大公报》曾有记载。[③] 黄远庸两天内在京津间往来穿梭，透露出他应是汪、杨之外国事共济会最积极的推动者之一。由于袁氏 11 月 13 日当天就要进京，汪兆铭天津之行除了与组织国事共济会相关外，极有可能还想借严修与袁氏建立关系，严修答应

① 韩策、崔学森整理，王晓秋审订《汪荣宝日记》，第 315 页。
② 《严修日记》编辑委员会编《严修日记》第 3 册，第 1708 页。
③ 《车站纪事》，《大公报》1911 年 11 月 15 日，第 3 版。

帮忙，故而当晚即与李石曾同车进京。

11月14日早，到京后的严修先去拜访杨度，谈了很久，然后又去拜访范源廉，不遇。于是到内阁印铸局。在那里等了一个小时后，内阁阁丞华世奎（璧臣）到，紧接着袁克定也到。在华世奎家吃过饭后，三人一起到袁克定家见袁世凯，同见者还有杨度、梁士诒和伯讷，[①]显然都是事先约好的。除了对袁氏当选内阁总理表示祝贺，同时表达不愿入阁之意外，通报杨度、汪兆铭等组织国事共济会也应是严修的目的之一。11月15日一早，严修与李石曾、李符曾兄弟同车返回天津。当天午饭后，严修拜访了赋闲在津的前邮传部大臣唐绍仪，下午又陪同李石曾、汪兆铭到唐绍仪处久谈。[②]除了事关国事共济会外，应当也有介绍唐、汪相识，再通过唐介绍袁、汪建立关系的意图，当然也可能还有受袁之托邀唐入阁的目的。至此，汪兆铭虽然还没能见到袁氏，但路子已经铺好了。

严修虽然参与了国事共济会的组织，但似乎不大看好其前景，所以此后未见他有相关活动。其他人物中，汪兆铭、李石曾分别为京津同盟会正、副会长，黄远庸是该会会员，而杨度、汪荣宝、陆宗舆、李景鉌等则是资政院议员或在京衙门的立宪派官员。

袁氏毫无疑问是支持组织国事共济会的，所以杨度等人见过袁氏第二天，即11月15日，国事共济会就正式发表宣言书，落款署发起人为"君主立宪党杨度等""民主立宪党汪兆铭等"。宣言书指出，"中国自有立宪问题发生，国中遂分为君主立宪、民主

---

① 《严修日记》编辑委员会编《严修日记》第3册，第1708页。按，"伯讷"应指大清银行总监督张允言。
② 《严修日记》编辑委员会编《严修日记》第3册，第1708页。

立宪两党",君主立宪党主张"欲求领土之完全,满汉蒙回藏之统一,非留现今君主名义不可";民主立宪党则认为"君、民之种族不同,则人民之权利必为君主所吝与","根本解决之法,惟有改君主为民主,满汉蒙回藏五种皆平等立于共和政府之下,始有完全之宪政"。但两党目的又有共同之处,即"成立立宪国家,以救危亡之祸"。在革命爆发后北京政府与武昌军政府各以重兵相持、两不相下的形势下,为了避免内部分裂与外力瓜分,君主立宪党与民主立宪党之政见应何去何从,"非两党所能自决也,必也诉之于国民之公意"。国事共济会之成立,"意在使君主、民主一问题,不以兵力解决,而以和平解决,要求两方之停战,发起国民会议,以国民之意公决之,无论所决如何,君主、民主两党皆有服从之义务,不服从者即为国民公敌"。具体做法为:"其对于北京政府之行动,由君主立宪党任之;其对于武昌军政府之行动,由民主立宪党任之。"宣言书附有简章七条如下:"一、本会以保持全国领土(各省及各藩属)之统一为宗旨。二、本会依前条之宗旨,要求两方停战,鼓吹组织临时国民会议,解决君主、民主问题,以免全国战争之祸。三、本会会员平日主张君主立宪者,担任请愿北京政府赞成本会办法;平日主张民主立宪者,担任请愿武昌军政府赞成本会办法。四、无论何人,得本会会员二人之介绍,均得为本会会员。五、本会本部暂设天津,各省及各藩属地方随时得设支部。六、本会设干事四人,两党各举二人。七、本会及各省及藩属地方有赞成本会宗旨者,得自行组织支部,一面通告本部。"①

---

① 《国事共济会宣言书(附简章)》(1911年11月15日),李希泌辑录《有关辛亥南北议和文电抄》,《文献》1981年第3期,第39—41页。

国事共济会成立之日，适逢袁氏准备组阁。11月16日，袁氏公布了内阁国务大臣名单，杨度被任命为学部副大臣。杨度认为，各省纷纷独立，他正为此发起国事共济会，准备调停其间，"若一面欲为和解人，一面又居然加入现内阁，恐愈不足以博社会之信用"，因此他奏请开去学部副大臣缺，奉旨允准。[1]

如前所述，袁氏与唐绍仪等当时正秘密游说亲贵接受国民会议，接着又密奏朝廷召集国民会议，杨度、汪兆铭发起国事共济会事实上起到了呼应或支持袁氏的作用，故袁氏十分关注。据11月18日《大公报》透露，袁氏调阅该会会章后，甚为嘉许，准备于私宅接见汪、杨二人，加以勉励。[2] 而罗惇曧致梁启超函亦有"汪兆铭自共济会后，时来往京津之间，先由严修介绍见袁"的记述。[3] 袁、汪自此频繁交往，关系日益紧密。大约两个月后，莫理循在致达·狄·布拉姆的一封信中写道："汪兆铭在北京时，几乎天天同袁世凯进行联系，有一次汪兆铭来看我，就是同袁世凯谈了三个小时以后来的，你就可以看出，袁世凯已多么深地介入共和运动。"[4] 又据张国淦记述，汪兆铭和魏宸组曾向他讲述过一些他们与袁世凯密谈的情况，说当时袁约汪到锡拉胡同谈论，汪每天晚饭后7、8时谒袁，11、12时辞出，最初只谈共和学理，谈至三夜，渐及事实。汪言："如须继续谈去，请求再约一人。"袁问何人，汪以魏宸组对，袁许

① 《杨度辞职之原因》，《大公报》1911年11月20日，第2版。
② 《袁内阁赞成国事共济会》，《大公报》1911年11月18日，第2版。
③ 丁文江、赵丰田编《梁启超年谱长编》，第576—577页。
④ 《致达·狄·布拉姆函》（北京，1912年1月16日），〔澳〕骆惠敏编《清末民初政情内幕——〈泰晤士报〉驻北京记者、袁世凯政治顾问乔·厄·莫理循书信集》上册，第836页。

可。于是次日夜汪、魏同谒袁氏，讨论中国于君主、共和何者适宜。① "魏善于词令，每以甘言饵之"，袁"初尚搭君主官话，连谈数夜，袁渐渐不坚持君主，最后不言君主，但言中国办到共和颇不易"。汪、魏言："中国非共和不可，共和非公促成不可，且非公担任不可。"袁初谦让，后亦半推半就矣。② 从汪、魏所言来看，袁氏似已渐渐倒向共和，胡汉民也说汪兆铭开始只是暗中交结袁克定，袁氏听说后"私见精卫，谓非常之举非儿辈所知，而自输诚于民党"。③ 然而，从罗惇曧于11月22日谒见袁氏后写给梁启超的信件来看，袁氏的想法并不像汪兆铭、魏宸组所描述的那样。袁氏告诉罗惇曧："革命党人如汪兆铭之类，已见过数次，屡以不入耳之言相劝，我屡与解说满蒙回藏之问题，汪兆铭似有所悟，然南边全尚意气，非推倒满洲不可，如何办得到？"④ 所谓"不入耳之言"，显然是指革命党所主张的"种族革命"，而"满蒙回藏之问题"则是指国家统一问题，或防止国家分裂问题。可知汪兆铭见袁之后，曾以"种族革命"相劝，但不为袁氏接受，袁氏反以国家统一问题劝说汪兆铭，而汪兆铭的立场似已有所动摇。照此看来，袁氏虽然不排斥共和，但也绝不会轻易倒向共和。

　　国事共济会宣告成立后，按照行动方针，汪兆铭将组织该会

---

① 按，胡鄂公《辛亥革命北方实录》根据从各种渠道得到的消息，谓："兆铭之谒世凯，每谒必以一人，必以暮夜，兆铭偶不去，世凯亦必使人招之。迨至十月初二日（即11月22日——引者），兆铭忽邀外交部主事魏宸组同谒世凯。"（胡鄂公：《辛亥革命北方实录》，第82页）这正好可与张国淦所记相印证。

② 张国淦编著《辛亥革命史料》，第115页。

③ 《胡汉民自传》，第94页。

④ 丁文江、赵丰田编《梁启超年谱长编》，第568页。

之宗旨电达上海军政分府转武昌军政府，请息战并召集国民会议。[①] 杨度则以国事共济会名义，通过议员范源廉、刘泽熙介绍，向资政院提出陈请书，请资政院奏请朝廷停战，并召集国民会议，解决君主、民主问题。陈请书称：

> 近者革命事起，全国响应，政府与武昌革命军各拥重兵，两不相下，无论孰胜孰败，皆必民生涂炭，财力困穷，决非可恃兵力以决胜负，必宜别有平和解决之方。度等为此发起本会，要求两方停战，组织临时国民会议，解决君主、民主问题，以免全国战争之祸。现由本会决议陈请贵院议决，具奏请旨，声明实行停战，一俟武昌承诺停战之后，即将赴鄂军队撤回，以示永远停止战争、不以兵力解决之诚意，并请旨召集临时国民会议，议决君主、民主问题，以期和平了结，实为全国之幸。为此陈请，即希照章议决施行，无任翘企之至。[②]

11 月 23 日杨、汪又呈请袁内阁代奏，以求达到目的。奏词曰：

> 窃自武昌革命军起，全国响应，朝廷号令不出都城，未独立者仅直隶、河南二省耳。宗社之安危系于一发。若欲仍恃兵力，以戡内乱，非特生民涂炭，财力困穷，且沿江沿海

① 《黎黄电复汪兆铭》，《大公报》1911 年 11 月 22 日，第 3 版。
② 《袁世凯档存国事共济会君主立宪党杨度等呈文》，中国社会科学院近代史研究所编，虞和平主编《近代所藏清代名人稿本抄本·袁世凯档》第 3 辑第 11 册，第 403—404 页。

遍竖白旗，亦复战不胜战。与其专为战守之计，何如别求解决之方，用是集合同志，创成此会，意在要求两方停战，速开临时国民会议，而以君主、民主一问题决之国民公意。议者以为，会议必由多数取决，是否必为君主，殊无把握，不知此时欲言完全把握，虽伊、吕复生，不敢自信。惟是会议既开之后，则外交、内政利害得失，彼此可以互陈，以期归于一是，比之目前状况，君主立宪之言仅能言于都下而各省概置不理者，实犹彼善于此。即令决议改为民主，然朝廷既肯以君主、民主问题付之公决，则尧舜至公之心已为海内所共敬，人民对于皇室其必优礼相加，而无丝毫危害之意，可以预决而知。和平解决之方，莫逾于此。拟请明降谕旨，实行停战，一俟武昌革命军承诺停战之后，即将赴鄂军队撤回，以示永远停止战争、不以兵力解决之诚意，并召集临时国民会议，议决君主、民主问题。若能将君主、民主朝廷皆乐与观成之意昭示天下，咸使周知，尤足以生人民之感情，为平和之保障。至于临时国民会议之组织，与其选举方法，应由会中拟具草案，仍由两方承诺，然后据以召集，未便由谕旨遽定办法，致生窒碍，合并声明。①

然而，鉴于当时南北对立情形，许多人对于国事共济会的前景并不看好。各省设立支部者，似只有奉天、吉林、黑龙江而已，奉天由荣升、申锺岳发起，吉林由王赓发起，黑龙江由管颖

---

① 《呜呼，可怜之京师》，《申报》1911 年 11 月 30 日，第 1 张第 7 版。

侯等发起。[①] 但很快长春道孟宪彝即上禀赵尔巽，称"奉、吉两省发起国事共济分会，无疾而呻，徒滋扰乱，宜及早解散，用保治安"。[②] 该三省分会除成立时略有活动外，未见有何实际影响。属于梁启超一派的徐佛苏在该会成立数日后即断言："共济会徒滋纷扰，必无结果。"[③]《申报》则反问：各省反正已居大半，如果说这还不能代表民心向背，那么，区区一二代表之说就能代表吗？"人苟无耳目则已，苟有耳目，谁不知大众之心悉向共和而背君主耶！尚何会议之足云乎？"进而言之，假使国民会议得以成立并且议决共和，那么清帝会承认吗？[④]

六　国民会议遭各方拒绝

1911 年 11 月下旬，袁氏密奏召集国民会议，与杨度、汪兆铭组织国事共济会明暗配合，主张由国民会议公决君主、民主问题，但因各方意见分歧，最终无果。

首先是朝廷亲贵及主战官员反对。袁氏密折上后，清廷并未下旨，这对推动此事的唐绍仪而言，是个不小的挫折。11 月 24 日，唐绍仪返回天津，莫理循去送行，发现"他衰弱无力，只能

① 《奉天国事共济会副会长荣升致吉林督练处参议王赓函》（宣统三年十月十二日）、《荣升致赵尔巽函》（宣统三年十月十四日），中国第一历史档案馆《清代档案史料丛编》第 8 辑，第 53、62 页；《吉林共济会大会记》，《时事新报》1911 年 12 月 13 日，第 2 张第 1 版。
② 彭国忠整理《孟宪彝日记》，凤凰出版社，2016，第 61 页。
③ 韩策、崔学森整理，王晓秋审订《汪荣宝日记》，第 318 页。
④ 无名：《非议和说》，《申报》1911 年 11 月 22 日，第 1 张第 2 版。

用左手握手"。① 大约一个月后，在南北正式和谈过程中，唐绍仪向伍廷芳透露："自武昌起事之后，我曾拟一折，请国民大会决定君主、民主问题，服从多数之取决，清廷不允。"② 由于唐氏未担任任何官职，没有直接上奏权，其所谓"曾拟一折"，即代袁拟折之事。其实，唐、袁计划失败并不出人意料。在北方部分省份及南方各省均已宣布独立的情况下，在上海召集国民会议公决国体，很难保证其结果仍为君主立宪。袁氏对局势的判断或许乐观了些，对朝廷亲贵而言，君主、民主并非简单的选择题目，而是关乎朝廷生死的问题，奕劻所担心的"恐怕国民专要共和"应是此时他们最真实、最普遍的心态，何况他们中多数人对袁氏并不信任，认为他在策划倾覆朝廷的阴谋，③ 因此他们是不可能轻易同意以召集国民会议方式决定国体的。《时报》刊登的一则"北京通信"曾透露："袁世凯在初七未得龟山捷报（指11月27日清军攻占汉阳——引者）之前，亦倡国民会议之说，与摄政王曾起冲突；及杨度之议不行，袁正筹他计，不意汉阳得手，遂一变主义矣。"④ 此说以为袁世凯倡议国民议会是接受了"杨度之议"，而不知袁氏奏请实由洪述祖、唐绍仪直接推动。一些主战官员也反对以召集国民会议方式决定君主、民主。如御史欧家廉于12月

---

① 《致达·狄·布拉姆函》（北京，1911年11月24日），〔澳〕骆惠敏编《清末民初政情内幕——〈泰晤士报〉驻北京记者、袁世凯政治顾问乔·厄·莫理循书信集》上册，第800页。

② 《南北议和史料·南北代表会议问答速记录》，中国史学会主编《中国近代史资料丛刊·辛亥革命》第8册，第79页。

③ 《致达·狄·布拉姆函》（北京，1911年11月24日），〔澳〕骆惠敏编《清末民初政情内幕——〈泰晤士报〉驻北京记者、袁世凯政治顾问乔·厄·莫理循书信集》上册，第800页。

④ 《袁世凯之武断政治》，《时报》1911年12月7日，第2版。

2 日上奏，称"匪乱宜剿不宜抚，近日调停之说万不可用"，"其尤可愤可恨者，则莫如国事共济会，欲以君主、民主政体，召集国民，投票取决。是匪战而胜，则以兵力取吾国，匪战而败，则以民力取吾国。然则，无论如何，终亦必亡而已……今日既已用兵，惟有乘胜进剿，至一律肃清为止，不宜听彼党调停之说，希图息事"。① 又谴责资政院议员有"通匪之罪"，称："国事共济会欲以君主、民主政体投票取决，大逆不道，令人发指，而该院竟提作议案；既不能通过，又欲协商阁臣代奏。其为敌作伥也可恨，其视君父如路人也可杀。"②

其次是资政院议员意见对立，无法做出决议。国事共济会陈请书呈递资政院后，资政院于 11 月 20 日开会讨论，首先由郑潢报告陈请书内容，接着范源廉登台演说，表示赞成，刘述尧、李文熙、牟琳等亦登台演说，表示支持，这些议员大多是民选议员。然而，钦选议员喻长霖表示反对，提出十九信条系表示尊重君主立宪，倘若召集国民会议决定君主、民主问题，那么十九信条是否还要？并对民军停战能否靠得住表示怀疑。民选议员籍忠寅不同意其说，谓："我辈既为资政院议员，自无主张民主者，但时势危急如此，不能拘牵法理，凡有可以救亡者，吾辈即当细心研究之。"钦选议员宗室景安起而拍案大呼，质疑资政院是否有权讨论君主、民主问题。于是议场秩序大乱，赞成者与反对者几

---

① 《宣统三年十月十二日御史欧家廉奏折》，中国史学会主编《中国近代史资料丛刊·辛亥革命》第 5 册，第 501 页。
② 《宣统三年十月十二日御史欧家廉奏折》，中国史学会主编《中国近代史资料丛刊·辛亥革命》第 5 册，第 502 页。

有相殴之势，议长只好宣告散会。①11 月 23 日，两方开茶话会继续辩论，仍然激烈争执，反对者坚持"宪法信条系由资政院奏定，此时若提出君主、民主问题，与宪法信条自相枘凿，且资政院虽系立法机关，亦无议决政体之权力"。② 钦选议员汪荣宝是国事共济会发起人之一，眼见"尚有多数议员主张痛剿"，不禁慨叹"真可谓至死不悟矣"。③ 最终资政院未能做出任何决议，钦、民选议员反而因此产生巨大裂痕，再加对一些议案和政府的行为不满，许多民选议员辞职出京，剩余数十名议员则大多为支持君主立宪的钦选议员，"专作政府机关，会多密开，即明开，亦鲜旁听者"。④

再次袁氏此时尚无法公开支持召集国民会议，同时汪兆铭、杨度也缺乏号召力。袁氏新任内阁总理，其所面临的处境复杂、险恶，而且当时南北尚未签署停战协定，议和尚未正式开始，这就使袁氏未敢公然主张召集国民会议，也无法公然支持国事共济会的活动。故当支持国事共济会的资政院议员公谒袁氏，请予支持时，袁氏曰："吾亦人臣，不敢妄行作主，须请亲贵陈说摄政王方合。"⑤而袁氏密奏失败也让他很难再代国事共济会上奏。国事共济会自身也缺乏号召力，发起人杨度其实不足以代表派系众多的君主立宪党，汪兆铭也不足以代表派系众多的民主立宪党，无论

① 《杨度对于资政院之陈请书》，《大公报》1911 年 11 月 23 日，第 3 版；《资政院纪事（续）》，《大公报》1911 年 11 月 24 日，第 6 版；《资政院第十一次会议纪略（十月初二日经纬报）》，渤海寿臣编《辛亥革命始末记》，第 1228—1230 页。
② 《大事记》（1911 年 11 月 23 日），上海时事新报馆编辑《中国革命记》第 7 册，上海时事新报社，1912，"记事一"，第 7 页。
③ 韩策、崔学森整理，王晓秋审订《汪荣宝日记》，第 320 页。
④ 《中国革命消息》，《时报》1911 年 12 月 6 日，第 2 版；《资政院民选议员辞职书》，《大公报》1911 年 12 月 6 日，第 3 版。
⑤ 《中国革命消息》，《时报》1911 年 11 月 28 日，第 2 版。

对清廷还是民军，两人均缺乏足够的影响力。杨度且"以宗旨反复，稍不利于人口"，"谅之者谓其具有调停之苦心，不知者竟有指为共和公敌者"。①汪兆铭也因为与袁氏父子关系暧昧，为不少革命党人所不解，对其主张颇为冷淡、反感。如马君武认为，全国国民希望共和，无须派代表至污秽黑暗之北京开会，汪兆铭竟然与杨度一同组织共济会，"未免太退化"。②徐血儿也认为，全国民意趋向民主共和，君主已为今日不祥之物，"中国为君主、为民主，尚欲开会解决耶！"直斥该会"荒唐"。③

最后，独立各省对召集国民会议也无兴趣。武昌军政府接到汪兆铭组织国事共济会并劝罢兵的电报后，由黎元洪、黄兴复电，"但请汪君速往上海，对于国事共济会绝未道及"。④山东都督孙宝琦于11月23日致电各省都督，提出一种折中主张，即仿德国联邦参事会之制，先立议会上院，会员由各都督府派代表人充当，未独立省份则令谘议局派员与会，在京、津酌定一处为会地，使北方易于加入，凡国体、政体问题皆可于此议决，将来可以全国意见要求逊位，可无兵戈而收胜利。⑤11月24日孙宝琦又致电程德全、汤寿潜，谓11月23日电所云临时议会公决国是，系为早息干戈、免招外侮起见，请两人电催各都督早定大计。⑥然而，各省都督并未接受孙宝琦在天津或北京开会的提议。程德

① 廖少游：《新中国武装解决和平记》，陆军编译局印刷所，1912，第53页。
② 君武：《言论自由》，《民立报》1911年11月19日，第4版。
③ 血儿：《无聊之共济会》，《民立报》1911年11月22日，第1版。
④ 《黎黄电复汪兆铭》，《大公报》1911年12月22日，第3版。
⑤ 《孙宝琦致各省都督府电》（辛亥十月初三日），上海图书馆编《上海图书馆藏稀见辛亥革命文献》第3册，第1589—1590页。
⑥ 《孙宝琦致程德全、汤寿潜电》（辛亥十月初四日），上海图书馆编《上海图书馆藏稀见辛亥革命文献》第3册，第1603页。

全通电声明："如清廷不私君位，宣布共和，可派员赴鄂会议。"①
谭延闿也声明："人心如此，岂公婉言调解所能挽回……清廷如
肯逊位，当即停战，宣告中外，派员赴鄂定议。"②黎元洪则反问：
"惟国体既变，形势亦迁，何以仍当承认北京为中央政府？"③11
月25日，各省都督府代表联合会致电袁世凯，正式拒绝到北京
开会："现各省到会代表已一律承认共和国体，无庸至北京取决，
资政院已失代表人民之本意，院议各省概不承认，并请万勿再持
君主立宪与共和立宪之歧说，以救全国舆论之敌。"④

　　由于南北互不妥协，战事继续进行，国事共济会完全没有活
动空间；而待汉阳陷落后英国出面调停，南北开始讨论停战议
和，该会就更没有存在的价值，遂于12月初宣告解散。其解散
告示曰：

　　　　自战事开始以来，两党之人皆知战事延长于中国前途有
　　无量之危险，故欲以国民会议解决君主、民主问题，以息将
　　来之战祸。两党之人持此目的，发起斯会，一面由度陈请资
　　政院议决、呈请内阁代奏，舌敝唇焦，以求主张之通过；一
　　面由兆铭电达上海军政分府，转武昌军政府，请求承诺所主
　　张。乃资政院不为议决，内阁不为代奏，而武昌军政府亦无

---

① 黎元洪：《致各省都督》（辛亥十月初三日）附《苏州程都督通电》（辛亥十月初三日到），
　　易国幹编《黎副总统政书》卷1，武昌官纸印刷局，1914，第9页。

② 《长沙谭都督来电》，辛亥革命武昌起义纪念馆、政协湖北省委员会文史资料研究委员会编
　　《湖北军政府文献资料汇编》，第124页。

③ 黎元洪：《致各省都督》（辛亥十月初三日），易国幹编《黎副总统政书》卷1，第9页。

④ 《上海来电》（十月十一日），中国第一历史档案馆编《清代军机处电报档汇编》第24册，
　　第321页。按，此电落款"微"，发于初五日。

回电，上海回电只承诺国民会议，于停战与否并未提及。今者武汉血战，兵事方殷，平和解决之难，已为天下所共见，在君主立宪党之意，始终不愿以杀人流血解决君位问题，北军进攻，实所反对；在民主立宪党之意，则以为若别无平和解决之法，惟有流血以护其宗旨。是共济会之所主张，已归无效，用特宣告解散。惟天下伤心人共鉴之。国事共济会发起人君主立宪党杨度等、民主立宪党汪兆铭等同启。①

从发表宣言到宣告解散，国事共济会的生命仅有不到二十日，但因该会出现而建立起来的袁、汪的关系却继续深入，对接下来局势的发展产生巨大影响。

七　朱芾煌秘密赴鄂订立推袁之约

清廷拒绝召集国民会议，对袁氏而言是个不小的挫折。于是他迅速将目标转向湖北军政府，继续进行秘密接触，只不过这次他所派代表不再是刘承恩、蔡廷幹，而有了一个更加适合在双方间进行沟通的人物——朱芾煌，他既是革命党人，与汪兆铭属同一派，又与袁氏父子关系密切。朱芾煌曾有日记记载其到武昌与湖北军政府秘密接触的曲折经过，进入民国后他将日记交由同窗任鸿隽保管，任鸿隽旋赴美留学，将日记带至美国，胡适因此得

---

① 《解散国事共济会宣言书》，《大公报》1911 年 12 月 4 日，第 3 版。按，刘晴波主编的《杨度集》第 2 册（湖南人民出版社，2008，第 541 页）据 1911 年 12 月 11 日《民立报》所载，收录《国事共济会解散宣言书》，标注时间为 1911 年 12 月 5 日，但《大公报》早在 12 月 4 日就已登载该宣言书。

以在美国一阅。任鸿隽回国后又将日记交还朱芾煌，但朱始终未将日记付印，日记原稿今已不知下落，十分可惜。[①]

　　据京津同盟会会员黄以镛回忆，朱芾煌赴鄂是在其从河南彰德到北京见过刚出狱的汪兆铭一段时间后。如前所述，汪兆铭在此期间经朱芾煌引介，结识了袁克定，而后又因为与杨度组织国事共济会，得以屡次见到袁世凯。不久，"芾煌西行"，汪兆铭、赵铁桥、黄以镛等则"东赴天津"，黄复生、李石曾等随后亦到，诸人在俄租界秘密租房开会，决定成立京津同盟会，以汪兆铭、李石曾为正、副会长，[②]内分总务、参谋、军事、财政、外交、暗杀等十部，朱芾煌任财政及外交部员。[③]黄以镛所谓"芾煌西行"，即指其秘密赴鄂。查京津同盟会成立时间为 12 月 1 日，[④]则朱芾煌离京赴鄂大致在 11 月底。

　　又据当时俄国驻北京代办向其本国代理外交大臣提供的秘密情报，袁世凯在得知清军占领汉阳消息当天早晨，即 11 月 28 日晨，派人将袁克定送回彰德，[⑤]原因是袁克定"在项城左右运动共和，遭左右疑忌"。[⑥]而朱芾煌到达武昌与湖北军政府联络是在 11 月 29 日。[⑦]由于从北京乘火车到汉口只需要两到三天，因此

①　《跋中央研究院历史语言研究所藏的〈毅军函札〉中的袁克定给冯国璋的手札》，季羡林主编《胡适全集》第 13 卷，第 659 页。

②　黄以镛：《记京津同盟会分会成立之经过》，丘权政、杜春和选编《辛亥革命史料选辑》下册，第 284 页。

③　蒋永敬：《朱芾煌与辛亥南北议和》，《传记文学》第 19 卷第 2 期，1971 年，第 61 页。

④　胡鄂公：《辛亥革命北方实录》，第 83 页。

⑤　《驻北京代办致代理外交大臣尼拉托夫急件》（1911 年 12 月 5 日），张蓉初译《红档杂志有关中国交涉史料选译》，三联书店，1957，第 355 页。

⑥　廖少游：《新中国武装解决和平记》，第 38 页。

⑦　《李国镛自述》，中国科学院近代史研究所史料组编辑《辛亥革命资料》（《近代史资料》总 25 号），中华书局，1961，第 507 页。

不能排除袁克定是和朱芾煌同车南下的。其时正当袁氏密奏清廷召集国民会议被拒和国事共济会请求召集国民会议无果之后，朱芾煌于此特殊时刻赴鄂，非常耐人寻味。

袁氏极度重视与湖北军政府的秘密联络。《大公报》11月下旬的一则报道云："闻袁内阁以武汉军政消息关系重要，现特于本宅密室安设军事专电室，专管武汉与各处之军务往返电报，其布置非常严密，除特派可靠电报生八人轮流值班外，又派袁公子克定及阮京卿忠枢分班稽查，其严秘有如此者。"① 朱芾煌赴鄂属最高机密，因此当时各报鲜有报道。

朱芾煌11月29日抵达武昌后，关于湖北军政府方面的反应，时任黎元洪副官范腾霄曾有记述，他说："适都督府轰传拿获汉奸朱芾煌，将置之法。余往视之，朱略通日语，似曾相识。细讯之，为汪精卫自北京所遣，且持有函，大意谓汪已与袁项城商妥，命其来武昌交涉，彼此暂时俱按兵不动，候袁迫清廷退位云云。余以大势衡之，事实当不虚谬，函为汪亲笔无疑，即朱亦系志士，当请黎释之，且待以宾礼，人心为之稍定。"②

湖北军政府顾问李国镛则具体地记述了朱芾煌到鄂后的活动，包括订立"推袁之约"，以及赴汉口冯国璋军中协商停战等，只不过他把朱芾煌误记为"朱其瑝"，似与稍后到汉口参加各省代表会议的广西都督府代表"张其锽"混为一谈了。③ 据李记述：

---

① 《袁内阁特设军事专电》，《大公报》1911年11月22日，第2版。

② 范腾霄：《黎元洪葛店之行和我奉命购枪械的经过》，鲁永成主编，全国政协文史资料委员会等编《民国大总统黎元洪》，中国文史出版社，1991，第142页；范光华：《忆父亲范腾霄》，中国人民政治协商会议湖北省委员会文史资料研究委员会编《湖北文史资料》总第17辑，中国人民政治协商会议湖北省委员会文史资料研究委员会，1986，第161页。

③ 吴景濂编《组织临时政府各省代表会纪事》，铅印本，1913，第8页。

初九日（即 11 月 29 日——引者），项城袁公派来代表朱君其瑝来鄂，并赍汪君精卫函，约南北联合，要求清帝逊位，拟举袁公为临时大总统等语。都督命开会讨论，佥谓如袁公实行南北联合，推倒满清政府，我等愿举袁公为大总统。次日，南北两军战争愈烈。朱君云：南北方谋联合，非往租界先订停战约不可。都督命镛与马君伯援同往。渡江至俄领事府，约北军派员来会，不至。领事教君愿亲同夏维松至北军驻扎地，代朱君其瑝电袁公示期停战。越数时，北军尚无停战电。朱君即往见军统冯国璋，自称为袁公派来联合南北两军代表。冯军统惧为朱君所卖，当用专车押送北京。朱君上车后，致函俄领事府转交镛，云其瑝至北京，两日即有停战电至，三日即可返鄂。①

先是 11 月上中旬袁世凯派蔡廷干、刘承恩赴鄂劝和时，汉口虽已陷落，武昌、汉阳尚在民军之手，加之各省纷纷独立响应，因此黎元洪拒绝讲和，反而以举袁为大总统劝袁反正。迨 11 月 27 日汉阳陷落，清军自龟山居高临下炮轰武昌，湖北军政府处境险恶，黎元洪急忙向袁氏提出停战十五日，"所有独立各省派代表至上海与内阁总理大臣所派代表共议大局"。② 朱芾煌就是在这

---

① 《李国镛自述》，中国科学院近代史研究所史料组编辑《辛亥革命资料》（《近代史资料》总 25 号），第 507 页。

② 《袁世凯档存黎元洪等订息战议和三条》，中国社会科学院近代史所编，虞和平主编《近代所藏清代名人稿本抄本·袁世凯档》第 3 辑第 11 册，第 333 页；《第 88 件　朱尔典爵士致格雷爵士电》（1911 年 11 月 28 日发自北京，次日收到），胡滨译《英国蓝皮书有关辛亥革命资料选译》上册，第 96 页。

种形势下来到了武昌。黎、黄本来就有举袁之意，现在战场形势又很不利，因此双方很快达成一致。邓玉麟等甚至声言，"只要袁氏反正，何论临时大总统，即帝袁氏亦无不可"。[①] 据晚于朱芾煌两日到武昌参加独立各省代表会议的江苏代表雷奋言："南北协商由精卫居间说合，凡参与辛亥秘密者皆甚了解，即精卫本人，虽为中山心腹，亦视此为收拾时局、合理解决之最好方案。当时协议之条件有三：一双方即日停战；二清廷宣布退位；三选举项城为大总统。"[②] 这三条应当就是朱芾煌与湖北军政府达成协议的主要内容。

当双方协商时，战事仍在进行，朱芾煌认为双方既然确定要联合，那么就应首先签署停战协定，遂于 11 月 30 日在李国镛、马伯援陪同下自武昌亲赴汉口，欲见第一军总统冯国璋。冯国璋对袁氏私下与湖北军政府协商毫不知情，故不相信朱芾煌所言，且"惧为朱君所卖"，遂将其押送北京。这当中的曲折经过，时任冯国璋总参谋长张联棻在《记辛亥武汉之战》中有详细记述。他说：

> 当武汉战局紧张的时候，我正在司令部计划军事，忽由汉口租界过来一人，名叫朱芾煌，手持袁世凯任直隶总督时的一张通行护照，声称要见冯总统，有要事相商。当由我部警戒兵带到司令部。我即报告冯总统，冯国璋说："你替我代见吧！就说你是我好了。"我马上吩咐卫队站道，传朱芾

---

① 楚之楠杬：《武汉阳秋》，武昌官纸印书局，1916，第 40 页。
② 张国淦编著《辛亥革命史料》，第 282—283 页。

煌见面问话。朱芾煌上前就说："你不是总统冯国璋，你是参谋长张联棻，如见不了冯总统，就无话可讲。"我一面派人把他监视起来，一面报告了冯总统。冯国璋和我商议对付之策，决定据情电报袁世凯请示。袁世凯接了电报，随即回电，电文大意是："此人不是好人，专门在外破坏你我兄弟名誉，请你就地正法，但克定刻不在京。"冯国璋看了袁的回电，便说："杀了吧。"我细读袁世凯的电报后面一句话，似有隐情，便说："此人不可杀。"冯国璋再拿电报一看，才看出电报尾子上，还有"但克定刻不在京"的一句话，他问我这事如何办，我建议向北京打电报询明袁克定现在何处。这个电报打出去后，得北京张士铨［钰］回电，说袁克定现在彰德。再打电报给彰德袁克定，袁克定回了电报，电文是："我与朱芾煌生死相共，如他死，我亦不能生。"冯国璋看了袁克定的电报，才知道朱芾煌此人是如此的重要，和我研究的结果，派出宪兵一连，乘火车一辆，将朱芾煌押送到彰德，交与了袁克定。后来才明白，原来朱芾煌是通过袁克定替袁世凯与南方革命党人奔走联络的一个重要人物……这件事情，由对传朱芾煌问话到派宪兵押送去彰德交与袁克定，都由我亲自办理，其间朱芾煌始终没有和冯国璋见过一次面。①

张联棻还向曾担任冯国璋秘书长的恽宝惠讲述其中经过，因此恽在《我所知道的冯国璋》一篇中亦有记述：

---

①　张联棻：《记辛亥武汉之战》，中国人民政治协商会议全国委员会文史资料研究委员会编《辛亥革命回忆录》第6集，第382—383页。

　　当冯由于"收复"汉阳的功劳，被清廷封为二等男爵的时候……竟自感动的大哭起来……曾三番五次地打电报给当时的内阁总理大臣袁世凯，说什么"时机万不可失"，又说什么"武昌唾手可得"，因此要求乘战胜余威，继续打下去。（这是我后来听刘宗彝说起的，刘和冯有亲戚关系）可是，正在这个时候，忽然由前线的哨兵解送来了一个奸细。据说，这个奸细是从武昌方面渡江过来的，名字叫做朱芾煌，他手里还拿着有"直隶总督袁"所填发的护照（它四边的周围印着很多龙，所以人们称它为"龙票"）。冯在听到了报告以后，就和参谋长张联棻说："交军法处正法得啦！"张回答："这个事且慢来。他既然拿着袁宫保发给的龙票，还是问一问的好。"这才由冯出面打电话给袁世凯，请示如何办理。袁的回电大意是，可以按照军法处理，但克定现不在京，此事也可以问一问他。冯只得又打电报给当时住在洹上村的袁克定询问究竟，得到的回电却说："他（指朱芾煌）就是我，你们要是加害他，我就到汉口与之拼命。"所谓"与之拼命"，就是说，他要和朱芾煌一同去死。由此，冯这才了解到袁的真意是"不打"，也就不再敢自报奋勇了。（这是张联棻后来告诉我的）[1]

　　张、恽所记大体相同，惟张联棻说他派宪兵将朱芾煌押送到彰德袁克定处，李国镛说朱芾煌被押送到北京，冯军司令部王镜

[1]　恽宝惠：《我所知道的冯国璋》，全国政协文史资料委员会编《文史资料存稿选编》第1册《晚清·北洋》上册，第861页。

芙则说冯国璋派宪兵把使者送回北京，"车抵彰德，为袁克定所挟留"。① 真实情形或许是，宪兵先将朱芾煌押至彰德交给袁克定，然后朱芾煌从彰德回京复命。

　　从张联棻所述可知，袁克定得知朱芾煌被拘后，立刻致电冯国璋营救。其中情形，朱芾煌事后曾向廖少游谈起。他说："吾曩在武昌，与民军订推袁之约，过汉口，往见冯，几为所害。幸芸台力电营救获免，否则久为泉下人矣。"② 可证张联棻所记属实。但需补充指出的是，袁克定发出营救电报后，可能觉得还不稳妥，又写了一封亲笔信给冯国璋，内容如下：

> 华甫大哥爵帅大人：朱君芾煌系弟擅专派赴武昌。良以海军背叛，我军四面受敌；英人有意干涉，恐肇瓜分；是以不得不思权宜之计，以定大乱。今早有电，谅达记室。朱君生还，如弟之脱死也。此上。敬请勋安。弟定顿首。③

　　从"今早有电"一语可知，此函写于朱芾煌被扣留次日，即12月1日。从彰德送往汉口最快一日可到，也就是说当天冯、张就能收到。胡适判断此函作于12月5日前后，稍有不确。④

　　又据前引李国镛所述，朱芾煌被冯国璋派宪兵押解上车后，

①　王镜芙：《南北两方军事行动的回忆》，中国人民政治协商会议全国委员会文史资料研究委员会编《辛亥革命回忆录》第8集，第495页。

②　廖少游：《新中国武装解决和平记》，第58—59页。

③　《袁克定致冯国璋函》，刘铮云主编《"中央研究院"历史语言研究所傅斯年图书馆藏未刊稿钞本·集部》第30册，台北，"中央研究院"历史语言研究所，2014，第42—43页。

④　《跋中央研究院历史语言研究所藏的〈毅军函札〉中的袁克定给冯国璋的手札》，季羡林主编《胡适全集》第13卷，第659页。

曾写一信给汉口俄国领事府，请转交李国镛，表示自己到京后两日即会有停战电至。[1] 而实际上，袁氏在 11 月 30 日当天已决定有条件停战，[2] 并于 12 月 1 日电令冯国璋停止进攻武昌，[3] 南北由此开始停战谈判。

在当时一些革命党人眼中，朱芾煌"系李石曾、汪精卫之同志"，[4] 与坚决反袁的革命同志不同。如吴玉章曾说，"汪出狱以后便和北方大官僚、大地主、大买办的代表李石曾等结合在一起，组成了一个京津同盟会。在京津同盟会里面，虽然也有不少真诚的革命分子（如彭家珍等），但它的主要成员如汪兆铭、李石曾等，则专门为袁世凯捧场。他们和中外许多反动分子一样，认为只有袁世凯才能收拾当时中国的时局。汪兆铭为了巴结袁世凯，还与他的长子袁克定结为兄弟"。[5] 这就是朱芾煌代表汪兆铭和袁氏父子与湖北军政府订立"推袁之约"的大背景。

需要特别指出的是，袁氏从最初试图以君宪招抚湖北军政府，到主张召集国民会议公决君主、民主，再到与湖北军政府订立"推袁密约"，并不意味着他逐渐转向民主共和。事实上，直至南北议和正式开始，袁氏依然认为国人当中主张君主立宪者占

---

① 《李国镛自述》，中国科学院近代史研究所史料组编辑《辛亥革命资料》（《近代史资料》总25 号），第 507 页。

② 《致达·狄·布拉姆函》（北京，1911 年 12 月 1 日），〔澳〕骆惠敏编《清末民初政情内幕——〈泰晤士报〉驻北京记者、袁世凯政治顾问乔·厄·莫理循书信集》上册，第804 页。

③ 《第 21 件 朱尔典爵士致格雷爵士函》（1911 年 12 月 17 日于北京，1912 年 1 月 6 日收到），胡滨译《英国蓝皮书有关辛亥革命资料选译》上册，第 207 页。

④ 《示女芙甥元赛儿详》，《吴稚晖全集》第 13 卷，九州出版社，2013，第 432 页。

⑤ 吴玉章：《武昌起义前后到二次革命》，中国人民政治协商会议全国委员会文史资料研究委员会编《辛亥革命回忆录》第 1 集，第 114 页。

有多数，对自己掌控大局抱有信心。他的基本倾向仍是君主立宪，与湖北军政府密定"推袁之约"，最多不过是出于现实政治利益考虑而在民主共和的边沿跨了一脚，并不意味着其思想发生转变。但对南北议和而言，这一约定的达成具有重大影响，此后南北议和最主要的交换条件，便是南方同意举袁为临时大总统，但要求其赞成共和，并迫使清帝退位。这样，袁氏为了获取临时大总统位置，就不得不在君主立宪理念与现实政治利益诱惑之间苦苦挣扎。

第三章

南北议和协商召集国民会议失败

袁氏自返京组阁并把重心放到镇压北方革命及加强对近畿诸省的控制后，对南方革命党人就基本采取守势。虽然清军乘着民军反攻汉口失利之机攻占了汉阳，但民军很快就以攻克南京还以颜色。在长江流域拥有最大利益的英国再也坐不住了，经英国驻华公使和驻汉口总领事调停，南北签署了停战协定，并一再延展。紧接着，双方分别派出伍廷芳和唐绍仪为全权代表，在上海进行了五轮议和谈判。谈判的核心议题是召集国民会议决定国体，由于唐氏转向共和，双方很快就此达成默契。袁氏本来赞成召集国民会议，但当他发现唐、伍欲以已经到达上海的独立各省代表为主召集国民会议时，因担心造成民主共和，便以代表性不足、实行民主共和恐遭君宪国家如日本等干涉为由，拒绝迅速召集国民会议，主张先定选举法，选出真正能够代表公意的人物，然后再召集国民会议。为了摆脱被动局面，袁内阁甚至打算直接劝导清帝逊位，以免被动接受民主共和，从而使自己能够掌控大局。但因有违十九信条，且有损袁氏利益，又无法一蹴而就，故而放弃。最终，在南方和唐绍仪的压力下，袁氏改为奏请朝廷召集王公亲贵讨论可否召集国民会议。清廷降旨允准，但仍然要求内阁先定选举法。就在此时，传来了十七省代表选举孙中山为临

时大总统的消息，紧接着南方又提出皇室优待条件，并请已经转
向共和的张謇代拟清帝逊位诏书，电传袁氏。而唐、伍接到谕旨
后也未遵从，二人商定的国民会议办法四条仍然计划以到沪各省
代表为主召集。于是袁氏大怒，拒绝承认，要求取消，同时提出
内阁所定扼要选举办法，要求与南方协商。唐绍仪被迫提出辞
职，获得袁氏允准。南北议和陷入僵局。

一　英国调停下停战协定的签署及延展

　　清军于 11 月 2 日完全占领汉口后，不时隔着长江、汉水与
武昌、汉阳的民军相互炮战。但因防线长达二十余里，第二军
迟迟未能前来接防，第一军在前敌仅及万人，苦战七八日，颇
有死伤，兵力明显不敷；且汉口地居洼下，两面受敌，日有伤
亡。因此，袁氏虽有进攻之意，但一时根本无力令清军接续对汉
阳和武昌发起攻击。[①]清廷获悉详情，亦令其"扼要防守，观其
动静"。[②]不久，海军提督萨镇冰又在黎元洪、郑孝胥等劝说下
立场动摇，[③]"海琛""海容""海筹"等舰艇于 11 月 13 日下驶至
九江，归附革命军，悬挂起青天白日旗。在此之前，"镜清""楚

---

① 《袁世凯电》（宣统三年九月十四日），中国第二档案馆编《中华民国史档案资料汇编》第
　　1 辑，第 204—205 页。

② 《清帝谕旨》（宣统三年九月十六日），中国第二档案馆编《中华民国史档案资料汇编》第
　　1 辑，第 204—205 页。

③ 《黎元洪致萨镇冰书》《黎元洪复萨镇冰书》，张侠等编《清末海军史料》下册，海洋出版
　　社，1982，第 691—694 页；中国历史博物馆编，劳祖德整理《郑孝胥日记》第 3 册，第
　　1354—1355 页；《胥致萨提督》，国家图书馆善本部编《赵凤昌藏札》第 10 册，第 487 页。

观""保民"等舰艇已经于 11 月 8 日在镇江归附革命军。^①于是
清军实力更加受损。

民军方面，当汉口将陷时，黄兴于 10 月 27 日由上海到达武
昌，当即被任命为临时总指挥。^②汉口陷落后，黎元洪仿古人登
台拜将故事，于 11 月 3 日在都督府前搭台，拜黄兴为战时总司
令，亲授符印、令箭于黄，于是人心一振。同时汉阳"兵工厂日
夜兴工，所制造枪支弹药极形充足……湘军又到汉阳援助，加以
汉阳有襄河之险，武昌又有扬子江天堑，海军既全为我有，兵力
渐次扩充，是防御之力有余。但汉口满军为顾虑京汉路起见，在
汉兵力不及二万，且人民绝不帮助，又无海军，于是袁世凯以下
均为惶惑，不但不欲进攻，似有复求媾和之意"。^③

袁氏在军事上采取守势同时，一方面把主要精力转向入京组
阁，另一方面继续对湖北军政府进行招抚。11 月 14 日，即袁氏
入京次日，电示冯国璋："黎派代表来汉，可先由黄道接晤，如有
切实办法，即电闻，当派蔡、刘往与议。"^④"黄道"即汉黄德道黄
开文。可知袁氏仍对招抚寄予希望。

然而，大规模战事很快又爆发了。先是 11 月 14 日，黄兴召
集军事会议，制定反攻汉口计划，民军内部有不同意见，但黄兴
不听，令做进攻准备。11 月 17 日拂晓，黄兴令鄂军步队第五协

---

① 陈春生：《辛亥革命海军反正纪实》，张侠等编《清末海军史料》下册，第 697—698 页；
　吴桢口述，江君谟笔记《纪念辛亥革命七十周年兼忆先父吴振南》，中国人民政治协商会
　议江苏省委员会文史资料研究委员会编《江苏文史资料选辑》第 7 辑，江苏人民出版社，
　1981，第 100 页。

② 楚之梼杌：《武汉阳秋》，第 61 页。

③ 曹亚伯：《武昌革命真史》中册，第 270—271 页。

④ 《宫保来电》（宣统三年九月二十四日收），中国社会科学院近代史研究所编，虞和平主编
　《近代史所藏清代名人稿本抄本·袁世凯档》第 3 辑第 11 册，第 268 页。

（统领熊秉坤）、援鄂湘军第一协（统领王隆中）和援鄂湘军第二协（统领甘兴典）分三路渡过汉水，攻击汉口玉带门一带清军，谓："汉口得失，在此一举，我军存亡，亦在此举也。"[1] 民军一度占领玉带门，并于是日上午推进至居仁门、王家墩一线。不料是日下午，缺乏训练的湘军新兵"未败而大奔"，[2] 以致牵动整个阵线。清军乘机发起反击，复占玉带门，民军节节后退，死伤颇重，只好重渡汉水，退回汉阳。是役民军军官死伤五十七人，士兵死伤七百九十二人，并损失大批枪炮、弹药，可谓元气大伤，黄兴垂头丧气，几不欲生。[3]

当此时刻，俄国驻汉口总领事敖康夫开始居间调停。俄国虽然在中国中南部没有领土及直接政治利益，只有金融利益及长江流域的一部分商业利益，但他们竭力想与民军建立友好关系，幻想着一旦南方独立，可以成为他们对付北方的"天然同盟者"。[4] 在敖康夫调停下，双方代表于 11 月 20 日在俄领事署进行息战谈判。[5] 刘承恩、张春霆一同代表北军前往，黎元洪派出之代表则为孙发绪。孙问两人来意，张言："（一）暂容满人为帝，一切政权尽让汉人；（二）先停战然后言和。"[6] 孙则提出建立民主、将清政府另置一地、保全其安富尊荣等条件。因明显与袁氏主张不

① 潘朕凡：《辛亥革命日记》，第 18 页。

② 楚之梼杌：《武汉阳秋》，第 62 页。

③ 曹亚伯：《武昌革命真史》中册，第 292—301 页。

④ 《驻北京公使密电》（1911 年 11 月 15 日于北京，第七六七号），张蓉初译《红档杂志有关中国交涉史料选译》，第 350 页。

⑤ 《袁世凯档存佚名复驻汉俄总领事函》，中国社会科学院近代史研究所编，虞和平主编《近代史所藏清代名人稿本抄本·袁世凯档》第 3 辑第 11 册，第 331 页。

⑥ 朱通儒：《五十日见闻录》，第 85 页。

合，双方未能达成协议。① 次日，敖康夫致函冯国璋，提出按照战时国际公法，当和议开始之际，战事行动即当停止，为此提议双方为免无益流血，先结约如下："冯统制之军队退往滠口，谈判未结前应静候，如谈判不成立，仍回原地；黎都督之队伍不得拦阻此举，黎都督同时应不准军队过汉河，至谈判完结时。"② 刘承恩向冯国璋面述了敖康夫提议情形，冯国璋不能做主，因此未收来函，但将敖康夫提议情形电告袁氏，刘承恩则将来函录呈袁氏，请示办法。③

但此时大战又将来临。从孝感南下由李纯统领的一支清军遵照袁氏所定"分兵潜渡猛攻"的策略，④ 于 11 月 19 日从新沟渡过汉水支流，乘虚占领距汉口六十里的蔡甸镇，准备绕击汉阳后路。11 月 21 日又由蔡甸渡过汉水，向汉阳通道三眼桥发起进攻。次日，清军先偷袭美娘山，然后占领三眼桥，又进一步占领仙女山，民军退占锅底山、扁担山附近。11 月 23 日，民军由花园向仙女山清军发起进攻，湘军两协皆畏缩退却，清军进占锅底山。11 月 24 日，扁担山、花园一带民军亦退却。11 月 25 日，黄兴督师与清军战于汉阳西门外十里铺，民军伤亡甚重。11 月 26 日晨，清军向十里铺发起猛攻，湘军两协私自退却，民军阵线动摇，至下午，清

---

① 《萧家港道员刘承恩致内阁电报》（宣统三年十月初二日），中国第一历史档案馆编《清代军机处电报档汇编》第 24 册，第 265 页。

② 《袁世凯档存俄国驻汉领事照会》（宣统三年十月初一日），中国社会科学院近代史研究所编，虞和平主编《近代史所藏清代名人稿本抄本·袁世凯档》第 3 辑第 11 册，第 334—336 页。

③ 《收第一军总统冯国璋致内阁电》（宣统三年十月初二日）、《收萧家港刘道承恩致内阁电》（宣统三年十月初二日），中国第一历史档案馆编《清代军机处电报档汇编》第 24 册，第 264—265、265 页。

④ 《复第一军军统冯国璋电》（宣统三年九月十六日），骆宝善、刘路生主编《袁世凯全集》第 19 卷，第 40 页。

军占领十里铺,接着占领大黑山等处。11月27日上午,清军由大黑山进攻梅子山,获得大捷,午刻占据龟山,午后将晚时进占汉阳。①民军余部从汉阳东门外陆续渡江向武昌退却,黄兴亦返至武昌都督府。此役失利原因颇多,其一即"由于九月二十七日(即11月17日——引者)之役,敌人知我军虚实"。②

由于汉阳之战爆发后局面变得"迥然不同",敖康夫的调停没有取得结果。③此后,英国介入调停,敖康夫虽然继续参与,但已不是主角。

英国在长江流域拥有最大的经济利益。由于南方各省相继独立,革命党实际控制的领土足足囊括了外国在华生命财产的四分之三,④英国利益所受影响最大,因此最不希望战争蔓延,也不愿其人员受伤。鉴于汉口租界内常有双方子弹飞过、炮弹落下,造成人员、财产损失,让侨民恐慌不已,11月10日,汉口领事团向冯国璋发出抗议照会,要求制止这种事态,并将驻扎市区招商局码头的官军撤出。11月13日,英国总领事又派炮舰"山鹬"(Wood-cock)号前往武昌,促使黎元洪注意事态发展。⑤ 11月

① 《宣统三年九月十六日至十月十三日陆军第二镇等前敌军队汉口等处布置地段并战况呈览单》(宣统三年十月十九日),中国第一历史档案馆藏陆军部全宗,15-01-001-000049-0036;曹亚伯:《武昌革命真史》中册,第303—341页。
② 潘朕凡:《辛亥革命日记》,上海中原书局,1926,第45页。
③ 《袁世凯档存佚名复驻汉俄总领事函》,中国社会科学院近代史研究所编,虞和平主编《近代史所藏清代名人稿本抄本·袁世凯档》第3辑第11册,第331—332页。
④ 《朱尔典爵士致格雷爵士函》(1912年1月4日于北京,1月22日收,第8号),章开沅、罗福惠、严昌洪主编《辛亥革命史资料新编》第8册,第186页。
⑤ 《1911年11月11日苏古敦致安格联第127号函》《1911年11月14日苏古敦致安格联第129号函》,中国近代经济史资料丛刊编辑委员会主编《中国海关与辛亥革命》,第27、27—28页;刘淙译,傅钟涛校《日本驻汉口总领事馆情报》,刘萍、李学通主编《辛亥革命资料选编》第2卷,第113、115页。

16 日，朱尔典代表外交团向清政府外务部发出照会，表示"各国使节抱有希望，中国政府和人民将认真努力避免将来重新发生那些类似最近在武昌、汉口和太原府已经发生的大屠杀事件，那些事件所造成的恐怖引起了全世界的谴责。在这种情况下，外交团有权利和义务促请合法的当局注意，迫切需要采取一切可能的措施，防止类似暴行的重演。外交团认为，如果当局方面不履行这项重要的职责，便将构成一项不可饶恕的过错"。① 但隔天双方又开始战事，而且越来越激烈。11 月 18 日，英国侨民召开大会，通过一件抗议书，抗议英侨没有得到保护，英国利益没有被重视，还分别发电报给驻华公使朱尔典、英国外交部和伦敦中国协会，要求派一营人来汉口驻扎。②

　　11 月 26 日，朱尔典会晤袁氏，提醒后者"战事的继续进行将使汉口的英国人士遭受危险并感到惶恐不安"。袁氏则表示，"战争如不结束，此类事体颇难防之"，"如果能够根据双方都很满意的条款达成一项休战协定，他将乐于下令停战"，并授权朱尔典通过驻汉口总领事葛福向黎元洪转达此意。于是，朱尔典立刻向葛福发出电示。③ 袁氏之所以在此时发出休战信号，就局部看，当因汉阳将下，到时武汉三镇将据其二，与民军谈判就有了

---

① 《第 102 件附件 1 朱尔典爵士致清政府的照会》（1911 年 11 月 16 日于北京），胡滨译《英国蓝皮书有关辛亥革命资料选译》上册，第 128 页。

② 《1911 年 11 月 19 日苏古敦致安格联第 134 号函》，中国近代经济史资料丛刊编辑委员会主编《中国海关与辛亥革命》，第 29 页。

③ 《松村驻汉口总领事致内田外务大臣函》（1911 年 11 月 28 日，第 84 号，机密），中国社会科学院近代史研究所中华民国史研究室主编，邹念之编译《日本外交文书选译——关于辛亥革命》，第 256 页；《第 78 件 朱尔典爵士致格雷爵士电》（1911 年 11 月 26 日发自北京，同日收到）、《第 21 件 朱尔典爵士致格雷爵士函》（1911 年 12 月 17 日于北京，1912 年 1 月 6 日收到），胡滨译《英国蓝皮书有关辛亥革命资料选译》上册，第 73—74、207 页。

筹码；就全局看，已有三分之二省份宣布独立，而清军主力"全集于京汉一路，必须与武昌停战，其军始可后调，分防他路，且镇压北部"。[①] 故有研究者认为，此时"急于求和的，不应是武昌军政府，而应是袁世凯"。[②] 然而，到了 11 月 27 日上午，清军出其不意地攻占汉阳梅子山、龟山等各山头，革命军向长江边溃退，汉阳危在旦夕。[③] 湖北军政府顶不住了，急忙于当天上午派外交次长王正廷拜访美国驻汉口总领事，要求斡旋停战。王正廷代表黎元洪表示："根据目前形势，汉阳终不得不委于敌手，武昌恐亦难保。但革命军不愿坐视武昌遭兵燹之灾，故愿停战三日，由黎元洪向各省革命军征询意见，在满清朝廷之下建立立宪政体。如获同意，即与官军议和；如遭拒绝，即无抵抗让出武昌城。愿烦美国总领事从中斡旋。"[④] 美总领事当即答应转告首席领事，但因首席领事不在，遂转告英总领事葛福。当天下午，适逢清军占领汉阳，于是葛福电告朱尔典："清军已夺回汉阳，革命军逃往武昌，士气低落。黎元洪都督准备接受立宪政府，并照该意发出信息。如果我能够获得黎元洪提出的停战条款，便将电告您。"[⑤] 旋葛福接到朱尔典电示，于是前往黎元洪处拜访。黎元洪

---

① 李廉方：《辛亥武昌首义纪》，第 210 页。

② 宝成关：《论南北议和与孙中山让位》，中华书局编辑部编《纪念辛亥革命七十周年学术讨论会论文集》上册，中华书局，1983，第 877 页。

③ 《陆军部承政司为抄移军统冯国璋密报攻击梅子山占领龟山并克复汉阳各情形来电一件事致军制司军衡司军需司等》（宣统三年十月初八日），中国第一历史档案馆藏陆军部全宗，15-01-001-000049-0041。

④ 《松村驻汉口总领事致内田外务大臣函》（1911 年 11 月 28 日，第 84 号，机密），中国社会科学院近代史研究所中华民国史研究室主编，邹念之编译《日本外交文书选译——关于辛亥革命》，第 256 页。

⑤ 《第 85 件　朱尔典爵士致格雷爵士电》（1911 年 11 月 27 日发自北京，同日收到），胡滨译《英国蓝皮书有关辛亥革命资料选译》上册，第 94 页。

通过葛福正式向冯国璋提出停战条件三款：

　　　　一、息战十五日，各军占现在所据之地；

　　　　二、所有独立各省派代表至上海与内阁总理大臣所派代表共议大局；

　　　　三、若于十五日内谈判不决，再宽十五日。①

到了 11 月 27 日晚，清军在汉阳龟山挂起龙旗，架起大炮，开始轰击武昌。情况看起来对民军极为不利。不过巧合的是，隔天，在长江下游的南京，民军把清军全部驱入城内，占领了外围所有炮台，然后由大约八艘军舰及老虎山上架设的大炮向城内轰击，与武昌形成类似一幕。②

11 月 29 日，汪兆铭和袁克定的代表朱芾煌到达武昌，压力空前的湖北军政府很快与之订立"推袁之约"。同日，黎元洪派特使向英国总领事葛福提出先停战三日，以便商谈长期停战条件。葛福通过道台黄开文转告冯国璋，不料冯国璋提出了极为苛刻的条件，要求革命军将炮舰交给中立国家并交出武昌。葛福认为这对民军有失公平，双方未能协商。③ 到了 11 月 30 日，朱芾

---

① 《袁世凯档存黎元洪等订息战议和三条》，中国社会科学院近代史研究所编，虞和平主编《近代所藏清代名人稿本抄本·袁世凯档》第 3 辑第 11 册，第 333 页；《第 88 件　朱尔典爵士致格雷爵士电》（1911 年 11 月 28 日发自北京，次日收到），胡滨译《英国蓝皮书有关辛亥革命资料选译》上册，第 96 页。

② 《第 87 件的附件　驻华总司令官致海军部电》（1911 年 11 月 28 日发），胡滨译《英国蓝皮书有关辛亥革命资料选译》上册，第 96 页。

③ 《1911 年 11 月 30 日苏古敦致安格联函》，中国近代经济史资料丛刊编辑委员会主编《中国海关与辛亥革命》，第 37 页；《内田外务大臣致伊集院驻清公使电》（1911 年 11 月 30 日，第 331 号），中国社会科学院近代史研究所中华民国史研究室主编，邹念之编译《日本外交文书选译——关于辛亥革命》，第 258 页。

煌由武昌渡江至汉口租界的俄国领事府，欲在那里约第一军派员来协商签订停战协定，鄂军都督府派了李国镛和马伯援一同前往。然而，第一军并未派代表前来。俄领事敖康夫遂与夏维松到第一军驻地，代表朱芾煌致电袁氏，请示停战，但过了数小时，第一军仍未停战。在此情况下，朱芾煌决定亲自前往第一军总统冯国璋处协商，不料又被冯国璋扣押，派专车由宪兵押往彰德交予袁克定。朱上车后写信给李国镛，托俄领事转交，表示他到京后两日即有停战电至，三日即可返鄂。[1]

　　朱芾煌被押走当晚，袁氏给冯国璋的停战电就到了，[2]电谓："我军既未渡江，英使领现出调停，按公理未可拒绝。兹代拟暂时停战条款：一、息战时各守现据界线，彼此不得稍有侵犯窥探等情；二、息战之期订明由某日某时起，至某日某时止，计三日，两军不得于此期内开战；三、军舰不得借息战期内泊近武汉南北岸，以占优胜，须远驶武汉下游，至息战期满为止；四、停战期内两军不得添军修垒及一切补助战力等事；五、息战之约须有驻汉英总领事官画押为中证人，庶免彼此违背条件，以重公法。请转饬黄道与英领商办，有定议速电示。黎党如派人来商事，可饬黄道、丁士源作执事代表接洽。"[3]朱尔典稍后也将袁氏提出的停战条款发给葛福。[4]

① 《李国镛自述》，中国科学院近代史研究所史料组编辑《辛亥革命资料》（《近代史资料》总25号），第507页。

② 窦坤等译著《〈泰晤士报〉驻华首席记者莫理循直击辛亥革命》，第143页。

③ 《内阁总理大臣袁世凯致第一军总统冯国璋电报》（宣统三年十月初十日），中国第一历史档案馆、海峡两岸出版交流中心编《清宫辛亥革命档案汇编》第70册，第63页。

④ 《第94件　朱尔典爵士致格雷爵士电》（1911年12月1日发自北京，同日收到），胡滨译《英国蓝皮书有关辛亥革命资料选译》上册，第207页。

　　然而，冯国璋并不想停战。12月1日午，清军自汉阳龟山炮轰武昌城，军政府都督府中弹起火，黎元洪仓皇出城，先奔洪山总司令部，再奔王家店休息，准备去往葛店。代理战时总司令蒋翊武、参谋长吴兆麟派人请黎回洪山，黎不听。[①]然而，冯国璋"有袁之狠而无其智"，[②]他之所以不愿停战，一方面因清廷在汉阳被攻克次日即赏他二等男爵，[③]让他感激涕零，欲效死命，以成盖世之功；另一方面因他眼中只有湖北一隅，攻占汉口、汉阳后以为长江随时可渡，武昌唾手可得，欲一鼓而下之，然后同民军城下议和，这样就可以稳操胜券。[④]但袁氏的眼光就要宏大得多，一则袁氏从一开始就认识到，"今日之危局，不专在湖北一隅，亟宜顾全大局"，认为"剿匪不可过急，首宜设法解散，若以急图克服武昌为名，必致逼匪外窜，东南大局势将糜烂，更觉不堪收拾"；[⑤]再则他此刻既派朱芾煌与湖北军政府商谈，并且希望湖北军政府将来举他为总统，那么停战就是必需的，只有停战才能显示诚意；三则英国公使朱尔典警告袁氏，在鄂军提出停战条件的情况下，如清军进攻武昌，袁氏将不得不对继续发生的流血事件承担责任。因此，袁氏电令冯国璋停止进攻武昌，同时命令道台黄开文与葛福磋商初步安排停战三天。[⑥]冯国璋接

---

①　曹亚伯：《武昌革命真史》中册，第367—369页。

②　沃丘仲子：《徐世昌》，第133页。

③　《上谕》（宣统三年十月初八日），中国第一历史档案馆编《宣统朝上谕档》第3册，第319页。

④　冯耿光：《荫昌督师南下与南北议和》，中国人民政治协商会议全国委员会文史资料研究委员会编《辛亥革命回忆录》第6集，第358—359页。

⑤　《袁项城之伟论》，《大公报》1911年10月27日，第2版。

⑥　《第21件　朱尔典爵士致格雷爵士函》（1911年12月17日于北京，1912年1月6日收到），胡滨译《英国蓝皮书有关辛亥革命资料选译》上册，第207页。

到停战命令后，紧接着又获知民军即将攻克南京，不禁"号啕痛哭，如丧考妣"，不得已只好请葛福居间请和停战。①

葛福受命后，即于12月1日晚派万国商会会长盘恩渡江至洪山总司令部，与湖北军政府协商。12月2日达成一致，决定自3日早8时起至6日早8时止，停战三日。②当签章时，因黎元洪将印带走，蒋翊武、吴兆麟、孙武、孙发绪等只好请刻字工人照都督印速刻一方，盖印同意。③葛福通过黄开文将停战决定转达冯国璋，冯随即执行，但又向袁氏报告："前谕息战五条，因于我军后路不便，且武昌革党及兵舰已乏战力，其余黄州、应城各方面非党，黎亦不能约束，只以停战三日定议。"④可见冯氏心心念念，仍欲再战。但对袁氏而言，除了不能不接受英国人的停战调停外，汉阳刚复，南京又失，形势的发展已经让他觉得根本不可能以武力剿灭革命。

12月3日，即民军攻占南京次日，英国商人李德立（Little，Edward S.）经与在上海的民军外交代表伍廷芳会谈，说服后者同意他致电袁氏，请袁氏派代表到上海和谈，袁氏回电表示他正准备派代表前往武汉。⑤12月4日，袁氏将他和唐绍仪及朱尔典磋

---

① 特别访员通信《中国光复史·武汉最近之闻见（其二）》，《申报》1911年12月11日，第1张第6版。

② 《收第一军总统冯国璋致内阁军谘府电》（宣统三年十月十三日），中国第一历史档案馆编《清代军机处电报档汇编》第24册，第338页。

③ 曹亚伯：《武昌革命真史》中册，第369—371页。

④ 《第一军总统冯国璋致内阁等电报》（宣统三年十月十二日），中国第一历史档案馆、海峡两岸出版交流中心编《清宫辛亥革命档案汇编》第70册，第231页。

⑤ 《爱·塞·李德立来函》（上海，1911年12月6日），〔澳〕骆惠敏编《清末民初政情内幕——〈泰晤士报〉驻北京记者、袁世凯政治顾问乔·厄·莫理循书信集》上册，第805—806页。

商后起草的进一步停战条件电告冯国璋，同时由英使电致英总领事葛福转达黎元洪，请双方协商。① 具体如下：

　　一、停战三日，期满续停十五日；

　　一、北军不遣兵向南，南军亦不遣兵向北；

　　一、总理大臣派北方居留各省代表人，前往与南军各代表讨论大局；

　　一、唐绍怡充总理大臣之代表，与黎军门或其代表人讨论大局；

　　一、以上所言南军，秦晋及北方土匪均不在内。②

　　其中第五条将北方独立省份山西及陕西的民军以及其他反清革命武装排除在"南军"之外，试图为北军继续进攻留下余地。

　　此时，独立各省都督府代表已由上海抵达武昌，于 11 月 30 日开始举行会议。当代表们在上海时，已议决公认湖北军政府为中央军政府，请黎元洪以大都督名义执行中央政务。12 月 5 日，全体代表在汉口会议，议决对北开议四项条件：第一，推倒满洲政府；第二，主张共和政体；第三，礼遇旧皇室；第四，以人道主义待满人。又议决密电请伍廷芳来鄂，"与北使会商和平解决"，

①　《第21件　朱尔典爵士致格雷爵士函》(1911 年 12 月 17 日于北京，1912 年 1 月 6 日收到)，胡滨译《英国蓝皮书有关辛亥革命资料选译》上册，第 208 页；《发第一军总统冯国璋电》(宣统三年十月十四日)，中国第一历史档案馆编《清代军机处电报档汇编》第 24 册，第 349 页。

②　《发第一军总统冯国璋电》(宣统三年十月十四日)，中国第一历史档案馆编《清代军机处电报档汇编》第 24 册，第 349 页。

以胡瑛、王正廷为伍廷芳副手。① 同日，南北双方商定延长停战日期三日，从12月6日早8时起至12月9日早8时止。② 12月6日，独立各省代表会议议决答复袁氏停战条件如下：其一，停战三日，期满续停战十五日；其二，停战期内民军不攻清军，清军不攻民军；其三，以上所言民军包含秦晋北方起义各军在内；其四，黎大都督委派代表与清内阁代表唐绍仪讨论大局。12月7日又议决改正停战条件如下：

　　一、停战三日，期满续停战十五日，期内全国民军、清军均按兵不动，各守其已领之土地。
　　二、清总理大臣派唐绍仪为代表与黎大都督或其代表人讨论大局。③

这个答复条件在措辞上不承认袁氏所谓"南军""北军"之称，而称之为"清军""民军"，这样就把陕西、山西及其他北方反清革命武装亦包括在停战范围之内，力图限制清军对这些地方的民军公然发动进攻。对袁氏停战条件第三款，这个答复条件未予回应，但同意第四款袁氏派唐绍仪与民军讨论大局。

12月9日，停战三日期限又满，在驻汉口英国总领事调停下，双方再次签订停战展期协定，共计三款：

---

① 刘星楠遗稿《辛亥各省代表会议日志》，中国人民政治协商会议全国委员会文史资料研究委员会编《辛亥革命回忆录》第6集，第246页。
② 《收冯国璋致内阁军谘府电》（宣统三年十月十五日），中国第一历史档案馆编《清代军机处电报档汇编》第24册，第354—355页。
③ 吴景濂编《组织临时政府各省代表纪事》，第12—13页。

一、停战十五日，由西历十二月初九日即十月十九日早八点钟起，至二十四日即十一月初五日早八点钟止；期内除秦、晋、蜀三省另有专条外，两军于各省现在驻兵地方，一律按兵不动。

二、袁总理大臣派唐绍怡尚书为代表，与黎大都督或其代表人讨论大局。

三、因秦、晋、蜀三省电报不通，恐难即日停战，是以所有以上停战条件，与该三省无涉，惟停战期内，两军于该三省各不加增兵力或军火。①

由此协定第二、三两款来看，秦、晋、蜀三省并不在"即日停战"范围内，虽然协定有"两军于该三省各不加增兵力或军火"的规定，但实际上，除了对四川袁氏鞭长莫及外，对秦、晋两省，袁氏早已抢先在协议订立前就进行了军事部署（参见前文第一章第十节）。协议签署当天，袁氏又致电北方各省督抚将军，指示现在军事办法，称已与革命军续议停战十五日，但"奸杀焚掠，是为土匪，无民军资格，仍须用兵扫除，画在交战之区。如民军不肯接洽停战，我军仍照旧进攻；倘民军先来扑攻，须竭力抵御，我军不必先进攻。其各路防军，仍严密整备，勿因停战，稍涉疏懈"。②因此，该停战协定并不能阻止袁氏以"剿办土匪"名义继续向这些省份的革命军发动进攻。这样，进入12月后，

① 《收汉口冯军统致内阁电》（宣统三年十月十九日），中国第一历史档案馆编《清代军机处电报档汇编》第24册，第375页；观渡庐编《南北议和史料》，中国史学会主编《中国近代史资料丛刊·辛亥革命》第8册，第98—99页。

② 《内阁、军谘府、陆军部致孙宝琦电》（宣统三年十月十九日），上海图书馆编《上海图书馆藏稀见辛亥革命文献》第3册，第1685—1686页。

就出现了一方面南北双方准备和谈，另一方面北洋军在秦、晋及豫皖边界等处抓紧进攻民军的局面。

12月9日协定签署当天，好战的冯国璋被调任禁卫军总统，所留第一军总统则由湖广总督段祺瑞兼任。段氏"一反冯国璋所为，与鄂军府时通款曲，信使往来，不绝于道"，[①]从而为南北议和创造了条件。

二　议和代表及地点的确定

辛亥南北议和，北方首席代表为唐绍仪，南方首席代表为伍廷芳。两人都是广东人，前者留学美国，后者留学英国，并且都曾在清政府中担任要职，前者官至邮传部尚书，后者官至法部侍郎及修订法律大臣，并且两充出使美国大臣。

袁世凯之所以选中唐绍仪为首席代表，首先因为二人有着近三十年的私谊，早在朝鲜时期便共患难，北洋时期唐为袁之僚属，北京时期二人又为同僚。同时，袁氏很可能还考虑到唐绍仪是南方可以接受的人选，因11月中下旬唐、袁秘密推动清廷召集国民会议时，洪述祖已就唐绍仪充当北方"议政员"一事征询过赵凤昌的意见。[②]在12月4日袁氏提出的停战条件中，正式表示要派唐绍仪为内阁总理大臣代表，与黎元洪或南方代表讨论大局。独立各省代表则在12月6日议决答复停战条件中对此表示

---

① 颜公：《黎副总统历史（三续完）》，《宪法新闻》1913年第10期，"谈丛"，第1页。

② 《述祖致竹哥》（辛亥十月初一日），国家图书馆善本部编《赵凤昌藏札》第10册，第520—521页。

了认可。同日摄政王退位归藩。12 月 7 日，清廷降旨授袁世凯为
"全权大臣"，由袁委托代表人，驰赴南方，切实讨论，以定大
局。① 袁氏随即遵旨正式委托唐绍仪为其 "全权代表"，请其遵旨
克日前往南方协商。②

在外人眼中，唐绍仪为人 "冷静，充满人性，和蔼可亲，易
于接近"，是 "一个具有开明观点的、通情达理的、并非对革命
毫无同情心的人"，③ 武昌起义后赵凤昌等在南方筹划成立临时
国会时，就有意请其协助独立各省处理外交事务，因此对他被任
命为袁世凯的议和全权代表，南方也感到高兴。赵凤昌曾密电唐
氏，谓 "君来当可奠定国是，余子碌碌，不足与言"。④

但另一方面，据刘厚生讲，袁氏对唐绍仪其实也不完全放
心，因此又特别任命杨士琦为副代表，"士琦是世凯的心腹，他是
受世凯意恉，秘密监视绍仪行动的"。⑤ 唐绍仪对荣膺此项使命
颇感兴奋，接到全权代表委托后当晚即剪掉了辫子。⑥ 杨士琦却
不乐观，对其所亲曰："我不解少川当此时势，为何如此兴高采
烈。"⑦ 除首席代表、副代表外，袁氏又于各省京官中各指定一人

① 《副署上谕》（宣统三年十月十七日），骆宝善、刘路生主编《袁世凯全集》第 19 卷，第
119 页。
② 《宣统三年十月十七日袁世凯咨唐绍仪文》，上海图书馆编《上海图书馆藏唐绍仪中文档
案》第 18 册，上海人民出版社，2020，第 9128—9130 页。
③ 〔英〕埃德温·丁格尔：《辛亥革命目击记：〈大陆报〉特派员的现场报道》，第 115 页。
④ 赵叔雍：《唐绍仪》，卞孝萱、唐文权编《辛亥人物碑传集》，团结出版社，1991，第
339 页。
⑤ 刘厚生编著《张謇传记》，上海书店影印本，1985，第 192 页。
⑥ 《蔡廷干来函》（北京，1911 年 12 月 8 日），〔澳〕骆惠敏编《清末民初政情内幕——〈泰
晤士报〉驻北京记者、袁世凯政治顾问乔·厄·莫理循书信集》上册，第 810 页。
⑦ 黄远庸：《政界内形记》（民国元年五月十三日），《远生遗著》卷 2，商务印书馆影印本，
1984，第 5 页。

作为各省代表，随同前往，具体为：

直隶：刘若曾（仲鲁）　　　山西：渠本翘（楚南）

河南：陈善同（雨人）　　　山东：侯延爽（雪舫）

江苏：许鼎霖（久香）　　　江西：蔡金台（燕生）

安徽：孙多森（荫廷）　　　湖北：张国淦（潜谷）

湖南：郑　沅（叔晋）　　　浙江：章宗祥（仲和）

福建：严　复（又陵）　　　广东：冯耿光（幼伟）

广西：关冕钧（伯珩）　　　陕西：雷多寿（祝三）

甘肃：刘笃庆（吉甫）　　　四川：傅增湘（润源）

贵州：蹇念益（季常）　　　云南：张　锴（钱卿）

奉天：绍　彝（叙五）　　　吉林：齐忠甲（迪生）

黑龙江：庆山（仁庆）　　　蒙古：熙　钰（宝臣）①

南方议和代表方面，先是 11 月 12 日，江、浙两省都督府代表通电独立各省派代表到上海讨论成立临时国会，并提议公推伍廷芳、温宗尧为临时外交代表，以便与外交团正式交涉。② 11 月 20 日，独立各省代表在上海议决"先由到沪各代表所代表省份致电黎都督、黄总司令，承认武昌为民国中央军政府，以鄂军都

---

① 郭孝成编《中国革命纪事本末》，第 251 页；张国淦编著《辛亥革命史料》，第 289 页；王栻主编《严复集》第 5 册，第 1513 页；张剑整理《绍英日记》上册，第 177 页；中国历史博物馆编，劳祖德整理《郑孝胥日记》第 3 册，第 1370 页；《清廷议和人员名单》，《时事新报》1911 年 12 月 15 日，第 1 张第 2 版；《清廷遣使议和之原因》，《时事新报》1911 年 12 月 16 日，第 1 张第 2 页；《中国革命史五十四记》，《时事新报》1911 年 12 月 18 日，第 1 张第 2 版。按，以上资料所记各省议和代表互有出入，本名单系综合各种资料甄别而得。

② 《雷奋、沈恩孚、姚桐豫、高尔登致二十省都督府》（辛亥九月二十二日），国家图书馆善本部编《赵凤昌藏札》第 10 册，第 501 页。

督执行中央政务，并请以中央军政府名义委任各代表所推定之伍廷芳、温宗尧二君为民国外交总、副长"。① 值此历史转折关头，伍廷芳有着强烈的意愿承担这一使命，他表示自己不想再做官了，但愿意为新共和国的建立出一把力。② 故他被选为外交总长后，即与温宗尧代表全国国民布告各友邦，表示"兵者凶事，而吾人则驾驭而节制之，务使今日之革命事业，于世界革命史中独显为兵祸最轻而流血最少者"，③ 又致函世界各大报，请各友邦承认"中华共和国"。④

关于议和地点，12 月 5 日，各省代表在汉口开会，议决密电请伍廷芳来鄂与北使会商和平解决，并公举胡瑛、王正廷为副代表。⑤12 月 6 日，汉口英领事亦将这一决定电告伍廷芳，但伍廷芳复电说，国会将在南京召开，在武昌的各省代表已被要求返回南京，他有许多重要的事情要做，不可能去武昌。⑥ 唐绍仪并不知伍廷芳不愿赴武昌，故至 12 月 8 日仍致电赵凤昌，请后者邀请张謇、汤寿潜等赴汉会议。⑦12 月 9 日上午，唐绍仪乘专车离京南

---

① 刘星楠遗稿《辛亥各省代表会议日志》，中国人民政治协商会议全国委员会文史资料研究委员会编《辛亥革命回忆录》第 6 集，第 242 页。

② 上海市档案馆编《辛亥革命与上海：上海公共租界工部局档案选译》，中西书局，2011，第 39 页。

③ 《伍廷芳温宗尧代表全国国民布告各友邦书（续）》，《时事新报》11 月 16 日，第 1 张第 2 版。

④ 《伍廷芳请各友邦承认中华共和国（译《大陆报》）》，《时事新报》1911 年 11 月 19 日，第 1 张第 1 版。

⑤ 刘星楠遗稿《辛亥各省代表会议日志》，中国人民政治协商会议全国委员会文史资料研究委员会编《辛亥革命回忆录》第 6 集，第 246 页。

⑥ 《汉口英领事来电》（辛亥十月十六日）、《复汉口英领事电》（辛亥十月十六日），观渡庐编《共和关键录》第 1 编，第 2 页。

⑦ 《唐绍仪致赵凤昌电》（辛亥十月十八日），国家图书馆善本部编《赵凤昌藏札》第 10 册，第 529 页。

下，同行者有参赞杨士琦，幕僚王孝绳、欧赓祥、廖恩涛、唐宝锷及各省代表傅增湘、严复、章宗祥、刘若曾、许鼎霖、关冕钧、张国淦、冯耿光、孙多森、侯延爽等；其他代表如陈善同、庆山、绍彝、齐忠甲、郑沅、朱益藩（应为蔡金台）、刘庆笃、雷多寿、熙钰、謇念益、渠本翘、张锴等则安排在12月11日出京。① 因国事共济会已解散，杨度、汪兆铭也随同唐绍仪南下。② 唐绍仪行前表示："此次赴汉宗旨，务以真切诚恳之意，与南方各团体讨论实际利害问题，期得和平圆满之结果，不欲敷衍了局、苟顾目前，致伏第二次之祸根，自信南方各团体必能领会斯意。"③ 同日，黎元洪致电伍廷芳："请派代表来鄂讨论大局，十一省公推先生为民军代表，与之谈判，此举关系甚巨，元洪已专托苏代表雷君奋前往迎迓，务望辱临，至为盼祷。"④ 伍廷芳复电，表示各省留沪组织临时政府代表不许其离沪，而且沪上交涉甚繁，实在无法赴鄂，请黎元洪转致唐绍仪到上海谈判，并请黎氏派专轮护送。⑤

12月10日，黎元洪又致电伍廷芳，谓停战协定既已订立，唐绍仪即将到鄂，请伍即刻启程到鄂与唐谈判，"此事关系民国全局极重，非公莫属"。伍廷芳复电仍称各省在沪代表挽留甚力，且驻沪各国领事亟望在沪谈判，英国领事已电英国驻京公使与袁氏协商，请唐绍仪到上海来，雷奋亦表示赞成。⑥ 同时赵凤昌亦

---

① 中国历史博物馆编，劳祖德整理《郑孝胥日记》第3册，第1370页。

② 禅那:《唐绍仪传略》，第14页。

③ 北京特别通信《议和谈二》，《申报》1911年12月16日，第1张第5版。

④ 黎元洪:《致上海伍代表》(辛亥十月十九日)，易国幹编《黎副总统政书》卷2，第1页。

⑤ 《复武昌黎元洪电》(辛亥十月十九日)，观渡庐编《共和关键录》第1编，第1页。

⑥ 《黎元洪来电》(辛亥十月二十日)、《复武昌黎元洪电》(辛亥十月廿一日)，观渡庐编《共和关键录》第1编，第1页。

复电唐绍仪谓："各省公举代表，有留沪者，有赴鄂者，赴鄂者亦已折回，伍秩老与张、汤二公均不能远行，公到汉无可与议，已由秩公电黎都督，请公径来沪上开议，甚为便利，必能招呼妥慎。"①

黎元洪于 12 月 11 日收到上海来电后，只能表示同意。是日12 时，唐绍仪等到达汉口，寓英租界。②经英领事介绍，湖北军政府派王正廷、胡瑛等首先以私人资格与唐会谈，王正廷提出伍廷芳因民军外交部在沪，不能来汉，可否请唐至沪，唐同意赴沪，致电内阁请示。③12 月 12 日下午，唐绍仪偕严复等过江，到武昌与黎元洪会晤，黎元洪在武胜门江岸毡呢厂内设立招待处，偕二三十人欢迎。黎转达了伍廷芳希望唐赴上海谈判之意，唐则向黎表达了和平解决、维持大局之意，同意赴沪开议，并请黎同去。黎以军事在身、同人不欲其离开武昌辞之，但表示会派胡瑛、王正廷与唐同往上海。④严复与黎有师生之谊，时黎已剪辫，而严仍留辫，以示不主共和。⑤彼此讨论二时许，严复提出"中国人民程度不足，若行共和，必多流弊"。至于黎元洪方面的回应，据次日严复致陈宝琛函所述，谓"党人虽未明认君主立

①　《赵凤昌复唐绍仪电》（辛亥十月二十日），国家图书馆善本部编《赵凤昌藏札》第 10 册，第 529 页。

②　《收前邮传部大臣唐绍怡等致内阁电》（宣统三年十月二十二日），中国第一历史档案馆编《清代军机处电报档汇编》第 24 册，第 391 页。落款"箇"。

③　《瑛等致南京军政府各省代表团》，国家图书馆善本部编《赵凤昌藏札》第 10 册，第 549 页；《收前邮传大臣唐绍怡等致内阁电》（宣统三年十月二十二日），中国第一历史档案馆编《清代军机处电报档汇编》第 24 册，第 395 页。落款"马第二电"。

④　《宣统三年十月二十二日黎元洪致唐绍仪函》，上海图书馆编《上海图书馆藏唐绍仪中文档案》第 18 册，第 9135 页。

⑤　中国历史博物馆编，劳祖德整理《郑孝胥日记》第 3 册，第 1373 页。

宪，然察其语气，固亦可商，惟用君主立宪而辅以项城为内阁，则极端反对"，又谓"党人以共和民主为宗旨，告以国民程度不合，则极口不承；问其总统何人为各省党人所同意者，则以项城对。盖彼宁以共和而立项城为伯里玺得，以民主宪纲钳制之，不愿以君主而用项城为内阁，后将坐大而至于必不可制。此中之秘，极耐思索也"。①

唐绍仪辞回汉口后，黎元洪等见袁派数十人与唐同行，遂又开会添派孙发绪、谭人凤、孙武、蓝天蔚、郑江灏、时功玖六人会同胡瑛、王正廷到沪参加讨论，并致电沪军都督陈其美，建议各省从留沪代表中拣择数人与会，"以壮吾气"。②袁氏本主张在汉口开会，"因汉口为战胜地，可易为力"，旋又觉得"鄂事已衰，沪事尚炽，在汉口议妥，上海若不服从，恐又费手，莫若在沪开议，虽议事手续稍难，如有成，可冀一劳永逸"，③再加上各国都希望在上海开议，因此于 12 月 13 日复电同意唐绍仪偕同王正廷等赴沪议和。④同日，莫理循南下参加议和会议，袁世凯特别准备了一辆专车，供其全程使用。⑤12 月 14 日晨，唐绍仪等乘"洞

---

① 《唐黎谈判追志》，渤海寿臣编《辛亥革命始末记》，第 788—790 页；《与陈宝琛书》（宣统三年十月二十三日），王栻主编《严复集》第 3 册，第 502—503 页。

② 《唐黎谈判追志》，渤海寿臣编《辛亥革命始末记》，第 790 页；《黎元洪关于唐绍怡等赴沪谈判致沪都督电》（辛亥十月二十二日），辛亥革命武昌起义纪念馆、政协湖北省委员会文史资料研究委员会编《湖北军政府文献资料汇编》，第 131 页。

③ 《资政院议员与袁总理问答记略（十月二十六日经纬报）》，渤海寿臣编《辛亥革命始末记》，第 1241 页。

④ 许恪儒整理《许宝蘅日记》第 1 册，第 383 页；中国第一历史档案馆编《请内阁同意唐绍怡赴沪会议并饬北军停进电》（宣统三年十月二十三日），中国第二历史档案馆《中华民国史档案资料汇编》第 2 辑，凤凰出版社，2019，第 50 页。

⑤ 《致达·狄·布拉姆函》（北京，1911 年 12 月 12 日），〔澳〕骆惠敏《清末民初政情内幕——〈泰晤士报〉驻北京记者、袁世凯政治顾问乔·厄·莫理循书信集》上册，第 811 页。

庭"轮起程赴沪。[1]

12月17日午后2时，唐绍仪等一行到达上海，莫理循亦同船抵达。[2] 经英国领事介绍，唐绍仪下榻公共租界戈登路英商李德立家。其人曾屡次致电袁世凯，敦促其派代表到上海与革命党谈判，起过重要作用。[3] 各省代表均住静安寺路沧州旅馆，张国淦、章宗祥、陈锦涛、冯耿光等旋搬至二摆渡桥礼查饭店去住，傅增湘往孙多森家去住。[4] 到沪当晚，唐绍仪拜访了伍廷芳，两人约定次日下午开议。[5] 举世瞩目的南北议和即将开始。

三　袁氏的虚君共和诉求

唐绍仪南下议和时，袁内阁度支部副大臣陈锦涛乘机辞职，以私人资格随唐同舟到沪。《大陆报》访员借此机会探访了陈锦涛，问陈曰："袁世凯之方略究竟若何？"陈默念少时，笑而

---

[1]　《黎元洪致各省都督通电》(1911年12月14日)，时事新报馆编辑《革命文牍类编》第5册，电报类，第5页。

[2]　《宗方小太郎日记》下卷，甘慧杰译，上海人民出版社，2016，第897页。

[3]　《爱·塞·李德立来函》(上海，1911年12月6日)、《克·达·卜鲁斯来函》(上海，1911年12月19日)，〔澳〕骆惠敏编《清末民初政情内幕——〈泰晤士报〉驻北京记者、袁世凯政治顾问乔·厄·莫理循书信集》上册，第805—806、813页；黎元洪：《复上海英商李德立》(辛亥十月二十日)附来电(辛亥十月十九日到)，易国幹编《黎副总统政书》卷2，第2页。

[4]　廖少游：《新中国武装解决和平记》，第19页；冯耿光：《荫昌督师南下与南北议和》，中国人民政治协商会议全国委员会文史资料研究委员会编《辛亥革命回忆录》第6集，第360页；章仲和：《南北议和亲历记实》，中国人民政治协商会议全国委员会文史资料研究委员会编《辛亥革命回忆录》第8集，第416页；张国淦编著《辛亥革命史料》，第290页。

[5]　《廷芳致竹君》(辛亥十月廿七日)，国家图书馆善本部编《赵凤昌藏札》第10册，第531页。

答曰："吾意袁氏之方略云何，要惟上帝知之而已（即无人能知之意）。"访员曰："君岂谓袁氏无一心腹而奋臂独战耶？"陈曰："袁氏固自有心腹，且间亦有能知其宗旨者，惟所知要亦恍惚之甚耳。袁氏生平不肯预言其方略，且欲人睹其行事，而不欲人忆其言语，往往其所作为，罕有人能预见之者，而值当为之时，则竟起而为之矣。"① 足见了解袁氏所思所想，真不是一件易事。尽管如此，我们还是可以透过袁氏言行，大致勾勒出其当时的政治诉求。

袁氏并不是一个对清廷"愚忠"的人，早在慈禧、光绪死后，他面临清廷罢免危机时，就与在日本的黄兴等有过秘密联络，似有所图。② 因此，如果说革命爆发后袁氏完全没有推倒清廷、自任共和国总统的想法，恐怕无人相信。事实上，袁氏出山前，其亲信曾密访美国驻华使馆，十分神秘地透露说："袁世凯会来的，但以后我们将有一个共和国，他是这个共和国的总统。"③ 这种试探不能排除背后有袁氏授意。不过，在局势演变无法预知，或袁氏自认为可控的情况下，他对清廷的忠诚依然占据上风，这一点也是无疑的。从他 11 月 11 日起程入京时要求清廷"将政治革命及种族革命分析清楚，明降谕旨，使人心有所归向，军士有所措手"，④ 就知他不会轻易抛弃清廷。11 月 13 日入京当天，当美国使馆汉文秘书丁家立（Tenney，C. D.）向袁氏转交革命

---

① 《西报记民清两军议和事》，《时事新报》1911 年 12 月 23 日，第 1 张第 2 版。

② 毛注青编著《黄兴年谱长编》，中华书局，2014，第 137 页。

③ 转引自夏良才《袁世凯谋取共和国总统的最初一次活动》，《近代史研究》1982 年第 4 期，第 271 页。

④ 许恪儒整理《许宝蘅日记》第 1 册，第 375 页。

党人给摄政王的一封信，提出清帝退位，革命党保障其安全并给予优俸时，袁氏斥之为"胡闹"，当场拒绝。① 当天，清廷即根据他的意思降旨，称"凡主张政治改革者，迹虽近于要求，要皆发于爱国之热忱，激而出此"，"至于持种族革命之说者，意在离间满汉，激成仇衅"；"然必地方安堵，而后宪政可以进行，若任其鼓吹邪说，肆意扰乱……祸患将何所底止……亟宜及时痛剿，迅予扫除，以安良善"。② 可知袁氏决心要支持清廷进行"政治改革"，实行君宪，而不是要推翻它。

随着袁氏推动清廷召集国民会议受挫后转而派人与湖北军政府订立"推袁密约"，以及摄政王退位，袁氏攫取大总统一职，似乎已是一片坦途，只消按民军的要求迫使清帝退位，并宣布赞成共和就可以了。然而，事情并非如此简单，表面上袁氏掌握了清廷的命脉，实际上其处境甚为复杂、险恶、微妙。各亲贵大臣虽然不再参与国务，但为保卫皇室，仍不时在载涛或载泽等人府邸密议对策，参加者有毓朗、善耆、载振、溥伦、舒清阿、良弼、荫昌等，甚至传言他们要怂恿隆裕皇太后垂帘听政。③ 故廖宇春曰："项城入阁，则共和解决益生困难，何也？项城之权，全由保护清廷而得，既已显膺重寄，即不能不故作声势，以掩众目，一旦而欲反其所为，万无此理；且贵族虽已引避，挟制之习未除，项城势处两难，动辄得咎，内招贵族之猜疑，外启党人之

---

① 转引自夏良才《袁世凯谋取共和国总统的最初一次活动》，《近代史研究》1982 年第 4 期，第 272 页。

② 《上谕》(宣统三年九月二十三日)，中国第一历史档案馆编《宣统朝上谕档》第 3 册，第 297—298 页。

③ 《各亲贵尚开密议》，《大公报》1911 年 11 月 24 日，第 5 版；《监国谕阻亲贵密议》，《大公报》1911 年 11 月 25 日，第 2 版；《皇室结合党派之传闻》，《大公报》1911 年 11 月 26 日，第 2 版。

仇视，手枪炸弹，日伺其旁，危险之来，方兴未艾矣。"[1] 这还是
旁观者的描述，袁氏自身所感受到的要更加凶险。在复梁鼎芬函
中，袁氏写道："受事以来，局天蹐地。人心尽去，既瓦解而土
崩，库储已空，将釜悬而炊绝。内之则主少国危，方孤立于众谤
群疑之地，外之则交疏援寡，群欲逞其因利乘便之思，正不徒共
和独立之嚣言日盈于耳，炸弹、手枪之恫吓咸与为仇已也。险象
环生，棘手万状，怀忧茹愤，谁可告言。"[2] 外人也看到了袁氏的
困境。总税务司安格联认为，"袁世凯决不是各方一致同意的人，
他有很多敌人，如果有一天有人谋害他，我也不会觉得奇怪"，
又说"袁世凯虽然执掌大权，但也容易遭到各方面的暗算，他的
地位也是很危险的"。[3]《泰晤士报》记者莫理循则说，"袁世凯无
疑正处在极大的人身危险之中，革命党不信任袁世凯，认为他是
清朝的支柱；满人也不信任他，认为他在策划倾覆清朝的阴谋"；
他逐渐成为局势的主宰者，但"被刺的危险总是存在的"。[4] 报
载载涛从禁卫军和第一镇的旗兵中挑选人员，组织了一支多达
七百余人的敢死队，准备实行暗杀政策，列入暗杀名单的有六十
多人，分为三等，赏格从一万元到十万元不等，而刺杀袁世凯的
赏格高达百万元。袁氏自知生命可危，与德国驻华使署约定，一
有危险，即以该署为逋逃薮。平时不轻出门，出则有马队五十名

① 廖少游：《新中国武装解决和平记》，第4页。

② 《袁总理复梁鼎芬书》，《光华日报》1911年12月26日，第1版。

③ 《1911年11月18日安格联致墨贤理函》《1911年12月11日安格联致苏古敦函》，中国近
　代经济史资料丛刊编辑委员会主编《中国海关与辛亥革命》，第41、160页。

④ 《致达·狄·布拉姆函》（北京，1911年11月24日）、《致达·狄·布拉姆函》（北京，1911
　年12月5日），〔澳〕骆惠敏编《清末民初政情内幕——〈泰晤士报〉驻北京记者、袁世凯
　政治顾问乔·厄·莫理循书信集》上册，第800、804页。

前后护卫，均为其亲选，且在途若风驰电掣，故所过之处必先清道。[1] 此种消息真伪难辨，但亦可反映袁氏处境十分危险。

　　从自身利益看，虽然袁氏已经派人与湖北军政府秘密订立"推袁之约"，但这不过是出于获取政治利益的考虑，并不意味着袁氏已经在思想上由君主立宪转向民主共和。而且所谓"推袁之约"，毕竟只是纸面上的，黎元洪的代表性也成问题，其在接见西报记者时曾宣称："此次革命事业与孙文绝无关系，不过宗旨相同，彼此赞成而已；即孙文党人与吾共和党人亦不相连，且予并未授之以权。"[2] 此种言论很容易在革命党内部造成分歧，影响革命党的决策。蔡廷幹回京后传递的信息是，"袁世凯在南方得人心，但被任命为总统还无把握"。[3] 同时，除去独立省份外，北方军队的政治倾向也是袁氏不能不考虑的。袁氏对他们的节制有难易之分，其中以禁卫军最难，陕甘、新疆各军次之，东三省各军又次之，其余北洋各军则较易。它们的共同点是大多坚决反对共和，因此，维护十九信条对袁氏而言至关重要，只有这样才能得到军队支持，才能维护既有权力。在条件不成熟的情况下，他并不打算抛弃清帝以获取总统位置，故他对人说："中国时局，非君主立宪不能暂保治安，我所以坚持君主立宪者，原为国家人民谋长久之计，且不欲随众转移，令人讥其浅识，致有损名誉，他

① 《载涛之暗杀政策》，《时报》1911年11月26日，第4版；《西报汇译·北京近事记》，《时事新报》1911年11月29日，第2张第2版；《呜呼，可怜之京师》，《申报》1911年11月29日，第6页。

② 朱通儒：《五十日见闻录》，第18页。

③ 《419信的附件（机密）蔡廷干上校来访接谈记录》（1911年11月16日），〔澳〕骆惠敏编《清末民初政情内幕——〈泰晤士报〉驻北京记者、袁世凯政治顾问乔·厄·莫理循书信集》上册，第794页。

日不能达其谋国之目的。近日无知少年或有以第一期大总统相饵者，不知中国若改为民主，必起大乱，何大总统之足为……国民欲以全国之事责我担当，我现委内阁总理，只须国民辅助进行，权力充足，我亦可担当得起，何必定须改易名号，方可有为哉！"①

列强的态度对袁氏也有相当的影响，"当时欧米列国之意见，皆以为立宪君主制之适于清国，胜共和制"。②比如，袁氏入京次日，即11月14日，袁克定代表他父亲去拜访朱尔典，试探性地对朱尔典说："父亲现在正处于不知所措的莫大困惑之中。目前扮演一个忠君的脚色去挽救满清王朝似乎完全不可能，尽管那是他本意所在。全国的舆论都要求推翻满清王朝。黎元洪及武昌的反叛领袖们力劝他出任中华民国的总统，并允诺会全力支持他。"朱尔典回应道："在外国人中普遍的看法大体是：该问题的最佳解决办法在于保留一个作为象征性国家首脑的满清朝廷，并伴之以相应的宪法修改，像过去清廷曾经允诺的那样。一个共和形式的政府，在我看来是一个危险的试验，而且似乎并不完全适合于中国。"③朱尔典随后把他与袁克定的谈话向美、日驻华公使进行了通报。④与此同时，袁氏父子与曾经担任袁氏顾问的坂西利八郎

---

① 《袁内阁制政论》，《光华日报》1911年12月19日，第2版。
② 《小川平吉致孙中山函》（1912年1月），孙中山故居纪念馆编《馆藏辛亥革命前后中外文档案》第1册，第55页。
③ 《英国驻华公使朱尔典致英国外交大臣格雷电》（278号电报，北京，1911年11月14日），李丹阳译《英国外交档案摘译：武昌起义后袁世凯父子与英国公使的密谈》，《档案与史学》2004年第3期，第64页。
④ 《英国驻华公使朱尔典致英国外交大臣格雷电》（283号电报，北京，1911年11月16日），李丹阳译《英国外交档案摘译：武昌起义后袁世凯父子与英国公使的密谈》，《档案与史学》2004年第3期，第66页。

就与日本公使伊集院会面之事进行了协商。①11 月 18 日，袁氏亲自试探性地问日本公使伊集院"君主立宪与联邦共和等政体何者更为适宜"，伊集院答称："按贵国近三百年来之历史以及各地实情观之，以君主立宪统一全国，实为万全之策。至若实行共和制或联邦制等类主张，俱与当前之民智程度不相适应，其后果，难保不招致灭亡的结局。"②为了了解袁氏的"真意"，12 月 12 日伊集院拜访了袁氏，表示"对于阁下所标示之君主立宪主张，帝国政府必尽量予以援助，期其顺利实现，早日平定时局"，同时希望了解袁氏"最后之决心"。③12 月 15 日，日本政府又令伊集院向袁氏转达日本政府的主张，认为共和不适于中国国情，称赞袁世凯高瞻远瞩，坚持君主立宪，"切望袁氏今后坚决贯彻其主张，断然实行君主立宪，如有何求助于我国者，帝国政府不吝给予相当援助"。④

在上述内外情势下，我们看到袁氏在各种公开场合，或接见外人时，总是声称其主张君主立宪。如在 11 月 14 日曾会见资政院议员汪荣宝等，阐明其"主张君主立宪之宗旨及理由"。⑤11

---

① 李廷江：《坂西利八郎和辛亥革命——以书简和日记为中心》，李廷江、〔日〕大里浩秋主编《辛亥革命与亚洲》，社会科学文献出版社，2015，第 141 页。

② 《伊集院驻清公使致内田外务大臣电》（1911 年 11 月 18 日，第 540 号），中国社会科学院近代史研究所中华民国史研究室主编，邹念之编译《日本外交文书选译——关于辛亥革命》，第 251 页。

③ 《伊集院驻清公使致内田外务大臣电》（1911 年 12 月 12 日，第 668 号，至急，绝密），中国社会科学院近代史研究所中华民国史研究室主编，邹念之编译《日本外交文书选译——关于辛亥革命》，第 268 页。

④ 《内田外务大臣复伊集院驻清公使电》（1911 年 12 月 15 日，第 380 号），中国社会科学院近代史研究所中华民国史研究室主编，邹念之编译《日本外交文书——关于辛亥革命》，第 274 页。

⑤ 韩策、崔学森整理，王晓秋审订《汪荣宝日记》，第 316 页。

月16日完成组阁后宣布政见谓："中国进步党中有两种人，一种主民主共和，一种主君主立宪，余不知中国人民欲为共和国民，是否真能成熟，抑现在所标之共和主义，真为民人所主持者也……欲设立坚固政府，必当询问其意见于多数国民，不当取决于少数。"又谓："清政府现在虽无收服人心之策，而已颁行宪法信条十九条，大权将在人民之手，故以限制君权之君主立宪政体与国民欲取以尝试、不论是否合宜之他种政体比较，则君主立宪实为经常之计……余之主意在留存本朝皇帝，即为君主立宪政体。"①12月7日各省议和代表确定后，袁氏于当天下午5时召集各代表在内阁公署谈话数十分钟，表达其"忠君爱国，一以社稷朝廷为念"的热诚，称："君主制度万万不可变更，本人世受国恩，不幸局势如此，更当捐躯图报，只有维持君宪到底，不知其它。"②12月8日复召集各国务大臣研究议和办法，并表明政见，谓："本大臣对于此次和议，无论如何，仍须保存君主名义。之所以主持此议者，并非专为朝廷之恩遇优厚，实系体查中国现世尚不能共和，即强行共和，其中种种危险扰乱，将必接踵而起。予为保全大局安危起见，故不得不坚持此主义，且英、日等国亦均极赞成此办法。"③12月12日在答复伊集院"最后之决心"时称："至于政体问题，本人始终主张君主立宪，目前南方各地实已四分五裂，以此现状而言共和，实万万不能谓为可行，此点即使革

① 《袁世凯宣布政见（续）》，《时报》1911年12月2日，第2版。
② 冯耿光：《荫昌督师南下与南北议和》，中国人民政治协商会议全国委员会文史资料研究委员会编《辛亥革命回忆录》第6集，第357页；张国淦编著《辛亥革命史料》，第289页；《袁内阁致议和各代表书》，《大公报》1911年12月10日，第2版。
③ 《袁内阁表明君主立宪政见》，《大公报》1911年12月11日，第2版。

命党人恐亦有所觉察。"①12 月 13 日资政院议员就南北议和咨询
袁氏，钦选议员毓善问："现战事已停，唐大臣暨各员赴鄂协议，
彼此若表同意，固为幸事，设或君主、共和两主义相持不下，或
且有他项无理之要求，最后办法若何，总理必有定见。"袁氏再
次表示："此次遣使南下，以恪守信条为主旨，余自河南起程，即
抱定君主立宪主义，有以共和之说进者，余皆据理驳之……再
者，余连日晤见各国公使，如英、美、德、俄诸大国，其政府均
有电至，对于中国君主立宪，皆当赞成。美报界主笔某，向固提
倡共和者，今亦知中国时势，非君主不可矣。英使出而调停，实
本此主义。此次和议有各国出席监视，革党当不敢为公敌。设若
结果不能和平，则我得各国之同意，理之所在，自易为力。"② 12
月 19 日，被称为清政府机关报的《北京日报》又刊登袁世凯致
各省通电，略谓："此次派唐绍怡赴上海议和，实为商议改革政治
问题，本大臣向来坚持君主立宪政体，即英、德、法、俄、日本
亦均赞成君主而反对共和，故此次上海会议之结果可预料其决无
改为民主之理。乞台端竭力抚绥，幸勿摇动。"③ 此外，袁氏还在
接见外人时，屡屡表达相同的主张。如他曾对英国《泰晤士报》
驻京记者莫理循表示："余力保守中国全国之和合，但非有君主
之中央政府，我国之大局断不可保。"④ 又谓日本公使伊集院等曰：

---

① 《伊集院驻清公使致内田外务大臣电》(1911 年 12 月 12 日，第 668 号，至急，绝密)，中
　国社会科学院近代史研究所中华民国史研究室主编，邹念之编译《日本外交文书选译——
　关于辛亥革命》，第 268—269 页。
② 《资政院议员与袁总理问答记略（十月二十六日经纬报)》，渤海寿臣编《辛亥革命始末
　记》，第 1240—1241 页。
③ 《四纪上海议和问题》，《申报》1911 年 12 月 26 日，第 1 张第 4 版。
④ 《袁总理与西访员之谈话》，《大公报》1911 年 11 月 27 日，第 5 版。

"本人始终认为，中国非行君主立宪不可"，"君主二字，矢死保存，断无中变"。①

　　然而，需要特别指出的是，袁氏此时所谓君主立宪，已经不是过去数年间清廷所筹备的日式君主立宪，而是指资政院新颁十九信条所确立的英式君主立宪。由于十九信条将皇帝权力剥夺殆尽，袁氏作为内阁总理大臣自然乐于主张并坚持，并认为"十九信条已具共和性质"，②"朝廷俯顺民情，允准资政院所奏，颁布宪法信条，君权剥削殆尽，无复留转圜之余地，近人谓虚君共和者，即同此意"。③说明袁氏彼时所理解的"君主立宪"实与"虚君共和"同其内涵。资政院议员许鼎霖更有言："窃谓信条十九条，虽存君主立宪之虚名，已握民主共和之实权，总理由国会公举，已与民主选举总统无异，朝廷有颁布而无否认，更与共和取决议院无异，是中国之君主立宪，视各国之民主共和，相去仅一间耳。"④其时康有为在海外著论宣传"虚君共和论"，⑤梁启超亦发表《新中国建设问题》，鼓吹"虚君共和制"，并通过罗惇曧等游说袁氏。罗氏谒见袁氏，以梁氏意见相告，袁曰："我总抱定十九条宗旨，我出山即抱定君主立宪，此时亦无可改变。"

①　《伊集院驻清公使致内田外务大臣电》（1911 年 11 月 18 日，第 540 号），中国社会科学院近代史研究所中华民国史研究室主编，邹念之编译《日本外交文书选译——关于辛亥革命》，第 251 页；《某使试探袁内阁之心理》，《大公报》1911 年 12 月 21 日，第 2 版。

②　《致议和北方全权大臣代表唐绍仪电》（宣统三年十一月初二日），骆宝善、刘路生主编《袁世凯全集》第 19 卷，第 178 页。

③　《恳恩收回封爵成命折》（宣统三年十二月初九日），骆宝善、刘路生主编《袁世凯全集》第 19 卷，第 396 页。

④　《许鼎霖致苏州大都督程上海外交长伍民政长李书（续）》，《大公报》1911 年 11 月 27 日，第 1 版。

⑤　参阅邓华莹《文本改写与言说真意：辛亥康有为虚君共和论的来龙去脉》，《浙江大学学报》（人文社会科学版）2022 年第 1 期，第 152—164 页。

又曰："我主张系君主立宪共和政体。"罗氏不以为然，认为"按十九条便非立宪，纯是共和"，"君主立宪共和政体"之说"不如'君位共和'之直捷了当，君主无否决之权，无调海陆军之权，但当名为'君位'耳"。罗氏并提议："南军既要求共和，我当允其共和，但当仍留君位，可名为'君位共和'。"袁氏对这一提法和建议表示认同。[①]而所谓"君位共和"其实就是"虚君共和"。罗惇曧又请梁士诒电告唐绍仪与民党密商"虚君共和"，谓："君主不过装饰品，何必流无数血以争此虚名，我既承认共和，彼许留虚君，则和成矣。"[②]章太炎曾尖锐批评这种主张，谓："若只戴清帝为元首，而欲汉人柄政，此非袁世凯辈不作此妄言。"[③]

但从实际形势和利益考虑，袁氏又不愿绝对排斥民主共和。因此，当他与国事共济会发起人之一汪兆铭私下晤谈时，围绕召集国民会议决定国体，便有了如下对话：

袁谓："国民会议，我极赞成，惟站我之地位，不便主张民主，仍系主君主立宪，万一议决后，仍系君主多数，君当如何？"

汪答："议决后我必服从多数；惟以我观察，时论之趋向，必系民主多数；如议决民主，公当如何？"

袁谓："既经议决，王室一面我不敢知，我个人必服从

①　丁文江、赵丰田编《梁启超年谱长编》，第567、578页。

②　丁文江、赵丰田编《梁启超年谱长编》，第568页。

③　丁文江、赵丰田编《梁启超年谱长编》，第574页。

多数。"①

在接受《巴黎时报》驻京记者访问时，袁氏也表达了相同的意思，一方面认为"中国仅少数人能知共和，其大多数均不解共和为何物，骤以此种政治施之全国，未免太早……但将君权限制，政治改良，实行十九信条，必能大有裨益"；另一方面主张"先与武昌议和，倘不就抚，则将召集临时国会，决定国是，吾但从多数之票决为趋向耳"。②

袁氏这种两面下注的策略，背后其实有着很现实的考虑。他之所以表示愿意服从民主多数，是因为一旦出现这样的结果，而他拒不接受，那么他将完全失去担任临时大总统的机会。这是出于政治利益考虑，而非理念上认同民主共和。与此同时，他显然更倾向君主立宪或虚君共和，而其背后同样有着很现实的考虑，特别是以下三个方面，袁氏最为注意。

首先，在袁氏看来，保留君主对维系多民族国家统一至关重要。袁氏以保护中国免于分裂为其"最高应尽之职"。③他认为，中国幅员辽阔，满蒙回藏及腹地各行省民情风俗各有不齐，共和政体"是否能收统一之效，不至启纷争割裂之祸"，尚待讨论。④且人民长久处于专制统治之下，大多数人均不解共和为何物，"倘骛共和虚名，各省行将自哄，势必内乱继续不已，或陷中国于无政府之地位。故欲保全中国之领土完全，尊敬门户开放及各国均

---

① 丁文江、赵丰田编《梁启超年谱长编》，第577页。
② 《答〈巴黎时报〉特派员之谈话》(宣统三年十月初三日)，骆宝善、刘路生主编《袁世凯全集》第19卷，第71页。
③ 《袁世凯宣布政见 (续)》，《时报》1911年12月2日，第2版。
④ 《北京内阁复张謇电》(十月初四夜戌刻发)，《时报》1911年11月27日，第2版。

势，莫妙于以君主为大蠹，而尽去满人之特权及专制恶习"，也就是保存满洲皇帝名义，但限制其权力，实行十九信条。[1] 在辛亥革命爆发后腹地多省独立，英印政府乘机侵略西藏，达赖重回藏区，以及俄罗斯不断唆使外蒙古分裂的情势下，清帝去留就更加需要慎重考虑，"非保存皇统，有所系属，则群雄角逐，兵争迄无已时，领土断难统一"。[2] 缘此，革命党主张彻底推倒满族王朝的统治，对袁氏来说就成为"不入耳之言"。[3]

其次，保留君位可以给为数众多的君主立宪党人一个交代，也有利于袁氏建立"坚固政府"。中国数千年来都是以君主立国，君主观念深入人心，辛亥革命爆发后民主共和之声响彻入云，但在袁氏看来，"中国情形纷扰，不过起于一二党魁之议论"；虽然各省纷纷宣布独立，但有些省份"其实非全然独立，有数省权尚在保守派之手，则迹近中立耳"，再加上"民军分南北派，不能调合，且人民十分之七主张保守，满清政府一倒，必起第二革命"。[4] 袁氏的这种判断虽不免过于乐观，但就事实而言，亦不能不承认，经过清末筹备立宪运动，主张君主立宪的官僚士夫的确不在少数，他们遍布南北，建有许多团体组织，包括资政院内也有不少人。他们虽然不一定坚持保留满洲皇帝，但坚持中国应有君主或皇帝，"深信共和制不能够带来和平稳定的政府"，"共和形式的政府至少在现阶段对中国不适合"，"根据文明进化的规

---

① 《西访员述袁世凯之君主谈》，《申报》1912年2月2日，第3版。
② 《袁世凯致孙宝琦电》（宣统三年十月十五日），上海图书馆编《上海图书馆藏稀见辛亥革命文献》第3册，第1658页。
③ 丁文江、赵丰田编《梁启超年谱长编》，第568页。
④ 《袁世凯宣布政见（续）》，《时报》1911年12月2日，第2版；《译电》，《时报》1911年11月24日，第2版。

律，最好的情况是建立一个比目前高一等的政府，即保留帝制，但受适当的宪法约束"。① 这些人的政治倾向，是袁氏无法忽视的，否则就无法建立坚固政府，而只有建立起坚固政府，才能避免国家分裂及以后种种恶果。② 也正是出于此种考虑，"袁世凯虽然剥夺清朝易如反掌，但仍然主张立宪君主制，保留名义上的国家元首"。③

最后，保留清帝不仅可以给皇室一个交代，还可避免世人诟病其夺权于孤儿寡妇，避免留下贰臣贼子恶名。袁氏谈及清廷，经常讲的一句话便是"世受国恩"。比如，清廷请他出山担任湖广总督，他上谢恩折，称"臣世受国恩，愧无报称……捧读诏书，弥增感涕"。④ 就任内阁总理大臣后不久，隆裕皇太后传见，询问大局情形，他奏云"臣世受国恩，惟有竭尽愚诚，力持保存君主名义，以仰答高厚生成于万一"。⑤ 他还时常对人云："余深荷国恩，虽时势至此，岂忍负孤儿寡妇乎？""欺人寡妇孤儿，以取天下，亦岂英雄之所为？"⑥ 这些表白并非人人相信，甚至有人

---

① 《严复来函》（414 号函附件，1911 年 11 月 7 日于北京东城金鱼胡同）、《神田正夫来函》（北京，1911 年 12 月 7 日），〔澳〕骆惠敏编《清末民初政情内幕——〈泰晤士报〉驻北京记者、袁世凯政治顾问乔·厄·莫理循书信集》上册，第 785、808 页；《第 83 件附件 2 巴顿先生关于资政院议员们会谈的备忘录》（1912 年 1 月 15 日于北京），胡滨译《英国蓝皮书有关辛亥革命资料选译》下册，第 346—347 页。

② 《袁世凯宣布政见（续）》，《时报》1911 年 12 月 2 日，第 2 版。

③ 《神田正夫来函》（北京，1911 年 12 月 7 日），〔澳〕骆惠敏编《清末民初政情内幕——〈泰晤士报〉驻北京记者、袁世凯政治顾问乔·厄·莫理循书信集》上册，第 808 页。

④ 《新授湖广总督谢恩并沥陈病状折》（宣统三年八月二十五日），骆宝善、刘路生主编《袁世凯全集》第 19 卷，第 7 页。

⑤ 《袁宫保特蒙慈宫温谕》，《大公报》1911 年 11 月 25 日，第 5 版。

⑥ 白蕉：《袁世凯与中华民国》，上海人文月刊社，1936，第 11—12 页；《袁内阁之政论》，《光华日报》1911 年 12 月 19 日，第 2 版。

谓"袁贼说谎",①但要说袁氏对清廷全然没有感情,也不符合事实。既如此,倘若他甘冒不韪,彻底抛弃清帝,主张民主共和,且不论皇室王公亲贵不会心甘情愿接受此种结局,袁氏亦会担心留下贰臣贼子恶名,并失去保守国民支持,从而对其政治前景造成致命打击。

除以上几方面外,可能还有一个原因,即当时人普遍认为共和总统数年一更,很容易造成政治上的动荡,也不利于袁氏长久掌权。所以如盛宣怀所分析的那样:"项城亦自知总统不及总理之稳而且久,故欲留虽有若无之统系,而事权在我,不居其名居其实。"②

综上,袁氏主张虚君共和有着多方面的、非常现实的考虑。正因为他主张虚君共和,因此"唐代表南下时,偕随员二十余人,皆持有虚君共和之成见"。③袁氏对达成虚君共和也信心满满,称"'满清君主'四字十九可保",④以致议和尚未开始,"京中官界咸谓和议必有可成,从前恐慌状态为之大减",⑤"熙熙攘攘,若已经太平者"。⑥如刘若曾、许鼎霖等皆"喜形于色,以为君主决无问题"。⑦资政院总裁李家驹亦认为,"革军款绌甚于

---

①　张国淦:《北洋述闻》,上海书店出版社,1998,第30页。

②　《致上海吕幼舲函稿》(十月十八日),北京大学历史学系近代史教研室整理《盛宣怀未刊信稿》,第254页。

③　谷锺秀:《中华民国开国史》,第44页。

④　《蔡金台致赵尔巽函》(宣统三年十一月十二日),中国第一历史档案馆编《清代档案史料丛编》第8辑,第356页。

⑤　《中国革命史五十四纪》,《时事新报》1911年12月18日,第1张第2版。

⑥　《与汪兆铭罗惇曧之谈话——罗惇曧致梁启超信节录》(1911年12月13日),骆宝善、刘路生主编《袁世凯全集》第19卷,第151页。

⑦　张国淦编著《辛亥革命史料》,第289页。

官军，其临时政府，外交团亦不承认，故此次购［媾］和不难和平解决"。[1] 就连身在南方的江苏都督府外交司长马相伯也乐观地认为，"该谈判将达成一项双方都很满意的解决办法而告结束。将给予清帝年俸，但为了中国边远地区各藩属如西藏、蒙古等地起见，允许他保留他的名号，不过政府将是一个共和政府，皇帝作为一个挂名的首脑，而没有任何权力"。[2]

然而，接下来我们将看到，谈判的进程并不像袁氏及其支持者所预想的那样顺利。袁氏力图造成虚君共和事实，而南方坚持民主共和，结果造成南北议和中许多曲折，深刻影响了议和与清帝退位进程。有论者认为虚君共和论在北方"被袁世凯利用来遮掩清帝退位的暗箱操作"，[3] 看来与事实有相当的距离。

四　唐伍议定由国民会议决定国体

1911 年 12 月 18 日下午 2 时半，被西人称作"划时代的会议"[4]的南北议和会谈在上海公共租界大马路议事厅正式举行。除唐绍仪、伍廷芳两全权代表指定的参赞、书记得以列席外，其他

---

[1]　《王荫棠等为报告在京宣传保安会宗旨及外交团不承认临时政府事致赵尔巽函》（宣统三年十月二十三日），辽宁省档案馆编《辛亥革命在辽宁档案史料》，第 65 页。

[2]　《第 62 件附件 4　伟晋颂领事致朱尔典爵士函》（1911 年 12 月 21 日于南京），胡滨译《英国蓝皮书有关辛亥革命资料选译》上册，第 304—305 页。

[3]　桑兵：《辛亥康有为的虚君共和论》，《中山大学学报》（社会科学版）2018 年第 4 期，第 77 页。

[4]　《克·达·﹂鲁斯来函》（上海，1911 年 12 月 19 日），〔澳〕骆惠敏编《清末民初政情内幕——〈泰晤士报〉驻北京记者、袁世凯政治顾问乔·厄·莫理循书信集》上册，第 813 页。

人一概不得入场。① 伍廷芳一方参加者有议和参赞温宗尧、王宠惠、汪兆铭、钮永建及湖北军政府（即中央军政府）代表王正廷；唐绍仪一方参加者有秘书欧赓祥、冯懿同、赵椿年及与张謇交谊深厚的江苏代表许鼎霖。② 互验凭照后，会谈即开始。③ 会议全程保密，巡捕严守会场，会场周围则有数百名中西人士聚观。④

其时民党各报持论异常激烈，认为袁内阁一面倡言议和，一面指民军为"土匪"，进攻秦、晋、皖北，实施远交近攻之计，居心险诈，决无诚心。⑤ 因此，伍廷芳提出正式开议之前首先需要解决一个问题，即自 12 月 9 日约定停战以来，清兵以剿匪为名，违约在山西、陕西、安徽、山东等省入境攻占问题，要求唐绍仪致电袁氏，饬令各处清兵一律停战，且退出停战期内所攻取之地，待袁氏回电承诺后，方可开议。以后如再有此等情事，须将擅自行动之军队严加处罚。唐绍仪对清军、民军谁先开仗提出异议，反过来请伍廷芳电致各处民军实行停战，并请民军将违约进战之地一律退出。由于一时难以搞清实情究竟如何，最后双方同意分别致电袁氏、黎氏及冲突有关地方，一律遵守停战约定，不得进攻。⑥

因等待双方停战复电，12 月 19 日休会。唐绍仪和杨士琦向

① 《议和不准旁听之通告》，《大公报》1912 年 1 月 1 日，第 5 版。

② 《纪民清两军第一次议和事》，《时事新报》1911 年 12 月 19 日，第 1 张第 2 版。

③ 《南北代表会议问答速记录·第一次会议录》（辛亥十月二十八日），观渡庐编《共和关键录》第 1 编，第 5 页。

④ 《上海初次议和情形》，渤海寿臣编《辛亥革命始末记》，第 786 页。

⑤ 廖少游：《新中国武装解决和平记》，第 20 页。

⑥ 《南北代表会议问答速记录·第一次会议录》（辛亥十月二十八日），观渡庐编《共和关键录》第 1 编，第 5—6 页；《收上海唐杨大臣来电》（宣统三年十月二十九日），中国第一历史档案馆编《清代军机处电报档汇编》第 24 册，第 421—422 页。

内阁汇报了第一次会谈情况，称"昨日会议，彼强词夺理之语甚多，只有极力忍耐。惟彼要求实行停战甚坚，应请迅赐电复，力言已切实禁军队进攻，俾重新开议，以期了结"。① 于是，内阁、军谘府、陆军部通电各处请严饬所部恪守信约，倘于停战期内有违约进兵之举动，定将该军队严行处罚。② 伍廷芳也致电陕西、山西军政府，请饬军队于停战期内不得进攻清军，违者处以严罚。③ 当晚，唐绍仪与黄兴进行了简短的私人会面，这似乎是唐、伍进入核心议题前，唐绍仪对南方革命党领导人的一次试探性的访问。就是这次会面，让唐绍仪强烈感觉到"革命党坚决主张共和，似已毫无折冲余地"，他担心"在正式会议上双方若公开坚持各自主张，谈判必至破裂；且各国领事之外交方针似亦有所变化，未必仍旧支持君主立宪"，因此他赶忙致电袁氏，请其"尽速筹拟方策，来电示知"。④

　　唐绍仪对各国外交方针变化的担心很快就得到印证。12月20日晨，英、法、德、俄、美、日六国驻上海领事，各奉其本国政府之命，用英文和中文分别向唐、伍两代表递交了内容完全相同的表示中立及劝和的照会，内容如下：

---

① 《上海唐杨大臣来电》（宣统三年十月二十九日），中国第一历史档案馆编《清代军机处电报档汇编》第24册，第421页。

② 《内阁、军谘府、陆军部致孙宝琦电》（宣统三年十月二十九日），上海图书馆编《上海图书馆藏稀见辛亥革命文献》第3册，第1708页。

③ 《致陕西军政府电》（辛亥十月二十八日）、《致山西军政府电》（辛亥十月二十八日），观渡庐编《共和关键录》第2编，第145页。

④ 《伊集院驻清公使致内田外务大臣电》（1911年12月21日，第712号），中国社会科学院近代史研究所中华民国史研究室主编，邹念之编译《日本外交文书选译——关于辛亥革命》，第297—298页。

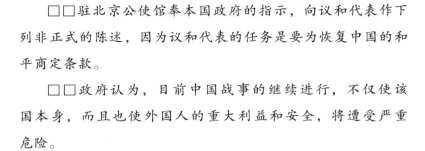

　　□□驻北京公使馆奉本国政府的指示，向议和代表作下列非正式的陈述，因为议和代表的任务是要为恢复中国的和平商定条款。

　　□□政府认为，目前中国战事的继续进行，不仅使该国本身，而且也使外国人的重大利益和安全，将遭受严重危险。

　　□□政府在继续采取它迄今所采取的绝对中立态度的同时，认为有责任非正式地吁请双方代表的注意，需要尽快达成一项旨在结束目前冲突的协议，因为它相信此项意见是符合有关双方的愿望的。①

　　因接到双方停战复电，是日下午 3 时，唐、伍举行第二次会谈。唐绍仪提出，距离 12 月 24 日停战截止日期已为时无几，建议续停十五日。伍廷芳认为太长，主张续停七日。唐绍仪请拟定条文，于是伍廷芳与各参赞拟定条文如下："停战原定至十一月初五日止，兹续议停战七日，自十一月初五日早八时起，至十一月十二日早八时止，期内两军于各省现在用兵地方，一律停止进攻。"唐、伍签字认可。②

　　接下来开始进入核心议题。伍廷芳开宗明义，谓："今日人心倾向共和，舍承认共和，别无议和之法。"③唐绍仪问："现时民军主张共和立宪，应如何办法？"伍言："民军主张共和立宪，君如

① 《关系外交电》，观渡庐编《共和关键录》第 3 编，第 1—8 页；《第 46 件附件 2　同文照会》，胡滨译《英国蓝皮书有关辛亥革命资料选译》上册，第 270—271 页。

② 《南北代表会议问答速记录·第二次会议录》（辛亥十一月初一日），观渡庐编《共和关键录》第 1 编，第 9、16 页。

③ 《致武昌军政府电》（辛亥十一月初一日），观渡庐编《共和关键录》第 2 编，第 146 页。

有意，愿为同一之行动。"接着，伍具体阐述共和已为人心所向，清廷实行君主专制统治二百余年，使中国败坏至如此，立宪云云皆涂饰耳目之事，"此次改革必须完全成为民主，不可如庚子拳匪之后，为有名无实之改革也"。唐回应道："共和立宪，我等由北京来者，无反对之意向。"又言："共和立宪，万众一心，我等汉人，无不赞成，不过宜筹一善法，使和平解决，免致清廷横生阻力……今所议者，非反对共和宗旨，但求和平达到之办法而已。"伍廷芳似不相信，问："袁氏宗旨如何？"唐言："欲和平解决。"伍追问："对于民主共和之宗旨如何？"唐言："和平解决四字可以包括之，我为全权大臣，当有权也。"言下之意，共和立宪亦在袁氏选项之内。唐绍仪并举黄兴在 12 月 9 日致汪兆铭函（由杨度转袁）中请袁氏为"中华民国大统领"一事为证，说袁氏阅后表示："此事我不能为，应请黄兴为之。"可见对于民主共和，"袁氏亦赞成，不过不能出口耳"。[①] 由以上情形来看，双方对于核心议题的讨论，开局相当顺利。

接下来，双方进一步围绕唐氏提议的和平解决办法——召集国民会议决定国体，展开讨论。二人对答如下：

　　伍言：君意如何，能以告我否？

　　唐言：昨夜见黄兴，当以告君。自武昌起事之后，我曾拟一折，请国民大会决定君主、民主问题，服从多数之取决，清廷不允。现时我尚持此宗旨，盖此办法，对于袁氏非此法不行也，其军队必如此乃可解散；开国会之后必为民

---

① 《南北代表会议问答速记录·第二次会议录》（辛亥十一月初一日），观渡庐编《共和关键录》第 1 编，第 10—13 页。

主，而又和平解决，使清廷易于下台，袁氏易于转移，军队易于收束。窃以为和平解决之法无逾于此也。

伍言：清廷不允矣。

唐言：我宗旨尚如是。

伍言：今各省既皆言共和矣，可谓众矣。

唐言：尚有数省服从清政府权力之下也。

伍言：君言从多数取决，今已可谓多数矣，尚不能决乎？

唐言：君若不以为然，请别示办法。

……

伍言：各代表已至南京会议，决共和矣。

唐言：此一定办法，我意以为，未独立之省份亦须到矣。

伍言：直隶、河南、东三省、甘肃等处已派代表矣。

唐言：彼等有发言之权，无决断实行之权，今若开国民大会，则不宜对于此等代表而为交涉，当对于管辖此数省之人而为交涉也。

……

伍言：设耽搁时日如何？

唐言：二十二省之人皆已在上海矣，不致耽搁时日也。我等不能不顾虑东三省。

伍言：东三省已有人来矣。

唐言：彼等无决断之权，只以个人资格来耳。

伍言：彼等皆本省谘议局之人也。

唐言：我见严修，闻直隶派谷钟秀来此，非全省公举，乃天津谘议局所公举耳。彼无决断之权，以理想言而已。该省既未独立，则所谓代表者，无决断之权，彼省人民未尝受民国之命令，而受清廷之命令也。

伍言：彼此皆同胞，彼不过为势力所压耳，非不欲共和也。今万众齐心，古所未有，可以观国民多数之心理矣。今日之事，以从速解决为主，各省代表望此决断，宜以速定为佳，若迟，恐另起风波。

唐言：此语吾意大以为然。我之意，欲和平解决，非共和政体不可。我将以此语告知袁氏。我今将以电致袁氏，如何，再电告。①

不难看出，伍廷芳从一开始就认为，各省赞成共和已占多数，甚至一些未独立省份也派代表到南京参加各省代表会议，因此没有必要再召集国民会议。但唐绍仪认为，一则有数省尚未独立，再则到沪未独立省份代表，或出于个人理想，或系以个人资格，只有代表个人发言权，没有代表本省决断权，因此仍需要召

① 《南北代表会议问答速记录·第二次会议录》（辛亥十一月初一日），观渡庐编《共和关键录》第1编，第14—16页。按，张国淦尝记："初五日深夜，唐嘱汪、魏来，约余往戈登路。唐言：'若不承认共和，不能开议，已电袁内阁，袁主张亦困难，但在会议席上，又不能公然表示，奈何！'余言：'在武汉起义时，我曾有一说帖，召开国民大会，此时如以国民大会讨论国体问题，代表人民公意，似尚不难解决。'唐言：'召集大会须相当时日，又不敢言确有把握，奈何！'余言：'不必过虑，在今日共和已不成问题，此不过一种过程，在此过程中，一再酝酿，当有多方面凑合，得以达到目的，何妨与伍代表一商。'唐沉思半晌言：'确是好办法。'唐告伍，伍亦欣然接受，当密电袁，袁复电同意，故有初八日召集临时国会之电。"（张国淦编著《辛亥革命史料》，第292页）据此，唐绍仪向伍廷芳提议召集国民会议讨论国体，似乎出于张国淦之建议。张在另一处提及"说帖"时，更明确说："其后伍、唐议和，以国民会议解决国体问题，其发端即在此。"（张国淦编著《辛亥革命史料》，第274页）然而，需要指出的是，张所记发生于初五日（12月24日）夜，而唐绍仪向伍廷芳提议召集国民会议是在初一日（12月20日）第二次会谈时，再据前述武昌起义后唐绍仪、洪述祖等推动袁氏奏请清廷召集国民会议的事实，可知张国淦实际上是把发生在唐绍仪身上的事揽到了自己身上，试图将提议召集国民会议的首功记到自己身上。

集国民大会，请未独立省份公举代表参加。唐、伍之间表面上好像存在很大分歧，实际上这些分歧都是枝节而非原则问题，在主张共和这点上，唐、伍其实"同在一条路线"。①

当时人们普遍认为，唐绍仪是在南下后受了周围环境影响，才对共和理想表示同情。如随唐绍仪一同南下的陈锦涛即向《大陆报》记者透露："若唐君于离京之时，颇主张君主立宪，及至扬子江流域，目睹海军已全属民军，且将南北人之热心及其财力略一比较，心思乃为之一变，赞成民主之说。"②英使朱尔典也向其本国报告，唐绍仪"似乎受了他周围环境的影响，以至表示他同情共和的理想"。③就连袁氏获悉唐绍仪在上海的言谈后，也向日本公使伊集院表示，"想必是唐抵上海后为周围之革命气氛所感染，以致头脑混乱所致；本人（指袁自己——引者）则绝无赞成共和之意，此点希勿混淆"。④但唐绍仪却在谈判中对伍廷芳说："我共和思想尚早于君，因我在美国留学，素受共和思想故也。"⑤12月21日接见日本驻上海总领事有吉明时，唐亦明确表示："本人原系共和论者，北京当局几乎完全不了解南方真象，从而双方意见大相径庭。革命党坚决主张共和，坚持废除满洲朝廷，毫无缓和余地，舆论既如此，不能不认为北京除顺应南方意

①　张国淦编著《辛亥革命史料》，第292页。
②　《陈锦涛之共和谈》，《申报》1911年12月23日，第1张第6版。
③　《第63件　朱尔典爵士致格雷爵士函》（1912年1月22日收到），胡滨译《英国蓝皮书有关辛亥革命资料选译》上册，第305页。
④　《伊集院驻清公使致内田外务大臣电》（1911年12月23日，第720号，特急），中国社会科学院近代史研究所中华民国史研究室主编，邹念之编译《日本外交文书选译——关于辛亥革命》，第310—311页。
⑤　《南北代表会议问答速记录·第二次会议录》（辛亥十一月初一日），观渡庐编《共和关键录》第1编，第12页。

志外，实无其它解决办法。革命党志在统一全国，当然毫无委北方土地与满洲朝廷之意。"① 而在 12 月 23 日给梁士诒和阮忠枢的电报中，唐又称："怡初亦何尝赞成共和，第以亲历汉、沪，目击情实，不得不急为变计。"② 根据以上情形，准确的说法应该是，唐绍仪原本就受到共和思想影响，但又对袁氏的君主立宪主张表示同情，及南下后亲身感受共和浪潮，思想遂发生急遽变化，转变为坚决的共和主义者。

至于唐绍仪力主召开国民会议的原因，伍廷芳在致南京及各省电报中曾代为解释，他说："今国民大多数趋向共和，已为显著之事实，而唐使犹以开国民会议为言者，不过欲清帝服从多数之民意，以为名誉之退位而已；且传之万国，知民国政府以国民多数之意见使清帝服从，不徒用兵力，尤为文明待遇，实历史上光荣之事；若议决共和，彼不肯从，则是失信于天下，不止为全国人民所共弃，且将为万国所共弃。"③ 又在后来向孙中山、黎元洪等汇报时说："彼此开议，唐君即宣言欲和平解决，惟以北省军民与十四省起义之军民情谊或有隔膜，意见自不免参差，如或一致进行，必宜先避冲突之端，以成共济之美。因拟彼此息战，开国民会议，取决多数，以定国体。盖当时彼此明知全国人心已趋于共和，特以是为表示之作用耳。"④ 也就是说，召集国民会议是想

---

① 《有吉驻上海总领事转发松井参事官致内田外务大臣电》（1911 年 12 月 21 日，第 433 号），中国社会科学院近代史研究所中华民国史研究室主编，邹念之编译《日本外交文书选译——有关辛亥革命》，第 302 页。

② 《唐大臣致梁二诒、阮忠枢书》（辛亥十一月初四日），《辛亥革命停战议和电稿》，中国历史研究院图书馆藏，乙 F15。

③ 《致南京及各省电》（1912 年 1 月 2 日），观渡庐编《共和关键录》第 1 编，第 46—47 页。

④ 《致南京孙文等电》（1912 年 2 月 16 日），观渡庐编《共和关键录》第 1 编，第 125 页。

以一种和平公正的办法，使民主共和为国人心服口服，使朝廷及南北各方皆易于接受。

由于双方皆以达成民主共和为目的，故在最为关键的国民会议代表来源问题上，唐、伍不约而同主张以当时已经到达南京的各省代表为主，只不过唐氏主张其中几个未独立省份的代表需要重新确定而已。考虑到已经独立省份占据多数，将来召开国民会议的结果有极大可能为民主共和，唐绍仪的要求不过是想让国民会议的代表更加令人信服而已，且"袁既欲免战事，且有服从民意之心，则此亦可为解决目前问题之一法"，① 故伍廷芳同意讨论召集国民会议问题，但希望从速解决。

对于伍廷芳的这个决定，有论者认为"应是民国代表伍廷芳个人的决定，事先并未征得民军各方面同意"。② 如此解释，恐怕有误。这一决定虽然是在第二次会谈过程中做出的，并且按照会议规则，只有双方的首席代表也就是唐绍仪和伍廷芳才可以发言，但并不禁止其他参会人员通过耳语或传递纸条的方式参与意见。③ 而参会的南方议和参赞汪兆铭的意见尤其重要，罗惇曧曾告诉梁启超："此次议会，北中以唐为主体，南中以汪为重要枢纽。"④ 作为国事共济会的发起人，汪的基本主张就是召集国民会议决定国体，而且汪和唐在议和前一个多月就在天津由严修引介，反复讨论过召集国民会议问题，唐曾对汪表示："此事是我

---

① 《致武昌黎及各省都督电》（辛亥十一月初十日），观渡庐编《共和关键录》第1编，第41页。

② 桑兵：《旭日残阳：清帝退位与接收清朝》，第129页。

③ 《致黎都督函》（辛亥十一月初四日），观渡庐编《共和关键录》第4编，第29—30页；〔英〕埃德温·丁格尔：《辛亥革命目击记：〈大陆报〉特派员的现场报道》，第126页。

④ 丁文江、赵丰田编《梁启超年谱长编》，第577页。

发起，必以多数为服从。"[①] 因此，当唐在会谈中提出召集国民会议的建议后，汪不可能不表示意见，而伍显然又不能无视汪的存在。而且从唐、伍对话情况来看，唐绍仪在 12 月 19 日晚与黄兴私下晤谈时，就已经谈及召集国民会议问题，并请黄兴与伍廷芳沟通，故唐绍仪在第二次正式会谈中有"昨夜见黄兴，当以告君"之说。倘若同意讨论国民会议是伍个人的决定，背后无人谋划支持，则其决定断无效力，后续即不可能再与唐绍仪讨论这一方案。而事实则是，召集国民会议成了接下来双方讨论的核心议题。这也说明，汪兆铭一派实际在幕后操控着此刻南方议和的走向。有论者认为，"南北议和对召开国民会议以决定国体等问题达成初步共识，此大致略同汪于国事共济会上之主张"，[②] 是有一定道理的。但该派的主张并不为疑袁、反袁的激进革命党人所认同，这就使身为南方谈判总代表的伍廷芳受到质疑，不得不在稍后为他同意召集国民会议问题专门通电解释。[③] 至于唐绍仪提出召集国民会议的建议，虽然也有国事共济会的影响，但最主要还是源自洪述祖和他秘密推动袁氏奏请清廷召集国民会议这条暗线，此方面前已讨论，不再赘述。

唐、伍第一阶段的两次会谈至此结束。整个过程只有唐、伍二人发言讨论，随同南下的各省代表除个别人外根本没有与会，"只等于戏剧中之跑龙套而已"。[④] 其中一些不愿背离清廷、不满唐氏议和主张及表现的北方代表，如严复、刘若曾、许鼎霖，于

---

① 丁文江、赵丰田编《梁启超年谱长编》，第 577 页。

② 许育铭：《汪兆铭革命生涯的崛起》，《东华人文学报》2001 年第 3 期，第 338 页。

③ 《致南京及各省电》（1912 年 1 月 2 日），观渡庐编《共和关键录》第 1 编，第 46—47 页。

④ 曹汝霖：《一生之回忆》，第 92 页。

《民立报》刊登启事，称"某等此来，专为讨论救国。欲除专制病根，端赖共和政体，此固南北意见所同。所难遽合者，仅在虚君共和与民主共和而已。现议召集国会解决，是已无待某等讨论"。[①] 并且严复、许鼎霖和蔡金台等，未等第三次会谈开始，便于 12 月 24 日下午离开上海，乘轮北还。[②] 自此，严复"绝不提时事"，[③] 蔡金台和许鼎霖则在返回北方后对唐绍仪提出强烈批评。蔡金台在致赵尔巽函中描述会谈情形称："到沪之次日开议，但及停战。至月朔复议，乃及正文，万不料伍甫提及民主，唐即满口赞成。自是遂绝不续议，惟一意以电与项城磋商，一若早有成竹，特借一议以首根据也者。"[④] 许鼎霖则在致赵尔巽函中称："此次议和实误于唐大臣过于胆怯，两次开议，皆逆来顺受之心，是以革党得步进步，不至共和不已。"[⑤] 更在资政院宣言："余即此次议和之人，在上海几将肚皮气破。彼极自诩为文明，而余等到会场时即不许余等发言，只许唐大臣一人开口，而唐大臣每日接到匿名书信不下数十通，皆系恫吓之言词，致唐亦不敢开口。如此议和，可谓之送礼而已。"[⑥] 当时《大公报》曾刊登一则报道，说"代表中在沪有与宋某相善者，谈及唐事，宋曰：'唐乃来送

---

① 《严复、刘若曾、许鼎霖启事》，《民立报》1911 年 12 月 25 日，第 1 版。

② 《蔡金台致赵尔巽函》（宣统三年十一月十二日），中国第一历史档案馆编《清代档案史料丛编》第 8 辑，第 357 页。

③ 《关于和议决裂之种种消息》，《大公报》1912 年 1 月 4 日，第 2 版。

④ 《蔡金台致赵尔巽函》（宣统三年十一月十二日），中国第一历史档案馆编《清代档案史料丛编》第 8 辑，第 357 页。

⑤ 《许鼎霖致赵尔巽函》（宣统三年十一月初十日），中国第一历史档案馆编《清代档案史料丛编》第 8 辑，第 354 页。

⑥ 《资政院第十四次会议纪略（十月十八日经纬报）》，渤海寿臣编《辛亥革命始末记》，第 1247 页。

礼，诸君不过抬盒者耳，恐盒中礼物，君等尚未知也。'"① 此"代表"似即指许鼎霖，故其返京后在资政院有"送礼"之批评。至于"宋某"，极有可能是宋教仁，因宋著有《间岛问题》，而许曾任奉天交涉使，两人经历有交集之处。

其时，民党很多人并不相信袁氏有议和诚意，又因多年来为共和流血牺牲者甚众，故各报持论激烈，倡言于众曰："吾宁亡国亡种，绝对不认君主政体，有背此主义者，吾党当以颈血溅之！"② 各省都督及军政分府也纷纷电致伍廷芳，表示"民国创建，群情激烈，誓达共和目的；倘清使不能承认，当以武力解决，请即毋庸开议。众志已坚，断不容留君主余孽，以作第二次革命之资料，而令同胞再相残杀也"。③ 负责招待各省代表的南方招待员，复以炸弹威胁，以致南下各代表"纷纷自谋栖止"，不两日所住沧州旅社便只剩数人。④ 唐绍仪和北方参随人员以及在上海的君宪党人因此压力颇大。当时仍担任邮传大臣一职的参赞杨士琦致电梁士诒，称"未交卸之国务大臣在此十分危险"，打算前往青岛，但"因伍代表不愿议和人散，只得暂行忍受"。⑤ 秘书唐宝锷则谓廖宇春曰："此行殊无效果，吾等虽参与其间，几如仗马寒蝉，一鸣即斥，且有性命之忧，惟有噤不发声，尚堪自保。"⑥

---

① 《关于和议决裂之种种消息》，《大公报》1912年1月4日，第2版。

② 廖少游：《新中国武装解决和平记》，第20页。

③ 廖少游：《新中国武装解决和平记》，第22页。

④ 《蔡金台致赵尔巽函》（宣统三年十一月十二日），中国第一历史档案馆编《清代档案史料丛编》第8辑，第357页。

⑤ 《杨大臣致梁士诒电》（宣统三年十一月初六日），中国第一历史档案馆编《清代军机处电报档汇编》第24册，第446页。落款"微"。

⑥ 廖少游：《新中国武装解决和平记》，第21页。

君宪党人顾鳌因在四川会馆聚众发表反对共和演说，结果被民军司令部黄桢祥率探拘押至沪军都督府，都督陈其美送交大元帅黄兴讯办，黄兴复发还都督府，再移送市政厅收押。[①] 杨度的表现更遭时人嘲笑，他到上海当晚就接到情报，说革命党人已决定要他的命，于是躲到洋人立德尔（Little，Archibald John）家。立德尔认为杨度在捕房过夜更加安全，于是给总巡打电话，总巡派捕头等陪同杨度到捕房，在储藏楼最高层的一个小间内过夜，并布置印捕执勤。第二天一早，杨度在华探陪同下又到了立德尔家，[②] 气得蔡金台大骂其"甘与奴仆同榻"。[③] 还有一些代表四散躲避，甚至私自溜出上海。[④]

在上述氛围下，伍廷芳的态度自然很强硬。唐绍仪到达上海当天，英国驻南京总领事法磊斯（Fraser，Everard Duncen Home）等委婉地暗示伍廷芳，唐绍仪是客人，也许他愿意先去拜访唐绍仪，结果伍廷芳毫不犹豫地答道："唐绍仪是来此求和的。"接着又改口说："是来与我们安排和平条件的，因此我想他应先来拜会。"[⑤] 开议后，据唐绍仪向日本驻上海总领事和参事官透露，伍廷芳坚持共和，"只许对方回答赞成与否，丝毫不留商讨

---

① 《沪军都督去电》，《申报》1911 年 12 月 20 日，第 3 版；《顾鳌暂押市政厅》，《时报》1911 年 11 月 27 日，第 5 版；《有人为顾鳌剖白》，《新闻报》1911 年 12 月 27 日，第 3 张第 1 版。

② 上海市档案馆编《辛亥革命与上海：上海公共租界工部局档案选译》，第 175 页。

③ 《蔡金台致赵尔巽函》（宣统三年十一月十二日），中国第一历史档案馆编《清代档案史料丛编》第 8 辑，第 357—358 页。

④ 冯耿光：《荫昌督师南下与南北议和》，中国人民政治协商会议全国委员会文史资料研究委员会编《辛亥革命回忆录》第 6 集，第 360 页。

⑤ 《克·达·卜鲁斯来函》（上海，1911 年 12 月 19 日），〔澳〕骆惠敏编《清末民初政情内幕——〈泰晤士报〉驻北京记者、袁世凯政治顾问乔·厄·莫理循书信集》上册，第 814 页。

余地"。① 幸好唐绍仪"本心赞共和"，② 于是各方重要人物如程德全、张謇、黄兴、伍廷芳、汪兆铭、魏宸组以及唐绍仪等，皆以策士赵凤昌的惜阴楼为聚议中心，日夜谋划，以求达共和目的。③ 另一方面，唐绍仪虽然在会谈中称袁氏亦有赞成共和之意，但实际上他对此并无把握，因此他向伍廷芳提出利用七日停战之期，劝解政府和平解决。④ 于是，唐、伍会谈暂时休会。

五　唐氏敦促袁内阁尽早允准国民会议

唐绍仪之所以在与伍廷芳会谈中主张以召集国民会议这样一种和平方式解决国体问题，是因为他觉得无论对清廷还是对袁氏，这都是摆脱困境的一条出路，加之一个月前袁氏还曾在他和洪述祖推动下密奏清廷召集国民会议，相信这次袁氏也会接受这一方案。事实上，在唐绍仪南下议和前，袁、唐均与京津同盟会

① 《有吉驻上海总领事转发松井参事官致内田外务大臣电》（1911 年 12 月 21 日，第 433 号），中国社会科学院近代史研究所中华民国史研究室主编，邹念之编译《日本外交文书选译——关于辛亥革命》，第 302 页。

② 谷锺秀：《中华民国开国史》，第 44 页。

③ 刘厚生谓：唐绍仪离京前，袁世凯曾面嘱其到上海后先晤张謇，探其意旨，于是唐绍仪到上海后即先访赵凤昌，通过赵凤昌约见张謇，先代世凯道殷拳之意，然后询问整个局面应如何措理，表示愿听张之指示（刘厚生编著《张謇传记》，第 194 页）。然而，查阅张謇日记，12 月 17 日唐绍仪到上海时，张謇正在江宁，直至 12 月 25 日才到上海（《柳西草堂日记》，李明勋、尤世玮主编《张謇全集》第 8 册，第 731 页）。因此，刘厚生所言似不甚准确。根据议和随员冯耿光、张国淦记述，赵凤昌与南北双方重要人物皆有密切关系，因此，包括唐绍仪在内，均以赵之惜阴楼为聚议中心，对赵之意见尤为重视（冯耿光：《荫昌督师南下与南北议和》，中国人民政治协商会议全国委员会文史资料研究委员会编《辛亥革命回忆录》第 6 集，第 362—363 页；张国淦编著《辛亥革命史料》，第 292 页）。

④ 《南北代表会议问答速记录·第二次会议录》（辛亥十一月初一日），观渡庐编《共和关键录》第 1 编，第 13 页。

会长汪兆铭讨论过召集国民会议问题；[①]在武昌与黎元洪会晤时，唐绍仪也表示，"袁内阁亦主张共和，但须由国民会议议决"。[②]因此，他向伍廷芳提议召集国民会议是早经思考过的，并得到袁氏认可。

然而，袁氏与唐氏所处位置毕竟不同，唐氏只是单纯想促成共和，而袁氏要考虑的因素就多得多。此时的袁氏虽然不排除民主共和，但主要倾向仍是君主立宪，一方面一个月前秘密推动国民会议受挫的教训让他意识到君主、民主问题关乎朝廷生死，必须考虑来自皇室与亲贵王公的阻力，由他们自行决定，而不能由他贸然出头；另一方面，一般满人对他的不信任，也是他不能不顾及的，其时已有满人撰写排斥袁氏的檄文，在京中到处分送，声称"袁世凯阳主君主立宪，阴图共和制度，全国兵权悉收入手中，非将袁排斥不足以保清"。[③]同时，处在袁氏位置，还不能不考虑列强的态度，特别是英、日两国公使均称共和不适于中国，倘若国民会议最后造成民主共和，两国能否承认？是否会出面干涉？

以上因素使袁氏对召集国民会议不能不抱谨慎态度，故接到唐绍仪关于第一阶段议和情况的报告后，袁氏于 12 月 21 日致电唐绍仪，表示仍要保留君主，称：

近日体察各国情形，皆不赞成共和，日本因恐波及，尤

---

①　丁文江、赵丰田编《梁启超年谱长编》，第 577 页。

②　刘星楠遗稿《辛亥各省代表会议日志》，中国人民政治协商会议全国委员会文史资料研究委员会编《辛亥革命回忆录》第 6 集，第 250 页。

③　《中国革命史五十八纪》，《时事新报》1911 年 12 月 22 日，第 1 张第 2 版。

　　以全力反对，如再相持，人必干预，大局益危，亟宜从速自家解决，冀免分裂；况十九信条已具共和性质，君主、民主两相维持，即可保全危局，何苦牢守成见，空争名义，致破坏种族，仁人哲士当不出此。凯惟有固守保全宗旨，为天下谋幸福，请婉切开导彼方，万勿固执，同归于尽。①

　　细察其意，袁氏似乎并不反对共和，但又想保留已失权力的君主，所以他讲的共和实际上是"虚君共和"，与南方及唐绍仪所主张的民主共和不同。在袁氏看来，虚君共和可以使"君主、民主两相维持"，避免国家分裂、外人干预，这样自然就不需要再通过国民会议来决定国体是君主还是民主了。

　　唐绍仪接电后于同日连复三道"冬电"，力劝袁氏完全赞同民主共和，并接受国民会议方案。冬第一电主要是介绍会谈情况，强调南方代表态度坚决，他若不赞成民主共和，和谈就将决裂，并提醒袁氏，六国领事团在 12 月 20 日向谈判双方提出同文照会的行为，②意味着列强事实上已经将民军与清政府对等看待，承认他们所建立的政府。电云：

　　昨会议伍极言共和不可不成，君位不可不去，并言东南各省众志咸同，断无更易，语甚激切。当时若答以反对之词，必至决裂罢议。窃思六国领事团即代表彼国政府，昨所

① 《袁世凯致唐绍仪电》（宣统三年十一月初二日），方裕谨编选《1912 年南北议和电报选》，《历史档案》1986 年第 4 期，第 45 页。
② 《第 46 件附件 2　同文照会》，胡滨译《英国蓝皮书有关辛亥革命资料选译》上册，第 270—271 页。

投劝和书，双方并提，已为承认彼为政府之证据。更可虑者，将来日人万一中变，则各国亦必随之，祸害实不可测。故答词略言"共和非不赞成，惟须筹画完全办法，使全国人民无不信从，外国不能干预，方为妥善，当电达宫保，得复后再行会议"等语。务乞本此意复怡一电，以便订期再议，千万，千万。冬第一电。[①]

唐绍仪在电末希望袁氏能够给他一道赞同共和的复电，以便他能够与正在等待回音的伍廷芳订期再议。为了稳妥起见，同时为了督促袁内阁，唐绍仪与杨士琦干脆联名代袁氏草拟了复电内容，发给袁氏作为参考，这就是冬第二电。电云：

鄂冬第一电计达。怡等共同商酌，谨代拟复电，大意如下："冬电悉，共和为最良政体，鄙人亦素所欣慕。惟各国虎视，东邻尤甚，万一起而干涉，谁能任其咎？希与伍代表详细讨论尽善尽美办法，只求对中国前途有益无损而已！续议后盼随时电闻云。"怡、琦。冬第二电。[②]

电文中"希与伍代表详细讨论尽善尽美办法"一语，隐含要求袁氏接受唐、伍所议方案之意。紧接着，唐绍仪又向袁内阁发出冬第三电，劝说袁氏接受国民会议方案，并以放弃议和总代表

① 《唐绍怡致内阁电》（辛亥十一月初二日），李希泌辑录《有关辛亥南北议和文电抄》，《文献》1981 年第 3 期，第 15—16 页。

② 《唐绍怡、杨士琦致内阁电》（辛亥十一月初二日），李希泌辑录《有关辛亥南北议和文电抄》，《文献》1981 年第 3 期，第 16 页。

之任向袁氏施压。电云:

> 鄂冬电敬悉……怡察外情、审民志, 以为共和一议, 万难拒驳。为中国计, 为吾师计, 为人民军士计, 一经决裂, 内地洋人财产生命必难保护, 大祸实不堪设想。惟有仍请照怡前议, 速开国会, 公决民主、君主问题, 庶可免全国糜烂。伍与黄兴私谈, 论及召集国会, 彼谓各省代表以为时期延缓, 未必肯从, 又谓如果开会亦须在十一月初十前。种种为难, 已费唇舌, 况舍此更无转圜之法。务恳迅赐钧断, 筹画组织国会。如须由怡电奏, 即乞示遵。其开会期限, 怡当再行设法磋商展缓。倘钧意仍不以为然, 怡实难胜总代表之任。事机危迫, 悚惕直陈, 伏候电复。怡。冬第三电。①

其中提及伍廷芳要求在十一月初十日(12月29日)即停战日期截止前两天举行国民会议, 距唐绍仪发出该电时仅剩一周。

12月23日, 唐绍仪觉得言犹未尽, 又连发两电给梁士诒、阮忠枢。一电仍是苦口婆心劝说袁氏接受国民会议, 请两人相助, 谓:

> 彼党以共和为标准, 反是则无可提议。若一决裂, 则大局必遂糜烂。反复焦思, 更无一线转圜之地。来电发明师座对内对外对上对下之苦心, 怡岂不知之。顾师所重者, 护持太后、皇上耳, 所虑者, 各国干涉耳。试问战争再起, 度支何如, 军械何如, 能操必胜乎? 万一挫衄, 敌临城下, 君

---

① 《唐绍怡致内阁电》(辛亥十一月初二日), 李希泌辑录《有关辛亥南北议和文电抄》,《文献》1981年第3期, 第16—17页。

位、皇族能安全乎？外人生命财产能保护乎？宗社倾危，列
强分裂，汉族亦因以沦胥，危险之势，孰甚于此。若从国会
之议，皇族之待遇已许优隆，外人之干涉无由伺隙，倘能建
设完全，尤为中国之幸福。危险者如彼，而有可希望者如
此，然则所以对内外上下者，更何疑虑哉……今人亦与各国
皆注目于吾师一人，宗旨一误，祸害立见，与其坚执于前，
毋宁养晦待时，舍是二者，决无胜算……万里遥隔，五内若
焚，前席剀陈，望兄为助。师意如何，仍乞电示。①

另一电则是催促袁氏速做决定："至停战期内展议已三日，彼
屡催诘，且疑我意延搁，阴修军备。若再延缓，一起冲突，解决
更难。敢乞速切实电示，俾复前途。"②

先是唐绍仪南下议和前，袁氏曾指示："我方应坚决主张君主
立宪，应以十九条为谈判基础，估计革命党方面必加拒绝，但总
要坚持到底，直至争论到最后，方能考虑调停办法，借以博取天
下之同情。务望尽力而为。"③又有报道说，唐绍仪临行前，袁氏
提出的意见包括："一、虽夺君上实权，但须仍拥立之；二、总
理大臣应由民选，须付以与共和国大统领同一之权限；三、另置
上下两院；四、各省采美国制度，自为政治。并以民军果否承认

---

① 《唐大臣来电》（辛亥十一月初四日），《辛亥革命停战议和电稿》，中国历史研究院图书馆
藏，乙 F15。
② 《收上海唐大臣来电》（宣统三年十一月初四日发，同日到），中国第一历史档案馆编《清
代军机处电报档汇编》第 24 册，第 438 页。
③ 《伊集院驻清公使致内田外务大臣电》（1911 年 12 月 19 日，第 710 号），中国社会科学院
近代史研究所中华民国史研究室主编，邹念之编译《日本外交文书选译——关于辛亥革
命》，第 289—290 页。

皇帝存续尚未可知，若民军坚执意见，则再行协商，惟须达到和平解决之目的。"① 没想到刚一开议唐绍仪就转向共和，并且一次次催促袁氏接受国民会议方案，这让袁氏"焦忧万状，寝馈不安"，对唐绍仪的不满亦随之产生，叹息谓左右亲信曰："少川临行，伊曾谓此行于君主立宪当有转圜之望，不料到沪后情形一变，连少川宗旨亦有活动。我受先朝付托，实属左右为难，而彼中复日夕逼迫少川，立待回信，我连少川处亦解说不清，真属令人烦恼。"②

那么，面对唐绍仪急如星火的催促，袁氏又将如何应对呢？

六　袁氏力图以先订选举法延缓国民会议

陷入困境的袁氏更加急迫地希望获得英、日两个君宪国家的支持，日本也希望英国与其保持一致立场。然而，英国公使的态度在此时忽然发生了变化。12 月 21 日，英国公使朱尔典拜访日本公使伊集院，明确告知后者："本使也素来相信，维持满洲朝廷，实行君主立宪乃是最良方案，共和体制无论如何不能巩固。但现在既已无法强制革命军接受这一方案，就只好从谈判决裂和成立共和政府这两害之中任选其一。"又进一步表示："英国在华中、华南地区拥有贸易上的重大利害关系，故英国政府不能无视南方人的思想感情，甘冒遭受攻击的风险而轻易采取措施，以

---

① 《京报述和议之近闻》，《时事新报》1911 年 12 月 30 日，第 1 张第 2 版。

② 《袁内阁之愤慨谈》，《光华日报》1911 年 12 月 30 日，第 2 版。

强行贯彻君主立宪。"① 12 月 22 日，袁氏接见朱尔典，询问后者"是否能够指望外国干涉对他的支持"，朱尔典也未表赞同，只是说"这种干涉如果奏效，显而易见将意味着强使这个国家分为两半，他将会认识到那是一个多么严重的任务。我们乐于见到一个强大而统一的中国，无论它采取中国人民所希望的什么政体都行"。② 又称："关于援助君主立宪问题，尚未接到本国政府任何明确训令，迄今为止之所谈，无非本使之个人意见，如此次上海会议不能达成协议，仅以本使个人之力，实已无可如何。"③

英国公使态度的变化无疑让袁氏很受打击，现在他只能把希望寄托在日本身上，于 12 月 22 日见过朱尔典后紧接着又接见了伊集院，表示："本人自始即坚决主张君主立宪，对上已宣誓于皇室，对下已昭示于国民，且已通告各国公使，博得同情，正期努力稳步实现。幸而各国公使，尤其日、英两国公使，对我主张极表赞成，并言明将不惜给予尽可能之援助，使本人甚受鼓舞，更决心排除万难，不达最后目的绝不罢休。不幸上海会议陷于僵局，已无成功希望，而最近发生之情况尤堪忧虑，致使英国公使态度突然转变……事态既已至此，现在所能依靠者只有贵国一国而已。倘若贵国政府亦与英国持相同态度，本人即万策俱尽，欲

---

① 《伊集院驻清公使致内田外务大臣电》（1911 年 12 月 21 日，第 715 号，急），中国社会科学院近代史研究所中华民国史研究室主编，邹念之编译《日本外交文书选译——关于辛亥革命》，第 300、301 页。

② 《英国驻华公使朱尔典致英国外交大臣格雷电》（234 号电报，北京，1911 年 12 月 22 日），李丹阳译《英国外交档案摘译：武昌起义后袁世凯父子与英国公使的密谈》，《档案与史学》2004 年第 3 期，第 64 页。

③ 《伊集院驻清公使致内田外务大臣电》（1911 年 12 月 23 日，第 720 号，特急），中国社会科学院近代史研究所中华民国史研究室主编，邹念之编译《日本外交文书选译——关于辛亥革命》，第 312 页。

战而无军饷，欲退而无容身之地；对上则有负于皇室之依托，对下则有悖于国民之瞩望；同时失信于友邦，何得继续恋栈？万不得已，只好引咎辞退，以求卸责而已。不知贵国政府是否仍如既往，坚持友好态度，并支持君主立宪原则？"伊集院答曰："不论英国政府态度如何，帝国政府绝不致中途改变方针，必始终支持君主立宪原则，以求迅速平定时局。"又说日本与中国的关系，与欧美各国"单纯着眼于物质利害者"不同，"万一贵国变成共和国体，我国国民在思想上必受到不少影响，仅从此点出发，我国也要支持贵国实行君主立宪，并尽可能促其实现"。谈到后来，袁氏似乎还不放心，又一次问："贵国政府究竟能否始终支持君主立宪？"伊集院给予肯定答复。袁氏进一步逼问："是否将来也不会改变态度？"伊集院再次表示："我国政府既已认定应以君主立宪维持清国大局，并愿赖以确保亚洲永久和平，自必始终支持君主立宪，并援助其实现。"于是，袁氏表示感谢，然后提出要求说："贵国方针既已如此，能否在不采用危险手段范围内公开表明贵国立场？例如由松井参事官在上海向唐绍仪和伍廷芳两人同时言明贵国政府援助君主立宪。贵国政府如能采取此种措施，对于我方将是唯一之奥援，由此或能收到意外成效。"伊集院表示需要报告本国政府考虑，在收到复电前"上海会议务望维持现状，切莫轻率做出决议，致误国家百年大计"。袁氏承诺"万不能贸然从事"，又恳切申言："危机已迫在眉睫，切望贵国政府及早做出最后决断，给予具体援助。"①

---

① 《伊集院驻清公使致内田外务大臣电》（1911 年 12 月 23 日，第 720 号，特急），中国社会科学院近代史研究所中华民国史研究室主编，邹念之编译《日本外交文书选译——关于辛亥革命》，第 311—314 页。

　　然而，日本政府提供支持并不是无条件的，日本政府所主张的是日本式君主立宪，而非十九信条所规定的英国式君主立宪，为此日本驻华公使此前曾向袁氏明确提出对十九信条"应速加改正，否则将出现名为君主立宪而实为民主立宪之怪现象，亦难保不酿成自寻灭亡之后果"。[①]而这种要求并不符合袁氏本意，袁氏也做不到。同时日本也不愿在中国国体变更问题上撇开其他国家，单独采取行动，导致自我孤立。这样一来，袁氏事实上很难获得日本支持。

　　看起来，袁氏除了答应唐绍仪的请求，接受唐、伍所要求的国民会议，似已别无办法。不过，袁氏很快就意识到，英国公使朱尔典提出的一个"将计就计"的"补救办法"，不无可取。原来，朱尔典在12月22日向袁氏表示英国政府并未给其训令支持君主立宪时，又表示事态既已如此，必须迅速研究补救办法，并提议南北双方不妨把讨论的焦点由是否同意召集国民会议转移到如何召集国民会议上。他说：

　　　　按本使个人意见，唐绍仪既已来电提出建议，就不如将计就计，以召开国会决定国体为基础，考虑解决方案。目前革命党方面拟议召开之国会，只能代表局部地区，尚不能真正代表全国人民，我方何妨乘此时机，提议将此局部性机构改变为确能普遍反映全民意志之全国代表机关，然后讨论国体问题。这就需要马上制订选举法。为此，双方继续停战两三个月，在此期间内多方筹备，以便召开不偏不倚之国会议

---

① 《伊集院驻清公使致内田外务大臣电》（1911年11月18日，第540号），中国社会科学院近代史研究所中华民国史研究室主编，邹念之编译《日本外交文书选译——关于辛亥革命》，第251页。

决国体。①

袁氏认为，朱尔典所言"不失为一种方案"，②决定接受并准备答复唐绍仪。于是，12 月 23 日，袁氏派蔡廷干通知英、日两国公使，说庆亲王奕劻订于 12 月 24 日在袁邸会见两国公使，有事密商，希望两国公使参加。③12 月 24 日下午，袁氏和奕劻先后会见英、日两国公使，向他们"提出一份发给唐绍仪的电报草稿，授权他把今后的政体问题留待国民大会决定，该大会按照事前双方相互商定的条件，在今后三个月内由全国各省选举的代表组成"。其要点为："首先制订选举法，一俟地方土匪平定后，即由各省选出议员，邀请各省议员齐集北京，召开国会；国会议决案由皇上批准，然后公布；筹备工作至少需要数月时间等等。"④同日，袁氏答复赵凤昌："国会一议，洵为要策，但事关国体，必须上下承认，非凯一人所得擅断，现正与皇族商办，急切未易定议。"⑤

---

① 《伊集院驻清公使致内田外务大臣电》(1911 年 12 月 23 日，第 720 号，特急)，中国社会科学院近代史研究所中华民国史研究室主编，邹念之编译《日本外交文书选译——关于辛亥革命》，第 313 页。

② 《伊集院驻清公使致内田外务大臣电》(1911 年 12 月 23 日，第 720 号，特急)，中国社会科学院近代史研究所中华民国史研究室主编，邹念之编译《日本外交文书选译——关于辛亥革命》，第 313 页。

③ 《伊集院驻清公使致内田外务大臣电》(1911 年 12 月 23 日，第 723 号，特急)，中国社会科学院近代史研究所中华民国史研究室主编，邹念之编译《日本外交文书选译——关于辛亥革命》，第 315 页。

④ 《第 136 件 朱尔典爵士致格雷爵士电》(1911 年 12 月 24 日发自北京，次日收到)，胡滨译《英国蓝皮书有关辛亥革命资料选译》上册，第 171 页；《伊集院驻清公使致内田外务大臣电》(1911 年 12 月 25 日，第 727 号)，中国社会科学院近代史研究所中华民国史研究室主编，邹念之编译《日本外交文书选译——关于辛亥革命》，第 320 页。

⑤ 《凯（袁世凯）复国会电》(辛亥十一月初五日)，国家图书馆善本部编《赵凤昌藏札》第 10 册，第 558 页。

对英国人而言，既不愿因反对君主立宪而得罪袁内阁，也不愿因反对民主共和而得罪东南民军，因此，朱尔典所谓"召开不偏不倚之国会议决国体"，最恰当地表达了其诉求。日本公使则表示，"日本国政府一向认为实施君主立宪为解救清国时局之最良方案"，对于袁氏打算给予唐绍仪的电训不能表示赞成与否，需要禀请本国政府考虑。①

从袁氏和奕劻的角度看，很显然，他们真正的用意是，以首先制定选举法来延缓乃至阻挠国民会议的召集，而不是真的想召集国民会议。12 月 25 日，唐绍仪致电提醒袁内阁，由于民军不承认上谕，朝廷如同意召集国会，须由袁氏将上谕以"阁令"形式发给他，方能与伍廷芳开议。唐绍仪甚至代拟了一道上谕，发给袁内阁作为参考。②12 月 26 日，袁内阁上奏片，针对出使俄国大臣陆徵祥和出使荷兰大臣刘镜人在一天前的电奏中"语意趋重共和"，表示"以出使大员，立论亦复如此，臣窃痛之。拟请

---

① 《内田外务大臣致山座驻英临时代理大使电》（1911 年 12 月 25 日，第 237 号），中国社会科学院近代史研究所中华民国史研究室主编，邹念之编译《日本外交文书选译——关于辛亥革命》，第 318 页。

② 《唐绍怡致内阁电》（辛亥十一月初六日），李希泌辑录《有关辛亥南北议和文电抄》，《文献》1981 年第 3 期，第 17—18 页。按，唐绍仪代拟谕旨曰："袁世凯奏：据专使唐绍怡电，上海连日议和，各省总代表伍廷芳坚称人民志愿趋向共和为惟一之要求。此次武昌变起，朝廷即许滦州将士十九条之陈请，由皇室告庙宣誓，颁布信条，原冀早息干戈，与国民同享和平之福。今人民以不信朝廷之故，希望改建共和政体。予惟天生民而立之君，使司牧之，原以一人养天下，非以天下奉一人。中国自唐虞以降，君主政体历代相因，现际世界大同，本无久而不变之理。皇帝缵承大统，甫在冲龄，予一妇人，更何忍以天下自私，黩武穷兵，致亿兆人民糜烂于兵革战争之惨。惟改革事大，不得不迅开临时国民会议，征集意见，以定指向。著袁世凯即以此意电令唐绍怡转告伍廷芳预为宣示，一面由内阁迅将选举章程妥拟协定，颁发实行，即择定日期，迅速召集开会。如果全国人民大多数赞成共和，则天视视民，天听听民，予与皇帝必不违天而有所吝惜。至现在用兵之处，著唐绍怡妥商伍廷芳，彼此迅即罢兵，各以诚意相见，胥泯猜疑。予实有厚望焉。"

留中，毋庸降旨"。①有论者认为，袁氏正是在陆、刘上奏的背景下，"尝试向清廷提出逊位禅让的请求"，②与当时袁氏实际所想并不符合。

同日，日本政府答复其驻华公使，称"如果英国政府下决心同意此案，则帝国政府不顾两国间之协调关系而单独出面梗阻，亦属无趣……袁世凯本人坚持君主立宪之决心业已动摇，甚至皇室懿亲，如庆亲王等，亦有转而赞成召开国民会议议决政体之迹象。事态既已如此，则帝国政府继续单独拥护君主立宪之理由可谓业已丧失……关于本问题，帝国政府只能暂时听任事态之发展。"③当天下午5时，伊集院拜访袁氏，转达了日本政府的答复，同时极力劝袁氏缓发致唐绍仪的电报。袁氏表示，"鉴于周围情势及其本人之处境，实万难再事迁延"。④12月26日晚，袁氏正式发出致唐绍仪电，授权唐绍仪向伍廷芳提议数月后召集由全国各省所选代表组织的国民会议，以解决国体问题，但在此之前应先与伍廷芳议定选举法，然后"电奏请旨"，并罗列了一系列即刻举行选举的困难。电云：

> 承示召集国会，公决君主、民主两题，亦为救危之法。但事关国体，必须朝廷允许，方可议及，非凯一人所得擅

① 《奏片》（宣统三年十一月初七日），中国第一历史档案馆、海峡两岸出版交流中心编《清宫辛亥革命档案汇编》第73册，第87页。
② 桑兵：《旭日残阳：清帝退位与接收清朝》，第190页。
③ 《内田外务大臣复伊集院驻清公使电》（1911年12月26日，第411号），中国社会科学院近代史研究所中华民国史研究室主编，邹念之编译《日本外交文书选译——关于辛亥革命》，第326页。
④ 《伊集院驻清公使致内田外务大臣电》（1911年12月26日，第733号，特急），中国社会科学院近代史研究所中华民国史研究室主编，邹念之编译《日本外交文书选译——关于辛亥革命》，第327页。

专。项经协商，召集国会须定选举法，依法选合格之人望，乃可得正当之公议、切实之信用，断非仓卒所能集事。现值地方糜烂，监督乏人，盗贼蜂起，良善匿迹，宜先设法使地方粗安，方可实行选举之法。且中国幅员广阔，边远省藩，交通不便，计程召集，亦难克期。若边藩不得与会，正予以反悔之隙，恐满蒙各藩，郡县民团，起而反抗，自非有数月工夫，不敷部署。希与伍代表切实讨论，如有正当选举办法，即由尊处电奏请旨，庶使上下信从，实有效力。[1]

英国公使对袁内阁的决定自然没有异议，日本公使则仍试图延缓此电发出，并提出与英国联合其他国家共同向革命军施压，要求其接受君主立宪制，但遭到英国政府拒绝，[2]此后日本政府只好"暂持静观态度，一任事态之自然发展"。[3]

12月27日，袁内阁再次致电唐绍仪，强调即刻召集国民会议尚有诸多困难，请其先与伍氏协商召集国会"正当"办法，然后电奏请旨。电云：

允召集国会一电，昨晚已发。此举皇族尚未全通，拟请慈

---

① 《袁世凯致唐绍仪电》，上海时事报馆编辑《中国革命记》第14册，"记事"，第11—12页。

② 《内田外务大臣致山座驻英临时代理大使电》（1911年12月25日，第237号）、《山座驻英临时代理大使复内田外务大臣电》（1911年12月25日，第262号）、《山座驻英临时代理大使复内田外务大臣电》（1911年12月27日，第266号），中国社会科学院近代史研究所中华民国史研究室主编，邹念之编译《日本外交文书选译——关于辛亥革命》，第318—319、322—325、328—329页。

③ 《内田外务大臣致山座驻英临时代理大使电》（1911年12月27日，第241号），中国社会科学院近代史研究所中华民国史研究室主编，邹念之编译《日本外交文书选译——关于辛亥革命》，第329页。

圣日内召集皇室会议，决定宗旨。其北方官界、军界尚毫无所闻，京内士夫反对者颇多，亦须稍得时日，分投解说，以期听从。倘仓卒举办，北方哗乱，凯一人不足惜，大局愈难收拾，亦非两方面保全之意。电内照正当开会办法，曾告朱使，甚表同情。请照去电先与伍磋商，再由尊处请旨召集，并请罢兵，专候议决，不再兵争。此事惟期和平周妥，不生意外，不必争在迟速。停战不妨再展数日，以便妥商。北方现颇安静，大众多觉治安，此项极大问题，断非日内所能决也，祈谅之。凯病日不支，求生求死，两不可得，命也，何如！[①]

由以上情形可知，袁氏表面上接受以国民会议公决国体，实际上其设想与唐氏明显不同。唐氏因与伍廷芳达成默契，要以已经到达南京的各省代表为主开会，因此主张迅速召集；袁氏则以北方官绅军民反对，开会须征得皇族同意，且开会办法须事先讨论，主张按部就班召开。在当时的形势下，假如按照唐氏的要求迅速下令召集国会，虽然结果不出意外将是民主共和，并且袁氏有可能被举为临时大总统，但议员的代表性可能引发的争议，会使相当一部分人，特别是皇族和君主立宪分子，质疑乃至否认会议的结果。这样，即使袁氏当选临时大总统，他所面临的也将是一个分裂的局面，这是他不能接受的。从这个角度讲，袁氏主张稳妥进行，是有长远意义的。

袁氏的设想若在和平时期，尚有实行的可能，而在当时南北对立的混乱形势下，实际上不具有操作性。这一点袁氏心知肚

① 《袁世凯复唐绍怡电》(辛亥十一月初八日)，李希泌辑录《有关辛亥南北议和文电抄》，《文献》1981 年第 3 期，第 19—20 页。

明，他主张先议选举法，实质上是要拖延、阻挠国民会议迅速召
集，从而扭转谈判桌上的被动局面，将主动权掌握在自己手中，
进而掌控整个局势的发展。因此，当他就先定选举法这一方案征
询日本公使伊集院的意见时，面对伊集院提出的"革命军如果接
受这一方案，阁下是否有决心断然实行"的反问，袁氏的答复竟
然是："如此方案，本人认为革命军方面绝对不能接受，之所以
采取此种步骤，是把难题推给对方，如果对方拒绝，谈判即行决
裂，然后再下最后决心。"① 可以说非常露骨地表达了其要给南方
迅速召集国民会议制造障碍的意图，这也就是袁氏在给唐绍仪电
文中反复提出种种召集国民会议困难的原因。

　　可以想见，袁、唐之间围绕是否立即召集国民会议所产生的
裂痕正在扩大。那么，接下来袁氏会怎样做呢？

七　袁内阁议拟劝导清帝逊位

　　在距离停战截止日期（12 月 31 日）及民军希望召集国民会
议的日期（12 月 29 日）只有数日的情况下，袁氏这种故意制造
障碍的做法，极有可能造成南北议和破裂，战火重燃。对此，袁
氏也不是毫无考虑。他曾致函庆邸，请其登高一呼，劝说诸亲贵
捐资助饷，以备和议无成，孤注一掷，再以兵事相见。② 又与徐

---

① 《伊集院驻清公使致内田外务大臣电》（1911 年 12 月 25 日，第 727 号），中国社会科学院
　　近代史研究所中华民国史研究室主编，邹念之编译《日本外交文书选译——关于辛亥革
　　命》，第 320 页。
② 《袁内阁致函庆邸纪闻》，《大公报》1911 年 12 月 27 日，第 5 版。

世昌、王士珍联名写信给东三省总督赵尔巽，预备调兵入关，称
"议恐不成，即仍不免战事。畿辅空虚，在在须防。闻奉省刻尚
安静……如有大支劲旅或聂汝清所部一协可以备调，即希筹示，
并请先密饬预备应调，俾免临时匆促"。①

　　然而，面对举借外债失败、亲贵不愿捐助、军队不敷、饷械
缺乏的现实，袁氏又不敢真冒与南方彻底决裂的风险，所以他必
须尽快拿出一个更加有利于自己的方略来应对局势的发展，故12
月26日晚给唐绍仪发出电示后，12月27日上午袁内阁即召开秘
密会议协商下一步的方略。从当天下午民政大臣赵秉钧与日本翻
译官高尾的谈话，我们可以比较清楚地了解到当天上午内阁密议
的情形。赵秉钧说：

> 　　上海会议情况日趋险恶，君主立宪主张已万难贯彻。如
> 会议毫无结果，而停战期满，必将惹起不堪设想之后果，致
> 使清朝陷于覆亡之命运。然则，如何突破这一难关？按职权
> 范围而论，本人等各部大臣只有处理国务之责，而无改变国
> 体之权。现时仅由袁总理一人独负责任，焦思苦虑，支撑难
> 局，不但与职权不合，且对皇室亦有僭越之嫌。故本人等在
> 今日内阁会议上提出如下建议：时至今日，必须不失机宜，
> 做出最后决断，应使皇太后以下所有皇族了解实际情况，以
> 便下定决心，明降谕旨。具体作法，应首先如实禀奏上海会
> 议经过情形。为此，应将唐绍仪与政府间之往复电报全部呈
> 阅，同时将官、革两军实态，各省动向，以及缺乏军饷、军

---

① 《袁世凯等致赵尔巽信函》（宣统三年十一月初六日），中国第一历史档案馆、海峡两岸出
版交流中心编《清宫辛亥革命档案汇编》第73册，第55页。

械与财政窘迫等各方面实际情况，详细列成表册，由各部大臣联衔启奏，仰求圣断。对此建议，全体阁僚一致赞成，已定于明晨（即 12 月 28 日晨——引者）晋谒禀奏……情况如照此演进，则实行君主立宪已全无可能，最后结果只能建立共和国政府。①

可知当天上午阁议的核心内容是要准备一份奏折，于 12 月 28 日早晨由各部大臣联衔上奏。奏折将详细报告内阁与民军议和情况，并陈述朝廷所面临的严峻形势，以便皇室能够了解实情，从而决定是否接受共和。需要特别注意的是，日本华北驻屯军司令官阿部贞次郎在 12 月 29 日发给参谋次长的情报中，曾对袁内阁上奏的内容专门进行汇报。情报写道：

　　昨天 28 日……召开皇族会议，乃因袁世凯关于废帝之密奏。密奏为一篇长文，览其内容，其中列举了财力不足、兵力不备、日俄野心等理由，声称所能平定者土地，不能平定者民心，劝说皇帝仿效尧舜退位，还引证路易十四的最终下场，敦促皇太后及皇族下定决心。②

这就是说，日本人在袁内阁召开秘密会议仅仅两天后就掌握了密折内容。而类似的内容《大公报》迟至 20 多天后方以《袁

---

① 《伊集院驻清公使致内田外务大臣电》（1911 年 12 月 27 日，第 745 号），中国社会科学院近代史研究所中华民国史研究室主编，邹念之编译《日本外交文书选译——关于辛亥革命》，第 331 页。

② JACAR（アジア歴史資料センター）、Ref：B03050625000（第 140 画像目）、清国革命動乱ニ関スル情報／陸軍ノ部　第四卷（1.6.1）。

内阁请速定大计折》为题披露。情报中"所能平定者土地，不能平定者人心"一句，正是奏折中的原话；情报中所谓"财力不足、兵力不备、日俄野心"，还有"尧舜退位""路易十四（应为路易十六——引者）的最终下场"等，也都是奏折中叙及的内容。结合赵秉钧所述与阿部贞次郎情报的介绍，可知袁内阁当时准备上奏的内容要点，均已包括在该折中，这样我们就可以根据这些内容来分析袁内阁准备奏请朝廷"速定"怎样的"大计"，来应对局势的发展。

　　鉴于该折的重要性，为便于分析，兹以《大公报》所刊为据，将该折全文录下：

　　　　奏为和议难期，请速定大计，以息兵祸而顺民情，恭折具陈，仰祈圣鉴事。窃自武昌乱起，旬月之间，民军响应，几遍全国，惟直隶、河南，未经离叛，然而人心动摇，异于恒有［昔］。臣世凯奉命督师，蒙资政院投票选举，得以多数，依例设立内阁，组织虽未完善，两月以来，将士用命，业已克复汉口、汉阳，收回山东、山西。然而，战地范围，过为广阔，几于饷无可筹，兵不敷遣，度支艰难，计无所出，筹款之法，罗掘俱穷，大局岌岌，危逼已极。朝廷念国步之艰虞，慨民生之涂炭，是以停战媾和，特简唐绍怡、杨士琦等前往沪上，为民请命。此万不得已之苦衷，亦从来未有之创举也。屡接该大臣等来电，称"民军之意，万众一心，坚持共和，别无可议"等语。现期已满，展限七日，能否就范，尚难逆料。惟论目前情形，北方一隅，虽能少保治安，而海军尽叛，一旦所议不合，舰队进攻，天险已无，何能悉以六镇堵御京津，而弃各战地于不顾。危逼万分，等于呼吸，宗社所寄，民命所关，早夜以思，良用悚惧。若其激励将士，勉强以战，财赋省分，全数沦陷，行政经费，茫如捕风，搜讨军实，饷源何出，惟鲁惟豫，满目疮痍，地方素瘠，就地筹款，为势所难。常此迁延，必有内溃之一日。倘大局至此，虽欲效周室之播迁，已无相容之地。辽东已为强邻所虎视，库伦早呈背顺之萌芽。悉索敝赋，力与一战，未尝不能收复一二行省。然而，彼众若狂，醉心民主，兵力所能平定者土地，所不能平定者人心。人心涣散，如决江河，已莫能御，爵禄不足以怀，刀兵莫知所畏。似此亿万之所趋向，岂一二党人所能煽惑！臣等受命于危急之秋，诚不料大局败坏，竟一至于此也。环球各国，不外君主、民主两端，民主如尧舜禅让，乃察民心之所归，迥非历代亡国之可比。我朝继继承承，尊重帝系，然师法孔孟，以为百王之则，是民重君轻，圣贤业垂法守。且民军亦不欲以改民主，未减皇室之尊荣。况东西友邦，因此次战祸，其贸易之损失，已非浅鲜，而尚从事调停者，以我只政治之改革而已。若其久事争持，则难免不无干涉，而民军亦必因此对于朝廷感情益恶。读法兰西革命之史，如能早顺舆情，何至路易之子孙，靡有孑遗也。民军所争者政体，而非君位，所欲者共和，而非宗社。我皇太后、皇上，何忍九庙之震惊，何忍乘舆之出狩，必能俯鉴大势，以顺民心。且兵力库藏，悉数盘查，敬缮清单，恭呈御览，以尽有之国力，而定战和之大计，如叨睿训，敢惜微躯。然天下者，乃大清帝国一统之天下也，总理大臣受朝廷之委任，握全国之枢机，治乱所在，去就因之。独至帝位去留，邦家存否，则非总理大臣职任所能擅断。其国务大臣，亦只能负其行政一部之责，存亡大计，何敢思及。然为时局所迫，逼于旦暮。臣会同国务大臣筹维再四，于国体改革，关系至重，不敢滥逞兵威，贻害生灵，又不敢妄嗣变更，以伤国体。谨合词具陈，伏愿皇太后、皇上召集皇族，密开果决会议，统筹全局，速定方策，以息兵祸而顺民心。披沥渎请，不避斧钺，冒死具陈，伏乞皇太后、皇上圣鉴训示遵行。谨奏。①

折中首先从各个角度陈述武昌起义以来局势不断恶化，以及朝廷所面临的内外困境，然后称"民主如尧舜禅让，乃察民心之所归"，不同于历代亡国，并以法国大革命路易十六子孙"靡有孑遗"为例，警示皇太后、皇上俯顺民情。出乎预料，在拒绝接受民军要求迅速召集国民会议公决国体的提议后，袁内阁竟然转而试图采取一种更为直接的方式——劝导清帝自行逊位，以解决南北之间的争执。为此，袁内阁同时还就清帝禅让草拟了一封致八旗都统衙门的劝谕函。内容如下：

启者。近因武昌乱起，不两月间，糜烂者已十余省，朝廷不得已而用兵，虽南克汉阳，西收晋鲁，然战域范围过广，而府库空虚，军需莫出，行政经费，罗掘殆尽。用是停战媾和，特派唐、杨二大臣等前往沪上。帝德如天，为民

---

① 《袁内阁请速定大计折》，《大公报》1912年1月24日，第5版。按，该折除《大公报》刊本外，又见1912年1月27日《顺天时报》第5版、1912年上海时事报馆刊行的《中国革命记》第22册文牍类、1924年刊行的尚秉和所撰《辛壬春秋》以及1958年出版的张国淦编著的《辛亥革命史料》，各种版本文字内容略有差异，以《大公报》刊本最早也最完整。

请命，凡我臣民，莫弗感泣。乃屡接唐大臣等电，称民军之意，坚持共和，别无可议等语。期限已满，复展七日，能否就范，尚难逆料。若一旦所议无成，危亡等于呼吸，常此迁延，前敌哗变堪虞，东西友邦，必有干涉。朝廷不私君位，公诸庶民，前已允监国摄政王退位归藩。时局所逼，迫于眉睫，若上法尧舜，实行禅让，则皇室尊荣，迈伦千古，迥非列朝亡国可比。自此旗汉同风，共建强国，凌欧逾美，指日可待。惟八旗兵丁，素鲜生计，经此政治更革之秋，恐有误会，务望贵衙门晓以大义，切宜镇静，必能妥筹生计。不可妄听谣言，致误前途。是所企盼。特此奉告，伏惟亮察。①

不难看出，该函部分文字其实是从《请速定大计折》中直接摘取的，如"屡接唐大臣来电，称'民军之意，万众一心，坚持共和，别无可议'等语"，完全与该折一样。有些文字则是由该折改写的，如该折谓"现期已满，展限七日，能否就范，尚难逆料"，该函谓"期限已满，复展七日，能否就范，尚难逆料"；该折谓"战地范围，过为广阔"，该函谓"战域范围过广"；该折谓"民主如尧舜禅让，乃察民心之所归，迥非历代亡国之可比"，该函谓"若上法尧舜，实行禅让，则皇室尊荣，迈伦千古，迥非列朝亡国可比"。②

---

① 《内阁致八旗都统衙门函》，《正宗爱国报》1912年1月3日，第4版。按，最早注意到该函的是泰山学院历史学院讲师王庆帅的博士学位论文《袁世凯与辛亥政局演变》（第193页）。

② 此函又见苏舆《辛亥溅泪集》卷二，谓"由各报宣载，闻实未发"，并标注时间为十一月初七日，即1911年12月26日（胡光虹编《苏舆集》，湖南人民出版社，2008，第235页）。然而，从当时袁氏和唐绍仪之间往来电报看，截至12月26日晚，袁氏发给唐绍仪的电报全都是围绕召集国民会议之事，尚未议及清帝禅让问题。到12月27日上午，袁内阁始议及此话题。而到12月28日上午，袁内阁又改为奏请近支王公讨论召集国民会议问题，并于当晚获清廷降旨允准。因此，该函拟定时间只能是12月27日，与袁内阁《请速定大计折》同时。

　　袁内阁之所以采取上述策略，是因为劝导清帝自行逊位较之被动接受国民会议公决为民主共和，更加有利于其主动掌控大局，因为就在一个月前，袁氏父子和京津同盟会会长汪兆铭的代表朱芾煌，已经在武昌与湖北军政府进行过秘密接触，朱芾煌"约南北联合，要求清帝逊位，拟举袁公为临时大总统"，稍后独立各省代表会议议决"如袁公实行南北联合，推倒满清政府，我等愿举袁公为大总统"。① 现在只要袁内阁能够成功劝导清帝逊位，而民军又不背约，那么他就可以主导全局。

　　不过，这件事情实在太大了，袁氏这一步迈得相当谨慎，他并没有打算采取公然逼迫清帝退位的办法，而是准备向清廷详陈利害关系，劝导皇室自行决定逊位问题。这样做除了要尽可能避免亲贵王公反对外，最主要还是因为依据十九信条，内阁的职责只是处理国家行政事务，无权变更国体，且没有清帝盖用御宝并颁发谕旨，也变更不了国体。而一旦强行逼迫，袁内阁就将"违宪"，从而丧失其存在的合法性。而且，强行逼迫清帝退位，还将如曹操、王莽一样留下"篡权"恶名，这在中国的政治文化传统中是不被认同的，必然会遭到相当一部分国人抵制，特别是一些支持清廷的大臣，如铁良、升允、长庚、赵尔巽、张人骏、李经羲等此时尚有相当影响力，冯国璋、姜桂题、张勋、张怀芝等军人也都有君主思想，这就会大大增加袁氏接下来掌控全局的不确定性，甚至可能形成巨大障碍，不能不让袁氏心生忌惮。

　　从赵秉钧对高尾所言"按职权范围而论，本人等各部大臣只

---

① 《李国镛自述》，中国科学院近代史研究所史料组编辑《辛亥革命资料》（《近代史资料》总25号），第507页。

有处理国务之责，而无改变国体之权"，总理大臣考虑"改变国体"也"与职权不合，且对皇室亦有僭越之嫌"，以及《请速定大计折》中"独至帝位去留，邦家存否，则非总理大臣职任所能擅断"，"不敢妄嗣变更"云云，可知袁内阁此时已在国体变更问题上确立了一个原则，即时人所谓"不负责任"的原则，亦即清帝逊位与否由皇室自行决定、自行负责的原则，以免给世人留下"篡权"的把柄。这一原则直至清帝退位前夕，袁内阁基本都是坚守的。[①] 因此，学界将《请速定大计折》视为袁氏逼迫清帝退位的证据，[②] 是不准确的。

　　尚需补充说明的是，根据阿部贞次郎的情报和《大公报》所刊《袁内阁请速定大计折》后"按语"中"此折上后"云云，[③] 袁内阁似乎在 12 月 28 日曾将该折上奏，但从接下来所发生的事情可知，上述 12 月 27 日袁内阁试图劝导清帝自行逊位的计划仅停留在议拟阶段，由于袁内阁很快又改变策略，该折实际上并未定稿上奏，《内阁致八旗都统衙门函》也未发出。直至 1912 年 1 月 3 日《正宗爱国报》方披露该函，随后《大公报》又于 1 月 24 日披露了该折。但要指出的是，《大公报》所披露的内容已不仅仅是 12 月 27 日的未定稿，而是在未定基础上添加了

① 《袁内阁之倚重庆邸》，《大公报》1912 年 1 月 20 日，第 5 版；《袁内阁未列御前会议之原因》，《大公报》1912 年 1 月 22 日，第 5 版；《内阁总理最后之政策》，《大公报》1912 年 1 月 23 日，第 2 版；《袁内阁又特开军事密议》，《大公报》1912 年 2 月 1 日，第 2 版；《袁内阁始终不负责任》，《大公报》1912 年 2 月 12 日，第 2 版。

② 相关研究如桑兵《袁世凯〈请速定大计折〉与清帝退位》(《近代史研究》2017 年第 6 期，第 4—22 页)、侯宜杰《〈袁内阁请速定大计折〉上奏问题商榷》(《近代史研究》2018 年第 6 期，第 104—110 页)、桑兵《袁世凯〈请速定大计折〉的拟定与上奏——答侯宜杰先生商榷文》(《近代史研究》2019 年第 3 期，第 153—159 页)、王庆帅《袁世凯与辛亥政局演变》(第 191—197 页)等。

③ 《袁内阁请速定大计折》，《大公报》1912 年 1 月 24 日，第 5 版。

一些反映 1912 年 1 月中旬情况的内容，这就使该折内容看起来明显存在前后矛盾或重复之处。① 以上只是就 12 月 27 日未定稿的内容进行了讨论，在第四章我们还会就添加的内容进行讨论。

八　唐氏续请国民会议与袁内阁上奏

在袁内阁密议对策，准备劝导清廷主动接受共和的同时，袁、唐之间的争执并没有因为袁氏在 12 月 26 日晚发出同意召集国民会议的电报中止，反而因为袁氏在电文中提出诸多困难，引起唐氏不满和更加激烈的反对。12 月 27 日上午，唐氏复电，要求立刻颁发准开国会的谕旨及阁令，否则南北就将决裂，并以辞职施压。电云：

> 民军坚持共和，昨不得已，始具国会公决之说，以为下台

---

① 如就该折草拟时间来看，从开头"臣世凯奉命督师，蒙资政院投票选举，得以多数，依例设立内阁，组织虽未完善，两月以来，将士用命"等语可知，该折草拟于袁世凯组阁大约满两个月时。查袁世凯于 1911 年 11 月 13 日入京，11 月 15 日就任内阁总理，11 月 16 日宣布内阁组戎名单，则该折应草拟于 1912 年 1 月中旬。然而，接下来该折在追述唐绍仪赴沪议和情形时，忽然又有"现期已满，展限七日，能否就范，尚难逆料"等语。查唐绍仪与伍廷芳议和始于 1911 年 12 月 18 日，由于当时已临近此前南北双方约定的 15 天停战截止日期，即 12 月 24 日早 8 时，故唐、伍在 12 月 20 日第二次议和会谈时，约定将停战日期再延长 7 天，即从 12 月 24 日早 8 时至 12 月 31 日早 8 时。如此则该折草拟时间又应在 1911 年 12 月 24 日至 31 日之间。就内容和行文语气来看，该折先叙内阁所面临的内外困境，并以法国大革命警示清廷，劝导清帝"禅让"，但紧接着又说"民军所争者政体，而非君位"，明显矛盾。还有，收尾部分写完"谨合词具陈，伏愿皇太后、皇上召集皇族，密开果决会议，统筹全局，速定方策，以息兵祸而顺民心"就可以了，但紧接着又有"披沥渎请，不避斧钺，冒死具陈，伏乞皇太后、皇上圣鉴训示遵行。谨奏"等字，意思明显重复。这些都说明该折内容并非成于一时。

之计。连日并无与伍私晤，只盼阁令允行，再与开议，彼允否尚不可知。事至今日，非立盼阁令准开国会，不能与伍廷芳见面。若示以此电（即袁氏12月26日答复唐绍仪电——引者），彼更视为故意延缓之实据。计停战期仅余三日，电奏万来不及。若今午不得允开国会之谕旨及阁令，再无展限停战之望，势必决裂。各国望和平了结，而我并无尺寸之效，怡深愧不才。国事如斯，朝议又未能决断，怡惟有即日辞去代表名目，并告伍代表收回文凭，以自引罪而已。奈何！奈何！①

电文中云"故意延缓"一词，其实是在批评袁氏。所谓"若今午不得允开……势必决裂"云云，是因唐、伍本拟于12月27日下午续行开议，②故唐绍仪如此急迫地催促。袁氏态度也很强硬，当即回电责备唐绍仪接到12月26日晚所发电报后不与伍廷芳沟通，反而责怪自己，仍然坚持先讨论召集国民会议办法，不惜谈判破裂。电云：

鄂阳四电（即12月26日晚致唐绍仪电——引者）已允开国会，惟须讨论办法。且此稿曾示朱使，甚称公允，并赞成分送劝和六大国。如彼不肯照公允办法，致成决裂，其曲在彼等语。现已向各诸国宣告，而我之代表未向彼一言，曲反在我。无论其决裂与否，务请或面或函，向伍通知，以免

① 《唐绍怡致内阁电》（辛亥十一月初八日），李希泌辑录《有关辛亥南北议和文电抄》，《文献》1981年第3期，第19页。
② 《中国光复史·六纪上海议和问题》，《申报》1911年12月28日，第1张第4版；《中国光复史·七纪议和问题》，《申报》1911年12月29日，第1张第4版。

各国之疑谤。彼方言无二价，恐和议终难望成，但我须按公理办事，成败利钝，非所敢计。庚第四电。印。①

唐绍仪则步步紧逼，既然袁氏要求"电奏请旨"，于是他紧接着就于 12 月 27 日下午向袁氏发去电奏稿，简要回顾其与伍廷芳议和情形，说明共和已经不可阻遏，阐述请求早开国会缘由，要求袁氏代奏，请朝廷迅速降旨，早日召集临时国民会议，公决君主、民主。曰奏稿写道：

查民军宗旨，以改建共和政体为目的，若我不认共和，即不允再行开议。默察东南各省民情，主张共和已成一往莫遏之势。近因新制飞船二艘，又值孙文来沪，挈带巨资，并偕同泰西水陆官兵数十员，声势愈大，正议组织临时政府，为巩固根本之计。且闻中国商借外款，皆为孙文说止，以致阻抑不成。此次和议一辍，战端再起，度支之竭蹶可虞，生民之涂炭愈甚，列强之分裂必乘，宗社之存亡莫卜。倘知而不言，上何以对皇太后、皇上，下何以对国民乎！绍怡出都时，总理大臣以和平解决为嘱，故会议时曾议召集国会，举君主、民主问题付之公决，以为转圜之法。伍廷芳谓各省代表在沪本不乏人，赞成共和，已居多数，何必再行召集。当时以东三省、直、鲁、豫及蒙、回、藏等处尚未派员，似非大公折之，伍廷芳仍未允认。现在停战期限已促，再四思维，惟有吁请即日明降谕旨，命总理大臣颁布阁令，召集临

① 《袁世凯复唐绍怡电》(辛亥十一月初八日)，李希泌辑录《有关辛亥南北议和文电抄》，《文献》1981 年第 3 期，第 20 页。

时国会，以君主、民主付之公议，征集意见，以定指归。其
汉口、汉阳等处所有兵队并请饬下总理大臣传令各军统等，
一律撤退，以示朝廷与民相见以诚之意，绍怡自当懔遵阁
令，与伍廷芳开议国会公决日期及民军不得进攻条约，以期
平和议结，早息兵争，使皇上公天下之心昭然共喻，则皇室
必能优遇，宗祀得以永存。①

电奏稿所言革党"新制飞船二艘，又值孙文来沪，挈带巨
资，并偕同泰西水陆官兵数十员"云云，是当时报纸传言，孙
中山曾亲口否认。唐氏身在上海，对此应很清楚，但仍如此上
奏。江西代表蔡金台因此致函赵尔巽批评唐绍仪道："此等毫无
根据之谈，公然形之奏牍，其意无非欺我深宫之孤寡、无识之
亲贵，使得就其改革之范围。吁，可恸也！"②资政院议员毓善等
也致函袁氏，批评"唐大臣在上海并未与彼党评论君主、民主
之利害，先自赞成共和，其电奏一味恫吓，竟全堕彼党之计中，
实不称议和之任，请迅速调回"。③不过，唐氏所云南方"正议
组织临时政府，为巩固根本之计"则系实情，欲以此向袁内阁
施压。

鉴于唐氏已彻底转向共和，其要求实际上就是民军的要求，
唐氏急如星火的敦促就使袁氏很难再迁延、回避召集国民会议问

① 《唐绍仪致内阁请代奏电》（宣统三年十一月初八日），中国第一历史档案馆、海峡两岸出版交流中心编《清宫辛亥革命档案汇编》第73册，第134—137页。
② 《蔡金台致赵尔巽函》（宣统三年十一月十二日），中国第一历史档案馆编《清代档案史料丛编》第8辑，第358页。
③ 《资政院议员毓善等致袁世凯信函》，中国第一历史档案馆、海峡两岸出版交流中心编《清宫辛亥革命档案汇编》第79册，第177页。

题，否则他将彻底站到民军对立面，南北议和也将破裂，这与其确定的"和平解决"的本旨不符，[1]也不利于其掌控大局。而逼迫清帝退位既不可行，劝导清帝自行逊位又非一蹴可就。他甚至觉得自己难以启齿向清廷提出逊位议题，曾向梁士诒、阮忠枢等心腹吐露心思道："予世受国恩，所有奏请皇帝逊位之举，予实不便出诸于口，惟有听凭皇室中自行筹议，观其能否应允，再定方针而已。"[2]又对人言："承认共和、君主禅位八个字，袁某决不说出口来，当请皇室与贵族决之，余不敢负此责任。"[3]于是，袁内阁决定中止前述劝导清帝逊位的谋划，改为在12月28日早御前会议上按照唐绍仪的电奏请朝廷讨论是否允准召集国民会议。内阁秘书许宝蘅在12月27日的日记中简要记述了这一决定："唐少川来电仍以共和为词，国务大臣拟明日上奏，请召集王公会议可否开临时国会公决政体。"[4]

12月28日早，清廷召集近支王公及内阁总理与各国务大臣开会，袁氏上奏，首先概述武昌起义以来朝廷内外交困情形：

> 窃自武昌事起，全国震动，祸机爆发，势成燎原。朝廷之德意屡宣，革党之气焰仍炽。汉口既下，海军继变；汉阳虽得，金陵复失。东南财赋之区，归其掌握，西北响应，各省骤难廓清。彼之根据愈坚，我则应接不暇，重以库帑告

---

① 《南北代表会议问答速记录·第二次会议录》（辛亥十一月初一日），观渡庐编《共和关键录》第1编，第13页。

② 《北京之议和谈》，《申报》1912年1月2日，第1张第6版。

③ 《京报述清廷对于和议之状况》，《时事新报》1912年1月5日，第2张第1版。

④ 许恪儒整理《许宝蘅日记》第1册，第385页。

罄，贷款无从，购械增兵，均为束手。万不得已，勉从英使朱尔典之介绍，奉旨以唐绍怡为总理大臣代表，驰赴沪上，与革军代表伍廷芳会同讨论大局。

接着概述南方坚持共和及内阁与唐绍仪辩驳情形，最后请朝廷决定是否如唐绍仪所请召集国民会议，语气甚是绝望：

> 内察民情，外观大势，实逼处此，无可转圜。言和则词说已穷，言战则饷械两绌。即俯如唐绍怡国会公决之请，而用正当选举之法选合格代表之人，其手续与时期均非旦夕所能蒇事，革党迫不及待，尚不知能否听从，即能听从，而决定如何政体，亦难预料。事关存亡，解决非阁臣所敢专擅，惟有吁恳召集宗支王公速行会议，请旨裁夺，以定大计。①

御前会议结束后，袁氏于当天下午接见日本公使伊集院时，向后者解释了两天来内阁决策变化的缘由。他说：

> 二十六日电示唐绍仪组织完全国会之方案，果然未被革命军方面所接受。唐绍仪已有电奏前来，略谓对方坚持共和政体，不肯退让。唐又同时致电本人，略谓如不速发上谕，明降谕旨，则现状绝对无法维持；至于延长停战期日，革命军方面更断然不能同意，等等。严厉要求本人速做决策。时至今日，本人已毫无手段可施，本人处于臣属地位，对于国

---

① 《内阁总理大臣袁世凯奏折》（宣统三年十一月初九日），中国第一历史档案馆、海峡两岸出版交流中心编《清宫辛亥革命档案汇编》第73册，第146—150页。

体改废问题，本来不容置喙，对于皇室，更不能有任何勉强
行为。故昨日来连续两次召开内阁会议，向全体阁僚征询意
见，慎重商讨，最后决定：只有将实际情况奏明皇上，仰求
圣裁，别无它策。①

由此可知，正是唐绍仪在 12 月 27 日继续以电报和电奏稿施
压，袁氏才放弃一时难以实施的劝导清帝自行逊位计划，转而奏
请朝廷讨论可否召集国民会议公决国体，与许宝蘅日记所述完全
一致。这一变化又恰好可与后来《大公报》所刊《袁内阁请速定
大计折》按语所谓"接到上海议和唐代表来电，政体问题取决国
民会议，是以未发表"② 相互印证。

九　清廷降旨允准召集国民会议

继袁内阁于 12 月 27 日上午秘密开会后，当天下午 3 时，醇
亲王载沣也召集奕劻、载涛、载洵、载泽、溥伦、毓朗等三十二
名皇族在其府邸大开秘密会议，历时两小时之久。载沣首先发
言，询问诸皇族对于民军力持民主、撤废帝位、优待皇室各要
求，究竟应该如何应对。当时议论纷纷，意见不一，惟奕劻"默
不作一语"。载泽面诘奕劻曰："值此朝局危迫，诸皇族皆有与共

① 《伊集院驻清公使致内田外务大臣电》（1911 年 12 月 29 日，第 756 号），中国社会科学院
近代史研究所中华民国史研究室主编，邹念之编译《日本外交文书选译——关于辛亥革
命》，第 334—335 页。
② 《袁内阁请速定大计折》，《大公报》1912 年 1 月 24 日，第 5 版。

存亡之关系。现袁世凯承认召集国会，公决政体，已有暗向民军默认民主之意。然袁世凯系公力保，以为可使挽回大局，保存皇室，乃延玩至今，不但不能保存皇室，反将倾覆皇室，此实袁世凯误事之咎。且彼于民军之要求并不辩驳，但将此项难题命我等自为酌夺，其用心之阴险，已可概见。袁世凯素擅莽、操之术，口中阳保皇室，腹内阴助民党，外迫内援，势与篡逼无异，实令吾人愤懑，宁并死命，与之一决雌雄。"言次杀机大露。载沣亦起而拍案曰："袁世凯误我皇基矣。"言毕又半晌不语。各亲贵纷纷攘攘，有人主张南北分立，北方仍由清廷统治，南方任由民军组织共和，各不相侵，载沣允诺将此办法缮呈隆裕皇太后酌夺。①

　　袁内阁方面，为了让朝廷亲贵王公接受召集国民会议的提议，袁氏在上奏前特别与徐世昌商量如何进行。据徐世昌后来讲，袁氏"认为国体共和已是大势所趋，但对于宫廷及顽强亲贵不能开口；若照唐电召开国民大会，可由大会提出，便可公开讨论，亦缓脉急受之一法"。但由谁来提出这个议题呢？他们想到了亲贵领袖奕劻，于是袁氏请徐世昌先到奕劻处秘密征求意见，得到奕劻点头后，袁氏即亲往奕劻处计议。奕劻当即召集诸亲贵讨论（载泽未到），大家同意由内阁奏请召集近支王公会议。②随后徐世昌和世续又去醇亲王处晤谈，似乎也是为了疏通意见。③袁氏还派了其他一些心腹拜见各位亲王，如派蔡廷幹拜见载洵等，结果这个"昏庸无能、腐朽透顶的亲王"欣然表示

---

① 《满亲贵反对和局之秘议》，《申报》1912 年 1 月 2 日，第 1 张第 5、6 版。

② 张国淦编著《辛亥革命史料》，第 294 页。

③ 《醇亲王载沣日记》，第 423 页；吴思鸥等点校《徐世昌日记》第 2 册，第 282 页。

同意。①

　　12月28日早折上后，隆裕皇太后立刻在养心殿召见奕劻、载沣、善耆、载泽、载洵、载涛、溥伦等近支王公七人及内阁总理与国务大臣十人，筹商对策。②近支王公首先入内，隆裕皇太后询问上海议和及国家艰危情形，谕云："现时外间对于政体之解决极力争持，今日开此会议，正是研究此中利害，尔等不妨各表所见，以凭本宫采择。"③载沣一言不发。奕劻第一个发言，主张退让，载泽表示不赞成，但又说不出理由，其余则均支持奕劻。④接着总理袁氏及各国务大臣入对，隆裕皇太后垂泪谕曰："顷见庆王等，他们都说没有主意，要问你们，我全交与你们办，你们办得好，我自然感激，即使办不好，我亦不怨你们。皇上现在年纪小，将来大了也必不怨你们，都是我的主意。"⑤袁氏对云："臣等国务大臣担任行政事宜，至皇室安危大计，应请上垂询皇族近支王公。论政体本应君主立宪，今既不能办到，革党不肯承认，即应决战。但战须有饷，现在库中只有廿余万两，不敷应用，外国又不肯借款，是以决战亦无把握。今唐绍怡请召集国会公决，如议定君主立宪政体，固属甚善；倘议定共和政体，必应优待皇室；如开战，战败后恐不能保全皇室。此事关系皇室安危，仍请

---

① 《致达·狄·布拉姆函》（北京，1911年12月29日），〔澳〕骆惠敏编《清末民初政情内幕——〈泰晤士报〉驻北京记者、袁世凯政治顾问乔·厄·莫理循书信集》上册，第817页。

② 《醇亲王载沣日记》，第423页；北京市档案馆编《那桐日记》下册，第706页。

③ 《御前特别会议之结果》，《大公报》1911年12月30日，第2版。

④ 张国淦编著《辛亥革命史料》，第294页。按，张国淦引徐世昌所言，谓反对者除载泽外还有毓朗，但根据《醇亲王载沣日记》，毓朗当天并不在召见之列。

⑤ 许恪儒整理《许宝蘅日记》第1册，第385—386页。

召见近支王公再为商议，候旨遵行。"① 又自奏"奉职无状，罪不容诛"。隆裕皇太后安慰道："卿勿尔尔，国家大事，既相付托，卿当勉为其难，即万一无术挽回，吾决不稍加责备，将来皇帝成立，尚当以卿之忠荩谋国、艰难困苦情形告之，令其明悉底蕴。"言罢与宣统皇帝相抱而泣，诸臣亦皆涕不可抑。袁氏出语人曰："吾何以对孤儿寡妇！"闻者黯然。② 诸大臣退出后，隆裕皇太后再次召集诸王公会议，诸王公大都支持庆王意见。诸大臣遂拟旨进呈，诸王公斟酌改易数语，召集国民会议之事就此决定。③

召集国民会议的奏请竟然能够通过，与亲贵们在危难时刻不愿捐饷助战有很大关系。当时袁内阁面临的最大困难就是财政困窘。在起义爆发之初为派遣军队南下镇压花了一大笔银子之后，国库贮备的白银已不足一百万两，连官员的薪俸也无力支付了。度支部努力想从法、英、德、美四国银行团那里得到一千二百万两为期一年的贷款，④ 但四国银行团经过讨论后做出了"由于目前局势不明朗，决定银行团暂不接受财政援助的申请"的决议。⑤ 到袁氏组阁前，度支部存款仅有三四十万两，只能依靠内帑，而内帑亦不多。⑥ 度支部尚书载泽经朝廷同意，于10月底同法国资

①　张剑整理《绍英日记》上册，第178页。

②　廖少游：《新中国武装解决和平记》，第43页。

③　张国淦编著《辛亥革命史料》，第294页；许恪儒整理《许宝蘅日记》第1册，第386页。

④　《致达·狄·布拉姆函》（北京，1911年10月24日），〔澳〕骆惠敏编《清末民初政情内幕——〈泰晤士报〉驻北京记者、袁世凯政治顾问乔·厄·莫理循书信集》上册，第764—765页。

⑤　《1911年11月8日在巴黎东方汇理银行召开的法英德美银行团会议记录》，章开沅、罗福惠、严昌洪主编《辛亥革命史资料新编》第8册，第97页。

⑥　《希龄致竹君》（辛亥九月廿一日），国家图书馆善本部编《赵凤昌藏札》第10册，第466页。

本团代表勾堆男爵及华法公司代表甘锡雅草签了借款合同，计划借法郎九千万，或金镑三百六十万，年息六厘，九六扣，六十年还清。[1]11月底资政院通过了借款合同。[2]12月初外务部致电驻法国代办戴春霖，请其转告法国外部饬勾堆迅速履行合同。[3]然而，英、美、德、法、俄、日开会讨论后，仍然决定坚持中立态度，拒绝借款，这让法国政府难以支持勾堆，借款最终失败，合同作废。[4]袁世凯为此很受打击。度支部拟定的爱国公债办法则刚刚于12月20日开始施行，[5]尚未见效。据前引赵秉钧对高尾翻译官所言及袁氏所上奏折，袁内阁主张接受国民会议建议最主要的理由就是无饷与民军作战，为此袁内阁上奏时，特别将"官、革两军实态，各省动向，以及缺乏军饷、军械与财政窘迫等各方面实际情况，详细列成表册"，以为证明。而清廷贵族手中掌握着大量钱财，却不愿拿出来，这使他们无法理直气壮地反对召集国民会议，因为如果那样做，他们就"须将所有资产和盘托出，充做军用，故虽不愿承认其要求，而亦不敢坚决反对也"。[6]据了解内情的英国人透露，中国亲贵及绅富在外国银行存款达两千余

① 《度支部大臣载泽等奏折》（宣统三年九月初六日），中国第一历史档案馆、海峡两岸出版交流中心编《清宫辛亥革命档案汇编》第66册，第286—287页。

② 张剑整理《绍英日记》上册，第174页。

③ 《外交部致法国代办戴春霖电报》（宣统三年十月十二日），中国第一历史档案馆、海峡两岸出版交流中心编《清宫辛亥革命档案汇编》第70册，第211—212页。

④ 张剑整理《绍英日记》上册，第176—177页；《发驻法戴代办电》（宣统三年十月初九日）、《收驻法戴代办呈外务部电》（宣统三年十月十四日）、《收驻法戴代办致外务部电》（宣统三年十一月初八日），中国第一历史档案馆编《清代军机处电报档汇编》第24册，第305、340—341、453页。

⑤ 《内阁奏募集爱国公债办法业经资政院修正议决请旨施行缮单呈览折》（宣统三年十月二十四日），《内阁官报》第116号，宣统三年十月二十七日，第3页。

⑥ 《清亲贵反对和局之秘议》，《申报》1912年1月2日，第1张6版。

万之谱，皆记堂名、别号存留，各主要国家因此联合决定不借款给官、革两方。[①] 在 12 月 28 日的御前会议上，袁氏曾对诸亲贵言：若诸王公能供给饷需，则彼必当连续开战，以图一决。[②] 但据蔡金台透露，"诸亲贵无一人语及款事，徒相对涟"，载泽与善耆则 "请借外援"。[③] 会议结束退出时，"诸大臣向诸王公言及现在不名一钱，诸王公默然"。[④] 陆军副大臣田文烈很不满，对人曰："袁内阁食少事烦，而诸亲贵又全无心肝，吝于助饷，大有听其覆灭之意。"[⑤] 又根据莫理循记述，日使伊集院曾当着奕劻的面，毫不客气地批评道："在日本，当革命来临时，国家的上层人物树立了爱国精神的楷模。我的岳父（大久保，1878 年被暗杀）遭暗杀前，已将全部财产献给事业。他被暗杀时，所有的财产还不到五十圆。你们的显贵要是对他们的国家有一丝热爱的话，在危机发生时，理应献出埋藏的财物，理应使政府阻止革命蔓延，但他们什么也没有干，他们把财富看得比国家还贵重。"[⑥] 报纸亦报道伊集院曾向人谈及清廷筹款之事，云："现时贵国和议未定，外债断不能借。惟贵国王公大臣储款于东交民巷之外国银行者甚巨。别国银行所储若干，我不敢轻言，即以敝国正金银行而论，如贵

---

① 《奉天代表曾有翼等致赵尔巽函》（宣统三年十一月初七日），中国第一历史档案馆编《清代档案史料丛编》第 8 辑，第 352 页。

② 《西报记民清两军议和事》，《时事新报》1911 年 12 月 30 日，第 1 张第 2 版。

③ 《蔡金台致赵尔巽函》（宣统三年十一月十二日），中国第一历史档案馆《清代档案史料丛编》第 8 辑，第 359 页。

④ 许恪儒整理《许宝蘅日记》第 1 册，第 386 页。

⑤ 廖少游：《新中国武装解决和平记》，第 43 页。

⑥ 《致达·狄·布拉姆函》（北京，1911 年 12 月 29 日），〔澳〕骆惠敏编《清末民初政情内幕——〈泰晤士报〉驻北京记者、袁世凯政治顾问乔·厄·莫理循书信集》上册，第817 页。

国王公果允捐资爱国, 则一言之下, 立提五百万两并不为难, 何用借外债乎?"[1]

12月28日晚, 清廷降旨令袁内阁电令唐绍仪转告民军代表, 同意召集国民会议, 以君主立宪、共和立宪付诸公决。[2]旨曰:

> 朕钦奉隆裕皇太后懿旨: 内阁代递唐绍怡电奏, 民军代表伍廷芳坚称人民志愿以改建共和政体为目的等语。此次武昌变起, 朝廷俯从资政院之请, 颁布宪法信条十九条, 告庙宣誓, 原冀早息干戈, 与国民同享和平之福, 徒以大信未孚, 政争迭起。予惟我国今日于君主立宪、共和立宪二者以何为宜, 此为对内、对外实际利害问题, 固非一部分人民所得而私, 亦非朝廷一方面所能专决, 自应召集临时国会, 付之公决。兹据国务大臣等奏请召集近支王公会议, 面加询问, 皆无异词。著内阁即以此意电令唐绍仪转告民军代表, 预为宣示, 一面由内阁迅将选举法妥拟, 协定施行, 克期召集国会, 并妥商伍廷芳, 彼此先行罢兵, 以奠群生而弭大难。予惟天生民而立之君, 使司牧之, 原以一人养天下, 非以天下奉一人。皇帝缵承大统, 甫在冲龄, 予更何忍涂炭生灵, 贻害全国, 但期会议所决, 以国利民福为归。天视民视, 天听民听。愿我爱国军民各秉至公, 共谋大计, 予实有厚望焉。钦此。[3]

---

[1] 《京报要闻摘录》, 《时事新报》1912年1月2日, 第2张第1版。

[2] 《第140件　朱尔典爵士致格雷爵士电》(1911年12月28日发自北京, 同日收到), 胡滨译《英国蓝皮书有关辛亥革命资料选译》上册, 第173页。

[3] 《谕旨》(宣统三年十一月初九日), 中国第一历史档案馆、海峡两岸出版交流中心编《清宫辛亥革命档案汇编》第73册, 第142—143页。

　　对于清廷的这一决定，时人有不同的感受和认识。恽毓鼎很悲观，以为大势已去。[1] 宝熙也十分悲愤，当天他到劳乃宣家，见陈宝琛、吴郁生、于式枚、刘廷琛四人在座，"泪痕尚未干也"。诸人均认为这是"袁所舞弄，所利用，唐代表未行之先，布置即如此，真司马昭之心也。而助成其事，亡我国家者，奕劻实居首功，其他又何责焉。"[2] 绍英、达寿则还对实行君主立宪抱有一丝侥幸心理，"期有转机，或定君主政体"，"国会容或赞成君主居多数"。[3] 这或许也是当时亲贵王公普遍的心理，因此召集国民会议一事才能较为顺利地通过。蔡金台则将矛头指向王公，谓"允许国会之懿旨乃经王公议决者，尤可惨痛"。他抨击亲贵王公掌握大量钱财，却不愿贡献朝廷，绝无人格可言，特别是奕劻，面对伊集院的批评，竟"顺受无惭"，"真亡国之妖孽也"。[4] 徐世昌在御前会议后也对人云："今日召见王公，实以集款为前提，惜无一人慨然允诺为之筹措者，以休戚与共之人而无心肝如此，不亡何待。"[5]

　　将 12 月 28 日谕旨与前引 12 月 25 日唐绍仪代袁内阁所拟谕旨[6] 比较，可以看出，前者实际上是在唐绍仪代拟谕旨基础上拟定的，但又加入了袁内阁的一些考虑。其中最关键的一句话是"由内阁迅将选举法妥拟，协定实施，克期召集国会"，它实际上

---

[1]　史晓风整理《恽毓鼎澄斋日记》第 2 册，第 567 页。

[2]　《沈盦日记》，宣统三年十一月初九日。

[3]　张剑整理《绍英日记》上册，第 178 页；《沈盦日记》，宣统三年十一月初九日。

[4]　《蔡金台致赵尔巽函》（宣统三年十一月十二日），中国第一历史档案馆编《清代档案史料丛编》第 8 辑，第 358 页。

[5]　《沈盦日记》，宣统三年十一月初九日。

[6]　参阅第 225 页注释[2]。

是由唐绍仪代拟谕旨中"由内阁迅将选举章程妥拟协定，颁发实行，即择定日期，迅速召集开会"一句而来。按先前袁氏给唐绍仪去电的指示，是要求唐绍仪先与伍廷芳商讨选举办法，然后再"电奏请旨"，现在则改为由袁内阁"迅将"选举法或选举章程妥拟，然后"协定实施"。在唐绍仪，或许有督促袁内阁尽快付诸行动之意，但在袁氏，虽接受了唐绍仪的要求，却不打算按唐、伍所设想的那样进行。谕旨中所谓君主立宪、共和立宪何者为宜"固非一部分人民所得而私"，实际否认了现在各省代表的合法性，则接下来拟定选举法时，代表如何产生，主动权将掌握在内阁手中。袁氏深知南方不会接受这一点，故对伊集院坦言："据本人思忖，今日所发上谕，革命军方面绝对不能接受，结局只能陷于破裂。"① 可知袁氏已经盘算好决不能轻易让南方主导国民会议的召集，具体策略就是在选举法上做文章，即使不能直接造成虚君共和，也要尽可能造成一种君主、民主难以抉择的混沌局面，从而使虚君共和成为选项之一。奕劻在御前会议后也第一时间向记者表示，政府已接受上海民军要求，以国会公决政体，"惟召集国会，事体重大，极难筹画实行之法，此事既由民军提议，当由民军任其艰难，与清政府无涉"。② 由此可见，不论袁内阁还是亲贵，都是要利用召集国会来做文章，抵制民主共和，而非诚心想以召集国会公决国体。这实际上已预示了国民会议的命运。果然，袁氏很快就因形势发生变化再次改变策略（详第四章）。

---

① 《伊集院驻清公使致内田外务大臣电》（1911年12月29日，第756号），中国社会科学院近代史研究所中华民国史研究室主编，邹念之编译《日本外交文书选译——关于辛亥革命》，第335页。

② 《清廷承认公决政体之原因》，《申报》1911年12月30日，第1张第5版。

不管怎样，清廷允准召集国民会议即等于给了民主共和一个机会，但袁氏并不想因此让人以为他有意背叛十九信条，要逼清帝退位，故在御前会议召开前就让许宝蘅准备好了辞职奏折。[①]懿旨颁发后，他在接见日本驻华公使伊集院时言："皇室对于共和政体既已有所认识，并已宣明国体问题交由国会讨论决定，这就与本人一向坚持之君主立宪主张不能相容，故本人立即奏请辞去总理职务，乃皇太后坚不准许，不得已，遂又决心暂时留任。"[②]可以说完全撇清了自己与清廷决定召集国民会议之间的关系。

然而，谕旨的颁布并没有得到民军方面的积极回应，甚至可以说反应相当冷淡，由于谕旨颁布之前民军方面的形势发生巨变，谕旨的颁布已经太迟了。

十　孙中山当选临时大总统及南京临时政府建立

与清廷讨论并颁旨同意召集国民会议同时，南方形势发生巨变。清廷颁旨次日，即 12 月 29 日上午，聚集在南京的各省代表投票选举孙中山为临时大总统，紧接着于 1912 年 1 月 1 日在南京宣告建立中华民国。从袁内阁角度看，这分明是有意跟自己作对，但从独立各省角度看，这其实是武昌起义以来南方局势逐步演变的结果。

---

① 　许恪儒整理《许宝蘅日记》第 1 册，第 385 页。

② 　《伊集院清公使致内田外务大臣电》(1911 年 12 月 29 日，第 756 号)，中国社会科学院近代史研究所中华民国史研究室主编，邹念之编译《日本外交文书选译——关于辛亥革命》，第 335 页。

十四省独立后，由于"事权不一，意见不齐，有未能趋于统一之势"，故亟须建立一个中央政府，以筹划全局，统一对内行动，并处理对外事务。[①]但这个中央政府由谁来主导建立，因利益所在，各方各有盘算。于是，一些真真假假声称赞成共和的人开始组织政治团体，如武昌民社、上海共和统一会等纷纷出现。前者以黎元洪为中心，其地盘为黎元洪直属之湖北派，其干部为蓝天蔚、孙武、张振武、张伯烈、刘成禺、宁调元、饶汉祥诸人；[②]后者以陆续聚集到上海的一批政治人物为主，发起人包括伍廷芳、张謇、唐文治、温宗尧、陈其美、钮永建、赵凤昌、汪兆铭、马君武、王宠惠、于右任、胡瑛、朱葆康、景耀月等。[③]他们各自拥护几个炙手可热的军政人物，发表宣言，力图掌握组织临时中央政府的主导权。湖北军政府率先于 11 月 9 日发出通电，请各省派代表到武昌组织临时政府。江浙两省都督府紧跟着于 11 月 12 日发出通电，请各省派代表到上海组织临时政府。11 月 15 日，到沪代表率先开会，以江苏教育总会为会所，定名为各省都督府代表联合会。11 月 17 日，上海方面通过广东都督来电，方得知武昌亦通电各省请派代表组织临时政府，于是致电黎元洪、黄兴，以上海交通便利，各代表多主张在沪开会，请武昌派代表与会。[④]11 月 20 日，各省都督府代表联合会议决各省认可湖北军政府为民国中央军政府，即以武昌都督府执行中央政务，中央军政府组织请武昌都督府制定，并请以中央军政府名义委任伍廷

---

① 《请各省代表迅即莅沪集议大纲》，国家图书馆善本部编《赵凤昌藏札》第 10 册，第 455—464 页。

② 谢彬：《民国政党史》，中华书局，2007，第 42 页。

③ 〔日〕宗方小太郎：《一九一二年中国之政党结社》，中华书局，2007，第 157 页。

④ 吴景濂编《组织临时政府各省代表会纪事》，第 2 页。

芳、温宗尧为外交总长、副长，驻沪办理交涉，于 11 月 21 日将这一决定电告湖北军政府。[1] 11 月 23 日，湖北都督府代表居正、陶凤集到达上海，与各省代表议决共同赴鄂组织临时政府，伍廷芳、温宗尧仍为驻沪外交代表。[2] 11 月 24 日，黎元洪又致函江浙都督，督促各省代表到鄂开会。[3] 于是，11 月 25 日，各省代表决定到武昌去，同时决定每省应各有代表一人以上留沪，联络声气，以为湖北会议后援。[4]

由于汉阳于 11 月 27 日失守，武昌处于龟山炮火之下，赴鄂代表只好假汉口英租界顺昌洋行为会场。11 月 30 日召开第一次会议，公推谭人凤为临时议长。因湖北军政府未接到 11 月 21 日各省代表联合会在沪所发电报，会议决定由谭人凤致函黎元洪，追述在沪决定，公认湖北军政府为中央军政府，请黎元洪以大都督名义执行中央政务。[5] 谭人凤当即电告各省都督。[6] 12 月 1 日，黄兴自武昌回到上海。[7] 当天，留沪代表宋教仁、林长民、居正、陶凤集、吴景濂、赵学臣致电各省谘议局，以湖北军务正紧，急难开议，请赴鄂代表折回，在沪开议，表示"组织临时政府之议决不因汉阳之失而阻，目下大局安危不在一时一地之胜负，实在

① 《各军政府代表致各省都督、谘议局、保安会等电》(宣统三年十月初一日)，上海图书馆编《上海图书馆藏稀见辛亥革命文献》第 3 册，第 1576—1578 页。
② 吴景濂编《组织临时政府各省代表会纪事》，第 4—5 页。
③ 《黎元洪致江浙都督书》(1911 年 11 月 24 日)，时事新报馆编辑《革命文牍类编》第 5 册，函牍类，第 10—11 页。
④ 吴景濂编《组织临时政府各省代表会纪事》，第 5 页。
⑤ 刘星楠遗稿《辛亥各省代表会议日志》，中国人民政治协商会议全国委员会文史资料研究委员会编《辛亥革命回忆录》第 6 集，第 243—244 页。
⑥ 《都督电书--束·各省代表团临时议长通电》，《申报》1911 年 12 月 4 日，第 2 张第 2 版。
⑦ 《宗方小太郎日记》下卷，第 895 页。

统一机关之成否"，且"南京垂下，大势并不动摇"。又提及"汉阳失败之因，据内部人来沪报告，乃由于事权、军令之不一"，请各代表吸取教训。① 实际上是对湖北军政府将事权、军令分属黎元洪和黄兴的做法表达了不同意见。此电很快被清方截获。②12月2日，赴鄂代表举行第二次会议，议决先规定临时政府组织大纲，推举雷奋、马君武、王正廷任起草员。又议决"如袁世凯反正，当公举为临时大总统"。③ 由于朱芾煌刚刚于三天前同湖北军政府订立"推袁之约"，各省代表会议的决定等于把这一约定正式确定下来，对于未来国家领导人的确定形成极强的约束力。12月3日，赴鄂代表议决《临时政府组织大纲》二十一条，即日宣布，规定实行总统制。④

当各省代表在汉口开会时，留沪代表亦有一系列活动。由于12月2日江浙沪联军攻克南京，上海方面声势大振。当天，由程德全、章太炎等发起成立的中华民国联合会开会讨论临时政府地点，有主武昌者，亦有主南京者，未能决定。⑤12月4日，留沪各省代表及江、浙、沪都督程德全、汤寿潜、陈其美等再开会议，以援鄂之师、北伐之师待发，急需统一之令，议定暂以南京为临时政府所在地，并票举黄兴为暂定大元帅，黎元洪为暂定副元帅兼鄂军都督，俟在鄂代表返沪后一同到南京，然后再正式发

---

① 吴景濂编《组织临时政府各省代表会纪事》，第14—15页。

② 《革党通电》，中国第一历史档案馆编《清代军机处电报档汇编》第24册，第345—346页。

③ 吴景濂编《组织临时政府各省代表会纪事》，第8页。

④ 刘星楠遗稿《辛亥各省代表会议日志》，中国人民政治协商会议全国委员会文史资料研究委员会编《辛亥革命回忆录》第6集，第244—246页。

⑤ 《章太炎致竹公》（辛亥十月十三日），国家图书馆善本部编《赵凤昌藏札》第10册，第513—515页。

表。^①这一举措显然是要吸取湖北军政府事权、军令不一的教训。而在鄂代表因汉阳失陷后武昌处于强敌威胁之下，已不适合作为中央政府所在地，也于同日议决临时政府设于南京，并于七日内各省代表在南京开临时大总统选举会，临时大总统决定以前，仍以鄂军都督府为中央军政府。^②12月7日，在鄂代表获知在沪代表有推举大元帅、副元帅名目后，议决由黎元洪致电沪军都督，请宣告取消。^③黎遂于12月8日致电各省都督，指出各省代表在鄂已议定《临时政府组织大纲》，"现忽据来电称沪上有十四省代表推举黄兴为大元帅、元洪为副元帅之说，情节甚为支离。如实有其事，请设法声明取消，以免淆乱耳目"。^④黄兴也不愿就任大元帅之职，于12月9日致电汪兆铭，表示袁氏若能迅速举事，不令孤儿寡妇尚拥虚位，自己将辞职，请袁氏就任"中华民国大统领"，组织完全政府，并以"难可自我发，功不必自我成"一语表明心迹。^⑤

在鄂代表及留沪代表分别于12月8日、11日出发赶赴南京。12月14日，代表们齐集江苏谘议局开会，选举汤尔和为议长，王宠惠为副议长，又议决12月16日开会选举临时大总统。^⑥就

---

① 《留沪各省代表致谘议局电报》（宣统三年十月十四日），中国第一历史档案馆、海峡两岸出版交流中心编《清宫辛亥革命档案汇编》第70册，第353—354页。

② 刘星楠遗稿《辛亥各省代表会议日志》，中国人民政治协商会议全国委员会文史资料研究委员会编《辛亥革命回忆录》第6集，第246页；《中国光复史·选举临时大总统之预备·在鄂省都督府代表电》，《申报》1911年12月7日，第1张第3版。

③ 吴景濂编《组织临时政府各省代表会纪事》，第13页。

④ 黎元洪：《致各省都督》（辛亥十月十八日），易国幹编《黎副总统政书》卷1，第21页。

⑤ 《黄兴致汪精卫君电》（1911年12月9日），时事新报馆编辑《革命文牍类编》第5册，电报类，第3—4页。

⑥ 吴景濂编《组织临时政府各省代表会纪事》，第18页。

在此时，胡瑛、王正廷从湖北来函，报告与南下议和的唐绍仪晤谈情况，说唐"极欲平和了结"，他们将与唐一同赴沪，请南京会议稍缓临时大总统选举，等唐、伍会商后再举，"必得美满结果"。①12月15日，黎元洪也致电湖北驻宁代表，主张缓举临时大总统，谓："各省代表在宁议举临时大总统，此事关系全局，窃以为和议未决，不宜先举总统，致后日兵连祸结，涂炭生灵，追悔莫及。公等系鄂全权代表，责任綦重，兹事体大，亟宜注意。"②当天又有浙江代表陈毅由湖北到南京，向各代表报告：袁内阁代表唐绍仪已在武汉与黎大都督代表会晤，据唐称，袁内阁亦主张共和，但须由国民会议议决后，袁内阁据以报告清廷，即可实行逊位。③于是，各省代表会议决定：缓举临时大总统，承认留沪代表所举大元帅、副元帅，并议决在《临时政府组织大纲》中增加一条，即"临时大总统未举定以前，其职权由大元帅暂任之"。12月16日又议决增加一条："大元帅不能在临时政府所在地时，以副元帅代行其职权。"④汤寿潜、程德全、陈其美及与会代表致电黄兴，并派顾忠琛等到上海迎接黄兴，请其到南京组织临时政府。⑤然而，章炳麟提出反对意见，认为败军之将不能表率政府；黎氏支持者也通电，认为"黎元洪为起义首功，何

---

① 《瑛等致南京军政府各省代表团》，国家图书馆善本部编《赵凤昌藏札》第10册，第549页。
② 黎元洪：《复驻宁代表》（辛亥十月二十五日），易国幹编《黎副总统政书》卷2，第10页。
③ 刘星楠遗稿《辛亥各省代表会议日志》，中国人民政治协商会议全国委员会文史资料研究委员会编《辛亥革命回忆录》第6集，第250页。
④ 刘星楠遗稿《辛亥各省代表会议日志》，中国人民政治协商会议全国委员会文史资料研究委员会编《辛亥革命回忆录》第6集，第250页。
⑤ 《汤寿潜等及各省代表联合会会议致黄兴电》（辛亥十月二十五日），国家图书馆善本部编《赵凤昌藏札》第10册，第538页。

能屈居副座"。① 于是"湘代表拥黄，鄂代表拥黎，议场争辩，几
至用武"。② 实际上，汉阳之失，原因不止一端，完全归咎黄兴一
人并不公平。黄兴坚辞大元帅，推荐黎元洪，于是代表会又于12
月17日改举黎元洪为大元帅、黄兴为副元帅，但黎元洪不能离
鄂到宁，临时政府又亟待组织，于是会议议决黎元洪暂驻武昌，
由副元帅黄兴代行大元帅职权，仍请其到南京组织临时政府。③
黄兴不愿，于12月19日致电各省代表会议，主张请黎元洪到宁
组织临时政府。各省代表会议则于12月20日议决由各省代表
签名公请黄兴急速来宁组织临时政府，由湖北代表王正廷将公函
带沪面交黄兴。④ 苏浙沪联军代表也于12月22日到上海欢迎黄
兴到宁组织临时政府，黄兴表示三五日后可赴宁。⑤12月23日，
黎元洪电告各省代表会议，承受大元帅名义，并委任副元帅代行
其职务。⑥

　　正当临时中央政府难产之际，在欧美奔走外交、财政二事的
孙中山于12月25日回到上海，革命党人不再纠结大元帅、副元

---

① 黄中垲编述《辛壬闻见录》，阳海清、孙式礼、张德英《辛亥革命稀见史料汇编》，中
　　华全国图书馆文献缩微复制中心，1997，第367页；吴景濂：《组织南京临时政府的亲身经
　　历》，全国政协文史和学习委员会编《亲历辛亥革命：见证者的讲述》下册，第1111页。

② 王有兰：《辛亥建国回忆》，丘权政、杜春和选编《辛亥革命史料选辑》下册，第294—
　　295页。

③ 刘星楠遗稿《辛亥各省代表会议日志》，中国人民政治协商会议全国委员会文史资料研究
　　委员会编《辛亥革命回忆录》第6集，第251页；《各省代表团致黄克强》（辛亥十一月初
　　一日），国家图书馆善本部编《赵凤昌藏札》第10册，第536页。

④ 吴景濂编《组织临时政府各省代表会纪事》，第20—21页。

⑤ 《各省代表恭迓黄元帅》，上海社会科学院历史研究所编《辛亥革命在上海史料选辑》，第
　　938—939页。

⑥ 刘星楠遗稿《辛亥各省代表会议日志》，中国人民政治协商会议全国委员会文史资料研究
　　委员会编《辛亥革命回忆录》第6集，第251页。

帅问题。作为革命先行者，孙中山在革命党人和国民中的威望，非他人可比。早在 11 月 15 日，江苏都督程德全就致电各省军政府，提议请孙中山先生"返速回国，组织临时政府，以一事权"，称"中山先生为首创革命之人，中外人民皆深信仰，组织临时政府，舍伊莫属"。①11 月 17 日，江北都督蒋雁行也致电各省都督，提出共和政府大统领须"望重列邦，内洽舆论，揆度现势，非孙君逸仙不能担此重任"。②11 月 21 日，沪军都督陈其美致电孙宝琦等，谓已托汪兆铭电促孙中山早日起程回国。③孙中山回国使一度群龙无首的革命党气势大振，一些原本非革命党人掌权的光复省份军政首脑也表示关注。如浙江都督汤寿潜写信询问江苏都督程德全："中山到沪，情态何似是？此来能否有总统之资格？"又写信给汪兆铭，"闻中山君已到，唐亦约伍续议，临时政府诚刻不容缓耳"。④12 月 26 日，黄兴、陈其美假哈同花园公宴孙中山。席次，黄、陈及宋教仁密商举孙中山为大总统，决定分途向各省代表示意，并由马君武在《民立报》发出倡议，以唤起舆论。⑤当天，各省代表会议议决 12 月 29 日开会选举临时大总统。⑥当晚，黄兴、胡汉民、汪兆铭、陈其美、宋教仁、张静江、居正等

① 《程德全致各省军政府都督电》(辛亥九月二十五日)，上海图书馆编《上海图书馆藏稀见辛亥革命文献》第 3 册，第 1551 页。
② 《蒋雁行致各省都督电》(辛亥九月二十七日)，上海图书馆编《上海图书馆藏稀见辛亥革命文献》第 3 册，第 1562 页。
③ 《陈其美致孙宝琦电》(辛亥十月初一日)，上海图书馆编《上海图书馆藏稀见辛亥革命文献》第 3 册，第 1575 页。
④ 嵊县档案馆提供《〈浙江都督府卷宗〉有关都督汤寿潜书信底稿集拾》，政协浙江省萧山市委员会文史工作委员会《汤寿潜史料专集》(《萧山文史资料选辑》第 4 辑)，政协浙江省萧山市委员会文史工作委员会，1993，第 706、707 页。
⑤ 居正：《梅川日记》，第 69 页。
⑥ 吴景濂编《组织临时政府各省代表会纪事》，第 22 页。

同盟会高级干部又在孙中山寓所开会，商讨政府组织方案。时宋教仁主张内阁制，孙中山力持不可，谓："内阁制乃平时不使元首当政治之冲，故以总理对国会负责，断非此非常时代所宜。吾人不能对于惟一置信推举之人，而复设防制之法度，余亦不肯徇诸人之意见，自居于神圣赘疣，以误革命之大计。"①众人颇为孙中山的见识、勇气和担当所折服，惟宋教仁坚持己见，黄兴调解其间，主张到南京后"决于全体各省代表"。宋教仁当晚即赴南京，黄兴则于 12 月 27 日专车赶到。当晚，各省代表在江苏谘议局开会，议决改用阳历，并使用中华民国纪元。关于政府组织，黄兴提议总统制，宋教仁仍坚持内阁制，讨论颇久。代表多数赞同总统制，遂通过。②宋教仁提议:《临时政府组织大纲》既已决定，应即按照大纲选举临时大总统，隔日举行，即由代表会准备一切。众无异词。③12 月 28 日，代表会议议决选举临时大总统用无记名投票法。④

　　12 月 29 日上午，各省代表开会选举临时大总统，共有十七省代表参加，每省一票，结果孙中山得十六票，以超过三分之二多数当选为临时大总统。会议又决定通电各省都督，请每省选派参议员三人来宁组织参议院；参议员到任以前，由本省代表暂留一至三人，代行参议员职务。⑤

　　1912 年 1 月 1 日，孙中山自沪到宁，当夜 11 时于总统府举

①　《胡汉民自传》，第 95 页。

②　陈锡祺主编《孙中山年谱长编》上册，中华书局，1991，第 601 页。

③　居正:《梅川日记》，第 70 页。

④　吴景濂《组织临时政府各省代表会纪事》，第 23 页。

⑤　刘星楠遗稿《辛亥各省代表会议日志》，中国人民政治协商会议全国委员会文史资料研究委员会编《辛亥革命回忆录》第 6 集，第 252—253 页。

行就职典礼，宣誓就任中华民国临时大总统。随即发布命令，改用阳历，以1912年为中华民国元年。3日，选举黎元洪为副总统，又确定各部总长。南京临时政府遂正式宣告成立。

南京临时政府的成立向推翻清廷统治迈出了重要一步。但遗憾的是，革命党人并没有因此实现团体固结，从而挺直腰杆。许多人依然把袁世凯看成可以决定清廷命运的人物，想以大总统为诱饵，促使其推倒清廷。当选前后的孙中山因此感受到了内外多方的压力。《泰晤士报》记者莫理循到上海会见了不少共和派领袖，积极为袁世凯充当说客，称"任命像孙中山或黎元洪这样的领袖为民国的总统，决不能指望会得到列强的早日承认。孙中山对中国的情况一无所知，而黎元洪则在省外毫无地位……只有袁世凯才能得到列强的信任，因为他已经显示出他的治理国家的才能比中国当代的任何政治家为高"；而革命党领袖则向莫理循表示，"他们肯定会任命袁世凯为中华民国首任总统，他们并且准备用书面写下这种谅解"。① 黄兴担心袁氏"像曾国藩替清室出力把太平天国搞垮一样来搞垮革命"，认为"只要他肯推翻清室，把尚未光复的半壁河山奉还汉族，我们给他一个民选的总统，任期不过数年，可使战争早停，人民早过太平日子，岂不甚好"。② 因此他早在11月9日就致函袁氏，以拿破仑、华盛顿期许；12月9日又致函汪兆铭，希望袁氏担任"中华民国大统领"；而且因为他在12月20日已经与廖宇春等达成推袁密约，故在孙中山当

① 《致达·狄·布拉姆函》（北京，1911年12月29日），〔澳〕骆惠敏编《清末民初政情内幕——〈泰晤士报〉驻北京记者、袁世凯政治顾问乔·厄·莫理循书信集》上册，第818页。

② 李书城：《辛亥革命前后黄克强先生的革命活动》，中国人民政治协商会议全国委员会文史资料研究委员会编《辛亥革命回忆录》第1集，第200页。

选前就提醒其"毋使我辈负诺！"①章太炎初时尚支持孙中山，不久即在致黎元洪转中部同盟会领导人谭人凤信中称"革命军起，革命党消，天下为公，乃克有济"，②直接向孙中山提出"虚大总统以待北方之英，树大元帅以顺南军之志"，③又与江浙立宪派及旧官僚如张謇、汤寿潜、程德全、赵凤昌辈相结纳，组织中华民国联合会，极力支持袁氏。④汪兆铭更是与袁氏父子打得火热，不仅在此前已经派朱芾煌与湖北军政府订立"推袁之约"，此时作为南方议和参赞，仍坚持他的主张，甚至向孙中山施加压力说："你不赞成和议，难道是舍不得总统吗？"⑤

最值得注意的是，孙中山其实也希望通过与袁氏妥协达成共和目的。当11月16日他还在欧洲时，便致电《民立报》转南方革命政府，表示黎元洪、袁世凯皆可推为总统。⑥12月21日抵达香港后，与胡汉民、廖仲恺等探讨革命策略，胡、廖均主张留粤先固根本，孙中山表示："谓袁世凯不可信，诚然；但我因而利用之，使推翻二百六十余年贵族专制之满州［洲］，则贤于用兵十万。"⑦同时

---

① 廖少游：《新中国武装解决和平记》，第55页；钱基博：《辛亥南北议和别记》，中国史学会主编《中国近代史资料丛刊·辛亥革命》第8册，第107页。

② 《与黎元洪》(1911年12月12日)，马勇整理《章太炎全集·书信集》上册，上海人民出版社，2017，第511页。

③ 《与孙中山》(1912年1月15日)，马勇整理《章太炎全集·书信集》上册，第85页。

④ 谢彬：《民国政党史》，第41页。

⑤ 吴玉章：《辛亥革命》，人民出版社，1974，第157页。

⑥ 《致民国军政府电》(1911年11月16日)，中国社会科学院近代史研究所中华民国史研究室、广东省社会科学院历史研究室、中山大学历史系孙中山研究室合编《孙中山全集》第1卷，中华书局，2021，第584页。

⑦ 《与胡汉民廖仲恺的谈话》(1911年12月21日)，中国社会科学院近代史研究所中华民国史研究室、广东省社会科学院历史研究室、中山大学历史系孙中山研究室合编《孙中山全集》第1卷，第607—608页。

在致横滨华侨电中表示："吾党之希望，虽素不在媾和，而亦并非全不欲和，战亦非吾目的也。吾党素志之共和政体，近已由和议谈判之结果，可见其成立矣。更望诸君大表同情，注视其成行。"① 可见他对议和成功抱有很大期待。12 月 25 日到达上海后，孙中山对众宣言曰："予不名一钱也，所带回者，革命之精神耳！革命之目的不达，无和议之可言也。"② 看似要革命到底，实则通过议和若能达到建设共和目的，亦无不可。故隔天各省代表会议即议决"于十日（即 12 月 29 日——引者）上午开选举临时大总统会，再由被选者电告袁世凯，如和议成立，即当避席"。③12 月 27 日，马君武、景耀月、王有兰等六人作为各省代表到上海欢迎孙中山，他们告诉孙中山："在代表会所议决的《临时政府组织大纲》，本规定选举临时大总统，但袁世凯的代表唐绍仪到汉口试探议和时，曾表示如南方能举袁为大总统，则袁亦可赞成共和，因此代表会又议决此职暂时留以有待。"孙中山答："那不要紧，只要袁真能拥护共和，我就让给他。"④ 由于自身存有妥协思想，再加上周围妥协主张的巨大压力，孙中山很快也退让了。他后来回顾说："民国建元之初，予则极力主张施行革命方略，以达革命建设之目的，实行三民主义，而吾党之士多期期以为不可。经予晓喻再三，辩论再四，卒无成效，莫不以为予之理想太高，'知之非艰，行之惟艰'也。呜呼！是岂予之理想太高哉？毋乃当时党人之知识太低耶？予于是乎不禁为之心灰意冷

① 《致横滨华侨电》(1911 年 12 月 21 日)，中国社会科学院近代史研究所中华民国史研究室、广东省社会科学院历史研究室、中山大学历史系孙中山研究室合编《孙中山全集》第 1 卷，第 609 页。

② 陈锡祺主编《孙中山年谱长编》上册，第 597 页。

③ 曹亚伯：《武昌革命真史》下册，第 501 页。

④ 王有兰：《辛亥建国回忆》，丘权政、杜春和选编《辛亥革命史料选辑》下册，第 296 页。

矣。夫革命之有破坏，与革命之有建设，固相因而至，相辅而行者
也。今于革命破坏之后，而不开革命建设之始，是无革命之建设矣；
既无革命之建设，又安用革命之总统为？此予之所以萌退志，而于
南京政府成立之后，仍继续停战、重开和议也。"① 在这里，孙中山
特别强调了他坚持革命理想的一面，而回避了他当时也是主张妥协
的一分子。

　　约言之，南京临时政府成立后的主要任务仍是与袁氏议和，
借袁之力推倒清廷，同时进行北伐准备，以为议和后盾。鉴于南
京临时政府的这种妥协策略，李剑农有一言，他说："在南北议
和尚未成功时，新产生的中华民国的命脉，已落到袁世凯手里去
了。"② 可谓痛惜之至。不过对袁氏来说，南京临时政府的建立毕
竟为自己独揽大权增加了一重巨大的障碍，他要跨过这重障碍也
不是一件容易的事。

十一　唐伍议定召集国民会议办法

　　孙中山当选临时大总统几个小时后，唐、伍重启会谈，是为南
北议和第三次会谈。唐绍仪首先通知伍廷芳："昨夜（即 12 月 28 日
夜——引者）得袁内阁之令，嘱我令商阁下招集国民会议，决定君
主、民主问题。"③ 于是双方就罢兵与召集国民会议办法继续展开协

① 《建国方略》，中国社会科学院近代史研究所中华民国史研究室、广东省社会科学院历史研究室、中山大学历史系孙中山研究室合编《孙中山全集》第 6 卷，第 208—209 页。
② 李剑农：《中国近百年政治史》，第 310 页。
③ 《南北议和史料·南北代表会议问答速记录》，中国史学会主编《中国近代史资料丛刊·辛亥革命》第 8 册，第 82 页。

商。同日，袁氏在致东三省总督赵尔巽电中说："将来用正当选举之法，举合格代表之人，使正人得以发言，君宪未必无望，或可纾目前之兵祸，杜外人之干涉。"① 可见君宪仍是其优先的选择。

此时，南方在孙中山回国后几日内连开会议，已经为进一步议和做了充分准备，故伍廷芳在此轮会谈开始后，即代表民军向袁氏提出继续停战的七项要求：

　　一、国民会议未能决国体以前，清政府不得额外借债，亦不得运动借外债。

　　二、所有山西、陕西、湖北、安徽、江苏全境内之清兵，于十一月十一日起，七日之内一律退出境外，民军亦不得进袭。但境内之行政权由民军政府管理。其山东、河南等处民军已经占领之地方，清军不得来攻，民军亦不得进袭。

　　三、国民会议由各省代表组织，每省三人，每人一票，若到会代表不及三人者，仍有投三票之权。

　　四、到会省数有三分之二，即可开议。

　　五、开议共和问题，从多数取决，取决之后，两方均须服从。

　　六、开会场所在上海城。

　　七、开会时间定于十一月二十日。

　　如允此七条办法，可自十二日上午八时起再继续停战。②

这七条的提出使民军在谈判中占得先机，而袁内阁则未能提

---

① 《致东三省总督赵尔巽电》（宣统三年十一月初十日），骆宝善、刘路生主编《袁世凯全集》第19卷，第219页。

② 《宣统三年十一月初十日清议和总代表唐绍仪致内阁总理袁世凯电》，中国史学会主编《中国近代史资料丛刊·辛亥革命》第8册，第226页。

出一套具体办法以供协商。尤当注意的是，唐绍仪并没有遵从谕旨，等候内阁拟定选举法，再与伍廷芳协商，而是就这七条与伍廷芳展开谈判。经过讨论，双方先议决并签押了四条，唐绍仪当即向袁氏做了汇报，并特别要求袁氏就罢兵一条饬各军队遵照。

一、现在两全权代表会议，图解释猜疑，以安大局，特订定条款如左。

二、开国民会议解决国体问题，从多数取决，决定之后，两方均须依从。

三、国民会议未解决国体以前，清政府不得提取已经借定之洋款，亦不得再借新洋款。

四、自十一月十二日早八时起，所有山西、陕西、湖北、安徽、江苏等处之清兵，五日之内一律退出原驻地方百里以外，只留巡警保卫地方，民军亦不得进占，以免冲突，俟于五日之内商妥退兵条款，按照所订条款办理。其山东、河南等处民军已经占领之地方，清军不得来攻，民军亦不得进取他处。[1]

袁氏接电后谓"太逼人过甚"，[2]于12月30日连发两电给唐绍仪，认为第三条不得提取及再借洋款，民军亦应遵守；第四条官军退出百里，民军亦应退出百里。总之两方面须共同遵守，要求民军代表承认签押。鉴于七条中尚待议定的其他各条均关国民会议之召集，袁氏特别提醒唐绍仪，"此后各条关系尤重，务请先

① 《宣统三年十一月初十日清议和总代表唐绍仪致内阁总理袁世凯电》，中国史学会主编《中国近代史资料丛刊·辛亥革命》第8册，第227页。

② 《沈盦日记》，宣统三年十一月十一日。

电商妥协，再予签定"。① 足见袁氏对唐绍仪擅自签押四条已有不满之意。

同日，袁氏在获知孙中山当选为临时大总统后，接受了德文新报记者的采访，他说："目前经济困难至极，处此情形而列强犹不肯以资财相贷，即清廷及诸亲贵亦不肯解囊相助，殊堪扼腕之至。余力虽垂竭，然迫于爱国之心，不敢不竭其余力，仍欲以君主立宪脱中国于危难之中。当此世变，欲召集国会良非易事，然在予辈一方面，仍当尽力筹备，以冀开会。"② 这表明袁氏虽然面临诸多困难，但绝不会轻易向南方妥协。

就在 12 月 30 日下午，唐、伍举行了第四次会谈，重点讨论召集国民会议的具体办法。双方在开会地点等问题上虽有分歧，但在原则上，唐绍仪和伍廷芳一样，都是从促成共和出发，因此双方很快就签订了如下四条协议：

一、国民会议由各处代表组织，每一省为一处，内外蒙古合为一处，前后藏合为一处。

二、每处各派代表三人，每人一票，若有某处到会代表不及三人者，仍有投三票之权。

三、开会之日，如各处到会之数有四分之三即可开议。

四、各处代表，江苏、安徽、江西、湖北、湖南、山西、陕西、浙江、福建、广东、广西、四川、云南、贵州，由中华民国临时政府发电召集；直隶、山东、河南、东三省、甘

① 《袁世凯致唐绍仪电》（宣统三年十一月十一日），方裕谨编选《1912年南北议和电报选》，《历史档案》1986年第4期，第46页。

② 《西报记袁世凯之言论》，《时事新报》1912年1月3日，第1张第2版。

肃、新疆，由清政府发电召集，并由民军政府电知河南、山东谘议局；内外蒙古、西藏由两政府分电召集。①

以上关于国民会议代表产生办法，唐绍仪并未提出异议。关于开会时到会省区最低数，唐绍仪认为伍廷芳在七条中提议的三分之二门槛过低，对于决定国体这样的特别事宜来说有些草草，最终双方决定改为到会四分之三即可开议。至于山东、河南、蒙古、西藏等处代表，之所以由双方分电召集，是因为这些地方已有革命军占领的区域。②

12 月 31 日下午，唐、伍举行第五次会谈，双方又就召集国民会议地点和时间问题继续讨论。关于地点，唐绍仪传达袁氏之意，主张在北京，而伍廷芳主张在南京；唐绍仪又先后提出汉口、香港、威海卫、烟台等地，伍廷芳一一拒绝，提议改在上海公共租界。③ 关于召集时间，唐绍仪提出一个月内召集，伍廷芳认为太迟，主张一周后召集。最终双方达成如下约定：

> 伍代表提议国民会议在上海开会，日期定十一月二十日
> （即 1912 年 1 月 8 日——引者），唐代表允电达袁内阁，请
> 其从速电复。④

① 《唐绍仪致袁世凯电》（宣统三年十一月十一日），方裕谨编选《1912 年南北议和电报选》，《历史档案》1986 年第 4 期，第 46—47 页。

② 《南北代表会议问答速记录·第四次会议录》（辛亥十一月十一日），观渡庐编《共和关键录》第 1 编，第 25 页。

③ 《南北代表会议问答速记录·第四次会议录》（辛亥十一月十一日），观渡庐编《共和关键录》第 1 编，第 23—24 页；《南北代表会议问答速记录·第五次会议录》（辛亥十一月十二日），观渡庐编《共和关键录》第 1 编，第 29 页。

④ 《南北代表会议问答速记录·第五次会议录》（辛亥十一月十二日），观渡庐编《共和关键录》第 1 编，第 30 页。

前述召集国民会议的四条协议显然对南方更为有利。当时大部分省份已经有一到数名代表在南京或上海，召开国民会议非常方便，这就是伍廷芳提议一周后即召开的原因。但对袁氏而言，这些代表并非选举产生，而且在如此短时间内召集会议，"只不过是一幕滑稽戏"，所开会议不具有任何代表性，所达成的任何解决办法都不可能是长久的。① 在这点上，不能不承认，袁氏的看法是很有说服力的。事关重大，袁氏不可能接受这样一个方案。双方在这个问题上尚未达成一致，民军紧接着又有新的动作。

十二　民军提出优待皇室条件

武昌起义爆发后不久，有识之士就思考如何"缩减战争时地"，以和平手段促进共和实行，保全疆土，巩固国家地位，发挥人道主义，谋取国民幸福。② 11 月 11 日，江苏都督程德全、浙江都督汤寿潜发出"组织全国会议团通告书"，将"对于清皇室之处置"列为三大议题之一。③ 11 月 12 日，伍廷芳、张謇、唐文治、温宗尧电请摄政王逊位，指出"君主立宪政体，断难相容于此后之中国……倘荷幡然改悟，共赞共和，以世界文明公恕之道待国民，国民必能以安富尊荣之礼报皇室"。④ 12 月 5 日，

① 《第 63 件　朱尔典爵士致格雷爵士函》（1912 年 1 月 22 日收到），胡滨译《英国蓝皮书有关辛亥革命资料选译》上册，第 308 页。

② 《拟定政见五条》，国家图书馆善本部编《赵凤昌藏札》第 10 册，第 441 页。

③ 《苏州程都督、杭州汤都督致沪都督电》（1911 年 11 月 11 日），政协浙江省萧山市委员会文史工作委员会编《汤寿潜史料专集》（《萧山文史资料选辑》第 4 辑），第 593—594 页；《组织全国会议团通告书》，国家图书馆善本部编《赵凤昌藏札》第 10 册，第 449—451 页。

④ 《伍廷芳等请摄政王逊位电》（1911 年 11 月 12 日），时事新报馆编辑《革命文牍类编》第 4 册，电报类，第 1 页。

独立各省代表在汉口开会，正式提出对北开议四项条件，其中两项为"礼遇旧皇室"及"以人道主义待满人"。①

唐、伍议和开始后，在 12 月 20 日的第二次会议上，伍廷芳站在民族国家高度阐述了改为民主共和对普通满人与皇族的益处。他说："今日尔我所争者，一国之事，非一民族、一省、一县之事，且改为民主于满洲人甚有利益，不过须令君主逊位，其他满人皆可优待，皇位尤然。现时规制，满人株守京师，无贸易之自由，改革之后，满人与汉人必无歧视，将来满人亦可被举为大总统，是满人何损，而必保存君位。"又说："我等最注意者，宜使中国完全无缺，不为外人瓜分，皇室之待遇、旗兵之安置，自有善法，前此汤、程、张各都督与我已有电致摄政王，只请逊位，其余一切优待。"②在 12 月 29 日的第三次会议上，伍廷芳正式提出讨论优待皇室条件。在此之前，民军内部黄兴、汪兆铭等均就此提出过意见。黄兴主张"帝位可仍与以岁金，但不能在北京，不能出上谕，以高丽之法待之"。汪兆铭则拟优待王室条件如下："一、以外国君主之礼待之；二、退居颐和园；三、优给岁俸，数目由国会定之；四、所有陵寝、宗庙听其奉祀；五、保护其原有之私产。"又拟关于满蒙回藏待遇两条："一、与汉人平等；二、保护其原有之私产。"③经过讨论，双方初步议定优待条件如下：

---

① 刘星楠遗稿《辛亥各省代表会议日志》，中国人民政治协商会议全国委员会文史资料研究委员会编《辛亥革命回忆录》第 6 集，第 246 页。

② 《南北代表会议问答速记录·第二次会议录》（辛亥十一月初一日），观渡庐编《共和关键录》第 1 编，第 11—12 页。

③ 《南北代表会议问答速记录·第五次会议录》（辛亥十一月十二日），观渡庐编《共和关键录》第 1 编，第 34—36 页。

一、关于清帝之待遇

一　以待外国君主之礼待之。

二　退居颐和园。

三　优给岁俸数目，由国会定之。

四　陵寝及宗庙听其奉祀。

五　保护其原有私产。

二、关于满蒙回藏之待遇

一　一律与汉人平等。

二　保护其原有之私产。

三　先筹八旗生计，于未筹定八旗生计以前，原有口粮暂仍其旧。

四　从前营业之限制、居住之限制，一律蠲除。

五　所有王公等爵概仍其旧。[①]

将以上待遇条件与黄兴、汪兆铭的意见相比，可知其主要就是采纳了二人的意见，特别是汪兆铭的意见。故唐绍仪后来透露，清帝退位条件，"原建议者为汪精卫先生，汪当时因无发言权，乃以书面交伍秩庸先生提出和议决定者"。[②]

在12月30日的第四次会议上，唐、伍再次谈及皇室待遇问题。唐绍仪赞同对皇室以外国君主之礼待之，主张"若不迁都，则颐和园可令废帝居住"，"有云热河者，甚不便，因偏僻故也"。伍廷芳请唐绍仪"开条款"，并说"总之，清帝让位，则诸事易

---

① 《南北代表会议问答速记录·第三次会议录》（辛亥十一月初十日），观渡庐编《共和关键录》第1编，第18页。

② 唐绍仪阅，张蓬舟编《民清和议述略》，《大公报廿五年国庆特刊》，第9页。

商"，但对迁都问题未表示明确意见。[1] 在 12 月 31 日的第五次会议上，唐绍仪复提及优待皇室问题，伍廷芳表示"先决定国体问题为宜"。最后，双方确认将以下优待皇室条件列于正式公文，电达各国政府，以昭大信。

优待皇室条件

一　清帝退位之后，其名号仍存不废，以待外国君主之礼待之。

二　暂居宫禁，日后退居颐和园。

三　优定清帝岁俸，年支若干，由新政府提交国会议决，惟不少于三百万两之数。

四　所有陵寝、宗庙得永远奉祀，并由民国妥为保护。

五　德宗崇陵未完工程及奉安经费仍照实用数目支出。

六　保护其原有之私产。[2]

以上优待皇室条件除第五款为增补外，其余均以 12 月 29 日第三次会议议定大纲为基础，略加明确而已。至于"优待满蒙回藏人条件"，完全与第三次会议议定大纲相同（略）。这些条件的提出，意味着南方在与唐绍仪议定召集国民会议办法的同时，已经在切实考虑清帝退位问题，而唐绍仪作为北方总代表，并没有表示异议。

---

[1]　《南北代表会议问答速记录·第四次会议录》（辛亥十一月十二日），观渡庐编《共和关键录》第 1 编，第 21 页。

[2]　《南北代表会议问答速记录·第五次会议录》（辛亥十一月十二日），观渡庐编《共和关键录》第 1 编，第 36—37 页。

十三　张謇代拟清帝逊位诏书

12月29日下午唐、伍第三次会谈结束时，双方初步议定"关于清帝之待遇"及"关于满蒙回藏之待遇"大纲，标志着清帝退位问题被南方正式提上议事日程。随即，南方又采取了一个重大步骤，即邀请已经转向共和的原立宪派领袖张謇代拟清帝退位诏书。其所拟诏书即张謇后来手定《张季子九录》卷三中之"内阁复电"，内容如下：

前因民军起事，各省响应，九夏沸腾，生灵涂炭，特命袁世凯为全权大臣，遣派专使与民军代表讨论大局，议开国民会议，公决政体。乃旬月以来，尚无确当办法，南北暌隔，彼此相持，商辍于途，士露于野，徒以政体一日不定，故民生一日不安。予惟全国人民心理，既已趋向共和，大势所趋，关于时会，人心如此，天命可知，更何忍移帝位一姓之尊荣，拂亿兆国民之好恶。予当即日率皇帝逊位，所有从前皇帝统治国家政权，悉行完全让与，听我国民合满汉蒙藏回五族，共同组织民主立宪政治。其北京、直隶、山东、河南、东三省、新疆，以及伊犁、内外蒙古、青海、前后藏等处，应如何联合一体，着袁世凯以全权与民军协商办理，务使全国一致，洽于大同，蔚成共和郅治。予与皇帝有厚望焉。①

张孝若撰《南通张季直先生传记》时，曾在第八章节录"内阁复电"，但他并不知道该电即其父代拟清帝退位诏书，因此在传记中叙及清帝退位时，仅以一句"不久内阁即日逊位的复电来到我父的手中了"带过。最早披露该诏草拟内幕的，是曾任南京临时政府总统府秘书长的胡汉民。他在1930年看到张孝若所写传记后，觉得有必要让其了解一些内幕，以便补充修改，于是给时任行政院院长谭延闿写了一封信，请其转告张孝若。信中写道：

> 季直先生传记第八章文字，似有可补充者。清允退位，所谓内阁复电，实出季直先生手。是时优待条件已定，弟适至沪，共谓须为稿予清廷，不使措词失当。弟遂请季直先生执笔。不移时脱稿交来，即示少川先生（即唐绍仪——引者），亦以为甚善，照电袁。原文确止如此，而袁至发表时，乃窜入授彼全权一笔。既为退位之文，等于遗嘱，遂不可改。惟此事于季直先生无所庸其讳避。今云"来到手中"，颇为晦略，转觉有美弗彰，岂孝若君尚未详其事耶？有暇请试询之。②

---

① 张孝若编《张季子九录·政闻录》第2册，中华书局，1931，第42—43页。按，骆宝善《清帝辞位诏书的拟稿与改定》[《澳门理工学报》（人文社会科学版）2022年第1期] 一文，谓张謇所拟诏稿"下落不明"，不够准确。张謇手定《张季子九录》卷三中之"内阁复电"其实就是张謇所拟诏书。骆文虽然注意到该电，但没有意识到1911年12月底南北议和已将清帝退位提上议事日程，因此否认该电为张謇所拟诏书。然而，只要将该电文字与1912年2月12日清帝退位时所颁诏书文字略加比较，即可断定后者是在前者基础上修改而成，两者关系至为明显，确凿无疑。

② 张孝若：《南通张季直先生传记》，中华书局，1929，第155页。

　　张謇密友刘厚生后来也说："隆裕太后所下逊位诏书出于张
謇手笔，当时北京及上海方面知者颇多，而謇从未向其子孝若提
及。"① 又说，"其时北方代表唐绍仪自言未便属稿，清廷重臣徐世
昌怕担'逼宫'之名，亦不愿草拟，而南方代表则主予稿清廷，
可免措词失当"，因此，"南北议和代表佥推张季直先生起草清帝
退位诏书"。② 此一记述与胡汉民所述其时"共谓须为稿予清廷，
不使措词失当"正相吻合。又，胡汉民既然说唐绍仪看过该诏，
并且由唐电寄给袁，那么唐绍仪如何讲述这件事，就至关重要。
据唐后来说："此项诏书……文意皆系余与张季直、赵竹君两先生
所拟，主稿者则为张季直先生。"③ 这应当是最近实情、最为公允
的说法，可惜一直不为后人注意。赵凤昌的儿子赵尊岳后来撰文
极力强调其父在起草诏书中所起的作用，说是其父建议张謇"试
拟为之"，并说由其父"亟电京师"，④ 刘厚生则改口称诏书是他
应张謇之托"在二三十分钟内草就"的，⑤ 这些恐怕都是为了给自
己脸上贴金。赵凤昌、刘厚生作为张謇密友，当时参与意见是可
能的，但其角色恐不像赵尊岳所记和刘厚生改口所述的那样。

　　一直以来，学界都是把张謇拟定清帝退位诏书与1912年2
月12日清帝退位直接联系，但从胡汉民所透露的信息来看，实

①　刘厚生编著《张謇传记》，第175页。

②　刘厚生：《张謇与辛亥革命》，中国人民政治协商会议全国委员会文史资料研究委员会编
　　《辛亥革命回忆录》第6集，第261页。

③　唐绍仪阅，张蓬舟编《民清和议述略》，《大公报廿五年国庆特刊》，第10页。

④　赵尊岳：《惜阴堂辛亥革命记》，中国社会科学院近代史研究所近代史资料编辑组编《近代
　　史资料》总53号，中国社会科学出版社，1983年，第80—81页。

⑤　刘厚生：《张謇与辛亥革命》，中国人民政治协商会议全国委员会文史资料研究委员会编
　　《辛亥革命回忆录》第6集，第262页。

情并非如此简单。按胡汉民所言，张謇拟诏时他刚到上海，当时"优待条件已定"。查胡汉民到达上海的时间为 12 月 25 日，是陪同刚从海外归国的孙中山而来的，[①] 张謇亦于是日由南京到达上海，[②] 胡、张二人由此得有机会接触。至于胡汉民所谓"优待条件已定"，并不是指后来清帝退位时双方商定的优待条件，而是指民军方面最初确定的优待条件，具体讲就是指前述 12 月 29 日下午第三次会谈时伍廷芳代表南方向北方代表唐绍仪正式提议讨论的"优待条件"。如前所述，该优待条件的"原建议者"为南方议和参赞汪兆铭，黄兴也曾参与意见。如此，则张謇草拟诏书就应该在 12 月 29 日下午第三次会谈前后。另据张謇所拟诏书，有"特命袁世凯为全权大臣，遣派专使与民军代表讨论大局，议开国民会议，公决政体，乃旬月以来，尚无确当办法"一语，而至 12 月 30 日下午唐、伍第四次会谈结束时，已经议定国民会议组织办法四条，彼此签字认可。则张謇草拟诏书时间必定在 12 月 29 日下午会谈开始前后至 12 月 30 日下午会谈结束之前。此外，袁氏确定唐绍仪为其议和全权代表是 12 月 7 日，[③] 如果从那时算起，至 12 月底已两旬有余；如果从 12 月 18 日议和正式开始算起，至 12 月底已一旬有余，这也与诏书中"旬月以来"说法相符。[④]

---

① 陈锡祺主编《孙中山年谱长编》上册，第 595 页。

② 《柳西草堂日记》，李明勋、尤世玮主编《张謇全集》第 8 册，第 731 页。

③ 《宣统三年十月十七日袁世凯咨唐绍仪文》，上海图书馆《上海图书馆藏唐绍仪中文档案》第 18 册，第 9128—9130 页。

④ 按，刘厚生回忆，南北代表推张謇起草清帝退位诏书是在"辛亥十二月"（刘厚生：《张謇与辛亥革命》，中国人民政治协商会议全国委员会文史资料研究委员会编《辛亥革命回忆录》第 6 集，第 261 页），这一说法显然是根据清帝退位诏书颁发于宣统三年十二月二十五日（1912 年 2 月 12 日）形成的，实际上张謇代拟清帝逊位诏书是在宣统三年十一月十日至十一日（12 月 29 日至 30 日），刘的回忆并不准确。

尤要指出的是，张謇代拟清帝退位诏书前后，民军方面接连发生了数件大事。先是 12 月 25 日孙中山归国到沪，接着 12 月 29 日上午十七省代表投票选举孙中山为临时大总统，然后 1912 年 1 月 1 日孙中山由沪赴宁就职，南京临时政府宣告成立。而南方提出优待大纲及邀请张謇代拟清帝退位诏书恰好发生在此间。这就告诉我们，张謇代拟清帝退位诏书并非孤立事件，而是南方为迅速推倒帝制所采取的一系列重要步骤当中不可或缺的一环，只是一直以来学界未能确定张謇代拟清帝退位诏书的具体时间，仅将其与 2 月 12 日清帝退位相关联，因而未能充分揭示其在南北议和进程中的重要意义。①

尚需指出的是，张謇代拟清帝退位诏书，完全是按照南方推进清帝退位的节奏，但对袁世凯而言，除了与南方议和外，还要与亲贵王公及其他反共和势力周旋，因此不可能完全按照南方的意愿行动。尤其重要的是，袁氏以达成"虚君共和"为目的，在议和开始前即对唐绍仪的议事范围进行了限制，声称"此次遣使南下，以恪守信条为主旨……协议条款，如关于政治改革，均可商酌；至于皇室问题，则非所应议；种族之说，尤不应言"，②意即不应讨论清帝退位问题。而张謇所拟诏书明确要求清帝"逊

---

① 相关论文主要有逯耀东《对清帝退位诏书几点蠡测》（《中国历史学会史学集刊》1974 年第 6 期）、郭士龙《张謇与清帝辞位之关系》（《海门县文史资料》1987 年第 8 辑）、吴切《关于〈清帝退位诏书〉和〈秋夜草疏图〉》（《民国档案》1991 年第 1 期）、宋培军《袁世凯手批清帝辞位诏书的发现及其对清末民初国体因革的认知意义》（《文史哲》2019 年第 4 期）、骆宝善《清帝辞位诏书的拟稿与改定》[《澳门理工学报》（人文社会科学版）2022 年第 1 期] 等。这些论文均以考证诏书草拟情形为主，可惜未能与南北议和进程有机结合讨论，故在诏书草拟时间及其意涵等问题上难以取得突破。近年还有一些论文专就清帝退位诏书内容及意义进行分析，因与本书关系不大，不一一列举。

② 《资政院议员与袁总理问答记略（十月二十六日经纬报）》，渤海寿臣编《辛亥革命始末记》，第 1240 页。

位"，两者诉求完全不同，因此，此时要让袁氏接受这样的诏书，是不可能的。赵尊岳所谓"袁正患无策，得之大事称许，一字不易，仅加由袁世凯办理一语颁行之"，[①]并不符合此时情形。从该诏书以"内阁复电"形式保存在张謇手定的《张季子九录》来看，袁氏接到了该诏书，但又发还给张謇。

十四　袁氏拒绝唐伍所定国民会议组织办法

袁氏此时不要说不能接受张謇所拟清帝"逊位"诏书，就是唐、伍所定国民会议组织办法，也无法接受。如前所述，唐、伍议和开始前，梁士诒曾向罗惇曧询问梁启超的主张，并托人将梁氏关于虚君共和的意见书录送唐绍仪，"资其议和之材料"。[②]然而，唐氏心向共和，在谈判中不但未及保留"君位"问题，反而在南方请张謇代拟清帝逊位诏书时参与其中；就是他与伍廷芳所定召集国民会议的四条具体办法，也明显偏向南方。其时各报均传言唐力主共和，梁士诒却说袁、唐均以"君位共和"为宗旨，认为唐主共和"绝无其事"，[③]可见唐氏的表现实在出乎袁派的预料，以致无法相信。

按唐、伍所定国民会议办法，最终将毫无悬念造成民主共和。袁氏若不承认这一结果，将失去谋取临时大总统的机会；若

①　赵尊岳：《惜阴堂辛亥革命记》，中国社会科学院近代史研究所近代史资料编辑组编《近代史资料》总53号，第80页。
②　丁文江、赵丰田编《梁启超年谱长编》，第578页。
③　丁文江、赵丰田编《梁启超年谱长编》，第578页。

承认, 则 "虚君共和" 目的将不能达到。这一被动局面的出现,
已超出袁氏预料, 因唐、伍会谈开始前, 袁氏本来对南方接受
"虚君" 是抱有比较乐观态度的。他的信心主要来自以下几个方
面。首先, 黎元洪不仅在提出停战请求之初表示过愿意 "在满清
朝廷之下建立立宪政体", 而且在双方议和代表确定后公开表示,
"如果大家愿意君主立宪, 他将拥护总理大臣或其他适当人物,
并采用国会制"。总税务司安格联致函蔡廷幹报告了这一情况,
并请蔡呈送袁世凯。① 这就让袁氏以为, 自己 "已经把武昌的革
命党首领黎元洪争取到他这一边"。而在东南影响颇大的江苏都
督程德全, 也表示 "但求政治改良", 有允认君主之意。② 其次,
通过晤见各国公使及所得各国政府来电, 袁氏认为诸大国 "对于
中国君主立宪, 皆当赞成……英使出面调停, 实本此主义", 且
"此次和议有各国出席监视, 革党当不敢为公敌"。③ 再次, 袁氏
认为南方虽有多省独立, 但饷械匮乏、人心涣散, 有和平解决的
可能。特别是议和前几日, 袁氏拜访英使朱尔典, 朱尔典信心满满
曰: "本使近已查确, 各省革命军各相为谋, 颇不一致, 且近来该
军财政已困难达于极点, 即一月亦不能支, 故该军急于求和, 不必
一定民主。若贵政府将'大清'字样消去, 该军决能保存大皇帝君
位, 承认君主立宪, 故此次议和, 贵总理目的, 预料确能达到。"④

---

① 《1911 年 12 月 10 日安格联致蔡廷幹函》, 中国近代经济史资料丛刊编辑委员会主编《中国
　海关与辛亥革命》, 第 336 页。
② 《致达・狄・布拉姆函》(北京, 1911 年 12 月 12 日),〔澳〕骆惠敏编《清末民初政情
　内幕——〈泰晤士报〉驻北京记者、袁世凯政治顾问乔・厄・莫理循书信集》上册, 第
　811—812 页。
③ 《资政院议员与袁总理问答记略(十月二十六日经纬报)》, 渤海寿臣编《辛亥革命始末
　记》, 第 1240—1241 页。
④ 《关于两军议和之消息》,《大公报》1911 年 12 月 18 日, 第 2 版。

这无疑给了袁氏希冀。另外，袁氏为了主导国民会议的召集，在劝说清廷降旨同意召集国民会议时，也已在诏书中埋下伏笔，即"由内阁迅将选举法妥拟，协定施行"。① 在十四省已经宣布独立的形势下，袁氏设置这一障碍虽然不一定能够左右国民会议的结果，却有可能造成一定程度的君主、民主较为混沌的局面，最终为实现"虚君共和"创造机会。但现在，他完全判断失误了：伍廷芳态度极为强硬，唐绍仪迅速转向共和，六国领事照会和谈代表声明"严守中立"，内阁尚未拟定选举法，唐、伍已经议定有利于南方的召集国民会议办法四条。还有，唐绍仪刚刚督促袁内阁代奏迅将选举法拟定，获得谕旨允准还不满四十八小时，他就与伍廷芳签订了国民会议办法四条，这一波操作无异戏要了袁氏。

　　除了会谈结果让袁氏不满外，还有一个重大变故，让袁氏不能接受，这就是孙中山当选临时大总统及南京临时政府建立。由于在议和酝酿阶段，南北双方曾订"推袁之约"，独立各省代表联合会议也曾就此做出决定，现在这种情况自然会被袁氏认为不守信用。据吴景濂自述，当时各省代表的想法是："袁在北京是否真正赞成共和，仍须考核；非先设政府，举出临时总统，清廷不能退让，袁在北京亦着手困难。故在南京组织临时政府与袁赞助共和，两事并不妨害。"② 然而，实际效果正好相反。袁氏如果赞成民主共和，自然乐见南京临时政府建立，但他真正关心的其实是自己如何才能掌握国家大权，如此一来，南京临时政府的建立

① 《著召集临时国会将君主立宪共和立宪付之公决事谕旨》（宣统三年十一月初九日），赵增越选编《宣统三年清皇室退位档案》，《历史档案》2011 年第 3 期，第 33 页。

② 吴叔班笔记，张树勇整理《吴景濂口述自传辑要》，中国人民政治协商会议天津市委员会文史资料研究委员会编《天津文史资料选辑》第 42 辑，天津人民出版社，1988，第 57 页。

反而成了他达到目的的障碍，因为即使他迫使清帝退位，然后顺利就任南京临时政府大总统，他也会因为在南方缺乏根基而无法掌控国家大权。于是，如何取消南京临时政府，就成为袁氏接下来考虑的中心问题，而不是首先考虑逼迫清帝退位，"挟天子以令诸侯"，反而对他有利。

在外人看来，"袁顽固得像头驴"。①12月29日，他在接受《大陆报》记者采访时表示："余今决计反对民军所定召集国会办法，因民军之要求为一方面之主意，似此集会，不足代表团体，将与戏剧无异。故余主张召集此会，其会员须实有代表各省之性质。"②

12月30日，袁氏致电唐绍仪，称"代表人数四条，断无效力，本大臣不能承认，请取销"，同时要求唐氏必须与伍廷芳协定"选举法"，获得内阁同意后再签订。③接着又电唐绍仪，强调制定普通选举法及在北京召开国民会议的必要性，要求唐绍仪在谈判中必须坚持。其言曰：

> 兹当解决国体之时，必须普征全国人民意思以为公断，自应用各国普通选举之法，选出国会议员，代表全国人民意思而议决之，始能收效；倘以少数之代表人草率议决，实与专制无异，各省及各藩属军民决不公认，必至再起争端，殊乖和平解决之本旨。此必须定选举法之理由也……至必在北

---

① 〔英〕埃德温·丁格尔：《辛亥革命目击记：〈大陆报〉特派员的现场报道》，第131页。
② 《接见〈大陆报〉访员之谈话》（1911年12月29日），骆宝善、刘路生主编《袁世凯全集》第19卷，第219页。
③ 《内阁致唐绍仪电》（宣统三年十一月十一日），方裕谨编选《1912年南北议和电报选》，《历史档案》1986年第4期，第46页。

京开会之理由有三：一、北京久为中央政府地点，而民军完全统一之政府尚未成立；一、按全国道里，以北京为相距适中之点，而蒙回各属人民远赴上海，未必肯去；一、各国公使驻在北京，万国具瞻，可昭大信，非上海一隅之地所能并论。以上各节，务望坚持。①

为了让唐绍仪改变立场，袁氏在给唐绍仪的电报中试图以"病日不支，求生求死，两不可得"这样的话软化唐绍仪，②甚至让梁士诒向唐绍仪发出"项城病危"四字之电。③唐绍仪为此专电问候其病情，结果袁氏复电说"北方军民视国会为公敌，结会反对，致焦忧成疾"。此种敷衍性质的答复引起唐绍仪的极大不满和质疑，致电梁士诒批评袁氏"当断不断"，必受其乱。电曰：

得复，谓北方军民视国会为公敌，结会反对，致焦忧成疾。窃疑焉。自东南变起以来，不得已而言和，又不得已而召集国会，将以免决裂而归于和平，其实则为保皇室、保中国计耳。今允开国会，而斤斤以选举及地点为无谓之争，是何异既予之而复夺之耶！并国会之议，内阁奏之，谕旨布之，彼反对是仇内阁也，背谕旨也，此必阘茸之官，无识之军，贪恋利禄，谬谈忠爱，而不知其误大局之甚。一旦都城

---

① 《袁世凯致唐绍仪电》（宣统三年十一月十一日），方裕谨编选《1912年南北议和电报选》，《历史档案》1986年第4期，第46页。

② 《袁世凯复唐绍怡电》（辛亥十一月初八日），李希泌辑录《有关辛亥南北议和文电抄》，《文献》1981年第3期，第20页。

③ 《蔡金台致赵尔巽函》（宣统三年十一月十二日），中国第一历史档案馆编《清代档案史料丛编》第8辑，第357页。

有变，若辈仓皇窜伏，鸟兽散已。宫保徘徊顾虑，欲求两全，长此迁延，势将不可收拾。东邻眈眈瞵视，乘间窃发，中国之亡，可立而待，负国民之望，负寰球列邦之望。当断不断，必受其乱，实为宫保惜之。且官绅军民既不以内阁主持国会为然，则国务大臣自应力劝总理全体辞职，尚可为他日收之桑榆之计。望与诸明达熟筹之。①

稍后，袁氏眼见自己已经处于被动，急忙于 12 月 31 日将内阁拟定的选举法摘要电告唐绍仪，共九条。具体如下：

一、临时国民会议于北京召集之。

一、各厅州县及府之有直辖地方者各选议员一人。

一、各藩属每旗各选议员一人，无旗之部落每部及西藏每城各选议员一人。

一、各省以各府厅州县行政长官充选举监督。

一、各藩属以扎萨克总管部长、城长等充选举监督。

一、有全员三分之二以上到会即为成立。

一、除左列各项外，凡有国籍之男子年满二十五岁，于该选举区内有住所，满一年以上者，皆有选举及被选举资格：甲、褫夺公权者；乙、受徒刑以上之刑，由宣告之日起裁判尚未确定者；丙、禁治产及破产者；丁、僧道及各教宗教师；戊、有爵宗室；己、现役军人及因此次事变在召集中者；庚、现任官吏及现在民军政府服职务者。

① 《唐绍仪致梁士诒电》（辛亥十一月初八日后），李希泌辑录《有关辛亥南北议和文电抄》，《文献》1981 年第 3 期，第 20—21 页。

一、选举用单记名法投票。

一、以得票最多数之人为当选议员。至此项议员选定后，应由各府厅州县地方行政长官发给印文执照赍送到京，计到京议员已届总数三分之二时，即行开会。所有会议条例，另行规定。①

袁氏又电唐绍仪强调，"数千年君主国体欲于此时议改，非得真正之国民会议多数取决，必不能服全国之人心，免将来之革命，并不足对付目前外交"，要求唐绍仪向伍廷芳声明两点：其一，"国会地点必在北京，断不迁就"；其二，选举法必须按以上所列各条协订，"万不能名托召集，实同指派，以为掩耳盗铃之计"。倘若伍廷芳不允以上二事，请询伍廷芳，"是否欲开假饰之国民会议，不愿开真正之国民会议，即是否不愿和平解决"。并语带威胁说："各军队企踵待命，不能刻延，请速复。"②

按袁内阁所定以上办法，参加国民会议的代表将由唐、伍议定的全国二十四处共计七十二名，增加到全国各厅州县、府直辖地及各旗、各部、各城等各一人，合计近两千名，支持袁氏的名额可能会大大增加；③而且降低了开会门槛，只要设法使各处支

---

① 《内阁致唐绍仪电》（宣统三年十一月十二日），方裕谨编选《1912年南北议和电报选》，《历史档案》1986年第4期，第47页。

② 《内阁致唐绍仪电》（宣统三年十一月十二日），方裕谨编选《1912年南北议和电报选》，《历史档案》1986年第4期，第47页。

③ 按，清末全国共有厅州县1640个，再加上府直辖地及各旗、各部、各城，总数近2000个（瞿同祖：《清代地方政府》，法律出版社，2014，第9—10页；谭其骧主编《中国历史地图集》，中国地图出版社，2014，第65—66页）。其中武昌起义后未独立各省共有厅州县689个，再加上未独立省份府直辖地及各旗、各部、各城，总数在900余个，与独立省份旗鼓相当，甚或超过。

持袁氏的代表全部率先到达北京，再加上一少部分不支持袁氏的代表到京，总数达到三分之二即可开议。如此则会议结果将很难预料，极有可能出现一种君主、民主争持不下的混沌局面，从而为造成君主立宪或虚君共和创造机会。按北方议和代表随员许鼎霖的估计，"苟能按照每县举一代表，到京开临时国会，则君主立宪犹有把握"；[①] 袁氏亦谓，如此"或不至偏重共和，尚存君宪之望"。[②]

对于袁氏提出的方案，英国驻京公使朱尔典从第三者的立场出发，有较为公允的评判。他说："他自己（指袁氏——引者）关于选举所作的安排似乎过于繁琐，很可能证明是行不通的，但这些安排至少为讨论提供了一个较好的基础。关于开会地点，双方似乎都同样是不讲道理的。参加上海议和会议的清方代表返回此地后报告说：气氛太倾向于共和，不允许自由讨论。不过，尽管袁世凯提出赞成在北京开会的动听的理由，但如果认为南方代表会前来此地，在满清军队和一大批满族居民中间鼓吹他们的共和理论，那是很不合乎情理的。"[③] 湖南都督谭延闿则站在民军立场，认为"袁世凯以诡诈著于世界，所称国民会议一层，无非冀借所遣汉奸运动之力，以议决君治而苟延残喘；倘议决共和，彼不难借事反复，再开战端，尔时则清廷在各国所购之械、所借之款均已齐备，则战祸愈难了结。刻下不过假议和延期，以便布置，此

---

① 《许鼎霖致赵尔巽函》（宣统三年十一月十日），中国第一历史档案馆编《清代档案史料丛编》第8辑，第354页。

② 《恳恩收回封爵成命折》（宣统三年十二月初九日），骆宝善、刘路生主编《袁世凯全集》第19卷，第396页。

③ 《第63件 朱尔典爵士致格雷爵士函》（1912年1月22日收到），胡滨译《英国蓝皮书有关辛亥革命资料选译》上册，第308页。

中狡谲，不难窥破"。① 又认为"袁欲将开议地点移在北京，无
非希图便彼运动，或于和议不成时，得以抑留代表，其迹显而易
见"。② 可以说对袁氏毫无信任。

十五　北方议和总代表唐绍仪辞职

在袁氏拒不接受国民会议组织办法四条的同时，南方对召集
国民会议的态度也发生了重大变化。孙中山当选临时大总统次
日，各省代表会议做出决议："本月初十日十七省代表在宁开会
选举临时大总统，已足见国民多数赞成共和，毋庸再开国民会
议。"③ 代表们要求伍廷芳以此答复唐绍仪要求召开国民会议一节。
另一方面，袁氏的强硬态度让唐绍仪进退两难，再加上亲贵和资
政院钦选议员对唐绍仪极为不满，联名向袁内阁抨击"唐绍怡为
革军所用，对于彼党则极力夸张，对于朝廷则一味恫吓，非暗附
于革党，即为革党所愚，不胜代表之任"，要求袁内阁"明白取
消"，另择北省精干大员接替唐氏。④

陷入困境的唐绍仪于12月31日致电内阁辞职，请另派代表
到沪，一同签署电报者除唐外还有杨士琦、章宗祥、渠本翘、傅
增湘、孙多森、张国淦、冯耿光、张锴、蹇念益、侯延爽、关冕

---

① 《长沙谭延闿来》（1912年1月2日到），观渡庐编《共和关键录》第2编，第163页。
② 《长沙谭延闿来》（1912年1月5日到），观渡庐编《共和关键录》第1编，第48页。
③ 刘星楠遗稿《辛亥各省代表会议日志》，中国人民政治协商会议全国委员会文史资料研究
委员会编《辛亥革命回忆录》第6集，第253页。
④ 《北京之议和谈》，《申报》1912年1月2日，第1张第6版；《关于和议决裂之种种消息》，《大
公报》1912年1月4日，第2版。

钧、章福荣等。①1912 年 1 月 1 日，唐绍仪将电辞代表职任一事面告伍廷芳，双方停止开议。②同日，唐绍仪与杨士琦又致电内阁，请撤销代表职任，表示"连日签定各款，均系事势所迫，万不获已"，而内阁"不允承认，着令取消"，因此"仪等讨论已属无效"，请"给予处分，即日销差"。③同时，唐绍仪又电袁氏，具体解释了其赞同在上海召开国民会议及不赞同按普通选举法在北京召集国民会议的原因，仍请袁氏代奏，以示不妥协之意。电曰：

> 初九日奉到上谕，仰蒙俯如绍仪所请，以君主及共和两问题由临时国会解决。当经依据阁令，与民军代表伍廷芳再四晤商。所争在会议地点及选举二事。开会之地，该代表意在南京，阁令意在北京，彼此坚持，迄无成议。复以中间地方，如烟台、威海、青岛各租界竭力磋商，该代表始让步至上海租界内为止。而阁令仍主北京。论承平之时，召集国会自以京师为正。无如两月以来，东南各省纷纷独立，该代表岂肯曲从。上海交通既便，召集较易。人心向背，不关地点。各国领事亦咸以上海为宜。至于选举一层，阁令亦系按平时办法，由各州县选举章程办理。抑思东南十余省已非阁令所能及，其势必须由民军召集，不待智者而知。至蒙

---

① 《唐大臣绍怡致内阁电》（宣统三年十一月十二日），《内阁官报》第 134 号，宣统三年十一月十六日，"电报"，第 3 页。

② 《前邮传大臣唐绍仪电报》（宣统三年十一月十三日），中国第一历史档案馆、海峡两岸出版交流中心编《清宫辛亥革命档案汇编》第 73 册，第 237 页。

③ 《宣统三年十一月十三日清议和总代表唐绍仪等致内阁电》，中国史学会主编《中国近代史资料丛刊·辛亥革命》第 8 册，第 232 页。

古、西藏幅员虽广，而人民实居少数。加以库伦独立，达赖依违，皆为民军所借口，该代表只允作为两省，徒恃口舌争持，终难就范。现在朝旨虽允罢兵，而两军于退兵期内往往误会，不免冲突。若会期迁延太久，变象日多，和议无成，时局前途，何堪设想。绍仪智尽脑空，忧心如焚。倘荷圣明采纳，应请饬下内阁，于会议之地、选举之法，勿再坚持，致生枝节。大局幸甚。自揣材力薄弱，奉职无状，迭与参预讨论各员详细商酌，意见相同。除电内阁请撤销代表职任外，谨披沥上陈。乞代奏。①

1月2日，袁氏入对，隆裕皇太后谕："我现在已退让到极步，唐绍仪并不能办事。"袁氏对："唐已有电来辞代表。"皇太后谕："可令其回京，有事由你直接办。"②于是袁氏电告唐绍仪，"现经请旨，准其辞任"。③又电告伍廷芳，"至另委代表接议，一时尚难其人，且南行需时。嗣后应商事件，先由本大臣与贵代表直接往返电商，以期简捷，冀可早日和平解决"。④伍廷芳深为不满，谓记者曰："各国既呈同式之书（指1911年12月20日六国领事劝和照会——引者），以望吾人早定和议，今袁世凯如此专擅，不知各国对之如何。唐君受全权来沪，与余会议，今忽电令

① 《宣统三年十一月十三日清议和总代表唐绍仪致内阁总理袁世凯电》，中国史学会主编《中国近代史资料丛刊·辛亥革命》第8册，第231—232页。
② 许恪儒整理《许宝蘅日记》第1册，第387页。
③ 《宣统三年十一月十四日内阁致清议和总代表唐绍仪电》，中国史学会主编《中国近代史资料丛刊·辛亥革命》第8册，第233页。
④ 《宣统三年十一月十四日内阁总理袁世凯致民军总代表伍廷芳电》，中国史学会主编《中国近代史资料丛刊·辛亥革命》第8册，第234页。

此后与袁直接，会议因以中断。所有唐君与余议定各款，余之左右早料袁之不能遵从，但余以袁氏及满人必能诚意行事，故深信不疑，不意袁氏竟欲取消议定各节，袁之为人，可谓无信矣。"[1]

唐氏辞职后自称已为"私民"，不便再讨论和议事务。[2]不过他并未回京，而是继续留在上海，通过梁士诒与袁氏保持秘密通信，[3]与南方代表伍廷芳及参赞汪兆铭等也依旧保持密切联系。四人均是广东同乡，这使他们沟通起来更加容易。更为重要的是，袁氏明知唐已转向共和，却没有照隆裕皇太后的意思将其调回北京，足见袁氏另有考虑，并不打算放弃这一重要的沟通管道。南方同样也不愿放弃，于是在其后的谈判中，没有身份的唐绍仪反而成为幕后关键人物。

————————

① 《伍唐两君之言论》，《申报》1912年1月5日，第1张第4版。
② 《伍唐两君之言论》，《申报》1912年1月5日，第1张第4版。
③ 《第83件 朱尔典爵士致格雷爵士函》(1912年1月16日于北京，1912年2月3日收到)，胡滨译《英国蓝皮书有关辛亥革命资料选译》下册，第345页。

第四章

袁内阁劝导清廷授权组织临时政府受挫

唐绍仪议和失败及南京临时政府建立，引起了反共和的北方军人官绅及宗社党人的激烈反弹，纷纷要求筹款与民军决战。袁氏的"忠诚"亦受到怀疑，以致难以控制局面，一度提出辞职，但被清廷挽留。接下来，南北议和进入袁、伍直接电商阶段，双方围绕唐绍仪是否有权代表袁氏签约、所签协定是否有效，以及南京临时政府的建立是否违背国民会议公决国体的约定等，展开长达一个多星期的激烈辩驳。与此同时，双方都在调整策略。南方认为国民已经选择共和，因此没有必要再召集国民会议，而把主要精力转向北伐准备工作。袁氏则鉴于南京临时政府建立的既成事实，在军人推动下，转而实施由内廷自行降旨宣布共和并授权其组织临时政府的计划，试图取消南京临时政府，先由其组织临时政府，再由国会决定是否保留君主。为此，袁氏幕僚一方面指使莫理循联络上海洋商团向清廷提出组织临时共和政府的要求，为袁内阁向清廷开口创造条件；另一方面以清廷正筹商"退处之方"，试探孙中山能否将临时大总统之位让给他。伍廷芳、孙中山误以为清廷正筹商"退位之方"，因此予以袁氏肯定答复。于是，袁氏奏请朝廷"速定大计"，降旨宣布共和并授权他组织临时政府，同时与伍廷芳就皇室优待条件和宣布共和诏书展开秘密协商。然而，由于袁氏遭遇北方革命党人炸弹袭击后忽然改变主意，试图抛开北京和南京两方面到天津组织临时政府，并要求南京临时政府在清廷宣布共和后四十八小时内取消，结果不但引起亲贵反对，也引起孙中山反击，给让位提出若干限制条件。伍廷芳也对袁氏试图将独揽组织临时政府大权的措辞写入诏书提出警告。最终，由内廷降旨宣布共和并授权袁氏组织临时政府的计划流产，南北议和再度陷入僵局。

一　北方军人官绅及宗社党反对共和

唐、伍会谈结果除了让袁氏不能接受外，随着消息公开，北方军人、官绅等"借词反抗，力持君主，声势颇张"，以致南北陡然对立，形势急遽恶化。这些人"无非虑共和成立，则若辈之生命地位或将不保，意在拥袁自固"，[①] 但袁氏因此反而遭受空前压力。

1. 北方军人群起反对议和，主张筹饷与民军决战，干政之风炽烈。

12 月 28 日清廷颁发同意召集国民会议谕旨当天，帮办直隶防务张怀芝即在舒清阿怂恿下致电冯国璋、姜桂题、王占元、陈光远、李纯、曹锟、潘矩楹、张作霖、聂汝清、吴鼎元、冯德麟、周符麟、赵倜等前后方将领，请共同赞成君主立宪，"以为最后之准备"。[②]12 月 30 日，姜桂题、冯国璋、张勋、张怀芝、曹锟、

---

① 《京津同盟会致汪精卫电》(1912 年 1 月)，孙中山故居纪念馆编《馆藏辛亥革命前后中外文档案》第 1 册，第 53 页。

② 《帮办直隶防务张怀芝致冯德麟等电》(宣统三年十一月初九日)，中国第一历史档案馆编《清代档案史料丛编》第 8 辑，第 286 页；《表白项城心理之函件》，渤海寿臣编《辛亥革命始末记》，第 747 页。按，汪荣宝谓张怀芝通电系谕旨颁发次日，似误。

王占元、陈光远、李纯、潘矩楹、吴鼎元、王怀庆、洪自成、周符麟、聂汝清、张作霖等十五统将分电庆、礼、肃、洵、涛、泽、朗、伦、那桐、世续十处，坚决不认共和，谓"和议决不可从，请亲贵出财充饷，我辈出性命赴敌，如犹吝惜不出，军士将暴动矣"。①张国淦视此电之发为袁氏"以军用胁迫亲贵王公"之举，②然而，当庆邸接电后于次日面询冯国璋时，冯对云："此电惟不知究为何人所发，然时事至此，邸亦当首先毁家纾难，为诸王公倡。"③而从数日后姜桂题、冯国璋致内阁阁丞华世奎的信函可知，该电实由张怀芝主稿，先发电报，然后才通知各人，④与袁氏似乎并无关系，因袁与姜、冯的关系远比袁、张关系亲近，袁若为幕后主使，似不必舍近求远，通过张怀芝倡首。但从事后冯、姜二人和袁氏共进晚餐时"把此事作为笑谈"来看，⑤急需经费的袁氏很乐见这样的事情发生。12月31日，张怀芝又致电各将领，提议"所有赞成君宪各军队，设立一总机关，以为彼此派员协商之地"，声称"以现势论之，国会断不能成，如决为君主，革命党必不承认；如决为民主，我军遂能俯首降伏乎？现在内阁亦有为难之处，故我军人必须发表意见，以为内阁之后劲"。⑥同日，第二十镇统

---

① 史晓风整理《恽毓鼎澄斋日记》第2册，第567页。

② 张国淦编著《辛亥革命史料》，第298—299页。

③ 《沈盦日记》，宣统三年十一月十二日。

④ 《直隶提督姜桂题复华世奎信函》（宣统三年十二月十四日），中国第一历史档案馆、海峡两岸出版交流中心编《清宫辛亥革命档案汇编》第76册，第223页；《冯国璋致华世奎信函》（宣统三年十二月十四日），中国第一历史档案馆、海峡两岸出版交流中心编《清宫辛亥革命档案汇编》第78册，第48页。

⑤ 《致达·狄·布拉姆函》（北京，1911年1月5日），〔澳〕骆惠敏编《清末民初政情内幕——〈泰晤士报〉驻北京记者、袁世凯政治顾问乔·厄·莫理循书信集》上册，第825页。

⑥ 《张怀芝致各军队电》（1912年1月1日到），观渡庐编《共和关键录》第3编，第28页。

制潘矩楹响应张怀芝通电，致电吉、黑巡抚及军队统制、统领等，声称要联合三省组织勤王军南下，"以铁血解决政体"，"非达君主立宪目的不止"；又致电直隶、河南、山东、黑龙江督抚及徐州、石家庄、吉林军队，请共同准备进行。①1912 年 1 月 1 日，张勋致电各亲贵，表示决不承认革党所欲开之国民会议，"已严整战备，立待出发"，但用兵须先筹饷，请王公大臣速凑白银数十万两，使将士得效命疆场，以救国难。②1 月 2 日，张勋又致电资政院，称"现在勋军以及奉天、吉、黑、直、东、豫各省军队数十万人，均赞成君主立宪，决不承认民主……即日南下，灭此寇仇"。③同日，前述姜桂题等十五人致电内阁，称"革党坚持共和，我北方将士十余万人均主君宪"，愿意死战，然"言战必先筹饷"，"懿亲以财产报国，军人以性命报国"，请内阁请旨，饬下各亲贵大臣，将存放外国银行现银提回，接济军用，作为国债，倘不如实申报，"请从严治罪，以徇私误国论"。④同日，姜桂题等十五人及伍祥桢、冯德麟等六人，合计二十一人，又代表各部将士，合电唐绍仪、伍廷芳，主张各省代表必须由正式选举产生，国民会议应在北京召开，不承认唐、伍会谈结果，并以干戈相见作最后之忠告。⑤禁卫军总统冯国璋态度也很强硬，其手下部分官兵组织义勇决死队，血

---

① 《潘矩楹等致吉林、黑龙江巡抚、统制、统领电稿》(宣统三年十一月十二日)、《潘矩楹等致直隶、河南等七省都督电稿》(宣统三年十一月十二日)，辽宁省档案馆编《辛亥革命在辽宁档案史料》，第 70—72 页。

② 《北方军队不认共和之电文·徐州张军门来电》，《光华日报》1912 年 1 月 10 日，第 3 版。

③ 《北方军队不认共和之电文·张勋致资政院电》，《光华日报》1912 年 1 月 10 日，第 3 版。

④ 《宣统三年十一月十四日直隶提督姜桂题等致内阁电》，中国史学会主编《中国近代史资料丛刊·辛亥革命》第 5 册，第 317 页。

⑤ 《清各将官来》(1912 年 1 月 3 日到)，观渡庐编《共和关键录》第 3 编，第 27—28 页。

书"同胞勿懈，舍死南征"，要求直捣南京，冯国璋给予支持，并向袁内阁声明：倘再退让，则决不承认。①

在前敌，各军将佐联名致电上海领事团及驻京各国公使并袁内阁，声称："北军各将士并非绝对不认共和，自甘扰乱和平，戕杀同胞，惟民军之专制要求，断难承认。盖临时国会关系中国前途，至为重要，岂能徇上海少数人之意见，草草判决。况北方健儿迄未战败，何能俯首帖耳，受人挟制乎？"②又电禀袁内阁曰："本军各将士与革军相拒已将三月，亦连次战斗，俨同仇敌。今一旦遽认共和，是革军已大得志，吾等北军将士必为伊等所轻视，且恐将来事事嫌疑限缔，实所不甘。与其再决裂于事后，何如即不承认于事先。"③当他们得知孙中山被举为临时大总统后，以为袁氏已无希望，自己生计前途将受影响，因此不顾停战协定，肆意向民军射击，以发泄其不满，声言"此后之战，皆为项城，非为满洲"。④

2. 北方未独立省份督抚、都统及一般君宪党人纷纷主战，反对共和。

12月31日，直隶总督陈夔龙通电要求"保持君主名义"。⑤同日，河南巡抚齐耀琳率先通电，主张王公大臣捐资助饷。1912年1月1日，热河都统锡良致电东三省总督赵尔巽及东三省、直

---

① 《禁卫军调赴前敌》，《大公报》1912年1月8日，第3版；《冯军统之力主南伐》《禁卫军之血书出现》，《大公报》1912年1月12日，第5版。

② 《北军主张开战之强硬》，《大公报》1912年1月5日，第3版。

③ 《北军主张开战之强硬》，《大公报》1912年1月5日，第3版。

④ 《武昌黎元洪来》（1912年1月1日到），观渡庐编《共和关键录》第2编，第37—38页；《武昌黎元洪来》（1912年1月2日到），观渡庐编《共和关键录》第2编，第37页。

⑤ 《沈盦日记》，宣统三年十一月十二日。

隶、山东、山西、河南督抚，支持齐耀琳的建议，称"救急之法，无过于此，诸王公大臣款存外商，漠视朝廷危窘，即使不为国家计，能不为身家计乎？必待铁刃加头，始肯解囊，亦愚之甚"，表示愿毁家纾难，请赵尔巽主稿，附名联奏。①1月4日，由赵尔巽领衔，陈夔龙、段祺瑞、锡良、齐耀琳、胡建枢、陈昭常、周树模等联名电请内阁代奏，请明降谕旨，令亲贵大臣"立将存款提出，以充军饷，一面发给债票，分年偿还"，谓："外间盛传，仅亲贵存储外国银行之款，俱系现银，数及三千万；即无此数，但能尽数提买公债，饷源顿旺，军气必张……现军界迭电亲贵大臣，亦主提款助饷之说。武人赤心报国，不恤性命，如再犹疑，祸且不测。尔巽等窃谓，亲贵大臣与国休戚，岂容漠视。国存则款固有著，国亡则家亦随之。"②同日，陕甘总督长庚、新疆巡抚袁大化密电内阁，称"西北风气素极闭塞，只知有君主而不认共和，请勿庸召集国会"。③陕西巡抚升允亦致电内阁，称"陕西、甘肃两省军民坚持君主立宪主义，不承认共和政体，请电饬唐绍怡，以大义激之"，并云"两省民心大愤，行将亲自督师，北上勤王"。袁氏复电令其认真防备土匪，慎勿轻离任地。④1月5日，直隶总督陈夔龙致电内阁，历言朝廷退让之非，称"各处土匪绝不能认为革军，应即一律痛剿，否则北方亦将无安枕之日"。⑤1月6日，

---

① 《锡良为捐款事致赵尔巽等电》（宣统三年十一月十三日），辽宁省档案馆编《辛亥革命在辽宁档案史料》，第74页。

② 《宣统三年十一月十六日东三省总督赵尔巽等致内阁请代奏电》，中国史学会主编《中国近代史资料丛刊·辛亥革命》第5册，第319—320页。

③ 《甘新亦有不认共和之公电》，《大公报》1912年1月8日，第3版。

④ 《东报要闻摘译》（译阳历正月十一日上海日报北京电），《时事新报》1912年1月15日，第1张第2版。

⑤ 《直督对于和议之电告》，《大公报》1912年1月7日，第2版。

赵尔巽又请内阁代奏，明降谕旨，令关外王公将本年应征地租留充军饷。①1月8日，赵尔巽、陈夔龙、段祺瑞、胡建枢、齐耀琳、张锡銮、赵良、陈昭常、周树模等致电袁氏，称革党为"土匪"，声言"本督抚除暴安良，责无旁贷，惟以维持秩序、保卫公安为目的，南方苟再无理诘问，应即置之不理"。②

未独立省份一般君宪党人也纷纷起来反对共和。如1月2日，奉天、吉林、黑龙江三省代表致函袁氏，批评唐绍仪"一味顺从，形同卖国"，要求"急速撤回，从严治罪"；革军如欲继续议和，应另举代表来京，并先承认君主立宪，否则"决意进攻，刻不容缓"。③1月6日，甘肃谘议局议长张林焱等代表陕、甘、新三省绅民致电各省谘议局，又通过袁氏和资政院转电伍廷芳及甘省资政院议员、甘籍京官等，表示由君主专制"骤躐共和"将导致四海沸腾、斩木揭竿，如果确定君主立宪政体，自当惟命是从；如果坚持共和主义，"实万不敢随声附和，肝脑吾民"。④1月7日，甘肃同乡京官又致函袁世凯，表示"蒙古回藏只知拱向北京"，甘省"素鲜开通，惟知忠孝"，断不承认上海少数人"擅定国是"。⑤

3. 在京蒙古王公、一般君宪党人及宗社党人反共和活动十分

① 《宣统三年十一月十八日东三省总督赵尔巽致内阁请代奏电》，中国史学会主编《中国近代史资料丛刊·辛亥革命》第5册，第321页。

② 《北京袁世凯来》（1912年1月11日到），观渡庐编《共和关键录》第2编，第82—83页。按，赵尔巽等原电发于1月8日，1月10日袁氏转发给伍廷芳。

③ 《东三省代表王荫棠等致袁世凯信函》（宣统三年十一月十四日），中国第一历史档案馆、海峡两岸出版交流中心编《清宫辛亥革命档案汇编》第73册，第240—241页。

④ 中国历史博物馆编，劳祖德整理《郑孝胥日记》第3册，第1385—1386页。

⑤ 《度支部主事吴钧等致袁世凯信函》（宣统三年十一月十九日），中国第一历史档案馆、海峡两岸出版交流中心编《清宫辛亥革命档案汇编》第74册，第17—18页。

活跃，相继出现若干组织。

蒙古王公联合会。12 月 24 日，在京蒙古王公因愤恨民军主
张"种族革命"，担心"将来虽能建成共和政体，而满蒙回藏亦
必为其歧视"，故组织蒙古王公联合会，议决赞成君主立宪，举
亲王那彦图为会长。[1] 紧接着于 12 月 26 日通函内阁，一方面表
示蒙古人民"于大皇帝无二心，于列强无异志"，"以受统一于大
皇帝，不知其他"；另一方面声称，"倘从共和之请，代表等恐蹈
库伦之续"，同时要求朝廷改革"苛待"蒙古各盟旗的"弊政"。[2]
自 12 月 31 日起，该会连开数次会议，研究保存君主之法，声明
不认共和政体，不认上海所定国民会议。[3] 他们遍谒各亲贵，呈
递意见书，表示要举义勤王，请各亲贵认捐半饷，以为支持。[4]
又致电伍廷芳，称"大清建国之始，联满蒙汉藏回为一体，今诸
君极力主张民主，去我大清皇帝，非特蒙回藏不能赞成，即北方
汉人、东三省人民必均不赞成……如必欲成民主，蒙部实不愿与
诸君共和，必有最后之办法，以将待之"。[5] 一些蒙古王公还出京
回旗，准备运动各盟旗王公贝勒，结合团体，坚持君主立宪。[6]

同志联合会。1912 年 1 月 4 日，在京各省主张保存皇室者如
冯国璋、于邦华、恽毓鼎、阿尔精额（舒清阿之弟）、张锡光、
许鼎霖等组织同志联合会，推举冯国璋为会长，以"与国同休，

---

① 《蒙古王公反对共和》，《大公报》1911 年 12 月 31 日，第 3 版。

② 《蒙古代表资政院议员致袁世凯信函》（宣统三年十一月初七日），中国第一历史档案馆、
海峡两岸出版交流中心编《清宫辛亥革命档案汇编》第 73 册，第 95—102 页。

③ 《蒙古王公最近之密议》，《大公报》1912 年 1 月 3 日，第 2 版。

④ 《蒙藩反对共和之举动》，《大公报》1912 年 1 月 7 日，第 2 版。

⑤ 《蒙古各王来》（1912 年 1 月 11 日到），观渡庐编《共和关键录》第 3 编，第 29 页。

⑥ 《蒙古王公请假回旗》，《大公报》1912 年 1 月 9 日，第 5 版。

保守大清帝国君主立宪万世一系之宪法"为宗旨，以"君自修省，民知检束，满汉实行融化，天下同心，共御外侮"为目的。[①]许鼎霖在成立会上大骂唐绍仪"通匪卖国，令人发指"，革命党"专横贪诈，全无人理"，又称"北京已完，痛心疾首而无可如何，若革军三月不平，东南将无噍类矣"。[②]1月8日，该会委托恽毓鼎起草致内阁函，由冯国璋呈递，攻击南方各报无不鼓吹共和，到处煽惑，扰害治安，而京师重地反不加禁止，要求一律查明封禁，以固根本。[③]1月12日，冯国璋、恽毓鼎、吴彭秋等又与喀喇沁亲王阿勒精珂等谒见袁氏，面递陈请书，力陈和议万不可恃，应急筹战备。[④]

君主立宪维持会。1月7日正式成立，举文耀为会长，以维持君主立宪、监督政府实行十九信条、融和满汉、开通蒙藏等为宗旨。[⑤]

宗社党。约在1月初成立，以皇族宗室及旗人为中心，主要人物有良弼、铁良、善耆、载涛、载洵、毓朗、荫昌等。论者多将宗社党与君主立宪维持会混为一谈，或将君主立宪维持会视为宗社党下属组织。如李剑农说，1月19日早，所谓宗社党的人士"便以'君主立宪维持会'的名义发布很激烈的宣言，于是宗

---

① 史晓风整理《恽毓鼎澄斋日记》第2册，第568页；《同志会缘起》，《大公报》1912年1月21日，第6版。

② 史晓风整理《恽毓鼎澄斋日记》第2册，第568页。

③ 史晓风整理《恽毓鼎澄斋日记》第2册，第569页；《军警两界取缔北京的报馆告示》（宣统三年十二月初一日），渤海寿臣编《辛亥革命始末记》，第722—723页。

④ 史晓风整理《恽毓鼎澄斋日记》第2册，第570页。

⑤ 《君主立宪同志会之开幕》，《大公报》1912年1月8日，第3版；《君主立宪会之谬见》，《新闻报》1912年1月17日，第3版。

社党的团体成立了"。① 查时杰说，"宗社党实系各个抱捍卫宗庙社稷为宗旨的政治团体的母体"，像君主立宪维持会等，"终归是宗社党属下的团体"。② 但当时报纸明确指出："满人设立之君主立宪维持会暨君主同志会，皆以反对共和为名，然属于表面上一方之鼓吹，尚无足轻重。其重要机关，实以良弼所组织之宗社党为最，该党经费二十万元，出自内帑，其用途则专收买无赖之侦探，时而南京，时而北京，其行动殊为秘密。尚有一部分，则为招买奉天红胡子及运动北京巡警之用。"③ 可见宗社党与君主立宪维持会并非同一组织。从创立时间看，君主立宪维持会于1月7日正式成立，而《民立报》1月5日已刊登来自北京的电报消息，称"载洵、良弼等组织宗社党后，屡次密议"。④ 1月6日《时报》刊文详细记述了宗社党组织情况，称良弼"夙抱排汉主义，为排汉党之魁首，今见满廷威信堕地，所有权利为汉人剥夺殆尽，即满廷恃为惟一之助之禁卫军，亦为汉人所夺，乃大愤怒，日思报复之策，故与荫昌、铁良等终日密议，为保持皇室之秘密运动，密聚满人组织一党，名曰宗社党，将倾家捐产，欲与汉人为最后之一决战。又通牒于内外城巡警总厅，多派秘密侦探，竭力搜捕革命党"。又谓"载涛、载洵、毓朗与良弼组织宗社党，排斥袁世凯，且欲与革命党决一大战"。⑤ 随后《申报》亦报道云："良弼等组织之宗社党，本以排汉为目的……其宗旨系实行暗

---

① 李剑农：《中国近百年政治史》，第321页。

② 查时杰：《清末的宗社党》，《台大历史学报》1978年第5期，第128页。

③ 《君主党之反对共和》，上海时事新报馆编辑《中国革命记》第25册，"记事"，第19页。

④ 引自查时杰《清末的宗社党》，《台大历史学报》1978年第5期，第129页。

⑤ 《满洲宗社党》，《时报》1912年1月6日，第3版。

杀，其内容分内、外两部，内部专注意于赞成共和之人员及共和党人，外部则利用某丞为功狗，专司逮捕，其所需之暗杀器系爆破弹。"①

迫于库空如洗，议借外债失败，募集公债尚需时日，未独立省份仅剩数处，亦无法提供财政支持，而各军饷项无着，倘逾期不发，哗溃立现，袁氏及度支大臣在蔡金台、毓善等君宪党人建议下，甚至计划召洋商变卖盛京大内及热河行宫旧存上等瓷器，以救目前之急，为此特令东三省总督、热河都统派员前往清查，准备运京处理。②亲贵们不得不在筹措经费上有所表示。然而，尽管隆裕皇太后几次下达懿旨，令他们尽力购买爱国公债，③但那些坐拥厚资的亲贵们因失去权势后少了生财之道，裹足观望，应者寥寥，气得隆裕皇太后大骂诸亲贵毫无心肝。其中奕劻认捐最多，前后共计十五万两；世续、那桐各四万两；载泽仅认爱国公债票五千两，还是大清银行不能取银之票，并非现银；载洵干脆拒捐，称任海军大臣两年，每月薪俸入不敷出，现在弃任日久，不但无购票之资，连贷债也有不了之局。④北京绅商各界对此极为不满，他们联合上书各亲贵王大臣，要求速购爱国公债一千万两，以济急需，并公举代表百余人，乘车五十余辆，赴各王府劝

---

① 《可笑可怜之京师》，《申报》1912年1月11日，第1张第5版。

② 《上谕》（宣统三年十一月十一日），中国第一历史档案馆编《宣统朝上谕档》第3册，第363、364页；《蔡金台致赵尔巽函》（宣统三年十一月十二日），中国第一历史档案馆编《清代档案史料丛编》第8辑，第358—359页；《资政院议员毓善等致袁世凯信函》，中国第一历史档案馆、海峡两岸出版交流中心《清宫辛亥革命档案汇编》第79册，第177页。

③ 《宣统三年十一月十五日懿旨》，中国史学会主编《中国近代史资料丛刊·辛亥革命》第5册，第318—319页；《醇亲王载沣日记》，第425页。

④ 《京中筹款方法》，《时事新报》1912年1月8日，第2张第1版。

捐。[①] 他们先到载沣、载涛、奕劻、载泽四处，隔天又到世铎、桂春、毓朗、载洵四处，结果均未见到王公本人。世铎派人回言：昨早已奉旨购买……各军队之要求捐款函件，业已接到，将来一并答复。载沣派人回言：极赞成此事，必尽力购买公债票，请诸市民切实调查其私有，如能指出，情愿充公。奕劻派人复言：前已捐助军费十万两，刻又购买债票十五万两，此后仍当尽力购买，并愿联络各亲贵毁家纾难。载泽派人回言：彼为政数年，清苦已极，实无余积，前捐银五千两，已自力竭，现当设法购买。载涛派人回言：渠对于此事颇表同情，拟即联络洵、朗两邸，尽力购买。[②] 截至 1 月 9 日，根据《内阁官报》公布的数据，北京亲贵及大小官员报效军饷及购买短期公债、爱国公债，总数不满百万。[③] 亲贵吝不捐款让禁卫军极为愤怒，决意强迫捐款，袁氏不得不特派良弼调和二者的冲突。[④]

可以说，进入 1912 年 1 月后，袁氏面临的局势相当严峻，以至于时人担心"恐成南北分治之局"。[⑤] 莫理循描述此时"袁世凯的日子很不好过，他累死了，他患严重的失眠症，就职以来益形苍老"。[⑥] 1 月 1 日接见德文报记者时，袁氏有气无力地表示："目下清廷经济奇绌，屡与各国磋商，尚未允借款相助，令人殊为快

---

① 《北京市民之愤激》，《大公报》1912 年 1 月 7 日，第 5 版。

② 《京民勒劝亲贵捐款之无效》，《时事新报》1912 年 1 月 13 日，第 1 张第 2 版。

③ 《度支部收到报效军饷银两及短期公债爱国公债数目清单》（截至十一月二十一日）、《度支部续收爱国公债数目清单》（截至十一月二十二日、二十三日），《内阁官报》第 142 号，宣统三年十一月二十四日，报告类，第 7—8、8 页。

④ 《调停禁军强迫亲贵之手续》，《大公报》1912 年 1 月 8 日，第 3 版。

⑤ 韩策、崔学森整理，王晓秋审订《汪荣宝日记》，第 330 页。

⑥ 《致达·狄·布拉姆函》（北京，1912 年 1 月 5 日），〔澳〕骆惠敏编《清末民初政情内幕——〈泰晤士报〉驻北京记者、袁世凯政治顾问乔·厄·莫理循书信集》上册，第 824 页。

快，而清廷暨诸亲贵则全不注意此事。余为爱自己之国起见，一再设法，冀达君主立宪之目的，然而今亦力竭矣。"①当天朱尔典拜访袁氏，袁氏坦言"他现在已对局势失去了控制"，朱尔典也发现，"总理大臣感到极为忧虑和沮丧，以致有时候他似乎很难领会谈话的内容"。他谈到自己一直致力于促进和平地解除危机，但革命党并不让步，而他为和平所做的让步则招致对他的一片诽谤，指责他是"暗中的革命党"。又说皇族和军队反对继续谈判，他已为和平做了他所能做到的一切，"如果他没有得到北方一致同意而试图同南方缔结条约，是枉费心机"，他感到自己智穷才拙，将在次日谒见皇太后时提出辞职。②

　　1月2日，袁氏觐见隆裕皇太后，以"奉职无状，不能坚守信条，恳予罢斥"。③隆裕皇太后极力挽留，袁氏说："出战诸将士肯为国家效力，惟因军资缺乏，不能支持部下之兵队……今日王公大臣等如能醵资以充军饷，激励出征将士，尚不难挽回。臣已以一身许国，部下亦已誓表同情，万一不蒙允许，则臣不能胜总理之重任，请从此辞。"④隆裕皇太后谕曰："现在宫中搜罗得黄金八万两，你可领去用，时势危急若此，你不能只挤对我，奕劻等平时所得的钱也不少，应该拿出来用。"袁对："奕劻出银

① 《接见德文报代表之谈话》（1912年1月1日），骆宝善、刘路生主编《袁世凯全集》第19卷，第234页。

② 《第63件　朱尔典爵士致格雷爵士函》（1912年1月6日于北京，1912年1月22日收到），胡滨译《英国蓝皮书有关辛亥革命资料选译》上册，第200—201、307页；《1912年1月1日与袁世凯会谈纪要》，章开沅、罗福惠、严昌洪主编《辛亥革命史资料新编》第8册，第191—193页。

③ 《内阁总理大臣袁世凯等奏折》（宣统三年十一月十四日），中国第一历史档案馆、海峡两岸出版交流中心编《清宫辛亥革命档案汇编》第73册，第268页。

④ 《东报述袁世凯辞职之详情（译大阪朝日新闻）》，《时事新报》1912年1月11日，第1张第2版。

十五万。"皇太后谕："十五万何济事，你不必顾忌，仅［尽］可向他们要。"① 据颜惠庆记述，彼时盛传紫禁城某宫殿前窖藏着无数金银财宝，有关的秘密地图在一位收藏图籍最多的外国顾问手中，虽经庚子之变，但并未被联军挖掘，当局为供应军需，曾加勘测开挖，但始终一无所获。②

　　1月4日，袁内阁致电北方各主战将领及督抚曰："顷闻上海革党有决裂之意，望即严备，如革军前进，即行痛剿。"③ 可以看出，袁内阁试图以此呼应并稳住主战派。但因借款失败，饷械缺乏，内部不稳，袁内阁并不打算真与南方决裂。故在继续镇压北方革命同时，在南方，湖广总督兼第一军总统段祺瑞借唐、伍议定退兵一百华里之约，自1月2日起，逐渐向北退至孝感、广水一带驻扎，段祺瑞本人亦于1月5日将行辕迁至孝感，民军则遵守停战条件不动。汉口、汉阳只留文官、巡警保护地方治安，由双方协商为免战地。④

---

① 　许恪儒整理《许宝蘅日记》第1册，第387页。
② 　姚崧龄译《颜惠庆自传》，中华书局，2015，第107页。按，笔者在北京大学历史学系所藏档案中曾见一张手绘故宫各殿位置草图，除用中文标识外，一些位置还标有英文。另有中、英文各一纸，系说明该图，中文据英文翻译，谓："此图系紫禁城宫殿，其中藏有珍宝值数百万者，为柔克义于千八百九十七年四月十八号授于余，知此图者仅柔克义、册非大将及格斯利大将。著名骗棍名卜克者，对册非大将言其地址，谓所得珍宝彼须得一成以为酬劳。人疑卜克与溥伦及其他人员有秘密关系，非为无理。册非大将主张抢此藏珍，而柔克义极力反对之，册非旋亦表同意。美兵将撤退之际，德兵甚欲得而驻守宫殿有窖藏之部分，惟柔克义不委他人负保守此藏珍之责，而独委之英人，故格斯利大将得防守之。其窖藏之值约九百万金磅云。"（原件藏北京大学历史学系）其中"千八百九十七年四月十八号"系错译，据英文应为1907年4月18日。
③ 　《内阁致北方各军及督抚电》（宣统三年十一月十六日），中国第一历史档案馆编《清代档案史料丛编》第8辑，第288页。
④ 　《段祺瑞关于退守孝感广水一带汉口汉阳由双方协商为免战地折》（宣统三年十一月二十一日），中国第二历史档案馆编《中华民国史档案资料汇编》第2辑，第55页；刘淙译，傅钟涛校《日本驻汉口总领事馆情报》，刘萍、李学通主编《辛亥革命资料选编》第2卷，第150页。

二　袁伍电商互不相让

从1月2日开始，南北议和由唐、伍面商改成了袁、伍电商，唐绍仪则变换角色，成为袁内阁与伍廷芳之间的秘密联络人。刚刚就任临时大总统的孙中山格外关注商谈情况，于当天致电伍廷芳，要求将每日议和情形详细电知。[1] 在接下来一周多，双方主要围绕如下几个方面你来我往，反复电驳，互不相让。

第一，唐绍仪是否有代表袁氏签约的权力，唐、伍所签协定是否有效，以及如何理解法律上"全权代表"的含义。1月2日，袁氏首先致电伍廷芳，否认唐氏具有签约权限，称"其权限所在，只以切实讨论为范围，乃迭接唐代表电开与贵代表会议各条，均未先与本大臣商明，遽行签定。本大臣以其中有必须声明及窒碍难行各节，电请唐代表转致，嗣据唐代表一再来电，请辞代表之任，未可强留"。[2] 袁氏的这一说法让伍廷芳"深为诧异"，于1月3日复电反驳："此次唐使来沪，携有总理大臣全权代表文凭，开验［议］之始，互验文凭，本代表即认唐使得有全权。会议五次，所订各约，一经签字，即生遵守之效力。来电所称唐使电开会议各条，均未先与高［商］明，遽行签定，本代表实不能承认此言，但知一经唐使签字之后，贵政府即当遵行。今唐使虽

---

① 《孙中山为请将议和详情逐日回电事致外交部电》（第2号，1912年1月2日），马振犊、郭必强主编，中国第二历史档案馆编《南京临时政府遗存珍档》第1册，凤凰出版社，2011，第122页。

② 《宣统三年十一月十四日内阁总理袁世凯致民军总代表伍廷芳电》，中国史学会主编《中国近代史资料丛刊·辛亥革命》第8册，第234页。

已辞职，而未辞职以前所签字之约，不因此而失其效力。"①1 月 4
日又复电批驳："本代表细查初开议时唐使交验文凭，内载'奉
旨：现在南北停战，应派员讨论大局，著袁世凯为全权大臣，由
该大臣委托代表人驰赴南方，切实讨论，以定大局'云云。是不
仅有讨论之权，并有决定之权，已无疑义。又载'遵旨委托贵前
大臣为本大臣之全权代表'云云，是则贵大臣所有之全权，已尽
交与唐使，唐使所签之约与贵大臣自行签约无异。今唐使所签之
约，贵大臣如可任意更改，是即将来贵大臣所签之约，亦可任意
更改，如是和议何日可成？五洲万国尚无此例。"②袁氏不服，双
方围绕如何理解法律上"全权代表"的含义及唐绍仪有无签约权
继续辩驳。③从谈判过程来看，正如汤寿潜所抨击的那样，袁氏
"明授唐使全权，议件必须电商，名实先已不符"，④而唐氏不愿
一味听从袁氏指令，这便造成了袁、唐意见分歧，并使唐、伍会
谈结果难为袁氏承认。袁氏不愿承认的根本原因则在于会谈结果
超出了袁氏的预料，不利于袁氏掌控全局。

　　第二，唐氏辞职后，袁、伍需要不需要面谈，如果需要，是
袁到上海谈判，还是伍到北京谈判。袁氏首先提出双方未商定之
件甚多，提议将停战期限再延展 15 日，即从 1911 年 12 月 31 日
上午 8 时起，至 1912 年 1 月 15 日上午 8 时止。⑤伍廷芳认为，
经过与唐绍仪会谈，双方已定有召开国民会议办法，只剩会议地

① 《复北京袁世凯电》(1912 年 1 月 3 日)，观渡庐编《共和关键录》第 1 编，第 49 页。
② 《复北京袁世凯电》(1912 年 1 月 4 日)，观渡庐编《共和关键录》第 1 编，第 52 页。
③ 《北京袁世凯来》(1912 年 1 月 5 日到)、《复袁世凯电》(1912 年 1 月 6 日)、《北京袁世凯来》(1912 年 1 月 7 日到)，观渡庐编《共和关键录》第 1 编，第 52—58 页。
④ 《杭州汤寿潜来》(1912 年 1 月 16 日到)，观渡庐编《共和关键录》第 2 编，第 22—23 页。
⑤ 《北京袁世凯来》(1912 年 1 月 3 日到)，观渡庐编《共和关键录》第 2 编，第 150 页。

点和日期还未商定，袁氏如同意唐、伍会谈结果，那么国民会议指日可开，不必再延展停战期限；如袁氏不同意，则彼此不能仅靠电报磋商，请袁氏到上海一行，彼此直接面商。① 然而，袁氏始终不愿赴上海，反邀伍廷芳赴京面商，伍又拒绝赴京，认为谈判濡滞是袁氏撤去全权代表唐绍仪所致，如欲继续面商，理应袁氏到上海来。② 双方争持不下，故直至 1 月 8 日，伍廷芳始同意将停战期限延至 1 月 15 日上午 8 时止。此种争执颇引起舆论不满，《大公报》评论曰："伍廷芳请袁世凯往上海，袁世凯亦请伍廷芳来北京，实则伍也万不肯来，袁也万不肯往，伍也知袁万不肯往，袁也知伍万不肯来，不过空口说白话，两家斗斗口，燥燥脾，徒劳打电送电者之几番手续而已。夫议和业经匝月，始则为军民问题之争，继则为开会地点之争，今更为议和地点之争，时期愈延缓，主见愈分歧，而去根本问题愈远而愈非。呜呼！时变之亟，危如一发，顾当局者犹有此闲工夫，闹无谓之趣话耶！观于此而尚谓和局有告成之一日，其将谁欺！"③

　　第三，唐、伍议定的召集国民会议办法，是否为"少数专制"，国民会议的代表应当怎样产生才具有代表性。1 月 4 日袁世凯致电伍廷芳，认为"代表人数太少，即系少数专制"，"岂有决议极重大事如此草率之理！且开会公决，系求永远治安、国利民福，若以如此少数之人议决，则内地各厅州县，外藩各旗，皆无议员到会，何以知全国人民同意？"又谓"开会日期亦必俟选举法协定后方能拟议，若无正式选举法而遽定日期，仍系专制

---

① 《复北京袁世凯电》（1912 年 1 月 3 日），观渡庐编《共和关键录》第 2 编，第 150 页。

② 《复袁世凯电》（1912 年 1 月 6 日），观渡庐编《共和关键录》第 1 编，第 57—58 页。

③ 元要：《闲评一》，《大公报》1912 年 1 月 9 日，第 2 版。

之习，万万无此办法"。① 同时，袁氏提出选举办法十七条，谓：
"十一日（即 12 月 30 日——引者）阁下与唐代表所议四条尚多
滞碍。此事既以普征全国人民意见公决为宗旨，自应由各府厅州
县各选议员一人，方足当舆论二字。若每省只有代表三人，仍蹈
少数专制之弊，内不足以服全国之人心，外不足以昭列邦之大
信。且各藩属辖境甚广，除内外蒙古十盟外，尚有科布多之杜尔
伯特两盟，新土尔扈特一盟，伊犁之旧土尔扈特等五盟，青海之
左右翼两盟。此外，察哈尔、乌梁海、哈萨克部落尚多，若有一
处不选议员、不列议帙，将来议决断难公认。"主张"各省依厅
州县及府之直辖地方之区域，各藩属依旗或城或部落之区域，京
旗选举依大、宛两县之区域，各驻防选举各依所驻地之府厅州
县区域，合并办理"；"每一选举区选出议员一人"。此外还就选
举与被选举资格进行了严格限定，规定男子二十五岁以上，在
该选举区内有住所满一年以上并仍居住者，方有选举权及被选
举权，但以下四种情况除外："一、褫夺公权者；二、受徒刑以
上之刑，自宣告日起其裁判尚未确定者；三、禁治产及准禁治
产；四、受破产之宣告者。"有以下三种情况者停止选举权及被
选举权："一、有爵宗室；二、现役军人及因此次事变现在征集中
者；三、现任官吏及现在民军政府服职务者。"有下列各项者无
选举权与被选举权："一、承揽事务法人之办事员；二、僧道及宗
教师及选举前个月内曾为之者，但西藏、蒙古不在此限。"② 按照
袁氏所设想的办法，国民会议代表将涵盖全国各个地方，代表人

① 《北京袁世凯来》（1912 年 1 月 5 日到），观渡庐编《共和关键录》第 1 编，第 64—65 页。
② 《北京袁世凯来》（1912 年 1 月 5 日到），观渡庐编《共和关键录》第 1 编，第 61—62 页。

数将由最多七十二人增至约两千人，独立各省民军及军政府官员将尽数被剥夺选举权，再加上袁氏坚持在北京开会，最终所决国体仍有可能为君主立宪，即使不为君主立宪，也将造成一种混沌局面，袁氏仍有机会转圜。伍廷芳同意与袁氏就尚未与唐绍仪商定的开会地点及日期详加商定，但坚持已经与唐绍仪签订的四条"万无可以更动之理"，于1月6日复电，提醒袁氏"国民会议由各处代表组织，其办法已于十一日与唐使签字，自应彼此遵行，毋庸再滋异议，否则不惟为全国人民所笑，且将为天下万国所笑"，并批评袁氏所提十七条办法"无非故意迁延、迟滞此次国民会议之发生"，"阁下如果欲确保平和，不宜另生枝节，以耽误时日"。①

第四，国民会议应当在何处召开，在上海，在北京，还是在其他地方，可不可以在公共租界之地召开。1月4日袁世凯致电伍廷芳，以北京为国都、各国公使驻地，坚持在北京开会，反对在上海租界开会，认为"于万国公地议和则可，于非统治权所及之地开国会，则国不成国矣，此政府与国民之大辱，岂敢迁就！"②伍廷芳1月6日复电反驳，主张上海，谓："北京系满清故都，民军起义，建立共和，不应承认专制政府，尚何国都名义可言？即以省藩道里计，由北京南来，不过三四日程，所迁就者甚小。至公使驻地一端，本代表谓中华民国之举本系步趋欧美诸先进国，绝无反对，国会无论设在何处，皆为万国所具瞻，况系国内之事，似毋庸狃于各使驻在地，要在目见，以求昭大信也。质

---

① 《复北京袁世凯电》（1912年1月6日），观渡庐编《共和关键录》第1编，第63—64页。

② 《北京袁世凯来》（1912年1月5日到），观渡庐编《共和关键录》第1编，第64页。

言之，既可在北京，何不在南京？但似此争执，便成偏见。故特请以水陆最通灵、保护最公稳上海公共租界为地点。诚以北京乃满清势力圈，昔端、庄辈至以拳匪犯使馆、杀驻使，涛贝勒、良赍臣诸人智力亦端、庄等，杀代表、劫围议院各惨剧，实不敢信其必无。况涛募死士甘心廷芳等之说，已喧腾中外，即阁下现在地位，且不敢少去兵卫，何论他人。故会议地方，本代表以为宜在上海。前者唐使主张北京，本代表始主张南京，后改为上海。是本代表已经让步，以期早日和平解决，望阁下亦勿坚持北京之说，两相迁就，早日决定，是所至望。"①

第五，关于孙中山当选临时大总统及南京临时政府成立。由于在议和酝酿阶段，南北双方曾秘密约定联合要求清帝逊位，而后推举袁氏为临时大总统，独立各省代表联合会议也曾做出这一决定，现在这一结果让袁氏及其支持者极为不满。尽管孙中山在12月29日当选当天即致电袁氏，尊称袁氏为"总理"，解释"诸同志皆以组织临时政府之责任相属……盖东南诸省久缺统一之机关，行动非常困难，故以组织临时政府为生存之必要条件"，"而虚位以待之心，终可大白于将来"，②但袁氏毫不领情，于1912年1月1日复电，不称孙为"总统"而称"孙逸仙君"，以强硬、冷淡口吻曰："君主、共和问题，现方付之国民公决，所决如何，无从预揣。临时政府之说，未敢与闻。谬承奖诱，惭悚至不敢当。"③

---

① 《复北京袁世凯电》（1912年1月6日），观渡庐编《共和关键录》第1编，第65页。

② 《致袁世凯电》（1911年12月29日），中国社会科学院近代史研究所中华民国史研究室、广东省社会科学院历史研究室、中山大学历史系孙中山研究室合编《孙中山全集》第1卷，第614—615页。

③ 《袁世凯复孙大总统电》（1912年1月1日），上海时事新报馆编辑《中国革命记》第20册，"记事"，第2页。

孙中山复电，改称"袁慰亭君"，但内容仍是解释并安慰袁氏，曰："文不忍南北战争，生灵涂炭，故于议和之举，并不反对。虽民主、君主不待再计，而君之苦心，自有人谅之。倘由君之力，不劳战争，达国民之志愿，保民族之调和，清室亦得安乐，一举数善，推公让能，自是公论。文承各省推举，誓词具在，区区之心，天日鉴之。若以文为有诱致之意，则误会矣。"①袁氏仍怒气不消，于1月4日致电质问伍廷芳："国体问题由国会解决，业经贵代表承认，现正商议正当办法，自应以全国人民公决之政体为断；乃闻南京忽已组织政府，并孙中山受任总统之日，宣示驱逐满清政府，是显与前议国会解决问题相背。特诘问贵代表：此次选举总统是何用意？设国会议决为君主立宪，该政府暨总统是否立即取消？希速电复！"②伍廷芳1月6日复电，表示南京组织临时政府与国民会议解决国体"绝不相妨"，理由有二："一、现在民军光复十余省，不能无统一之机关，在国民会议未议决以前，民国组织临时政府，选举临时大总统，此是民国内部组织之事，为政治上之通例。若以此相诘，请还问清政府：国民会议未决以前，何以不即行消灭？何以尚派委大小官员？贵大臣亦当无辞。请先责己，而后责人，方为公允。二、前与唐使订定国民会议第一条，谓国民会议取决多数，议决之后两方均须依从。来电所诘问者，请还以相诘：设国会议决为共和立宪，清帝是否立即退位？盖国民会议所以能平和解决者，在其议决能使两方依从，既经两方全权代

---

① 《孙大总统复袁世凯电》，上海时事新报馆编辑《中国革命记》第20册，"记事"，第2—3页。

② 《袁世凯来》（1912年1月5日），观渡庐编《共和关键录》第1编，第60页。

表签字作准，自应彼此遵行，无须再发疑问。"① 袁氏不服，又于 1 月 7 日复电反驳："国体未改以前，数百年已成之政府，无取销之法；而十七人暂举之总统，无公认之理。贵代表既知国会解决必须服从，何以未解决之前，便先自武断国体？其蔑视国会、反对多数公决，更复何词可辩？但来电于政府、于总统既皆以'临时'为名，是已经承认今日之为暂设，即已经承认将来之可取销，不必再相诘问矣。"② 对于此一争论，伍廷芳曾向《大陆报》记者有过一番总结，他说："袁世凯来电，以国会未集，何得选举总统相诘责，此其目光仅顾一面，而未尝为吾党设想也。夫临时政府之组织，实属不容缓之举，吾侪岂能袖手坐待而无所事事耶！彼以国会未集，遽选总统相问难，予复电云：果如尊问，各省之业已宣告共和者，清廷何亦纷纷派遣巡抚耶？彼以将来国会召集之后，如果赞成君主，则临时政府是否撤销相问难，予则反诘之云：将来如果议决共和政体，则清廷是否默尔而息耶？彼其所问者皆问所不必问，故予亦以不答答之。予意袁世凯未尝不知共和为是，君主为非，至其来电云云，不过为满人传话而已，非袁氏由衷之言也。当唐绍怡与予既定召集国会公决政体之约，吾党从事于组织临时政府，盖临时政府之组织，吾党蓄愿既久，即总统之选举亦早已欲见诸实行，徒以事前预备需时，势难求速，故不得不迟至今日耳。"③ 尽管袁氏变脸的直接原因是不能接受唐、伍所定国民会议办法，但从孙中山当选临时大总统及准备赴南京就职的时间

① 《伍廷芳复袁世凯电》（1912 年 1 月 6 日），上海时事新报馆编辑《中国革命记》第 21 册，"记事"，第 10 页。

② 《袁世凯复伍廷芳电》（1912 年 1 月 7 日），上海时事新报馆编辑《中国革命记》第 21 册，"记事"，第 10—11 页。

③ 《西报记伍廷芳君之近论（译大陆报）》，《时事新报》1912 年 1 月 8 日，第 2 张第 1 版。

点与唐、伍最后三次会谈时间重合，以及袁氏得知消息后的反应，还有其后与伍廷芳争论的始末来看，这一变局无疑也是袁氏变脸的重要原因。认为"南京临时政府的成立和孙中山当选为临时大总统，并非导致袁世凯再度变计的诱因"的说法，[①]恐怕难以站得住脚。至于伍廷芳说袁氏"不过为满人传话而已，非袁氏由衷之言也"，显示南方党人对袁氏的认识还相当欠缺。

除以上几方面外，停战期间各处发生的清军与民军之间的冲突，究竟是哪方引起的，责任在谁，清军所攻击的是民军还是"土匪"，也是双方辩驳的主要问题，相关电报极多，兹不赘述。

辩驳双方针锋相对，每一问题少则数电，多则十数、数十乃至上百电，一些电文反复重复，相当乏味。在一周多内，除就继续停战十五日（截至1月15日早）达成一致外，[②]再没有取得任何成果。1月10日，伍廷芳向六国领事发出公文，将议和停滞归咎于袁氏，指出"现在袁世凯极欲破坏唐绍仪所定议案，此种举动足以妨害列强所冀望之和平……将来延长乱象，战事复活，罪在满清政府"。[③]袁氏也做了最坏打算，其幕僚甚至预拟了"对于国务大臣之宣言"，由袁氏亲笔批示，准备在与南方决裂时发表。宣言书回顾了议和过程，将议和停滞完全归咎于南方，称唐、伍会谈时"伍代表只要求在江苏、安徽、湖北、山西、陕西五省之官军退出百里，而民军不退；开会地点则仍在上海，每省仅派代表三人，蒙古全部及西藏仅作为一省，于十日内即行开会。本大

① 桑兵：《旭日残阳：清帝退位与接收清朝》，第193页。

② 《致议和南方全权代表伍廷芳电》（宣统三年十一月十四日），骆宝善、刘路生主编《袁世凯全集》第19卷，第238页；《复袁世凯电》（1912年1月8日），丁贤俊、喻作凤编《伍廷芳集》下册，中华书局，1993，第431页。

③ 《致六国领事文》（1912年1月10日），丁贤俊、喻作凤编《伍廷芳集》下册，第436页。

臣以中国为数千年相承之国体，必用正式选举出合格代表，多数取决，方为正当办法；若时日迫促，边省暨外藩皆无议员到会，何足服全国之人心？且北京久为中央政府，召集国会必在首都，断无在各国租界公共地之理"。又指责停战期内武昌、陕西、江南、皖北民军进攻官军，"皆属显违信约"；"且民军于承认国会之后、未解决国体以前，又举临时大总统，组织新政府，并宣誓驱逐满清，此皆毫无信义、不肯求真正和平解决之实据"。批评"伍始终以在沪开会及不必另订选举法为词……窥其意实欲以此等国体重大问题，用极短之时间，极少之人数，在沪草草取决，而置全国舆情于不顾。似此和局，尚复何望？要之，本大臣诚求和平之心，当为诸君及天下人之所共谅，设不幸终至决裂，其曲究非在我"。①

　　不过，由于议和因外人调停而起，各国均很关注，议和双方均不愿给对方留下破坏和平的口实，因此，争吵虽然激烈，却未走向决裂，只是这种辩驳对于解决分歧、推进共和几乎不具有建设性。1月8日，岑春煊致电袁氏，批评其"撤回和使"的行为，要求恪守唐使议定条款，速开国会，决定政体。②然而，辩驳双方此时早已另有各自的考虑。从伍廷芳的角度看，其实早在唐、伍会谈结束前一天，即12月30日，独立各省代表联合会就因十七省代表已选举孙中山为临时大总统，认为这一结果足以证明国民多数赞成共和，因此做出不必再召集国民会议的决定，并且

① 《袁世凯对于国务大臣之宣言》（辛亥十二月二十日后），李希泌辑录《有关辛亥南北议和文电抄》，《文献》1981年第3期，第27—28页。

② 《岑春煊致袁世凯电报》（宣统三年十一月二十日），中国第一历史档案馆、海峡两岸出版交流中心编《清宫辛亥革命档案汇编》第74册，第69—72页。

要求伍廷芳以此答复唐绍仪。[①] 伍廷芳遂于次日会谈结束后中止唐、伍会商。[②] 紧接着，湖北、湖南、江西、广西等省也纷纷致电伍廷芳，认为临时大总统选定即民国已成共和，不得再将共和问题付诸国民会议公决。[③] 因此，伍廷芳与袁氏反复辩驳，并非要坚决执行唐、伍协议，而是要揭批袁氏不守诚信，给袁氏施加压力。在伍、袁辩驳的同时，民军的主要精力正转向北伐的准备工作。1月4日，孙中山致电广东代都督陈炯明："和议无论如何，北伐断不可懈。"[④] 1月6日，孙中山向《大陆报》记者表示："民军如不得已，仍将继续开战。"1月9日，孙中山任命陆军总长黄兴兼参谋总长，钮永建兼参谋次长。[⑤] 同日，参议院以和局已将破裂，公推马君武、陶凤集质问陆军部作计划如何。次日马君武报告陆军部已定五路进兵作战计划，如和局破裂，即行宣战。[⑥]

---

① 刘星楠遗稿《辛亥各省代表会议日志》，中国人民政治协商会议全国委员会文史资料研究委员会编《辛亥革命回忆录》第6集，第253页。

② 《唐绍仪等致内阁电》（宣统三年十一月十二日），方裕谨编选《1912年南北议和电报选》，《历史档案》1986年第4期，第48页。

③ 《武昌各部长来》（1912年1月3日到）、《江西吴介璋来》（1912年1月3日到）、《长沙谭延闿来》（1912年1月5日到）、《江西军政府来》（1912年1月5日到）、《桂林议院来》（1912年1月8日到），观渡庐编《共和关键录》第1编，第45—49页。

④ 《致陈炯明电》（1912年1月4日），中国社会科学院近代史研究所中华民国史研究室、广东省社会科学院历史研究室、中山大学历史系孙中山研究室合编《孙中山全集》第2卷，第8页。

⑤ 陈锡祺主编《孙中山年谱长编》上册，第621—622页；《总统府之新气象》，《申报》1912年1月11日，第4版。

⑥ 吴景濂编《组织临时政府各省代表会纪事》，第36—37页。按，所谓五路进兵，具体为：湘鄂为第一军，由京汉路前进；宁皖为第二军，向河南前进，与第一军会合于开封、郑州之间；淮扬为第三军，烟台为第四军，向山东前进，会于济南；秦皇岛合关外之兵为第五军，山陕为第六军，向北京前进。第一、二、三、四军既达第一之目的，复与第五、六军会合，共破敌巢（刘星楠遗稿《辛亥各省代表会议日志》，中国人民政治协商会议全国委员会文史资料研究委员会编《辛亥革命回忆录》第6集，第255页）。

1月11日，孙中山任命徐绍桢为南京卫戍总督。[①]1月12日又任命蓝天蔚节制北伐之沪军及"海容""海琛""南琛"三舰。[②]此前一日，胡鄂公在上海拜访沪军都督陈其美时，问及南北议和情况，陈曰："我大总统现在积极规划北伐，谁复谈此？"[③]

对袁氏而言，反复与伍廷芳辩驳，也主要是做给清廷的王公贵族和主战的军人官绅看的，让他们知道，自己一直在争取按照普通选举办法召集国民会议，这样尚有造成"虚君共和"的希望。但在南方各省明确反对袁氏选举法的情况下，其方案事实上不可能实行，袁氏对此心知肚明。实际上，从孙中山当选临时大总统和南京临时政府建立起，袁氏就知道，国民会议方案已经行不通了，因此在表面与伍廷芳辩驳的同时，也开始逐渐转变策略：一方面备战，分饬各路统将准备进攻，北京各路总粮台派张镇芳督理，湖北前敌总粮台移驻信阳由袁乃宽总办，徐州前敌总粮台设在济南府派朱启钤总理；[④]另一方面把主要目标放到劝导清廷降旨授权其组织虚君共和临时政府这个核心问题上来，图谋取消南京临时政府，从而掌握大局。而促成这一转变的一个重要力量，是一直在观察局势发展、主张运动南北军队一致支持共和并推举袁氏为大总统的廖宇春、靳云鹏、孔庆塘等军人（详后）。

张国淦说此时的袁氏一方面想借机夺取最高统治权，另一方面又怕被人诟骂"夺天下于孤儿寡母之手"，所以一时还不好从自己口里提出"禅位"的要求来，于是"他就想利用南方各省在

①　《给徐绍桢委任状》（1912年1月11日），尚明轩主编《孙中山全集》第12卷，人民出版社，2015，第4页。

②　《致蓝天蔚电》（1912年1月12日），尚明轩主编《孙中山全集》第6卷，第24页。

③　胡鄂公：《辛亥革命北方实录》，第113页。

④　《纪清军预备南下事》，《时事新报》1912年1月20日，第1张第2版。

不妨碍自己取得最高权威的范围内，给'孤儿寡母'增加压力。具体的办法就是让南方成立一个临时机构以威胁清廷，使清廷知道已经无法再维持其统治"。[①]这样的看法真是匪夷所思，袁氏无论如何不会允许在南方出现一个自己无法控制的临时机构。还有学者认为，国民会议公决国体政体的方案胎死腹中后，袁氏便"改由直接迫使清帝退位作为南北纷争的解决之道"，[②]这一判断也过于简单，相当程度上背离实情。

三　靳云鹏等游说袁氏支持共和及袁氏转变策略

先是 12 月初南北首次签署停战协定时，保定陆军小学堂总办廖宇春（少游）和原云南督练公所总参议靳云鹏（翼青）正好相遇于京汉铁路火车上，他们认为解决南北问题的关键在南军赞成推袁、北军赞成共和，因此决定分头运动南北军队，靳任运动北军主力，廖任运动南军主力。[③]靳云鹏先行，赴湖北第一军总统段祺瑞处活动，原云南临元镇总兵孔庆塘（文池）协助其工作。廖宇春与京师红十字会会员夏清贻随后赴上海联络民军，与民军大元帅黄兴所派代表顾忠琛秘密协商，达成"确定共和政体""优待清皇室""先推覆清政府者为大总统"等五条密约。[④]

---

① 张国淦：《北洋述闻》，第 32 页。

② 桑兵：《旭日残阳：清帝退位与接收清朝》，第 123 页。

③ 廖少游：《新中国武装解决和平记》，第 5—8 页。

④ 廖少游：《新中国武装解决和平记》，书前插页。按，这五条在该书中亦有罗列，但文字与该书前廖少游、顾忠琛两人亲笔签名的五款密约插页略有不同，兹以亲笔签名五款文字为准。

时为 12 月 20 日，正当唐、伍议和第二次会谈结束，进入休会阶段。廖宇春紧接着于 12 月 23 日到汉口与靳云鹏会合，游说段祺瑞，段对廖与民军所订条件"极满意"。[①]12 月 28 日晚，廖宇春回到北京，准备"运动枢要"，当天适逢清廷颁发同意召集国民会议公决国体谕旨。两天后唐、伍就议定国民会议办法四条，袁氏拒绝承认，唐绍仪随后提出辞职，南北议和陷于停滞。

廖宇春等见唐、伍议和失败，于是乘间活跃起来。他们动员了袁克定，由孔庆塘于 12 月 31 日带着袁克定（芸台）从彰德到京，以便运动袁氏。[②]

如前所述，此时正值王公亲贵及北方军人官绅反对议和、主张决战声浪高涨，廖宇春等从 1912 年 1 月 1 日起，在数日之中先后游说禁卫军总统冯国璋、陆军大臣王士珍、武卫右军右翼翼长段芝贵及民政大臣赵秉钧等支持共和。冯国璋极端反对，曰："今以不知立宪之国民，而谓能享共和之幸福，吾不信也。"王、段则"绝口不言国事，问之亦佯为不知"。惟有赵秉钧"大有倾向共和之意"。廖宇春担心推袁之举中途失败，又秘访袁氏卫队统带唐天喜，谓其曰："民党炸弹队伏匿都下，实繁有徒，君能拥护项城，宣布共和，可免于难；倘告成功，当推奇绩。"唐表示愿意受命。同时，袁克定与孔庆塘也遣人四处游说袁氏左右，并派专人携函赴江苏张勋、河南齐耀琳、安徽倪嗣冲等处，劝诸人

---

① 廖少游：《新中国武装解决和平记》，第 33—36 页。按，在得到段祺瑞支持前，廖宇春等人的活动完全是自发的，有论者把廖宇春等说成袁氏所派"以'个人身份'尾随唐绍仪前往上海"与民军代表秘密会谈的代表，或者说成"段祺瑞秉承袁世凯旨意委派的"与民军代表秘密会谈的代表，都是没有史料依据的。参见宝成关《论南北议和与孙中山让位》，中华书局编辑部编《纪念辛亥革命七十周年学术讨论会论文集》上册，第 877 页；张海鹏、李细珠：《中国近代通史》第 5 卷，第 431 页。

② 廖少游：《新中国武装解决和平记》，第 41 页。

支持共和。①1月5日，袁克定请廖宇春和贵胄学堂监督刘恩源再向王士珍、冯国璋剖陈利害，以促其醒悟。冯仍不愿支持共和，声言要做文天祥、史可法，并说"人各有志，吾志既坚，虽白刃在前，鼎镬在后，所不惧也"。②廖宇春见此情景，遂致函靳云鹏，请其督促段祺瑞第一军尽早主动行动，以为号召。函曰：

> 当轴诸公，弟与文池分别晋见，痛陈大计，无如大半非利禄熏心，即堕入君主魔障中间，间有一二似能默会，然顾虑太深，毫无定力。此辈贻误大局，殊非浅鲜。大约此事除由第一军主动，断难收效。用特函达左右，迅速主持一切，密订大计。时机已迫，万勿再延。执事登高一呼，众山必应，大局成败，在此一举。③

1月6日，廖宇春、孔庆塘致函袁氏，通过袁克定转呈，劝说袁氏顺应民心，勿为左右所惑。同日，孔庆塘奉袁氏之命，前往山东调停官绅军队意见。④1月7日，靳云鹏自湖北孝感第一军来到北京，向廖宇春等报告第一军第二、四两镇赞成共和的将校已达二百余人，此次是代表第一军到京联络北方其他各军，要求共和，并已拟订三种办法：

一、运动亲贵，由内廷降旨自行宣布共和。

---

① 廖少游:《新中国武装解决和平记》，第41—45页。
② 廖少游:《新中国武装解决和平记》，第45—47页。
③ 廖少游:《新中国武装解决和平记》，第48—49页。
④ 廖少游:《新中国武装解决和平记》，第49—50页。

二、由各军队联名要求宣布共和。

三、用武力胁迫，要求宣布共和。[①]

由这三种办法可知，靳云鹏等虽然运动北军支持共和，但具体行动时，首先仍然寄希望于清廷主动，军队出面是其次的手段，而且有"联名要求"与"武力胁迫"这样的程度上的区分。

1月8日，靳云鹏谒见袁氏，力陈大局利害，不能再启争端，希望袁氏俯从民望，赞同共和。当天廖宇春根据靳云鹏所述，将袁、靳二人对答记录如下：

袁曰：某为大清总理大臣，焉能赞成共和，以负付托。

靳曰：人心为大势潮流所趋，非共和不能维系群情，必致瓦解土崩，存亡莫卜。宫保负旋乾转坤之任，自当好恶同民。

袁曰：南人希望共和则有之，北人恐未必然。

靳曰：宫保误矣。人同此心，心同此理，南北程度，容有不齐，而其图谋幸福、好安恶危则一也。

袁曰：段军统之意若何？

靳曰：第一军全体一致，主张共和，并议推举宫保为临时大总统。

袁惊曰：军心胡一变至此，将置余于何地？若欲使余欺侮孤儿寡妇，为万世所唾骂，余不为也。

靳曰：宫保为四百兆人民代表，现在大局已危急万分，

共和尚可图存，倘绝对主张君主，必致亡国绝种而后已。宫
保试思，保全中国为重乎？抑保全一姓为重乎？且民军倡言
共和告成，皇室必加优待，正系两全之计。倘听其糜烂，外
侮纷乘，国且沦亡，虽优待亦不可得，奴隶牛马，同听诸
人，谁秉国钧，实阶之厉。宫保扪心自问，咎何可辞？

袁曰：冯军统、张总长均极力主战，军队宗旨，断难
一致。

靳曰：宫保勿忧，某当凭三寸舌以游说之，必令联为
一气。①

接下来，靳云鹏等加紧活动，于1月9日、10日分别谒见王
士珍、冯国璋，舌敝唇焦，游说二人支持共和。但据廖宇春描述，
"王仍唯唯否否，模棱其词；冯则外强中干，如电光火石，忽明忽
暗。盖其所处地位不同，君主一关，不易攻破，缓以图之，未必
无济，闻阮斗瞻、马锦门、袁芸台皆往游说。所可虑者，近日宗
社党势力颇为膨胀，并有日人某某为之应援，或倡君主立宪，或
倡南北分治，以致大树（即冯国璋——引者）之门，民主之苏张，
与君主之随何，络绎不绝，其脑筋十分复杂，解决之期，遂难预
定矣"。②据此，王士珍、冯国璋态度虽不明朗、不积极，但也不
致坚决反对。1月13日，第二镇第四协统领鲍贵卿受靳云鹏和袁
克定之嘱，将"授意各方面军队赞成共和之函"发出。大约同时，
孔庆塘自山东报告第五镇统制吴鼎元经其劝说，"亦能仰承项城意旨，

① 廖少游：《新中国武装解决和平记》，第51—52页。
② 廖少游：《新中国武装解决和平记》，第58页。按，"苏张"即苏秦、张仪，"随和"为秦末
汉初儒生。

不致稍生阻力"；又报告其赴山东前曾在天津劝说张怀芝"不应提倡反对，令项城转处危地"，张怀芝"虽口头强硬，然微窥实际，如果项城赞成共和，亦断不致显然为难，有反抗之举动也"。[①]

　　至于袁氏对靳云鹏等游说及活动的反应，廖宇春以"项城幸已拨开云雾"一句描述。[②]夏清贻对靳云鹏游说袁氏情形亦有描述，谓："袁始而骇，继而疑且怒，经翼青剧烈之舌战，乃慨然曰：'汝曹握兵柄者亦复如此，我尚有何言？但使我得有面目以与世人相见，足矣。'"[③]可知袁氏内心已认同靳云鹏等人的设想。而根据1月5日袁克定对廖少游、刘恩源所言，在靳云鹏到京前，袁氏内心其实已有赞成共和之意，故袁克定对冯国璋、王士珍这些老部下不能领会其父内心深感不满。袁克定之言曰："文池由彰德邀余来京，诚属解人。吾父子之隐衷，惟文池知之最稔，特不能为外人道耳。吾不知举朝之人，皆严君（即袁世凯——引者）旧属，而罕有明其心理者，冯、王二公其最著也，两君曷弗剖陈利害于二公之前，以促其醒悟乎？"[④]故当晚廖、刘又往劝冯国璋，告诉其已经与黄兴代表订立密约。冯曰："项城断不赞成此举。"廖曰："项城居于被动地位，心中已以为然，特口不能言耳。"冯曰："何以知之？"廖曰："芸台尝为余言，且即不言，观其屡欲言和，且允北军退驻百里，皆赞成共和之明证。"[⑤]可以说，靳云鹏等游说，正好触动袁氏内心，但袁氏并没有表现出十分积极的样

①　廖少游：《新中国武装解决和平记》，第56页。

②　廖少游：《新中国武装解决和平记》，第58页。

③　夏清贻：《运动北军反正记》（十二月十二日时报），渤海寿臣编《辛亥革命始末记》，第916页。

④　廖少游：《新中国武装解决和平记》，第45页。

⑤　廖少游：《新中国武装解决和平记》，第46页。

子，一方面因为其位置敏感，另一方面也是其经验老到的表现。

袁克定和袁氏周围其他一些人对推动袁氏赞成共和当然也起了作用。廖宇春曾称赞袁克定"于项城虽有父子之嫌，然间接维持，婉言几谏，故能收效无形"；又称赞赵秉钧"利害了然，能识大体，其气概直可压倒清廷……杨度、曹汝霖、李家驹诸君，亦时相晤谭，赞成共和，颇多建白"。①

1月13日，夏清贻与靳云鹏会晤，后者透露计划进行"十已通过八九"，大略情形如下：

　　　　一、北军各镇标统以上悉已赞成我侪计画，所未通者仅三数人耳。

　　　　二、冯初不赞成，经少游、文池、翼青三人尽力解说之后，已允不反对。

　　　　三、袁总理幕府中要人及其关系最密切者，均已赞成此计画。②

可以肯定，袁氏调整解决南北问题策略的时机已逐渐成熟，召集国民会议公决国体已不在其考虑之中。③当此时刻，军队的

---

①　廖少游：《新中国武装解决和平记》，第101页。

②　夏清贻：《运动北军反正记》（十二月十二日时报），渤海寿臣编《辛亥革命始末记》，第915—916页。

③　按，靳云鹏等人游说袁氏之时，张謇也意识到北方军人反对共和是问题症结所在，经与张绍曾多次商量后，于1月10日致电袁氏，表示愿至湖北与段祺瑞密商，"一则表示南方设立政府，绝无拥护权利之思；一则酌拟国民会议办法数条，请其与黎元洪双方结约，作为南北军人之公意，各自电请政府照办。意既出于军人，设南北政府不允照行，军人即不任战斗之事，如是则南北政府得以军人为借口，可免许多为难"（《謇（张謇）致凯（袁世凯）》，国家图书馆善本部编《赵凤昌藏札》第10册，第540—542页）。其意图在南北军队合作促成共和，然后举袁为总统，这对南北两方来说似乎都可接受。其计划与靳云鹏等人计划亦有共通之处，但袁氏此时已决定放弃国民会议，故张謇的建议并未引起袁氏重视。

支持至关重要，廖宇春、靳云鹏等人的活动无疑会让袁氏感到高兴，但袁氏又是一个极为谨慎的人，他对靳云鹏说"军队宗旨，断难一致"，反映其内心最真实的想法。因此，他不会贸然选择靳云鹏、廖宇春等所设想的第二、三两种办法。这样，第一种办法，即"运动亲贵，由内廷降旨自行宣布共和"，就成为袁氏首选。那么，按此办法，内廷降旨自行宣布共和后，清帝将被置于何种位置？共和政府将如何组织？是袁氏先组织临时共和政府，然后再将南京临时政府合并进来，还是接受南京临时政府的任命担任总统，然后由南京临时政府实现国家统一？廖宇春、靳云鹏等军人完全没有考虑到这些问题，但对袁氏来说，这些问题才是最要害的。按袁氏的想法，他是绝不可能接受后一种安排的，因为在那样的安排下，袁氏不可避免会担心自己完全受制于南方革命党人，而且因为南京临时政府的民主共和性质，清帝将会被彻底抛弃，自己也会被人视为夺权于孤儿寡妇，这是袁氏不能接受的。他曾向朱尔典强调，他不会这样做，因为"他和他的祖先忠实地为清廷服务，而他不愿将来被看作篡位的人"，他并向所有外国政府发出信件表达类似的意思。[1] 在与靳云鹏等对谈时，他也明确表示军队方面的做法要使自己"得有面目以与世人相见"。这样，劝导清廷自行降旨宣布共和并授权袁氏组织临时政府，就成为袁氏的策略。在这当中，袁氏其实还有一个逻辑，在他与伍廷芳的电驳中已经讲得很清楚。他说："来电于政府、于总统皆以'临时'为名，是已经承认今日之为暂设，即已经承认将来

---

① 《致达·狄·布拉姆函》（北京，1911年12月29日），〔澳〕骆惠敏编《清末民初政情内幕——〈泰晤士报〉驻北京记者、袁世凯政治顾问乔·厄·莫理循书信集》上册，第818页。

之可取销，不必再相诘问矣。"① 既然南京临时政府不同意取消，那么，你可以暂设一临时政府，我为什么不可以暂设一临时政府呢？

　　袁氏的策略听起来相当不可思议，因为其中有个难题，即袁氏将以什么样的名义组织临时政府。对此时人早已有过各种设想。还在 11 月底，有个叫"詹美生"的美国人就跑到张謇那里说："中国今日政体，似尚以君主为宜，若不愿满人，何不举衍圣公，而总理为之办事？"张謇认为其说"极有思致"，好处甚多，"顾无人发此端也"。② 进入 12 月后，随着议和即将开始，类似的想法不时出现，或主张"于皇帝之下另立大总统"，或主张"以满蒙回藏大皇帝兼任十八省大总统"，或主张奉衍圣公为皇帝，等等。③ 就连英国公使朱尔典也认为中国应是"君位共和立宪国"，即"君位之下，另举总统，办理国政"，并称此为"中国特创，各国所无"。④ 又有舆论谓："英国此次之调停战事，其议和条款甚繁且密，无从探闻。然其条款中之窾要者，闻系改中国政体为君位共和立宪国，君位以下另举总统，以理国事。盖此事之调停至为艰难，稍偏于君主立宪，民军必不应；若偏于民主立宪，则政府亦难承认。就双方相激，故想出一种盖世无双、全球罕匹之

① 《袁世凯复伍廷芳电》(1912 年 1 月 7 日)，上海时事新报馆编辑《中国革命记》第 21 册，"记事"，第 11 页。

② 《复汤寿潜函》(1911 年 11 月 30 日)，李明勋、尤世伟主编《张謇全集》第 2 册，第 296 页。

③ 《时评》，《光华日报》1911 年 12 月 15 日，第 2 版；《认衍圣公为君主之怪闻》，《光华日报》1911 年 12 月 19 日，第 2 版；《山座驻英临时代理大使复袁内田外务大臣电》(1911 年 12 月 23 日，第 257 号)，中国社会科学院近代史研究所中华民国史研究室主编，邹念之编译《日本外交文书选译——关于辛亥革命》，第 309—310 页。

④ 《研究政体之种种问题》，《大公报》1911 年 12 月 13 日，第 2 版。

政体来也。"①尤当注意的是，莫理循也有类似的想法，他在 12 月 29 日的一封信中说，"我不明白为什么不能这样安排，即国民会议一旦提名时，清廷自己支持任命袁世凯当总统"。他认为，"由袁世凯出任总统，则满人的利益比帝国的任何一个汉人当总统都更有保障，因为其他可能当总统的人都反对过清朝，而袁世凯则竭其所能保全清朝的皇位"，"保证清廷得到应得的抚恤金"；"如果由公开宣称反满的人出任总统，例如孙中山，则清廷势必处于岌岌可危的地位"。②莫理循并于 12 月 31 日向蔡廷幹提出他的设想，然后由蔡转告袁氏。③

　　按莫理循的设想，将会出现君位之下复有总统的奇观，难免让人觉得非驴非马，但从后来的情形看，这种设想明显对袁氏产生了影响。由皇帝对外宣布建立共和政体，委任袁氏组织临时政府，既符合中国的传统，也维护了皇帝和袁氏的面子，而且有利于新政权尽快得到列强认可，④岂不皆大欢喜？但按此设想，不管袁氏以总理还是总统名义组织临时政府，实际上都是把南京临时政府排除在外，不可能为南京临时政府接受，且势必造成南北分裂。因此，对袁氏而言，最理想的做法是：一方面由清帝委任他以全权组织临时政府，另一方面接受孙中山让位，由他担任临时大总统，这样就可以一向世人表明他没有篡权，二向世人表明他

① 《京报记民清两军议和要闻》，《时事新报》1911 年 12 月 22 日，第 1 张第 2 版。

② 《致达·狄·布拉姆函》（北京，1911 年 12 月 29 日）、《致达·狄·布拉姆函》（北京，1912 年 1 月 5 日），〔澳〕骆惠敏编《清末民初政情内幕——〈泰晤士报〉驻北京记者、袁世凯政治顾问乔·厄·莫理循书信集》上册，第 818、825 页。

③ 〔澳〕西里尔·珀尔：《北京的莫理循》，檀东鍟、窦坤译，福建教育出版社，2008，第 343 页。

④ 〔澳〕西里尔·珀尔：《北京的莫理循》，第 343 页。

接受了共和。

　　于是，袁氏及其支持者接下来的工作重点，就将如廖宇春、靳云鹏等所建议的第一种办法那样，"专从清室着手"，劝导清廷自行降旨宣布共和。在此之前，有两项工作必须要做，一是考虑以何种方式开口向清廷提出组织临时政府的要求，二是确认南京临时政府大总统孙中山是否会让位于袁。倘若能够说动清廷，而孙中山不愿让位，那么仍将造成南北两个政府分裂的局面，袁氏还是不能接受。

四　袁氏利用洋商团提出组织临时政府

　　袁氏既然准备改变策略，抛弃国民会议，那么就背离了清廷12月28日的谕旨。为此，他需要征得清廷同意。于是，在见过靳云鹏次日，即1月9日，袁氏入觐隆裕皇太后，"再请懿旨，以定大计"，理由包括南北无法就召集国民会议达成一致、诸亲贵王公主战者占据多数，以及内外各军队"对于和议大有不受阁令之态度"。① 约从1月10日起，政界忽然出现一种传言，说袁氏不愿再开战端，已奏准皇太后，拟即允认共和政体，将于停战期内颁发谕旨。② 《大公报》紧跟着发表社论，批评召集国民会议为"多此一举""画蛇添足"。③ 这不能不让人联想到袁内阁正在为改变策略制造舆论。

---

① 《内阁拟再请懿旨以定和局》，《大公报》1912年1月11日，第2版。
② 《辩正承认共和之谣传》，《大公报》1912年1月12日，第5版。
③ 无妄：《国民会议何为乎》，《大公报》1912年1月13日，第1版。

如前所述，袁氏要"运动"亲贵支持朝廷自行宣布共和，然后授权他组织临时政府，但他处在内阁总理大臣位置上，实在难以启齿提出这个要求。那么，应该怎么做才能推动这件事呢？袁氏幕僚为此打起了利用外人制造舆论的主意。出头的是蔡廷幹，配合的是莫理循。蔡曾留学美国，多年来一直是袁世凯的忠实追随者。莫理循认为，在他知道的中国人中，蔡的英语讲得最好，是他最熟悉的中国人，多年来两人一直交往密切，"朱尔典爵士几乎每天见到袁世凯，而袁世凯的机要秘书蔡廷幹也几乎每天来看我"。[①]1912 年 1 月 10 日，莫理循忽然收到蔡廷幹所写如下一封信：

> 你认为上海商会将把我们昨天谈到的消息通过贵国公使电告各方吗？如果上海领头，而其他通商口岸陆续随之而起的话，会产生很大的影响。你不能给他们暗示吗？[②]

目前还没有见到明确记载 1 月 9 日蔡廷幹与莫理循谈话内容的资料，但根据相关史料，极有可能与 1 月 8 日唐绍仪发给袁内阁的一封请求速决和议的电报有关。唐在该电报中透露，"闻东南各商埠洋商团体拟联电本国政府，转劝皇上逊位，以期解决而保商务，现正在沪筹拟"。[③]唐的本意不过是要给袁内阁施加一点压

---

① 《致达·狄·布拉姆函》（北京，1911 年 11 月 17 日）、《致达·狄·布拉姆函》（北京，1911 年 11 月 28 日），〔澳〕骆惠敏编《清末民初政情内幕——〈泰晤士报〉驻北京记者、袁世凯政治顾问乔·厄·莫理循书信集》上册，第 790—791、802 页。

② 《蔡廷幹来函》（北京，1912 年 1 月 10 日），〔澳〕骆惠敏编《清末民初政情内幕——〈泰晤士报〉驻北京记者、袁世凯政治顾问乔·厄·莫理循书信集》上册，第 830 页。

③ 《上海唐大臣来电》（宣统三年十一月二十日），中国第一历史档案馆编《清代军机处电报档汇编》第 24 册，第 492 页。

力，不料却让蔡廷幹找到了一个发力点。

那么，蔡廷幹想做什么呢？莫理循接信当天在给上海公共租界英国工部局警务处处长克·达·卜鲁斯（Bruce，Clarence Dalrymple）的信中和盘托出了相关计划。信中写道：

> 形势正变得非常混乱。目前全部问题在于如何使皇帝退位。要施加各种压力，促使他退位。有人提议，一个好办法是使上海商会通过约翰·朱尔典爵士向庆亲王和皇帝的父亲提出请愿书，敦促皇帝立即退位，理由是皇室妨碍和平，而没有和平是不可能恢复正常贸易的。这个建议来自袁世凯自己的人，我认为可行，因为，如果我们能使一个商会这样做了，所有旁的商会将会跟着做，积累起来的力量会是非常强大的。①

原来，蔡廷幹与莫理循是要利用上海商会向奕劻和载沣施加压力，迫使皇帝退位。很快，1月12日，上海外国商团就向奕劻和载沣发电，提出七款内容，同时电告袁氏。七款为：

> 第一款　现在中央及西南各省，清廷之权力已成无效。且中国之大部分，清廷应按照条约所载担任保护外人生命财产者，业已失此地位而不能尽保护之责。
> 第二款　纵有省分尚未显违清廷命令，但其所派代表到上海者，亦自认有权赞成共和政体。

---

① 《致克·达·卜鲁斯函》（北京，1912年1月10日），〔澳〕骆惠敏编《清末民初政情内幕——〈泰晤士报〉驻北京记者、袁世凯政治顾问乔·厄·莫理循书信集》上册，第830—831页。

第三款　现在乱事延长，中外商人同受影响，商务阻碍，华洋商一切合同将归无效，华洋生命财产不能保护。戕劫各案，屡次发现，因地方无相当保护之力，竟致匪类及不法人等目无法纪。

第四款　君主立宪与共和两党，因召集国会，公决政体，彼此意见相背如此之远，非一时能以解释现在之事端。

第五款　除此［非］彼此互商暂设一临时政府，不能平息战端。

第六款　此项临时政府，按现在全国人民大部分之思想，以共和为目的，且既声明反对专制政体，总须能偿其所愿望。

第七款　本埠洋商商会各董事，将以意见陈请庆亲王暨前摄政王，迅速转致宫廷并各皇族，立刻设法俯顺舆情，俾地方渐赴秩序，专候召集国会，决定政体，以保治安。并请民军领袖和平体察，商议一切，以保中国完全治安，为前途最大之目的云。①

简言之，驻沪洋商团以在华商务受损，外人生命财产得不到保护，希望南北两方不再开战，彼此互商，暂设一"以共和为目的"的临时政府作为过渡，然后再通过召集国会，决定政体，呼吁各皇族俯顺舆情。莫理循承认，电文内容是在他授意下出笼的，提议发电的是袁世凯，至少是一个同袁关系密切的人提议

①　《驻沪洋商团致袁内阁及奕劻、载沣建议七条译文稿》《上海外国商会致前摄政王、庆亲王与总理大臣袁世凯电》（1912年1月12日于上海），上海社会科学院历史研究所编《辛亥革命在上海史料选辑》，第1076—1077、1209页。

的，这个人就是蔡廷干。在蔡廷干提出建议后，他便给上海汇丰银行的熙礼尔写了封短信，告诉他"我们希望上海如何行动，而上海便如此安排了"。①

朱尔典事后才通过英国驻南京领事法磊斯了解到这一操作的内情，他向英国外交大臣做了汇报，对这一做法表示赞成，并鼓动其他口岸效仿。他说："外国舆论已经被用来为促进退位运动而服务，我们已使各个条约口岸的外国商会懂得，它们对于目前这种动荡不安的状态，以及它使贸易遭致损失的情形，如果提出它们的意见，并且暗示朝廷，劝其采取这样一些妥协的措施，以便满足广大人民的希望，这将使退位一事的实现，成为轻而易举。"②

由袁氏的这一幕后操作，再结合上节所述其所思所想，可知袁氏此时的策略是：第一，不承认事实已存在的南京临时政府，民军方面必须在组织临时政府问题上和他协商，而且临时政府必须由清帝授权他组织；第二，这个临时政府只是"以共和为目的"，因此还不是真正的民主共和政府；第三，因为需要清帝授权，所要建立的又非民主共和政府，清帝自然还需要保留，等临时政府成立后，再"专候召集国会，决定政体（按，时人常将政体与国体混为一谈——引者）"。换言之，袁氏试图造成一种"虚君共和"的临时政府阶段。这较之1911年12月27日袁内阁曾经议拟直接劝导清帝逊位，明显后退了一步。导致其立场变化

---

①　《致达·狄·布拉姆函》（北京，1912年1月16日），〔澳〕骆惠敏编《清末民初政情内幕——〈泰晤士报〉驻北京记者、袁世凯政治顾问乔·厄·莫理循书信集》上册，第836页。

②　《朱尔典呈葛雷文》（1912年1月16日于北京，2月3日收），上海社会科学院历史研究所编《辛亥革命在上海史料选辑》，第1207—1208页。

的，一是唐、伍议和的结果引起了反对共和的亲贵王公及官绅军民强烈的反弹，给了袁氏巨大的压力，让其感觉有局面失控的危险；二是孙中山当选临时大总统和南京临时政府成立，让袁氏觉得自己已被边缘化，民军原先承诺举他为临时大总统恐怕很难兑现，因此他要借助清帝授权组织临时政府，把主导大局的权力紧紧抓到自己手里。但需要注意的是，不论蔡廷幹还是莫理循、朱尔典，都认为清帝最终退位不可避免，因此在他们的措辞中明确使用了"退位"的表述。同时，万国禁烟会会长丁义华、美人李佳白、退休大臣袁树勋和岑春煊，以及驻外公使陆徵祥等，纷纷于此时发表通电，要求早定共和政体，也显示清帝退位已是大势所趋。[①] 袁氏不可能意识不到这一点，但他并不愿说出"退位"二字，仍在为保留君位竭力挣扎，从眼前看，他需要清帝委任，从长远看，这关系继统问题，其思想虽然保守，却不能说短浅。

　　洋商团的呼吁，让一些亲贵的立场开始动摇。按莫理循的说法，"上海商会发给庆亲王、前摄政王和总理大臣的电报产生了显著的效果"，[②] 从而为袁氏劝导清廷授权其组织临时政府提供了突破口。

①　《收万国禁烟会代表丁义华电》（辛亥十一月二十三日），中国第一历史档案馆编《清代军机处电报档汇编》第24册，第499—500页；《美国李佳白致北京电》（辛亥十一月二十六日），《新闻报》1912年1月15日，第2版；《袁树勋等致诸王公电》（宣统三年十一月二十六日），渤海寿臣编《辛亥革命始末记》，第892—893页；《岑春煊致醇恭洵涛邸伦贝子泽公电》（宣统三年十一月二十七日），渤海寿臣编《辛亥革命始末记》，第890—891页；《陆徵祥请代奏折》（宣统三年十一月卅日），上海时事报馆编辑《中国革命记》第24册，"记事"，第5页。
②　窦坤等译著《〈泰晤士报〉驻华首席记者莫理循直击辛亥革命》，第95页。

五　孙中山承诺让临时大总统与袁氏

在决定改变策略后，袁氏即于停战日期截止前开始采取新的行动。1月12日，距离停战截止只有三天，忧心忡忡的汪荣宝在日记中写道："停战至二十七日前八时止，大局安危，于此数日内当见分晓也，慨念前途，忧惶无措矣。"① 当天，为了从容实施计划，袁氏主动致电伍廷芳，希望延展停战日期。电曰："讨论旬日，迄未就绪，然本政府必愿达和平解决之目的，以免生灵涂炭。现在停战日期瞬将届满，是否尚须展限，以便彼此协商，希酌定速复。"② 由于伍廷芳在1月13日也接到了上述上海洋商团的电函，因此他建议孙中山接受袁氏继续停战的提议。③

上海洋商团的请愿电报，也为袁氏向清廷开口提供了机会。1月13日上午，袁氏入内觐见隆裕皇太后，密陈约两刻钟之久。从当时形势来看，应是关于洋商团通电之事，袁氏建议召集御前会议讨论，故当天午后世续面奉隆裕皇太后懿旨，通知诸近支亲贵王公及阁部国务大臣等同于次日辰刻进内参加御前会议。④ 当晚7时，袁氏先行召集诸国务大臣在迎宾馆特开秘密会议，历时四小时之久，关防极严，内容主要是"会商密要奏折一件，当时定稿签画，随召承宣厅员在馆赶缮正折，准备二十六日（即1月

---

① 韩策、崔学森整理，王晓秋审订《汪荣宝日记》，第332页。
② 《北京袁世凯来》（1912年1月13日到），观渡庐编《共和关键录》第2编，第156页。
③ 《致南京孙文等电》（1912年1月14日），观渡庐编《共和关键录》第2编，第156—157页。
④ 《慈宫再召御前大会议》，《大公报》1912年1月16日，第2版。

14 日——引者）御前会议时呈递"。①

　　然而，在 1 月 14 日早的御前会议上，庆邸等仍是主张召集国民会议公决政体。②袁氏没有呈递 13 日晚拟好的奏折，他在召对时请隆裕皇太后裁决议和事宜，皇太后谕云："现既议和，期满或仍展期，或主战争，务宜采取各国务大臣意见，体察舆情，由总理大臣主张办理，予无不允准，实因处于深宫，不晓外间情形，万难遽决大计。"③由"体察舆情"一句可知袁氏在召对时应该提到了洋商团来电。隆裕皇太后觉得自己"不晓外间情形"，无法决断，因此授权袁氏办理。

　　此时的南京临时政府，虽然在做着各项北伐的准备工作，但实际上在财政等方面面临不少困难，孙中山等又想避免延长国内战争，故 1 月 14 日孙、黄复电伍廷芳，同意继续停战十四日，自 1 月 15 日上午 8 时起，至 1 月 29 日上午 8 时止，要求袁氏"务期于十四日之内，将提议各条从速议定，勿再纷议，以耽时日"。④可知民军方面并不知袁氏已另有打算，仍主张在原有基础上商谈。又，当天奕劻收到上海英商黎得露（即李德立）来电，称"革军极思续战"，并说革命军透露：一旦战端再开，对皇室亲贵的"特别优待"以及"满人旗人亦必供给至其能自谋生"的优待，"必将全行取消"。因此，李德立恳请奕劻等"为皇室及中国计"，"鼎力说请皇室幸离北京，一切政权交与袁宫保及革军首

---

① 《慈宫再召御前大会议》，《大公报》1912 年 1 月 16 日，第 2 版。

② 《御前大会议之概略》《阁臣密陈要政》，《大公报》1912 年 1 月 17 日，第 3 版。

③ 《慈宫倚重袁内阁》，《大公报》1912 年 1 月 17 日，第 5 版。

④ 《南京孙文黄兴来》（1912 年 1 月 14 日到）、《复北京袁世凯电》（1912 年 1 月 14 日）、《北京袁世凯来》（1912 年 1 月 15 日到），观渡庐编《共和关键录》第 2 编，第 157 页。

领，俾渠等组织临时政府，以待国会取决君主、共和问题"，并称"革军长官颇难阻其军人前进，此机万不可失"。[①] 由于李德立在促成袁内阁与民军议和过程中起过重要作用，[②] 掌握许多内幕，他的来电又与驻沪洋商团通电请愿的内容相呼应，这就让亲贵们倍感压力。

袁氏 1 月 14 日没有上奏极有可能还因为他有另外一个重大问题需要提前知晓答案，即孙中山究竟能否让位给他。其时京津同盟会成员蹇念益、范源廉等曾致电南京总统府汪兆铭，认为"保大局，非和平而得共和不可；欲得此，非使袁信可为总统不可"。蹇念益为此曾见袁世凯，谈及举其为总统，袁以"恐难"二字答复，可见其虽无拒意，但也不十分相信。[③] 现在一旦清廷授权袁氏组织临时共和政府，而孙中山不愿让位，就将造成南北分裂局面。他亟须提前知晓答案，为此袁氏于当天接到伍廷芳同意继续停战的复电后，立刻密电唐绍仪试探云：

> 现在清廷正商筹退处之方，此后如何推举，苟不得人，则祸变益巨。前云孙君肯让袁君，有何把握，乞速详示。[④]

所谓"清廷正筹商退处之方"不过是袁氏的说辞，"退处之

① 《收英商黎得露致庆王爷电》（宣统三年十一月二十六日），中国第一历史档案馆编《清代军机处电报档汇编》第 24 册，第 506 页。
② 《爱·塞·李德立来函》（上海，1911 年 12 月 6 日），〔澳〕骆惠敏编《清末民初政情内幕——〈泰晤士报〉驻北京记者、袁世凯政治顾问乔·厄·莫理循书信集》上册，第 805—806 页。
③ 《京津同盟会致汪精卫电》（1912 年 1 月），孙中山故居纪念馆编《馆藏辛亥革命前后中外文文档案》第 1 册，第 53 页。
④ 《致孙文黄兴电》（1912 年 1 月 14 日），观渡庐编《共和关键录》第 1 编，第 71 页。

方"并不等于"退位之方"，蔡廷幹、莫理循、朱尔典等使用"退位"一词，也都只是表达自身对局势的判断而已。袁氏发出此电目的在于试探孙中山能否切实承诺将来把临时大总统位置让给他，但其模糊的说辞却让南方误以为清帝正在考虑"退位之方"。因此，当唐绍仪将上电内容转给伍廷芳后，伍廷芳当即向唐绍仪表示：

> 孙君肯让，已屡经宣布，决不食言。若清帝退位，则南京政府即可发表袁之正式公文。至此后两方政府如何合并，可由两方协商决定。①

其中关于两方政府如何合并云云，完全是伍廷芳个人的主张。如此答复等于向袁氏传达了一个信息，即将来南京临时政府取消也是可能的。

袁氏对这样的答复自然比较满意，这促使他下决心向前迈进一步。在当天的内阁会议上，袁氏表示"欲战则兵少饷缺，欲和则君主立宪宗旨难保，惟有辞职，请上另简贤员办理"。他明知清廷不能不依靠他，却表示要辞职，实际上就是要清廷接下来进行一些改变。聪明的署理度支大臣绍英立刻意识到"时事危矣"，觉得自己"既无力挽回，亦只有因病辞职，以免贻误大局"，于是当天下午即办折请病假五日，一周后又奏请开去署缺。②

1月15日，孙中山致电伍廷芳，确认：

---

① 《致孙文黄兴电》（1912年1月14日），观渡庐编《共和关键录》第1编，第71页。
② 张剑整理《绍英日记》上册，第179页。

如清帝实行退位，宣布共和，则临时政府决不食言，文即可正式宣布解职，以功以能，首推袁氏。①

伍廷芳当即电告袁氏：

现已决定，在退位诏书公布之日，孙文当即辞去大总统职位，并推举袁世凯为大总统。孙文并将立即前往北京，亲自与袁商讨关于成立临时政府事宜。②

此电中第二句同样是伍廷芳擅自给袁氏的答复，与1月14日向唐绍仪所表达的意思相同。在袁氏只是试探孙中山能否让位的情况下，伍廷芳这一画蛇添足的答复，将给南京临时政府造成很大的困扰。这是后话。

张謇约在此时也向袁氏通报，"甲日满退，乙日拥公，东南诸方，一切通过"，"愿公奋其英略，旦夕之间，裁定大局"。③

伍廷芳、孙中山和张謇的复电让袁氏更加放心。廖宇春等也对实施第一项办法颇为乐观，于1月15日致电上海文明书局经理俞复曰："运动计画，大致就绪，不日可以和平解决，由内廷降旨宣布共和，请告茝臣（顾忠琛君）、惕生（钮永建君）诸君转达枢要，务祈克践前约，以国利民福为重，勿酿南北私争，大局

---

① 《孙文致伍廷芳电》（1912年1月15日），上海社会科学院历史研究所编《辛亥革命在上海史料选辑》，第1215页。

② 《伍廷芳致总理大臣电》（1912年1月15日），上海社会科学院历史研究所编《辛亥革命在上海史料选辑》，第1215页。

③ 张孝若编《张季子九录·政闻录》卷4，第1页。

幸甚。"①所谓"务祈克践前约"，即提醒民军高层在此关键时刻务必履行前述 12 月 20 日双方达成的密约五条。同日，廖宇春与靳云鹏谒见赵秉钧、杨度，"怂恿二君运动庆邸及诸亲贵，二君慷允"。②朱芾煌、李石曾不久后特别向孙中山称赞杨度自革命爆发以来在协助袁氏方面所发挥的作用，谓："此次项城出山，杨首主停战，继主国会议决，继主降旨承认共和，一一如议实行，得已和平解决，实由在南一唐少川，在北一杨皙子，表里夹辅项城，以成此事，芾等在北，深知其情。"③

至此，南北议和开始由袁、伍直接公开电商，进入一个秘密协商阶段，这一密商在两条线上同时进行，一条是袁内阁与清廷王公贵族之间的密商，另一条是袁内阁与南京临时政府之间的密商。后一条在袁内阁方面的核心人物是梁士诒，在南京临时政府方面的核心人物是伍廷芳和汪兆铭等；居中协调者，南京临时政府在北京是朱芾煌、李石曾，袁方在上海是唐绍仪。不过，唐绍仪立场更加偏向南方，协商期间，孙、黄一度想请唐绍仪到南京共商大计，伍廷芳答复说："唐不能来，有万不得已之故：一、唐已与北京往返电商，一入南京，诸多耽搁；二、唐入南京，无论如何秘密，必为人知，将为北京外人所疑，居中调停不能得力。"④可知唐之角色十分微妙。

① 廖少游：《新中国武装解决和平记》，第 59 页。
② 廖少游：《新中国武装解决和平记》，第 59 页。
③ 《芾真为乡人以举袁世凯为临时大总统事加罪于杨度请电湘督力为解说保全事致孙中山等急电》（1912 年 2 月 11 日，第 165 号），马振犊、郭必强主编，中国第二历史档案馆编《南京临时政府遗存珍档》第 2 册，第 566—568 页。
④ 《复南京孙文黄兴》（1912 年 1 月 18 日），观渡庐编《共和关键录》第 1 编，第 74—75 页。

六　袁内阁奏请内廷降旨速定大计

清廷王公贵族一方面不能不依靠袁氏来处理乱局，以维系统治，另一方面又对其充满疑忌；而袁氏一方面表示忠于清廷，另一方面为了自身利益，有些秘密活动不可能让那些王公贵族知晓，甚至一些内阁大臣也不一定知晓。上海洋商团致奕劻及载沣电函的发出即是一例。该电于1月12日发出后，当天下午就到了北京。署理外交大臣胡惟德当即找到朱尔典，请后者向英国驻上海总领事查明该电是否属实，[①]可见胡惟德并不知该电发出其实是袁氏幕后操纵的，同时可知该电对政府产生了压力，那么其威力也就可想而知。奕劻当然也不知道该电发出内情，接到电报后曾询问外交团，方知不是假冒。[②]

在1月14日、15日接连接到孙中山承诺让位的电报后，袁氏及其支持者开始把重点转向做清廷的工作。赵秉钧、杨度等"恒以利害说庆、醇诸人，请内廷降旨"。[③]1月15日下午，奕劻和载沣主动拜访了袁氏，[④]按莫理循的说法，"他们就清帝退位的最终条款进行了长时间的磋商，两位王爷对袁世凯照顾他们深表谢意"。[⑤]但从接下来清廷的动向看，当天主要还是商量次日召集

---

① 《第83件　朱尔典爵士致格雷爵士函》（1912年1月16日于北京，1912年2月3日收到），胡滨译《英国蓝皮书有关辛亥革命资料选译》下册，第344页。

② 廖少游：《新中国武装解决和平记》，第59页。

③ 草莽余生编《辛亥革命大事录》，津门张氏石印本，1912，第55页。

④ 《醇亲王载沣日记》，第426页。

⑤ 窦坤等译著《〈泰晤士报〉驻华首席记者莫理循直击辛亥革命》，第159页。

御前会议之事，而非具体商量退位条款。值得注意的是，当天早上，袁氏曾接到电报，获知蓝天蔚率领的北伐军军舰三艘、步兵三营，已于前一日从吴淞口出发，正向烟台进军。袁氏急忙分电奉、直、鲁三省督抚及山东第五镇统制吴鼎元注意。① 这一重大情况，袁氏与奕劻、载沣见面时理应进行了通报，并且可以想到会对清廷产生巨大压力。由于庆邸主张和平，不愿再有战争，与袁氏意见相近，因此在接下来的日子里，袁氏频频与庆邸聚首，筹商议和事宜，或在内廷，或在迎宾馆，一方面以奕劻来应对反共和的亲贵王公，另一方面使自己"不落逼迫朝廷之恶名"。② 而醇亲王载沣则以"消极主义"应对变局，既不坚持共和，也不十分反对，亲贵召集的各种密议，多不参加，唯唯诺诺，虚与委蛇。③

袁氏的心情在这两天可谓非常复杂。据其机要秘书向莫理循透露，袁氏在1月14日晚最终决定接受共和不可避免这件事，"同意在四天之内由皇太后发布退位诏书，而代之以一个共和国，由人民选举总统，袁世凯将受命掌管政府"。④ 英国公使朱尔典差不多同时也从袁氏机要秘书那里获得上述消息，说隆裕皇太后大概很快就要发表一个诏书，宣布清朝的退位，并授权袁世凯，要其在中华民国大总统选出以前，主持临时政府。⑤ 可以看出，袁氏

① 《袁世凯档存上海来电》（十一月二十七日早到）、《袁世凯档存秦皇岛来电》（十一月二十七日午后十点到），中国社会科学院近代史研究所编，虞和平主编《近代史所藏清代名人稿本抄本·袁世凯档》第3辑第11册，第387—388、394页。

② 《袁内阁之倚重庆邸》，《大公报》1912年1月20日，第5版。

③ 《醇邸默持消极主义》，《大公报》1912年1月29日，第5版。

④ 《致达·狄·布拉姆函》（北京，1912年1月16日），〔澳〕骆惠敏编《清末民初政情内幕——〈泰晤士报〉驻北京记者、袁世凯政治顾问乔·厄·莫理循书信集》上册，第835页。

⑤ 《朱尔典呈葛雷电》（1912年1月15日于北京，同日收），上海社会科学院历史研究所编《辛亥革命在上海史料选辑》，第1207页。

一方面希望民军推举他为临时大总统，另一方面却不愿受制于南京临时政府，而希望清廷授权他组织政府，试图两面获益，又两面都有交代。但这样做亲贵王公是否同意，南京临时政府是否赞成，列强是否承认，都是问题。倘若南京临时政府拒绝与袁氏所建临时政府联合，那么中国将有分裂的危险，列强对此很关注。[①]临时政府地点和主导权之争在此刻已露出端倪。不过，袁氏似乎对达到目的充满自信，除了此时他已通过廖宇春、靳云鹏等人的活动获得大部分北军将领支持，并与民军达成密约外，袁氏似乎以为朝廷方面可以通过提供优厚的生活费用而使其不再参与政治。为此，他准备每年给皇室提供五百万两银子的生活费用。[②]

　　1月16日上午，御前会议如期召集。据莫理循记述，袁世凯将辞呈放在靴子里，然后入宫觐见皇太后，[③]"就退位诏书的措辞与之商议"。[④]看来他已做好了如果不能达成目的即辞职的准备。他上了一道奏折，应当就是1月13日晚"定稿签画"的那份。很遗憾我们迄今尚未看到原折，但根据袁内阁此时的诉求，可以肯定这是一份请朝廷降旨授权其组织临时政府的奏折，而且这份奏折与前引1月24日《大公报》披露的《袁内阁请速定大计折》既有关联，又有明显区别。有关联是因为那份奏折在1911年12

①　《朱尔典爵士致格雷爵士电》（1912年1月12日发自北京，同日收到），胡滨译《英国蓝皮书有关辛亥革命资料选译》上册，第241页。

②　《致达·狄·布拉姆函》（北京，1912年1月16日），〔澳〕骆惠敏编《清末民初政情内幕——〈泰晤士报〉驻北京记者、袁世凯政治顾问乔·厄·莫理循书信集》上册，第835页。

③　《致达·狄·布拉姆函》（北京，1912年1月16日），〔澳〕骆惠敏编《清末民初政情内幕——〈泰晤士报〉驻北京记者、袁世凯政治顾问乔·厄·莫理循书信集》上册，第836页。

④　窦坤等译著《〈泰晤士报〉驻华首席记者莫理循直击辛亥革命》，第159页。

月27日议拟时，目的之一也是请朝廷主动接受共和，故《大公报》按语有"闻日来皇室会议仍系讨论此折"之语，袁内阁1月13日晚定稿的密折理当采用了该折的部分措辞，特别是其中描述朝廷困境与局势变化的部分，如组阁"两月以来，将士用命"云云，尚秉和《辛壬春秋》与张国淦《辛亥革命史料》之所以认定该折上于1月16日，应是特别关注到这部分文字的结果。区别则在于，《袁内阁请速定大计折》最初议拟时，袁氏的策略是劝导清廷自行逊位，然后接受南方推举其为临时大总统，并未思及由清廷授权其组织临时政府这一层；而进入1912年1月后，为了对抗南京临时政府，这已成为袁氏的主要目的，故1月13日晚定稿的奏折（也就是1月16日呈上的奏折）必然会以此为主旨。这样《袁内阁请速定大计折》中那些与劝导清帝自行逊位意旨相冲突的内容，就极有可能是1月13日晚定稿时添加的，特别是以下三处：

> 民军所争者政体，而非君位，所欲者共和，而非宗社。
>
> 况东西友邦，因此次战祸，其贸易之损失，已非浅鲜，而尚从事调停者，以我只政治之改革而已。
>
> 然天下者，乃大清帝国一统之天下也，总理大臣受朝廷之委任，握全国之枢机，治乱所在，去就因之。独至帝位去留，邦家存否，则非总理大臣职任所能擅断……然为时局所迫，逼于旦暮，臣会同国务大臣筹维再四，于国体改革，关系至重，不敢滥逞兵威，贻害生灵，又不敢妄嗣变更，以伤国体。①

① 《袁内阁请速定大计折》，《大公报》1912年1月24日，第5版。

以上第一处以曲解民军宗旨的方式，告诉清廷只进行政体改革，不会影响君位。第二处"以我只政治之改革而已"，同样透露袁氏所要进行的只是"政治改革"，而不是要进行民军所要求的"种族革命"。第三处则强调总理大臣没有权力擅自决定帝位去留。这三处无疑都是符合过渡阶段保留虚君宗旨的。有论者认为"这份奏折绝不可能写于1912年1月中旬，而是1911年12月下旬"，[①] 或者更具体确定为起草于12月27日，[②] 只能说部分反映了该折内容，尚未充分认识到该折本身和当时局势变化的复杂性。

那么，袁氏请朝廷速定的"大计"，具体是什么呢？两天后袁世凯在与朱尔典谈话时，明确给出了解答。他说他已经向朝廷建议如下两项解决办法：

（一）发布一道谕旨，授权他那些已经聚集在南京和北京的各省代表选举共和国总统之前（选举大约在一周后进行），按照共和的原则处理临时政府工作。

（二）由一道类似的谕旨授权他，在特别召集的国民大会选举共和国总统之前，处理临时的共和政体问题。[③]

简言之，袁氏的建议其实就是要把洋商团通电中提出的建立"以共和为目的"的临时政府的建议付诸实施。为此，袁内阁已

① 桑兵：《旭日残阳：清帝退位与接收清朝》，第182页。

② 朱文亮：《辛亥〈请速定大计折〉再析》，《求索》2022年第4期，第56—65页。

③ 《第56件　朱尔典爵士致格雷爵士电》（1912年1月18日发自北京，次日收到），胡滨译《英国蓝皮书有关辛亥革命资料选译》上册，第287页。

拟好《北方组织临时政府之草案》十款。大旨如下：

（一）皇帝辞政，为国利民福起见，所有保持安宁、恢复秩序、联合汉满蒙藏回等事，断不可无统一机关，故特委袁世凯暂行组织临时政府，代掌一切政权，以期维系大局，主持外交。俟国会正式举定大总统后，临时政府再行取销。

（二）皇帝辞政后，仍驻跸宫禁，毋庸迁移他处，以维京畿及北方秩序，俾免糜烂。

（三）将来大总统府第既在北京择地另行建筑，或以新建筑之监国府邸为总统府。

（四）自武汉事起，至今三月有余，南北各省经济匮乏，不独国库为然，南京临时政府亦事同一律。皇帝既经辞政，所有通国一切行政即应统筹全局，以图富强。但一切行政费用，所需甚巨，其东南已经独立省分能否继续支持，临时再行磋商。至北方各省国库如洗，目前已属难支，将来临时政府成立后，更须力促一切新政之进行，所需政费必较今日为尤巨。应如何应付之处，须预筹妥善办法，以免临时棘手。

（五）皇帝既经俯顺舆情，政权必当统一，南北各省仍当化除成见，扶助中央，酌为筹解经费，顾全大局。倘有贫瘠省分因此次糜烂，实难兼顾中央，亦可暂缓协济，以纾民力。

（六）皇帝辞政后，京中各行政衙门国务大臣以下之官员，悉仍其旧，但组织临时政府需款浩繁，所有各署官员之津贴，自临时政府成立之日起，统计六个月，暂弗发给，以纾财力。

（七）政费一项，以军饷为最关重要，所有北方军队之饷项，于此数月期内，无论如何，均须按月照给，以维秩序而免哗溃。其南方各军队之饷糈，亦须通盘筹划，不得少有缺欠。至南北方军官将校，均仍旧职，不稍更动。

（八）现所组织之临时统一政府，经各国承认，一切外交事宜悉由临时统一政府直接交涉。

（九）所有外债以及新旧赔款之担任，政体既定，即应继续依期偿还。各省无论如何，亦须依旧筹措，按期照解，以昭大信。

（十）皇帝辞政时之谕旨，除刊刻誊黄颁行天下外，更须另颁谕旨于各军队，俾得晓然于朝廷辞政之深意，以免暴动而维治安。①

该草案于1912年2月初方由《申报》《时报》等披露，刊登时在开头有为报纸提供该草案者所写如下几句说明文字："清太后既应允逊位，改建共和政体，即有密旨发交袁世凯，命其预备组织临时政府，并命其先撰拟草案。兹闻袁氏屡次召集国务大臣，已议定草案十条。"这很易让人误解该草案系清帝临退位前由袁内阁草拟。但从第四款开头"自武汉事起，至今三月有余"一语可知，该草案拟定其实在1月中旬，具体言之，不出1月14日、15日、16日三天。有论者将该草案视为"袁世凯等1月底拟制的"，②似没有搞明白其来龙去脉。草案第一、二、四、六、十等

---

① 《北方组织临时政府之草案》，《申报》1912年2月9日，第3版；《北方组织临时政府之草案》，《时报》1912年2月10日，第2版。

② 桑兵：《旭日残阳：清帝退位与接收清廷》，第251页。

款称"皇帝辞政"，而不称"皇帝辞位"、"皇帝退位"或"皇帝逊位"等。十九信条颁布后，清帝虽然被剥夺了各项大权，但遇有重大事情，袁氏还是会上封奏，且内阁拟旨毕竟还须清帝盖用御宝方能颁发生效。而"皇帝辞政"则意味着彻底剥离清帝与国家行政的关系，连盖用御宝的权力也不再拥有。这就证实，袁氏实际所要造成的，其实是一种完全由他掌握国家行政大权的"虚君共和"政治，并试图以此与南方达成妥协。

在阮忠枢遗留机密文书中，还有致河南、山东、山西、奉天督抚密电底稿，告知"拟在北方组合临时统一政府"，请同心协力，予以支持。[①] 电文是否发出不得而知，但至少可以说明，袁氏曾经打算付诸实施。

袁氏奏陈后，隆裕皇太后接下来召见诸王公，询问大局情形及旅华外人来电，谕"诸皇族宜俯从民意，以救生灵"。贝子溥伦首先表态曰："我族再主中夏，固已绝望，即国民会议果开，于我亦决无利益。袁世凯虽力欲保存君主，而势孤党弱，譬之片石置激流，终必动摇，其何能济！目下和议虽未决裂，而南京已立政府，北伐之声，日益加厉，民军四布。与待兵临城下，服从武力，何若自行逊让，爱蒂长留。况优待皇室，系民军商请，公论在人，似不中变。孙文虽暂为总统，岂能支此危局，闻已约定推袁世凯为总统，事若果成，岂但中国之幸，抑亦皇室之福。所虑者袁世凯理学气太深，日来辞职之意坚决非常，此则不可不虑。凡我宗支，当说其不可拘泥者也。"[②] 奕劻亦谓"保全皇室，舍共

---

① 《阮忠枢分致齐耀琳等电》（辛亥十二月二日前），李希泌辑录《有关辛亥南北议和文电抄》，《文献》1981年第3期，第24—25页。

② 尚秉和：《辛壬春秋》，中国书店影印本，2010，第154—155页。

和外恐无善策"。然而，蒙古王公那彦图等极力反对，经隆裕皇太后详加解谕，始各无言而散。①

溥伦似已将大局看得相当明白，按他的想法，不如干脆"逊让"，这样皇室还能得到优待，但前提是要利用南方欲举袁氏为总统这点，紧紧抓住袁氏，不能让他辞职，这样才能保证优待条件落到实处。哪料话音未落，袁氏先出事了。就在当天近午，亲贵们在内廷尚未完全散尽，忽然传来袁氏于返回公署途中在东华门外丁字街遭遇炸弹袭击的消息。此事系京津同盟会革命党人所为，据胡鄂公《辛亥革命北方实录》记载，当时刺袁党人分为四组，第一组张先培等隐匿于三义茶叶店楼上，第二组黄之萌、李献文等在祥宜坊酒楼，第三组钱铁如等在东安市场之前，第四组吴若龙、罗明典、郑毓秀等三人则各驶马车游弋于东华门、王府井两大街之间。当时东华门、王府井军警夹道林立，至上午 11时 3 刻顷，袁世凯乘双马车，在大队骑兵护卫下，出东华门以过东华门大街。张先培首先自三义茶叶店楼上掷下一弹，弹发，而袁车已至祥宜坊酒楼前。黄之萌、李献文复各掷一弹，弹中袁车，死驾车马人一，护卫管带袁金标一，护卫排长一，亲兵二，马巡二，路人二，又骑兵马三。第三组钱铁如及第四组吴若龙、罗明典、郑毓秀等听到张先培所掷炸弹声后，以手枪、炸弹威胁沿街军警，因此军警不敢赴援。袁世凯出覆车后，在卫弁保护下策马急行，并下令还击搜捕。张先培、黄之萌遂与杨禹昌等八人一同被捕。次日，袁氏下令将张、黄、杨三人处斩。② 事发后，

① 《刘道仁致程明超函》(1912 年 2 月 4 日)，黄彦、李伯新选编《孙中山藏档选编 (辛亥革命前后)》，中华书局，1986，第 117 页；《清廷会议逊位详志》，《申报》1912 年 1 月 26 日，第 2 版。
② 胡鄂公：《辛亥革命北方实录》，第 116—117 页。

各国公使极为愤怒，当即公电伍廷芳，责问南方在议和期间派遣暗杀党的理由，伍廷芳复电表示"此次之暗杀系为个人举动，并非由南京政府与各省都督所派遣"。[①] 袁氏秘诘李石曾是否党人所为，李氏不敢承认。袁克定亦托朱芾煌查询是否革命党所为，并请转告党人，谓"袁已决定赞成共和，勿再误会"。[②] 炸弹事件的发生说明革命党人对袁氏的态度并不一致，特别是京津同盟会的部分激进革命党人，坚决反对南方与袁氏妥协，反对该会正、副会长汪兆铭、李石曾等与袁氏妥协。廖宇春等初闻警报，大惊，詈骂"何物狂奴，几败乃公大事。倘项城不幸殒命，吾恐大局立将瓦解，乃独幸免，中国之福也。盖项城此时已微露赞成共和之意，今日御前会议，即为解决问题而设，此等炸弹，亦可谓无价值矣"。[③]

袁氏脱险后，当即具折陈明其事，隆裕皇太后异常惊骇，当时还有数名亲贵尚未退值，但已惶恐万状，不敢出宫门一步。隆裕皇太后急忙召见他们，询问袁氏遇险情形，各亲贵皆瞠目结舌，不知所对。于是，隆裕皇太后再次传谕各王公大臣进内讨论对策，至晚8时始毕。当时议定三端：其一，此次续展停战期内，必将君主、民主政体从速解决，决不争执，以免生灵涂炭；其二，所有前议和代表唐绍仪签押之条款，全行奏明，以便酌度施行；其三，应将召集国民会议办法速与民军代表共同商妥，早开会议，决定政体，毋再迁延贻误。[④] 可见，因为袁氏遇险，清廷

---

① 《关于炸弹案之种种消息》，《大公报》1912 年 1 月 19 日，第 3 版。

② "教育部"主编《中华民国建国史》第一篇，台北，"国立编译馆"，1985，第 841 页。

③ 廖少游：《新中国武装解决和平记》，第 60 页。

④ 《炸弹声中之御前会议》，渤海寿臣编《辛亥革命始末记》，第 890 页。

决定加快步伐讨论君主、民主问题，但底线仍是希望通过召集国民会议来解决，这就说明它是不会轻易放弃君位的。

七　优待皇室条件的协商

袁氏遭遇炸弹袭击次日，即 1 月 17 日，隆裕皇太后特令帝师陆润庠恭拟懿旨一道，然后派庆王、礼王、载泽、溥伦四亲贵恭赍懿旨，到石大人胡同袁世凯住所代为安慰。驻京各国公使也纷纷到内阁公署慰问袁氏。[①] 同日，民政部奏请将疏于防范的内城巡警总厅厅丞王善荃严予处分。[②] 1 月 18 日，清廷应袁内阁奏请，补授乌珍步军统领，仍兼民政部副大臣，又以京师地方重要，谕令民政部、步军统领、顺天府、军统冯国璋、提督姜桂题设法保护地面平安秩序，毋稍疏忽。[③]

按照袁氏的设想，如果清廷接受他的建议，那么它将很快发布相关诏书，授权他组织临时政府，同时皇室将因接受共和获得优待条件。革命党在丁字街抛掷炸弹事件似乎让袁氏觉得清廷会减少对自己的疑忌，因此对清廷接受劝导充满信心，相信清廷会顺应形势发展，故一方面等待皇室做出决定，另一方面与伍廷芳就清廷改建共和事宜展开协商，最主要有两方面：一是优待皇室条件，二是宣布共和诏书。

---

① 《关于炸弹案之种种消息》，《大公报》1912 年 1 月 19 日，第 3 版。

② 《上谕》（宣统三年十一月二十九日），中国第一历史档案馆编《宣统朝上谕档》第 3 册，第 386 页。

③ 《上谕》（宣统三年十一月三十日），中国第一历史档案馆编《宣统朝上谕档》第 3 册，第 388—389 页。

与此前唐、伍面商及袁、伍电驳不同，此时双方的协商基本上是秘密进行的。伍廷芳曾对《大陆报》记者掩饰云："近日虽与袁世凯通电，惟无一关涉议和问题，袁曾来电责问吾军违约情形，余亦去电责问彼军之违约，惟并无重大之事件。"[1] 由于双方具体协商的电文均不公开，时人称之为"闷电中之哑议和"。[2]

幸运的是，伍廷芳后来将部分相关电文辑成《共和关键录》印行，其中关于皇室优待条件协商的电文基本得以保留，因此关于这个问题的协商情况是比较清楚的。

对南方而言，与袁氏协商是以清帝退位为目的。为了促使清帝早日退位，南方从一开始就表示愿意给予优待条件。如前所述，在12月29日唐、伍第三次会谈时，伍廷芳就提出一个优待皇室及满蒙回藏人条件大纲，经12月30日第四会议略加讨论，最终于12月31日第五次会议后形成一个经过修改的优待条件大纲。此后10日，由于袁世凯不承认唐、伍所签协议，唐绍仪辞职，双方没有再就皇室优待条件进行协商。到了1912年1月11日，唐绍仪又请袁内阁代奏，请清帝迅速退位，并呈上清帝退位优待条件，袁氏以其已经辞职、未便再行代奏为由拒绝。[3] 这次唐绍仪所呈皇室优待条件的具体内容目前尚未见诸资料，但从随后南北双方协商情况来看，唐绍仪应在伍廷芳提议条件基础上有所修改。

现在形势发生了变化，袁氏希望清廷授权他组织以共和为目

[1] 《西报之时局谈》，《申报》1912年1月18日，第3版。
[2] 无妄:《闲评一》，《大公报》1912年1月23日，第2版。
[3] 《唐绍仪请清帝逊位电》(1912年1月11日)，上海时事新报馆编辑《中国革命记》第22册，"记事"，第26页。

的的临时政府，遂又主动发起优待条件协商，于1月17日由梁士诒就修改意见向唐绍仪发出如下密电：

> 第一款"世世相承"四字改为"统系相承"，如公不以为然，则改为"仍存不废"；若必细细声叙，则动皇族之疑，且恐愈缚愈牢，反留痕迹。第二款"或仍居宫禁"五字实难删去。太后发第二次帑金时，曾留金二锭云："予必死于宫内不动。"此事如有勉强，必生枝节，请将"仍"字改为"暂"字。平心论之，腐旧宫殿无论公署、私宅皆不通[适]用，将来以午门外为公园，交通车马，保和殿为国粹陈列馆，与民同乐，则乾清门内听其暂居，亦奚不可。第三款改为"优定大清皇室费年支若干，由国会议定，惟至少亦须三百万两"。第五款改为"德宗崇陵未完工程及奉安经费仍照实用数目支出"。①

唐绍仪于1月18日晨接电后立刻送伍廷芳阅。由于次日亲贵王公等将开会议决是否降旨宣布共和及授权袁氏组织临时政府，伍廷芳急忙于当日向袁内阁开交优待条件。其中优待皇室条件第一条，根据孙中山致汪兆铭函中曾有"宜称'让帝'或称'清帝'亦可"之语，②改为"大清皇帝改称让皇帝，相传不废，以待外国君主之礼待之"；优待满蒙回藏人条件第一条改为"满蒙回藏人与汉人平等，均享受一切权利，服从一切义务"。其余各条均与12月31日唐、伍会谈时确认各条相同。末尾声明各条件将

---

① 《照录梁士诒来电（唐绍仪转）》，观渡庐编《共和关键录》第1编，第74页。

② 《复南京孙文黄兴电》（1912年1月19日），观渡庐编《共和关键录》第1编，第79页。

"列于正式公文电达驻荷兰华使知照万国和平会存贮立案"。在伍廷芳看来，以上修改虽未完全依照梁士诒提出的意见，但也"无甚出入"，因此判断"彼方约可允从"。①

在向袁内阁开出条件后，伍廷芳紧接着向孙、黄汇报。结果黄兴以陆军部长名义对梁士诒所提第一、二、五等条修改意见全然反对，于当日复电伍廷芳曰：

> 议和愈出愈奇，殊为可笑。第一条仍保存"大清皇帝"之名称，及"世世相承"字样，可谓无耻已极。第二条"仍居宫禁"，是与未退位无异。第一、第二为我军人之绝对的反对。第五条享［显］属无理，不可轻诺。余我民国政府可优容之。至将条件列于枢奕印文照会海牙万国平和会立案，此层仍须详细参究，万无可使污秽君主名词永远留臭于我民国，是为至幸。②

孙中山态度较为平和，于当日复电伍廷芳，请转告唐绍仪，将第一条"名号定为'宣统皇帝'，删去'世世相承'四字"；第二条改为"退居颐和园"；第五条崇陵未完工程及奉安费用包括在第三条经费内。③1月19日又复电伍廷芳，提出"相传不废"当改为"终身不废"，也就是到宣统皇帝为止，以后不再相传。至于将优待条件交海牙存案，孙中山认为存在两大问题：一是将"国内之事件交列国国际公会，大伤国体"；二是"不信国民，必

---

① 《致孙文黄兴》（1912年1月18日），观渡庐编《共和关键录》第1编，第73—74页。

② 《陆军部黄兴来》（1912年1月19日），观渡庐编《共和关键录》第1编，第77页。

③ 《孙文来》（1912年1月19日），观渡庐编《共和关键录》第1编，第77—78页。

须存案于外，即为丧失外国人信用，牵涉于国际"。因此他提出"惟有用正式公文通告各国政府，即可为将来之保证"。①

袁内阁也不同意伍廷芳的修改，于 1 月 19 日通过唐绍仪连复两电。其中第一电从防止民族国家分裂、有益国家统一立论，反对"让皇帝"措辞，曰：

> 因带二电云"即可称大皇帝"云云，已经奏明及遍告皇室，乃勉允退让。今改称"让皇帝"，满人向爱虚名，必生变动。且彼等必虑，已允者复改，将来皆可更改，满腹疑团，更生枝节。且蒙古、伊犁、呼伦贝（尔）等处纷纷独立，呼伦贝尔且声明排汉扶清，我辈于南北合一之后，有此一大问题不易解决，不知当如何费力，更不知能否挽回。姑留"大清"虚号，尚可借此操纵，希冀满蒙离而复合；若并去之，直无可以交涉之词。谋大事者宜争实际，不得惜此区区虚号，而贻国家分裂之祸，并非拘守尊君之义，专为皇帝计也。务乞切商办到，以全大局。又蒙古王公现正合谋反对，方极力设法排解，拟将优待满蒙回藏人条件第一条仍照原议改为"一与汉人平等"六字，以释其疑；且除满人外，蒙藏程度实不能与汉人有同一之权利义务，此时定得太呆，必为将来行政一大阻碍，不如删去末二句。其余各条尚可照办。②

第二电仍是反对改"大清皇帝"为"让皇帝"，认为"此字

① 《孙文来》（1912 年 1 月 20 日），观渡庐编《共和关键录》第 1 编，第 80 页。
② 《致孙文黄兴》（1912 年 1 月 19 日），观渡庐编《共和关键录》第 1 编，第 75 页。

类于谥法，又近于诙谐，皇族必大起反对。且此等称谓，直是闭户自尊，盖我辈既是民国，本无君臣，其所谓皇帝，断不至牵连到民国；况上句'待以外国君主之礼'，更与中华民国无干。务乞代恳，勿争此一字"。①

伍廷芳于 1 月 19 日接到以上两电后，因亲贵王公当日开会，1 月 20 日将宣布开会结果，而袁内阁"来电所言亦在情理之中"，遂决定接受袁内阁的修改意见，删去"让"字及"享受一切权利""服从一切义务"二语，然后电告孙中山、黄兴，②并劝告："若清帝退位，则共和目的已达，其他枝节，似可从宽。"③孙中山接到报告后，于 1 月 20 日复电，同意删去"让"字及改定"满蒙回藏人一与汉人平等"，但又再次强调将"相传不废"改作"终身不废"，以及"条件由民国临时政府用正式公文通告各国政府作为保证，不交海牙存案"。④同日，伍廷芳以民国议和全权代表名义致电袁氏，正式提出清室退位民国政府优待条件如下：

优待皇室条件

一　清帝退位之后，其名号仍存不废，以待外国君主之礼待之。

二　暂居宫禁，日后退居颐和园。

三　优定清帝岁俸，年支若干，由新政府提交国会议决，惟不少于三百万（两）之数。

---

① 《致孙文黄兴》（1912 年 1 月 19 日），观渡庐编《共和关键录》第 1 编，第 75—76 页。

② 《致孙文黄兴》（1912 年 1 月 19 日），观渡庐编《共和关键录》第 1 编，第 76 页。

③ 《复南京孙文黄兴电》（1912 年 1 月 19 日），观渡庐编《共和关键录》第 1 编，第 80 页。

④ 《南京孙文来》（1912 年 1 月 20 日），观渡庐编《共和关键录》第 1 编，第 76 页。

四　所有陵寝、宗庙得永远奉祀，并由民国妥为保护。

五　德宗崇陵未完工程及奉安经费仍照实用数目支出。

六　保护其原有之私产。

优待满蒙回藏人条件

一　与汉人平等。

二　保护其应有之私产。

三　先筹八旗生计，于未筹定以前，原有口粮暂仍其旧。

四　从前营业之限制、居住之限制，一律蠲除。

五　所有王公世爵概仍其旧。

以上条件列于正式公文，电达各国政府，以昭大信。①

　　这个条件既没有用"让皇帝"名号，也没有用"大清皇帝"名号，而称"清帝"；同时没有出现"相传不废"或"终身不废"字样，而称"其名号仍存不废"，实际上仍含有"相传不废"之意，与孙中山的意思并不相符。更值得注意的是，将以上条件与1911年12月31日唐、伍确认的优待条件相比较，可以发现，各条从文字到内容竟然完全相同，可以说又回到了原点。在电文末尾，伍廷芳写道："以上条件列于正式公文，电达各国政府，以昭大信。"可见，伍廷芳已经视此为确定条件。然而，以上磋商实际上还只是在袁、伍之间进行，并未呈送隆裕皇太后和亲贵承认，因此还不算议定。②

---

① 《致北京袁世凯电》（1912年1月20日），观渡庐编《共和关键录》第1编，第81页。

② 《承认共和政体之疑问题》，《大公报》1912年1月26日，第2版。

八　内廷宣布共和诏书的秘密拟定

在与南方协商优待皇室条件同时，袁内阁还预拟了内廷一旦同意宣布共和时将要颁发的诏书，准备与南方协商。关于这一方面，《共和关键录》完全没有相关电文，当时报纸也没有具体报道。幸运的是，在袁氏心腹阮忠枢所遗留的有关辛亥南北议和的文稿中，保留了相关诏书，并且在 20 世纪 80 年代初经李希泌整理后刊登于《文献》杂志。只因向来不为学者注意，迄今学界尚未注意到这段隐秘历史。①

按照阮忠枢所留文献，当时共预拟了三道诏书。第一道是宣布"定为共和立宪国体"：

> 上谕：朕钦奉隆裕皇太后懿旨：前经降旨召集国会，将国体付诸公决。近日东南留寓诸大臣及出使大臣并各埠商团纷纷来电，咸称国会选举，节目繁难，非一时能以解释，吁请明降谕旨，俯顺舆情，速定国体，弭息战祸各等语。查比年以来，各省迭被灾祲，小民生计维艰，转瞬春耕，长此兵连祸结，四民失业，盗贼蜂起，荼毒生灵，岂牧民者所忍膜

---

① 这些诏书稿本现藏国家图书馆善本部《有关辛亥革命史料》中，系袁氏心腹幕僚阮忠枢遗存。20 世纪 80 年代初李希泌曾加整理，并于 1981 年《文献》杂志第 3 期刊登，但至今未受到研究者重视。诏书原稿未标时间，李希泌整理时给优待皇室与满蒙回藏条件诏书标注时间为 1912 年 1 月 20 日，较为接近事实；但他给宣布共和诏书及劝诚臣民诏书标注时间为 1912 年 2 月 12 日，则混淆了其与 1912 年 2 月 12 日清帝退位时所颁诏书的区别，给研究者利用人为制造了障碍。

视，又何忍争君位之虚荣，贻民生以实祸，致与古圣"民为邦本"、先贤"民贵君轻"之训大相剌谬。用是外观大势，内察舆情，自应将权位公诸天下，即定为共和立宪国体，以期回复秩序，海宇乂安。在朝廷无私天下之心，在中国当作新民之始，必须慎重将事，以谋幸福而奠初基。著授袁世凯以全权筹办共和立宪事宜。惟是皇室关系重大，皇族支派蕃衍，即八旗兵丁亦素无恒产，生计均应妥为规画，著袁世凯一并筹商办理。予与皇帝但得长承天眷，岁月优游，重睹世界之升平，获见民生之熙皞，则心安意惬，尚何憾焉！钦此。①

　　这里要特别指出的是，由于建立临时政府必须与民军协商，袁氏不能完全无视民军的要求。从"定为共和立宪国体"一语来看，这道诏书似乎符合南方的政治主张，满足了南方的要求。但在南方要求清帝退位这一关键问题上，袁氏并不愿负责或保证，于是采用了"自应将权位公诸天下"这样一种模棱两可的表述，看似有退位之意，但究竟退还是不退，何时退，实际并未确定。同时为了尽可能避免南方对清帝授权袁氏组织临时政府提出反对意见，诏书也采用了"著授袁世凯以全权筹办共和立宪事宜"的模糊表述，而"筹办共和立宪事宜"最核心的工作就是组织临时政府。

　　第二道诏书是宣布优待皇室与满蒙回藏条件：

　　　上谕：朕钦奉隆裕皇太后懿旨：本日业经降旨，宣示共

① 《有关辛亥革命史料》，稿本，朱丝栏，粘贴本，国家图书馆古籍善本部藏。按，骆宝善《清帝辞位诏书的拟稿与改定》[《澳门理工学报》（人文社会科学版）2022年第1期] 一文因对南北议和进程缺乏深入研究而错将此诏视为"张謇所拟清帝退位诏书稿"，实为张冠李戴。

和国体。现由民军代表宣言大清皇帝相传不废；优定岁俸不少于三百万两；保护陵寝宗庙永远奉祀；满蒙回藏人与汉人平等，并保护其应有之私产，先筹八旗生计，原有口粮暂仍其旧；从前营业居住之限制一律蠲除；王公世爵概仍其旧等语。凡此条件，系由总理大臣袁世凯与民军竭力磋商，始行定议。陵庙如故，帝号依然，安富尊荣，无殊曩昔。此后予与皇帝所希望者，汉满蒙回藏各族仍如旧日合为一大中国，同立于一政府之下。各处将军、都统、办事大臣务宜抚驭军民，竭诚开导，无使生心携贰，致兆分离，是则予与皇帝所深望者也。钦此。①

该诏称"现由民军代表宣言大清皇帝相传不废"，同样语义模糊，既可以理解为"大清皇帝"这一"尊号""相传不废"，也可以理解为"大清皇帝"这一"君位""相传不废"。诏书又称，"凡此条件，系由总理大臣与民军竭力磋商，始行定议"，但实际上，南方最初提出的条件是"大清皇帝改称让皇帝，相传不废，以待外国君主之礼待之"，②旋因袁内阁反对使用"让皇帝"一语，改为"清帝退位之后，其名号仍存不废，以待外国君主之礼待之"。③而该诏既无"退位"字样，又无"以待外国君主之礼待之"十字，并且不称"清帝"，仍称"大清皇帝"，可知为袁内阁单方预拟，尚未与南方协商。

第三道诏书是劝诫臣民各守秩序：

① 《有关辛亥革命史料》，稿本，朱丝栏，粘贴本，国家图书馆古籍善本部藏。

② 《致孙文黄兴》（1912年1月18日），观渡庐编《共和关键录》第1编，第73页。

③ 《致北京袁世凯电》（1912年1月20日），观渡庐编《共和关键录》第1编，第81页。

上谕：朕钦奉隆裕皇太后懿旨：古之君天下者，重在保全民命，不忍以养人者害人。方今时会所趋，人怀共和，如能布置得宜，先弭大乱，亦未始不可长图治安。若拂民心之趋向，强为压制，重启战争，则大局决裂，残杀相寻，势必演成种族之惨痛，将至九庙震惊，兆民涂炭，后祸何忍复言。两害相形，惟取其轻，此正朝廷审时观变，恫瘝吾民之苦衷。凡尔京外臣民，务当善体此意，各守秩序，为全局熟权利害，勿得挟虚骄之意气，逞偏激之空言，甘心长乱，致国与民两受其祸。著京外各衙门长官及各军队统将，对于所属军民人等，剀切开导，俾皆晓然于朝廷应天顺人、大公无私之意，并严密防范，以保公安。予有厚望焉。钦此。[①]

该诏表示了承认共和之意，但同样看不出皇帝退位之意，不过诏书中劝诫臣民各守秩序的相关表述为清帝最终于 1912 年 2 月 12 日退位时所采用，只要将此诏与最终退位时所颁劝诫臣民诏书相比较，即可清楚地看出其继承关系。

以上第一道诏书中"近日东南留寓诸大臣及出使大臣并各埠商团纷纷来电……请明降谕旨"云云，是指 1 月 12 日驻沪洋商团致电袁内阁及奕劻、载沣请暂设临时政府，满足全国大部分人实行共和的愿望，[②] 以及 1 月 14 日、15 日、18 日袁树勋、

① 《有关辛亥革命史料》，稿本，朱丝栏，粘贴本，国家图书馆古籍善本部藏。
② 《第83件附件1　上海商会致前摄政王、庆亲王及总理大臣袁世凯电》(1912年1月12日发自上海)，胡滨译《英国蓝皮书有关辛亥革命史料选译》下册，第345—346页。

岑春煊、陆徵祥分别电请清帝降旨早定共和政体。[①] 故知该诏稿拟定时间为 1 月中旬袁、伍密商期间。相关史料亦有 1 月 18 日"诏已拟定，正待签名宣布"的记载。[②] 第二、第三两道诏书与第一道诏书内容相辅相成，因此属于同一时间段拟定。从这三道诏书可以看出，袁内阁虽然表示要"定为共和立宪国体"，但又极力避免使用"退位"或"逊位"等表述，仍意图保留"君位"。

对于袁氏这种模棱两可的态度，伍廷芳似乎并没有清醒地意识到其将会对双方就清帝退位达成一致造成障碍，曾在 1 月 17 日、18 日致南方都督和民军将领的电报中乐观地透露"清帝退位已将成议"，"大约再过数日即可决定"。[③] 又在 1 月 18 日向孙中山和黄兴报告唐绍仪不能赴宁共商大计的电报中说："唐不能来有万不得已之故……如公（指孙、黄——引者）必不能来，请俟清帝宣告退位之后再商办法。"[④] 似乎清帝退位已是板上钉钉。然而，伍廷芳对袁氏所面临的复杂处境及其内心真实的想法毕竟不甚了解，甚至对孙中山的主张也未能真正理解，局势的发展并没有如他所以为的那般乐观。

袁内阁所拟诏书的重要意义之一，则是这种三道诏书构成方式最终为清帝退位颁诏时所采纳。

---

① 《袁树勋等致诸王公电》《岑春煊致醇恭洵涛邸伦贝子泽公电》，渤海寿臣编《辛亥革命始末记》，第 890—891、892—893 页；《陆徵祥请代奏折》（1912 年 1 月 18 日），上海时事报馆编辑《中国革命记》第 24 册，"记事"，第 5 页。

② 《清廷之御前会议再志》，上海时事报馆编辑《中国革命记》第 23 册，"记事"，第 15 页。

③ 《致长沙谭》（1912 年 1 月 17 日），观渡庐编《共和关键录》第 2 编，第 21 页；《致武昌黎元洪及各省都督等电》（1912 年 1 月 18 日），丁贤俊、喻作凤编《伍廷芳集》下册，第 445 页。

④ 《复南京孙文黄兴》（1912 年 1 月 18 日），观渡庐编《共和关键录》第 1 编，第 74—75 页。

九　亲贵反对袁氏组织临时政府

在议和酝酿阶段，南北双方曾秘密约定推举袁氏为临时大总统，独立各省代表联合会议也曾做出这一决定，因此袁氏对于各省代表忽然选举孙中山为临时大总统以及建立南京临时政府，极为不满。尽管孙中山当选后立刻致电袁氏以释猜疑，但袁氏并不领情，多次以电相诘。从那些电报可知袁氏不可能接受由南京临时政府来统一国家，他要自行组织临时共和政府，然后再解决与南京临时政府合并问题。由他授意的洋商团通电请愿很明确地体现了这一点。在预拟的宣布共和诏书中，也有"著授袁世凯以全权筹办共和立宪事宜"一语，其核心工作即组织临时共和政府，但这能否实现，首先取决于清廷内部能否就接受共和达成一致。

先是，袁氏上奏次日，即 1 月 17 日早，清廷再次召集御前会议，参加者包括奕劻、载沣、载泽、载洵、载涛、溥伦以及在京蒙古各王公等共 13 人。① 袁氏因丁字街炸弹事件并未与会。会议开始后，奕劻"主张和平了结，而不敢昌言请退位"。隆裕皇太后于无意中亦答以"禅让之事我亦不能说"。② 溥伦附和奕劻，主张"勿庸再延和议，即请降旨，允认改建共和政体，派袁内阁与民军代表速议关于皇室及诸善后各政之条件"。蒙古王公群起反对，他们"力持君主政体之说，倘南方坚持共和，则宁使南北分离，决

---

① 《醇亲王载沣日记》，第 426 页；《清廷第二次会议情形》，《时事新报》1912 年 1 月 24 日，第 1 张第 2 版。

② 《沈裕日记》，宣统三年十一月二十九日。

不赞成民主"。奕劻以"空话"斥之，曰："公等皆有旗可归，有土可守，成则有功，败则无害；两宫困守京城，一旦有变，谁能担此责任？"时已及午，未有任何成议，隆裕皇太后谕令1月19日再会同内阁大臣开会决定办法。散会后各亲贵至内阁征求袁世凯意见，袁"始终主张君主立宪"，表示："倘不能达此目的，立即辞职。至退位与否，事关重大，必须皇太后自行主张。"[①]

会后，袁内阁有密电致伍廷芳，通报会议情况，主张对蒙古王公继续采取和平劝导办法，反对强迫。略谓：

> 现在皇太后悯全国生灵之涂炭，不忍再事战争，已有允认之意。本大臣与庆、醇两邸仰体慈宫意旨，政见亦均相同，惟蒙古各王公尚复反对，势须设法与之详细讨论，以终期和平解决。若以强迫行之，其各王公等恐必归藩独立，大局仍难平定。现外蒙古已有畔离之危象，若内蒙古再复畔离，西北大局，何堪设想。本大臣意旨，总以和平解决，劝令各该王公更变宗旨，为最完全之办法，贵代表以为何如？[②]

乘着1月18日这段间歇，君主立宪党人倾尽全力，四出活动，反对共和。蒙古王公及各亲贵于当天在内廷召开非正式会议，研究君主、共和问题，以为次日御前会议之预备。袁氏请病假三日，[③] 意在"规避清廷之特别大会，不欲与闻退位事宜

---

① 《御前会议取决政体大问题》，《大公报》1912年1月20日，第2版；《沈翁日记》，宣统三年十一月二十九日。

② 《袁内阁关于和议之要电》，《大公报》1912年1月21日，第2版。

③ 《上谕》（宣统三年十一月三十日），中国第一历史档案馆编《宣统朝上谕档》第3册，第389页。

之磋商"。① 奕劻由于受到君主立宪会阻挠，也未与会。溥伦虽然与会，并认同共和，但势单力薄，不敢十分主张。蒙古王公特别是喀尔喀亲王那彦图和土尔扈特亲王帕勒塔，则"极为激昂，仍绝对不认共和，倘必欲允认，拟即全体归藩，与中国断绝关系，并邀集内地主持君主各同志，以便将来宣战，恢复君主之位"。并提出三项办法："（一）坚持君主立宪，面奏亲贵诸臣之辜恩误国，仍请责成袁内阁与伍廷芳交涉，如交涉无效，即请开战，蒙古王公当各负招兵筹饷之义务，所有今日之会议即作为取消。（二）如必须御前会议公决，即用记名投票法决定君主、共和问题。（三）投票之后，如以多数表决君主，蒙古王公当认蒙古全体永远为中国之藩属；如民主票占多数，则蒙古即与中国断绝关系，以后中国之事，蒙古概不与闻，所有蒙古各王公亦即立时出京。"② 他们还以蒙古王公联合会名义，通函痛骂支持共和政体的亲贵，有"卖官鬻爵，不以宗社为忧，畏死贪生，竟以亡国为乐，共和之后，义师所指，誓先枭诸贼之首，以谢先帝在天之灵"等语。③ 君主立宪维持会也发布紧急布告，警告"各界人民千万抱定君主立宪主意，坚持到底，至死不懈，更不可听信谣言，致召瓜分之祸"。④ 会长文耀还偕同会员一百余人赴庆王奕劻府质问其为何允认共和，适逢庆邸不在，遂留质问书，责其答复。⑤ 同志联合会也派阿勒精阿等谒见

---

① 《西报纪清帝退位之预言》，《时事新报》1912年1月20日，第1张第2版。

② 《各蒙王反对共和之激烈》，《大公报》1912年1月21日，第2版。

③ 《蒙古王公痛骂亲贵》，《大公报》1912年1月20日，第2版。

④ 《君主立宪会之宣告》，《大公报》1912年1月21日，第2版。

⑤ 《北京恐将有冲突发现》，《大公报》1912年1月22日，第5版。

庆邸，声明要将君主立宪坚持到底，庆邸只派代表接待，阿勒精阿以"最后手段"警告。① 禁卫军代表也在 18 日晚对奕劻进行了"恫吓性的访问"。② 因假未能参加 1 月 17 日御前会议的恭亲王溥伟，则在书面答复君主立宪维持会的质问时，表示 1 月 19 日开会，"本爵假虽未满，亦必进内与议，专竭心血，力主大清帝国君主立宪政体，虽涉嫌疑、犯斧钺，亦必坚定不拔。本爵此心此志，早已誓诸天地鬼神，今特再与尔爱国众军民约：如本爵有稍涉犹移迁就，主张共和，即请军民手缚本爵，以谢九庙"。③

在反共和的亲贵王公气势汹汹、喧闹不停时，刚刚死里逃生的袁氏却表现得十分镇静，让人觉得有些反常。果然，1 月 17 日，袁氏及其亲信杨度、梁士诒等放出一个新想法——"将来总统须与皇室分离，大约临时政府暂在天津"。④ 1 月 18 日袁氏又向朱尔典透露："他打算把政府的地址迁往天津几个月"，并说有两个理由："第一，必须完全断绝旧制度的影响；第二，民党首领们不会因为此时前来北京而危及他们的生命。"⑤ 很明显，袁氏正考虑利用丁字街炸弹事件来做一篇新文章。

由于反对共和的声音很大，原定 1 月 19 日下午召开的御前会

① 《王荫棠、曾有翼致袁金铠等函》（宣统三年十二月初一日），中国第一历史档案馆编《清代档案史料丛编》第 8 辑，第 133 页。
② 《水野幸吉来函》（北京，1912 年 1 月 19 日），《致达·狄·布拉姆函》（北京，1912 年 1 月 16 日），〔澳〕骆惠敏编《清末民初政情内幕——〈泰晤士报〉驻北京记者、袁世凯政治顾问乔·厄·莫理循书信集》上册，第 839 页。
③ 《恭邸复君主立宪维持会手书》，《大公报》1912 年 1 月 22 日，第 2 版。
④ 《沈鑫日记》，宣统三年十一月二十九日。
⑤ 《第 56 件 朱尔典爵士致格雷爵士电》（1912 年 1 月 18 日发自北京，次日收到），胡滨译《英国蓝皮书有关辛亥革命资料选译》上册，第 287 页。

议临时改成内阁会议，①在内阁旧署大堂进行。参加者有宗室王公十二人、蒙古王公七人，②各部国务大臣列席，袁氏在假未与。梁士诒首先发言，他说："袁内阁有病不能出席，今以本大臣及赵、胡二大臣代表。袁内阁之意，系组织临时统一政府，暂理全国事务。"赵秉钧紧跟着接过话题，具体解释道：

> 此办法系将南京政府与北京内阁先行解散，而在北方另行组织一临时统一政府，暂时管理全国事务，一面开国民临时大会以决定君主立宪与共和立宪之问题。因北方兵力不敷分布，且兵饷只敷一月，后即难继，现时尚能保全者，东三省外，止有直隶、山东、山西、河南四省，此四省人民主张共和时欲起事者，所在皆是，因为兵队压力所镇慑，目前尚可保守耳。万一民军北来，两宫之安宁与宗庙，皆有危险。今日之事，非空言所能解决，除却组织临时统一政府外，尚未有别种办法。请各位王爷斟酌。③

由赵秉钧所谓"此办法系将南京政府与北京内阁先行解散"，再结合袁氏1月18日向朱尔典所透露的计划，可知所谓"在北方另行组织一临时统一政府"，其所在地就是天津。这样做的真正用意是"一方面胁制亲贵，一方面撇开北京与南京……以支配

①　《王荫棠、曾有翼致袁金铠等函》（宣统三年十二月初一日），中国第一历史档案馆编《清代档案史料丛编》第8辑，第133页。

②　《醇亲王载沣日记》，第426页。

③　草莽余生编《辛亥革命大事录》，第58—59页；《清内阁会议之丑相》，《时报》1912年1月26日，第3版。

一切"。① 这是丁字街炸弹事件发生后袁氏策略上的一大变化。此种想法产生后，邮传部很快就奉命饬令京奉铁路局预备专车二十辆，以备内阁缓急之用，又在天津京奉铁路局分赁房屋数十间，以作办公之处。②

然而，袁氏此举遭到了亲贵王公的激烈反对，特别是恭亲王溥伟，反对最烈，在日记中详细记载了当时与赵、梁交锋情形。他写道：

> 余力疾至内阁，醇、庆诸王及蒙古王均到。袁世凯以疾辞，遣赵秉钧、梁士诒为代表。最可愤者，群臣列座二三刻钟之久，惟彼此闲谈，不提及国事。余不能耐，遽诘梁、赵曰："总理大臣邀余等会议，究议何事？请总理大臣宣言之。"赵秉钧曰："革命党势甚强，各省响应，北方军不足恃。袁总理欲设临时政府于天津，与彼开议，或和或战，再定办法。"余曰："朝廷以慰庭（袁世凯字）为钦差大臣，复命为总理大臣者，以其能讨贼平乱耳。今朝廷在此，而复设一临时政府于天津，岂北京之政府不足恃，而天津足恃耶？且汉阳已复，正宜乘胜再痛剿，乃罢战议和，此何理耶？"梁士诒曰："汉阳虽胜，奈各省响应，北方无饷无械，孤危已甚。设政府于天津者，惧惊皇上也。"余曰："从前发、捻之乱，扰及畿辅，用兵几二十年，亦未有议和之举、别设政府之谋。今革命党之势，远不及发、捻，何乃辄议如此？若用兵筹饷之

---

① 张国淦编著《辛亥革命史料》，第310页。

② 《京报要闻摘录》，《时事新报》1912年1月31日，第1张第2版。

事，为诸臣应尽之责，当勉为其难。若遇贼即和，人尽能之，朝廷何必召袁慰庭耶？"梁、赵语塞……庆邸曰："议事不可争执，况事体重大，我辈亦不敢决，应请旨办理。"言讫，即立起，群臣和之，遂罢。①

在当天的会议上，溥伟极力反对共和，曰："吾国不能共和，如万不得已，则当南北分立。"奕劻由于受到威胁，态度有所变化。一种说法是"庆亲王出乎意料地突然改变了态度，变得拥护君主立宪"。②而另一种说法则表明奕劻只是语气有所软化，他说："我非欲主张共和，惟大局如此，当筹画保全皇室之法，似可采用共和以和平了结，免致皇室别有危险。"又谓："我年七十余，无论君主与共和，我皆不及享受，有何成见；但今日君主之说既不能行，南北分立亦徒托空言，不如径行共和，以救危局。"载泽、载涛、铁良及蒙古王公则一如既往，激烈反对。③赵秉钧、胡惟德、梁士诒的态度似有软化，"词意间隐言本非主持共和，特恐人心已去，君主终难保存耳"。④由于意见分歧严重，无法做出决议，各亲贵及蒙古王公谓："此事须决之袁总理，如袁主共和，我辈不能承认，当请袁别筹良策。今袁既未到，迟日当再会议。"遂散会。

---

① 溥伟：《让国御前会议日记》，中国史学会主编《中国近代史资料丛刊·辛亥革命》第8册，第111—112页。按，溥伟将以上内容记于1月17日下，实际应在1月19日。

② 《水野幸吉来函》（北京，1912年1月19日），〔澳〕骆惠敏编《清末民初政情内幕——〈泰晤士报〉驻北京记者、袁世凯政治顾问乔·厄·莫理循书信集》上册，第839页。

③ 《议和记·清廷初一日之御前会议》，上海时事新报馆编辑《中国革命记》第24册，"记事"，第1—2页。

④ 廖少游：《新中国武装解决和平记》，第62页。

十 孙中山对袁氏要求取消南京临时政府发起反击

袁氏似乎急于求成，他在亲贵王公还未能达成一致意见的情况下，就提出要组织临时政府，在组织临时政府还根本没有希望的时候，又迫不及待地向南京临时政府发起了挑战。

1月19日孙中山对《字林西报》记者发表书面谈话，内有"忽袁氏电称'南京临时政府应于清帝退位（按此为孙中山的转述，袁内阁始终避用'退位'二字——引者）后二日内即行取消'"等话。①而在1月18日孙中山致伍廷芳电中也写道："清帝退位，共和既定，既推让出于诚意，致〔至〕其手续，则须慎重，以为民国前途计。若两日为草（期），不特贻外人讥笑，且南方各省或有违言，转不美。"②可知袁氏曾于1月17日或18日致电孙中山，要求南京临时政府在清帝"退位"后四十八小时内取消，以便袁氏一手组织临时政府。

孙中山对突然发生的变故深感意外，他本来的设想是，在袁氏迫使清帝退位后即选举其为临时大总统，切断其与清廷的关系，由南京临时政府统一全国，从而在全国实现共和，不想袁氏

---

① 《致〈字林西报〉等书面谈话》（1912年1月25日），中国社会科学院近代史研究所中华民国史研究室、广东省社会科学院历史研究室、中山大学历史系孙中山研究室合编《孙中山全集》第2卷，第41页。按，1月25日为《民立报》刊登日期。

② 《致伍廷芳电二件》（1912年1月18日），中国社会科学院近代史研究所中华民国史研究室、广东省社会科学院历史研究室、中山大学历史系孙中山研究室合编《孙中山全集》第2卷，第26页。

竟要同时取消清政府和南京临时政府，由清帝授权其组织临时政府。孙中山深感问题严重，因此急忙于18日密电伍廷芳，请其与唐绍仪到南京来协商大计，但伍表示唐因身份原因，不方便到南京，而伍自己也未允到南京。① 孙中山遂于当天又致电伍廷芳，请后者通过唐绍仪转电袁氏，就原先承诺的举袁为总统，提出若干限制条件，以确保将来能够在全国实现共和。具体包括以下五条：

　　一、清帝退位，其一切政权同时消灭，不得私授于其臣；

　　二、在北京不得更设临时政府；

　　三、得北京实行退位电，即由民国政府以清帝退位之故，电问各国，要求承认中华民国彼各国之回章；

　　四、文即向参议院辞职，宣布定期解职；

　　五、请参议院公举袁世凯为大总统。②

1月19日，孙中山又给伍廷芳连发两电。一电是对以上五条加以解释："一、清帝退位系帝制消灭，非只虚名；二、袁须受民国推举，不得由清授权；三、袁可对中外发表政见，服从共和，以为被举之地；四、临时政府不容有两，以避竞争，今清帝退位后，民国政府当然统一；五、袁可被举为实任大总统，不必用临时字样，如此始得民国巩固，南北一致。"③ 另一电则要伍廷芳速

---

① 《南京孙文来》（1912年1月18日）、《复南京孙文黄兴》（1912年1月18日），观渡庐编《共和关键录》第1编，第74—74页。

② 《孙文来》（1912年1月19日），观渡庐编《共和关键录》第1编，第76—77页。

③ 《孙文来》（1912年1月20日），观渡庐编《共和关键录》第1编，第77页。

告唐绍仪，将第三、四、五条并为一条，即"各国承认中华民国之后，临时总统即行辞职，请参议院公举袁为大总统"。① 这样原先五条就成为三条，孙又向伍强调，这三条"于民国安危最有关系，所在必争"。②

伍廷芳向唐绍仪转达了孙中山来电，唐绍仪不以为然，主张清帝退位后应由南北直接筹商组织统一政府。伍廷芳赞同唐氏主张，于1月19日复电孙中山、黄兴道：

> 接电后即转达唐君，唐谓清帝退位后，北京必不即设临时政府，此层可以无虑。但全国统一之政府，必不可不迅为成立，否则北方陷于无政府之状态，而统一政府虽举袁为总统，决不能由袁一方组织，故孙公辞职、袁公被举之后，两大总统为交替起见，对于组织统一政府，必须直接筹商。唐所以屡欲孙公来沪，即为预筹统一政府办法，免致临时仓猝。至于通告外国要求承认，既不必待各国之回章，自不必列于条件。盖成立在我，承认在人，今宜先求其在我者，清帝虽退位，而统一政府尚未成立，外人无从承认也。总之，清帝退位一层若能办到，则以筹设统一政府为第一。③

1月21日，伍廷芳在尚未接到复电之际又两次致电孙中山，

---

① 《孙文来》（1912年1月19日），观渡庐编《共和关键录》第1编，第78页。

② 《致伍廷芳电》（1912年1月20日），中国社会科学院近代史研究所中华民国史研究室、广东省社会科学院历史研究室、中山大学历史系孙中山研究室合编《孙中山全集》第2卷，第31页。

③ 《复南京孙文黄兴电》（1912年1月19日），观渡庐编《共和关键录》第1编，第78—79页。

表达了与 1 月 19 日去电相同的意见：

> 日来与袁内阁切实筹商清帝退位办法，本定于初三日即发表清帝退位之谕旨，后因发生难问，以致稍滞。此难问之发生，在清帝退位后对于北方如何处置。清帝统治权已经消灭，而我临时政府事实上尚不能直接统辖北方，则北方将陷于无政府之状态。据目下情形，是北方各官吏将士赞同共和，对于组织统一全国之政府宜得其同意。故廷芳以为，清帝退位，宜由袁世凯居［君］与南京临时政府协商，以两方同意，组织统一全国之政府。如此，则统一政府成立之后，于内必能统一全国之秩序，于外必能得各国之承认。廷芳受议和全权代表之委任以来，往复筹商，以为惟此可期解决。今日有陈都督其美、温参议宗尧、汪参议兆铭在场赞成，已告唐君绍仪转电袁内阁。特此奉闻。①

从电末一句可知，陈其美、汪兆铭、温宗尧三人和伍廷芳意见一致，均认同唐绍仪的主张。尤需注意的是，他们在并未征得孙中山同意的情况下，就通过唐绍仪致电袁氏转达了上述意见，而后才向孙中山汇报。其致袁电曰："袁内阁协商宣布共和问题，本定初三日发表，因宣布后重要问题尚未商妥，故迟滞不果。倘清帝退位后则统治权已经消灭，南京政府事实上尚难统辖北省。北方政府今既赞成共和，拟由袁内阁与南京政府协商，以双方同意，组织一临时新政府，则无彼曲此伸之弊，对内可以统辖全

国，对外可得各国承认。"①

　　孙中山同意让位的本心是想以袁氏为傀儡，由南京临时政府加速在全国建立共和制度，因此对伍廷芳等人的主张极不以为然。1 月 21 日，南京临时政府内阁会议议决"俟清帝退位后，将请袁世凯来南京，以就此间临时政府"。② 这可以视为对伍廷芳等主张的否定。1 月 22 日，孙中山又致电伍廷芳及各报馆，公开回应袁内阁来电道：

　　　　袁意不独欲去满政府，并须同时取消民国政府，自在北京另行组织临时政府，则此种临时政府，将为君主立宪政府乎？抑民主政府乎？人谁知之？纵彼有谓为民主之政府，又谁为保证？故文昨电谓须俟各国承认后，始行解职，无非欲巩固民国之基础，并非前后意见有所冲突也。若袁能实行断绝满政府关系、变为民国国民之条件，则文当仍践前言也。至虑北方将士与地方无人维持，不知清帝退位后北方将士即民国将士，北方秩序亦即应由民国担任，惟一转移间，不能无一接洽之法，文意拟请袁举一声名卓著之人。交接一节，满祚已易，驻使当然与民国交涉，方为正当，其中断之词［时］甚短，固无妨也。③

　　鉴于此时情形与之前又有不同，同日孙中山向参议院提出

①　《伍廷芳致袁世凯密电》，渤海寿臣编《辛亥革命始末记》，第 854—855 页。

②　《大事记》(1912 年 1 月 21 日)，上海时事新报馆编辑《中国革命记》第 29 册，"记事一"，第 10 页。

③　《南京孙文来》(1912 年 1 月 23 日到)，观渡庐编《共和关键录》第 1 编，第 88 页。

如下五条解决办法，经参议院同意后由伍廷芳通过唐绍仪告知袁氏：

一、清帝退位，由袁同时知照驻京各国公使、电知民国政府现在清帝已经退位，或转饬沪领事转达亦可；

二、同时袁须宣布政见，绝对赞成共和主义；

三、文接到外交团或领事团通知清帝退位布告后，即行辞职；

四、由参议院举袁为临时总统；

五、袁被举为临时大总统后，誓守参议院所定之宪法，乃能接受事权。[①]

孙中山并强硬指出："一、二两条即为袁断绝满政府关系、变为民国国民之条件，此为最后解决办法，如袁并此而不能行，则是不愿赞同民国，不愿为和平解决。如此则所有优待皇室、八旗各条件不能履行，战争复起，天下流血，其罪当有所归。"[②] 又谓伍廷芳："若再不办到，则是有心反对，众怒实难犯，请告唐。"[③]

然而，南京临时政府中一些人急于同袁世凯妥协，他们认为孙中山提出各种条件干扰了议和，不能理解孙中山的良苦用心。议和参赞温宗尧甚至恼怒地说，"如果他有一支手枪，他就亲手杀

① 《南京孙文来》（1912年1月23日到），观渡庐编《共和关键录》第1编，第88页。

② 《南京孙文来》（1912年1月23日到），观渡庐编《共和关键录》第1编，第88—89页。

③ 《南京孙文来》（1912年1月23日到），观渡庐编《共和关键录》第1编，第90页。

死孙中山"，① 虽然只是说说，但可以想象其对孙中山何等不满。
唐绍仪接到伍廷芳交来的上述五条后，于 1 月 23 日电告梁士诒，
并对五条办法逐一给出回应："一、各使于清帝退位后，未认民国
以前，断无用正式公文知照孙文之理；二、谕旨赞成共和退位，
其署名之总理及国务大臣，自非反对共和可知；三、领事团只可
以私函通告；四、可照办；五、总统于未阅参议院所定宪法之
先，断无预先声言誓守之理。"② 可以说除举袁一条外，其余四条
均未认可。至此，南北议和又陷入僵局。

十一　伍廷芳对袁氏试图独揽组织临时政府大权提出警告

　　根据前引 1 月 14 日伍廷芳对唐绍仪所言清帝退位后"两方政
府如何合并，可由两方协商决定"，以及 1 月 15 日伍廷芳致袁氏
电文中所言清帝退位后"孙中山并将立即前往北京，亲自与袁商
讨关于成立临时政府事宜"，还有 1 月 19 日伍廷芳致袁氏电文中
所言清帝退位后"宜由袁世凯居〔君〕与南京临时政府协商，以
两方同意组织统一全国之政府"，袁氏很可能以为南方并不绝对
反对取消南京临时政府。从 1 月 18 日蔡廷幹致莫理循函中所说
"我们同南方的革命党人正在取得充分的谅解"③ 一语来看，袁氏

① 《克·达·卜鲁斯来函》（上海，1912 年 1 月 23 日），〔澳〕骆惠敏编《清末民初政情内
　　幕——〈泰晤士报〉驻北京记者、袁世凯政治顾问乔·厄·莫理循书信集》上册，第
　　841 页。

② 《唐绍怡致梁士诒电》（辛亥十二月三日），李希泌辑录《有关辛亥南北议和文电抄》，《文
　　献》1981 年第 3 期，第 29 页。

③ 《蔡廷幹来函》（北京，1912 年 1 月 18 日），〔澳〕骆惠敏编《清末民初政情内幕——〈泰
　　晤士报〉驻北京记者、袁世凯政治顾问乔·厄·莫理循书信集》上册，第 846 页。

对局势的发展是乐观的，因此，当他于 1 月 20 日接到孙中山反对清帝授权其在北方组织临时政府的来电时，多少会感到意外。据莫理循记述，当时清帝"退位诏书已经起草完毕"，并且当天袁氏已派机要秘书"将退位诏书的原本交给庆亲王"，有要亲贵确认之意。就在"这时，孙中山来了电报，袁世凯立即召回他的使者"。① 这一细节说明，袁氏似乎已经把由其全权组织临时政府的内容写进诏书，不料出现新的情况，因此袁氏决定立刻召回。现存日本静嘉堂文库的一份清帝宣布共和诏书修改稿可以证实袁氏的确把上述内容写进了诏书。

　　该诏书底稿与前引宣布"共和立宪国体"诏书字句完全相同，但在底稿上又另有好几处改动。特别是将"著授袁世凯以全权筹办共和立宪事宜，惟是皇室关系重大，皇族支派蕃衍，即八旗兵丁亦素无恒产，生计均应妥为规画，著袁世凯一并筹商办理"一句删除，改为"应即由袁世凯以全权组织临时政府，与民军协商统一办法，总期人民安堵，领土保全，满汉蒙回藏五族仍能合为一大中国，即为至幸"。② 如此一来，原意完全改变，尽管在用词上刻意回避使用"著"字，改用"由"字，但袁世凯实质上被清廷授予了全权组织全国统一临时政府之权。从修改笔迹来看，应出自梁士诒之手，按莫理循所说，当时"梁士诒一直为袁世凯写谕告"，③ 参加诏书草拟及修订并不奇怪。

---

① 《致威·伍·柔克义函》（北京，1912 年 1 月 24 日），〔澳〕骆惠敏编《清末民初政情内幕——〈泰晤士报〉驻北京记者、袁世凯政治顾问乔·厄·莫理循书信集》上册，第 846 页。

② 《清帝辞位诏书草稿稿一》，刘路生、骆宝善、〔日〕村田雄二郎编《辛亥时期袁世凯密牍——静嘉堂文库藏档》，第 64 页。

③ 《致威·伍·柔克义函》（北京，1912 年 1 月 24 日），〔澳〕骆惠敏编《清末民初政情内幕——〈泰晤士报〉驻北京记者、袁世凯政治顾问乔·厄·莫理循书信集》上册，第 845 页。

从 1 月 21 日伍廷芳致孙中山电中"日来与袁内阁切实筹商清帝退位办法，本定于初三日（1 月 21 日——引者）即发表清帝退位之谕旨"[①]一语来看，这份诏书修改前的内容伍廷芳是看过的，大概因为只是笼统地提到"著授袁世凯以全权筹办共和立宪事宜"，伍廷芳并没有感觉不妥，曾在 1 月 18 日致副总统黎元洪与各省都督、北伐联军总司令、各司令及天津《民意报》公电中乐观地透露：

> 此次停战展期，实因清帝有退位之议，前此秘密磋商，未便先行宣布，今已议有头绪，大约再过数日即可决定。届时如再失信，必为天下所不容。廷芳固不敢濡滞迟延，以误军机，而共和目的若能达到，亦必为民国所深望。此次展期停战十四日，实行临时政府决定，非廷一人专断。[②]

然而，伍廷芳万万没有料到，袁内阁在 1 月 18 日后又对诏书内容进行了关键性的修改，并且直至 1 月 20 日，也就是预定的清帝宣布共和日期到来前一天，才将修改后的诏书发给伍廷芳，试图造成南方措手不及，不得不接受既成事实。只因当天袁氏突然又接到孙中山来电，这才不得不中止原来的计划，但他只是召回了送往庆王府的诏书，而发给伍廷芳的诏书修改稿已无法追回。伍廷芳接到诏书修改稿后，于 1 月 21 日复电袁世凯，对其内容提出异议。因系秘密协商，伍电原文迄今未见，但在 1 月

① 《致南京孙文电》（1912 年 1 月 21 日），观渡庐编《共和关键录》第 1 编，第 83 页。

② 《致武昌黎元洪及各省都督等电》（1912 年 1 月 18 日），丁贤俊、喻作凤编《伍廷芳集》下册，第 445 页。

25 日莫理循的一封信中提到了伍廷芳复电的关键内容。莫理循写道：

> 伍氏在电报中解释共和党对于袁世凯按照拟议中的退位诏书取得的地位表示忧虑。他说："依我的看法，拟议中的诏书文本写得很好，但是对这句话有怀疑：'我们指令授予袁世凯全权安排组成立宪共和政府之必要程序。'这便使人认为含有阁下成为唯一的主宰者的意思。建议这句话应改为：'我们指令授予袁世凯全权，使其能够与共和政府作出组成全国统一政府之安排。'这样做将使他们无由怀有疑虑，也不会冒他们撕毁保证的风险。"[①]

据此，伍廷芳质疑的，正是袁内阁所改诏书中那几句关键的话。与张謇代南方所拟清帝退位诏书中"著袁世凯以全权与民军协商办理，务使全国一致洽于大同，蔚成共和郅治"相比，袁氏试图独揽组织未来临时政府的权力，南京临时政府当然不会认同，因此伍廷芳要求修改，并警告袁氏不要冒南方"撕毁保证的风险"，所谓"保证"，即孙中山先前承诺只要清帝退位、袁氏赞成共和，即将临时大总统之职让与袁氏。在发给《泰晤士报》的报道中，莫理循也说"袁世凯接到伍廷芳愿意和解的电报，其中建议改变退位诏书的措辞，以去除皇帝退位后权力自然移交给袁世凯的误解"。[②]

---

① 《致达·狄·布拉姆》（北京，1912 年 1 月 26 日）附件，〔澳〕骆惠敏编《清末民初政情内幕——〈泰晤士报〉驻北京记者、袁世凯政治顾问乔·厄·莫理循书信集》上册，第851 页。

② 窦坤等译著《〈泰晤士报〉驻华首席记者莫理循直击辛亥革命》，第 162 页。

不过要指出的是，伍廷芳虽然对袁氏擅改诏书不满，但对孙中山提出的最终办法五条也不完全认同，于1月22日致电责怪孙中山，谓"迫清帝退位之诏已定于初三日发布，而尊处巧电复添入五条件，与前电不符，使廷失信，处两难之势"；仍主张"清帝退位之后由袁与南京临时政府协商，以两方之同意组织临时政府"，如不以为然，"惟有请另派贤能接议和全权代表之责"。[①]1月23日又致电孙中山，表示"关于组织全国统一之政府，必须彼此协商，出于两方之同意"，"似此则在我无食言之嫌，而前后交涉皆持一贯之方针，庶易就绪；否则所开条件逐日变易，使廷亦茫无所措，而前后不符，受人疑驳，更无以取信于天下。恳请尊处筹一定之办法，始终坚持，不可随时更变"。[②]孙中山不以为然，复电表示自己并无私心，所开五条"只保〔系〕手续稍异，并无有变初衷"，"总之个人名位非所愿争，而民国前途岂可轻视"，"请始终其事，另派全权一节，可无置议"。[③]

至此，不仅南北议和陷于僵局，南京临时政府内部孙中山与伍廷芳之间亦现裂痕，所幸这一裂痕没有影响到接下来的南北议和。

十二　袁党应对危机之未遂密谋

袁氏非但没能成功劝导清廷速定大计，自行降旨宣布共和并

① 《复孙文电》（1912年1月22日），丁贤俊、喻作凤编《伍廷芳集》下册，第452—453页。
② 《复孙文电》（1912年1月23日），丁贤俊、喻作凤编《伍廷芳集》下册，第453页。
③ 《致伍廷芳电》（1912年1月23日），中国社会科学院近代史研究所中华民国史研究室、广东省社会科学院历史研究室、中山大学历史系孙中山研究室合编《孙中山全集》第2卷，第40页。

授权其组织临时政府，反而因其欲同时取消南京、北京政府，另到天津组织临时政府，两面树敌，一时陷入困境。

其时，驻北苑之陆军第一镇和驻西苑之禁卫军在宗社党人或君宪党人运动下，合力反对共和。"洵、涛二人授意禁卫军军士遇有冯国璋命令，即当故意抗违，以便乘机谋变，行刺冯国璋，攻击袁世凯卫队"，"又使人游说袁世凯卫队，重以啖利，令勿为袁所用"。[1] 袁氏连接军界密函，责备其主张共和，略谓："现在皇太后与庆邸之主持共和，均系由公恫吓所致。朝廷之起用我公，畀以重权，原希望保卫皇室，并非欲以皇室投降革军。我军人之仰望于公者，亦在于此。不图公忽变节，我军人为保全皇室起见，不得不筹最后之手段，荷枪以待，勿谓革匪能以炸弹付公，我等军人无此能力也。"[2] 1 月 19 日当天，两军均已不听本管大臣命令，整装戒严，第一镇并已开至黄寺，准备当天朝廷一旦有逊位谕旨，即围攻袁氏与庆邸，质问理由。幸好当天并未有谕颁布，两军方在寿勋、良弼劝说下退回。[3] 但因君宪党人在京遍发传单，宗社党、禁卫军将有暴动的消息已经传开，汉人、人均极恐慌。[4]

鉴于袁内阁处于危地，有多人劝说袁氏赴津暂避其锋。1 月当天，廖宇春、靳云鹏面见袁克定，极力劝阻袁氏出京。靳人为，袁氏骤出京师，"京师秩序必将扰乱，尔时牵动外交，

革命史八十七纪》，《时事新报》1912 年 1 月 21 日，第 1 张第 1 版。

反对共和之激烈》，《大公报》1912 年 1 月 22 日，第 2 版。

对共和之激烈》，《大公报》1912 年 1 月 22 日，第 2 版。

《新中国武装解决和平记》，第 62 页；草莽余生编《辛亥革命大事录》，第 59—

更难为计"。廖宇春则曰："宫保出京，曩日亦曾经主张此议，然以现在情势观之，似不宜有此举动。日来外间纷传预备花车，已尽人皆知，倘再遇狙击，将如之何？且各部大臣，谁愿留守？吾见途中已纷纷迁徙，顿呈慌乱之状，窃恐京师立时糜烂，亦在意中。愚见不如从速调兵入京震慑，然后宣布共和，决料无人敢生异议，可断言也。"[1] 廖宇春的建议实际上就是要将他们所计划的第三种办法付诸实施，即"用武力胁迫，要求宣布共和"。袁氏幕僚还为此草拟了具体行动方略，即李希泌所谓"袁氏篡政计划"，具体内容如下：

一、本部军队先布置妥协（宜设法作其同仇之气）。

一、与南方不再商议，自行主动。

一、对朝廷稍示强硬态度。

一、一切优待皇室等条件，均自行宣布。

一、如朝廷不以宣布共和为然，即辞职出京，
主动。

一、如朝廷以宣布共和为然，即速下谕旨
自拟，择便利者行之。

一、请旨定为共和立宪国体，派某某先
政府，并先由军队举临时大总统，随知会
举出以前，所有一切政权，由政府首领扌

一、北方共和政府成立之后，即以
义宣布为国，并将优待皇室等条件宣

[1]　廖少游：《新中国武装解决和平记》，第 62—63 页

一、与南方临时政府交涉，并不争为大总统，但商南北政府合并办法。孙文不让总统，则不与竞争，办成南北一致，成功而退。[①]

这个行动方略见于袁氏心腹阮忠枢遗留机密文书中，原稿未标注时间，因此一直以来不为学者注意，但依其内容并结合当时政情判断，可知该方略设计时间应该就在此时。其核心是在军队支持下，逼迫朝廷"宣布共和"，授权袁氏在北京组织"全国临时政府"，"并先由军队举临时大总统"，而后以"中华民国临时政府名义"宣布优待皇室等条件，然后再与"南方临时政府"交涉。

袁党之所以敢在此时谋划这样一个方案，当与1月以后袁内阁财政状况好转有密切关系。根据英国公使朱尔典1月6日写给英国政府的报告，维持袁内阁行政当局两个月最少需款三百万两，而当时袁内阁已经通过发行"爱国公债"获得一百万两左右，又从皇宫获得金条八千根，每条重十两，约合白银二百八十万两。此外据说还从皇族成员捐献中获得二百万两。这"大大增强了总理大臣处理危机的实力"。[②]曹汝霖的回忆则说，因为袁氏以军饷无出为词，隆裕皇太后不得不将慈禧太后历年积蓄之金条尽数交出，共有三十余箱，合银六百万两之谱，"这批金条，都是督抚关道等所进之贿赂，每条都粘

---

① 《袁世凯篡政计划》，李希泌辑录《有关辛亥南北议和文电抄》，《文献》1981年第3期，第44页。

② 《第65件 朱尔典致格雷爵士函》（1912年1月6日于北京，1912年1月22日收到），胡滨译《英国蓝皮书有关辛亥革命资料选译》上册，第316—317页。

有'臣某恭呈'字样，余曾目睹，项城亦有进呈者"。[1] 莫理循也说："袁世凯从皇太后处得到三百万两银子，这个数目在必要时可以支付军队和政府人员两个月的薪饷，供政府开支六个星期则绰绰有余。毫无疑问，在袁的完全同意下，十五位将军向皇室的每个成员发出了警告信，要求他们对国家的需要作出贡献，贡献的方式就是认购爱国公债，[2] 利用这种方式，又取得近三百万两。因此，就财政而言，袁世凯获得了足够三个月开支所需的钱。这显然使他的地位得到了改善。"[3] 以上数字除隆裕皇太后拿出八万两黄金确凿无疑外，其他数字是否属实、准确，均待进一步研究，不过袁内阁的财政状况的确在 1 月得到了改善。

袁克定甚以廖宇春之计为然，但他担心"调兵入卫，又恐亲贵见疑"，因此犹豫不决，叮嘱廖宇春曰："此事尚待计议，务须秘密，不可宣布。"[4]

此外，在北京以外另建临时政府将牵掣《辛丑条约》的一些规定，同时难保不致北京秩序紊乱，各国公使也极为关注。[5] 特别是日本公使伊集院听到风声后，于 1 月 20 日下午谒见袁氏，发出威胁："皇帝退位时，如果北京没有临时政府，日本不得不调兵进入北京以自卫。如果在这种情形下俄国有行动的自

① 曹汝霖：《一生之回忆》，第 92 页。

② 按，此事幕后恐非袁氏，请参阅第四章。

③ 《致达·狄·布拉姆函》（北京，1912 年 1 月 5 日），〔澳〕骆惠敏编《清末民初政情内幕——〈泰晤士报〉驻北京记者、袁世凯政治顾问乔·厄·莫理循书信集》上册，第 825 页。

④ 廖少游：《新中国武装解决和平记》，第 63 页。

⑤ 《京中各方面对于改革政体之情形》，《时事新报》1912 年 1 月 31 日，第 1 张第 2 版。

由，日本将有同样的行动自由。"① 这显然对袁氏形成了巨大压
力，于是离京之事中止，袁氏选择继续与亲贵周旋，并与南方
协商。

十三　内廷降旨宣布共和及授权袁氏组织 临时政府计划流产

　　袁氏决定改变策略并确认孙中山将会让位后，对于达成虚君
共和目标可谓信心十足。如前所述，他最初甚至计划在四天内让
隆裕皇太后颁布诏书。然而，在他上折后接连出现的一系列变
故，完全超出了他的预料。他和伍廷芳约定1月21日为内廷宣
布改建共和的日子，可到了那一天，最支持他的庆亲王奕劻"因
连日为君主党人所恫吓，不敢再言共和"，一早递牌请假五日；
醇亲王载沣入宫途中见庆亲王不应召，亦折回藩邸。② 运动亲贵
促使内廷自行宣布共和的计划流产了。当天，奕劻和载沣到内阁
与袁氏协商办法，袁氏答曰："国体问题，断非阁臣之所敢擅拟，
仍请由各亲贵自决，如必以此事相难，则惟有辞职而已。"③ 由此
可见，袁氏并不想在此重大问题上担负责任，而是与亲贵互相推
诿。这实际上是清廷多次召集御前会议却一直无法解决国体问题
的重要原因，但袁氏却不反躬自问，而是把失败归咎于孙中山为

---

① 《致达·狄·布拉姆》（北京，1912年1月23日），〔澳〕骆惠敏编《清末民初政情内幕——
　　〈泰晤士报〉驻北京记者、袁世凯政治顾问乔·厄·莫理循书信集》上册，第843页。
② 廖少游：《新中国武装解决和平记》，第63页。
③ 《内阁总理最后之政策》，《大公报》1912年1月23日，第2版。

让位设置条件，于 1 月 21 日通过唐绍仪转电伍廷芳，将矛头直指孙中山，措辞甚为激烈。电称：

> 本拟赶促进行，初三日即可发表，今孙所开四条，多与前言不符。此事关键，所最重者在接气与不接气。如帝已退位，而孙未退，是全国只有一南京政府，袁既不得更设临时政府，又已脱去清政府所授之政权，则手下兵队听谁调度？北方秩序谁任维持？北京驻使向谁交接？所谓不接气也。且最可虑者，是时袁则有受为南京政府部下之势，北方军士必出阻力。孙电第三条云向院辞职，则院可挽留，定期解职，则期可延缓，与春一电伍致孙电"即可发表让袁"一语不符，与帆电孙"即日解职"一语不符，与第二电孙复伍电文"即可正式宣布解职"一语不符，又与"议定降旨之日孙即行解职"一语不符。北方各界谣言阻力日益繁多，迟则大碍。总之，大劫当前，四万万人只差三十点钟便成熙皞之民，忽接孙电四款，将今日进行次第全行紊乱，此后四万万人必死一半而后已。且项城为一时人杰，岂必欲争此总统。若疑其有莽、曹之志，尤不值一噱，不过为四万万同胞谋幸福而已。①

所谓"初三日"即十二月初三日，也就是 1 月 21 日。"孙所开四条""孙电四款"，即 1 月 18 日孙中山致伍廷芳电所列五条中的一、二、四、五条。根据莫理循的记述，袁氏所收孙中山电

---

① 《致南京孙文黄兴》（1912 年 1 月 21 日），观渡庐编《共和关键录》第 1 编，第 82—83 页。

只有这四条。① "四万万人只差三十点钟便成熙皞之民",则是指袁氏接到孙电时距离袁、伍预定的 1 月 21 日清帝宣布改建共和时间只差一天多。

莫理循也把失败归咎于南方,认为 "南方的人们急躁不安,他们对袁世凯慢吞吞的行事感到不耐烦。袁世凯正努力使从旧政体到新政体的变化平稳进行,尽量不猝然从事,可是他的策略被误解了"。②

袁氏对孙中山的指责并不能令人信服。从实际情况看,造成这一结果的因素有四。首先是袁氏太急于求成。丁字街炸弹事件使亲贵王公对袁氏的疑忌打消了不少,这本来对袁氏劝导清廷有利,但袁的头脑被扰乱了,在仅仅一次御前会议未能就改建共和形成一致意见的情况下,袁氏就决定利用炸弹事件,到天津组织临时政府,试图给亲贵王公施加压力,结果使问题更加复杂,遭到宗社党人的坚决反对。其次可能与其子袁克定高调主张共和所引发的君宪党人对袁氏的疑虑有关。早在 1911 年 11 月 21 日,莫理循就在一封信中指出,袁克定 "极端仇视满族统治,不论什么时候,他总是恳求他父亲放弃顽固态度,帮助建立共和政府"。③1912 年 1 月 24 日莫理循又在一封信中指出:"我找不出任何理由为什么袁世凯竟不能继续左右形势。有些对袁世凯的不信任,如果不是全部的话,归根到底是他的脑袋里缺一根弦的儿

① 《在第 461 号信内的附件》,〔澳〕骆惠敏编《清末民初政情内幕——〈泰晤士报〉驻北京记者、袁世凯政治顾问乔·厄·莫理循书信集》上册,第 850 页。

② 《致达·狄·布拉姆》(北京,1912 年 1 月 23 日),〔澳〕骆惠敏编《清末民初政情内幕——〈泰晤士报〉驻北京记者、袁世凯政治顾问乔·厄·莫理循书信集》上册,第 843 页。

③ 《致达·狄·布拉姆函》(1911 年 11 月 21 日),〔澳〕骆惠敏编《清末民初政情内幕——〈泰晤士报〉驻北京记者、袁世凯政治顾问乔·厄·莫理循书信集》上册,796 页。

子不谨慎，从一开始就称他父亲为未来的中华联邦共和国的总统。袁世凯的目标是当总统，我对此从没有任何怀疑，可是在袁世凯采取行动之前，他儿子的冒失已播下人们对他父亲不信任的种子。"① 再次是袁氏对清帝退位态度模棱两可。他一方面劝导清廷改建共和，另一方面又害怕留下强迫皇帝退位之名，而希望清帝授权他组织临时共和政府，这种自相矛盾的态度实际上束缚了他的行为，使他难以强硬姿态应对宗社党等反对共和的势力，同时又招致南方反对。最后则是袁氏急于独揽大权。在清帝宣布改建共和根本还没有结果的情况下，袁氏就以一种居高临下的态度，提出南京临时政府应在清帝宣布共和后两天内取消，并擅改预拟诏书，试图由其全权组织临时共和政府，结果招致孙中山等强力反击，议和由此陷入僵局。

由此可见，运动亲贵由内廷降旨自行宣布共和及授权袁氏组织临时政府计划流产，很大程度上是由袁氏自身的失策造成的，当时许多人包括一些外人将矛头指向孙中山是不公平的。孙中山提出并不断完善"举袁"条件，是对袁氏试图取消南京临时政府的有力回应，是为了保证南京临时政府能够主导民主共和在全国的实现。

---

① 《致威·伍·柔克义函》（北京，1912 年 1 月 24 日），〔澳〕骆惠敏编《清末民初政情内幕——〈泰晤士报〉驻北京记者、袁世凯政治顾问乔·厄·莫理循书信集》上册，第845 页。

第五章

北军将领联衔请愿共和与清廷屈服

南北议和再次陷入僵局后，亲贵王公抵拒共和、主张决战的声音又高涨起来，特别是铁良、载泽、溥伟等宗社党人，甚至谋划以赵尔巽取代袁氏。然而，由于饷械不足，且无得力之人统领，主战只是逞一时口舌之快而已。但退位又不甘心，于是隆裕皇太后降旨，仍以召集国民会议为解决办法。袁氏遂一面下令军队备战，以应付亲贵王公的要求；一面遵旨与伍廷芳再次就召集国民会议问题展开争辩。袁氏只愿讨论议员产生办法及先前未议定的召集国民会议的时间、地点问题，否认此前双方曾讨论过清帝"退位"问题，伍廷芳则予以反驳。但此时对双方而言都已是心猿意马。伍廷芳方面，实际上早已不再把国民会议作为选项。袁氏方面，支持他的军人见推动内廷降旨不能奏效，于是转而推动第二种办法，即由军队请愿共和。清廷为了将袁氏与朝廷的命运紧紧捆绑在一起，降旨封赏其一等侯爵，但被袁氏四次上奏辞谢。随着段祺瑞等四十七将领通电要求"立定共和政体，以巩皇位而定大局"，以及宗社党领袖良弼被炸身亡，隆裕皇太后及亲贵王公魂飞魄散。同时，前敌南北军队开始和解，北军后撤。经过几次御前会议讨论，清廷终于确定以"虚君共和"为目标，并授予袁氏全权，同南方协商优待条件。南北议和即将进入最后阶段。

一　亲贵王公激烈抵拒共和

　　袁氏秘密运动内廷准备于 1 月 21 日宣布改建共和并授权其组织临时政府的计划宣告失败后，适逢三日假满，于是奏请续假三日。[①] 支持袁氏的奕劻、溥伦等因遭到其他亲贵王公反对，也分别提出请假五日、十日。[②] 同时，袁内阁"几乎每个内阁大臣和副大臣，或者告了病假，或者以这样那样的借口要求准假"，"数目多到几乎令人感到荒唐"。袁氏的地位变得极为不稳，北京的气氛极其紧张，人们开始逃难。[③]

　　反共和的亲贵王公则因袁氏受挫，受到很大鼓舞。1 月 22 日早，内廷复召集御前会议，被召者有醇亲王、恭亲王、睿亲王、肃亲王、庄亲王、润贝勒、涛贝勒、朗贝勒、泽公、那王、贡王、帕王、宾图王、博公等十七人，奕劻、载洵、溥伦未至。[④] 隆裕皇太后欲从速解决难题，到会亲贵"赞成君主立宪者十居其九"。[⑤] 但与先前几次御前会议有所不同的是，蒙古王公虽然依旧支持君主立宪，但也不绝对反对共和。贡桑诺尔布在 1 月 19 日

---

① 《上谕》（宣统三年十二月初三日），中国第一历史档案馆编《宣统朝上谕档》第 3 册，第 393 页。

② 《宫门钞》（宣统三年十二月初三日），《内阁官报》第 152 号，宣统三年十二月初四日，第 1 页。

③ 《致达·狄·布拉姆》（1912 年 1 月 23 日），〔澳〕骆惠敏编《清末民初政情内幕——〈泰晤士报〉驻北京记者、袁世凯政治顾问乔·厄·莫理循书信集》上册，第 846 页。

④ 《议和记·清廷初四日之御前会议》，上海时事报馆编辑《中国革命记》第 24 册，"记事"，第 14 页。

⑤ 廖少游：《新中国武装解决和平记》，第 64 页。

曾就蒙古王公在1月16日、17日御前会议上极端反对共和之缘由，向来访的资政院议员刘道仁有一番解释，说当时"那邸（即那彦图——引者）辞气之间极形反对，然皆对于庆邸多不满意而出，并非对于共和而出也"。又说：

> 蒙古各王公心理，以为蒙古之附于清国二百余年，今既不反对清国，则自不能赞成共和，此系立言不得不如此，亦非绝对的反对共和之实情。至于退位问题，蒙古人更不便参预。退位问题既未议定，蒙古人只好说"止知有君主立宪"而已。此在会议之大略情形也。至于蒙古人实在的心理，对于清国决无爱恋，自无为之力争君主之理。惟对于切己之事，则实有不能轻言共和之苦衷。蒙古与内地情形不同，其王公之领土皆系其数百年相沿固有之权利，非清国裂地而分之，故亦不能因清国之变更而消灭之也。且其爵位亦其所自有，非有清国而始有虚荣，自亦不能因无清国而即削其称号。蒙古与清国之关系既薄，故无所谓反对共和；而蒙古与内地情形既殊，故亦无所谓赞成共和。[1]

由此可知，蒙古王公真正关心的并非君主或民主，而是其固有的土地、爵位等利益能否得到保障。1月21日，阿穆尔灵圭更致电蒙古王公联合会，明确要求"政体改革，祈勿倡言反对，应

---

[1]　《刘道仁致程明超函》（1912年2月4日），黄彦、李伯新选编《孙中山藏档选编（辛亥革命前后）》，第117页。

注意吾蒙权利"。①因此，从1月22日御前会议开始，蒙古王公不再像此前那样积极发声，溥伟、载泽等满族亲贵王公或宗社党人则激烈反对共和。

溥伟在当天的会议上声色俱厉曰："止君主立宪，尚可求生，若一旦逊位，则万事瓦解，臣等宁决死殉国，不服共和。"载泽把矛头指向袁世凯，曰："袁世凯以军饷不足，不能开战，后颁内国短期公债，勒捐亲贵大臣，合内帑黄金八万两，款近千万，仍不开战，是何居心？"溥伟复言："若袁内阁辞职，我辈当另组政府，照上月初九日开临时国会之办法，在北京开会，主持君主立宪，此外不能承认，否则即与革军决战。"蒙古各王公亦皆赞成此说，但因奕劻在假，各王公认为奕劻为亲贵领袖，必须与奕劻商量，然后再决定办法。②

时前江宁将军铁良为了"掩其失守江宁之罪，并报其贬居江宁之仇，竭力主张再战，并声言袁世凯与外人及革党联络一气，万不可信"，南京失守即"由袁世凯拥兵不救所致"，"力请皇太后及各亲贵即行将袁罢斥"。③溥伟等大为所惑，准备等袁世凯内阁解散，即令赵尔巽为总理大臣，铁良主持军务，荫昌督兵赴战，以兵力解决之。④君宪党人并派人赴奉天见赵尔巽劝驾，又

---

① 《阿穆尔灵圭致蒙古联合会电》（1912年1月21日），上海时事报馆编辑《中国革命记》第24册，"记事"，第12页。

② 尚秉和：《辛壬春秋》，第155页；《记初四日清廷之御前会议》，《时事新报》1912年1月30日，第1张第2版。

③ 《亡满政策》，《光华日报》1912年1月25日，第2版；《铁良排汉之大运动》，《光华日报》1912年1月25日，第2版。

④ 《中国革命史九十七纪》，《时事新报》1912年1月31日，第1张第1版。

派人游说直隶总督陈夔龙和赵尔巽联合排袁。①

主战声音不断扩大。东三省陆防全体军人致电袁氏，有"传闻朝廷将有逊位之举，大臣有赞成共和之说，可惊可怪，莫此为甚"等语，要求袁氏予以说明，以释群疑，并称"东三省勤王军队，业已组织，预备开拔，赴汤蹈火，惟听钧命"。②奉天八旗满蒙汉宗室觉罗内务府总代表德裕电奏，谓"我奉八旗子弟世受国恩，断不忍坐视君主逊位，任彼革党强以共和虚名欺蒙；倘革党等仍不反正，东省八旗子弟定必组织决死队，附入北军，定期南征，与伊以铁血相见"。③

还有怀疑袁氏不忠的亲贵王公，必欲去之而后快。宗社党上书袁内阁，词旨极为严厉，称："欲将我朝天下断送汉人，我辈决不容忍，愿与阁下同归澌灭。"袁氏览之，"恍若芒刺在背，甚不自安"。④复有传言，谓宗社党勾结禁卫军、步军统领游缉队将合而谋袁。面对复杂局面，袁氏"日夜焦虑，须发顿白"，⑤周围人再次"作了极大的努力"试图让袁氏辞职去天津，就连心腹蔡廷幹也准备辞职逃往天津。⑥但莫理循向蔡廷幹表达了反对意见，认为袁氏辞职可以迫使满人屈服，但仓皇出亡天津有损尊严，因

① 《王荫棠致袁金铠等函》（宣统三年十二月初五日）、《金还致赵尔巽电》（宣统三年十二月初五日），中国第一历史档案馆编《清代档案史料丛编》第8辑，第136、137页。

② 《东三省陆防全军致内阁总理电稿》（宣统三年十二月初四日），中国第一历史档案馆编《清代档案史料丛编》第8辑，第294—295页。

③ 《宣统三年十二月初五日奉天八旗满蒙汉宗室觉罗内务府总代表宗室德裕呈内阁请代奏电》，中国史学会主编《中国近代史资料丛刊·辛亥革命》第5册，第324页。

④ 廖少游：《新中国武装解决和平记》，第64页。

⑤ 尚秉和：《辛壬春秋》，第155页。

⑥ 《致威·伍·柔克义函》（北京，1912年1月24日），〔澳〕骆惠敏编《清末民初政情内幕——〈泰晤士报〉驻北京记者、袁世凯政治顾问乔·厄·莫理循书信集》上册，第844页。

此，"辞职，行！但辞职后不出京"。①

　　袁氏最终没有离京。鉴于主战呼声高涨，袁内阁于1月23日特邀各亲贵王公、统军大员及各部国务大臣在内阁公署密议大计。袁氏询问诸人，愿于停战期内将和局成立，还是再展停战期限，缓缓商议。结果多数人均不以此二说为然，主张停战期满，宣告开战，冯国璋、姜桂题、王士珍态度最为激烈。② 袁氏太息良久曰："诸君既不避劳，惟有战耳。"③ 遂于当日由陆军部、军谘府致电北方军队，"请就现有之兵力，激励将士，妥为布置，竭力抵御，敌军虽多，绝少精锐，获胜之后，和议方易结束"。④ 次日又致电各路军队，整备战事。⑤ 对于东三省陆防军人的质询，袁氏复电，称"逊位、赞成之说，概系谣传，万勿听信。勤王军队既经组妥，甚善，能集若干，望速开拔，进援徐、颍两州"。⑥ 对于德裕电奏，袁氏也致电赵尔巽，询问东省八旗子弟决死队"究竟能编练若干营，何时可以成军开拔"。⑦

　　表面看来，1月21日之后袁氏正在向气焰嚣张的亲贵主战派妥协。不过，战争并没有重新爆发，一则袁氏很清楚以战争手

① 《致蔡廷干》（北京，1912年1月23日），〔澳〕骆惠敏编《清末民初政情内幕——〈泰晤士报〉驻北京记者、袁世凯政治顾问乔·厄·莫理循书信集》上册，第840页。

② 《内阁公署会议之结果》，《大公报》1912年1月25日，第2版。

③ 廖少游：《新中国武装解决和平记》，第65页。

④ 《清内阁军谘府陆军部致段祺瑞张锡銮等电》（1912年1月23日），上海时事报馆编辑《中国革命记》第24册，"记事"，第20页。

⑤ 许恪儒整理《许宝蘅日记》第1册，第391页。

⑥ 《内阁致赵尔巽等电》（宣统三年十二月初六日），中国第一历史档案馆编《清代档案史料丛编》第8辑，第295页。

⑦ 《内阁致赵尔巽电》（宣统三年十二月初六日），中国第一历史档案馆编《清代档案史料丛编》第8辑，第295页。

段无法解决南北问题，再则没有袁氏积极支持，清廷根本无法再战，清廷的财力也不允许再战，不论隆裕皇太后还是那些主战的亲贵王公都清楚这一点。因此清廷很快又调整策略，回归到国民会议上来。

二　清廷再令袁氏商谈国民会议

在 1 月 22 日的御前会议上，隆裕皇太后除了与诸亲贵王公协商外，随后还召见了各国务大臣。在召见国务大臣前，善耆奏曰："少时国务大臣进见，请太后慎重降旨。"太后叹曰："我怕见他们……少刻他们又是主和，我应说什么？"溥伟对曰："请太后仍是主持前次谕旨，着他们要国会解决；若设临时政府，或迁就革命党，断不可行；如彼等有意外要求，请太后断不可行。"太后曰："我知道了。"① 可见诸亲贵王公虽然叫嚣要决战，其实色厉内荏。

亲贵既退，国务大臣入对。首先由胡惟德叩询各王公意见，隆裕皇太后曰："彼辈亦无成见，但望汝等善为办理。"胡惟德等曰："此次组织临时政府，实为不得已之举，但临时政府组成，仍须召集临时国会，乃能决定政体问题。今日究应如何取决，则非臣下所敢妄议。惟若战端再起，兵不敷用，饷亦无着，是为难耳。"隆裕皇太后沉吟久之，谕曰："现在仍以速召国民会议为正

① 溥伟：《让国御前会议日记》，中国史学会主编《中国近代史资料丛刊·辛亥革命》第 8 册，第 114 页。

当办法，仍望汝等善为办理。"①1 月 23 日，近支亲贵王公又与诸
国务大臣开会，请袁氏仍然遵照 1911 年 12 月 28 日召集临时国
民会议公决政体之懿旨，再与伍廷芳协商。②清廷的这一决定表
明它将继续挣扎，不会轻易屈服。③但在前一阶段协商召集国民
会议已经走进死胡同、南京临时政府已经成立的情况下，单方面
欲重启这一协商，不免给人死马当活马医之感。

清廷方针既改，袁氏亦很快转变。1 月 22 日，袁氏致电伍廷
芳，重提召集国民会议之协商问题，谓：

> 临时国会以决国体，早经两方承认，现停战已迭次展
> 期，应将选举及开会办法迅速议定，方足慰国民之望，而享
> 和平之福。仍请贵代表以对于全国之诚意，切实协商，俾早
> 解决。④

同时又电伍廷芳，答复后者 1 月 20 日关于清帝退位优待条件
的来电，否认双方曾经就此直接协商，谓："所称优待各条件仅系
从旁探询之事，未经彼此直接商定，自无庸电达各国政府。"⑤

伍廷芳于 1 月 23 日复电，提醒袁氏曰："优待各条件已于哿
电正式直接通告尊处。至于临时国会，应俟清帝退位后，统一全

①　《议和记·清廷初四日之御前会议》，上海时事报馆编辑《中国革命记》第 24 册，"记事"，
　　第 13—16 页。

②　《迎宾馆大会议之结果》，《大公报》1912 年 1 月 26 日，第 2 版。

③　《驻北京代办致外交大臣沙查诺夫函》（机密，1912 年 1 月 30 日于北京），张蓉初译《红档
　　杂志有关中国交涉史料选译》，第 369 页。

④　《北京袁世凯来》（1912 年 1 月 23 日到），观渡庐编《共和关键录》第 1 编，第 84 页。

⑤　《北京袁世凯来》（1912 年 1 月 23 日到），观渡庐编《共和关键录》第 1 编，第 82 页。

国之共和政府议定选举法，以行召集。"①此电前句直接将袁氏来
电所谓"未经彼此直接商定"顶了回去，后句则不再与袁氏纠缠
所谓以临时国会决定国体的议题，认为召集临时国会是清帝退
位后统一全国共和政府应办的事情，而且不提公决国体为届时召集
临时国会之题目，这是南方谈判方略的一个重大变化，亦可见南
方对袁氏出尔反尔极不满意。

　　1月24日，袁氏复电，仍坚持谓："优待条件此方未经认可，
现在无庸置议。正式国会一节，前经尊处允认，既须以国会公决
国体，未决以前，自不能设共和政府。希就前议选举法及开会地
点详细讨论，想出妥实办法。"②这是明确否认南京临时政府建立
的合法性。同日，袁氏向清廷奏报与伍廷芳协商情况曰："前日由
国务大臣胡惟德等面传懿旨，饬仍按召集正式国会，与革军接议
等因。钦此。当即钦遵电致革军代表伍廷芳商办，复语悖妄，尚
无头绪，仍与切实磋商。"又奏报自己"病虽稍减，发烧未已，
步履尚难照常，现赶加医治，调养二三日当可支撑销假"。③

　　袁氏既然重提国民会议协商，等于告诉反共和的军人，南北
双方在君主、民主问题上的主张仍然相去甚远。但如此一来，就
与1月19日天津《民意报》刊登的伍廷芳致各省都督、各军队的
一道公电的内容自相矛盾。在那封电报中，伍廷芳为了打消南方
主战派对继续停战的质疑，公开透露了与袁氏协商的一些内幕，
称"战事延期，实因清帝有退位之议，前此秘密磋商，未便先行

①　《复北京袁世凯电》(1912年1月23日)，观渡庐编《共和关键录》第1编，第84页。
②　《北京袁世凯来》(1912年1月24日)，观渡庐编《共和关键录》第1编，第84页。
③　《袁世凯奏片》(宣统三年十二月初六日)，中国第一历史档案馆、海峡两岸出版交流中心
　　编《清宫辛亥革命档案汇编》第75册，第238页。

宣布，今已议有头绪，大约再过数日即可决定"。① 这样一来就使
袁氏不得不对先前的协商进行解释。于是在 1 月 24 日，他致电
各路统将辟谣，否认曾与伍廷芳有"秘密磋商"之事。电云：

> 　　查讨论大局，自唐大臣辞退后，由本大臣与伍代表直接
> 电商，往来各电，均已登报，众所共见；且国体须由国会公
> 决，系遵懿旨办理，为国民所共认，本大臣岂容有与伍秘密
> 磋商之事。诚恐军民因见伍电，致滋疑讶，希各切实晓谕，
> 勿得轻信浮言，以免摇惑而维秩序。钦差大臣袁。鱼。②

　　然而，袁氏的这个辟谣十分无力，双方密商事实俱在，若无
密商，袁氏何以不在伍廷芳通电后立刻辟谣，而迟至一周后才辟
谣？可知清廷令其继续与南方协商召集国民会议办法，实出袁氏
预料之外，袁氏为掩饰此前与南方秘密磋商之事，不得不通电辟
谣，以安抚反共和的军人。另一方面也应看到，袁、伍虽有密
商，但袁氏只是讲清廷正筹商"退处之方"，在协商过程中从未
提过清帝"退位"，坚持帝位存留应由皇室自行决定；而且袁氏
所设想的劝导清帝自行降旨承认共和并授权他组织临时政府，以
及优待条件、宣布共和诏书协商，也是在回避清帝退位、保留君
位下的虚君共和政府。但伍廷芳和南京临时政府却将"退处"直
接理解为"退位"，与袁氏展开协商。可以说南方轻易就落入了

---

① 《议和记·袁世凯之自表苦衷》，上海时事新报馆编辑《中国革命记》第 24 册，"记事"，
　　第 25—26 页。
② 《议和记·袁世凯之自表苦衷》，上海时事新报馆编辑《中国革命记》第 24 册，"记事"，
　　第 25—26 页。

袁氏设置的语言陷阱。

1月25日，袁氏更假"内阁奉旨"名义辟谣，强调仍要以国民会议解决国体问题。旨曰：

> 前自武汉起事，朝廷不忍民生涂炭，采资政院之议，曾降谕旨，不以兵力平内乱。嗣由友邦介绍，以尊重人道、停战和商为请，遣派代表赴沪讨论大局，多以国体问题付诸国民公决，较为允当。召问王公大臣，各无异词，遂复降旨，谕令召集国会，以待公决。无非委曲求全，以期和平解决之意。现在讹言繁兴，人心不靖，诚恐民听易惑，致生误会。其国会办法正在磋商之际，凡我臣民，尤不容妄启谣疑。著该管衙门务本此意，详切诰戒军民，勿得听信浮言，转相煽惑，以维秩序。将此通谕知之。[1]

同日，伍廷芳以加急电质问袁氏曰："国民会议选举法前与唐代表议定，惟开会地点及日期与阁下电商未决，此乃十余日以前之事。迩来所切实筹商者为清帝退位办法，立候解决，何乃忽提过去之事？实所不解。祈开诚布公，速将清帝退位问题解决，以慰天下之望，是所深冀。"[2]袁氏连复两电，一电继续否认曾与伍廷芳协商清帝退位问题，称："本大臣与贵代表久未商决者为国会选举及地点、日期，并未与贵代表筹商退位办法，来电尤不可

---

① 《上谕》（宣统三年十二月初七日），中国第一历史档案馆编《宣统朝上谕档》第3册，第400—401页。
② 《复北京袁世凯加急电》（1912年1月25日），观渡庐编《共和关键录》第1编，第84—85页。

解。请就选举及地点、日期协商妥善办法，以期早日解决，此外非所敢闻。"① 另一电（即"阳二"电）则因清廷在先一日有"国会选举暨开会地点可酌量变通办理"之谕旨，② 向伍廷芳主动提出所谓经过修改后的国会选举及开会地点"妥善办法"。电曰：

> 国会选举办法，迭经磋商，迄未就绪，诚以国体问题关系至大，务求国民全体公意，则条件自应详密，即手续势难草率……本政府为和平幸福起见，将原订选举条件酌量变通，俾手续较简，庶召集较速，而仍无背于代表国民公意之本旨。其修正各条列左：
>
> 一、原议第一条选举区，改为各省以每府及直隶厅州为一区，其无属县者附于邻府，其不以府辖州县者，合五州县为一区；各藩属以一盟或一部为一区。
>
> 一、原议第二条选举额，拟改为每选举区分为二级，凡统属五州县以上者为大区，选举议员二名；五州县以下者为小区，选出议员一名；藩属每区选出议员一名。以本法第七条此次改正之选举监督驻在所为投票所。至顺天府，属县甚多，又加入八旗，应选出议员四名。
>
> 一、原议第七条选举监督，拟改为各省以该府及直隶州厅治所之行政长官充之，藩属以该盟盟长、该部部长充之。
>
> 其余条件悉照原议办理。至开会地点，如不能到北京，惟有改在天津，介北京、上海之间，南北议员，均属便利。

---

① 《北京袁世凯来》（1912年1月26日），观渡庐编《共和关键录》第1编，第85页。

② 《上谕》（宣统三年十二月初七日），中国第一历史档案馆编《宣统朝上谕档》第3册，第401页。

以上各节，希速复，至盼。①

　　袁氏同时向清廷奏报了这一办法，表示："民军所拟优待皇室条件，前曾代请面奏，此次两面派人暗中商议，如改为国会议决国体，则优待皇室条件似亦应由国会议定，能否照前优隆，臣未敢预决。"②此前袁氏反复向伍廷芳否认双方曾密商优待皇室条件，此处则又向清廷提及"前曾代请面奏"民军所拟优待皇室条件，并说双方曾"暗中商议"，袁氏对民军之不讲诚信，暴露无遗。

　　1月26日，伍廷芳复电曰："前与唐代表订定国民会议选举法，已经彼此签字，其后阁下撤回代表，并欲消灭已经签订之条款，本代表始终不允，两方谈判不能复合，中外人士皆虑和议之终无结果。旋因清帝有退位之议，故复筹商退位办法，此事中外皆知，岂能掩饰。况优待清帝及满蒙回藏人条款，于唐代表未辞职以前，在会场交付，其后复由本代表直电尊处，原为清帝退位后民国政府以优隆之礼报其逊让之谊。现在停战之期至十一日（即1月29日——引者）上午八时为满，务望于期满以前，迅将清帝退位确实宣布，以期和平解决。若清廷仍以争一君位之故，流全国之血，则咎有所在，非民军之责。特此电复。"③又以更加强硬之语电袁曰："停战屡次展期，原冀和平解决。前与唐使签定各款，如由国会议决国体等事，既经彼此签押，自必见诸实行。不意贵大臣食言反悔，致失天下人民之望。本代表现仍坚持和平

---

① 《袁世凯致伍廷芳电》（1912年1月25日），上海时事新报馆编辑《中国革命记》第25册，"记事"，第1—2页。

② 《上谕》（宣统三年十二月初七日），中国第一历史档案馆编《宣统朝上谕档》第3册，第401页。

③ 《复北京袁世凯电》（1912年1月26日），观渡庐编《共和关键录》第1编，第86—87页。

主义，力劝临时政府以最优之礼待遇皇室，已承贵大臣允许。乃于事机将定之时，忽然中变，致令屡次停战，终归无效，实为全国人民所共愤。目前事机异常危迫，惟停战之期尚有三日即行届满，若果实心主张共和，务期于此三日内速令清帝逊位，以安民心而定大局。否则兵衅再起，任其咎者，惟贵大臣一人。"①但袁氏仍是想方设法回避退位问题，致电伍廷芳曰："现时外人所以承认我国者，实因朝廷尚在也。今政体未决，此间若即逊位，恐外人将否认我国，势必联袂干涉，故此间先行逊位一节，万难遵办。仍是先开国会，俟政体解决后，再议逊位，为最适当之办法。"②又强硬称："阁下与唐代表订定之选举法，本大臣并未承认，已迭电声明，另行提议。昨以停战期限将满，亟盼从速解决，特变通选举条件及开会地点，以期简便，而亦让步。希查照阳二电讨论速复。至退位一层，并未与贵代表商及，昨已复述，不敢置议。"③

袁氏的反复无常、模棱两可，特别是其来电所谓"让步"说，让伍廷芳非常愤怒，因此于1月27日向袁氏发出一封"最后通牒"式的电文：

> 阁下欲取消全权代表已经签定之条款，本代表始终未尝承认。来电拟更定选举法，直是反悔，何云"让步"？至前电所开优待条件，系为清廷宣布共和之对待，阴历本月十一日，如上午八时以前仍未得清廷宣布共和确报，则前交优待

① 《袁伍往复密电之大意》，上海时事新报馆编辑《中国革命记》第25册，"记事"，第9—10页。

② 《复议和全权代表伍廷芳电》（宣统三年十二月初九日），骆宝善、刘路生主编《袁世凯全集》第19卷，第402页。

③ 《北京袁世凯来》（1912年1月27日到），观渡庐编《共和关键录》第1编，第87页。

条件全行作废。①

　　孙中山亦大怒，于同日连发两电给伍廷芳，一电曰："和局至此，万无展期之理，民国将士，决意开战。今曾提交参议院，尤极愤激，誓以同心共去共和之障碍。"②另一电曰："此次议和，屡次展期，原欲以和平之手段，达共和之目的。不意袁世凯始则取消唐绍仪之全权代表，继又不承认唐绍仪于正式会议所签允之选举国民会议以议决国体之法。复于清帝退位问题，业经彼此往返电商多日，忽然电称并未与伍代表商及等语。似此种种失信，为全国军民所共愤。况民国既许以最优之礼对待清帝及清皇室，今以袁世凯一人阻力之故，致令共和之目的不能速达，又令清帝不能享逊让之美名，则袁世凯不特为民国之蠹，且实为清帝之仇。此次停战之期届满，民国万不允再行展期，若因而再启兵衅，全唯袁世凯是咎，举国军民，均欲灭袁氏而后朝食。"③

　　南北议和再次面临决裂危险。自表面观之，袁氏似已因宗社党之激烈反对共和而立场完全后退，实则其与伍廷芳再次就召集国民会议问题往复辩驳，很大程度上仍是做给宗社党和那些反对共和的人看的。在遵从懿旨的掩饰下，袁氏支持者正准备以更加有力的方式推动清廷宣布"共和"。

---

① 《复北京袁世凯电》(1912年1月27日)，观渡庐编《共和关键录》第1编，第87页。

② 《致伍廷芳》(1912年1月27日)，中国社会科学院近代史研究所中华民国史研究室、广东省社会科学院历史研究室、中山大学历史系孙中山研究室合编《孙中山全集》第2卷，第44页。

③ 《致伍廷芳电》(1912年1月29日)，中国社会科学院近代史研究所中华民国史研究室、广东省社会科学院历史研究室、中山大学历史系孙中山研究室合编《孙中山全集》第2卷，第50页。

三　廖宇春等敦促北军请愿共和

如前所述，廖宇春等人的计划于1月上中旬之际得到袁氏认可，因此才有袁氏下定决心放弃国民会议，转而运动内廷自行宣布共和之举。廖等最初见洋商团亦通电要求清廷组织临时政府，然后再召集国民会议决定国体，以为有此助力，目标当可告成，因此请夏清贻于1月19日南旋，与黄兴方面接洽，以保证民军能够照原订密约办理。① 然而，此后几日，由于宗社党激烈抵拒共和，形势急转直下，袁氏与奕劻成为众矢之的，袁氏且有性命之忧，廖、靳亦受到宗社党威胁，后者声称"将以激烈手段对待"二人。此种情况让廖宇春意识到，运动亲贵自行宣布共和已不可能成功，因此于1月24日谓靳云鹏曰："第一策既已失败，当筹第二次进行方法，偶然小挫，幸勿自馁。"靳云鹏以为然，于是当天二人即致电湖广总督兼第一军总统段祺瑞曰：

> 内廷降旨已为亲贵所阻，全归无效。请速谋第二策，联合各军上奏要求。事机急迫，万勿延缓。②

不知巧合，还是另有内幕，唐绍仪在当天也有一电致段祺

---

① 廖少游：《新中国武装解决和平记》，第61页。
② 廖少游：《新中国武装解决和平记》，第65页。

瑞，"劝其赞成共和，讽令清帝退位"。①

1月25日晨，廖、靳接到第一军复电，告知即日将发起联名电奏。电文如下：

> 第一策失败，本在意中，此等大事，岂能过求完全。本军即日发起，通电各军联名入奏，希将各军人名、地点从速查示为盼。②

同时，廖宇春又接到夏清贻自上海发来的电报，报告民军方面的情况，谓："贻到沪宁，遍谒当道，赖汪兆铭、伍廷芳两君极力调停，推袁一节，南中确已承认。惟清内阁应与皇室同时取消，袁以公民资格，由众公举。电到即行，万勿迟滞。停战期限，万难再展。"③此电由廖宇春交参议处傅良佐代为转达给了袁氏。④所谓"电到即行"就是催促廖宇春等尽快执行第二策。

唐绍仪也于当天收到段祺瑞复电曰："比因政体由内会议，自应静候解决，乃至今尚未定议。顷已电阁府部，痛陈利害，并联合各军，奏请俯顺舆情。"⑤唐绍仪将此电转伍廷芳，伍廷芳急电黎元洪，称赞"段能如此，洵明大义"，请黎元洪速派心腹代表与段祺瑞接洽，并请黎元洪劝段祺瑞速电清廷，声明"停

---

① 《致武昌黎副总统加急电》（1912年1月25日），观渡庐编《共和关键录》第2编，第126页。

② 廖少游：《新中国武装解决和平记》，第67页。

③ 廖少游：《新中国武装解决和平记》，第66页。

④ 草莽余生编《辛亥革命大事录》，第64页。

⑤ 《致武昌黎副总统加急电》（1912年1月25日），观渡庐编《共和关键录》第2编，第126页。

战期将满，我辈断不忍南北自相残杀，应请清帝速行退位，否则统兵入京"，如此则清帝退位之事必不敢迟延不决，以误时日。[1] 可知伍廷芳希望通过黎元洪，促使段祺瑞采取更加强硬的态度。

上电中所谓"顷已电阁府部"，是指 1 月 25 日段祺瑞致电袁内阁，称"迩来各将领不时来言人民进步，非共和不可，且兵无备补，饷械缺匮，战守无具，败亡不免，稍一迟回，东皖豫亦无完土，即皇室尊荣势必因之而减，瓜分惨祸将在意料之中"；又称各路统将听说溥伟、载泽阻挠共和，多愤愤不平，要求联衔代奏，"压制则立即暴动，敷衍亦必全溃，十九标昨几叛去，业经电陈。是动机已兆，不敢再为迟延，拟即联衔陈请代奏"。[2] 可知袁氏与伍廷芳电驳之时，已知晓段祺瑞正准备联衔电请共和，其与伍廷芳表面周旋，不过是要待机而动。

不过，袁氏对外仍显示自己是忠于清廷的，于 1 月 26 日同徐世昌、冯国璋、王士珍联衔复电段祺瑞，忠告其要"忠君爱国""服从用命"，切勿轻举妄动。电曰：

> 忠君爱国，天下大义。服从用命，军人大道。道义不存，秩序必乱，不为民军所俘，便为乱军所胁，利害昭著，万勿误歧。我辈同泽有年，敢不忠告。务望剀切劝解，切勿轻举妄动。联奏一层，尤不可发，亦不能代递。我军

---

[1]　《致武昌黎副总统加急电》（1912 年 1 月 25 日），观渡庐编《共和关键录》第 2 编，第 126 页。

[2]　《宣统三年十二月初七日署湖广总督段祺瑞致内阁电》，中国史学会主编《中国近代史资料丛刊·辛亥革命》第 8 册，第 172 页。

名誉，卓著环球，此等举动，玷辱无余。倘渔人乘此牟利，大局益不可保。务望转饬诸将领三思。涕泣奉复。昌、凯、璋、珍。①

然而，揆诸此前廖宇春等活动行迹，袁氏至迟在 1 月上旬靳云鹏游说他支持共和时，已知晓段祺瑞今日举动乃廖宇春、靳云鹏等计划之一部分，并知晓该计划一直在进行当中，而且其子袁克定亦参与其中；倘若他真不赞成，该计划早就中止了。袁氏与徐、冯、王三人共同发出劝告段祺瑞等的电报，目的不过是告诉三人以及其他人，自己与段祺瑞等人的行动无关，以免"渔人乘此牟利"，使自己陷于被动。所谓"渔人"，即疑袁、忌袁、反袁者，倘被他们抓住把柄，麻烦就大了。另需注意的是，根据段祺瑞致唐绍仪电，段等于 1 月 26 日晨已发出联衔电奏（详后），电中且称"都中已有布置"，②这六字究竟指什么，尚待明确，但从袁与徐、冯、王三人给段的复电也是 1 月 26 日发出来看，已经起不到阻止段的作用。因此，至少从袁氏角度看，发出该电不过是做给徐、冯、王及世人看罢了。

与此同时，袁氏开始加强京城兵力部署，以"京师纷扰，人心汹汹，恐有仇洋举动"为由，于 1 月 26 日晚令驻守滦州的第三镇统制曹锟率所部一标进京，驻扎天坛附近，以资震慑。实际上，在袁氏发出命令前，廖宇春经与傅良佐商量，已先于当日

① 《宣统三年十二月初八日内阁徐世昌袁世凯等复湖广总督段祺瑞电》，中国史学会主编《中国近代史资料丛刊·辛亥革命》第 8 册，第 172 页。

② 《致南京孙文电》（1912 年 1 月 26 日），观渡庐编《共和关键录》第 2 编，第 126 页。

下午到达滦州，劝说曹锟带兵入卫，这或许也是段致唐电中所谓
"都中已有布置"的一部分。①

四　封赏袁氏侯爵阴谋与袁氏坚辞

与廖宇春等敦促段祺瑞第一军行动同时，宗社党及其他君宪
党人亦做最后之挣扎，特别是由禁卫军总统冯国璋任会长的同志
联合会，动作频频。1月24日，冯国璋在谒见袁氏筹商军务时，
忠告袁氏曰："现在北方人心倾向君主，势难遽认共和，况军心固
结，断不敢终处于失败地位，务请宫保详细斟酌，毋事孟浪。倘
他日突有意外之举动，则国璋虽粉身碎骨，亦难强制束缚。"②同
日下午，该会成员秘密集议，骨干成员恽毓鼎于日记中写道：

> 未刻至同志会，商办极重大之事二端，余实主稿，兹暂
> 不宣泄。闻阁臣已筹战备，大约十一日（即1月29日——
> 引者）停战期满，即宣戒严令矣。积懑已深，顿有气吞三吴

---

① 关于劝说曹锟入京的具体情形，廖宇春有详细记述。他说："初八日……午后五时到滦州，
乘驴车至师范学堂，谒镇司令曹锟制军……余曰：'君知宫保之危乎？泽、恭、良弼等将鼓
动禁卫军诛戮汉人，以泄积愤，宫保已临险境，恐二三日内必有巨变。况宫保近日颇主和
议，亲贵咸疑其不忠，必欲去之而后快。闻将举赵尔巽为内阁总理，幸世中堂竭力调停，
始姑容忍。又将以一等侯爵以牢笼之，宫保必不受，恐恶感愈激愈深，为患更速。君如率
所部入京，不独救宫保，救同人，且可以救天下。革军流血数万而未成，君提一旅之师，
深入国门，即能解决，君之功名，震全球矣。'言次出傅君书，曹大愉快，欣然允诺，即
电内阁：'锟闻西匪猖獗，拟即统兵入卫。'余曰：'无论宫保允否，君须执持在外君命有
所不受之义，决然一行。'曹以为然。夜将午，内阁复电至……余即请其从速布置。曹曰：
'已于日间传令准备。'余曰：'君用兵神速，诚堪佩服。'曹曰：'余实不知宫保之意主张共
和，若早知之，我进兵娘子关何为哉！'"廖少游：《新中国武装解决和平记》，第68页。
② 《冯军统忠告袁内阁》，《大公报》1912年1月25日，第2版。

之概。①

　　可知，清廷虽已令袁氏继续与伍廷芳协商召集国民会议，但君宪党人依旧顽固反对议和，甚至仍企盼着停战截止后袁氏与民军再开战事。那么，恽毓鼎秘而不宣的所谓"极重大之事二端"是什么呢？我们看到，1月25日，清廷最高层忽然有很神秘的动向。据《光华日报》报道，是日下午1点，醇亲王至内阁，与袁氏晤谈约两小时之久，徐世昌亦在座，"所言颇秘密，无从而知，但闻醇、徐系奉皇太后谕，有所传谕于袁内阁云云"。②而查醇亲王当天日记，则有如下记述：

　　　　上门。仰蒙○○皇太后召见，臣暨世续、徐世昌面承○○懿旨：命臣等往内阁宣旨。钦此。臣等钦遵，前往内阁宣旨："赐封袁世凯一等侯。钦此。"并传知国务大臣，明日述旨署名。③

　　原来，醇亲王当天下午是到内阁向袁氏宣旨，封其为一等侯。一同去的还有徐世昌和世续，两人在摄政王退位时，受命为太保，保护年幼的宣统皇帝。由于内阁尚未署名，当天只是口头宣谕，到1月26日，清廷才正式颁旨：

　　　　奉旨：朕钦奉隆裕皇太后懿旨：内阁总理大臣袁世凯，

---

① 史晓风整理《恽毓鼎澄斋日记》第2册，第573页。
② 《醇邸访袁内阁》，《光华日报》1911年12月26日，第2版。
③ 《醇亲王载沣日记》，第427页。

公忠体国，懋著勤劳，自受任以来，筹画国谟，匡襄大局，厥功尤伟。著锡封一等侯爵，以昭殊奖，毋许固辞。钦此。①

显然，载沣和徐世昌、世续向袁世凯口头宣旨时，袁并未接受，故正式颁旨时有"毋许固辞"之语。同日，恽毓鼎在日记中写道：

> 诏封袁世凯一等忠靖侯，授张勋为两江总督（此初六日事），朝廷似有规复南京之意矣。②

至此可知，恽毓鼎所谓"极重大之事二端"，一是请朝廷封赏袁氏，二是请朝廷以张勋为两江总督，两件事均由恽毓鼎"主稿"。授张勋护理两江总督谕旨于1月24日（十二月初六日）由内阁电寄，并未明发。③张勋收到后曾电请内阁代奏谢恩，并派人到天津从前任江督张人骏那里将银质关防一颗带回，复请朝廷按旧制颁发钦差大臣关防一颗。④封赏袁氏侯爵于1月25日由醇亲王等到内阁向袁氏口头传达，1月26日正式颁旨，故恽毓鼎无须再保密，于当天日记将两事一同写出。从"朝廷似有规复南京之意矣"一句可知，这正是君宪党人提出任命张勋的目的所在，

---

① 《上谕》（宣统三年十二月初八日），中国第一历史档案馆编《宣统朝上谕档》第3册，第402页。

② 史晓风整理《恽毓鼎澄斋日记》第2册，第573页。

③ 《内阁未发表者》，《大公报》1912年1月26日，第3版；《宣统政纪》卷六十九，宣统三年十二月戊戌（1月23日）。按，谕旨谓"两江总督张人骏开缺，听候查办，以会办江防事宜江南提督张勋护理两江总督"，时间似有误，应为1月24日，而非23日。

④ 《张勋致袁世凯电报》（宣统三年十二月十四日），中国第一历史档案馆、海峡两岸出版交流中心编《清宫辛亥革命档案汇编》第76册，第206—207页。

也说明此时亲贵王公中反对共和的力量依然比较强大。而因何封赏袁氏，则一时让人摸不着头脑。其时外间纷传袁内阁有辞职之说，京中人心颇为动摇，外交团因担心袁氏一旦辞职，京师地面难保不出现扰乱情况，也非常关注袁氏动向。[①] 因此，有一种说法是，因袁氏不愿和议决裂，造成兵连祸结，屡次要求辞职，故清廷欲以封赏侯爵来慰留。[②] 梁启超党人则认为此举"当系以此安其心，使其效忠"，并讥讽"此真妇人孺子之见，皇位存废已在其手，一侯爵岂足以饫之耶！"[③] 但从诏封袁氏的实际情形来看，君宪党人参与了谋划，其目的不应只是慰留或笼络袁氏。俄国驻北京代办就将此举视为宗社党的阴谋，说这是前度支部大臣载泽创议的"宫廷的最后一个机谋"。[④] 从醇亲王载沣日记来看，封赏前善耆、载泽和冯国璋曾于1月23日到载沣处谈话，次日隆裕皇太后又召见载沣、善耆和载泽，然后1月25日载沣等即到内阁公署口头宣旨，[⑤] 则此举有极大可能是宗社党的谋划。

那么，袁氏对封爵的反应是怎样的呢？其幕僚王锡彤在日记中正好有一段记述，可供我们作分析的材料。他写道：

> 近日醇王忽谒袁公，袖出太后旨，封袁一等侯爵，促袁公立即偕同入宫谢恩。袁公愕然，再三辞谢。次日谓余曰："昨日封侯，君知之乎？"曰："知之。"曰："君以为何如？"

① 《外交团注意袁内阁之去留》，《光华日报》1911年12月26日，第2版。

② 《袁内阁对于和战之政见》，《大公报》1912年1月28日，第2版。

③ 丁文江、赵丰田编《梁启超年谱长编》，第590页。

④ 《驻北京代办致外交大臣沙查诺夫函》（机密，1912年1月30日于北京），张蓉初译《红档杂志有关中国交涉史料选译》，第371页。

⑤ 《醇亲王载沣日记》，第427页。

曰："此岂怀好意者？满人第见戏剧上萧何赚韩信入未央宫故事，故欲重新搬演耳。"公曰："近日为君主、民主，余力竭声嘶，为保皇室之尊严，不意其竟以此相待。国之将亡，殆无能救。"[1]

　　所谓"萧何赚韩信入未央宫故事"，是指吕后与萧何合谋将韩信骗进未央宫杀害的事。我们无法判断隆裕皇太后与君宪党人是否有这样的用意，但能看出，王锡彤事后所做的解释深深刺激了袁氏的神经。至于袁氏在 1 月 25 日醇亲王到内阁口头宣旨时，是否就已经想到这个故事，不得而知，但处在袁氏位置，应能立刻意识到，清廷这一举动实际上给他出了很大的难题：倘若他拒绝封赏，极有可能引来亲贵王公对其更深的疑忌乃至攻击，并加紧促其去职；倘若他接受，就等于向世人表明，他仍然效忠于皇帝，这样就会使他在处理与革命党人的关系时处于非常尴尬的境地，而革命党人则必将因此对袁氏大加攻击，南北议和甚至有可能因此破裂，孙中山让位将成泡影，因革命党人是不可能让一个清廷的侯爵来担任民国的临时大总统的。相较而言，对于前者，袁氏还有机会应对，而接受后者，则不可挽回，故他选择了拒绝。当然，可能还有一个原因，就是袁氏当时掌握着朝廷军政大权，接受封赏难免会让人产生"挟权要赏"的猜想，对袁氏实在没有益处，因此从避嫌角度，袁氏也不能接受。

　　尽管袁氏在 1 月 25 日坚辞封爵，清廷还是在 1 月 26 日正式

---

[1] 王锡彤：《抑斋自述》，第 177—178 页。

颁发封爵谕旨，并要求袁氏"毋许固辞"，力图造成袁氏不得不接受的事实。关键时刻，袁氏还是显示了其经验与魄力，谕旨既然以奖励其功绩为由封爵，袁氏遂于 1 月 27 日上一长奏，历数自己受任以来在政治、军事、外交等方面"奉职无状"，并引明臣史可法所言，谓"但有罪之当诛，并无功之足录"，恳恩收回成命。折尾写道：

> 臣以衰病之身，受恩如此，受任如此，而答愆日积，涓埃无补，分当自请罢斥，只以累世受恩，仰见宵旰焦劳，不忍以言去者重烦圣虑。然若再受高爵，则上累朝廷赏罚之明，下辜全国军民之望，其何以昭示天下，表率群僚。惟有恳恩收回成命，使臣之心迹稍白，免致重臣之罪，无任激切屏营之至。[1]

奏折语气极为自谦，娓娓动听，以至于让汪荣宝这样的文章高手亦大为赞赏，盛赞其"语极敏妙"，并赞袁氏"真天下英雄也"。[2]

清廷接到袁氏上奏后，并没有接受其要求，而是降旨称赞其一力支撑危局，"保全甚大"，赐以侯爵"洵非过奖"，请其敬受朝命，"毋再固辞"。[3]于是，袁氏于 1 月 28 日再上一道言辞动听的奏折，历引前代典章事例，以证受封之不当，谓"朝廷爱臣，

---

① 《宣统政纪》卷六十九，宣统三年十二月壬寅，1269—1271 页。

② 韩策、崔学森整理，王晓秋审订《汪荣宝日记》，第 338 页。

③ 《上谕》（宣统三年十二月初九日），中国第一历史档案馆编《宣统朝上谕档》第 3 册，第 403 页。

不可使臣受挟权要赏之讥，臣爱朝廷，不欲使朝廷有市恩虚縻之迹。臣诚惶诚恐，无地自容，仍祈圣明曲谅下情，收回成命，俾举世免致腾笑，而臣心亦得自安"。① 清廷仍旧坚持，于当日降旨，称"此次变出非常，为从前所未有"，请"勿再固辞"。② 袁氏则于 1 月 29 日第三次上奏，仍以无功为词，谓"若遽受高爵，忝窃殊荣，不独为前代所羞，亦恐为将来所笑"。不过袁氏此次略改措辞，将前次要求的恳恩"收回成命"改为恳恩"准予暂行收回封爵成命"。③ 但清廷于同日第四次降旨拒绝，称"兹懋赏之加，朝廷实权衡至当，著即恪遵迭次谕旨，毋再恳辞"。④ 事已至此，倘若袁氏再加拒绝，朝廷颜面何存？但若接受，又将于己不利。于是，1 月 30 日，袁氏第四次上奏，历引往时故事，请"将封爵谕旨敬谨封存，俟时局稍定，再行受封，则上不致有负于慈恩，下亦可稍明乎臣志"。⑤ 如此一来，既委婉拒绝了封爵，又给朝廷留下颜面，于是清廷亦借坡下驴，于 1 月 31 日第五次降旨曰："袁世凯迭奉恩旨，未敢坚辞，恳俟时局稍定，再行受封一折，知道了。钦此。"⑥

　　实际上，当 1 月 26 日清廷颁旨封赏之时，以段祺瑞领衔的北

---

① 《宣统政纪》卷六十九，宣统三年十二月癸卯，第 1272 页。

② 《上谕》(宣统三年十二月初十日)，中国第一历史档案馆编《宣统朝上谕档》第 3 册，第 405 页。

③ 《宣统政纪》卷六十九，宣统三年十二月甲辰，第 1273 页。

④ 《上谕》(宣统三年十二月十一日)，中国第一历史档案馆编《宣统朝上谕档》第 3 册，第 405 页。

⑤ 《内阁总理大臣袁世凯奏折》(宣统三年十二月十三日)，中国第一历史档案馆、海峡两岸出版交流中心编《清宫辛亥革命档案汇编》第 76 册，第 161—164 页。

⑥ 《上谕》(宣统三年十二月十三日)，中国第一历史档案馆编《宣统朝上谕档》第 3 册，第 410 页。

军将领要求清廷立定共和政体以巩皇位的电文已经发出，袁氏深知局势即将发生重大变化，仅此一点已足以使袁氏下定决心拒绝朝廷封赏，而不会成为其殉葬品，故此后几天他屡上奏折，竭尽所能，以各种冠冕堂皇的理由要求清廷收回成命。

五　段祺瑞等四十七将领奏请立定共和政体以巩皇位

从当时情形来看，前述段祺瑞1月25日致内阁的电报，更像给袁氏的通报，而非请示，是不需要等待袁氏回复的。因此，1月26日晨段祺瑞即领衔发出电奏，要求朝廷"立定共和政体，以巩皇位而奠大局"。这是北洋军人对南北议和与清廷最终命运产生极大影响的一次干政行为。奏云：

> 为痛陈利害，恳请立定共和政体，以巩皇位而奠大局，谨请代奏事。窃惟停战以来，议和两月，传闻宫廷俯鉴舆情，已定议立改共和政体。其皇室尊荣及满蒙回藏生计权限各条件……民军代表伍廷芳承认列于正式公文，交海牙万国平和会立案……率土臣民，罔不额手称庆，以为事机至顺，皇位从此永保……想望懿旨，不遑朝夜。乃闻为辅国公载泽、恭亲王溥伟等一二亲贵所尼，事遂中沮。政体仍待国会公决……兹既一再停战，民军仍坚持不下，恐决难待国会之集……况召集国会之后，所公决者尚不知为何项政体。而默察人心趋向，恐仍不免出于共和之一途，彼时万难反汗……祺瑞等受国厚恩，何敢不以大局为念，故敢比较利害，冒死

陈言。恳请涣汗大号，明降谕旨，宣示中外，立定共和政体。以现在内阁及国务大臣等暂时代表政府，担任条约、国债及交涉未完各事项，再行召集国会，组织共和政府，俾中外人民咸与维新，以期安奠群生，速复地方秩序。①

根据宫中电报档，列名上引电奏稿的将领共四十七人，即会办剿抚事宜第一军总统官段祺瑞，尚书衔古北口提督毅军总统姜桂题，署理两江总督长江提督张勋，察哈尔都统陆军统制官何宗莲、副都统段芝贵，河南布政使帮办军务倪嗣冲，陆军统制官王占元、曹锟、陈光远、吴鼎元、李纯、潘矩楹、孟恩远，河北镇总兵马金叙，南阳镇总兵谢宝胜，第一军总参赞官靳云鹏与参议官吴光新、曾毓隽、陶云鹤以及总参谋官徐树铮，炮队协领官蒋廷梓，陆军统领官朱泮藻、王金镜、鲍贵卿、卢永祥、陈文运、李厚基、何丰林、张树元、马继增、周符麟、萧广传、聂汝清、张锡元，营务处张士钰、袁乃宽，巡防统领王汝贤、洪自成、高文贵、刘金标、赵倜、仇俊恺、德启、刘洪顺、柴得贵，陆军统带官施从滨、萧安国。② 随后，因唐绍仪电询段祺瑞联名赞成共和诸将领姓名，段又开列了一份名单，共四十八人。除上列四十七人外，新增通永镇总兵王怀庆。③ 然而，根据廖宇春记述，王怀庆其实并不在联名奏章内。当 1 月 27 日廖宇春与曹锟带兵进京路过开平时，王怀庆曾来相见，曰："接段电后，踌躇

① 《宣统三年十二月初八日会办剿抚事宜第一军总统官段祺瑞等致内阁请代奏电》，中国史学会主编《中国近代史资料丛刊·辛亥革命》第 8 册，第 173—174 页。
② 《宣统三年十二月初八日会办剿抚事宜第一军总统官段祺瑞等致内阁请代奏电》，中国史学会主编《中国近代史资料丛刊·辛亥革命》第 8 册，第 173—175 页。
③ 《致南京孙文等电》（1912 年 1 月 2 日），观渡庐编《共和关键录》第 2 编，第 133—134 页。

终夜，不得要领。君曾奉内阁电乎？真乎？伪乎？"曹曰："阁令安得有伪？"① 可见段祺瑞发电前并未与王怀庆沟通过，王怀庆也没有及时回应段祺瑞。此外，禁卫军总统冯国璋、帮办天津防务张怀芝、正定镇总兵徐邦杰以及奉天巡防营统领冯麟阁、张作霖等也未列名奏章。据段祺瑞说明，张怀芝与徐邦杰亦同意，但因复电迟，故未列入名单。② 而列名的姜桂题、张勋、倪嗣冲、吴鼎元、潘矩楹等，则引起许多人质疑，因他们当时或声明自己主张君主，并未列衔，或表示仍要与民军作战。③ 对此，廖宇春解释"其实皆由事机急迫，仓猝举行，有未及通知者，有不便列名者，有虽通知而无确实赞成之意者，是以未能全体一致也"。④ 总之，当时认为有百分之九十以上、总计多达十七万人以上的北方军队，已趋向共和。⑤

---

① 　廖少游：《新中国武装解决和平记》，第69页。

② 　《致南京孙文等电》（1912年2月2日），观渡庐编《共和关键录》第2编，第133—134页。按，廖宇春记述张怀芝接到段祺瑞的联衔具奏电后，曾于1月27日到京请示袁氏，袁曰："第一军与尔电，余不知情，何庸问？且余口中又何尝宣言共和耶？"（廖少游：《新中国武装解决和平记》，第71页）可知张怀芝最初犹豫不决，因此没有列名。几日后，张见形势剧变，致电孙文，表示"段公联衔奏请共和，芝已认可，并非固执己见"。见《张怀芝致孙大总统电》（1912年1月30日），上海时事新报馆编辑《中国革命记》第25册，"记事"，第34页。

③ 　《各军官对于国体之两面观》，《大公报》1912年2月1日，第2版；《军队联电之又一说》，《大公报》1912年2月2日，第2版。

④ 　廖少游：《新中国武装解决和平记》，第73—74页；《南京黄兴来》（1912年2月2日到），观渡庐编《共和关键录》第2编，第100页。

⑤ 　《反正北京兵力表》，《时报》1912年2月5日，第2版；《记军人共和大请愿事》，《时事新报》1912年2月5日，第2张第1版。按，联名电奏各军包括：段祺瑞第一军全军20000人，姜桂题武卫全军12000人，张勋江防全军12000人，段芝贵右军全翼10000人，倪嗣冲豫皖新编各军10000人，谢宝胜河北镇练军6000人，马金叙河南镇练军6000人，何宗莲第一镇12000人，王占元第二镇12000人，曹锟第三镇12000人，陈光远第四镇12000人，吴鼎元第五镇12000人，李纯第六镇12000人，潘矩楹第二十镇12000人，孟恩远第二十一镇12000人，合计各军官长兵卒170000余人。

　　根据段祺瑞所部参议官曾毓隽透露，联衔电奏乃"系中央授意"，电稿为徐树铮所拟。① 缘此，学界普遍将此举视为袁氏逼迫清帝退位的重要步骤。② 不过，按照廖宇春、靳云鹏等所订三种进行办法，第三种"用武力胁迫，要求宣布共和"才属于"逼迫"，第二种"由各军队联名要求宣布共和"，实际上属于联名请愿，程度上尚不能以"逼迫"视之，时人也多以"请愿""电请"视之，③ 而不视为"逼迫"。更重要的是，从联衔电奏内容来看，电奏稿开首即点明上奏缘由是"恳请立定共和政体，以巩皇位而奠大局"，中间又有"皇位从此永保"等言，可见其目的并非逼迫清帝退位，而是要建立"共和政府"，同时保留"君位"，实即造成"虚君共和"，与袁氏的诉求完全一致。然而，历来研究者都只关注"恳请立定共和政体"，有意无意忽视"以巩皇位而奠大局"，断章取义，遂将段氏塑造成共和功臣，甚至有"三造共和"之美誉。④ 所谓"再造共和""三造共和"姑且不论，但就其此次联衔电奏来看，"一造共和"就名不副实，他要造成的并非民主共和，而是虚君共和，他的行动是服从于袁氏需要的。诚如李

① 张国淦编著《辛亥革命史料》，第 307 页。

② 李守孔：《段祺瑞与辛亥革命》、李守孔：《南京临时政府成立前后清帝退位之交涉》、吴相湘：《袁世凯谋取临时大总统之经过》，"中华复兴运动推行委员会"主编《中国近现代史论集》第 17 编《辛亥革命》下册，台北，台湾商务印书馆，1986，第 1194—1206、1509—1513、1522 页；单宝：《段祺瑞"三造共和"平议》，《安徽史学》1984 年第 5 期，第 6—7 页；李开弟：《段祺瑞三造共和述评——兼与单宝同志商榷》，《安徽史学》1986 年第 1 期，第 38—40 页；丁贤俊：《论段祺瑞三定共和》，《历史档案》1988 年第 3 期，第 106—108 页；莫建来：《评辛亥革命中的段祺瑞》，《历史档案》1993 年第 2 期，第 114—115 页。

③ 《军队电请共和之疑问》，《大公报》1912 年 1 月 31 日，第 2 版；《电复军队之请愿共和》，《大公报》1912 年 2 月 7 日，第 3 版；《军队请愿共和之效力》，《申报》1912 年 2 月 7 日，第 3 版；《北军请愿共和之良果》，《申报》1912 年 2 月 11 日，第 3 版。

④ 苏台逸民：《今年双十节之庆贺论》，《申报》1917 年 10 月 11 日，第 14 页。

剑农所言："北洋军阀的人物，除了拥护己派私人的权势利益以外，全无真正的爱国思想和主张……亏得段派人物后来还以造成共和向国民骄功，实则这种功劳只是对于袁世凯的功劳，不能拿来向我们国民夸嘴。"①

段祺瑞等联衔电奏于 1 月 26 日"夜半已到北京"，袁氏随即致电唐绍仪，请其转告伍廷芳曰：

> 此次皇族及京内风潮起点于"退位"二字，秩庸来正式电万不可言"退位"二字，只言"决定宣布共和"可耳。豪电所拟稿亦有窒碍，但求实际，不必字字咬实也。顷间军队除华甫、子志（即冯国璋、张怀芝——引者）外，均来电请共和，此事已有步武，望伍勿以十一前（即 1 月 29 日停战截止日期——引者）相逼。②

此电只字不提国民会议选举法及开会时间、地点，标志着自 1 月 22 日以来袁、伍之间就有关问题的辩驳再次结束，也标志着袁氏即将对推动清廷宣布共和采取新的策略。让人感到讶异的是，透过电文我们可以感受到，袁氏并不打算利用段祺瑞等联衔电奏的有利时机，立刻采取强硬态度，迫使清帝宣布共和并且退位；相反，在袁世凯看来，段祺瑞等联衔电奏有助于推动清廷宣布共和，但宣布共和并不一定要逼迫清帝退位，否则将引起皇族及其他君宪党人的反对。这一点与段祺瑞等联衔电奏中所谓"以

---

① 李剑农：《中国近百年政治史》，第 325 页。
② 《致议和南方全权代表伍廷芳转唐绍仪电》（宣统三年十二月初八日），骆宝善、刘路生主编《袁世凯全集》第 19 卷，第 393 页。

巩皇位而奠大局""皇位从此可以永保"云云，精神其实是相通的。对南方革命党而言，清帝不宣布退位，便无共和可言，但对袁氏而言，清帝不宣布退位，亦可造成共和事实，这就是双方主张的巨大差距，一个坚决主张民主共和，一个则试图造成虚君共和。

至于清廷及那些亲贵王公何去何从，则取决于联衔电奏将带给他们怎样的震撼。关于这一点容后再叙。

六　宗社党领袖良弼被炸身亡

在段祺瑞等联衔电奏发出十多个小时后，即1月26日夜11时左右，京城又发生了一件震动朝野的大事——被公认为宗室中极富才干的军谘使良弼，在家门口被革命党人彭家珍炸成重伤（两天后死去）。

良弼是清初睿亲王多尔衮的后裔，他的爷爷即签署1842年《南京条约》的伊里布。良弼是清末日本陆军士官学校第二期毕业生，回国后受知于铁良，先在练兵处当差，旋调陆军部军学司，历充监督、司长。后负责训练禁卫军，任禁卫军第一协统领兼镶白旗副都统。摄政王退位后调任军谘府军谘使。他与锡良、铁良有"满洲三良"之称，[1] 又与铁良号称"满洲二良"。[2] 载涛称良弼是当时满族权要中被称为"新"的人物，平素对朝政深感

---

[1]　《录国事新闻社说》，《光华日报》1912年1月31日，第1版。

[2]　常顺：《赉臣被炸追记》，中国人民政治协商会议全国委员会文史资料研究委员会编《辛亥革命回忆录》第6集，第390页。

不满，一贯强调必须革新。① 军谘大臣毓朗的弟弟毓盈说"其人慷慨有大志"，"勇于做事，待人无畦町……爽直坦怀"，禁卫军训练由其主持，陆军部军谘处改设军谘府也是其建议。② 李炳之则称赞良弼"办事认真，处事决断。他和吴禄贞一样，文学很有功底而在军事方面造诣很深。这两个人比较起来，吴还显得浮躁一些，而良弼却相当朴实……清末的清室贵族子弟一般都骄奢淫逸，沾染了种种嗜好，而良弼却没有什么癖好，什么声色犬马、金石文玩，良都不喜爱。他和人谈话时，只要谈到中、西方古代历史，就谈笑风生，不作玩物丧志之谈，连应酬都很少"。③

当良弼被炸尚未绝命时，曾有与其相交者在报上刊登《论良弼》一文，讲述良弼的经历与作为，并加评论，对了解其人颇有益处。文中写道：

良弼早年留学日本，在满人中已为景星庆云矣。既入士官学校，成绩最优，又锐意探索陆军之秘密，联络同学之少年，以为效力国家之用，其见识器度皆加人一等。归国之后，投身兵部，受铁良之知，改定旧制，编置军队，三十六镇之成，与有力焉。益引进诸同学，内而司长、科长，外而镇统、标统，隐然陆军领袖。摄政监国，涛贝勒掌军谘府，良以才无可见，乃选精卒万人，自加训练，名曰禁卫军，若周之虎贲、汉之羽林。于是，旧日诸同学，即不为所引致，

① 载涛：《吴禄贞被刺真相》，中国人民政治协商会议全国委员会文史资料研究委员会编《辛亥革命回忆录》第8集，第246、249页。

② 爱新觉罗·毓盈：《述德笔记》卷7，第4—5页。

③ 李炳之：《良弼印象记》，中国人民政治协商会议全国委员会文史资料研究委员会编《辛亥革命回忆录》第8集，第558—559页。

亦莫不为所笼罩矣。宪法信条颁布，亲贵罢免，项城起用，
两宫欲以释天下之疑，乃并禁卫军统领易以汉人。良既解兵
柄，宜不为天下指目矣，然世之疑而忌之者二事：一则吴绶
卿之被刺，谓为良所指使也；一则组织决死队，欲以排汉
也……余与赉臣有缟纻之雅，心佩其言论风采久矣。赉臣故
家子，雄才大略，不可一世，挥手千金，结客爱士。初则为
游说，周游王公之间，抵掌论天下事，继则为名将，抚循部
曲之内，指挥若定。盖其半生历史，颇合蒯通、吕蒙而一之
矣……吾愿赉臣保重其有为之身，扩张其用世之志，勿以满
汉自域，则赉臣固一陆军大将才也，其成就又可限量哉！①

关于良弼被炸情形，内城巡警总厅在第一时间进行了调查，
并向民政部详细禀报：

本月初八日夜十一时余，据右四区电称：红罗厂东口有
人抛放炸弹，将军谘使良弼被炸于该住宅门前。当经一面电
令各区戒严，一面派遣警官会同该区长前往详细检查。随据
该警官等报告，询据该门房人面称：是晚十一时余，良军谘
使由北回家，下车等候开门之际，适有一马车停于门外，一
人自车出，喊称"拜会良大人"，门房人将出来开门，即闻爆
裂一声。出门一看，良大人倒于大门台阶上，有一人身着军
服，伏于门前两下马石之间而死，头向西南，腿向东北，血
满头面，不识何人。当将伊主人抬于院内查看，左腿已被炸

折，余处均未受伤，已请日医诊治……当经该警官等搜捡死尸上，捡得该尸身着陆军帽子、外套，着长靴……口袋之内尚持有炸弹一枚，又有洋名片十余纸，系东三省讲武堂监督兼备补第二营管带名崇恭。另带有良弼小照像一片，手枪二支，均经捡出。正在电令各区调查该犯所坐马车去向间，适据外城右一区电称：金台旅馆本日有一崇姓于晚车到京，入旅馆后并未停歇，即唤借本馆马车，称欲进城拜客。至夜一钟余，马车未回，跟车夫回来，言崇姓坐车径到军谘处拜客，未遇，即出西安门，顺城根往北，至路西一门前等候。不大功夫，即有马车由北来到此门停住。有一人下车后，崇姓亦下，喊"回事"，忽然轰然一声，马车即向北惊走，该跟车夫亦惊向南驰，到西安门雇洋车，乘坐至前门桥头下车，行不数步，即倒于地，始知腿上亦被炸伤。当日岗警送之回到旅馆，而马车至后夜三时尚未回来，请为我查找等情。①

经东三省总督赵尔巽协助调查，崇恭仍在讲武堂，曾经是备补第一营管带，而非第二营。②冒充崇恭炸良弼者，则是京津同盟会军事部部长彭家珍，四川金堂县人，毕业于四川陆军武备学堂，曾充六十六标一营队官、云南陆军第十九镇随营学堂提调、奉天陆军讲武堂学兵营队官兼教习、奉天陆军天津兵站司令部副官等。

---

① 《内城总厅禀报详查良弼炸伤案情形事》（宣统三年十二月初九日），中国第一历史档案馆藏民政部全宗，21-0653-0004。
② 《民政部为请速查良弼炸伤案犯崇恭身份事给奉天赵制台电文》（宣统三年十二月），中国第一历史档案馆藏民政部全宗，21-0653-0005。

当时曾与彭家珍一同访查良弼住宅的陈宪民，对彭家珍炸死良弼的经过，有如下忆述：

十二月初六日，予与烈士遍访良弼宅，自朝至暮，始觉得良弼新宅于西四牌楼北红罗厂。初八晚……已十一钟，烈士闻良弼至善耆处未归，遂换便衣，着军服，佩刀……登车入前门，先到军谘府及良弼旧宅，良均未至；复到西城红罗厂，良弼新徙此宅。入门投崇恭名刺，谓门子曰："予有要公与良大人商议。"答以良未归，烈士请待之。门子引烈士入客厅，坐待不至。烈士出行未数步，良弼车归，烈士急命回车，先至。烈士下车，立两马石中阻之。良甫下车，烈士命仆投崇恭名刺，良右足先下车，见烈士，神色诧异，意欲急避，烈士即以右手从外套袋中取二号大炸弹炸之，触地爆裂，霹雳腾空而下，举宅不知所措。良左膝立断，惟筋皮连系，腿破无完肤，周身俱伤，昏死卧地。仆人抬入宅，逾二时始苏。烈士已伤头部先毙。宅中不敢出视，约五十分钟，始启户而知其死也。①

良弼被炸伤后，其家人用电话招来一向给他看病的日本医生河田医治。河田和助手永井医生从膝关节处锯掉了他的左腿，②

① 陈宪民：《彭烈士家珍炸良弼详志》，四川省政协文史资料和学习委员会编《辛亥波涛：纪念辛亥革命暨四川保路运动一百周年文集》，天地出版社，2011，第256—257页。
② 《致达·狄·布拉姆函》（北京，1912年1月30日），〔澳〕骆惠敏编《清末民初政情内幕——〈泰晤士报〉驻北京记者、袁世凯政治顾问乔·厄·莫理循书信集》上册，第852—853页。

但最终还是没能挽救他的性命，1 月 28 日亥时良弼死去。[①] 有人谓良弼被炸背后实为袁氏谋划，甚至谓良弼受伤后又被袁氏买嘱医生用药酒毒死，而不是被彭家珍炸死，[②] 此种说法并无实据。

　　对当时京津同盟会的一些革命党人来说，良弼是宗社党的首领，是实现共和最大的阻碍，故必杀之。彭家珍在行动前一天所写绝命书即曰："袁世凯被炸同时有主张共和之耗，惟以亲贵反对最力，而其中之重要人物有军事知识且极阴狠者为良弼。此人不除，共和必难成立，则此后生民涂炭，尚何堪设想乎？"[③] 后人也都把良弼视为排汉及反对共和的死硬分子。[④] 由于当晚良弼是从宗社党的另一重要人物肃亲王善耆住宅密谈后回到家门口时被炸，这似乎更加证明良弼是反对共和的。载涛后来分析说，良弼"对于朝廷的过于倚重袁世凯大为愤慨，并想推翻我五兄摄政王载沣的势力，而以素有'新'声誉的肃亲王善耆来替代，以善耆为中心，妄想再挣扎下去。就以他在临遇刺当日正由肃亲王府回来，足尚未由马车履地就被炸成重伤的事件，也可证明他的政治野心决不平常"。[⑤]

① 《镶红旗第三族族长印启为呈报宗室良弼病故日期事》（宣统三年十二月），中国第一历史档案馆藏宗人府全宗，06-01-001-000766-0111。

② 吴兆清：《袁世凯与良弼被炸案》，《近代史研究》1987 年第 2 期，第 286—293 页。

③ 姚锡光：《彭家珍烈士传》附录《烈士彭家珍绝命书》，《金堂县续志》卷 10，1921 年刊本，第 24 页。

④ 相关研究如吴兆清《袁世凯与良弼被炸案》，《近代史研究》1987 年第 2 期，第 286—293 页；滕新才：《良弼、铁良与清末政局》，《文史杂志》1994 年第 3 期，第 16—18 页；鹿璐：《彭家珍刺杀良弼案始末》，《北京档案》2012 年第 12 期，第 14—17 页；等等。

⑤ 载涛：《吴禄贞被刺真相》，中国人民政治协商会议全国委员会文史资料研究委员会编《辛亥革命回忆录》第 8 集，第 249 页。

　　然而，在当时另外一些人笔下，良弼的言行似乎并不像一般所以为的那样简单。根据莫理循的记述，良弼当晚实际上先去拜访了袁氏，"他同袁世凯谈话时，热情地赞同共和派的观点，并宣称退位是目前唯一行得通的路……良弼离开袁世凯的住所后，驱车前往北城的肃亲王府，然后回到他西城的家"。[①]看来良弼正在袁氏和宗社党之间做调和的工作。他到善耆府邸极有可能不是谋划如何反袁。良弼被炸次日，尚未殒命之时，恽毓鼎误以为炸良弼者为君宪党人，幸灾乐祸地于日记中写道："良弼近日力主共和逊位之议，故遭此一击，惜乎不死也。"[②]可知良弼已因立场变化，颇遭君宪党人忌恨。汪荣宝在良弼死后第三天也于日记中写道："赉臣平日宗旨如何，无从深悉，而近则以哈云裳（即哈汉章——引者）之忠告，知大势无可挽回，方拟游说亲藩，劝令和平了结，乃以众怨所集，终殒厥生，为之太息。"[③]正可与莫理循、恽毓鼎所记相印证。而良弼友人亦根据良弼的经历、思想，对其排汉之说提出疑问，谓："良既改官都统，即孤立无可有为，纵曰排汉，实空言耳……夫苟受外界之激刺，思政治之改良，则必图所以融化种族而调和之，保全皇室而尊荣之矣。不持广义，而持狭义，不谋融和，而谋报复，此岂留学外国者而忍出此？故吾于良排汉之说，亦未敢信也。"[④]以上种种，皆可证明，良弼的思想并非一成不变，其始

---

① 《致达·狄·布拉姆函》（北京，1912年1月30日），〔澳〕骆惠敏编《清末民初政情内幕——〈泰晤士报〉驻北京记者、袁世凯政治顾问乔·厄·莫理循书信集》上册，第852页。

② 史晓风整理《恽毓鼎澄斋日记》第2册，第573页。

③ 韩策、崔学森整理，王晓秋审订《汪荣宝日记》，第339—340页。

④ 《论良弼》，《光华日报》1912年1月31日，第1版。

或有排汉之思，但随着局势变化，其立场松动，转而成为调和宗社党与袁氏二者关系的关键人物，只是未见成效，便被炸死。

无论如何，良弼作为当时宗室乃至满人当中最有能力与魄力的人物之一，其被炸毙对清廷而言实在是沉重一击，对袁氏摆脱困境，则是一大助力。

七　前敌两军和解与北军撤退

自 12 月 20 日廖宇春、顾忠琛分别代表清军与民军签订举袁密约后，在湖北前敌，段祺瑞便"一反冯国璋所为，与鄂军府时通款曲，信使往来，不绝于道矣"。[1] 迨段祺瑞领衔四十七将领电请共和，清军与民军很快走向和解。

先是 1 月 25 日，伍廷芳自唐绍仪处获知段祺瑞即将联合各军电请共和消息后，立即致电黎元洪，称赞段祺瑞"洵明大义"，希望黎元洪速派心腹代表主动与段祺瑞接洽，劝说段祺瑞对清廷采取强硬态度，以便早日促使清帝退位。[2] 1 月 26 日段祺瑞发出联名请愿电奏后，又给唐绍仪发了一封电报，请"切告各路民军，万勿稍为冲突，以免贻误大局"，意思就是说，现在清军和民军已是友军，千万不要再发生冲突，以免影响大局。伍廷芳接到唐绍仪转来的电报后，立即向孙大总统、黄陆军总长、黎副总

---

① 颜公：《黎副总统历史（三续完）》，《宪法新闻》1913 年第 10 期，"谈丛"，第 1 页。

② 《致武昌黎副总统加急电》（1912 年 1 月 25 日），观渡庐编《共和关键录》第 2 编，第 126 页。

统、各省都督及北伐联军总司令转发了该电。① 1 月 27 日，伍廷芳再次致电黎元洪，内容有三：一是告知黎元洪，唐绍仪已电段祺瑞，如果鄂军派员前往，请接洽；二是询问黎元洪，是否已派员前往段祺瑞处接洽；三是强调与段祺瑞接洽的重要性，谓"北洋将士赞同共和，理宜与之联合。段现统第一、第二两军，处武汉前敌，则尊处就近与为接洽，必能泯除猜嫌，同定大局"，同时提醒黎元洪，对于段军"不可视为降附，以挑恶感"。②

还是在 1 月 27 日，唐绍仪又向伍廷芳转达段祺瑞来电一封。在电文中，段祺瑞以恳挚的态度向孙、黄表达了希望双方和好的心情，并表示清军将主动后退。电文曰："兄弟阋墙，外犹御侮，谋国利民福者，似宜远瞻近瞩，审慎出之。瑞夙抱宗旨，不忍地方再有糜烂，涂炭生灵。且公使俱在都门，秩序一乱，是将授以干涉之柄也。联奏昨夜半已到京，今日未知如何。况两军相搏太近，时有冲突，已拟稍退。民军不可再进，致生恶感。"伍廷芳随即向孙、黄、黎及各省都督、北伐联军总司令转发了该电，并请孙、黄致电段祺瑞，与其联络，一致进行。③

黎元洪于 1 月 27 日接电后，即派代表易□□到孝感与清军接洽。段祺瑞则派幕僚接待，表达了赞成共和之意，并表示北军不愿与民军冲突，将实行退却，请民军不必进兵，致生误会。黎元

---

① 《致南京孙文电》（1912 年 1 月 26 日），观渡庐编《共和关键录》第 2 编，第 126 页；《伍廷芳关于段祺瑞等联衔电奏请定共和政体致大总统等电》（1912 年 1 月 26 日），中国第二历史档案馆编《中华民国史档案资料汇编》第 2 辑，第 58 页。

② 《致武昌黎元洪电》（1912 年 1 月 27 日），观渡庐编《共和关键录》第 2 编，第 126 页。按，伍廷芳在电文中说"段祺瑞现统第一、二两军"，不够准确，第二军总统由冯国璋担任，且始终未能集结。

③ 《致南京孙文电》（1912 年 1 月 28 日），观渡庐编《共和关键录》第 2 编，第 127 页。

洪随即通饬各军，驻扎原地，暂不前进。①

　　当晚，段祺瑞即由孝感向北移驻广水，同时派混成一标又步兵五营赴京；复致电内阁，准备令第二镇返回保定，相机进止。然而，当北军退却之时，车队两次遭遇民军炸药袭击，致使前后车辆相撞，死伤二十余人，北军士气大愤。段祺瑞为此致电唐绍仪，请转告民军："此等举动，能否严禁，勿令瑞过于为难也。"②

　　1月28日，阮忠枢奉袁氏之命致电段祺瑞、张勋，请就近分别与黎元洪、柏文蔚协商，免开战端。③同日，黎元洪派代表三人前往段祺瑞处联络一致进行，段祺瑞派人至孝感车站接待，提出段军退至孝感以北，民军驻扎祁家湾一带，相距五十里。④段祺瑞旋派全权代表过江至武昌毡呢厂，与黎元洪代表接洽。段方代表提出北军准备拔师北上，促进共和，恐民军前进，双方距离太近，致生冲突，妨碍进行，请求给予照会。并表示，凡北军退出地点，即归鄂军管理。黎元洪随即于2月1日给予段祺瑞如下照会：

　　　　为照会事。据贵军统派来全权代表吴光新、徐树铮等，本军政府代表孙武、余大鸿、张大昕等接洽，贵代表称贵军统主张共和，拔师北上，恐敝军前进，距离太近，致生冲

---

① 《黎元洪关于派员与段祺瑞接洽商讨共和致大总统电》（1912年1月29日），中国第二历史档案馆编《中华民国史档案资料汇编》第2辑，第65页。

② 《段祺瑞电》（1912年1月29日），观渡庐编《共和关键录》第2编，第128页；《黎副总统致孙大总统电》（1912年1月29日），上海时事新报馆编辑《中国革命记》第25册，"记事"，第17页。

③ 《阮忠枢致段祺瑞张勋电》（辛亥十二月初十日），李希泌辑录《有关辛亥南北议和文电抄》，《文献》1981年第3期，第33页。

④ 《武昌黎元洪来》（1912年1月30日到），观渡庐编《共和关键录》第2编，第71页。

突，妨碍进行等因。本军政府代表陈述前事，本都督甚表同情，当派军政府代表等与贵代表公同商酌。贵军北上促进共和，旬日之内必可解决，现约定：阴历本年之内，敝军保持现状。其在鄂境以外者，本都督亦设法维持。如阴历年内不能解决，敝军即当前进，以资辅助。为此照会贵军统查照可也。须至照会者。①

于是，湖北前敌南北两军联合一致行动。2月2日，袁氏向段祺瑞发出汉口退兵详细办法，段接电后复派代表到武昌与黎元洪代表签订条约，要点为：限定自旧历十二月十六日（2月3日）起，至三十日（2月17日）止，清军由汉阳、汉口撤退一百里以外。②2月4日，武昌军务部派人至北伐军中传达训令："因段祺瑞等北军已赞成共和，故除非有特别事件外，不可再向北军进攻。"③当夜，段祺瑞自广水北行，准备移驻保定，部分北军则已开赴天津马厂。④数日后，汉口、汉阳仅留警察总办金汝梁保卫治安，江汉关道黄开文办理交涉，湖北从此归于长期停战状态，以待共和之宣布。⑤

在黎、段联合协调行动之时，孙中山于1月29日致电信阳州统制王占元、济南统制张永成、大同府统制何宗莲、河南统领张

---

① 《武昌黎元洪来》（1912年2月1日），观渡庐编《共和关键录》第2编，第130—131页。

② 胡祖舜：《武昌开国实录》下册，第46页。

③ 刘淙译，傅钟涛校《日本驻汉口总领事馆情报》，刘萍、李学通主编《辛亥革命资料选编》第2卷，第177页。

④ 《段祺瑞电》（1912年2月3日）、《武昌黎元洪来》（1912年2月6日到），观渡庐编《共和关键录》第2编，第134、135页。

⑤ 胡祖舜：《武昌开国实录》下册，第46页。

世钰、南苑统制张殿孺、北京毅军统领姜桂题、天津张怀芝、颍州朱家宝与倪嗣冲、新民府潘矩楹等北军将领，希望他们像段祺瑞一样，支持共和，转敌为友。[①] 1 月 30 日伍廷芳致电袁内阁，反复驳诘清军在陕西、皖北、徐州等处违约，袁氏允饬张勋、倪嗣冲不得暴动，并允派人绕道持函至陕西升允军前，禁止逼近潼关之清军继续前进。[②] 同日，黄兴也致电伍廷芳转段祺瑞，提出潼关、山东、山西、淮颍等处犹有北军误会宗旨，互动干戈，现在南北既已一致，此等举动无异同室操戈，徒贻讥笑，希望段祺瑞能利用其与这些地方军队将领的师友之谊，传告他们撤回抵抗民军之兵力，各率所部直捣北京，共同逼迫清帝退位。[③] 1 月 31 日袁氏电告伍廷芳，已电令张勋派员与民军协商。[④] 2 月 3 日，段祺瑞致电唐绍仪，表示倪嗣冲、张勋两处均已切电阻止，仍由两方派员接洽。[⑤]

2 月 4 日，伍廷芳致电袁世凯，谓："现在北洋军队已全体赞同共和，毋须再议停战。近日段军统与黎副总统各派代表协商，彼此遵守，此法各军队可以仿行，应一面由阁下电饬张勋、倪嗣冲，一面由临时政府电告皖北、淮、徐等处军队，速由两方军队派出代表，接洽一切。陕西、山西、山东等处亦一律按照办理。如此则南北联为一致，俟优待条件议定，即可解决。"袁氏随即

---

① 《致王占元等北军将领电》（1912 年 1 月 29 日），中国社会科学院近代史研究所中华民国史研究室、广东省社会科学院历史研究室、中山大学历史系孙中山研究室合编《孙中山全集》第 2 卷，第 51—52 页。

② 《致南京孙文电》（1912 年 1 月 30 日），观渡庐编《共和关键录》第 1 编，第 94 页。

③ 《南京黄兴来》（1912 年 1 月 31 日到），观渡庐编《共和关键录》第 2 编，第 130 页。

④ 《袁世凯来》（1912 年 1 月 31 日），观渡庐编《共和关键录》第 2 编，第 99 页。

⑤ 《段祺瑞电》（1912 年 2 月 3 日），观渡庐编《共和关键录》第 2 编，第 134 页。

复以"甚善，已通电各路军队接洽照办"。①此后，民军派人与张、倪两军进行多次接洽，战事渐趋结束。②

这样，除少数地方清军仍在与民军对抗外，大部分地方清军已与民军一致行动，清廷欲以战争解决危机，已完全没有可能。

八　清廷授权袁氏与民军协商优待条件

短短数日内发生的袁氏婉拒封赏、段祺瑞等四十七将领请愿共和、军谘使良弼被炸身亡以及前敌两军协商和解等几件大事，终于让朝廷亲贵王公认识到大势已去，不可挽回。

段祺瑞等联衔电奏稿到京后，于1月27日由廖宇春等"刷印万张，派人分布京师全境，《国风报》亦印号外，随报附送"，于是人心称快。③廖称赞段等电奏"诚千载一时之盛举"，"功业之大，虽鲁阳挥日之戈，女娲补天之石，均不足仿佛万一，铜像巍巍，其庶几乎！"④而君宪党人则不愿相信这一事实，君主立宪维持会散布传单，声称段祺瑞等联衔电奏系民党伪造，劝人勿为所惑。⑤然此不过掩耳盗铃、自欺欺人而已。

良弼被炸消息也于1月27日一早传开，隆裕皇太后获悉后几

---

① 《致北京袁世凯电》（1912年2月4日）、《北京袁世凯来》（1912年2月5日到），观渡庐编《共和关键录》第2编，第28页。

② 曹亚伯：《武昌革命真史》下册，第658—660页。

③ 廖少游：《新中国武装解决和平记》，第72页。

④ 廖少游：《新中国武装解决和平记》，第70、78页。

⑤ 韩策、崔学森整理，王晓秋审订《汪荣宝日记》，第339页。

近崩溃，适逢梁士诒等入朝，隆裕掩面泣曰："梁士诒啊，赵秉钧啊，胡惟德啊，我母子二人性命，都在你三人手中，你们回去好好对袁世凯说，务要保全我们母子二人性命！"[1] 当天，张怀芝又在天津新车站被革命党人薛成华投以一弹，险被炸中，薛成华被捕，于当晚被凌迟处死。[2] 一月之内，炸弹连发，让宗社党人心惊胆战，除加强府邸警戒外，不再敢像以前一样公然外出，即使外出，也都改易便服，行踪极密。[3] 说者谓"彭、薛二烈士之弹，段军统之电，足以夺禁卫军之魄而褫宗社党之魂，实乃祛除共和障害之二大利器也"。[4]

1月28日下午，即停战截止前半日，徐世昌将段祺瑞等联衔电奏上之隆裕皇太后。[5] 隆裕皇太后召集御前会议，向各亲贵出示北军联名电奏，并曰："各路军队均主张共和，岂能再战。尔等宜妥速筹画，以期迅即和平解决。"各亲贵见电奏后"均面面相视，对于慈谕，唯唯而已"。[6] 据《大公报》所刊"内廷可靠消息"，当天袁氏入乾清宫恳辞封爵，并请速定国体大计，宣统皇帝亦同时升座，隆裕皇太后谕宣统曰："此人就是袁世凯，你须要认清楚了。你的天下被亲贵王公们弄坏，以后你的性命就在袁世凯一人的身上，今天在我面前与他作一个揖。"宣统"遂下位向袁拱手，

[1] 凤冈及门弟子谨编《民国梁燕孙先生士诒年谱》上册，第121页。

[2] 胡鄂公：《辛亥革命北方实录》，第120页。

[3] 《各亲贵之恐怖》，《大公报》1912年2月1日，第5版。

[4] 廖少游：《新中国武装解决和平记》，第72页。

[5] 韩策、崔学森整理，王晓秋审订《汪荣宝日记》，第338页；《译电》（二十八日北京电），《中华民国公报》1912年2月5日，第2版。

[6] 《昨日御前会议志闻》，《光华日报》1912年1月29日，第2版。

袁除连连碰头外并极为悲泣，退出后尚泣不可仰［抑］"。[①] 亲贵
领袖奕劻自 1 月 26 日起又续假十日，[②] 故未到会。恭亲王溥伟和
贝子溥伦特往奕劻府邸探问病情，请其早日销假，以便议定大
计。奕劻曰："袁内阁既负完全责任，一切政务可独听其主裁。余
年老多病，精力过差，已不愿预闻政事。"[③]

同日，蒙古王阿穆尔灵圭致电在京各蒙王："今午接京电，知
各军队电请共和，大势所趋，断非一二人所能挽回，请力争吾蒙
权利，勿争政体，至要。"[④]

此时的袁氏"神志从容，纯无焦急"，[⑤] 但仍不愿为清帝退
位担责，认为"存亡大事，非皇室王公不能解决，内阁如何能
负此责任"。[⑥]1 月 29 日晨 8 时，停战期满，隆裕皇太后又召集
御前会议，垂询和战办法。第一起为近支王公及蒙古王公，第
二起为姜桂题、冯国璋、乌珍等，第三起系各国务大臣。亲贵
中奕劻仍未到，国务大臣中袁氏亦不奉召，但上一奏片称病请
赏假二三日。又说："所有下情，已属国务大臣胡惟德等代奏一
切。至军队赞成共和，实由于湖北党人多方煽惑，已由臣叠发
电信，剀切解劝，当不至遽与革军联合。近议国体一事，已由
皇族王公讨论多日，当有决定办法，请旨定夺，臣职司行政，

---

① 《皇帝哀乞袁内阁》，《大公报》1912 年 2 月 3 日，第 5 版。

② 《宫门钞》（宣统三年十二月初八日），《内阁官报》第 157 号，宣统三年十二月初九日，第
1 页。

③ 《庆邸不能到班》，《光华日报》1912 年 1 月 29 日，第 2 版。

④ 《蒙古王阿穆尔灵圭致在京各蒙王电》（1912 年 1 月 28 日），上海时事新报馆编辑《中国革
命记》第 25 册，"记事"，第 20 页。

⑤ 丁文江、赵丰田编《梁启超年谱长编》，第 589 页。

⑥ 《沈盦日记》，宣统三年十二月初九日。

惟遵朝旨。"① 竭力避免给人留下逼迫朝廷的把柄。胡惟德等奏云:"现在办事,不外和战二者,和战问题,所关太大,非臣下所敢擅决,还请太后宸断。且太后并未垂帘,从前国事办坏之处,断不能归咎于我太后。各国改建共和,皆由人民流血强迫,若太后不待人民流血之强迫,即能俯从民欲,则将来国民必感激太后,而太后之名誉亦万世不朽。"太后再三询问,政体解决后能否国利民福,京中安宁秩序应如何维持。赵秉钧的回答非常得体,他说:"解决国体,权操于太后,保卫地方,臣下之责。"太后谓:"明日当召奕劻、载沣商之,即当决定办法。"② 据参加御前会议的绍英记述,召见时"问话均由赵、胡、梁大臣对",③ 可见亲贵王公已束手无策。会后,王公大臣数人即往见庆王,庆王曰:"我当国十余年,国事至此,我不能辞责。衰朽余年,睹此景象,宁不悲痛。若以国体问题取决于我,我亦断无可以擅断之理,但我总以力救生灵为宗旨。"④ 实际委婉表示退让之意。当天,梁士诒致唐绍仪电谓:"今日召见,皇族均不反对,亦不便遽言共和,上意亦活动。"⑤

1 月 30 日上午御前大会议,亲贵王公"相对歔欷,已无复从前之强硬矣"。⑥ 奕劻和载沣代表各王大臣表示:"今日之事,既不能言战,复不能言和,则其余一切办法,皆归无效。仍请由皇

---

① 《袁世凯奏片》(宣统三年十二月十一日),中国第一历史档案馆、海峡两岸出版交流中心编《清宫辛亥革命档案汇编》第 76 册,第 61—62 页。

② 《清廷十一日之御前会议》,上海时事新报馆编辑《中国革命记》第 25 册,"记事",第 27—28 页;《十一日召见王公大臣情形》,《光华日报》1911 年 12 月 31 日,第 2 版。

③ 张剑整理《绍英日记》上册,第 179 页。

④ 《庆邸伤心国事》,《光华日报》1911 年 12 月 31 日,第 2 版。

⑤ 《梁士诒电》(1912 年 1 月 29 日),观渡庐编《共和关键录》第 1 编,第 92 页。

⑥ 廖少游:《新中国武装解决和平记》,第 73 页。

太后责成内阁，迅将办法议定，不必再存顾忌，以延长时日。"①也就是说，把一切都交给袁氏去办理。随即皇太后传谕内阁："段奏已悉，朝廷深愿平和解决，该大臣等宜仰体此意，从速布置。"接着又召袁氏入内，嘱之曰："诸事听卿裁处，但求能保全余及皇帝之尊荣，亦无他求。"并令拟宣布共和之诏，先交内阁尊藏，俟优待条件议妥，再行颁发。②

　　1月31日御前会议，皇太后先召国务大臣入内，谕云："现在最大问题即是决定政体，予对于共和本未反对，于君主亦不坚持，故屡次召见近支王公及诸阁臣详究利害，所虑一时不慎，贻患将来。近日潮流已趋共和，挽回殊难，尔等有何主持，不妨奏明。"外部大臣胡惟德奏云："臣等本不敢主张共和，因见现在大势已去，且北军均无战志，革军又允优待皇室，臣等目击大势，几有非共和莫可挽救之势，故敢冒死直陈。惟事关重大，必须请皇太后宸断，非臣下所敢擅议。"③皇太后点首，似以为善。《大公报》据内廷消息披露，当日及先一日两次御前会议均系"筹划虚君共和政体，留君主之虚位，由共和国人民公举正副总统二人，主持全国一切政事，君主概不干涉过问，其余亲贵及旗籍人均照常优待，南京政府总统及其他组成政府各员一律取消"，当时与议者皆极赞同，但因关于外藩、各路军队、各部衙门善后问题意见不一，且须征得南京临时政府认可，因此未能最终决定。④另据蔡廷幹讲，在1月31日会议上，王公大臣口头提出了"退位

① 《十二日之御前大会议》，《大公报》1912年2月2日，第2版。
② 廖少游：《新中国武装解决和平记》，第73页。
③ 《十三日之御前大会议》，《大公报》1912年2月2日，第2版。
④ 《御前会议最后之解决》，《大公报》1912年2月3日，第2版。

的条款和给予皇室的优待"。① 从当时情形看，这只是反映了蔡廷
幹个人的想法，满蒙亲贵既然筹划虚君共和，说明他们还不打算
让清帝退位，宝熙即称"退政"而不称"退位"。②

2月1日御前会议，奕劻、载沣及袁氏均未参加，《时事新
报》记云："清太后对于国体问题绝不固执私见，拟定采用虚君共
和政体，筹商宣布召集国会，公举大总统，并先行颁布君主不干
预国政之谕旨，此后一切政事皆由大总统主持，惟王公世爵、旗
民人等及各路军队、各部衙门善后办法，必俟双方认可后方能发
表。"③ 袁氏随即至英、俄、美三国使署报告御前会议、内阁会议
已决定虚君共和政体。英国公使朱尔典"极称允当"，并说"朝
廷既如此退让，深愿民军勉力迁就和议，俾能早日成立，中外同
蒙幸福"。俄、美两国公使"对于虚君共和说亦均赞成"。④

2月2日御前会议，隆裕皇太后再召诸王公及各部大臣讨论大
计，奕劻、载沣等均参加。会议主要商酌优礼皇室条件，王公大
臣们拿出了书面的方案，隆裕皇太后甚为满意。⑤ 她要求各王公大
臣速与袁氏协商，在五日内与南京孙中山议定组织临时统一行政
机关，然后颁布"皇帝辞政"及"晓谕军民不得误会"诏书。诸
王公仍多推诿，皇太后厉声曰："主张和平，皆由余一人担承，尔

---

① 《蔡廷干来函》（北京，1912年2月2日），〔澳〕骆惠敏编《清末民初政情内幕——〈泰晤
士报〉驻北京记者、袁世凯政治顾问乔·厄·莫理循书信集》上册，第855页。

② 《沈盦日记》，宣统三年十二月十三日。

③ 《京函述关于清帝退位之要闻》，《时事新报》1912年2月9日，第1张第2版。

④ 《各公使赞成虚君共和》，《大公报》1912年2月4日，第2版。

⑤ 许恪儒整理《许宝蘅日记》第1册，第393页；《蔡廷干来函》（北京，1912年2月2
日），〔澳〕骆惠敏编《清末民初政情内幕——〈泰晤士报〉驻北京记者、袁世凯政治顾问
乔·厄·莫理循书信集》上册，第855页。

王公反复推求诿过，迁延不定，疑窦繁生，将来必演出同室操戈、涂炭生灵之惨剧。"又曰："我自主持，无须集议。"奕劻以次唯唯而退。[1] 袁氏未与议，但呈递密折一件，详细解释虚君共和一切组织，有"政权虽皆逊让，皇位仍旧存留，请毋滋生疑虑"等语。[2] 此虚君共和政权，简言之，就是在君位之下，复有民选总统。

　　至此，经过几次御前会议、内阁会议反复协商，隆裕皇太后终于认清形势，下定决心。2月3日，清廷正式降旨授予袁世凯全权，与民军商酌优待条件。旨曰：

　　　　朕钦奉隆裕皇太后懿旨：前据岑春煊、袁树勋等暨出使大臣陆徵祥等、统兵大员段祺瑞等，电请速定共和国体，以免生灵涂炭等语。现在时局阽危，四民失业，朝廷亦何忍因一姓之尊荣贻万民以实祸。惟是宗庙陵寝关系重要，以及皇室之优礼、皇族之安全、八旗之生计、蒙古回藏之待遇，均应豫为筹画。著授袁以全权，研究一切办法，先行迅速与民军商酌条件，奏明请旨。[3]

　　袁氏随即致电锡良、赵尔巽，对朝廷这一决定进行了解释。在给锡良的电报中，袁氏写道："事变方殷，潮流日急，而兵不敷分布，饷不支两旬，各路军情亦渐多动摇。慈圣及诸王公均主万不可战。昨奉交旨，命与南方协商优礼皇室及待遇满蒙回藏各条

---

[1]　《十五日御前会议之内容》，《大公报》1912年2月4日，第2版。

[2]　《袁内阁密奏之内容》，《大公报》1912年2月6日，第2版。

[3]　《谕旨》（宣统三年十二月十六日），中国第一历史档案馆、海峡两岸出版交流中心编《清宫辛亥革命档案汇编》第76册，第309页。

件，亦是万不得已，两害从轻之意。"① 在给赵尔巽的电报中，袁氏写道："近日近支王公均以军离饷竭，无可言战。慈圣亦谓如待瓦解，兵临城下，优待皇室一层，岂能再议？两害取轻，不如先与南方商酌优待条件，果能合宜，亦可俯顺舆情，宣布共和政体，因命世凯与南方作正式商议。"②

南北议和最后阶段即将开始。在此前后，山西巡抚张锡銮不仅与山西文武官员上奏，指出由于形势变化，"国会解决之议已归无效"，"除共和之外并无解决之法"，而且致电河南巡抚齐耀琳、黑龙江巡抚周树模、吉林巡抚陈昭常、山东巡抚张广建，请联衔奏请即日宣布共和，称："北方军队之要求已与南方一致，此时若仍持君主立宪，不惟有逆潮流，空言主张，抑亦有背人道。且南方军民百余万，待此朝食，若不从速解决，则恐此后优待皇室条件，亦归无效。迁延复迁延，万一得此结果，不惟不爱国，亦不忠君矣。"周、陈、张均表赞同，请张锡銮主稿代奏。③ 齐耀琳亦代河南谘议局上奏，对各界主张及时宣布共和表示同情。④ 在京蒙古各王公在袁氏屡次派人劝告以及孙中山、伍廷芳电慰下，态度软化，不再坚决反对共和。⑤ 一些中立或顽固反对共和的军人，

---

① 《锡良收北京凯（袁世凯）来电》（宣统三年十二月十八日），中国社会科学院近代史研究所编，虞和平主编《近代史所藏清代名人稿本抄本·锡良档》第3辑第127册，第511页。

② 《内阁总理大臣袁世凯致赵尔巽电》（宣统三年十二月二十一日），中国第一历史档案馆编《清代档案史料丛编》第8辑，第161页。

③ 《宣统三年十二月初十日山西巡抚张锡銮等致内阁请代奏电》，中国史学会主编《中国近代史资料丛刊·辛亥革命》第8册，第176页；《北省巡抚之趋向共和》，上海时事新报馆编辑《中国革命记》第25册，"记事"，第17—18页。

④ 《宣统三年十二月十八日河南巡抚齐耀琳致内阁请代奏电》，中国史学会主编《中国近代史资料丛刊·辛亥革命》第8册，第179—180页。

⑤ 《孙大总统致蒙古王公电》（1912年1月28日），上海时事新报馆编辑《中国革命记》第25册，"记事"，第20—21页；《蒙古王公最后之政见》，《大公报》1912年2月8日，第3版。

如张怀芝、姜桂题等经孙中山通电劝告，也都表示赞成共和。①
特别是冯国璋，所统禁卫军大多为八旗子弟，成为宣布共和一大
障碍，冯国璋经廖宇春等派人说动后，转而劝说官兵，于是军心
渐向共和。②还有，驻外使臣，如出使意国大臣吴宗濂、出使德
国大臣梁诚、出使英国大臣刘玉麟、出使奥国大臣沈瑞麟等，也
都请内阁或外务部代奏，速定共和。③尽管恭亲王溥伟、肃亲王
善耆、贝子载泽等宗社党人，还有陕西巡抚升允、陕甘总督长
庚、热河都统锡良，以及东三省总督赵尔巽、巡防营张作霖与冯
麟阁等依旧反对共和，④但总体而言，进入2月之后，反对共和之
势力已渐孤立，难以撼动大局。

在京城，主张共和之团体纷纷出现，一时热闹非凡，如共和
促进会、共和期成会（住京南北志士所组织）、共和弭乱会（北
京旗汉所组织）、国民共和会（北五省人发起）、共和讲演会、共
和保国会、八旗共和会（八旗志士组织）、蒙古共和进行会（寓
京蒙古王公及上流人士组织）、共和弭兵会（教会人员组织）等，
会员有数万人。⑤其中共和促进会恰在段祺瑞等四十七将领通电

① 《张怀芝致孙大总统电》（1912年1月30日），上海时事新报馆编辑《中国革命记》第25册，
　　"记事"，第34页；《姜桂题致孙大总统电》（1912年1月31日），上海时事新报馆编辑《中
　　国革命记》第26册，"记事"，第2页。
② 廖少游：《新中国武装解决和平记》，第74、82、84页。
③ 《宣统三年十二月十八日出使德国大臣梁诚出使英国大臣刘玉麟致外务部请代奏电》《宣统
　　三年十二月十九日出使奥国大臣沈瑞麟致外务部请代奏电》，中国史学会主编《中国近代
　　史资料丛刊·辛亥革命》第8册，第180页。
④ 廖少游：《新中国武装解决和平记》，第86页。
⑤ 《北京志士新组织共和促进会》《八旗又有共和会矣》《蒙古共和进行会之组织》《教会共和
　　弭兵会之出现》，《光华日报》1912年1月29日，第2版；《记北京主张共和之各团体》，《时
　　事新报》1912年2月6日，第1张第2版；《军队请愿共和之效力》，《申报》1912年2月7
　　日，第3版。

到京当天由杨度、籍忠寅等发起，[①]向袁氏提出两项要求："一、此次停战期满，不可继续开战；二、速由内阁请旨宣布共和，更不得再谋于败坏国事之王公大臣。"舆论认为杨度实"受袁世凯之意旨"。[②]由于不久前杨度还以君主立宪党代表人自居，与民主立宪党代表人汪兆铭组织国事共济会，现在忽然改变宗旨，不由得让人感到奇怪，遂有舆论大骂其立言"专以徇人"，"中无所主"，"轻节义，毁廉耻，倾危反复，惟利所在"，"觍然言国家大政，不知世有羞耻事"。[③]

与此同时，谣言百出，持激烈主义者蠢蠢欲动，内阁迭接保皇党函件，痛骂袁氏赞成共和，内有"皇上退位之日，即汝宣告死刑之期"等语。又连接共和党之函，历述袁氏"甘做满奴之种种罪状"，"且绘成炸弹、手枪之图以示之，嘱其自行斟酌"。[④]为了维持京师秩序，防患于未然，从1月27日起，至2月2日止，袁氏不断调集各路军队进入北京及附近，驻扎保定、南北苑、通州、帅府园、天坛、永定门等处维持治安，汉人军队人数已大大超过旗人军队。[⑤]内阁发表劝谕各军队要电，要求诸将士"必须固结团体，谨守统一命令"，"坚守团结宗旨，互相劝告，并通知各防营一律恪守此义，努力前程"。[⑥]曹军、毅军、巡防营、

---

① 《杨度组织共和促进会》，《大公报》1912年1月28日，第2版。

② 《杨度亦改变宗旨耶》，《申报》1912年2月3日，第3版。

③ 《黄光焯陆廉钦致杨度书》，《大公报》1912年2月3日，第6版。

④ 《袁内阁之困难情状》，《大公报》1912年2月4日，第2版。

⑤ 《第117件的附件　韦乐沛中校的报告》（1912年2月2日于北京），胡滨译《英国蓝皮书有关辛亥革命资料选译》下册，第427—430页；《袁内阁维持北京治安》，《光华日报》1912年2月1日，第2版。

⑥ 《内阁劝谕各军队之要电》，《大公报》1912年2月7日，第3版。

禁卫军各长官还联合大开茶话会，一时"嫌疑悉泯，人心为之安谧"。①

大变局即将到来，京师已经做好了准备。

_____

① 廖少游：《新中国武装解决和平记》，第79—80页。

第六章

清帝退位优待条件协商及诏书颁布

袁氏获得与南方协商优待条件的全权后，小心翼翼地与南方展开商谈。第一件事就是将隆裕皇太后在南方提出优待条件基础上亲笔改定的新的优待条件寄给伍廷芳。伍廷芳也极慎重，将清廷所提条件交南京临时参议院讨论修改通过，然后返还袁氏。两方最主要的分歧，一是对保留清帝尊号采用什么样的词语表述，一是要不要把"逊位"二字写入。关于前者，清廷坚持用"相承不替"，南方主张用"仍存不废"；关于后者，清廷坚决反对写入，主张用"致政"或"辞政"，伍廷芳为预防造成虚君共和，提出以"辞位"代"逊位"，最终在各方压力下清廷接受了南方的提议。同时，宣布共和诏书也在拟议中，因袁内阁先前所拟诏书仅从清廷角度出发，且试图将授权袁氏全权组织临时政府的内容添入，遭到南方坚决反对，最后阶段的诏书草拟又回归张謇所拟诏书，以之为基础修改定稿。但在颁发前袁氏又擅自修改，仍将由袁氏全权组织临时政府的内容添入，并且采取了提前公布的策略，造成南京临时政府措手不及。颁发清帝辞位诏书的同时，袁氏又致电南京临时政府表示共和为最良国体，于是孙中山向参议院提出辞职，同时举荐袁世凯，但提出袁氏到南京就职等先决条件。各方围绕临时政府地点问题争论不休，南京临时政府立场逐渐松动。随着北京兵变发生，南京临时政府最终不得不同意袁氏在北京就任临时大总统。此后先经双方协商组成首届责任内阁，接着将南京临时参议院迁往北京，南北终于统一，袁氏登上权力顶峰。

一　袁内阁提议皇室优待条件

根据许宝蘅日记，清廷在2月2日已商定优礼皇室条件，"闻太后甚为满意，亲贵亦认可"。① 2月3日袁氏被授予全权后，为便于同南方协商，首先致电唐绍仪转伍廷芳，要求自2月4日起继续停战一星期。电云：

> 优礼条件，事关皇室，本大臣前以职在行政，谈不及此，是以两接来电，未便答复。现本大臣有权以商酌此事，请自十七早八钟起至念四早八钟止，续停战一星期，以便协商，如承允诺，迅即示复，即可由两方电饬各军队遵照。②

伍廷芳征求孙中山意见后致电袁氏，指出"现在北洋军队已全体赞同共和，毋须再议停战"，各军队可以仿照段祺瑞和黎元洪的做法，各派代表协商，彼此遵守停战。袁氏复电表示同意。③

---

① 许恪儒整理《许宝蘅日记》第1册，第393页。

② 《袁世凯来唐绍仪转》(1912年2月3日到)，观渡庐编《共和关键录》第2编，第27—28页。

③ 《致北京袁世凯电》(1912年2月4日)，观渡庐编《共和关键录》第2编，第28页；廖少游:《新中国武装解决和平记》，第87页。

于是双方开始进入主题谈判。从此时起，清帝退位在官方人士口中不再是禁忌话题，然而袁氏究竟怎么考虑，仍让人捉摸不透。先是1月27日罗惇曧向梁启超报告说，"项城之心，千孔百窍，外人无从捉摸，日日言君位，至今尚未改口，特松缓耳；而其左右自唐氏明赞共和外，如梁、如赵、如杨皙子及其余皆均持共和（见所措置），均向共和一边进行"，因此，罗氏断言"虚君共和"已成过去。① 然而，从接下来的事实看，考虑到"北方人心尚未能决为一致"，袁氏并未放弃保留君位；② 各国公使也要求袁氏"于君主、民主两政体中筹一不偏不倚之法"，实际就是"甚欲中国用虚君共和之政体，两不偏袒，使和局易于成功"，从而解决南北分歧，消弭隐患，以免战端再开，影响各国在华利益。③ 故前述几次御前会议讨论的主要内容就是筹划虚君共和政体。清廷于2月3日正式授权袁氏与民军协商优待条件后，次早御前会议隆裕皇太后又饬近支王公"将公认改建虚君共和政体各事签押进呈"。当天议定会衔奏折一件，内阁及王公诸大臣均列衔，定于2月6日呈递。④ 紧接着《大公报》连续两天发表评论，一则谓"今日欲解决战争，保全疆土，除虚君共和，别无两全之策，所谓存君主之虚名，行共和之实政也"；⑤ 另一则盛赞袁氏为确定虚君共和所做的贡献，称"今日之议定虚君政体，使帝统将绝而复续，宗社将危而复安，又能成就共和，项城之功，洵不可没；若

---

① 丁文江、赵丰田编《梁启超年谱长编》，第589页。

② 《军队请愿共和之效力》，《申报》1912年2月7日，第3版。

③ 《外交团继续调停之意见》，《大公报》1912年1月30日，第2版。

④ 《王公大臣之大会议》，《大公报》1912年2月7日，第2版。

⑤ 梦幻：《闲评一》，《大公报》1912年2月5日，第2版。

必挟种族之见，谓项城当为华、拿，是欲见好项城，不益使项城
为难耶！"①

　　袁氏与南方围绕皇室优待条件的谈判，也是以达成虚君共和
为目的。他深知自己角色敏感，因此言行谨慎，如履薄冰，曾言：
"予现在极为碍难，动辄遭人疑忌，既不能强迫朝廷，亦不能勒
令民军如何办法，只可代为互相转达，不敢擅自解决。"②又对赵
尔巽等言："内阁只有行权之责，至解决国体，关系重大，非阁臣
所敢擅裁，迭经皇族会议，请旨办理。近日讨论优待条件，亦系
奉旨之事，并随时请旨遵行，凡奉旨不准宣布者，例不得布告士
民。"③因此，整个协商过程，都是先由袁内阁就南方提出的条件，
奏请皇太后钦核是否承认，然后再与南方交涉。

　　首先是在 1 月 20 日南方提出优待条件④基础上，根据隆裕皇
太后"亲笔改定"意见增饰文句，特别加入"赠封爵位"一条，
然后于 2 月 3 日通过唐绍仪正式向南方代表伍廷芳提出。⑤具体
内容包括：

（甲）关于大清皇帝优礼之条件

　　第一款　大清皇帝尊号相承不替，国民对于大清皇帝各
致其尊崇之敬礼，与各国君主相等。

---

① 梦幻：《闲评二》，《大公报》1912 年 2 月 6 日，第 5 版。

② 《袁内阁始终不负责任》，《大公报》1912 年 2 月 12 日，第 2 版。

③ 《内阁致赵尔巽等电》（宣统三年十二月二十一日），中国第一历史档案馆编《清代档案史料丛编》第 8 辑，第 160 页。

④ 《致北京袁世凯电》（1912 年 1 月 20 日），观渡庐编《共和关键录》第 1 编，第 81 页。

⑤ 《袁世凯来电唐绍仪转》（1912 年 2 月 3 日），观渡庐编《共和关键录》第 1 编，第 94—96 页；韩策、崔学森整理，王晓秋审订《汪荣宝日记》，第 341 页。

第二款　大清皇帝岁用每岁至少不得短于四百万两，永不得减额；如有特别大典礼，经费由民国担任。

第三款　大内宫殿或颐和园由大清皇帝随意居住，宫内侍卫、护军官兵照常留用。

第四款　宗庙陵寝永远奉祀，由民国妥慎保护，负其责任，并设守卫官兵；如遇大清皇帝恭谒陵寝，沿途所需费用由民国担任。

第五款，德宗崇陵未完工程如制敬谨妥修，其奉安典礼仍如旧制，所有经费均由民国担任。

第六款　宫内所用各项执事人员由大清皇帝留用。

第七款　凡属大清皇帝原有之私产特别保护。

第八款　大清皇帝有大典礼，国民得以称庆。

第九款　禁卫军名额俸饷仍如其旧。

（乙）关于皇族待遇之条件

第一款　王公世爵概仍其旧，并得传袭。其袭封时仍用大清皇帝册宝。凡大清皇帝赠封爵位，亦用大清皇帝册宝。

第二款　皇族对于国家之公权与国民同等。

第三款　皇族私产一体保护。

第四款　皇族免兵役之义务。

（丙）关于满蒙回藏各族待遇之条件

一、与汉人平等。

二、保护其原有之私产。

三、王公世爵概仍其旧，并得依次传袭。

四、王公中有生计过难者，应设法拨给官产作为世业，以资补助。

　　五、先筹八旗生计，于未筹定之前，八旗官兵俸饷仍旧支放。

　　六、从前营业、居住等限制一律蠲除，各州县听其自由入籍。

　　七、满蒙回藏原有之宗教听其信仰自由。

　　以上条件列于正式公文，照会各国，或电达驻荷华使知照海牙万国和平会存案。①

　　以上条件较之伍廷芳先前提出的优待条款，不仅增加了条文，而且将优待"皇帝"与优待"皇族"分列，措辞上的改动也很多，完全回避"退位"或"逊位"字样，甚至没有出现"共和"二字。接下来，南北双方关于优待条件的交涉即在此基础上进行。为了配合交涉，2月4日，蒙古王公联合会代表阿穆尔灵圭、那彦图等，将内容完全相同的优待条件电达伍廷芳，向后者施加压力。②禁卫军总统冯国璋认为，"无位则帝号不存，位为虚，政为实，政可让，位不可去"，③因此他也联合段祺瑞等六十余名北军将领，于同日将内容完全相同的优待条件电达伍廷芳，与蒙古王公共同施压，要求承认。④

---

① 《初次磋商条件》（宣统三年十二月十七日），中国第一历史档案馆编《宣统朝上谕档》第3册，第419—420页。

② 《北京阿王那王等来》（1912年2月5日到），观渡庐编《共和关键录》第1编，第100—102页。

③ 张一麐：《故代理大总统冯公事状》，卞孝萱、唐文权编《辛亥人物碑传集》，第307页。

④ 《北京阿王那王等来》（1912年2月5日到）、《北京各将领来》（1912年2月5日到），观渡庐编《共和关键录》第1编，第100—102、104—106页。

二　南北围绕优待条件的交涉

伍廷芳于 2 月 4 日接到袁内阁交来的优待条件后，因事关重大，当天下午特与唐绍仪、汪兆铭共赴南京，与孙中山面商，并征求临时参议院的意见。[①] 2 月 5 日，临时参议院讨论政府交议停战展期案并宣布政府交议优待清皇室各条件，议和总代表伍廷芳、议和参赞汪兆铭、政府代表胡汉民相继陈述意见并答复议员质问。参议院先进行审议，然后逐条讨论修改，最后表决通过。[②] 2 月 6 日晨，由伍廷芳电达袁内阁，以为答复。

甲、关于皇帝逊位后优待之条件

今因清帝赞成共和国体，中华民国于清帝退位之后优待条件如左。

第一款　清帝逊位之后，尊号仍存不废，以待外国君主之礼相待。

第二款　清帝逊位之后，岁用四百万元，由中华民国政府付与。

第三款　清帝逊位之后暂居宫禁，日后移居颐和园，侍卫照常留用。

---

① 《致孙文电》(1912 年 2 月 4 日)，丁贤俊、喻作凤编《伍廷芳集》下册，第 475 页；上海市档案馆编《辛亥革命与上海：上海公共租界工部局档案选译》，第 122 页。

② 《参议院议事录》(1912 年 2 月 5 日)，李强选编《北洋时期国会会议记录汇编》第 5 册，国家图书馆出版社，2011，第 23—27 页。

第四款　清帝逊位之后，其宗庙陵寝，永远奉祀，由中华民国酌设卫兵，妥慎保护。

第五款　清德宗崇陵未完工程，如制妥修，其奉安典礼，仍如旧制，所有实用经费，均由中华民国支出。

第六款　以前宫内所用各项执事人员，可照常留用，惟以后不得再招阉人。

第七款　清帝逊位之后，其原有之私产，由中华民国特别保护。

第八款　原有之禁卫军归中华民国陆军部编制，额数、俸饷仍如其旧。

乙、关于清皇族待遇之条件

一、王公世爵概仍其旧。

二、清皇族对于中华民国国家之公权及其私权与国民同等。

三、清皇族私产一体保护。

四、清皇族免当兵之义务。

关于满蒙回藏各族待遇之条件

今因满蒙回藏各民族赞同共和，中华民国所以待遇者如左。

一、与汉人平等。

二、保护其原有之私产。

三、王公世爵概仍其旧。

四、王公中生计过难者设法代筹生计。

五、先筹八旗生计，未定之前，八旗兵弁俸饷仍旧支放。

六、从前营业、居住等限制一律蠲除，各州县听其自由入籍。

七、满蒙回藏原有之宗教，听其自由信仰。

以上条件列于正式公文，由两方代表照会各国驻北京公使。①

与袁内阁提出优待条件相较，首先是将"（甲）关于大清皇帝优礼之条件"改为"甲、关于皇帝逊位后优待之条件"，并在列举该部分具体条款前加上"今因清帝赞成共和国体，中华民国于清帝退位之后优待条件如左"一句，以说明优待条件系"因清帝赞成共和国体"而来。具体条款中，将（甲）项第一款"大清皇帝尊号相承不替，国民对于大清皇帝各致其尊崇之敬礼，与各国君主相等"改为"清帝逊位之后，尊号仍存不废，以待外国君主之礼相待"，并且以下各款也都加入"逊位"字样。这个词是张謇代南方所拟清帝退位诏书中的用词，伍廷芳和南京临时参议院修改时极有可能参照了张謇所拟诏书。对于为何这样修改，伍廷芳解释道："查此次修正案与袁内阁所提者大旨相同，较之本代表前所提出更为优渥，惟所坚持者在清帝实行逊位，盖必如是，然后共和国体乃完全成立，否则有类于虚君共和之嫌，故独于此始终坚持。要之，全国人民为求共和而流之血，前后积聚，可成江河，万不能含糊了结，以贻后祸。"②换言之，绝不给袁氏谋求"虚君共和"留下余地。

先是2月5日晚，莫理循接到蔡廷幹的电话，说他刚刚收到

① 《复袁世凯电》（1912年2月6日），丁贤俊、喻作凤编《伍廷芳集》下册，第476—478页。
② 《致孙文、国务各总长、参议院议长电》（1912年2月6日），丁贤俊、喻作凤编《伍廷芳集》下册，第479页。

一封从南京发来的电报，要求彻底镇压敌对势力。[1] 不知是否与此电有关，2月6日段祺瑞等因承认共和诏旨迟不发表，怀疑为亲贵当中二三王公所阻挠，特致电各王公大臣，批评此等人为"皇族之败类"，表示将要率全军将士入京与王公痛陈利害，末言"挥泪登车，昧死上达"。[2] 袁氏接电后即于当日在内阁公署召集近支王公、蒙古王公、统兵大员、各部大员，传阅该电。恭王溥伟愤然曰："段祺瑞此电近于胁迫，本爵等前因朝廷既愿让出政权，何敢再事反对，故已先后署名，表示认可，何段竟指王公为败类？"蒙古王公等亦谓："某等对于君主、共和并无成见，只要双方和平了结，则为我五大族之幸福，况朝廷已欲颁诏共和，某等敬谨遵旨，决不反对。"而姜桂题、冯国璋亦云："军士同是中国人，若再开战，是同胞自相残杀，为兵者虽多粗汉，然亦何忍出此，某等希望者即在和局早成，拯救百姓于水火也。"袁氏听后曰："诸公政见甚是，如此则和局不难有成。各王公既然俯顺舆论，允认共和，想退政谕旨，不日可下。惟现时最称紧要者，即系段军统率兵来京一事，如任其来京，则两相猜疑，局面不免扰乱。拟即赶紧阻其来京，然须将各王公赞成共和意见表明，诸公以为如何？"众皆赞成，当即拟一电发出，由袁内阁领衔，各王公大臣依次署名，当时发出。[3] 2月7日，各亲贵又由庆亲王、醇亲王领衔，在内阁公署向临时大总统孙中山发出长电一道，表示该亲贵等并无一人反对共和，请速与袁氏商议优待皇室条件，

---

① 〔澳〕西里尔·珀尔：《北京的莫理循》，第343页。

② 《共和明诏之催生符（十二月廿一日国民公报）》，渤海寿臣编《辛亥革命始末记》，第944—945页。

③ 《十九日阁议之大略》，渤海寿臣编《辛亥革命始末记》，第947—949页。

一俟议妥，即可明降共和谕旨。[①] 需要特别注意的是，袁氏对众王公所言仍是"退政谕旨"，而非"退位谕旨"。

再说袁内阁于2月7日接到伍廷芳寄来的优待条件后，隆裕皇太后即召近支王公、在京蒙古王公及各部大臣在养心殿开御前会议，各部大臣首先入觐，宗室王公随后入觐。全体王公面奏时，对于议和条件无所建言，只请袁内阁主持办理，早定大局。惟奕劻另有奏陈，谓"和议条件中最重要者两事，一为优待皇室及皇室之尊荣，然有袁世凯全权与议，自能得美满结果；一为八旗生计必须妥筹完善办法，毋任失所。至有爵皇族之办法，但能将上项两事议得美满地位，即仅能保全生计，余亦无甚奢望"。[②]

袁氏对南方的删改颇不满意，先由梁士诒等再加修改，然后进呈隆裕皇太后逐字讨论。[③] 隆裕皇太后对修改情况很满意，谓"如此甚好，以后绝无怨言"。[④] 2月8日电复南京，提出："第一款'大清皇帝尊号相承不替'保北方军民暨满蒙人极端注意，万难更改；'逊位'二字尤为北方军民所骇异，必须改为'致政'或'辞政'，'赞成共和'改为'宣布共和'，'外国君主'改为'各国君主'。"第二款关于皇室经费，新币未定以前仍用"两"，新币颁发以后改用"圆"；其"特别大典经费，遭逢甚少，核实估支，数亦无多，上下甚为注意，仍请增入"。第三款"宫禁非民国所应有，不妨仍旧居住，各门看

---

① 《各亲贵与孙总统之要电》，《大公报》1912年2月10日，第3版。

② 《御前会议庆邸之奏陈（十二月二十二日经纬报）》，渤海寿臣编《辛亥革命始末记》，第946页。

③ 《又梁来》（1912年2月9日），观渡庐编《共和关键录》第1编，第111页。

④ 《逊位诏旨尚未发表之原因（十二月廿四日经纬报）》，渤海寿臣编《辛亥革命始末记》，第865页。

守至宫内各殿照料，用人甚多，'侍卫'二字不足包括，仍应加'护军'字样"。第五款"谒陵经费亦非常需，数亦无多，仍应加入"。第八款"'陆军编制'一语诸多不便，请删去"。电文最后写道："此次极力迁就，万不能再有更改。"① 同时，梁士诒电告唐绍仪，隆裕皇太后"所最决意坚持而言之再四者"有三点，即一留"大清皇帝尊号相承不替"十字，二不用"逊位"二字，三必须用"仍居宫禁，或日后退居颐和园，随时听便居住"，请唐绍仪务必劝说伍廷芳迁就。② 紧接着，梁又致电进一步解释："第一款'逊位'二字最难者，即满蒙暨北方军队、督抚多不谓然，改为'致政'，人心稍安。又'大清皇帝'不过一大爵位，民国本无君臣之分，即断不虞'皇帝'二字，不过一徽章耳。现在蒙藉独立，将来尚可借影响之名以羁縻之，省却多少兵力、财力，省却无数民命。第三款'仍居宫禁'之内容，廿九日电陈'暂居'二字，反起疑心，不如将来仍行设法。至宫内护军，即穿袍为守门者，人数颇多，最易滋事，即留用亦无须增饷，故不得不加入。谒陵暨特别大典经费，可由国会议定，核实支用，数亦无多，不必惜此小费。至禁军由部编制一节，不必叙明，将来办法本必须如此，若现在声出，反为打草惊蛇耳。总之，条件措词，得须浑括，将来相机，徐图整理，云［允］可平和就绪。"③

同日，那彦图、阿穆尔灵圭以蒙古联合会名义致电伍廷

① 《北京袁世凯来》（1912年2月9日到），观渡庐编《共和关键录》第1编，第109—110页；韩策、崔学森整理，王晓秋审订《汪荣宝日记》，第341—342页。

② 《又梁来》（1912年2月9日），观渡庐编《共和关键录》第1编，第111—112页。

③ 《又梁来》（1912年2月9日），观渡庐编《共和关键录》第1编，第113页。按，电文中"廿九日电"是指1月17日梁士诒致唐绍仪电，见本书第353页。

芳，提出"'大清皇帝尊号相承不替'务请承认，'逊位'二字亦决非所敢闻，余请袁内阁与贵代表详细商酌，俾臻允洽"。①冯国璋、段祺瑞等六十四名将领也配合袁内阁，致电质问伍廷芳："今条件中'大清皇帝尊号相承不替'为尊荣最要之大纲，靳而不予，抑独何心？应请仍照原文，万勿更易；'逊位'一语，军界同人极为骇异，应请修正。此两层最关重要，绝对不敢附和。"②

2月9日，梁士诒等召对，逐条讨论优待条件，清廷仍坚持保留"大清皇帝尊号相承不替"十字，以及不用"逊位"二字。③南方在京代表李石曾、朱芾煌与袁、梁舌辩后，建议南方将"尊号仍存不废"数字改为"大清皇帝尊号延续如旧"，将退位之事改为"以权位公诸天下"，并转达梁士诒的意见曰："若民军能照此答复，必能即刻宣布共和。"④伍廷芳没有接受，复电袁内阁曰："此方所坚持者，为不使有类于虚君位。如照来电，必致各省、各军群起反对。前修正案系临时政府交参议院议决，无可更改。现各省且有以为太优者，实难再改。"但又表示，"本代表深知北方为难，惟此方为难更甚"，提出以"辞位"代"逊位"，将"清帝逊位之后，尊号仍存不废，以待外国君主之礼相待"改为"大清皇帝辞位之后，尊号仍存不废，中华民国以待各外国君主之礼相待"，作为最后确定条件，声明"迁就改正……已至极

①　《北京阿王那王来》（1912年2月9日到），观渡庐编《共和关键录》第1编，第103页。

②　《北京各将领来》（1912年2月9日到），观渡庐编《共和关键录》第1编，第107页。

③　《袁梁来电唐绍仪转》（1912年2月9日），观渡庐编《共和关键录》第1编，第111页。

④　《李石曾朱芾煌致汪精卫电》（1912年2月9日），黄彦、李伯新选编《孙中山藏档选编（辛亥革命前后）》，第122页。

点，决难再让矣。事机紧迫，稍懈即逝，万勿往还商榷，致耗时日"。① 同日，南京临时政府大总统府秘书长胡汉民亦致电唐绍仪，请其催促袁氏即办清帝退位事。② 于是，唐绍仪致电袁内阁，提醒"南人以来电各条有类虚君位，恐贻无穷之祸，欲以一一允认，断难如愿"，并告"粤都督电南京，反对和议，陕都督且有非杀袁、唐、伍不可之语"，"若于廿五早不降旨宣布共和，后事不堪设想矣"。③

2月10日，唐绍仪又电劝袁氏不要再坚持"辞政"之说，而应"力持办到'辞位'"，因"优待条件发生于'辞位'"，"十四省军民以生命财产力争，专在'位'字"，"若云'辞政'，则十九条已无政权，何待今日"。唐绍仪并坚决表示"言尽意竭，乞勿再赐电商"。④ 伍廷芳也复电段祺瑞等指出："清帝若不实行逊位，则有类于虚君位之嫌，全国人民，糜烂血肉，以争共和，岂愿得此虚伪之结果？执事既赞成共和，想必表同情于此次修正案，尚望赞助为感。"⑤ 同时张謇也急电汪荣宝、陆宗舆，强调"伍昨复阁电，实已笔舌俱瘁，费尽磋磨，无可再说。要之，种种优待，专为'辞位'二字之代价，若不说明，何以合南北赞同

---

① 《伍廷芳电函》（宣统三年十二月二十二日），中国第一历史档案馆、海峡两岸出版交流中心编《清宫辛亥革命档案汇编》第77册，第160—161页。

② 《唐绍仪致胡汉民电》（1912年2月9日），孙中山故居纪念馆编《馆藏辛亥革命前后中外文档案》第1册，第65页。

③ 《唐绍仪电函》（宣统三年十二月二十二日），中国第一历史档案馆、海峡两岸出版交流中心编《清宫辛亥革命档案汇编》第77册，第157—158页。

④ 《宣统三年十二月二十三日清议和总代表唐绍仪致内阁总理袁世凯电》，中国史学会主编《中国近代史资料丛刊·辛亥革命》第8册，第242页。

⑤ 《伍廷芳复段祺瑞等电》（1912年2月10日），上海时事新报馆编辑《中国革命记》第27册，"记事"，第13页。

共和之心理？亦何以示将来政治之健全？"请二人"力助项城，必践廿四（2月11日——引者）发表之约，万勿迁延两误，败破大局，追悔无及"。①胡惟德、梁士诒、赵秉钧也谒见载沣、奕劻，敦促宣布共和。②

2月11日，隆裕皇太后召见徐世昌，称赞袁世凯之忠诚曰："此次事变，皆系诸王公历年所酿成，醇王太无能，为彼等所蒙误，若非袁世凯，吾母子尚不知为彼等陷于如何境地。余感袁世凯之忠，悯生民之涂炭，决意将国政辞让，已谕令袁世凯将优待皇室条件与南军议妥。"③又召见袁氏及几位王公，谕曰："逊位二字似说不过去，既有所逊，必有所受，以后乃公举总统，并非受位，将逊于何人？此义可切实电商。朝廷于此事委曲求全，已可见谅于天下，若再要求，殊难允从。"袁氏奏称"自应遵旨力办"。④旋袁氏接到各方来电要求接受"辞位"二字，于是入内面奏隆裕皇太后民军政府仍不承认"辞政"二字，"太后唯唯"。袁氏请再与近支王公商量，太后谓："伊等多远飏，不知下落，此时即由汝作主办理。"袁氏亦无办法，经与国务大臣及姜桂题、冯国璋等商量，只好接受条件，将在京各王公召集到御前签押，又奉旨饬奉天三省及直、豫、陕、甘、鲁、新疆签押，再由国务大臣一律签押。⑤

---

① 《张謇致汪荣宝陆宗舆电报》（宣统三年十二月二十三日），中国第一历史档案馆、海峡两岸出版交流中心编《清宫辛亥革命档案汇编》第75册，第387—388页。

② 《沈盦日记》，宣统三年十二月二十三日。

③ 《慈宫谕告徐太保》，《光华日报》1912年2月12日，第2版。

④ 《昨日召见述闻》，《光华日报》1912年2月12日，第2版。

⑤ 《内阁总理大臣袁世凯奏折》（宣统三年十二月二十四日），中国第一历史档案馆、海峡两岸出版交流中心编《清宫辛亥革命档案汇编》第77册，第193页；《补录逊位懿旨发表情形》，《新闻报》1912年2月12日，第3版。

而后由汪荣宝拟奏，袁内阁进呈，随即奉旨允准。① 优待条件协商至此结束，只待清帝"辞位"时正式宣布。为了安抚清廷，袁氏在奏折末尾写道："此项条款目前虽已难于磋商，而将来如有不甚满意之处，臣苟遇机缘，必当竭力设法，务从优厚。"②

三　回归张謇所拟清帝逊位诏书

南北协商优待条件同时，关于清帝退位或宣布共和诏书的拟定也在协商之中。据《大公报》报道，2月2日"皇帝推卸政权、承认共和之诏旨"已"由内阁恭拟草案呈进，闻秉笔者系为华世奎、阮忠枢两人，秉承袁内阁之意见而订拟，由皇太后钦览后，又由各王公贝勒公同参核，酌易数字，已交世、徐两太保敬谨收存，恭候皇太后懿旨，即行颁布"。③ 又谓："内阁消息，宣布共和谕旨已经各王公及内阁公同拟定，其中措词只为'推卸政权'，并无'禅让'字样，惟昨闻袁内阁以此项谕旨虽已拟定，诚恐颁发后民军仍有挑剔，致滋纠葛，因于十五日（即2月2日——引者）曾将此次谕旨草案电致南京政府，预令查核，再行颁布，不知民军果有何挑剔否。"④

---

① 韩策、崔学森整理，王晓秋审订《汪荣宝日记》，第343页；《致上海唐绍仪转议和南方全权代表伍廷芳电》（宣统三年十二月二十四日），骆宝善、刘路生主编《袁世凯全集》第19卷，第530页。

② 《内阁总理大臣袁世凯奏折》（宣统三年十二月二十四日），中国第一历史档案馆、海峡两岸出版交流中心编《清宫辛亥革命档案汇编》第77册，第194页。

③ 《承认共和谕旨之秉笔者》，《大公报》1912年2月6日，第5版。

④ 《诏旨仍须商之民军》，《大公报》1912年2月6日，第5版。

遗憾的是，2月2日袁内阁和各王公所拟诏稿迄今未见。从《大公报》披露的信息来看，该诏的中心意思是要表达"推卸政权"，也就是"辞政"或"致政"之意，这是前述1月中旬袁内阁所拟诏稿中没有的，说明两者有所不同。但从2月2日诏书"并无禅让"字样来看，又与1月中旬诏稿避用"退位"字样用意相同，两者理应有继承之处，特别是"全权组织临时政府"这一点，不可能被袁氏放弃。而南京临时政府显然不会接受这样的诏书。事实上，在2月5日唐绍仪转致孙中山的梁士诒来电中，曾谓"清谕有'全权组织'字样，南方多反对者……清谕现在已归无效"。[1] 这就证实在1月中旬诏稿中出现的"全权组织"字样极有可能在2月2日诏稿中得到沿用，但因再次遭到南方反对，最终不得不放弃。2月6日莫理循致函达·狄·布拉姆函中所谓"这道谕旨（即宣布共和谕旨——引者）正由梁士诒草拟中，昨天他还同我磋商这件事"，[2] 则证实2月2日诏稿的确已为南京临时政府所拒，因此梁士诒等不得不继续草拟。

另据当时协助梁士诒工作的叶恭绰回忆："至十二月二十（即2月7日——引者）前后，方拟动笔，而南方已拟好一稿，电知北京（此稿闻系张季直、赵竹君二公所拟），遂由某君修改定稿。"[3] 所谓"某君"应即梁士诒。这一说法极易让人误以为张謇

①　《唐绍仪致孙大总统电》（1912年2月5日），上海时事报馆编辑《中国革命记》第26册，"记事"，第18页。

②　《致达·狄·布拉姆》（北京，1912年2月6日），〔澳〕骆惠敏编《清末民初政情内幕——〈泰晤士报〉驻北京记者、袁世凯政治顾问乔·厄·莫理循书信集》上册，第863页。

③　叶遐庵：《辛亥宣布共和前北京的几段逸闻》，中国史学会主编《中国近代史资料丛刊·辛亥革命》第8册，第123页。

拟稿是在此时，但如本书第三章所述，实际上是在 1911 年 12 月
29 日、30 日之间。梁士诒年谱亦谓最后所拟诏稿，"原文系由南
中将稿电来，该稿乃张季直手笔"。① 至于所谓南中将稿电来，不
知是指 1911 年 12 月底电寄那次，还是 1912 年 2 月 7 日前后南
方重新电寄一次。不能排除南方因不满意袁内阁 2 月 2 日所拟
稿，于是再电寄一次。不管哪种情况，叶恭绰的回忆表明，2 月
7 日前后清帝退位诏书的草拟又回到了张謇所拟诏书基础之上。
而袁氏之所以做此让步，当与南方据理力争分不开。从 2 月 9 日
在京南方代表李石曾、朱芾煌致电南京总统府的电报或可看出
端倪。

　　南京总统府汪精卫鉴：电悉。已向袁、梁尽力交涉，舌
战良久，彼已将民军答复诸条一切认可。惟退位事，字样改
为"以权位公诸天下"。又清帝退位之后，"尊号仍存不废"
数字，须改为"大清皇帝尊号源［延］缬［续］如旧"等
字。芾思此数字名异实同，似不妨少为退就，为彼留对付清
后之地步。据梁云：若民军能照此答复，必能即刻宣布共
和。袁复电驳议虽多，均为手续周圆起见，但一切驳还，自
无不允之理。②

　　由"电悉。已向袁、梁尽力交涉"可知，李、朱是奉了南京
临时政府之命，交涉重点就是要将民军的要求写进诏书，而这

① 凤冈及门弟子谨编《民国梁燕孙先生士诒年谱》上册，第 117 页。
② 《李石曾朱芾煌致汪精卫电》（1912 年 2 月 9 日），孙中山故居纪念馆编《馆藏辛亥革命前
　后中外文档案》第 1 册，第 64 页。

极有可能也是针对袁内阁所拟诏书只字不提民军而发。日本静嘉堂所藏袁内阁1月中旬所拟诏书修改稿的起首空白处有两行小字，一行曰"略声出民军发起之功"，一行曰"袁为资政院所举"。① 这应是当时确定的修改袁内阁所拟诏书的两条主旨。前者反映南方的要求，意在强调袁内阁应尊重民军发起革命及十余省独立的事实；后者应为袁方之意，意在强调袁氏权力的合法性。然而，由于袁内阁所拟诏书完全是从清帝和朝廷角度出发，关于民军的内容很难被添加进去，而张謇所拟诏书既是从清帝角度出发，又叙及民军和袁内阁两方，修改甚为方便，于是，一度被袁内阁拒绝的张謇所拟诏书又被梁士诒等拿来作为底本，通过吸收1月中旬袁内阁所拟诏书（应该还有2月2日所拟诏书）的一些措辞，形成清帝退位诏书的底本，最后再由袁氏亲笔改定。②

四　袁氏对清帝退位诏书的修改

与张謇所拟诏稿相比，最终颁布的清帝退位诏书虽然做了许多改动，但通过仔细比较，仍然可以明显看出脱胎于张謇所拟诏稿（见表6-1）。

---

① 《清帝辞位诏书草稿一》，刘路生、骆宝善、〔日〕村田雄二郎编《辛亥时期袁世凯密牍——静嘉堂文库藏档》，第63页。
② 《清帝辞位诏书草稿二·袁世凯手批本》，刘路生、骆宝善、〔日〕村田雄二郎编《辛亥时期袁世凯密牍——静嘉堂文库藏档》，第65—66页。

表6-1　清帝退位诏书与张謇初拟退位诏稿内容比较

	张謇拟稿（1911年12月29—30日）	退位诏书（1912年2月12日）
诏书开首		奉旨：朕钦奉隆裕皇太后懿旨
局势变化	前因民军起事，各省响应，九夏沸腾，生灵涂炭	前因民军起事，各省响应，九夏沸腾，生灵涂炭
南北议和	特命袁世凯为全权大臣，遣派专使与民军代表讨论大局，议开国民会议，公决政体。乃旬月以来，尚无确当办法，南北暌隔，彼此相持	特命袁世凯遣员与民军代表讨论大局，议开国会，公决政体。两月以来，尚无确当办法，南北暌隔，彼此相持
民生影响	商辍于途，士露于野，徒以政体一日不定，故民生一日不安	商辍于途，士露于野，徒以国体一日不决，故民生一日不安
共和趋向	予惟全国人民心理，既已趋向共和，大势所趋，关于时会，人心如此，天命可知	今全国人民心理多倾向共和，南中各省既倡议于前，北方诸将亦主张于后，人心所向，天命可知
清帝态度	更何忍移［以］帝位一姓之尊荣，拂亿兆国民之好恶	予亦何忍因一姓之尊荣，拂兆民之好恶
退位宣示	予当即日率皇帝逊位，所有从前皇帝统治国家政权，悉行完全让与	是用外观大势，内审舆情，特率皇帝将统治权公诸全国
五族共和	听我国民合满汉蒙藏回五族，共同组织民主立宪政治。其北京、直隶、山东、河南、东三省、新疆，以及伊犁、内外蒙古、青海、前后藏等处，应如何联合一体	定为共和立宪国体，仍合满汉蒙回藏五族完全领土为一大中华民国
袁氏权位		袁世凯前经资政院选举为总理大臣
组织政府	著袁世凯以全权与民军协商办理，务使全国一致，洽于大同，蔚成共和郅治	即由袁世凯以全权组织临时共和政府，与民军协商统一办法，总期人民安堵，海宇乂安
诏书末语	予与皇帝有厚望焉	予与皇帝得以退处宽闲，优游岁月，长受国民之优礼，亲见郅治之告成，岂不懿欤

资料来源：张孝若编《张季子九录·政闻录》第2册，第42—43页；《清帝辞位诏书草稿二·袁世凯手批本》，刘路生、骆宝善、〔日〕村田雄二郎编《辛亥时期袁世凯密牍——静嘉堂文库藏档》，第65—66页。

至于袁氏对退位诏书亲笔所改，共有三处。第一处是将底稿中"今全国人民心理倾向共和"，改为"今全国人民心理多倾向共和"，加了一个"多"字后意思便发生巨大变化，隐含一部分人民心理并不倾向共和之意，这当然是符合事实的。第二处是将底稿中"特率皇帝将统治权暨完全领土悉行付畀国民"，改为"特率皇帝将统治权公诸全国"，然后将"完全领土"四字移后，插入"仍合满汉蒙回藏五族为一大中华民国"一句中，改为"仍合满汉蒙回藏五族完全领土为一大中华民国"。这一改动既强调了"五族共和"，又强调了"领土完整"，内涵更加完整。而"特率皇帝将统治权公诸全国"一语，则是由1月中旬袁内阁所拟诏书中"自应将权位公诸天下"，[1] 或2月9日经李石曾、朱芾煌与袁方交涉后确定的"以权位公诸天下"[2] 修改而来。"权位"之"位"是指皇位或君位，把"自应将权位公诸天下"或"以权位公诸天下"改为"将统治权公诸全国"，隐含仍要保留虚君之意。第三处是将"即由袁世凯以全权与民军组织临时共和政府，协商统一办法"一句中的"与民军"三字移后到"协商"二字前，改为"即由袁世凯以全权组织临时共和政府，与民军协商统一办法"。修改后的这一句实际上是根据1月中旬袁内阁所拟诏书中"应即由袁世凯以全权组织临时政府，与民军协商统一办法"一句而来。[3] 如前所述，伍廷芳当时曾因该措辞向袁内阁发出警告，

---

[1]　《清帝辞位诏书草稿二·袁世凯手批本》，刘路生、骆宝善、〔日〕村田雄二郎编《辛亥时期袁世凯密牍——静嘉堂文库藏档》，第65—66页。

[2]　《李石曾朱芾煌致汪精卫电》（1912年2月9日），孙中山故居纪念馆编《馆藏辛亥革命前后中外文档案》第1册，第64页。

[3]　《清帝辞位诏书草稿一》《清帝辞位诏书草稿二·袁世凯手批本》，刘路生、骆宝善、〔日〕村田雄二郎编《辛亥时期袁世凯密牍——静嘉堂文库藏档》，第64、66页。

故梁士诒等在拟定最终诏书时改为"即由袁世凯以全权与民军组织临时共和政府，协商统一办法"，以示让步。然而，组织临时政府一事直接关系权力归属，袁氏不愿让步，故在最后定稿时，袁氏又亲笔改回 1 月中旬所拟诏书措辞，即此可见其决心独揽组织临时政府大权，同时"自认为取得政权于满洲"。① 梁士诒年谱谓张謇所拟稿"后经袁左右增加授彼全权一笔而发表"，② 所谓"袁左右"其实就是袁氏本人。

除以上三处外，袁内阁 1 月中旬拟稿末尾几句最初为"予与皇帝但得长承天眷，岁月优游，重睹世界之升平，获见民生之熙皡，则心安意惬，尚何憾焉"，旋梁士诒等将"则心安意惬，尚何憾焉"九字删除，改为"岂不懿欤"四字，较原句立显更高境界。最后定稿时，梁士诒等又改为"予与皇帝得以退处宽闲，优游岁月，长受国民之优礼，亲见郅治之告成，岂不懿欤！"③ 袁氏对这一修改很满意，因此未再改动。梁士诒年谱谓："末三语为天津某巨公所拟，末一语尤为人所称道，盖分际轻重，恰到好处，欲易以他语，实至不易也。"④ 刘厚生则谓，"据好几个参与清廷机密的老朋友说"，袁世凯、徐世昌把他代张謇所拟诏书稿交给了汪荣宝，汪援笔将原文末句"有厚望焉"改为"岂不懿欤"。⑤ 如上所述，"岂不懿欤"四字出自 1 月中旬袁方自拟诏书，并非由张

---

① 《胡汉民自传》，第 105 页。

② 凤冈及门弟子谨编《民国梁燕孙先生士诒年谱》上册，第 117 页。

③ 《清帝辞位诏书草稿一》《清帝退位诏书草稿二·袁世凯手批本》，刘路生、骆宝善、〔日〕村田雄二郎编《辛亥时期袁世凯密牍——静嘉堂文库藏档》，第 64、66 页。

④ 凤冈及门弟子谨编《民国梁燕孙先生士诒年谱》上册，第 117—118 页。

⑤ 刘厚生：《张謇与辛亥革命》，中国人民政治协商会议全国委员会文史资料研究委员会编《辛亥革命回忆录》第 6 集，第 262 页。

謇诏书中"有厚望焉"四字修改而来。另外，汪荣宝从 2 月 5 日起才受袁氏之命与梁士诒、阮忠枢等一同襄理内阁事务，直至 2 月 12 日清帝退位，其间并没有参与过诏书修改，[①] 因此，刘厚生所说是没有根据的。至于"天津某巨公"极有可能是徐世昌，因其担任太保，近在袁氏和隆裕皇太后身旁，《申报》有"此次宣布共和清谕""由徐世昌删订润色"之说。[②]《清帝退位共和议案合刊》亦有逊位懿旨"由徐世昌、世续删定"之说，[③] 当属实情。

五　清帝退位诏书之颁布

上述袁氏亲笔改动处显然并没有交给南京临时政府或南方在京代表李石曾、朱芾煌最后确认，否则不可能同意颁布。有论者谓"经过最后时刻的紧张较量和磋商，清帝退位诏书的内容文字终于为双方所认可，并于最后期限内通知了南京临时政府"。[④] 还有论者谓"退位诏书的最终版，孙中山及民国政府方面当时是认可的"。[⑤] 这些说法都与实情不符。那么，这样一道未经南方事先认可的诏书，为何会在 2 月 12 日得以颁布呢？

从相关史料来看，袁内阁实际上采取了单方面突然提前公布的策略。先是 2 月 3 日，袁氏获得与南方协商优待条件全权后，

---

① 韩策、崔学森整理，王晓秋审订《汪荣宝日记》，第 341—344 页。
② 《清后颁诏逊位时之伤心语》，《申报》1912 年 2 月 22 日，第 2 版。
③ 佚名编《清帝退位共和议案合刊》卷 1，石印本，1912，第 14 页。
④ 桑兵：《旭日残阳：清帝退位与接收清廷》，第 254 页。
⑤ 刘江华：《清朝最后的 120 天》，三联书店，2021，第 451 页。

即致电伍廷芳，提议自 2 月 4 日早 8 时至 2 月 10 日早 8 时，继续停战一星期，以便协商。① 尽管南方认为北洋军队已全体赞成共和，无须再议停战，但双方似乎就是大体依照这个时间表在进行谈判，首先于 2 月 10 日结束了优待条件协商。紧接着，张謇于当日致电汪荣宝、陆宗舆，请二人"力助项城，必践廿四（2 月 11 日——引者）发表之约"。② 还是 2 月 10 日，李石曾与朱芾煌一同拜访梁士诒，梁氏声称"已将逊位诏拟定呈进，念六或念八准发表"，李、朱随即将此消息电告南京总统府。③ "念六或念八"是指阴历辛亥十二月二十六日或二十八日，也就是阳历 1912 年 2 月 13 日或 15 日。2 月 11 日上午，袁氏觐见皇太后，说明退位诏书内容，获得允准，④ 袁并说诏书正在移译英文，当于二十六日（即 2 月 13 日）颁布。⑤ 虽然其子袁克定当天曾向人透露，"乃父所拟各种条件，无论南京临时政府接受与否，然改变政体之谕旨则明日（二十五日）定必宣布"，⑥ 但并未引起南京临时政府或其在京代表重视；而袁氏当天也只是电告伍廷芳优待条件已经奉旨允准，未言颁布清帝退位诏书日期，⑦ 这就让南京临时政府以为，谕旨宣布之日就是

①　《伍廷芳为转袁世凯电请继续停战一星期以商议优待皇室事致孙中山电》（第 94 号，1912 年 2 月 3 日），马振犊、郭必强主编，中国第二历史档案馆编《南京临时政府遗存珍档》第 2 册，第 420 页。

②　《农工商部大臣张謇为妥商优待皇室条件按约发表事致汪荣宝等电》（宣统三年十二月二十三日），赵增越选编《宣统三年清皇室退位档案》，《历史档案》2011 年第 3 期，第 39 页。

③　《李石曾朱芾煌致汪精卫电》（1912 年 2 月 10 日），孙中山故居纪念馆编《馆藏辛亥革命前后中外文档案》第 1 册，第 64 页。

④　窦坤等译著《〈泰晤士报〉驻华首席记者莫理循直击辛亥革命》，第 168 页。

⑤　《中国革命史一百十纪》，《时事新报》1912 年 2 月 13 日，第 1 张第 1 版。

⑥　《中国革命史一百十纪》，《时事新报》1912 年 2 月 13 日，第 1 张第 1 版。

⑦　《致上海唐绍仪转议和南方全权代表伍廷芳电》（宣统三年十二月二十四日），骆宝善、刘路生主编《袁世凯全集》第 19 卷，第 530 页。

2月13日或15日。因此，到了2月12日下午，南京临时参议院
开会讨论政府交议和议案，议决"限三日内，如不依约逊位，即取
消优待条件"。① 孙中山并以"万急"电通知伍廷芳："今日经参议
院同意，如15日下午12点钟以前清帝不逊位，则收回优待条件。"②

　　孙中山无论如何想不到，就在南京临时参议院开会前几小
时，也就是2月12日上午9时前，袁氏已率各国务大臣至养心
殿最后征求隆裕皇太后意见，谓："民军政府仍不承认'辞政'二
字，坚持'逊位'之说，并'永世相承'字样亦须删去。"皇太
后曰："删去有无窒碍？"袁氏"反复陈说民军爱戴皇家，决不于
优待条件有所悔改"。③ 皇太后曰："吾母子之命，均赖汝一人，
今日除退位外，汝亦更无良策，则惟有实行退位而已。"袁氏奏
请不如召集各亲贵再行计议，皇太后曰："各王公均已不知所之，
更从何召集。彼等心目中岂尚有吾母子哉！予既以国家大事畀汝
一人肩之，则彼辈即有怨望之言，均可毋庸置意。予母子若非赖
汝之力，今日尚不知命在何所耳。"④ 袁氏呈上诏书，皇太后阅后
谕云："予三年中深居宫中，不预外事，一般亲贵，无一事不卖，
无一缺不卖，卖来卖去，以致卖却祖宗江山。"言至此失声大哭，
少停又言："亲贵至今日，不出一谋，事后却说现成话，甚至纷
纷躲避，只知性命财产，置我寡妇孤儿于不顾。即朝臣亦纷纷告
退。卿等独在此勉力支持，予甚愧对卿等。"又云："予当率皇帝
退居颐和园，让出宫殿。"诸臣咸奏云："条件中虽有此说，然大

---

① 《参议院议事录》（1912年2月12日），李强选编《北洋时期国会会议记录汇编》第5册，
　　第45页。

② 《南京孙文来》（1912年2月13日到），观渡庐编《共和关键录》第1编，第138页。

③ 《补录逊位懿旨发表情形》，佚名编《清帝退位共和议案合刊》卷1，第14页。

④ 《西报记清廷宣布退位诏旨之情形》，《时事新报》1912年2月23日，第1张第2版。

内有太庙、社稷坛，内殿又有祖宗圣像，断非民国所敢居住。且大总统只有办事公所，并不能深居宫殿。又况皇太后为天下生灵让退，民国必十二分优礼，万无他意，请皇太后放心。"①世续、徐世昌不敢请用御宝，隆裕皇太后自用之，②诸臣奉旨而出。

当天下午 1 时 45 分，袁内阁致电南京临时政府，发出退位诏书。③当晚，诏书已在北京颁布，④包括宣布共和诏书及宣布优待条件、劝诫臣民诏书。⑤其中宣布共和诏书曰：

> 奉旨：朕钦奉隆裕皇太后懿旨：前因民军起事，各省响应，九夏沸腾，生灵涂炭，特命袁世凯遣员与民军代表讨论大局，议开国会，公决政体。两月以来，尚无确当办法，南北暌隔，彼此相持，商辍于途，士露于野，徒以国体一日不决，故民生一日不安。今全国人民心理多倾向共和，南中各省既倡议于前，北方诸将亦主张于后，人心所向，天命可知，予亦何忍因一姓之尊荣，拂兆民之好恶。是用外观大势，内审舆情，特率皇帝将统治权公诸全国，定为共和立宪国体，近慰海内厌乱望治之心，远协古圣天下为公之义。袁世凯前经资政院选举为总理大臣，当兹新旧代谢之际，宜有

① 史晓风整理《恽毓鼎澄斋日记》，第 576 页。

② 《沈盦日记》，宣统三年十二月二十八日。

③ 《袁世凯为通报清帝宣布退位诏书事致唐绍仪伍廷芳孙中山等电》(第 139 号，1912 年 2 月 11 日)，马振犊、郭必强主编，第二历史档案馆编《南京临时政府遗存珍档》第 2 册，第 552—553 页。按，袁世凯此电落款为"真电"，本应 2 月 11 日发出，但据总统府收电稿，实际发出时间为十二月二十五日 (2 月 12 日) 下午 1 时 45 分。

④ 窦坤等译著《〈泰晤士报〉驻华首席记者莫理循直击辛亥革命》，第 170 页。

⑤ 《谕旨》(宣统三年十二月二十五日)，中国第一历史档案馆、海峡两岸出版交流中心编《清宫辛亥革命档案汇编》第 77 册，第 270—271、273—274 页。

南北统一之方，即由袁世凯以全权组织临时共和政府，与民军协商统一办法，总期人民安堵，海宇义安，仍合满汉蒙回藏五族完全领土为一大中华民国。予与皇帝得以退处宽闲，优游岁月，长受国民之优礼，亲见郅治之告成，岂不懿欤！钦此。宣统三年十二月二十五日①

同时，袁氏又致电孙中山及参议院、各部总长、黎元洪等，称"共和为最良国体，世界之公认"，"大清皇帝既明诏辞位，业经世凯署名，则宣布之日为帝政之终局，即民国之始基，从此努力进行，务令达到圆满地位，永不使君主政体再行于中国"。②也就是说，"这个'终局'是由他造成的，这个'始基'是由清帝那里继承来的，全部革命成果自应归他这个民国的产婆独享"。③

由于人们早已意识到清帝退位和改建共和不可避免，因此对于退位诏书的公布并不感到吃惊，北京城平静地度过了一晚。但南京临时政府方面的情形就不一样了。伍廷芳在上海接到清帝辞位诏书和袁氏赞成共和的宣言书后，于2月13日中午12点向南京孙中山发出"万急"电。④总统府在2月13日下午1点10分

① 《谕旨》（宣统三年十二月二十五日），中国第一历史档案馆、海峡两岸出版交流中心编《清宫辛亥革命档案汇编》第77册，第266—267页。

② 《袁世凯为赞成共和事致孙中山等电》（第142号，1912年2月11日），马振犊、郭必强主编，中国第二历史档案馆编《南京临时政府遗存珍档》第2册，第562页。按，此电为"真电"，实际发出时间为2月12日。

③ 章开沅、林增平主编《辛亥革命史》下册，第400页。

④ 《致南京孙文等电》（1912年2月13日），观渡庐编《共和关键录》第1编，第119页；《伍廷芳为告知其接北京袁世凯有关清帝退位赞成共和等三件来电事致孙中山等急电》（1912年2月13日，第140号），马振犊、郭必强主编，中国第二历史档案馆编《南京临时政府遗存珍档》第2册，第594—595页。

也收到了袁氏电传的清帝退位诏书。① 但无论上海还是南京，想要阻止诏书颁布都已经不可能了。

孙中山看到退位诏书后，感到意外和愤怒是不难想象的。胡汉民曾记述当时孙中山的反应说："先生见之，则大怒责其不当。"② 临时政府当即召开内阁会议，会后孙中山电告伍、唐："惟退位诏内（全）权组织临时政府一语，众不乐闻，徇电告项城，请即南来，并举人电知，畀以镇守北方全权。照此办法，众当贴然。"③ 又直接致电袁氏指出，"至共和政府，不能由清帝委任组织，若果行之，恐生莫大枝节"。④ 另一方面，孙中山仍遵守诺言，于当晚向参议院提出辞职，推荐袁氏继任，但附加了三项条件，以为对袁氏之制约："一、临时政府地点设于南京，为各省代表所议定，不能更改；二、辞职后，俟参议院举定新总统亲到南京受任之时，大总统及国务各员乃行辞职；三、临时政府约法为参议院所制定，新总统必须遵守颁布之一切法制章程。"⑤ 南方议和参赞温宗尧看到退位诏书后，立刻致电外交总长王宠惠，要求删除"以全权组织临时共和政府"十一字，指出："清帝已去位，此项

---

① 《袁世凯为通报清帝宣布退位诏书事致唐绍仪伍廷芳孙中山等电》（第139号），马振犊、郭必强主编，中国第二历史档案馆编《南京临时政府遗存珍档》第2册，第552—553页。按，据总统府收电底稿，此电2月13日下午1点10分收到。

② 《胡汉民自传》，第105页。

③ 《致伍廷芳唐绍仪电》（1912年2月14日），中国社会科学院近代史研究所中华民国史研究室、广东省社会科学院历史研究室、中山大学历史系孙中山研究室合编《孙中山全集》第2卷，第98页。

④ 《复袁世凯电》（1912年2月中旬），中国社会科学院近代史研究所中华民国史研究室、广东省社会科学院历史研究室、中山大学历史系孙中山研究室合编《孙中山全集》第2卷，第115页。按，《孙中山全集》原注明此电时间为"二月中旬"，从内容来看应是2月14日。

⑤ 《咨参议院辞临时大总统职文》（1912年2月13日），中国社会科学院近代史研究所中华民国史研究室、广东省社会科学院历史研究室、中山大学历史系孙中山研究室编《孙中山全集》第2册，第89页。

民权系何人所授？民国必不应仍认清帝有委托全权之柄，且袁世凯成为受清帝委托之人，于推举总统一端恐生障碍。循名核实，名不正则言不顺而事不成，为共和大局计，为袁世凯计，均应请将'以全权组织临时共和政府'十一字删除，方臻妥协。"① 然而，对于南京临时政府方面的反对，袁世凯通过梁士诒致电唐绍仪转孙中山，将原因一概推到已不存在的清廷头上，谓"清谕有'全权组织'字样，南方多反对者。实则此层系满洲王公疑惧，以为优待条件此后无人保障，非有此语，几于旨不能降，并非项城之意。故奉旨后亦未遵照组织政府。清谕现在已归无效，若欲设法补救，除非清谕重降，自行取消不可，又万万无此办法。南方若坚持此意，实为无结果之风潮，乞公以此意劝解之。"② 这就是说，袁氏视诏书文字"为遗言之性质，无再起死回生而使之更正之理"，③ 南京临时政府对此也只能徒唤奈何。从2月13日起，袁氏即以"全权组织临时共和政府袁"名义布告内外大小文武官衙及军警，要求照旧供职，保持秩序；又以"全权组织中华民国临时政府首领袁"之名义照会各国公使。④ 这样就在事实上出现南北两个政府。

---

① 《温宗尧为请删除清帝退位诏书内以全权组织临时共和政府十一字事致王宠惠急电》（第141号，1912年2月13日），马振犊、郭必强主编，中国第二历史档案馆编《南京临时政府遗存珍档》第2册，第598—599页。

② 《南京临时政府公报》第20号，1912年2月23日，中国科学院近代史研究所史料编译组编辑《辛亥革命资料》，中华书局，1961，第163页。

③ 《胡汉民自传》，第105页。

④ 《全权组织临时共和政府袁世凯布告》（1912年2月13日）、《谕旨》（宣统三年十二月二十五日），中国第一历史档案馆、海峡两岸出版交流中心编《清宫辛亥革命档案汇编》第77册，第314、316页；《全权组织中华民国临时政府首领袁致各国公使照会》，渤海寿臣编《辛亥革命始末记》，第982—983页。

2 月 14 日早, 许宝蘅在内阁公署遇见袁氏, 袁氏仍未从清帝退位的打击中回过神来, 问许宝蘅: "解此事乎?" 又曰: "我五十三岁, 弄到如此下场, 岂不伤心。"[1] 所谓 "如此下场", 大约是指既未能保全君位, 又未能达成统一。当天, 同样伤心不已的恽毓鼎忽然想起一段宣统即位的往事, 于日记中写道: "忆戊申十二月, 皇上即位, 升太和殿受贺, 大声痛哭, 不肯升座, 频言'我不愿居此, 我欲回家'。监国强抑之, 竟未安坐。毓鼎时侍班于御座前, 见上号哭过甚, 恐损圣体, 急谋于御前大臣肃亲王, 传谕殿前草草成礼, 拜跪未毕, 侍阉即负之而去, 且云: '完了, 回去罢。'毓鼎即觉其不祥。今日果应'完了''回家'之语。"[2] 真是宿命啊!

张謇迟至 2 月 15 日才看到诏书, 他带着忧郁的心情在当天的日记中写道: "见逊位诏, 此一节大局定矣, 来日正难。"[3] 自此张謇对于草拟清帝逊位诏书一事缄口不言。胡汉民致谭延闿函认为这是一件值得表彰的事, "季直先生无所庸其讳避", 张孝若为乃父作传也应写清楚这件事, 不致 "有美弗彰"。[4] 但对张謇而言, 其所拟清帝逊位诏书经过多人反复修改之后, 一些关键之处早已背离其本意, 再加袁氏后来走向帝制, 那么他又如何能够公开承认草拟清帝逊位诏书并把它视为一件荣耀之事而张扬呢?

大清王朝二百六十余年的统治就此落幕, 中华民国正破茧而出。

---

① 许恪儒整理《许宝蘅日记》第 1 册, 第 395 页。
② 史晓风整理《恽毓鼎日记》第 2 册, 第 577 页。
③ 《柳西草堂日记》, 李明勋、尤世玮主编《张謇全集》第 8 册, 第 733 页。
④ 张孝若:《南通张季直先生传记》, 第 155 页。

六 临时政府地点之争与袁氏就任临时大总统

从 1912 年 1 月 1 日南京临时政府正式建立起，袁氏就拒不
承认。为此，袁氏在南北议和过程中想方设法要求取消南京临
时政府，由他在天津或北京建立临时政府，南北双方因此发生
争执。虽然议和最后阶段的焦点是清帝退位问题，但临时政府地
点问题时刻悬于袁氏及其支持者心中。2 月 7 日外务部曾将莫理
循召去会见梁士诒和蔡廷幹，一起讨论孙中山的态度问题，结果
莫理循发现梁士诒很害怕孙中山像 1 月 20 日那样重提北京不得
有临时政府的要求。① 其时段祺瑞曾提出一个方案，即"两方政
府同时取销"，由两方共同商定临时大总统、临时政府必要人员
及临时政府暂设地点，即以清帝退位、宣布共和之时，为临时
共和政府成立之日。② 但因涉军人干政之嫌，无论袁世凯还是孙
中山，都没有积极回应。随着 2 月 12 日清帝退位，建立南北统
一政府迫在眉睫，于是围绕临时政府所在问题的争论也就愈加
激烈。

孙中山于 2 月 13 日接到清帝退位详电后，即致电袁氏，表
达了要其迅速到南京来接事的愿望。③ 当晚，孙中山向参议院递

---

① 《致约·纽·朱尔典函》（北京，1912 年 2 月 8 日），〔澳〕骆惠敏编《清末民初政情内幕——
〈泰晤士报〉驻北京记者、袁世凯政治顾问乔·厄·莫理循书信集》上册，第 866 页。

② 《段祺瑞来》（1912 年 2 月 10 日到），观渡庐编《共和关键录》第 1 编，第 136、139 页。

③ 《复袁世凯电》（1912 年 2 月 13 日），中国社会科学院近代史研究所中华民国史研究室、广
东省社会科学院历史研究室、中山大学历史系孙中山研究室合编《孙中山全集》第 2 卷，
第 91 页。

交辞呈，但提出三个条件，其中之一即"临时政府地点设于南京，为各省代表所议定，不能更改"。① 2月14日，孙中山正式到参议院辞职，同时举荐袁氏为临时大总统，然后致电袁氏，请其"即速来宁，以副众望"。② 然而，当天参议院讨论孙中山提出的辞职附加条件时，却以二十票对八票决定以北京为临时政府所在地。在孙中山、黄兴反对下，参议院于2月15日再次投票，结果以十九票对七票决定临时政府地点仍设于南京，同时以全票选举袁氏为临时大总统。③ 南京临时参议院当即电告袁氏："本日开临时大总统选举会，满场一致，选定先生为临时大总统。查世界历史，选举大总统满场一致者，只华盛顿一人，公为再见，同人深幸公为世界之第二华盛顿，我中华民国之第一华盛顿，统一之伟业，共和之幸福，实基此日。务请得电后即日驾莅南京参议院受职，以慰全国之望。"④ 同时另电通告全国，"袁君未就职前，孙大总统暂不解职"。⑤ 孙中山也致电袁氏表示祝贺，并告"临时政府地点定在南京，现派专使奉请我公来宁接事"。⑥

---

① 《咨参议院辞临时大总统职文》（1912年2月13日），中国社会科学院近代史研究所中华民国史研究室、广东省社会科学院历史研究室、中山大学历史系孙中山研究室合编《孙中山全集》第2卷，第88—89页。

② 《复袁世凯电》（1912年2月中旬），中国社会科学院近代史研究所中华民国史研究室、广东省社会科学院历史研究室、中山大学历史系孙中山研究室合编《孙中山全集》第2卷，第115页。

③ 谷钟秀：《中华民国开国史》，第80—81页。

④ 《南京参议院来电》（1912年2月15日），渤海寿臣编《辛亥革命始末记》，第870页。

⑤ 《南京公电一》，渤海寿臣编《辛亥革命始末记》，第869页。

⑥ 《致袁世凯电二件》（1912年2月15日），中国社会科学院近代史研究所中华民国史研究室、广东省社会科学院历史研究室、中山大学历史系孙中山研究室合编《孙中山全集》第2卷，第102页。

袁世凯方面，在 2 月 13 日答复孙中山电中即委婉拒绝南下，称："现在统一组织，至重且繁，世凯极愿南行，畅聆大教，共谋进行之法。只因北方秩序不易维持，军旅如林，须加部署；而东北人心，未尽一致，稍有动摇，牵涉全国。诸君皆洞鉴时局，必能谅此苦衷。至共和建设问题，诸君研究有素，成算在胸，应如何协商统一组织之法，尚希迅即见教。"① 在 2 月 15 日获知自己当选临时大总统前，袁氏又有一长电，对南方不能体谅其所面临的复杂局面、不断催促其南下表达不满，有"与其孙大总统辞职，不如世凯退居"等负气之语。②

但南方并不理会，步步紧逼。2 月 16 日，孙中山致函唐绍仪，请其为临时政府"外交全权代表"，北上与各国公使交涉对外各事，同时劝说袁氏，"务请袁公即日来南"。孙中山还向唐绍仪具体解释了不能不请袁氏南下的缘由："盖定新总统来宁受职，于未举袁公之时，早经参议院议决，而军人（指独立各省军人——引者）以京都地点移动且有取消南京临时政府之嫌，愤激不堪。袁公若不速来，诚恐失各省及军人之信仰而枝节横生，从前种种调和，终致不良之结果，甚非文与袁公之本意。且在彼军众，见清帝退位诏中有'全权组织政府'之语，袁公不来南京，则以为实受满清之委任，而不认民国之选举，此一点终无由洗，于民国历

---

① 《北京袁世凯来》（1912 年 2 月 14 日到），观渡庐编《共和关键录》第 1 编，第 141 页。

② 白蕉：《袁世凯与中华民国》，第 24 页。按，由内容可知该电发出时间在 2 月 15 日袁世凯被参议院选为临时大总统前。2 月 21 日《时报》曾登载该电，白蕉《袁世凯与中华民国》误将登报时间当作发电时间，陈锡祺主编《孙中山年谱长编》也错将此电置于 2 月 18 日条下。

史亦为不光，故勿论如何困难，袁公必有一处此也。"① 同日，黄兴答复江苏都督庄蕴宽，指出其来函"以国都问题与临时政府建置地点混合，故生种种误会"，提出"国都问题当由国会解决"，"临时政府地点必以南京为适宜，盖就现势细衡之，非为永久之国都计也"。黄兴并具体分析了请袁氏南来就职的重要性："惟清帝退位尚在北京，南方各军，多数反对优待条件。袁公虽与清廷脱离关系，尚与清帝共处一城，民国政府移就北京，有民军投降之嫌，军队必大鼓噪。且临时政府既立，万不能瞬息取消，清帝既退其统治权，统一政府未成立以前当仍在南京，临时政府自应受之于政府所在地，更无移政府而送其接受之理。自和局既定，袁公心迹已大著，万众倾心，移节南来，感情易惬，于袁与清帝关系断绝，尤足见白于军民各界，而杜悠悠之口。袁公明哲坦白，固已见此，故日来亦有来宁之意。若移政府而北往，势不得不移南方之重旅以镇北京，南北混一初成，移南军而镇北京，必启猜疑之渐，积猜疑而生破裂，后顾之虑，正复滋多。袁能南来，以北方领袖之宏才，为民国统一之元首，南方服其坦白，北方服其威重，感情融洽，统一之局，可以大定。"② 2月17日，孙中山电告袁氏，已委托唐绍仪北上。③ 2月18日又电告袁氏，南方决定派教育总长蔡元培为欢迎专使，外交次长魏宸组、法制局

---

① 《一九一二年二月十六日孙中山致唐绍仪函》，上海图书馆编《上海图书馆藏唐绍仪中文档案》第21册，第10250—10253页。

② 《复庄蕴宽李书城书》，刘泱泱编《黄兴集》第1册，湖南人民出版社，2008，第222—223页。按，此函应发于2月16日，《黄兴集》据《民立报》刊登时间误为2月24日。

③ 《复袁世凯电》（1912年2月17日），中国社会科学院近代史研究所中华民国史研究室、广东省社会科学院历史研究室、中山大学历史系孙中山研究室合编《孙中山全集》第2卷，第107页。

局长宋教仁、前议和参赞汪兆铭等八人为欢迎员，偕同唐绍仪前往北京，"专迎大驾"。[1] 复有电强调以南京为临时政府所在地的重要意义，谓："今所急要者，但以新国民暂时中央机关之所在，系乎中外之具瞻，勿任天下怀宫庙未改之嫌，而使官僚有城社尚存之感，则燕京暂置为闲邑，宁府首建为新都，非特公之与文必表同意于国民，即凡南北主张共和、疾首于旧日腐败官僚政治之群公，宁有间焉。"至于永久首都，"俟大局既奠，决之正式国论，今且勿预计也"。[2]

对于南京临时参议院改变 2 月 14 日初次投票结果，章太炎十分愤怒，致电庄蕴宽，认为"不法"。[3] 又以长电与黄兴辩驳，支持庄蕴宽。[4] 孙中山则复信章太炎，支持黄兴，暗示章太炎等实际上是把临时政府地点和永久首都混为一事，谓："主南主北，各有理由，公等所持大都系永久之说，此自可俟将来国民会议之。"[5]

袁氏此时正面临重重压力。国都问题，"北省人心视为死活

---

① 《复袁世凯电》（1912 年 2 月 18 日），中国社会科学院近代史研究所中华民国史研究室、广东省社会科学院历史研究室、中山大学历史系孙中山研究室合编《孙中山全集》第 2 卷，第 112 页。

② 《致袁世凯函》（1912 年 2 月 18 日），中国社会科学院近代史研究所中华民国史研究室、广东省社会科学院历史研究室、中山大学历史系孙中山研究室合编《孙中山全集》第 2 卷，第 111 页。

③ 《与庄蕴宽》（1912 年 2 月 17 日），马勇整理《章太炎全集·书信集》上册，第 561 页。

④ 《驳黄兴主张南都电》（1912 年 2 月 2 日），马勇整理《章太炎全集·书信集》上册，第 553—557 页。按，此电日期似应为 2 月 20 日。

⑤ 《复章太炎函》（1912 年 2 月 22 日），中国社会科学院近代史研究所中华民国史研究室、广东省社会科学院历史研究室、中山大学历史系孙中山研究室合编《孙中山全集》第 2 卷，第 125 页。

问题"，强烈反对迁都，①列强因使馆在京，又牵涉《辛丑条约》，也反对迁都。这些袁氏都不能不加考虑。同时，北方形势复杂。外蒙古已在俄国实际控制之下，取消独立一时看不到希望；东三省官绅军民尚未承认共和，勤王队首领张作霖且与日本驻奉天总领事秘密接触，试图将东三省出卖于日本；宗社党分子除在京城活动外，又纷纷潜往东三省活动，并与日本方面暗中勾结；日本政府也蠢蠢欲动，准备东北一旦出现动乱，即乘机出兵占领。在京城，袁氏为了防止清帝退位前后出现秩序混乱，调集大批军队进驻，结果反而加剧了紧张气氛，军队滋扰市面之事时有发生。在这种情形下，袁氏很难下定决心南下就职。但另一方面，南北合一是袁氏此时考虑的头等大事，南北如果不能合一，中华民国临时大总统对袁世凯而言就名不副实。同时，南方民军和临时政府许多人对袁氏并不信任，他必须南下，才能收服人心，消除统一阻力。而孙中山提出的"辞职后俟参议院举定新总统亲到南京受任之时，大总统及国务各员乃行辞职"，②也使袁世凯不能不认真考虑南下就职之事，否则就会出现南北两总统的分裂局面。

　　不过，形势瞬息万变。就在袁氏发出 2 月 15 日长电的时候，危机四伏的状况逐渐有了改观。外蒙古取消独立虽然一时难以解决，但在京蒙古王公经过隆裕皇太后和袁世凯劝告，终于表示赞同共和，并通电各处，代表全蒙推举袁世凯为"统一政府临

---

① 《对于京师兵变感言》，《顺天时报》1912 年 3 月 2 日，第 2 版。

② 《咨参议院辞临时大总统职文》（1912 年 2 月 13 日），中国社会科学院近代史研究所中华民国史研究室、广东省社会科学院历史研究室、中山大学历史系孙中山研究室合编《孙中山全集》第 2 卷，第 89 页。

时大总统"。^① 东北方面，袁世凯一方面通过隆裕皇太后电劝赵尔巽等顾全和平，一律赞成共和；^② 另一方面派心腹到奉天，以厚礼收买张作霖支持共和。^③2 月 19 日，赵尔巽终于率同三省官民致电袁世凯，表示赞同共和，并公举其为临时大总统。^④ 这样一来，聚集在那里密谋叛乱的宗社党残余很难掀起波澜，而试图趁乱入侵东北的日本政府一时也不敢轻举妄动。由于北方危机大大缓解，袁氏开始考虑南下就职之事。就在 2 月 19 日，袁氏电告孙中山："北方幸称安谧，将来取道津口或汉口，均可从便。"^⑤

南京临时政府很快予以积极回应。2 月 21 日，欢迎专使蔡元培等自上海启程北上。同日，孙中山会见《泰晤士报》记者福来萨（Fraser, David Stewart），表示袁到来时"将同他会晤，而且无论到哪里去，都要亲自陪伴他，以防狂热分子可能掷炸弹"。^⑥临时政府外交总长王宠惠则向英国驻南京领事伟晋颂发出南方"不再拒绝以北京为永久首都"的信号，伟晋颂立刻写信把这一消息报告给与袁世凯关系密切的各国驻京使团团长、英国公使朱

---

① 《懿旨密交蒙古王公》，《大公报》1912 年 2 月 10 日，第 5 版；《蒙古王公联合会致袁全权函》（1912 年 2 月 14 日），《顺天时报》1912 年 2 月 17 日，第 2 版。

② 《内阁请电东省承认共和》，《大公报》1912 年 2 月 13 日，第 3 版。

③ 《落合驻奉天总领事致内田外务大臣电》（1912 年 2 月 17 日发，同月 26 日收到），中国社会科学院近代史研究所中华民国史研究室主编，邹念之编译《日本外交文书选译——关于辛亥革命》，第 82 页。

④ 《奉天赵制台率同三省官民公举袁大总统电》（1912 年 2 月 19 日），《临时公报》1912 年 2 月 22 日，第 4 页；《临时政府公报》第 21 号，1912 年 2 月 24 日，"附录"电报，第 6 页。

⑤ 《临时政府公报》第 20 号，1912 年 2 月 23 日，"附录"电报，第 8 页。

⑥ 《戴·福来萨来函》（南京，1912 年 2 月 23 日），〔澳〕骆惠敏《清末民初政情内幕——〈泰晤士报〉驻北京记者、袁世凯政治顾问乔·厄·莫理循书信集》上册，第 892 页。

尔典。①

2月26日，欢迎使团到达天津。在当地官绅欢迎宴会上谈及临时政府地点时，蔡元培等明确表示："南北之不能少政府坐镇同一困难，如查看北省较南省为甚，可请袁大总统南去两星期，以行两总统交替式，然后再来北京组织临时政府。至将来国都地点，当俟国会决定。"②同日，唐绍仪、汪兆铭先行入京。当晚，唐绍仪谒见袁氏时也表示："南方对于临时政府之地点并无成见，即北京亦可，惟须南京一行，向参议院就职，借以收复南方人心，就职后南京政府中人暨参议院议员并可相率偕袁北来。"③2月27日唐绍仪谒见袁氏时再次表示："国都迁南一说，曾由参议院提议，孙逸仙先生既未持有一定之理由，而各省都督尤绝对不赞成，且国都建设北京，全国同胞几成一致主张，总统即应俯顺舆论，在京受任；惟虽定都北京，总统必先赴南京一行，庶可化南北之畛域，俟南京布置略定，再回北京方可云云。"④是日，蔡元培等到达北京，各界代表至车站隆重欢迎，进城时连向为清帝进出的正阳门也打开，蔡等由军队护送至贵胄学堂入住。⑤下午2时，蔡等正式谒见袁氏，呈递南京临时参议院通告及孙中山咨文，并陈述南京政府之意见曰："临时政府设于北京或天津无所不可，惟请先生一至南京，以调和南北意见。至国都问题，应俟他日召集国会，付之公决。"袁氏感谢其被选为临时大总统，并答

---

① 《伟晋颂领事致朱尔典爵士函》（1912年2月22日），胡滨译《英国蓝皮书有关辛亥革命资料选译》下册，第492页。

② 《补录专使谈论》，《大公报》1912年2月29日，第3版。

③ 《袁总统与唐代表之会谈》，《大公报》1912年2月29日，第2版。

④ 《专使会议要闻录》，《民立报》1912年3月7日，第7版。

⑤ 佚名编《清帝退位共和议案合刊》卷3，第18页。

称:"此后当尽其全力以谋国利民福,待北方局面平静之日,即赴南京。"①双方约定次日下午详谈。②2月28日,蔡、袁再商,袁氏"始终无不能南行之语",而且开始"与各统制及民政首领商留守之人"。③《大陆报》则有袁世凯将赴南京宣誓接任中华民国总统,用兵五千护送之报道。④会后,蔡对德文报记者说:"袁之必于二星期内赴宁,则殊无可疑。临时政府之建都问题,须俟袁南下后,始令国会解决。实则袁南下之后,民军中人即不以建都问题为重要问题。"⑤意即只要袁愿意南下就职,就能获得南方信任,南方也就不会坚持一定要以南京为临时政府所在地。2月29日上午,袁世凯邀请专使及全体欢迎员开茶话会,蔡又起言:"大总统必须南行,以联络南北感情,借巡视军民近状,以资融洽。至于奠都一事,俟后再议亦可,原此行非建设临时政府之举动也。大总统南行须三星期后,由汉口会晤黎宋卿,慰劳军士,并拟招张勋与南军联络,庶免将来之冲突。"⑥蔡元培所言等于再一次表明临时政府不一定要以南京为首都,袁也可以在就职后返回北京组织临时政府。蔡元培的妥协并非自作主张。《大公报》曾

---

① 〔日〕内藤顺太郎:《袁世凯》,范石渠译,文汇图书局,1914,第177—178页。按,此书由袁世凯方面提供材料撰成,并经袁氏审阅。日文本于1913年由东京博文馆印行,名《袁世凯正传》。邹鲁《中国国民党史稿》也说蔡元培见袁即曰:"临时政府在天津、北京均可,唯诣南京就职,则南方人心安堵。国都问题,俟他日国会议决可也。"袁和颜静气答曰:"俟觅得留守之人,即可首途。"邹鲁:《中国国民党史稿》下册,民智书局,1929,第932页。

② 佚名编《清帝退位共和议案合刊》卷4,第5页。

③ 《告全国文》(1912年3月11日),中国蔡元培研究会编《蔡元培全集》第2卷,浙江教育出版社,1997,第31页。

④ 佚名编《清帝退位共和议案合刊》卷3,第23—24页。

⑤ 《译电》,《时报》1912年3月1日,第2版。

⑥ 《蔡专使对袁总统之宣言》,《顺天时报》1912年3月1日,第7版。

报道："将来国都地点，南北人士强半主张在北，此次南京所派蔡元培君等到京，虽名为欢迎袁大总统南下，据闻蔡君等由宁未起身时，即受孙总统密嘱，大旨谓：诸君到京以权变为第一要着，幸勿拘执，须防生出枝节等语。盖孙已料及国都迁南之说必不能行也。"[①]《时报》也报道："闻专使来京时，孙逸仙曾秘授意旨，略云：都城地点决之于袁，但必先请袁赴宁一行，以与旧总统面商各事。如恐北京尚有伏莽，则即由南京派兵镇压，亦无不可云。"[②]

由于南方采取灵活策略，做出重大妥协，蔡元培与袁世凯的会谈并没有过多纠缠永久首都和临时政府地点问题，而是很快进入袁世凯南下就职的商谈。袁氏"声明暂允一行，由京汉铁路南下，俟宣誓受任后即返北京"，并致密电给副总统黎元洪，表示将"取道汉口南下"。[③]蔡元培等立刻电告江苏都督庄蕴宽，称"二十七抵京即见新总统，颇赞成南来就职，并有经武汉之说"。[④]唐绍仪在 2 月 28 日会见朱尔典时，也是"情绪极为乐观"，"满怀信心地谈到袁世凯将在几天后南下"。[⑤]欢迎员王正廷则将此消息电告副总统黎元洪。黎元洪立刻于 2 月 29 日给孙中山发出火急"艳"电："顷接北京王正廷电，称新举袁大总统不日坐京汉铁

① 《欢迎专使来京之宗旨》，《大公报》1912 年 2 月 26 日，第 2 版。

② 《南京专使到京后会商事件》，《时报》1912 年 3 月 7 日，第 4 版。

③ 《专使会议要闻录》，《民立报》1912 年 3 月 7 日，第 7 版。

④ 《袁总统预定由汉赴宁》，《时报》1912 年 3 月 3 日，第 3 版。按，3 月 1 日尚未得到兵变消息的庄蕴宽曾复电蔡元培等，称"项城肯一行，淘于大局有裨"，并询问"是否取道武汉，有无行期"，请电示。见《庄蕴宽致蔡元培等电》（1912 年 3 月 1 日），黄彦、李伯新选编《孙中山藏档选编（辛亥革命前后）》，第 141 页。

⑤ 《朱尔典爵士致格雷爵士函》（1912 年 3 月 18 日收到），胡滨译《英国蓝皮书有关辛亥革命资料选译》下册，第 493 页。

路火车过汉赴宁，行受职礼，请饬海军部先行预备兵舰，以便下驶，为祷为盼。"①孙中山得悉后，"即饬令内务司筹画一切礼仪，勘定府址，务宜妥洽，俾免临时仓猝"。②

可以说，袁世凯决定南下就职，既是北方时局变化的结果，又是南方让步的结果，也是袁氏急于实现南北统一的需要，是从全局出发做出的决定。然而，长期以来，研究者对于此点认识不足，未能站在南北统一的高度来解释袁氏的作为，因此才有了袁氏不愿离开北方老巢，故而策划兵变，制造混乱，以为不能南下之借口这样一种解释。这种解释看似有理，实则等于仍把袁氏视为"直隶总督"而非临时大总统，与当时实情不符。须知在南方已经做出重大让步的情况下，袁氏短暂南下就职，不但不会影响其在北方的统治，反而如《泰晤士报》驻南京记者戴·福来萨所说："如果他这样做，他的影响和权力将会骤增。"③

然而，袁氏身边的人并不能站在袁氏的高度来看问题，也不具有袁氏的眼光，他们更关心袁氏南下会给自己的前途和既得利益造成怎样的影响。在他们看来，袁氏如果去南京宣誓就职，意味着在未来新政府的组成中，南北将分享权力，南方甚至将占据主导地位，北方一些官僚将因此失去固有的权力，北方军队也将有一部分会被裁汰，这都是袁周围那些人不愿意看到的。因此，在得到袁氏同意南下受事的消息后，"各部首领及各军队""争论

① 《袁总统预定由汉赴宁》，《时报》1912年3月3日，第3版。

② 佚名编《清帝退位共和议案合刊》卷3，第22—23页。

③ 《戴·福来萨来函》(南京，1912年2月16日)，〔澳〕骆惠敏编《清末民初政情内幕——〈泰晤士报〉驻北京记者、袁世凯政治顾问乔·厄·莫理循书信集》上册，第886页。

甚烈，意谓如袁总统受事后赴南巡视，尚属可允；若必迫令赴南始能交卸，决不容有此强硬办法"。①蔡元培在《告全国文》中，曾提到袁氏"与各统制及民政首领商留守之人，会商诸君尚皆谦让未遑，故行期不能骤定"。所谓"谦让未遑"，其实不过是要给袁氏制造障碍，阻挠其南下而已。这些人当中，袁氏长子袁克定是核心人物。曾在陆军部任职的恽宝惠说："凡袁世凯的部属，皆称克定为'大爷'，克定久随乃父左右，与北洋将领皆有交情。"②在蔡元培等到来前，袁克定就已经在同袁的一些心腹幕僚和第三镇统制曹锟等密谋发动兵变，以恐吓欢迎使团，阻止袁世凯南下就职。③

2月29日晚，也就是蔡元培等到达京城两天后，属于曹锟第三镇的一部分士兵发动兵变，变兵从城东开始，焚烧店铺，抢劫财物，很快蔓延开来，甚至连总统居住的外交部大楼、使馆区北部的兵营和专使驻地贵胄学堂都被抢劫。从当晚到次日清晨，使团成员陆续逃至六国饭店，所带行李尽失。袁氏则因事出意外，慌乱之中和幕僚整夜躲在地窖里。④

然而，"兵犹火也，放火容易收火难，发动兵变不难，想要收拾可不是容易的事"。⑤3月1日、2日在京城内外接连有多处被

① 《袁总统一时决不南行》，《光华日报》1912年2月28日，第2版。
② 恽宝惠：《谈袁克定》，政协全国文史资料委员会编《文史资料选辑》第26辑，中华书局，1962，第139页。
③ 参阅尚小明《论袁世凯策划民元"北京兵变"说之不能成立》，《史学集刊》2013年第1期，第14—15页。
④ 许恪儒整理《许宝蘅日记》第2册，第398—399页。
⑤ 陈文运：《当我调回第三镇以后》，中国人民政治协商会议全国委员会文史资料研究委员会编《辛亥革命回忆录》第8册，第520页。

烧抢，此后兵变又蔓延至天津、保定等地，从而由政治性兵变失控成为真性兵变。

自武昌起义以后，袁氏一直被中外许多人视为唯一可以收拾乱局的人，现在竟然在眼皮底下发生如此大规模的兵变，其威望因此大打折扣。舆论猛烈抨击袁氏，就连其密友严复也发出"威令不出都门，统一殆无可望"的感叹。[①]列强亦深感失望，朱尔典立刻给袁氏发去英文密函一件，诘问其"能否照满清原定各约章程，保护各国人等之生命财产，请即日答复"。[②]袁氏不得不向外交团致送英文道歉信，表示"保护京师治安，实有重责，今变起不测，各外交团忽受虚惊，不胜歉仄"。[③]为了维护北京秩序，袁氏曾试图通过唐绍仪请外兵帮忙，结果招致外界更加尖锐的批评，认为此举将"致启外人干涉之祸"。[④]但外交团还是在 3 月 2日召开会议，决定从天津增派士兵援助北京使馆的卫队，并且每天递增。3 月 3 日下午，六个公使馆的卫队，包括炮兵和骑兵在内共七百人，围绕皇城游行，进行了武力炫耀。[⑤]袁氏对其威望受损，内心也是很清楚的，兵变之日终夜不眠，次日见到袁克文后叹息曰："予练兵三十年，威信一旦丧矣。"[⑥]

但兵变也给袁氏提供了中止南下就职的正当理由。同时，北方政客、军人，特别是东三省都督、内蒙古王公以及北洋军将领

---

① 《与熊纯如书》（1912 年 3 月 27 日），王栻主编《严复集》第 3 册，第 603 页。

② 《外交团对于兵变之诘问》，《大公报》1912 年 3 月 3 日，第 2 版。

③ 《袁项城向外交团之道歉》，《顺天时报》1912 年 3 月 2 日，第 7 版。

④ 《魏勔致孙中山函》（1912 年 3 月 4 日），黄彦、李伯新选编《孙中山藏档选编（辛亥革命前后）》，第 160 页。

⑤ 窦坤等译著《〈泰晤士报〉驻华首席记者莫理循直击辛亥革命》，第 180 页。

⑥ 袁克文：《辛丙秘苑》，山西古籍出版社，1999，第 13 页。

等纷纷通电，反对袁氏离京南下。就连南方也有一些人主张袁氏在北京组织政府，如江苏都督庄蕴宽及江苏临时省议会、湖南都督谭延闿、云南临时省议会等。蔡元培等也致电南京临时政府，称准备向袁氏提出两项建议："一、消灭袁君南行之要求；二、确定临时政府之地点为北京。"[①]列强利用南京临时政府财政困难，也向孙中山施加压力，驻沪英领事及四国银行"尤以袁氏为能定乱之人，倘南京政府与袁一致，以期早就敉平，彼四（国）银行应为后盾"。[②]孙中山愤懑不已，但无可奈何。3月6日，参议院议决允许袁氏在北京就职。

1912年3月10日午后3时，袁世凯在北京外务部大厅举行就职仪式，一些军政民政高官、大喇嘛、蒙古王公和外国贵宾出席。首先由袁氏宣读誓词，然后将誓词交给蔡元培，由蔡元培代孙中山致祝词，而后袁氏再致答词。整个仪式非常简单，甚至有些冷清。据参加仪式的记者黄远庸描述，"其时北京新值兵变之后，数十步以内，辄道绝行人，各省代表到者寥寥……各阶级之代表者，均历历可数，令人发生一种苍凉悲戚之感。其时记者仰窥袁总统之风采，颇萧瑟有秋气"。[③]然时当初春，万物勃发，袁世凯也终于登上权力顶峰。

---

① 《致黎元洪电》（1912年3月6日），中国社会科学院近代史研究所中华民国史研究室、广东省社会科学院历史研究室、中山大学历史系孙中山研究室合编《孙中山全集》第2卷，第191—192页。

② 《陈锦涛为四国银行借款已电总行要求一致进行事致孙中山等电》（第320号，1912年3月5日），马振犊、郭必强主编，中国第二历史档案馆编《南京临时政府遗存珍档》第4册，1170页。

③ 黄远庸：《北京之新年》（1913年1月7日），《远生遗著》卷3，第33—34页。

结　语

在对武昌首义至清帝退位一百二十五天的历史进行详细研究之后，现在我们终于可以就以下几个百余年来反复为人们所讨论的关键问题重新做一解答，以结束本书。

一　袁氏应对革命的策略能用"一打一拉"来概括吗？

　　可以说，"一打一拉"、"拉打结合"或"以打促谈"等，几乎已成为每一种辛亥革命史或中国近代史著作中，讲述袁氏对付革命策略的书写套路，并且常常以徐世昌后来所说为证。其言曰："以项城才略经历，自属过人，其对于时局，言剿改而言抚，言抚进而言和，纯出于项城之主持。汉口、汉阳以兵力威胁南方，攻占以后，决定不再进兵，只清理河淮南北一带，以巩固北方，即南京亦不派重兵往援。所有谕旨，均从宣布德意着笔，而资政院迎合民意，亦供项城之利用。经此酝酿，乃促成南北议和之局，此中运用，则非旁观者所能尽知也。"[1] 乍从

①　张国淦编著《辛亥革命史料》，第269页。

表象看，的确，先有清军 11 月初攻克汉口，然后才有袁氏代表刘承恩、蔡廷幹与湖北军政府的直接接触；先有清军 11 月底攻克汉阳，然后才有南北正式停战议和。但仔细分析就会发现，"一打一拉"或类似的概括实在过于简单，徐世昌所言未免夸大了袁氏左右局势的能力。

以汉口之役而言，一般多将荫昌视为一个畏缩无能的人，并认为荫昌被袁氏取代的原因之一是其无法指挥袁氏编练的北洋军。但战事进展实情告诉我们，荫昌绝非无能之辈，其人虽无作战经验，却丝毫不缺作战决心。因为意识到民军与一般土匪不同，袁氏取代荫昌前，其与冯国璋商定的策略其实是"先布守局"或"固布守局"，①而不急于进攻，并且与荫昌反复进行过沟通。但荫昌从一开始就是以攻城克地为目的，因此表面附和袁氏的主张，实则并不遵从。除使命所在外，他似乎觉得必须在袁、冯到来前露一手，否则寸功未立，即将指挥权交出，未免脸上无光，更无颜回京。因此，在尽力准备之后，即令第一军主动向汉口发起进攻，等冯国璋来到汉口接收指挥权时，第一军已经占领大智门，并追踪民军至汉口街市，以致冯国璋不得不放弃既定的策略，乘势继续进攻，最终攻克汉口。由此可见，汉口之役并不是袁氏为了实施"拉打"策略主动发起，只不过汉口陷落前后，恰好发生滦州兵谏，清廷被迫同意实行宪政，这才让袁氏以为得到了一个借以招抚革命党的机会，故而暂停进攻。

至于汉阳之役，同样不是袁氏为了实施"拉打"策略主动发起的。第一军攻克汉口后，由于第二军迟迟未能集结，袁氏发现

---

① 《致陆军大臣荫昌》（宣统三年九月初一日）、《致内阁请代奏电》（宣统三年九月初三日），骆宝善、刘路生主编《袁世凯全集》第 19 卷，第 22—23、26 页。

第一军防线过长，兵力不敷，且汉口又处低洼地带，面临汉阳、武昌民军居高临下，两面炮击，不易进攻，因此在获得朝廷允准后采取了"扼要防守，观其动静"的策略。[①]不久，海军各舰纷纷投向民军，连海军提督萨镇冰也出走，清军实力更加受损。与此同时，因朝局剧变，袁氏已把主要精力转向入京组阁、巩固和扩大自己的权力，以及镇压陕西和山西革命、稳固清廷在近畿诸省的统治，对南方民军则采取守势，继续进行招抚与和谈尝试。清军之所以能在并不明显占优的情况下攻克汉阳，与民军的失误紧密相关。以民军战时总司令黄兴为首的部分将领，急于收复汉口，不顾内部反对意见，冒险向汉口发起反攻，结果因自身原因惨败，不仅将民军的虚实暴露在清军面前，而且士气大挫。清军乘机发起进攻，而民军内部鄂军与湘军又不能协同作战，最终导致汉阳落败。此后袁氏下令冯国璋停战议和，不能说完全没有借胜势在谈判桌上压服民军的想法，但更重要的原因其实是在长江流域拥有巨大利益的英国强势介入调停，以及民军很快以攻占江南重镇南京还以颜色，让袁氏意识到以武力剿杀革命毫无胜算，以至于连议和地点也不得不遵从民军和列强的要求，从最初设想的汉口改为上海。

二　袁氏在辛亥革命期间的政治诉求
究竟是什么？

这应当是辛亥南北议和与清帝退位研究当中最重要也最难

---

① 《袁世凯奏报兵力不足暂停反攻武昌汉阳及清帝谕旨》（宣统三年九月），中国第二历史档案馆编《中华民国史档案资料汇编》第1辑，第204—205页。

把握的问题。围绕这个问题，一百多年来大体形成两种主要看法：一种认为袁氏根本反对民主共和，甚至认为袁氏一开始就图谋帝制自为，最终窃取了辛亥革命的胜利果实；另一种认为袁世凯经历了由君主立宪到民主共和的转变。[①] 第一种看法今日已很少有人认同，第二种看法正得到越来越多人认同，然而，这种看法更像是根据辛亥革命的结果推导出来的，而非深入研究这段历史之后得出的。真正回到历史中来，我们就会发现，这种认识与历史实际演进过程及袁氏认识的复杂性有相当大的距离。

实事求是讲，袁氏复出后，眼看着越来越多省份宣布脱离清廷统治，他已不可能完全排除民主共和选项。但他自身的认识、复杂的处境和各种利益纠葛，又决定了他不能不表现出某种"成见"，即更加倾向十九信条所确立的英国式"虚君共和"，也就是一方面保留已基本失去权力的清帝作为象征性的国家元首，另一方面亦不排斥政府首脑（总理或总统）由选举产生，以体现"共和"原则。他认为这既有利于保持国家统一，建立强固政府，又可以使自己避免留下"篡权"的恶名。南北议和正是因为袁氏力图将这种"虚君共和"的意图贯穿其中，试图以模糊的态度两面获益，其进程才异常曲折。而他这样做无非出于有利于自己掌控大局及获取统治大权的现实政治利益考量。这

---

① 　相关论文如夏斯云《袁世凯接受共和原因新探》（《上海师范大学学报》1994 年第 1 期，第 85—89 页），农伟雄《从"君宪"到"共和"的袁世凯》（《安阳师专学报》2000 年第 1 期，第 42—47 页），农伟雄《袁世凯与南北议和新论》（《江汉论坛》2002 年第 2 期，第 76—80 页），马勇《从君宪到共和：袁世凯的一段心路历程》（《安徽史学》2012 年第 3 期，第 13—27 页），骆宝善、刘路生《袁世凯与辛亥革命》（《史学月刊》2012 年第 3 期，第 77—83 页），丁健《清帝退位前袁世凯的谋划与经营》（《暨南史学》2016 年第 1 期，第 212—227 页）等。

样，袁氏与南方的主张就形成一种看起来纠缠不清、若即若离的关系。双方都谈"共和"，可内涵却大不一样。当南方谈及"共和"时，很自然是指"民主共和"，而当袁氏谈及"共和"时，实际是指"虚君共和"。他在整个议和过程中，从未公开、正面呼应过"民主共和"，清帝退位前两天，他还在优待条件协商中，竭力帮助清廷避免将"逊位"二字写入诏书。直至颁发清帝退位诏书当日，他才致电孙中山和南京临时参议院，第一次公开站在"民主共和"的立场上，承认"共和为最良国体，世界之公认……大清皇帝既明诏辞位，业经世凯署名，则宣布之日为帝政之终局，即民国之始基，从此努力进行，务令达到圆满地位，永不使君主政体再行于中国"。①然而，这仍然不过是在清帝退位无可挽回的情况下，袁氏根据孙中山提出的让位条件之一，不得不做的宣誓，是程序上要求如此，也是获取统治大权的动机使然。如果有人相信袁氏在短短一两天内就可以在思想上完成由君主立宪或虚君共和向民主共和的转变，那就太天真了。

　　因此，如果用一句话概括辛亥革命期间袁氏的政治诉求，那就是：从有利于最大程度获取政治利益出发，袁氏并不绝对排斥民主共和，但受自身认识及各种因素制约，为了切身政治利益，实际追求"虚君共和"，最终承认民主共和乃迫不得已。

---

① 《袁世凯为赞成共和事致孙中山等电》（142号，1912年2月11日），马振犊、郭必强主编，中国第二历史档案馆编《南京临时政府遗存珍档》第2册，第562页。按，此电为"真电"，但实际发出时间应为2月12日，伍廷芳在上海收到后，于2月13日上午10时发给南京总统府，总统府于当天下午3时10分收到。

民初美国驻华公使芮恩施对袁氏有非常深刻的观察，他说：
"袁世凯是一个以个人权力进行统治的独裁者，他的统治理论和
专制君主一样，相信人民的希望系于他一身。"① 也就是说，他的
身体虽已进入民国，但他的头脑仍然停留在君主时代。这也可
以解释他为何在此后又由辛亥革命时期追求"虚君"进一步走向
"帝制"——一切都是为了他能够掌握统治国家的大权。不能因为
其曾在迫不得已的情况下宣誓民主共和为最良国体，就认为其在
思想上实现了从君主立宪到民主共和的转变。

三　袁氏对召集国民会议决定国体的态度是怎样的？

对于这个问题，学界的研究还很不足，往往只关注南北议和
正式开始讨论由国民会议公决国体后袁氏的态度，而实际上袁氏
早在入京准备组阁之时，就已经把国民会议公决国体视为解决南
北分歧的方式，并在洪述祖、唐绍仪策划下试图秘密推动清廷付
诸实施，同时对杨度、汪兆铭等发起国事共济会，呼吁以国民会
议公决君主、民主，暗中予以支持。

袁氏这一选择与他对当时局势相对乐观的判断有关：一则他
认为在清廷颁布十九信条并承诺实行宪政后，可以君主立宪招抚
民军，从而消弭"种族革命"；二则他认为在南方正准备召集独
立各省代表会议，筹建临时中央政府的情况下，朝廷必须迅速主
动召集国民会议，以便在与民军的斗争中抢占先机；三则他认为

① 〔美〕保罗·S.芮恩施：《一个美国外交官使华记》，李抱宏、盛震溯译，文化艺术出版社，2010，第27页。

虽然有多省独立，但并非都是革命党掌握实权，革命党内部呈分裂之象，而且全国大多数人民的思想仍是保守的，因此，只要施以"潜移默运之功"，[①]国民会议即使在上海召集，结果仍然会是君主立宪或"虚君共和"。然而，由于亲贵王公不愿冒此风险，袁氏的努力未有结果。

到南北议和正式开始前，袁氏对局势的这种乐观判断不但没有改变，反而因获悉主要国家支持君宪，变得更加自信。然而，南北议和正式开始后，当他发现唐绍仪迅速转向共和，且唐、伍计划以到达南京的各省代表为主召集国民会议势将造成民主共和，以及各国明确表示中立的时候，立刻拒绝迅速召集国民会议，转而质疑这些代表的合法性和代表性，并接受英国公使朱尔典的建议，提出要先定选举法，选出真正能代表公意的代表，同时历数即刻举行选举的种种困难，试图以此延缓国民会议的召集。他丝毫不隐瞒自己的目的，曾露骨地告诉日本驻华公使伊集院，"之所以采取此种步骤，是把难题推给对方"。[②]虽然在内外交困下袁氏最后不得不劝说清廷讨论是否召集国民会议，但他始终不放弃由内阁先定普通选举法，并将此点写进诏书，从而使自己能够掌控大局。而当他得知唐绍仪并未遵从谕旨，其与南方代表伍廷芳所定国民会议办法仍主张以到达南京的各省代表为主召集，以及各省代表选举孙中山为临时大总统后，坚决要求取消该办法，并拒绝接受选举结果及紧接着建立的南京临时政府，转而考虑采取新的应对策略，使自己能够变被动为

---

①　《请速召集国民大会折》，李希泌辑录《有关辛亥南北议和文电抄》，《文献》1981年第3期，第39页。

②　《伊集院驻清公使致内田外务大臣电》（1911年12月25日，第727号），中国社会科学院近代史研究所中华民国史研究室主编，邹念之编译《日本外交文书选译——关于辛亥革命》，第320页。

主动。

由此可见，袁氏对国民会议的态度其实是一直变化的，但万变不离其宗，唯一目的是想方设法由自己掌控国民会议的召集，并进而掌控全局，防止被动接受国民会议公决为民主共和。

四　清帝退位诏书草拟和颁布的实情是怎样的？

作为近代中国具有划时代意义的历史文献，清帝退位诏书一百多年来一直受到研究者特别关注，或者力图厘清其草拟实情，或者努力发掘其历史意义。就草拟实情而言，我们一直有一个很大的认识误区，就是将清帝退位诏书的草拟视为南北议和最后阶段的事情，因此将它直接与清帝最后退位相关联。而实际上，清帝退位诏书的草拟是几乎贯穿南北议和始终的大问题，从南北议和开始不久，即 1911 年 12 月底，就发生了，这就是南方请已经转向共和的原立宪派领袖张謇代拟清帝逊位诏书之事。在此前后接连发生了几件大事，如孙中山回国到达上海，十七省代表选举孙中山为临时大总统，南方提出优待皇室条件，以及南京临时政府建立等。因此，张謇代拟清帝逊位诏书并非孤立事件，而是南方为迅速促成清帝退位采取的重要举措之一，只因以往一直未能确定张謇代拟清帝逊位诏书的具体时间，其重大意义未能凸显。不过，对当时追求虚君共和、不承认临时大总统选举结果及南京临时政府的袁氏而言，张謇代拟清帝逊位诏书同样不可接受。

　　此后，随着局势演变，又有一段隐秘历史是我们过去不清楚的，即袁内阁为了达到由清帝授权其另组临时政府，从而取消南京临时政府的目的，也曾于1月中旬自行草拟宣布共和、颁布优待条件和劝诫臣民三道诏书，[①]然后与南方秘密协商。袁内阁在这些诏书中极力避免使用"退位"或"逊位"一类表述，并试图将清帝授权其全权组织临时政府内容写入诏书，而这同样是南方不可接受的，以致协商失败。

　　议和最后阶段，由于张謇所拟诏书系站在建立南北统一的共和国家的高度，而袁内阁所拟诏书主要从清廷和袁氏角度出发，因此双方又回归张謇所拟诏书，以之为基础，吸收袁内阁所拟诏书的一些措辞，以及三道诏书的构成方式，形成最终所颁诏书的蓝本，以为协商基础。

　　但很多人又有一个误解，以为清帝退位诏书是在双方完全协商一致的情况下颁布的，或以为南方完全接受了清帝退位诏书。实则双方只是就清帝退位及皇帝皇族优待条件、满蒙回藏待遇条件达成了一致，至于清帝退位后如何组织统一共和政府，双方并没有达成一致。袁氏在最后时刻擅自将清帝授权其全权组织临时共和政府的内容重新添入诏书，却能够顺利颁布，是因为袁内阁采取了单方面提前公布的策略，并非双方协商一致后才颁布。这一点同样是过去我们不清楚的。其后南北围绕临时政府地点及袁氏南下就职问题的争论，即根源于此。

---

① 《有关辛亥革命史料》，稿本，朱丝栏，粘贴本，国家图书馆古籍善本部藏。

五　袁氏逼迫清帝退位的说法能成立吗？

这种说法由来已久。当辛亥南北议和还在进行之中，便有传言谓"袁项城与革命党通，欲借革军之力迫皇室退位而希图大总统"。[①]辛亥革命后，随着袁氏与革命党矛盾逐渐激化，越来越多人用袁氏"逼迫清帝退位"一类说法来描述其在辛亥鼎革期间的活动，抨击其惯于玩弄权术。及袁氏因复辟帝制众叛亲离死去，这种说法更加流行，被写进各种论著乃至教科书中，成为中国近代史的基本常识。陶菊隐和唐德刚是少数不太认同袁氏"逼宫"者，可惜他们只是提出看法，并无具体论证。[②]近年虽又有人提出质疑，但遭到持传统看法学者的批驳。[③]从众多原始资料所呈现的袁氏在辛亥鼎革时期的活动来看，可谓极其复杂，并不能简单地用"逼迫清帝退位"一类表述来概括。

应当承认，袁氏绝不是对清廷愚忠的人，说他在清廷风雨飘摇之际没有产生过担任大总统的想法，也不符合事实。但相关史实清楚地表明，辛亥鼎革时期的袁氏，出于国家稳定、统一及获取统治大权的现实政治利益考量，更加着力追求的是"虚君

① 《录北京时报评》，《光华日报》1912年1月21日，第1版。

② 陶菊隐："在袁的一方面，始终不肯唱'逼宫'的一出戏，使他永远洗不清'活曹操'的骂名。他想尽可能做到武戏文唱，维持封建道德的外壳，把'篡夺'之局粉饰为'揖让'之局。"[《北洋军阀统治时期史话（1895—1916）》上册，第128页]唐德刚："袁氏狡狯，在众目睽睽之下，既不愿逼宫，取位于孤儿寡妇之手，更不愿受大位于国民党之议会选举。渠一厢情愿之道，实为自组御用国会，以禅让方式，举己以代之。"（《袁氏当国》，第9页）

③ 曾业英：《袁世凯是辛亥革命的"共和元勋"吗？》，《河北学刊》2017年第3期，第53—61页。

共和"。为此，在南北议和正式开始前，袁氏不仅在各种场合反复强调君主立宪主张，而且确立了一个宗旨，即以十九信条为根本，不许唐绍仪将"皇族"和"种族"问题纳入议题。① 随着唐、伍议和失败以及南京临时政府建立，国民会议方案走进死胡同，袁氏也在北方军人和一些官员支持下转变策略，试图由清帝授权他组织临时政府，同时图谋取消南京临时政府。在得到孙中山让位的承诺后，袁氏开始采取模棱两可的策略，一方面劝导清廷降旨"定为共和立宪国体"，以示满足南方的要求；另一方面在预拟的相关诏书等文件中回避使用"退位"或"逊位"一类字眼，并在协商过程中试图将清帝授权其全权组织临时政府写入诏书，甚至欲同时撇开北京与南京，另在天津自行组织临时政府。结果两不讨好，不仅遭到满蒙亲贵攻击，也遭到民军坚决反对，致使其计划失败。袁氏遂转而依靠段祺瑞等联衔电奏，要求"立定共和政体，以巩皇位而奠大局"。直至清帝退位前两日，袁氏仍然在帮清廷拒绝在皇帝优待条件中写入"逊位"字样，而主张改用"致政"或"辞政"，只因南方坚决避免造成虚君共和，袁氏最终才不得不接受南方的修改意见，同意将"辞位"二字写进诏书。

　　袁氏不愿逼迫清帝退位，除了因为其具有君主立宪的思想基础外，还因为逼迫清帝退位不符合其利益，因袁内阁是依据十九信条所规定的英国式君主立宪制产生的，内阁的职责只是处理国家行政事务，无权变更国体；逼迫清帝退位，袁内阁就将"违宪"并丧失其存在的合法性。更为严重的是，强行逼迫清帝退位，将会如曹操、王莽一样留下"篡权"恶名，这在中国的政治

① 《资政院议员与袁总理问答记略（十月二十六日经纬报）》，渤海寿臣编《辛亥革命始末记》，第1240页。

文化传统中是不被认同的，必然会遭到相当一部分国人抵制，特别是一些支持清廷的旧臣尚有相当大的影响力，而一些军队将领还有君主思想，这就增加了袁氏接下来掌控全局的不确定性，甚至可能形成巨大障碍，因此是袁氏非常忌惮的。同时，袁氏又有根深蒂固的正统思想，他想获得统治全国的大权，但更希望这种权力来自清廷的授予，而不愿成为南京临时政府的"傀儡"总统，这就使他轻易不能够让清帝退位。故而，南北议和开始不久，袁内阁就在国体变更问题上确立了一个原则，即时人所谓"不负责任"的原则，亦即清帝退位与否由皇室自行决定、自行负责，竭力避免卷入退位问题讨论，甚至从不正面提及"退位"二字，"在所有官方及半官方的措辞中，都竭力避免'退位'一辞"。[1] 这一原则直至临近清帝退位，袁内阁都是坚守的，[2] 尽管有时也会暗中向清廷施加一些压力，但其目的往往并不是推倒清帝，而是让清帝更加彻底地退出国家政治，从而希冀以"虚君共和"与革命党达成妥协。

从袁氏逼迫清帝退位说法产生及演变情形来看，这一说法最初主要是反映共和主义者对袁氏的一种要求或期望；而后随着清帝退位，袁氏与革命党人的矛盾逐渐激化，特别是袁氏帝制自为激起民愤，于是这一说法更多成为国人从传统道德层面抨击袁氏"不忠"的证据；[3] 再往后，随着历史的背影逐渐远去，人们，包括历史学家在内，便不自觉地将共和主义者在鼎革时

---

[1]　《驻北京代办致外交大臣沙查诺夫急件》（1912年2月6日于北京，第7号），张蓉初译《红档杂志有关中国交涉史料选译》，第373页。

[2]　《袁内阁始终不负责任》，《大公报》1912年2月12日，第2版。

[3]　黄毅：《袁氏盗国记》，上海国民书社，1916，第9页。

对袁氏的期望视为真实发生的历史。这一错觉造成的严重后果是，我们夸大了袁氏对推翻帝制、建立共和的贡献，而真正要逼迫清帝退位的革命党人和一些转向民主共和的立宪派人士所做的巨大贡献，则因此种说法流行，在某种程度上被消减或遮蔽。

六　如何理解孙中山让位于袁世凯？

以孙中山为首的革命党人经过长达十余年的斗争，牺牲了无数革命志士的生命，方建立起民主共和性质的南京临时政府，但他很快就把临时大总统位置和政权拱手让给了实际并不具有民主共和思想的袁世凯。这一结局让许多革命者难以接受，也引起后来研究者对此问题反复的思考、解释。一般认为，孙中山之所以让位于袁世凯，除了袁氏自身拥有雄厚的实力，得到旧官僚、立宪派和列强支持外，最主要还是因为南京临时政府在政治、军事、财政诸方面都面临许多实际困难，实力不及袁氏，因此不得不让位。然而，孙中山本人并不完全认同这一点，他在后来说："或者不察，有以为予当是［时］之势力不及袁世凯，故不得不与之议和，苟且了事者……则更拟于不伦也。夫当时民国已有十五省（实际为十四省——引者），而山东、河南民党亦蜂起，直隶则军队且内应，稍迟数月，当可全国一律光复，断无疑义也。"[①]这一判断虽不免过于乐观，但至少当时南北确已形成对峙局面。那么，他为何还要让位呢？最切合当时孙中山所思所

---

① 《建国方略》，中国社会科学院近代史研究所中华民国史研究室、广东省社会科学院历史研究室、中山大学历史系孙中山研究室合编《孙中山全集》第6卷，第209页。

想的，恐怕应是总统府秘书王复和法学士陈治安向日本驻南京领事铃木荣作所做的解释。根据铃木向日本外务大臣的报告，王、陈二人似乎得到孙中山授意，于1912年1月底2月初屡次到领事馆访谈，"透露不少革命军内部情况"，特别谈及孙、袁妥协问题。按照二人透露的内幕，革命党对袁世凯的政治手腕无不心服，但对其为人则"尤为厌恶"，孙中山之所以愿以大总统之职相让，除了其"胸怀坦荡、不怀政治野心"外，主要原因有三：一是希望时局得到和平解决；二是与袁妥协可避免北伐酿成流血惨剧，早日解决华北问题；三是早日实现南北统一有利于争取国际承认南京临时政府。换言之，"临时推袁为总统，不过是为解决华北问题，实现南北统一，恢复和平，为中华民国奠定基础的一种手段而已。革命党对袁并无好感，而要推袁出任大总统，并非想把一切政务交袁一手处理，而是要把他当做一个傀儡，临时予以推戴……总之，目的在于彻底实现共和体制，有此基础，方能实现袁、孙妥协"。①

可见，孙中山愿意让位并非如后来人所以为的那样，是迫不得已，而是有着通过与袁氏妥协完成南北统一，进而在全国"彻底实现共和体制"的积极、宏大的目的。这种想法实际上从他在海外时即表示可以推举袁世凯做总统，以及回到香港后向胡汉民等表示利用袁氏推翻清廷专制统治"贤于用兵十万"，便可知渊源有自，而非南京临时政府建立后才萌生。如果我们更进一步放宽视野，那么就会发现，孙中山的这种想法，与革命初期就出现

---

① 《铃木驻南京领事致内田外务大臣函》（1912年2月1日，第6号，机密），中国社会科学院近代史研究所中华民国史研究室主编，邹念之编译《日本外交文书选译——关于辛亥革命》，第343—344页。

的包括旧官僚、立宪派及部分革命党人在内的国家精英对保全疆土、实行人道主义、缩短战争时地、和平促成共和的强调正相符合。① 因此，孙中山让位之举得到各方面的支持。只是以孙中山为首的革命党人还是低估了袁氏的经验和实力，局势并没有如孙中山所设想的那样发展，一心图谋掌握国家统治大权而不以民主共和为目的的袁氏不愿"入彀"，官僚势力反而因革命党的妥协主张势力渐张，结果"党人之朝气渐馁，只图保守既得之地位，而骤减冒险之精神，又多喜官僚之逢迎将顺，而渐被同化矣！"② 而这一负面影响进一步导致孙中山发现，民国虽然建立，却难以实施既定的"革命方略"，"不能行革命之建设"，"既无革命之建设，又安用革命之总统为？"③ 于是孙中山于无可奈何之中只好把民国政权拱手让与袁氏，转而投身社会建设事业。

七 袁氏窃取辛亥革命胜利果实的说法能成立吗？

百余年来，有关辛亥革命时期袁世凯研究最大的问题是不能够理性地给予其评价，要么贬之为"窃国大盗"，要么誉之为"共和元勋"，根本原因则在于研究者对袁世凯的所作所为尚缺乏充分、客观的研究与把握。比如关于袁世凯窃取辛亥革命胜利果

① 《拟定政见五条》，国家图书馆善本部编《赵凤昌藏札》第10册，第441页。
② 《八年今日》(1919年10月10日)，中国社会科学院近代史研究所中华民国史研究室、广东省社会科学院历史研究室、中山大学历史系孙中山研究室合编《孙中山全集》第5卷，第131页。
③ 《建国方略》，中国社会科学院近代史研究所中华民国史研究室、广东省社会科学院历史研究室、中山大学历史系孙中山研究室合编《孙中山全集》第6卷，第208、209页。

实这一说法，虽然也有一些人提出过质疑，①但始终缺乏建立在全面深入研究袁氏与辛亥革命关系基础之上的扎实系统的论证。

所谓"窃取"，是指用不正当或非法手段占有不属于自己的东西。辛亥革命的胜利果实，最主要是指推翻了君主专制统治，建立起民主共和国。从最终结果来看，袁氏顺应历史潮流，接受了清帝退位的现实，承认共和为最良国体，从而使南北统一的民主共和国得以和平方式在较短时间内建立起来。他参与了辛亥革命成果的制造，因此是有贡献的。正因为如此，他才得到孙中山举荐，并由南京临时参议院以全票选举为临时大总统，其权力来源也是合法的。对于那些反对者或质疑者，孙中山当时已有过明确答复，他说："文等所要求者，倾覆满清专制政府，创立中华民国也。清帝退位，民国统一，继此建设之事，自宜让熟有政治经验之人。项城以和平手段达到目的，功绩如此，何不可推诚？"②

然而，抛开结果，从过程来看，袁氏的目的与革命党的目的从一开始就根本不同，他以个人获取国家统治大权为目的，因此对民主共和的实现制造了重重障碍。除了以武力对南北革命党人进行残酷镇压外，还包括拒不承认唐、伍所定有利于迅速实现民

---

① 相关论文如季云飞《论袁世凯在辛亥革命中的作用》（《学术月刊》1989 年第 4 期，第 68 页），常宗虎《试论袁世凯取得临时大总统职位的是非》（《人文杂志》1992 年第 1 期，第 38、83—86 页），姜新《重评辛亥革命前期的袁世凯》（《徐州师范学院学报》1992 年第 4 期，第 110—114 页），朱钟颐《评袁世凯"窃取"政权》（《湖南教育学院学报》1994 年第 6 期，第 58—62 页），郭世佑《辛亥革命的历史条件与历史结局再认识》（《清史研究》1995 年第 3 期，第 76 页），丁健、张华腾《辛亥革命结局表述的多歧性述评》（《河北经贸大学学报》2010 年第 4 期，第 42—44 页），郭兆才《"袁世凯窃国"质疑》（《历史教学》2011 年第 9 期，第 67—70 页），等等。

② 《复谭人凤及民立报馆电》（1912 年 2 月 20 日），中国社会科学院近代史研究所中华民国史研究室、广东省社会科学院历史研究室、中山大学历史系孙中山研究室合编《孙中山全集》第 2 卷，第 114 页。

主共和的国民会议办法，拒不承认十七省代表选举孙中山为临时大总统及南京临时政府，谋划由清帝授权其全权组织临时政府并进而取消南京临时政府，擅自修改清帝宣布共和诏书图谋独揽组织临时政府大权，并在未经南京临时政府认可的情况下单方面突然颁布；其最终承认民主共和为最良国体，也是迫不得已，是为了自身获取政治利益，而非思想上真正转向民主共和。还有，作为南京临时参议院选出的临时大总统，在临时政府地点已定南京的情况下，袁氏本应服从立法机构的决定，南下就职，但他却借着北京兵变的机会，最终如愿在京就职。尽管没有证据证明袁氏策划了兵变，但兵变毕竟由其属下制造，而袁氏在事后并未给予兵变制造者严厉处罚。所有以上这些事实均表明，袁氏最终得到辛亥革命的胜利果实，并不是因为他具有民主共和理念，其达到目的手段也不很光明正大，因此，虽然说他"窃取"了辛亥革命的胜利果实不尽恰当，但若说他"攫取"了辛亥革命的胜利果实，当无疑义。

辛亥革命最终结果的造成，首先是以孙中山为首的革命党人希望以有条件让位于袁氏的和平方式，以最小的代价达到推翻清廷专制统治、建设民主共和的目的；而袁氏有着极强的意愿获取国家统治大权，这就使革命党人的计划得以实行，只是由于缺乏政治经验，他们所付出的代价是极其巨大的，他们成功将皇帝赶下了宝座，却失去了主导组织统一临时共和政府的权力。而并不具有民主共和思想的袁氏一旦掌握了大权，脆弱的民主共和就将面临严峻考验。当支持民主共和的力量尚能起到制约袁氏的作用时，袁氏会暂时表现出遵从的一面；一旦失去这种制约作用，同时民主共和实践又不能在短时间内达到人们的期望，那么民主共和也就走到了危险的边缘，集权统治与帝制行将死灰复燃。

辛亥鼎革纪事（1911.10.10—1912.2.12）

1911 年 10 月 10 日（八月十九日）

是日晨，革命党人刘复基、彭楚藩、杨宏胜被杀于湖广总督瑞澂衙门前。

瑞澂电奏破获革命党机关，请对出力员弁择尤奖励。

晚 8 时许，武昌新军工程第八营革命党人在熊秉坤带领下率先发难，占领楚望台军械库，推吴兆麟为临时总指挥，各支起义队伍陆续聚至楚望台，然后分路攻打总督衙门。

瑞澂与第八镇统制张彪一面抵御民军，一面急电清廷及湘、豫两省求援。

军谘大臣载涛赴直隶永平，担任秋操总监。

10 月 11 日（八月二十日）

清廷降旨肯定瑞澂定乱迅速，准许其择尤酌保出力各员。

瑞澂逃至"楚豫"兵轮，驶往汉口租界码头，布政使连甲及第八镇统制张彪也逃至该兵轮。

瑞澂电奏武昌失守，自请治罪，并请派北洋劲旅来鄂剿办。

武昌全城光复，民军推新军第二十一混成协协统黎元洪为都督，改谘议局为都督府，宣告成立湖北军政府，创设参谋部（一称"谋略处"），临时负责处理军政事务，以杨开甲为部长，张景良为副部长，吴兆麟为兵谋科科长，蔡济民、邓玉麟等为参谋官。

摄政王和皇族内阁举行紧急会议，初步决定派陆军大臣荫昌率两镇兵马南下援鄂。

民政部请步军统领衙门派兵扼要驻扎京师附近村镇，请税务处和崇文门商税衙门加强对往来行人、行李的检查，请陆军部派兵加强对储存军用物资地方的守卫。

是日午前，河南巡抚宝棻派陆军步队第五十八标统带官张锡元率该标第三营及第五十七标第三营左队自开封出发，赴湖北救援。

是日夜，驻汉阳兵工厂第四十二标第一营起义。

10月12日（八月二十一日）

汉阳民军击退瑞澂舰艇，又占领汉阳府署，汉阳全城光复。

驻汉口第四十二标第二营起事，汉口光复。

民军以黎元洪名义发表布告全国电、宣布清政府罪状檄、给各国领事照会等。

摄政王召集皇族内阁会议，决定除派两镇陆军外，再由海军部加派兵轮，由提督萨镇冰督率赴鄂，并饬程允和率长江水师即日赴援，所有湖北各军及赴援陆、海军均归荫昌节制。

清廷降旨，湖广总督瑞澂着即行革职，仍暂署理，戴罪图功。

内阁协理大臣那桐、徐世昌提议起用袁世凯，总理大臣奕劻支持。

陆军部咨行民政部，请传知在京各报馆暂缓登载有关湖北乱事消息。

陆军步队第五十八标统带张锡元率援鄂豫军到达汉口，驻扎刘家庙。

10 月 13 日（八月二十二日）

军谘大臣、永平秋操总阅操官载涛回到北京，奏请停止秋操，全力剿平"鄂乱"，获清廷允准。

陆军大臣荫昌赴鄂前请训。

汉口设军分政府，以詹大悲、何海鸣为正、副主任。

张彪率湖北新军第八镇辎重营由武昌逃至汉口刘家庙布防。

清廷降旨，张彪着即行革职，并着瑞澂责令其迅速"剿匪"，克复省城。

陆军第六镇步队第二十二标奉命作为前敌，由马继增统领，于是日由开平出发，乘火车南下湖北。

湖南巡抚余诚格所派巡防队两营到达汉口。

湖北军政府派曾为张彪亲信的齐宝堂携黎元洪函渡江劝降，遭张彪拒绝。

汉口各国领事团会议接受法国领事罗氏建议，决定对革命政府不加干涉。

京师内外城自是日起一律停演夜戏，并禁止夜市。

10 月 14 日（八月二十三日）

清廷令军谘府、陆军部就禁卫军及近畿陆军各镇迅速编配一、二、三军，分别由荫昌、冯国璋、载涛任总统。

荫昌奏请刊刻木质"钦定陆军大臣行营关防"，以便沿途发递电文。

海军大臣载洵托御史史履晋奏派袁世凯署理湖广总督。

度支大臣载泽在邮传大臣盛宣怀劝说下支持起用袁世凯。

摄政王从奕劻等所请，同意起用袁世凯，并获隆裕皇太后允准。

清廷令袁世凯、岑春煊分别补授湖广、四川总督，督办剿抚事宜，湖广所有军队及各路援军均归袁氏节制，荫昌、萨镇冰所带水陆各军并着袁世凯会同调遣；四川所有军队及各路援军归岑春煊节制。

奕劻派阮忠枢携其手书，前往彰德传达摄政王密谕，敦劝袁氏出山。

居正、谭人凤及蒋翊武等到武昌，参与军政府策划。

10 月 15 日（八月二十四日）

杨度及袁氏长子袁克定、幕僚王锡彤，劝袁氏不要急于出山。

荫昌于是日傍晚率部乘运兵专车自北京西站出征。

黄炎培应约与赵凤昌等商量应对时局办法。

10 月 16 日（八月二十五日）

邮传大臣盛宣怀劝袁氏早日出山，万勿迟疑。

袁氏上谢恩折，又开具"节略"八条，包括刊刻关防、编练军队、调用人员、筹械筹饷、给予军事全权等，托阮忠枢面呈奕劻，如照办，即赴鄂一行。

荫昌于是日晚路过彰德，特至袁宅拜访，谈及战事，颇为踊跃。

江苏谘议局议长张謇偕雷奋、杨廷栋至苏州，与巡抚程德全商讨奏请清廷改组内阁，召开国会，实行立宪事。

张謇、汤寿潜、黄炎培等集议应对时局办法。

10月17日（八月二十六日）

湖北军政府参谋部改组，仍以杨开甲为部长，吴兆麟、杨玺章为副部长，内分兵谋、调查、侦查三科。

驻汉各国领事派人送公函至军政府，承认民军为交战团，各国严守中立。

荫昌督队南下，于是日夜行抵信阳，设立行营兵站。

海军提督萨镇冰乘"楚有"军舰抵达汉口。

南下清军先锋第二十二标在滠口与民军发生小规模冲突，然后继续抵进至汉口刘家庙。

袁世凯复电盛宣怀，称赤手空拳，用何剿抚。

10月18日（八月二十七日）

驻汉英、俄、法、德、日领事正式联衔发出布告，宣布严守中立。

民军由大智门向刘家庙清军发起进攻，双方正式接战。

袁世凯致函张镇芳、冯国璋，称无兵无饷，用何剿抚。

载沣、载泽对袁氏开具"节略"八条均表示可以照办，奕劻、那桐、徐世昌联名致电袁氏，请分别电奏，请旨遵行。

清廷令袁世凯迅速赴鄂就任，岑春煊迅速起程赴川。

10月19日（八月二十八日）

民军再次发起进攻，占领刘家庙，清军主力退至三道桥以北潴口附近。

清廷命所有长江一带水陆各军均归袁氏节制调遣，会同沿江各督抚办理。

袁氏奏请刊刻"湖广总督督办剿抚事宜行营关防"，编练湖北巡防军二十五营，并请度支部拨军饷四百万两。

袁氏电招刘承恩到彰德府，委派办理招抚事宜。

湖北军政府正式设立军务、参谋、军令、政事四部。

瑞澂以所乘"楚豫"兵舰米、煤、机油用尽，开往九江。

10 月 20 日（八月二十九日）

黎元洪致函海军提督萨镇冰及各舰舰长，请响应革命。

王占元所统第一军第三协抵达潴口。

袁氏奏请调用王士珍、冯国璋、段祺瑞、张锡銮、倪嗣冲、段芝贵、陆锦、张士钰、袁乃宽、吴凤岭等。

10 月 21 日（八月三十日）

民军由刘家庙进攻潴口，未能克敌，双方在三道桥南北形成对峙。

谕旨允准袁世凯刊用木质关防、编练湖北巡防军二十五营及调用各项人员。

内阁致电袁世凯，承诺给予其军事全权，一俟袁氏起程，即将荫昌调回。

10 月 22 日（九月初一日）

资政院第二次开院，报到议员约一百四十人，勉强达到三分之二。

民军占领长沙，宣布湖南独立，公举焦达峰、陈作新任正、副都督。

民军占领西安，宣布陕西独立，公推张凤翙为都督。

荫昌督师到达湖北孝感。

袁氏咨会荫昌，自是日起开用木质关防，又致电荫昌，主张"固布守局"，待筹备完善，再图进攻。

10 月 23 日（九月初二日）

民军占领九江，设立军政府，推马毓宝为都督。

黄兴、柏文蔚在上海陈其美处开会，决定二人分别到武汉和上海谋划革命。

瑞澂弃"楚豫"兵轮，乘民船由九江逃往上海。

清廷允准袁氏电调海军参领蔡廷幹、奉天劝业道黄开文随营差遣。

清廷允准袁氏奏请，令署江北提督段祺瑞克日由海道北上，径赴鄂境。

第二军总统冯国璋到彰德与袁氏商量战守事宜，决定"先布守局"，再图进攻。

10 月 24 日（九月初三日）

专司巡护大臣载涛奏报禁卫军及陆军第一镇已编为第三军。

军谘府令第二十镇统制张绍曾率第四十混成协开赴郑州驻扎。

袁氏奏请改冯国璋为第一军总统，赴前敌与荫昌协商"先布守局"，派段祺瑞为第二军总统。

袁氏致电盛宣怀请设法招唐绍仪出山办理外交事务。

10 月 25 日（九月初四日）

清廷允准袁氏奏请，令冯国璋为第一军总统，段祺瑞为第二军总统。

荫昌督师到达滠口，致电内阁表示将审度时势进攻，万不愿虚耗光阴。

袁氏致电内阁，强调须筹备完善再进攻武汉，不可孟浪从事。

广州将军凤山被革命党人李沛基炸毙。

10 月 26 日（九月初五日）

清廷允准资政院弹劾，罢邮传部尚书盛宣怀，令唐绍仪补授，奕劻、那桐、徐世昌交部议处。

军谘府与陆军部决定调蓝天蔚奉天第二混成协加入第二军。

清廷令姜桂题迅速添募十营，添购军械，驻扎近畿。

清廷令直隶军事参议官舒清阿驰赴前敌，交袁世凯差遣。

袁氏电告内阁，冯国璋已于是日晚自彰德南下赴鄂，自己将于初七日启程。

袁氏致电荫昌，须筹备完全，厚集兵力，然后一鼓荡平。

清军进攻刘家庙车站，前锋已抵一道桥，为民军击退。

10 月 27 日（九月初六日）

隆裕皇太后拨宫中内帑银一百万两，由内务府交度支部专作军饷。

清廷允准息借洋款，以筹军需。度支部与法国资本团草签九千万法郎借款合同。

清廷授袁世凯钦差大臣，令冯国璋总统第一军，段祺瑞总统第二军，派出各项军队均归袁氏节制调遣，陆军部不为遥制；陆军大臣荫昌将第一军交冯国璋，待袁世凯到后，再回京供职。

驻滦州清军第二十镇统制张绍曾联合奉天第二混成协统领蓝天蔚等发表通电，并专电奕劻，提出政纲十二条，要求改行立宪政体。

资政院议决奏请朝廷罢亲贵内阁、将宪法交资政院协赞、解除党禁。

赵凤昌致电请唐绍仪"缓到任"，将来协助民军办理外交。

清军在海军配合下自滠口向民军进攻，相继占领刘家庙、大智门。

黄兴偕宋教仁、田桐、李书城等自沪秘密到达武昌，受到湖北军政府欢迎。

云南腾越光复，张文光称滇西都督。

10月28日（九月初七日）

奕劻会同那桐、徐世昌入奏张绍曾兵谏及要求。

御前会议决定派第六镇统制吴禄贞和军谘府厅长陈其采前往滦州宣抚。

陈宝琛奏请朝廷颁诏自咎，誓与国民更始，实行宪政。

是日午前清军由大智门进攻，进入汉口街市，民军退至歆生街附近阻之。

冯国璋行抵湖北孝感，荫昌将第一军交其统率，冯随即前赴汉口战地。

黄兴任民军临时总指挥，到汉口指挥保卫战。

10 月 29 日（九月初八日）

张绍曾电请资政院质问政府，请从速改革政体。

资政院总裁世续等正式奏请罢亲贵内阁、将宪法交资政院协赞、解除党禁。

清廷令邮传部大臣唐绍仪克日来京。

清廷令前休致民政部侍郎赵秉钧即日来京，预备召见。

吴禄贞到滦州劝张绍曾放弃立宪，与第六镇一同倒戈占领京城，张未从。

山西宣布独立，推阎锡山为都督，巡抚陆钟琦及其子陆光熙被杀。

陆军部和军谘府令吴鸿昌率第六镇第十二协由保定星夜赴晋镇压民军。

冯国璋于是日午后到达汉口前线。

袁氏令幕僚刘承恩致函黎元洪，诱使和谈，湖北军政府拒不答复。

陆军部表扬荫昌督率有方，令其督饬将士一鼓作气，收复武汉，俟袁世凯到后，再回京供职。

10 月 30 日（九月初九）

清廷降"罪己诏"，又连降三道谕旨，允准资政院所奏三项要求。

清廷以学部右侍郎李家驹代世续充资政院总裁。

清廷令赵秉钧署理民政大臣，原署理民政大臣桂春回仓场侍郎本任。

吴鸿昌率第六镇第十二协由保定开至石家庄。

清军进入汉口市区，冯国璋下令焚烧街市，以清除在市内抵抗的民军。

袁世凯自彰德起程南下。

民军占领昆明，宣布云南独立，以蔡锷为军政府都督。

10 月 31 日（九月初十日）

资政院致电张绍曾，指出朝廷允准三条与政纲十二条正相符合，资政院正准备采用英国立宪主义，拟具重要信条。

吴禄贞到达石家庄，所部吴鸿昌第十二协已占领燕京咽喉井陉。

袁氏第二次令刘承恩致函黎元洪，诱使和谈，湖北军政府仍置之不理。

袁氏与荫昌在信阳火车站交接。

民军占领南昌，宣布江西独立，推举吴介璋为都督。

长沙城外兵变，副都督陈作新、都督焦达峰先后被戕，谘议局议长谭延闿继任都督。

11 月 1 日（九月十一日）

张绍曾电请朝廷早立内阁，由资政院制定宪法，并以军队进驻南苑或通州相逼。清廷派军谘副使哈汉章赴滦州与张绍曾沟通。

清廷允准皇族内阁辞职，授袁氏为内阁总理，袁到京前各大臣照常办事。

陆军大臣荫昌由信阳启程回京。

军谘大臣载涛辞职，清廷令荫昌兼军谘大臣，以前两江总督魏光焘补授湖广总督。

清廷令奕劻充弼德院院长，那桐、徐世昌、荣庆充弼德院顾问大臣。

资政院向政府提出协商条件八款及质问事件三款，并开始拟定宪法十九信条。

吴禄贞赴井陉督师。

清军完全占领汉口，革命军退至武昌、汉阳。

袁世凯由信阳到达孝感，在萧家港设立司令部，令前敌暂停进攻，又令刘承恩第三次作书招抚民军。

11 月 2 日（九月十二日）

清廷降旨同意将大清帝国宪法交资政院起草。

资政院拟定并通过宪法十九信条，准备上奏。

清廷令王士珍在魏光焘到任前署理湖广总督，以便袁氏早日脱身来京。

山西民军自井陉退守娘子关。

湘军援鄂第一协协统王隆中、第二协协统甘兴典各率步兵一协抵达武昌。

11 月 3 日（九月十三日）

资政院总裁李家驹等上奏《宪法重大信条十九条》，清廷降旨裁可，准备择期宣誓太庙，布告天下。

吴禄贞以山西巡抚被戕，奏请朝廷简员来晋，以安民心。

黎元洪在武昌都督府前登坛拜将，任黄兴为民军战时总司令。

革命党先占制造局，继入城内，上海宣布独立，以陈其美为沪军都督。

吴淞光复，推举李燮和为光复军司令。

袁氏电告内阁，等段祺瑞到鄂后，即晋京组织完全内阁。

11 月 4 日（九月十四日）

袁氏奏请收回内阁总理任命。

袁氏到滠口，与萨镇冰、冯国璋及各统将详细筹商占领汉口清军的进止方略。

袁氏向朝廷报告暂停进攻及办理招抚情形，得旨"办理甚合朕意"。

清廷令袁氏所统各军停止进战，并命各统兵大员宣布朝廷德意。

清廷令吴禄贞署理山西巡抚，迅速赴任，毋庸来京陛见。

吴禄贞至娘子关与阎锡山密谈合组"燕晋联军"阻袁入京，吴任大都督，阎任副都督。

在京陆军同人电请张绍曾放行所扣军火，以免招致外祸。

陕西民军东征军兵马都督张钫奉命督师出征潼关。

贵州宣布独立，以杨荩诚为都督。

11 月 5 日（九月十五日）

资政院总裁李家驹等奏请速开国会，以符立宪政体。

山西民军一标、巡防两营陆续由火车运往石家庄以西驻扎。

吴禄贞奏报山西民军已受招抚，请降旨大赦革党，速停战争，以阻断南北交通相威胁。

护理第三镇统制卢永祥率部由奉天过滦州，开往丰台。

苏州宣布独立，省垣高竖白旗，推原巡抚程德全为大都督。

民军占领杭州，浙江宣布独立，公举汤寿潜为都督。

11月6日（九月十六日）

清廷降旨释放因刺杀摄政王被捕的汪兆铭、黄复生、罗世勋，发往广东，交总督张鸣岐差遣。

清廷令汉口清军扼要防守，静观动静。

清廷以事机危迫，请袁氏迅速来京，前敌事宜交王士珍接办。

清廷准袁氏之请，着张勋充会办南洋军务大臣。

清廷赏张绍曾侍郎衔，授为长江宣抚大臣，第二十镇统制改由潘矩楹署理。

吴禄贞致电朝廷，宣布暂行扣留运往战地军火、子弹。

清廷令第六镇第十一协统领官李纯任第六镇统制。

清廷命督办川汉、粤汉铁路大臣端方于岑春煊到任前暂署四川总督。

梁启超自日本返国抵达大连，欲行"和袁、慰革、逼满、服汉"之策。

常州、无锡、松江、宁波等地宣布独立。

11月7日（九月十七日）

袁氏奏称总理大臣系钦命而非公举，如果忝颜赴任，十九信条将失信用。

山西巡抚吴禄贞于是日午夜被刺于石家庄车站军营,首级被割去,副官周维桢、来宾张世膺同时被害,京汉铁路被破坏。

刘承恩派侦探王洪胜携书信到武昌见黎元洪,仍希图招抚,黎请派人来谈。

黎元洪致电独立各省,征询组织临时政府意见。

萨镇冰致函黎元洪,表示并不反对鄂省起义,但民国政体不宜行之于中国。

广西省城桂林宣布独立,公举巡抚沈秉堃为都督,王芝祥、陆荣廷为副都督。

11月8日(九月十八日)

资政院第八次会议举行内阁总理大臣选举,袁氏以七十八票超半数当选。

江苏镇江宣布独立,以林述庆任军分政府都督。

安徽省城安庆宣告独立,推巡抚朱家宝为都督。

驻南京秣陵关第九镇统制徐绍桢率部进攻雨花台,与巡防营统领张勋苦战竟日不克,退驻镇江。

"镜清""楚观""保民"等十二艘清海军舰艇于是日驶至镇江,归附革命军。

11月9日(九月十九日)

清廷依据资政院投票结果正式任命袁氏为内阁总理大臣,命其即日兼程北上。

袁氏奏报一二日起程赴京,清廷令其即日北上,并令王士珍立即赴鄂署理湖广总督。

张绍曾以健康为由奏请开缺，获朝廷允准。

黄兴复函袁氏，希望其反戈一击，建拿破仑、华盛顿之功。

黄兴密谕民军将领对袁氏招抚保持警惕，严密查拿游说之人。

黎元洪电请独立各省派代表到武昌开会，讨论成立临时中央政府。

广东省城宣告独立，推胡汉民为都督，水师提督李准率部反正。

福建省城福州府为革军占领，推举新军协统孙道仁为都督。

梁启超返国抵大连湾。

11 月 10 日（九月二十日）

晋兵退回娘子关，京汉铁路修复，摄政王命邮传部派专车等候袁氏启行。

袁氏致电冯国璋谓黎元洪"颇有就抚意"。

袁氏派刘承恩、蔡廷幹携书信到武昌与黎元洪进行和平商谈。

汉口领事团照会冯国璋，抗议清军炮弹落入租界，造成人员、财产损失。

江苏扬州府为革命军占领，组织军分政府，徐宝山任都督。

梁启超自大连湾赴旅顺，又赴沈阳，晤熊希龄。

11 月 11 日（九月二十一日）

清廷命军谘大臣毓朗开缺，以大学士徐世昌充军谘大臣。

袁氏于是日上午 8 时自孝感起程，乘京汉铁路专车进京。

袁氏要求清廷降旨明确区分政治革命与种族革命，使人心有所归向，军士有所措手。

袁氏代表刘承恩、蔡廷幹与湖北军政府官员面谈，欲以君宪招抚，被拒。

程德全、汤寿潜发出"组织全国会议团通告书"，主张独立各省都督府各派一人到上海，设立临时会议机关。

奉天国民保安会成立，举赵尔巽为会长，吴景濂、伍祥桢为副会长。

陕西民军东征军占领潼关，清军溃逃至灵宝待援。

11月12日（九月二十二日）

杨度、汪兆铭等在津、京酝酿组织国事共济会。

江苏都督府代表雷奋、沈恩孚及浙江都督府代表姚桐豫、高尔登致电二十省都督府或谘议局，请派代表到上海参加临时国会，讨论未来国家建设，并推伍廷芳、温宗尧为临时外交代表。

伍廷芳、张謇、唐文治、温宗尧通电要求摄政王退位。

袁氏致电赵尔巽，提出将曹锟第三镇调往关内北戴河、昌黎一带。

桂林军队不靖，都督沈秉堃避匿，绅民公推陆荣廷为大都督。

黎元洪召集军事会议，决定派胡鄂公为鄂军政府全权代表，赴北京、天津一带主持北方革命。

11月13日（九月二十三日）

清廷降旨区分政治革命与种族革命，称将对鼓吹种族革命者及时痛剿。

清廷赦免从前一切政治犯及此次革命党人，准其改组政党。

袁氏于下午 5 时左右到京，清廷命所有近畿各镇及各路军队并姜桂题所部均归袁氏节制调遣。

顺直谘议局致电内阁，请速联满蒙回藏各部，组织共和政体。

英国驻汉口总领事派炮舰至武昌，敦促黎元洪注意外侨生命财产安全。

山东各界宣布独立，以巡抚孙宝琦为都督。

江苏清江各团体推举蒋雁行为江北都督。

清海军"海琛""海容""海筹"等舰艇于本日自汉口驶至九江，归附革命军。

梁启超由奉天抵大连。

11 月 14 日（九月二十四日）

隆裕皇太后自是日起以自己和宣统皇帝名义，每日两次给袁氏赏赐食品菜肴。

袁氏入宫请安谢恩，摄政王询问弭乱之方，袁氏主张召集国会，摄政王请即到阁办事，袁氏未诺。

清廷降旨令每省公举素有名望、通晓政治、足为代表者三五人克期来京会议。

清廷降旨派张謇、汤寿潜、江春霖、谭延闿、赵炳麟等十一人为宣慰使，分赴各属抚慰劝导，宣布朝廷实行政治改革宗旨。

袁氏会见资政院总裁李家驹及议员汪荣宝等，阐明其主张君主立宪之宗旨及理由，并就十九信条中总理大臣的职责及内外各事沟通。

袁克定拜访朱尔典，试探其对时局的看法，朱尔典表示共和并不完全适合于中国。

清廷准署理湖广总督王士珍开缺，赏段芝贵副都统衔，暂护湖广总督。

袁氏简任王怀庆为直隶通永镇总兵，令其节制第四十混成协并防、练各军，驻扎汤河、秦王岛等重地。

湖北军政府代表李国镛、孙发绪、夏维松等在汉口俄国领事馆与清军第四镇统制王遇甲及易甲鹇会谈，不得要领。

清廷据赵尔巽所奏，命奉天第二混成协蓝天蔚开缺，以标统聂汝清代之。

黄兴召集军事会议，制定反攻汉口计划。

11 月 15 日（九月二十五日）

袁氏入宫谒见摄政王，递上谢恩折，正式入阁办事。

袁氏向摄政王呈递黎元洪给袁氏本人的复信。

英国外交大臣格雷致电驻华公使朱尔典，表示将给予袁内阁一切外交上的支持。

袁氏接见朱尔典，表示自己主张君主立宪，将通过召集国民会议达成这一目的。

清廷降旨补授锡良热河都统，原都统溥颋调京差遣。

严修与李石曾、李符曾是日早由京返津，下午严修陪同李石曾、汪兆铭到唐绍仪处久谈。

杨度、汪兆铭发表国事共济会宣言书，主张停战，以国民会议决定国体。

江苏、上海、福建等省代表在沪开会，定名各省都督府代表联合会。

江苏都督程德全致电各省军政府，提议请孙中山速回国组织临时政府。

江浙联军在镇江正式组成，以徐绍桢为总司令，准备进攻南京。

11月16日（九月二十六日）

袁内阁正式组成，新任国务大臣、副大臣各十人。

资政院议员汪荣宝等讨论宣誓太庙、改用阳历、剪发等应与袁内阁接洽办理的事项。

黄兴令民军自汉阳夜渡汉水，登陆汉口，准备向清军发起反击。

孙中山致电《民立报》转南方革命政府，无论黎元洪、袁世凯皆可推为总统。

吉林组织保安会，以巡抚陈昭常为会长。

黑龙江绅商军学各界组织保安公会，以周树模为会长，宋小濂、寿庆、李品堂为副会长。

朱尔典代表外交团向袁内阁发出照会，要求防止在武昌、汉口、太原发生的大屠杀事件。

11月17日（九月二十七日）

摄政王召见内阁总理及国务大臣，请守定君宪宗旨，和衷办事。

学务副大臣杨度奏请开缺，改任刘廷琛为学务副大臣。

唐绍仪自天津入都，以幕僚身份为袁氏出谋划策。

清廷改派第二军总统段祺瑞署理湖广总督兼会办剿抚事宜。

黄兴指挥民军分三路进击汉口，先胜后败，退回汉阳，士气大挫。

各省都督府代表联合会致电黎、黄，主张在沪开会，并请武昌派代表与会。

江北提督蒋雁行致电各省都督，共和政府大统领非孙中山不能担此重任。

江浙联军向南京发起进攻。

清廷令甘肃布政使升允署理陕西巡抚，督办陕西军务。

11月18日（九月二十八日）

清廷应袁氏之请，允准以后所降谕旨凡关于某部事项均由该部国务大臣随同总理大臣署名。

梁启超电辞司法副大臣，主张速开国民会议，解决国体、政体问题。

唐绍仪到奕劻处游说召集国民会议，奕劻不能决。

袁氏询问日本公使伊集院"君主立宪与联邦共和等政体何者更为适宜"，伊集院答以君宪统一全国实为万全之策。

汉口租界英国侨民开大会，抗议英国侨民没有得到保护，要求英国政府派军一营来汉口驻扎。

东三省联合急进会开会，宣布正会长张榕、副会长柳大年等，以人道主义政治革命积极进行为宗旨。

11 月 19 日（九月二十九日）

上谕宣布于 11 月 26 日将宪法十九信条敬谨宣誓太庙。

摄政王和诸亲贵"恐怕国民专要共和"，拒绝袁氏召集国民会议的建议。

唐绍仪与朱尔典谈话，希望尽早在上海召集国民会议决定国体，并希望由袁氏担任总统。

张謇电辞江苏宣慰使及袁内阁农工商大臣。

直隶谘议局通电反对十九信条，主张召集国会，讨论国体政体问题。

清军从新沟渡过汉水支流，占领距汉口六十里的蔡甸镇。

11 月 20 日（九月三十日）

唐绍仪约于是日代表袁氏草拟密折，请朝廷在上海召集国民会议，讨论君主、民主问题，以掌握主动。

资政院讨论国事共济会陈请书，请以国民会议决定君主、民主，因分歧严重，未有结果。

北军代表张春霆、刘承恩与黎元洪代表孙发绪会议于汉口俄领事署，讨论停战议和，无果而散。

各省都督府代表联合会议决各省认可湖北军政府为民国中央军政府，请武昌都督府制定中央军政府组织，并请以中央军政府名义委任伍廷芳、温宗尧为外交总、副长，在沪办理交涉。

11 月 21 日（十月初一日）

摄政王召见袁氏，唐绍仪代拟召集国民会议密折约于是日由袁氏上奏。

清军一部由蔡甸渡过汉水，向汉阳通道三眼桥发起进攻。

俄国驻汉口总领事敖康夫致函冯国璋，提议双方先停战再议和，冯未答复。

各省都督府代表联合会将昨日决议电告湖北军政府。

沪军都督陈其美致电孙宝琦，谓已托汪兆铭电促孙中山早日回国。

毅军十八营由赵倜率领到达陕州，增援灵宝清军。

11月22日（十月初二日）

袁氏面奏《关于奏事入对暂行停止事项》，对内阁与朝廷的关系提出要求，对官员上奏与入对进行严格限制。

汪兆铭、魏宸组与袁氏密谈君主、民主问题。

袁氏接见罗惇曧，告以其屡向汪兆铭解说满蒙回藏问题，汪似有所悟。

刘承恩自萧家港向袁氏报告与民军代表议和经过，冯国璋向袁氏报告与民军代表接触经过，反对议和。

清军占领汉阳三眼桥、美娘山、仙女山，民军退守锅底山、扁担山、花园一线。

民军占领重庆，建立蜀军政府，以张培爵为都督。

11月23日（十月初三日）

清廷自是日起正式按照完全责任内阁章程办事，皇帝不再逐日召见大臣。

杨度、汪兆铭请袁内阁代奏召集国民会议决定君主、民主。

资政院议员开茶话会，继续辩论国事共济会陈请书，未有结果。

湖北都督府代表居正、陶凤集到沪与各省代表议决共同赴鄂组织临时政府。

鄂军由花园进攻仙女山、美娘山，因湘军两协逗留不前，未能攻克，清军进一步占领锅底山。

山东都督孙宝琦致电各都督请仿德国联邦参事会之制，先立议会上院，在天津或北京开会，议决国体政体。

程德全通电声明，如清廷不私君位，宣布共和，可派员赴鄂会议。

黎元洪致电各省都督，反对仍承认北京为中央政府。

11月24日（十月初四日）

黎元洪致函江浙都督，督促各省代表到鄂开会。

清军占领汉阳扁担山、花园一线。

曹锟第三镇驻长春各部队是日起陆续开拔入关。

山东都督孙宝琦致电内阁，宣布取消独立，复称巡抚。

苏浙沪联军于本日向南京发起进攻，一举占领乌龙山炮台。

11月25日（十月初五日）

顺直谘议局、直隶保安会致电摄政王，请朝廷早行揖让。

各省都督府代表联合会致电袁氏，称各省代表已承认共和国体，拒绝派代表到北京讨论。

在沪各省代表决定赴鄂开会，同时每省各留代表一人以上在沪，以为湖北会议后援。

黄兴率军坚守汉阳十里铺，派参谋长李书城回武昌与黎元洪商量将汉阳兵工厂紧要机件及枪炮弹药搬运武昌，免资敌手。

11 月 26 日（十月初六日）

监国摄政王于是日上午恭诣太庙，宣誓宪法十九信条。

朱尔典会晤袁氏，提醒袁氏注意汉口英国侨民所遭受的危险，袁氏向朱尔典表示愿在双方都满意的条件下达成停战协定，并授权朱尔典通过英国驻汉口总领事葛福向黎元洪转达此意。

清军占领汉阳十里铺，鄂军副参谋长杨玺章战死，湘军第一协退至武昌，第二协向湖南退却，清军接着占领大黑山等处。

张锡銮于是日晚抵石家庄晤段祺瑞，段即于是夜专车南下。

奉天革命党人张榕、柳大年等起事，遥推蓝天蔚为关东大都督。

11 月 27 日（十月初七日）

清廷撤销第三军名目，各营概由袁氏调遣。

清廷以甘肃提督张怀芝充直隶帮办防务大臣，开复已革黑龙江民政使倪嗣冲原官，交袁氏差遣委任。

黎元洪派外交次长王正廷拜访美国驻汉口总领事斡旋停战三日，美总领事转告英总领事葛福。

葛福电告朱尔典，黎元洪准备接受立宪政府。

黎元洪通过葛福向冯国璋提出停战条件三款。

是日午清军攻占梅子山、龟山，将晚攻占汉阳，民军退回武昌，黄兴返回武昌都督府。

武昌军政府召集军事会议，黄兴报告汉阳战事经过状况，围绕是否放弃武昌意见分歧，黄兴辞卸战时总司令。

四川省成都府光复，公推前谘议局议长蒲殿俊为都督。

督办铁路大臣端方在四川资州被所带新军士兵杀死。

11 月 28 日（十月初八日）

清廷以攻克汉阳之功赏冯国璋二等男爵，又令王占元充第二镇统制官，赏加陆军副都统衔，原统制官马龙标解职。

袁氏因其子袁克定运动共和遭左右疑忌，派人将其送回彰德。

黄兴离武昌赴上海，蒋翊武代理战时总司令。

民军将清军驱入南京城内，占领外围所有炮台，向城内轰击。

11 月 29 日（十月初九日）

资政院讨论通过度支部与法国资本团借款合同。

朱芾煌携带汪兆铭亲笔函到武昌，与湖北军政府订立推袁密约。

黎元洪通过英国总领事葛福向清军提出先停战三日，因冯国璋所提条件过于苛刻，双方未能协商。

11 月 30 日（十月初十日）

黎元洪派李国镛、马伯援等偕朱芾煌赴汉口冯国璋处请停战，朱被冯扣押。

袁氏致电冯国璋提出停战条件五款，请与民军协商。

独立各省代表于汉口英租界顺昌洋行开第一次会议，公推谭人凤为临时议长，决定由谭电告各省都督，确认湖北军政府为中央军政府，黎元洪以大都督名义执行中央政务。

江西都督彭程万辞职，各界公举马毓宝为都督。

第三镇统制曹锟率部自奉天抵天津，陆军部命开赴石家庄待命。

蒙古活佛哲布尊丹巴宣布独立。

12 月 1 日（十月十一日）

清军自龟山炮轰武昌，军政府都督府中弹起火，黎元洪出奔王家店。

袁克定致电、函于冯国璋，解救朱芾煌，朱旋被押往彰德交与袁克定。

袁氏令冯国璋停止进攻武昌，冯通过葛福派万国商会会长盘恩至洪山总司令部与湖北军政府协商停战事宜。

各省留沪代表宋教仁等致电各省谘议局，以湖北军务紧急，请赴鄂代表返回上海开会，组织临时政府。

黄兴自武昌抵达上海。

陕西民军第二次东征河南。

京津同盟会成立，以汪兆铭、李石曾为正、副会长。

12 月 2 日（十月十二日）

载涛奏请添派徐世昌为专司训练禁卫军大臣。

御史欧家廉上奏反对国事共济会提出的召集国民会议公决君主、民主的主张。

清军与湖北军政府达成停战三日协议，自 12 月 3 日早 8 时起，至6日早8时止。

各省赴鄂代表举行第二次会议，议决先定临时政府组织大纲，推举雷奋、马君武、王正廷为起草员，又议决"如袁世凯反正，当公举为临时大总统"。

江浙沪联军占领南京，江宁将军铁良、两江总督张人骏匿日本军舰"秋津洲"号，张勋率残部退驻浦口。

由程德全、章太炎发起成立的中华民国联合会讨论临时政府地点，未能决定。

12月3日（十月十三日）

河南巡抚宝棻因病解职，清廷以布政使齐耀琳为河南巡抚，以开复前黑龙江民政使倪嗣冲为河南布政使，帮办河南军务。

英商李德立致电袁氏请派代表到上海议和，袁氏电复正派代表前往武汉。

各省代表在鄂议决《临时政府组织大纲》21条，即日宣布，规定施行总统制。

廖宇春与靳云鹏相遇于京汉铁路火车，决定分头运动南军赞成推袁、北军赞成共和。

南京临时政府任命蓝天蔚为关外大都督兼北伐第二军总司令。

12月4日（十月十四日）

各主要国家坚持"中立"态度，度支部向法国资本团借款失败。

是日《大公报》刊登《解散国事共济会宣言书》。

袁氏将进一步停战条件五项电达冯国璋，包括派唐绍仪与黎元洪代表讨论大局等。

朱尔典将袁氏停战条件电达葛福转黎元洪，请双方协商。

在鄂各省代表因武昌处于强敌威胁之下，不适合作为中央政府所在地，于是日议决临时政府设于南京。

留沪各省代表及江、浙、沪都督议定南京为临时政府所在地，举黄兴为暂定大元帅，黎元洪为暂定副元帅兼鄂军都督。

12月5日（十月十五日）

摄政王召见袁氏和奕劻，"妥商弭乱政策"。

袁氏奏请将湖北巡防军改为武卫右军，以拱卫京畿。

独立各省代表在汉口开会议决对北开议四条件，又议决电请伍廷芳到鄂议和，同时公举胡瑛、王正廷为副代表。

南北双方议定继续停战三日，自12月6日早8时起至9日早8时止。

库伦办事大事大臣三多等官员被外蒙古独立势力驱逐，由俄国领事署派兵护送，经恰克图取道西伯利亚铁道回京。

12月6日（十月十六日）

摄政王自请辞退，缴销摄政王图章，不再预政，仍就醇亲王藩邸，岁俸五万两，以世续、徐世昌为太保，护卫宣统皇帝。

独立各省代表会议议决答复袁氏停战条件，认可与袁氏代表唐绍仪讨论大局。

英国驻汉口总领事电请伍廷芳来鄂议和，伍廷芳复电表示无法赴鄂。

武昌军政府任命谭人凤为武昌防御使兼北伐招讨使，节制武昌各军，改蒋翊武为都督府高等顾问。

程德全至南京就任江苏都督。

署湖广总督段祺瑞致电内阁请辞未准。

12 月 7 日（十月十七日）

清廷准许臣民自由剪发，并筹备改用阳历。

袁氏入对，隆裕皇太后谕曰："余一切不能深知，以后专任于尔。"

清廷降旨授袁氏为全权大臣，由袁氏委托代表人赴南方切实讨论，以定大局。

袁氏遵旨委托唐绍仪为全权代表，请其克日前往南方协商，以杨士琦为副代表，又从各省京官中各指定一人为各省代表，随同前往。是日下午 5 时召集各代表谈话数十分钟，表示只有维持君宪到底，不知其他。

在鄂各省代表议决改正停战条件，仍认可与袁氏代表唐绍仪讨论大局。

在鄂各省代表获知在沪代表有推举大元帅、副元帅名目，议决由黎元洪致电沪军都督，请取消。

吉林巡抚陈昭常致电东三省总督赵尔巽等未独立省份都督，提议分别上奏，请朝廷收回摄政王退位成命。

河南谘议局致电内阁，请承认共和。

12 月 8 日（十月十八日）

清廷降旨补授第一军总统冯国璋察哈尔都统。

袁内阁以梁士诒署邮传大臣。

袁氏召集国务大臣研究议和办法，表示无论如何仍须保留君主名义。

唐绍仪电请赵凤昌邀请张謇、汤寿潜赴鄂会议。

黎元洪致电各省都督，请取消大元帅、副元帅名目。

各省赴鄂代表于是日起程赴南京开会。

第三镇统制曹锟、协统卢永祥率军由石家庄开往井陉，准备镇压山西民军。

赵尔巽致电袁世凯，请声明摄政王逊位并非恢复垂帘听政。

12月9日（十月十九日）

清廷降旨令湖广总督段祺瑞兼充第一军总统，冯国璋任禁卫军总统兼第二军总统。

清廷降旨补授禁卫军第一协统领良弼镶白旗汉军副都统、军谘府军谘使。

南北双方签订十五日停战协定，自12月9日早8时起，至24日早8时止。

袁氏全权代表唐绍仪与邮传部大臣杨士琦等率幕僚及各省代表中之一部分离京南下，赴湖北议和。

杨度、汪兆铭随唐绍仪南下。

袁氏致电北方各省将军督抚，令以剿办“土匪”名义，继续进攻民军。

黎元洪电请伍廷芳来鄂讨论大局，并托江苏代表雷奋迎接，伍廷芳复电表示无法离沪，请转致唐绍仪到沪谈判。

黄兴致电汪兆铭，表示如袁能赞同共和，就举其任“中华民国大统领"。

山西官军违约进攻革军，占领娘子关。

江西都督马毓宝任事，聘吴介璋、彭程万、庄守忠等为顾问官。

外蒙古活佛哲布尊丹巴行登极礼，设立政府。

12 月 10 日（十月二十日）

隆裕皇太后颁发懿旨斥责吉林巡抚陈昭常等不知大体，妄议摄政王退位。

黎元洪再次电请伍廷芳到鄂与唐绍仪谈判，伍廷芳仍复电称无法离沪，请唐绍仪到上海来，并称雷奋亦赞成。

赵凤昌复电唐绍仪，表示张謇、汤寿潜不能远行，请唐绍仪直接到上海开议。

12 月 11 日（十月二十一日）

唐绍仪等于是日正午抵达汉口，王正廷、胡瑛以私人资格与唐会谈，请唐至沪议和，唐表示同意。

陈善同、蔡金台、蹇念益等第二批各省议和代表离京南下。

在沪各省代表于是日起程赴南京开会。

陕西民军东征军退出潼关。

12 月 12 日（十月二十二日）

日本驻华公使伊集院拜访袁氏，袁氏表示其始终主张君宪，伊集院表示日本政府必尽量予以援助。

唐绍仪与严复等于是日下午过江到武昌与黎元洪会晤，黎转

达伍廷芳之意，唐同意赴沪。唐邀黎一同赴沪，黎表示无法脱
身，但同意派王正廷、胡瑛与唐同往，旋又增派孙发绪、谭人
凤、孙武、蓝天蔚、时功玖、郑江灏六人为代表。

第三镇统制曹锟、协统卢永祥占据娘子关、固关等处，山西
民军向西退往太原。

清廷命河南巡抚齐耀琳兼管皖北事务，河南布政使倪嗣冲兼
署安徽布政使。

东三省急进会副会长柳大年被总督赵尔巽下令捕获入狱。

12 月 13 日（十月二十三日）

袁氏接受资政院议员咨询，表示议和将以恪守十九信条为
宗旨。

清军第四镇统制吴凤岭因病解职，以第八协统领陈光远接
充，并赏陆军副都统衔。

袁氏复电唐绍仪，同意其偕同王正廷等赴沪议和。

英国《泰晤士报》驻北京通信员莫理循南下参加议和会议，
袁世凯特别准备专车，供其全程使用。

12 月 14 日（十月二十四日）

清廷降旨颁布资政院通过的募集爱国公债办法。

唐绍仪等乘"洞庭"轮自汉口起程赴上海议和。

冯国璋、段祺瑞交接，段祺瑞正式署理湖广总督兼充第一军
总统。

各省代表在南京江苏谘议局开会，议决 12 月 16 日开会选举
临时大总统。

12 月 15 日（十月二十五日）

日本政府令驻华公使伊集院向袁氏转达共和不适合中国，望袁断然实行君主立宪，日本政府将不吝给予相当援助。

黎元洪致电湖北驻宁代表，主张缓举临时大总统。

各省代表决定缓举临时大总统，承认留沪代表所举大元帅、副元帅，并议决在临时政府组织大纲中增加一条："临时大总统未举定以前，其职权由大元帅暂任之。"

汤寿潜、陈其美、程德全及各省代表议决致电黄兴，并派顾忠琛到上海迎接黄兴，请其到南京组织临时政府。

张勋在浦口被民军击败，乘津浦铁路火车一路向北逃窜，占据徐州。

清军攻占安徽颍州府，屠戮人民一千余人。

12 月 16 日（十月二十六日）

各省代表会议决定在临时政府组织大纲中增加一条："大元帅不能在临时政府所在地时，以副元帅代行其职权。"

12 月 17 日（十月二十七日）

是日午后唐绍仪到上海，寓戈登路英人李德立家，当晚拜访伍廷芳，约定次日开议。

杨度到上海，因担心革党惩罚，住进英商立德尔家。

英国《泰晤士报》记者莫理循与唐绍仪同船抵达上海。

各省代表会议改举黎元洪为大元帅、黄兴为副元帅，因黎不能到宁，由黄代行大元帅职权，到宁组织临时政府。

12 月 18 日（十月二十八日）

午后 2 时，唐绍仪、伍廷芳在上海租界市政厅举行南北议和第一次会议，首先讨论停战问题，决定待双方回电承诺后，方可开议。

12 月 19 日（十月二十九日）

内阁、军谘府、陆军部通电各处请饬所部恪守停战信约，违者严罚。

伍廷芳致电陕西、山西军政府，请电饬军队停止进攻清军，违者严罚。

唐绍仪与黄兴进行私人会谈，黄兴主张共和，态度坚决。

唐绍仪向袁氏报告第一次会谈情况，表示革命党坚决主张共和，请袁氏速筹方策。

黄兴致电各省代表会议主张请黎元洪到宁组织临时政府。

12 月 20 日（十一月初一日）

袁氏奏请降旨申明除业经规定奏事衙门外，以后一切封奏概行停止。

清廷准袁氏奏请设立京防营务处，派陆建章充京防营务处差。

度支部拟定爱国公债办法于是日开始施行。

英、法、德、俄、美、日六国领事于是日上午向唐绍仪、伍廷芳递交表示中立与劝和的同文照会。

是日下午 3 时，唐、伍举行第二次会谈，决定十五日停战期满后续停七日，自 12 月 24 日早 8 时起至 31 日早 8 时止，双方就以国民会议方式决定国体基本达成一致。

黎元洪致电南京各省代表，表示决不敢受大元帅之任。

各省代表会议议决各省代表签名公请黄兴急速来宁组织临时政府。

廖宇春与黄兴代表顾忠琛在上海订立"确定共和政体""优待清皇室""先推覆清政府者为大总统"等五条密约。

清军攻陷太原，阎锡山率北路军入绥远，温寿泉率余部赴晋南。

12 月 21 日（十一月初二日）

袁氏致电唐绍仪，以各国皆不赞成共和、十九信条已具共和性质等为由，表示仍要保留君主。

唐绍仪三电袁氏，极力劝其赞同民主共和并接受国民会议公决国体。

唐绍仪连电梁士诒、阮忠枢，劝说袁氏接受国民会议。

朱尔典向伊集院表示英国政府不能无视南方人的思想情感，强行贯彻君主立宪。

唐绍仪接见日本驻上海总领事有吉明，表示其原系共和论者。

孙中山由欧返国到港，与胡汉民、廖仲恺探讨革命策略，主张利用袁氏推翻清朝统治。

陕西民军东征军再次克复潼关。

12 月 22 日（十一月初三日）

袁氏询问朱尔典能否指望外国对他的支持，朱尔典未予肯定答复，并表示尚未接到英国政府的训令援助君主立宪。

朱尔典建议袁氏将计就计，以召集国会决定国体为基础，考虑解决方案，先定选举法。

袁氏询问伊集院日本政府能否始终支持君主立宪，伊集院给予肯定答复。

冯国璋与载涛完成交接，正式接统禁卫军，禁卫军训练处改为司令处。

苏浙联军代表赴沪欢迎黄兴到宁组织临时政府，黄兴表示三五日可赴宁。

党人凌钺、王法勤率敢死队入滦州，与新军第七十九标管带施从云、王金铭等谋举义。

革命党人张锺瑞、王天杰等谋划开封民军起事失败，巡抚齐耀琳逮捕数百人。

成都军政府都督尹昌衡杀署四川总督赵尔丰。

12月23日（十一月初四日）

外交团在清外部称中国立宪为地球所盼，亟欲成立共和国恐非时势所能。

袁氏派蔡廷幹通知英、日公使于明日在袁邸与庆王奕劻会谈。

唐绍仪致电梁士诒、阮忠枢，表示自己本来不曾赞同共和，但南下后目睹南方实情，不得不急为变计。

唐绍仪电催袁氏尽快接受国民会议。

黎元洪电告各省代表会议，承受大元帅名义，并委任副元帅代行其职务。

廖宇春到汉口与靳云鹏配合游说段祺瑞，段对廖与民军所定五条极满意。

12月24日（十一月初五日）

在京蒙古王公组织蒙古王公联合会，主张君宪，举亲王那彦图为会长。

袁氏与奕劻会见英、日两国公使，提出回复唐绍仪的电报草稿，同意召集国民会议，但首先要制定选举法。

袁氏致电赵凤昌，表示国会必须上下承认，现正与皇族商办。

许鼎霖、严复、蔡金台等因不满唐绍仪议和表现，离开上海，乘轮北返。

张锺瑞等七人被杀。

12月25日（十一月初六日）

唐绍仪弋拟朝廷同意召集国民会议上谕一道，发给袁氏以为参考。

出使俄国大臣陆徵祥及出使荷兰大臣刘镜人电奏，主张民主，请速定大计。

孙中山自海外回国，在胡汉民等陪同下到达上海。

张謇由南京到上海。

12月26日（十一月初七日）

日本政府答复其驻华公使伊集院，对袁内阁赞成召集国民会议决定国体，只能暂时听任事态发展，伊集院向袁氏转达了日本政府的答复。

袁氏上奏，对陆徵祥和刘镜人电奏"语意趋重共和"表示痛惜，请留中。

黄兴、陈其美、宋教仁等在哈同花园公宴孙中山，密商举孙中山为大总统。

南京各省代表会议议决 12 月 29 日开会选举临时大总统，再由被选者电告袁世凯，如和议成立，即当避席。

同盟会高级干部在孙中山寓所开会，商讨政府组织方案，宋教仁主张内阁制，孙中山坚持不可。

蒙古王公联合会致函袁世凯，表示"倘从共和之请，代表等恐蹈库伦之续"，同时要求朝廷改革苛待蒙古各盟旗的弊政。

是日晚，袁氏正式致电唐绍仪，授权其向伍廷芳提议召集国民会议，但应先定选举法。

12 月 27 日（十一月初八日）

袁内阁致电唐绍仪，强调立刻召集国民会议尚有诸多困难，请先与伍廷芳协商选举法。

袁内阁于是日上午秘密开会，议拟"请速定大计折"，又拟"致八旗都统衙门函"。

唐绍仪请袁内阁代奏迅速召集国民会议，决定国体，袁内阁决定按唐绍仪来电，于明日奏请召集王公会议可否开临时国会公决国体。

载沣召集皇族在府邸大开秘密会议，商讨应对时局办法，意见纷歧。

莫理循自上海回到北京。

马君武、景耀月、王有兰等作为各省代表到上海欢迎孙中山，孙中山表示只要袁真能拥护共和，愿将大总统让给他。

南京各省代表会议议决改用阳历，使用中华民国纪元，又议决实行总统制。

12月28日（十一月初九日）

是日上午，清廷召集御前会议，袁内阁奏请朝廷决定是否如唐绍仪所请召集国民会议。

是日晚，清廷降旨令袁内阁电令唐绍仪转告民军代表，同意召集国民会议，以君主立宪、共和立宪付诸公决。

袁氏奏请辞去内阁总理职务，隆裕皇太后坚不允许。

南京各省代表会议议决选举临时大总统用无记名投票法。

直隶帮办防务张怀芝致电各将领，请共同赞成君主立宪，以为最后之准备。

廖宇春自汉口回京运动枢要支持共和。

12月29日（十一月初十日）

是日上午，十七省代表开会于南京，选举临时大总统，孙中山以十六票当选。

是日下午，唐、伍举行第三次会谈，决定召开国民会议解决国体问题，从多数取决，决定之后，两方均须依从；国体决定前，清政府不得提取已借洋款，亦不得新借洋款；又议决山西、陕西、湖北、安徽、江苏等处清军自12月31日起五日内一律退出原驻地方百里以外。伍廷芳又提议讨论优待皇室条件。

南京各省代表会议议决通电各省都督，请每省选派三人到南京组织参议院，参议员到任前，由本省代表暂留一至三人，代行参议员职务。

孙中山致电袁氏，说明自己因东南诸省组织临时政府之迫切需要暂时承乏，"而虚位以待之心，终可大白于将来"。

袁氏接受《大陆报》采访，表示自己决计反对民军所定召集国民会议办法。

许鼎霖致函赵尔巽，批评唐绍仪在议和中对革命党逆来顺受。

12月30日（十一月十一日）

袁氏致电提醒唐绍仪，"此后各条关系尤重，务请先电商妥协，再予签订"。

是日下午，唐、伍举行第四次会谈，签订国民会议办法四条，决定国民会议由各处代表组织，每省为一处，内外蒙合为一处，前后藏合为一处，每处各派代表三人，每人一票，不及三人者仍有投三票之权，各处到会达四分之三即可开议。

第三次会谈后约至是日会谈结束前，南方请张謇代拟清帝逊位诏书，由唐绍仪发给袁内阁。

袁氏致电唐绍仪，要求取消与伍所定国民会议办法四条，坚持先定选举法，并在北京召集国民会议。

各省代表会议议决"选举临时大总统已足见国民多数赞成共和，毋庸再开国民会议"，并电告伍廷芳以此答复唐绍仪。

姜桂题、冯国璋等十五将领分电各亲贵，请捐资助饷，与民军决战，否则军士将暴动。

清廷以军饷无着，命将盛京大内、热河行宫旧存瓷器发出变卖，以救急需。

12月31日（十一月十二日）

资政院议员致函袁世凯批评唐绍仪不胜议和之任，请迅速调回。

袁氏将内阁拟定选举法摘要电告唐绍仪，主张在北京召集国民会议，各厅州县及府之有直辖地方者各选议员一人，各藩属每旗各选议员一人，无旗之部落每部及西藏每城各选议员一人。

是日下午，唐、伍举行第五次会谈，伍廷芳提议国民会议于1912年1月8日在上海开会，唐允电达袁内阁，请其从速答复。

唐绍仪将南方提出优待皇室条件及优待满蒙回藏条件电达袁内阁。

唐绍仪、杨士琦等致电袁内阁辞职，请另派代表到沪。

驻滦州第二十镇第四十混成协军官施从云、王金铭等通电袁世凯、上海议和代表及顺直谘议局，主张共和。

河南巡抚齐耀琳通电各督抚，主张各亲贵大臣捐资助饷。

帮办直隶防务张怀芝通电提议赞成君宪各军队，设一彼此协商之总机关。

奉天第二十镇统制潘矩楹致电东三省督抚、军队将领声称要组织勤王军，以铁血解决政体，非达君宪目的不止。

孔庆塘携袁克定自彰德到京，准备运动袁氏，支持共和。

莫理循建议由清廷支持袁世凯当总统，袁氏幕僚蔡廷幹将此意见转告袁氏。

1912 年 1 月 1 日（十一月十三日）

孙中山在南京就任临时大总统，宣誓"驱逐满清"，中华民国正式诞生，改用阳历，以是日为中华民国元年正月一日。

袁氏复电孙中山，称君主、共和问题正付之国民公决，临时政府之说，未敢与闻。

唐绍仪、杨士琦等电请内阁给予处分，即日销差，并将辞职一事面告伍廷芳，双方停止开议。

唐绍仪致电袁氏解释其赞同在上海召开国民会议及不赞同按普通选举法在北京召集国民会议的原因，请代奏。

张勋致电各军队，不承认民军所欲召集的国民会议，请王公大臣速凑白银数十万两，以便军人效命疆场。

热河都统锡良致电各督抚呼应齐耀琳的建议，表示愿意毁家纾难，请赵尔巽主稿，联名附奏。

廖宇春、孔庆塘等自是日起连日游说冯国璋、王士珍、段芝贵，冯拒不接受共和，王、段则绝口不言国事。

朱尔典拜访袁氏，袁氏坦言已对局势失去控制，准备辞职。

1 月 2 日（十一月十四日）

袁氏以不能坚守信条，恳予罢斥，隆裕皇太后极力挽留，出内帑黄金八万两交袁内阁，以助军需。

廖宇春谒见民政大臣赵秉钧，赵大有倾向共和之意。

袁氏电告唐绍仪，准其辞职。自是日起，南北议和由袁、伍直接电商。

袁氏致电伍廷芳，否认唐绍仪具有签约权，又提议将停战期限再展十五日。

孙中山致电伍廷芳，嘱将以后议和情形逐日电告。

张勋致电资政院，称勋军与北方各省军队数十万人均主君主立宪，决不承认民主，誓灭寇雠。

姜桂题等十五将领电请内阁饬下各亲贵大臣将在外国银行所存现银提回，作为国债，接济军用。

姜桂题等二十一将领合电唐绍仪、伍廷芳，不承认唐、伍会谈结果，坚持各省代表由正式选举产生，国民会议应在北京召开。

东三省君宪党人代表致函袁氏，请将唐绍仪撤回，从严治罪，革军如欲议和，请派代表到京，并请先承认君宪，否则开战。

河南谘议局致电袁世凯，谓人民希冀共和，倘和议更动，河南人民誓与朝廷断绝关系，宁死不纳租税。

1月3日（十一月十五日）

清廷颁诏令王公懿亲输饷救亡。

许鼎霖在资政院发言，大肆批评南北议和。

廖宇春访袁氏卫队统带唐天喜，请拥护袁氏宣布共和，唐受命。

南京临时参议院于是日上午选举黎元洪为副总统。

南京临时政府确定各部人选。

孙中山通电请各省派参议员三人组织参议院，参议院成立前，暂由各省都督代表会代行其职权。

伍廷芳致电袁氏，声明唐绍仪虽然辞职，其所签字之约不因此失效。

滦州起义，宣布建立北方革命军政府，举王金铭为都督，施从云为总司令，冯玉祥为总参谋长，白毓昆为参谋长。

章炳麟等发起成组织"中华民国联合会"，以联合全国扶助完全共和政府之成立为宗旨。

是日，《正宗爱国报》刊登《致八旗都统衙门函》，劝导旗人接受清帝禅让。

1月4日（十一月十六日）

袁氏致电伍廷芳反对唐、伍所定国民会议办法，认为"代表人数太少，即系少数专制"，提出选举办法十七条，主张各厅州县、各府直辖地及各旗、各部、各城各选议员一人，又坚持在北京召开国民会议。

袁氏致电伍廷芳质问南京组织政府、选举总统是何用意，若国会议决君主立宪，南京临时政府及总统是否立即取消。

伍廷芳致电袁氏，声明唐绍仪所签之约不能更动。

袁内阁致电北方各主战将领及督抚，请严备战事，如革军前进，即行痛剿。

由赵尔巽领衔，未独立各省督抚联名电请内阁代奏，令亲贵大臣将外国银行存款提出助饷，作为公债，分年付还。

在京各省主张保存皇室者组织同志联合会，举冯国璋为会长，许鼎霖在成立大会上骂唐绍仪通匪卖国。

陕甘总督长庚、新疆巡抚袁大化密电内阁，表示只认君主不认共和，反对召集国会。

孙中山致电广东代都督陈炯明，"议和无论如何，北伐断不可懈"。

第三镇统制曹锟奉袁氏之命派陈文运率第六协一标赶至滦

州，镇压起义。

1月5日（十一月十七日）

袁克定请廖宇春、刘恩源劝说冯国璋、王士珍支持共和，冯仍不愿，廖致函第一军靳云鹏，请督促段祺瑞尽早行动，以为号召。

上海《民立报》刊登来自北京的电报消息，称载洵、良弼等组织宗社党后，"屡次密议"。

直隶总督陈夔龙致电内阁，称各处"土匪"绝不能认为革军，应一律痛剿。

清军向滦军发起进攻，滦军战败，施从云、王金铭被杀害。

段祺瑞第一军自是日起退出汉阳，逐渐向北退至孝感等处，段祺瑞行辕亦迁至孝感。

孙中山发布告北军将士宣言书，勉以国族大义，促其同举义旗，扫除专制余威。

1月6日（十一月十八日）

上海《时报》刊文详细记述良弼等组织宗社党情况。

廖宇春、孔庆塘通过袁克定致函袁氏，劝其顺应民心，勿为左右所惑。

孔庆塘奉袁氏之命前往山东调停官绅军队意见。

伍廷芳复电袁氏，声明国民会议办法已经签字，不应再滋异议，并坚持在上海召集国民会议。

伍廷芳复电袁氏，表示组织南京临时政府与国民会议解决国体绝不相妨。

东三省总督赵尔巽请内阁代奏将关外王公本年应征地租留充

军饷。

甘肃谘议局议长代表陕、甘、新三省绅民发表通电，表示万不敢附和共和主义。

孙中山向《大陆报》表示"民军如不得已，仍将继续开战"。

1月7日（十一月十九日）

袁氏指责伍廷芳"武断国体""蔑视国会"，称伍来电对南京政府和大总统既以"临时"为名，等于承认将来可以取消。

靳云鹏代表第一军自孝感到京联络北方其他各军要求共和，拟定三种办法：一、运动亲贵，由内廷降旨，自行宣布共和；二、由各军队联名要求宣布共和；三、用武力胁迫，要求宣布共和。

君主立宪维持会正式成立，举文耀为会长。

黎元洪将鄂军整编为北伐三大军，分别以吴兆麟、李烈钧、赵恒惕任第一、二、三军总司令官。

甘肃同乡京官致函袁世凯表示甘肃惟知忠孝，不承认上海少数人擅定国是。

伊犁新军独立，杀将军志锐，推前将军广福为都督。

1月8日（十一月二十日）

资政院开会通过向亲贵大臣募集短期公债案。

靳云鹏谒见袁氏，力陈大局利害，希望袁氏赞同共和，袁氏意有所动。

伍廷芳致电袁氏，同意将停战期限延至1月15日上午8时。

唐绍仪电请袁内阁速决议和，并透露东南各商埠洋商团体正拟联电本国政府，转劝皇上逊位，以期解决而保商务。

同志联合会委托恽毓鼎草拟致内阁电，要求严禁京师各报鼓吹共和。

赵尔巽等未独立省份督抚致电袁氏，称革党为"土匪"，声言"除暴安良，责无旁贷"。

岑春煊致电袁氏，批评其撤回和使的行为，要求恪守唐使所定条款，速开国会，决定政体。

1月9日（十一月二十一日）

蔡廷幹与莫理循密谈，欲利用上海洋商团有所图谋。

靳云鹏等游说王士珍支持共和，王仍唯唯否否。

据《内阁官报》公布数据，截至是日，北京亲贵及大小官员报效军饷及购买短期公债、爱国公债，总数不满百万。

袁氏致电伍廷芳，劝勿再坚执唐绍仪所签条款，不允另派代表，并坚持以北京为国会开会地点。

因和局将破，南京临时参议院公推马君武、陶凤集质问陆军部作战计划如何。

临时政府决定以黄兴为陆军参谋总长，钮永建为参谋副长。

1月10日（十一月二十二日）

莫理循致函上海公共租界英国工部局警务处处长克·达·卜鲁斯，透露有人提议请上海洋商团通过朱尔典向庆亲王和醇亲王提出请愿书，敦促皇帝立即退位。

靳云鹏等游说冯国璋支持共和，辩论三时之久，冯仍不表态支持。

张謇致电袁氏，表示愿至湖北与段祺瑞协商，请段、黎结约，由南北军队促成国民会议，然后举袁为总统。

伍廷芳向六国领事发出公文，将议和停滞归咎于袁氏之破坏。

伍廷芳致电袁氏，责询河南巡抚齐耀琳虐杀民党张锺瑞等人事件。

蒙古王公联合会致电伍廷芳反对民主，称"必有最后之办法以将待之"。

马君武向参议院报告南京临时政府陆军部已制定五路进兵作战计划，如和局破裂，即行宣战。

1月11日（十一月二十三日）

万国禁烟会会长丁义华致电隆裕皇太后、袁氏及各王公，请早定共和政体。

唐绍仪请袁内阁代奏，请清帝迅速退位，并呈上清帝退位优待条件，袁氏以其已经辞职为由表示不便代奏。

孙中山任命徐绍桢为南京卫戍总督，汤芗铭为北伐海军司令，徐通电辞卸联军总司令。

1月12日（十一月二十四日）

清廷王公亲贵举行秘密会议，庆亲王奕劻以民国坚持清帝退位，和战两难，提出清帝自动退位，接受优待清室条件，因部分亲贵反对，议无结果。

上海洋商团致电奕劻、载沣并转袁氏，提出七款内容，建议暂设一"以共和为目的的临时政府"，然后再通过召集国会决定政体。

署理外交大臣胡惟德请朱尔典向英国驻上海总领事查明上海洋商团通电是否属实。

袁氏致电伍廷芳,希望延展停战日期,请速答复。

同志联合会冯国璋、恽毓鼎等向袁氏面交陈请书,反对议和,请急筹战备。

南京临时政府陆军部令关外都督蓝天蔚节制北伐之沪军及"海容""海琛""南琛"三舰。

1月13日(十一月二十五日)

伍廷芳接获洋商团通电,建议孙中山接受袁氏继续停战提议。

袁氏觐见隆裕皇太后,当晚内阁密议四小时之久,商定奏折一件。

第二镇第四协统领鲍贵卿受靳云鹏、袁克定之嘱发出"授意各方面军队赞成共和之函"。

夏清贻会见靳云鹏,得知劝说北军支持共和计划"十已通过八九"。

美国教士李佳白致电清廷请求逊位。

天津《大公报》发表评论,批评召集国民会议为多此一举、画蛇添足。

光复会会长陶成章被刺身亡。

1月14日(十一月二十六日)

是日御前会议奕劻等仍主张召集国民会议公决国体。

奕劻收到英商李德立来电,称"革命军极思续战",劝说皇室将政权交与袁氏及革军，由渠等组织临时政府，然后由国会取决君主、民主。

孙、黄电复伍廷芳，同意继续停战十四日，自1月15日上午8时起，至1月29日上午8时止。

袁氏密电唐绍仪称"清廷正商筹退处之方"，请探问此后南方"如何推举"，"前云孙君肯让袁君，有何把握"。唐将上电转伍廷芳，伍表示"孙君肯让，已屡经宣布，决不食言"，如清帝退位，南京政府即可发表举袁正式公文，两方政府如何合并，可由两方协商决定。

袁树勋、唐文治、丁宝铨、杨文鼎、施肇基致电诸亲贵，请早定共和政体。

张一麐与江苏都督庄蕴宽致电袁氏，劝其展现大智大仁，促成清帝"禅让"。

美人李佳白致电肃亲王并转庆、醇各王公，请速联合王公，泣奏宫廷退位。

蓝天蔚率军舰三艘并带步兵三营，自吴淞口出发，向烟台进军。

1月15日（十一月二十七日）

孙中山致电伍廷芳，确认"如清帝实行退位，宣布共和，则临时政府决不食言，文即可正式宣布解职，以功以能，首推袁氏"。

伍廷芳复电袁氏，"现已决定，在退位诏书公布之日，孙文当即辞去大总统职位，并推举袁世凯为大总统，孙文并将立即前往北京，亲自与袁商讨关于成立临时政府事宜"。

廖宇春与靳云鹏谒见赵秉钧、杨度，请二人运动诸亲贵，支持内廷降旨宣布共和, 并授权袁氏组织临时政府, 二人慨允。

廖宇春致电上海文明书局经理俞复, 请其提醒民军高层务必履行 12 月 20 日所达成的密约。

张謇约在此时电袁, 称"甲日满退, 乙日拥公, 东南诸方, 一切通过", 请袁氏早定大局。

岑春煊电请诸王公速定大计, 组织共和政治。

民军光复登州。

1 月 16 日 (十一月二十八日)

是日上午御前会议, 袁氏奏请速定大计, 宣布共和, 授权其组织临时政府。

是日近午袁氏于东华门外丁字街遭遇炸弹袭击, 卫队死伤数人, 革命党人张先培、黄之萌、杨禹昌被捕。

1 月 17 日 (十一月二十九日)

清廷召集御前会议, 奕劻、溥伦主张共和, 蒙古王公那彦图等极力反对。

隆裕皇太后特派奕劻等恭赉懿旨到袁氏住所代为慰问。

驻京各国公使到内阁公署慰问袁氏。

袁氏下令将张先培、黄之萌、杨禹昌三人处斩。

梁士诒致电唐绍仪, 就南方提议优待条件措辞提出意见。

伍廷芳致电湖南都督谭延闿, 解释此次停战展期是"因清帝退位已将成议, 日来正切实磋商"。

1 月 18 日（十一月三十日）

袁氏请病假三日。

袁氏接见朱尔典，告诉他已建议朝廷发布谕旨授权他组织临时共和政府，并透露他打算把政府地址迁往天津几个月。

蒙古王公联合会召开非正式会议，筹议反对共和，并通函痛骂支持共和政体的亲贵。

君主立宪维持会发表布告，请各界抱定君主立宪主义，会长文耀带一百余人赴庆王府质问其为何支持共和。

同志联合会派阿勒精阿谒见奕劻，奕劻派人接见，阿勒精阿以"最后手段"警告。

禁卫军代表对奕劻进行了"恫吓性访问"。

恭亲王溥伟书面答复君主立宪维持会，表示将于 1 月 19 日会上力主君宪政体。

陆徵祥电请明降谕旨，慨认共和。

伍廷芳向袁内阁开交优待条件，根据孙中山意见称大清皇帝为"让皇帝"。

伍廷芳致电黎元洪及各省都督，解释此次停战展期"实因清帝有退位之议"，"今已议有头绪，大约再过数日，即可决定"。

袁氏约于本日致电孙中山，提出南京临时政府应于清帝退位后二日内即行取消。

孙中山向袁氏提出清帝退位后举袁五条件，包括清帝不得将其政权私授于其臣、北京不得设临时政府等。

1 月 19 日（十二月初一日）

清廷内阁会议，梁士诒、赵秉钧等代表袁氏提出到天津组织临时政府，遭到恭亲王溥伟等反对。

廖宇春请夏清贻南旋与黄兴方面接洽，以保证民军能够履行原定密约。

孙中山致电伍廷芳，将举袁五条件合并为三条件，强调清帝退位同时帝制消灭，袁须受民国推举，不得由清授权。

袁内阁复电伍廷芳，就优待条件中"让皇帝"措辞提出反对意见。

孙中山致电伍廷芳，主张把优待条件中"相传不废"改为"终身不废"。

黄兴致电伍廷芳，对梁士诒所提优待条件修改意见中"大清皇帝""世世相承""仍居宫禁"等措辞表示强烈反对。

伍廷芳依据唐绍仪建议复电孙、黄，主张孙辞职、袁被举后，南北直接筹商组织统一政府。

贡桑诺尔布向资政院议员刘道仁解释那彦图反对共和主要是因为对奕劻不满，并非针对共和。

1月20日（十二月初二日）

袁氏将京奉及津浦线列车悉数调京，以备赴津之用。

日本驻华公使伊集院谒见袁氏，威胁皇帝退位时，如果北京没有临时政府，日本不得不调兵入京自卫，如果俄国有行动自由，日本同样有行动自由。

伍廷芳以全权代表名义致电袁氏，正式提出清室退位民国政府优待条件。

孙中山再电伍廷芳，重申五条件。

清军第三次占领潼关，民军退华州。

蓝天蔚率北伐民军抵达烟台，受到热烈欢迎。

1月21日（十二月初三日）

袁氏奏请续假三日；奕劻因为君主党人恫吓，不敢再言共和，递牌请假五日；溥伦也请假十日。

南京临时政府内阁会议议决清帝退位后请袁到南京临时政府来就任。

伍廷芳再次致电孙中山，主张清帝退位后由袁氏与南京临时政府协商组织统一全国之政府，并说陈其美、温宗尧、汪兆铭意见相同。

伍廷芳致电袁氏，就其在双方正在协商的宣布共和诏书中写入"由袁氏全权组织临时政府"一层意思提出警告。

南北双方原定清廷于是日颁发宣布共和诏旨，因在如何组织临时政府等问题上分歧严重未果。

袁氏致电伍廷芳将清廷未能宣布改建共和归咎于孙中山提出一系列条件，措辞激烈。

阿穆尔灵圭致电蒙古王公联合会，要求不要反对政体改革，应注意蒙古权利。

1月22日（十二月初四日）

清廷御前会议，王公亲贵主张君主立宪者十居其九，溥伟、铁良等激烈反袁，欲以赵尔巽代袁为总理，与民军决战。隆裕皇太后懿旨，解决国体问题"现在仍以速召国民会议为正当办法"。

孙中山致电伍廷芳及各报馆，抨击袁欲同时取消清政府和民国政府，在北京另组临时政府。

孙中山向南京临时参议院提出五条解决办法，包括清帝退位，袁须宣布绝对赞成共和主义，孙中山接到外交团或领事团通知清帝退位布告后即行辞职，参议院举袁为临时总统，袁须誓守参议院所定宪法，乃能接受事权。

伍廷芳致电孙中山，责怪其提出五条件，致使其失信于袁方，主张两方协商组织临时政府，否则另外请人接议和全权代表之责。

袁氏两电伍廷芳，重提召集国民会议之协商问题，否认双方曾就优待条件直接协商。

出使日本大臣汪大燮请内阁代奏，如不能以国会取决共和，应请驾幸热河，以全皇裔而保国境。

东三省陆防全体军人致电袁氏，反对共和，表示已组织勤王军，预备开拔，赴汤蹈火。

民军在烟台组织都督府，公举胡瑛为山东全省大都督。

1月23日（十二月初五日）

善耆、载泽、冯国璋到醇亲王载沣处密议要事。

袁内阁邀请亲贵王公、统军大员会议，冯国璋、姜桂题、王士珍均主张停战期满，宣告开战。

陆军部、军谘府致电北方军队，请就现有兵力，激励将士，妥为布置，竭力抵御，获胜之后，议和方易结束。

唐绍仪致电梁士诒，对孙中山所提五条逐一回应，除举袁一条外，其余均不认可。

伍廷芳复电袁氏拒绝协商国民会议，指出优待条件已电告袁方，国会应俟清帝退位后由统一全国之共和政府议定选举法，然后召集。

伍廷芳致电孙中山，继续主张南北协商组织全国统一政府，要求孙中山筹一定办法，不可随时变更。

孙中山致电伍廷芳，表示所开五条只是"手续稍异"，并没有改变初衷，拒绝另派全权。

奉天八旗蒙汉宗室觉罗内务府总代表德裕电奏，反对皇帝逊位，表示将组织决死队，附入北军，定期南征。

东三省急进会长张榕被枪杀。

1月24日（十二月初六日）

隆裕皇太后召见载沣、善耆和载泽。

袁氏回电伍廷芳，谓优待条件未经清廷认可，国体由国会公决，公决以前不能设共和政府，请继续就选举法及开会地点进行协商。

冯国璋忠告袁氏不要承认共和。

袁氏致电各路统将，否认曾与伍廷芳有秘密协商之事。

袁氏电复东三省防军，称逊位及赞成共和之说概系谣传，又致电赵尔巽，询问东省八旗子弟决死队能编练若干，何时可以成军开拔。

廖宇春电告段祺瑞第一军，内廷降旨宣布共和为亲贵所阻，请速联合各军，上奏要求共和。

唐绍仪致电段祺瑞，劝其赞成共和，讽令清帝退位。

清廷以会办江防事宜江南提督张勋护理两江总督，由内阁电寄谕旨。

是日天津《大公报》刊登《袁内阁请速定大计折》。

1月25日（十二月初七日）

袁内阁以奉旨名义通电辟谣，强调仍要以国民会议解决国体问题，告诫军民勿得听信谣言。

伍廷芳急电质问袁氏为何重提过去之事，要求迅速解决清帝退位问题。

袁氏致电伍廷芳，否认曾与后者筹商清帝退位办法，继续请就国民会议选举法及地点、日期协商妥善办法，并主动提出经过修改后的国会选举及开会地点"妥善办法"。

段祺瑞复电廖宇春、靳云鹏，又电唐绍仪，告知即日将发起各军联名电奏。

段祺瑞致电内阁，称各路统将不满载泽、溥伟阻挠共和，要求联衔电奏共和，不敢再为迟延，拟即联衔陈请代奏。

夏清贻自上海致电廖宇春，报告"推袁一节，南中确已承认"。

伍廷芳致电黎元洪，称赞段祺瑞"洵明大义"，请其与段祺瑞接洽，劝段早日促使清帝退位。

是日下午，醇亲王与徐世昌、世续亲自赴内阁宣布隆裕皇太后懿旨，封袁世凯一等候，袁氏坚辞。

1月26日（十二月初八日）

是日晨，段祺瑞等四十七将领通电"恳请立定共和政体，以巩皇位而定大局"。

袁氏与徐世昌、冯国璋、王士珍联名致电段祺瑞，强调忠君爱国、服从用命，忠告其切勿轻举妄动。

奕劻续假十日，向探望他的溥伟、溥伦表示不愿预闻政事。

清廷正式降旨，以功封袁世凯一等侯爵，"毋许固辞"。

伍廷芳复电袁氏，批评其不守信用，要求在三日内速令清帝逊位，否则再起兵端，由袁氏负责。

段祺瑞致电唐绍仪，请"切告各路民军，万勿稍微冲突，以免贻误大局"。

袁氏令驻守滦州的第三镇统制曹锟率所部一标进京，驻扎天坛附近，以资震慑。

袁氏致电唐绍仪转伍廷芳，告知除冯国璋、张怀芝外，军队将领均电请共和，望勿以1月29日停战截止相逼，并要求来电不可言"退位"，只言"决定宣布共和"。

杨度、籍忠寅、薛大可等在京发起共和促进会。

宗社党领袖良弼于是日晚在其住宅前被京津同盟会革命党人彭家珍炸成重伤。

1月27日（十二月初九日）

袁氏上奏历数自己就任以来在政治、军事、外交方面"奉职无状"，恳恩收回封侯成命。

清廷再次降旨，称赐以袁氏侯爵"洵非过奖"，请其"毋再固辞"。

帮办直东防务大臣张怀芝于天津新车站遭革命党人薛成华炸弹袭击，险被炸中，薛成华被捕，被凌迟处死。

孙中山致电伍廷芳，批评袁氏不守信用，表示停战届满，民国万不允再行展期。

伍廷芳向袁氏发出最后通牒电文，如在1月29日上午8时前仍未得清廷宣布共和确报，则前交优待条件全行作废。

袁氏复电伍廷芳，表示清廷先行逊位一节，万难遵办，仍请先开国会，再议逊位。又电伍廷芳否认曾协商退位，请就变通选举条件及开会地点讨论速复。

伍廷芳致电黎元洪强调与段祺瑞接洽的重要性，并提醒后者对段军"不可视为降附"。

黎元洪派代表到孝感与段祺瑞代表接洽，段代表表示北军将退却，请民军不必进军，致生误会。

段祺瑞通过唐绍仪致电伍廷芳，向孙、黄表达希望双方和好的决心，并表示清军将主动后退。

段祺瑞由孝感向北移驻广水，同时派混成一标又步兵五营赴京。

廖宇春等将段祺瑞等联衔电奏稿刷印万张，派人散布京师全境，《国风报》也印号外，随报附送。

1月28日（十二月初十日）

袁氏再次上奏，历引前代典章事例，以证受封之不当，仍请收回成命。

清廷第三次降旨，称"此次变出非常，为从前所未有"，仍请袁氏"毋再固辞"封赏。

资政院议员喻长霖、劳乃宣等十五人致函内阁，坚持君主立宪，取消国民会议，如未便取消，每县必有议员一人，会议地点必须在北京。

段祺瑞联衔电奏稿上之隆裕皇太后，隆裕皇太后令各亲贵设法和平解决，各亲贵唯唯而已。

阮忠枢奉袁氏之命致电段祺瑞、张勋，请就近分别与黎元洪、柏文蔚协商，免开战端。

黎元洪派代表与段军联络，提出段军退至孝感以北，民军驻扎祁家湾一带，相距五十里。

伍廷芳电请孙中山、黄兴致电段祺瑞，联络一致进行。

山西巡抚张锡銮等致电内阁，请代奏清廷，早日宣布共和，并提出解决时局意见十条。

蒙古王阿穆尔灵圭致电在京各蒙王，谓共和为大势所趋，请争蒙古权利，勿争政体。

孙中山致电蒙古王公，表示"政体虽更，国犹是国"，请各王公遍告蒙古同胞，勠力一心，共图大计。

奉天急进会会长张榕遇害。

军谘使良弼被炸后，因伤重不治，于是日死亡。

南京临时参议院开成立大会。

1 月 29 日（十二月十一日）

袁氏第三次上奏清廷，仍以无功为辞，恳恩"准予暂行收回封爵成命"。

清廷第四次降旨，称"朝廷实权衡至当"，请袁氏遵旨"毋再恳辞"。

袁氏奏请赏假二三日，并请国体问题由王公讨论，请旨定夺，总理大臣职司行政，惟遵朝旨。

御前会议，袁氏未与，赵秉钧、梁士诒、胡惟德就改建共和进行解释，皇族均不反对，但也"不便遽言共和"。

孙中山致电王占元、张怀芝、姜桂题、倪嗣冲等北军将领，请效仿段祺瑞，支持共和，转敌为友。

1月30日（十二月十二日）

袁氏第四次上奏，请"将封爵谕旨敬谨封存，俟时局稍定，再行受封"。

御前会议，亲贵不再强硬，奕劻、载沣请隆裕皇太后责成袁内阁议定战和办法。

隆裕皇太后传谕内阁，段祺瑞电奏已悉，朝廷深愿和平解决，请袁氏从速布置。

伍廷芳致电袁内阁，驳诘清军在陕西、皖北、徐州等处违约，袁氏允饬张勋、倪嗣冲不得暴动，并允派人绕道持函至陕西升允军前，禁止逼近潼关之清军继续前进。

黄兴致电伍廷芳转段祺瑞，希望段利用其与地方军队将领的师友关系，传告潼关、山东、山西、淮颖等处北军撤回抵抗民军之兵力，率部直捣北京，共同逼迫清帝退位。

张怀芝等致电孙中山表示认可段祺瑞等联衔通电。

1月31日（十二月十三日）

清廷第五次降旨，谓"袁世凯迭奉恩旨，未敢坚辞，恳俟时局稍定，再行受封一折，知道了"。

御前会议筹划"虚君共和"政体，王公大臣口头提出优待皇室条件。

袁氏电告伍廷芳，已令张勋派员与民军协商。

姜桂题致电孙中山表示认可段祺瑞等联衔通电。

冯国璋劝导禁卫军将士赞成共和。

廖宇春与傅良佐等议定组织军界统一联合会，由廖宇春草拟宣言，电告南军。

2月1日（十二月十四日）

御前会议，隆裕皇太后拟采用虚君共和政体，袁氏至英、美、俄三国使署通报，三国公使均表赞成。

张勋请内阁代奏感谢朝廷令其护理两江总督，并请朝廷按旧制颁发钦差大臣关防一颗。

黎、段双方代表接洽，段方提出北军准备拔师北上，促进共和，恐民军前进，双方距离太近，致生冲突，请求给予照会。黎元洪随即给予段军照会，承诺农历本年之内，民军保持现状。

驻京曹军、毅军、巡防队、禁卫军各官长联合大开茶话会，嫌疑悉泯，人心为之安谧。

2月2日（十二月十五日）

御前会议，王公大臣拿出书面的优礼皇室条件，隆裕皇太后表示满意，要求各王公速与袁氏协商。

天津《大公报》报道内阁已将"皇帝推卸政权、承认共和之诏旨"进呈，并电致南京政府预令查核。

袁氏向段祺瑞发出汉口退兵详细办法，段随即派代表与黎元洪代表订约：限定自旧历十二月十六日（2月3日）起，至三十日（2月17日）止，清军由汉阳、汉口撤退一百里以外。

自1月27日起，至是日止，袁氏调集各路军队进入北京及附近，驻扎各要地，维持治安。

2月3日（十二月十六日）

清廷正式降旨授予袁世凯全权，与民军商酌优礼皇室及待遇满蒙回藏条件。

袁氏致电伍廷芳，提议继续停战一星期，自2月4日早8时至2月10日早8时，伍廷芳复电表示北洋军队已全体赞同共和，毋须再议停战。

袁内阁通过唐绍仪正式向南方代表伍廷芳提出"关于大清皇帝优礼之条件"、"关于皇族待遇之条件"及"关于满蒙回藏各族待遇之条件"。

段祺瑞致电唐绍仪，表示倪嗣冲、张勋两处均已切电阻止，仍由两方派员接洽。

2月4日（十二月十七日）

御前会议，隆裕皇太后饬近支王公"将公认改建虚君共和政体各事签押进呈"。

蒙古王公联合会代表那彦图、阿穆尔灵圭将清廷提出优待条件电达伍廷芳，要求认可。

段祺瑞联合北军将领六十余人将清廷提出优待条件电达伍廷芳，要求认可。

伍廷芳与唐绍仪、汪兆铭自上海共赴南京，就清廷提出优待条件与孙中山及南京临时参议院协商。

武昌军务部派人至北伐军中传达训令："因段祺瑞等北军已赞成共和，故除非有特别事件外，不可再向北军进攻。"

伍廷芳请效仿黎、段派员协商办法，一面由袁氏电饬张勋、倪嗣冲，一面由临时政府电告皖北、淮徐等处军队，速由两方派代表接洽，陕西、山东、山西等处一律照办，袁氏复电表示已通电各路军队接洽照办。

段祺瑞自广水北行，准备移驻保定，部分军队已开赴天津马厂。

2月5日（十二月十八日）

南京临时参议院就袁内阁提出优待条件进行审查、讨论修改，通过新的优待清皇室各条件。

袁内阁致电热河都统锡良，说明朝廷决定授权其与民军商酌优待条件缘由。

梁士诒致电唐绍仪转孙中山，谓"清谕有'全权组织'字样，南方多反对者……清谕现在已归无效"。

河南巡抚齐耀琳代谘议局上奏，对各界主张及时宣布共和表示同情。

清出使德国大臣梁诚、英国大臣刘玉麟致电外务部，请代奏清廷，俯顺舆情，速颁共和诏旨。

天津《大公报》发表评论，强调除虚君共和，别无两全之策。

2月6日（十二月十九日）

伍廷芳将南京临时参议院修改通过的"关于皇帝逊位后优待之条件"、"关于清皇室待遇之条件"及"关于满蒙回藏各族待遇之条件"电达袁内阁。

段祺瑞等因共和诏旨迟迟不发，致电各王公大臣，表示要率全军将士入京与之剖陈利害，袁氏劝各王公一同复电段祺瑞允认共和，以便颁发"退政谕旨"。

出使奥国大臣沈瑞麟致电外务部，请代奏速定大计，明诏天下。

天津《大公报》发表评论，盛赞袁氏确定虚君共和之功。

2月7日（十二月二十日）

各亲贵由庆亲王、醇亲王领衔致电孙中山，表示亲贵等无一人反对共和，请速与袁氏商议优待条件，一旦议妥，即明降共和谕旨。

御前会议讨论修改南方返回优待条件，强调保留"大清皇帝尊号相承不替"十字，不用"逊位"二字，以及必须用"仍居宫禁，或日后退居颐和园，随时听便居住"。

袁内阁外务部召莫理循与梁士诒、蔡廷幹研究孙中山的态度。

2月8日（十二月二十一日）

袁内阁致电赵尔巽，说明朝廷授权其与民军商酌优待条件缘由。

袁氏将修改后的优待条件再次电达南京，同时梁士诒致电唐绍仪，就优待条件修改情况进行解释。

蒙古王公联合会代表那彦图、阿穆尔灵圭致电伍廷芳，提出"大清皇帝尊号相承不替"务请承认，"逊位"二字决不承认。

段祺瑞联合北军将领六十余人致电伍廷芳，质问"大清皇帝尊号相承不替"为何不予承认，"逊位"一语，应请修正。

2月9日（十二月二十二日）

清廷坚持优待条件保留"大清皇帝尊号相承不替"十字，以及不用"逊位"二字，南方在京代表李石曾、朱芾煌与梁士诒辩论。

伍廷芳复电袁内阁，指出南方所坚持的条件是为了"不使有类于虚君位"，提议以"辞位"代"逊位"，以"大清皇帝辞位后，尊号仍存不废，中华民国以待各外国君主之礼相待"，作为最后确定条件。

南京临时政府总统府秘书长胡汉民致电唐绍仪，请其促使袁氏即办清帝退位之事。

唐绍仪致电袁内阁，表示"若于廿五早不降旨宣布共和，后事不堪设想"。

段祺瑞致电孙中山、黄兴、伍廷芳等，主张南北政府同时取消。

2月10日（十二月二十三日）

唐绍仪致电袁氏，劝其不要再坚持"辞政"之说，而应坚决办到"辞位"。

伍廷芳复电段祺瑞，解释"清帝若不实行逊位，则有类于虚君位之嫌"，请段氏支持。

张謇致电汪荣宝、陆宗舆请助袁氏"必践廿四发表之约"。

李石曾、朱芾煌拜访梁士诒，后者称"已将逊位诏书拟定呈进，念六或念八准发表"。

唐绍仪因段祺瑞致电各处，对清帝退位后组织临时政府事多所主张，特电内阁，责其不宜任军人多所干预。

2月11日（十二月二十四日）

清廷接受"辞位"二字，袁内阁奏呈优待条件，奉旨允准。

袁氏觐见皇太后，说明退位诏书内容，获得允准。

孙中山因北军已赞同共和，令将所有北伐军改称讨虏军，由陆军部通电全国。

2月12日（十二月二十五日）

是日上午9时前，袁氏率各国务大臣最后征求隆裕皇太后意见，隆裕皇太后将诏书交世续、徐世昌盖用御宝，诸臣奉懿旨而出，清帝正式退位。

是日下午1时45分，袁内阁将诏书电达南京临时政府，包括宣布共和诏书、宣布优待条件诏书、劝诫臣民诏书。同时致电孙中山及参议院、各部总长、黎元洪等，承认"共和为最良国体，世界之公认"，"永不使君主政体再行于中国"。

南京临时参议院于是日下午议决"限三日内如不依约逊位，即取消优待条件"，孙中山随即电告伍廷芳。

清朝统治结束。

征引文献

一　未刊档案

中国第一历史档案馆藏军机处全宗，03-7462-139。

中国第一历史档案馆藏陆军部全宗，15-01-001-000016-0056、0232，15-01-001-000019-0206，15-01-001-000032-0145，15-01-001-000036-0013，15-01-001-000049-0035、0036、0039、0041、0060、0061、0193、0196、0197，15-01-001-000050-0061，15-02-001-000048-0004，15-02-001-000055-0087、0148。

中国第一历史档案馆藏民政部全宗，21-0653-0004、0005，21-0656-0002。

中国第一历史档案馆藏禁卫军训练处全宗，70-00-000-000001-0004。

中国第一历史档案馆藏宫中全宗，04-01-01-1112-009。

中国第一历史档案馆藏宗人府全宗，06-01-001-000727-0211，06-01-001-000766-0111。

中国国家图书馆古籍善本部藏《有关辛亥革命史料》，稿本，朱丝栏，粘贴本。

中国历史研究院图书馆藏《辛亥革命停战议和电稿》，乙F15。

中国历史研究院图书馆藏《辛亥年河南官绅与袁世凯往来函电》，乙F64。

JACAR（アジア歴史資料センター）、Ref：B03050625000（第140画像目）、清国革命動乱ニ関スル情報／陸軍ノ部第四卷（1.6.1）。

二　已刊档案

中国第一历史档案馆编《光绪宣统两朝上谕档》第37册，广西师范大学出版社，1996。

中国第一历史档案馆编《宣统朝上谕档》第3册，广西师范大学出版社，2008。

中国第一历史档案馆编《清代军机处电报档汇编》第24册，中国人民大学出版社，2005。

中国第一历史档案馆编《清代档案史料丛编》第8辑，中华书局，1982。

故宫博物院明清档案部编《清末筹备立宪档案史料》上册，

中华书局，1979。

中国历史第一档案馆、海峡两岸出版交流中心编《清宫辛亥革命档案汇编》第 64—80 册，九州出版社，2011。

孙中山故居纪念馆编《馆藏辛亥革命前后中外文档案》第 1 册，广东人民出版社，2021。

上海图书馆编《上海图书馆藏稀见辛亥革命文献》第 3 册，上海科学技术文献出版社，2011。

上海图书馆编《上海图书馆藏稀见辛亥革命文献续编》第 1 册，上海科学技术文献出版社，2011。

中国社会科学院近代史研究所中华民国史组编《中华民国史资料丛稿专题资料选辑》第 2 辑《清末新军编练沿革》，中华书局，1978。

中国人民政治协商会议湖北省暨武汉市委员会、中国社会科学院近代史研究所、湖北省博物馆、武汉市档案馆编《武昌起义档案资料选编》上卷，湖北人民出版社，1982。

卞孝萱辑《闵尔昌旧存有关武昌起义的函电》，中国科学院历史研究所第三所编辑《近代史资料》创刊号，科学出版社，1954。

方裕谨编《清政府镇压武昌起义电文一组》，《历史档案》1981 年第 3 期。

陈真选辑《辛亥武昌起义后京师戒备状况》，《北京档案史料》1992 年第 4 期。

杜春和编选《辛亥滦州兵谏函电选》，中国社会科学院近代史研究所近代史资料编辑部编《近代史资料》总 91 号，中国社会科学出版社，1997。

卞孝萱辑《辛亥革命山西资料片段》，中国科学院历史研究所第三所编《近代史资料》总 16 号，科学出版社，1957。

辽宁省档案馆编《辛亥革命在辽宁档案史料》，辽宁省档案馆，1981。

上海市档案馆编《辛亥革命与上海：上海公共租界工部局档案选译》，上海中西书局，2011。

北洋军阀史料编委会编《天津市历史博物馆馆藏北洋军阀史料·袁世凯》（1），天津古籍出版社，1992。

刘路生、骆宝善、村田雄二郎编《辛亥时期袁世凯密牍——静嘉堂文库藏档》，中华书局，2014。

中国社会科学院近代史研究所编，虞和平主编《近代史所藏清代名人稿本抄本·袁世凯档》第 3 辑，大象出版社，2017。

中国社会科学院近代史研究所编，虞和平主编《近代史所藏清代名人稿本抄本·锡良档》第 3 辑，大象出版社，2017。

黄彦、李伯新选编《孙中山藏档选编（辛亥革命前后）》，中华书局，1986。

陈旭麓、顾廷龙、汪熙主编《辛亥革命前后：盛宣怀档案资料选辑之一》，上海人民出版社，1981。

上海图书馆编《上海图书馆藏盛宣怀档案萃编》上册，上海古籍出版社，2008。

上海图书馆编《上海图书馆藏唐绍仪中文档案》第 18 册，上海人民出版社，2020。

李希泌辑录《有关辛亥南北议和文电抄》，《文献》1981 年第 3 期。

方裕谨编选《1912 年南北议和电报选》，《历史档案》1986

年第 4 期。

赵增越选编《宣统三年清皇室退位档案》,《历史档案》2011
年第 3 期。

李丹阳译《英国外交档案摘译：武昌起义后袁世凯父子与英
国公使的密谈》,《档案与史学》2004 年第 3 期。

张蓉初译《红档杂志有关中国交涉史料选译》, 三联书店,
1957。

中国社会科学院近代史研究所中华民国史研究室主编, 邹念
之编译《日本外交文书选译——关于辛亥革命》, 中国社会科学
出版社, 1980。

中国近代经济史资料丛刊编辑委员会主编《中国海关与辛亥
革命》, 中华书局, 1983。

胡滨译《英国蓝皮书有关辛亥革命资料选译》上、下册, 中
华书局, 1984。

马振犊、郭必强主编, 中国第二历史档案馆编《南京临时政
府遗存珍档》第 1、2、4 册, 凤凰出版社, 2011。

中国第二历史档案馆编《中华民国史档案资料汇编》第 1、2
辑, 凤凰出版社, 2019。

三　史料汇编

草莽余生编《辛亥革命大事录》, 津门张氏石印本, 1912。

观渡庐编《共和关键录》, 上海著易堂书局, 1912。

渤海寿臣编《辛亥革命始末记》, 台北, 文海出版社有限公

司影印本，1969。

　　吴景濂编《组织临时政府各省代表会纪事》，铅印本，1913。

　　南京参议院编《参议院议事录》，南京参议院，1912。

　　佚名编《清帝退位共和议案合刊》，石印本，1912。

　　上海时事新报馆编辑《中国革命记》第5、7、14、20—27、29册，上海时事新报社，1912。

　　时事新报馆编辑《革命文牍类编》第4、5册，时事新报馆，1912。

　　《军警联合公所记事录汇编》，出版机构不详，1914。

　　张国淦编著《辛亥革命史料》，上海龙门联合书局，1958。

　　中国史学会主编《中国近代史资料丛刊·辛亥革命》第5、6、8册，上海人民出版社，1981。

　　丘权政、杜春和选编《辛亥革命史料选辑》上、下册，湖南人民出版社，1981。

　　阳海清、孙式礼、张德英编《辛亥革命稀见史料汇编》，中华全国图书馆文献缩微复制中心，1997。

　　阳海清、孙式礼、张德英编《辛亥革命稀见史料续编》，中华全国图书馆文献缩微复制中心，2000。

　　章开沅、罗福惠、严昌洪主编《辛亥革命史资料新编》第7、8册，湖北人民出版社，2006。

　　刘萍、李学通主编《辛亥革命资料选编》第2、3卷，社会科学文献出版社，2012。

　　上海社会科学院历史研究所编《辛亥革命在上海史料选辑》，上海人民出版社，1966。

　　辛亥革命武昌起义纪念馆、政协湖北省委员会文史资料研究委员会编《湖北军政府文献资料汇编》，武汉大学出版社，1986。

政协浙江省萧山市委员会文史工作委员会编《汤寿潜史料专集》（《萧山文史资料选辑》第4辑），政协浙江省萧山市委员会文史工作委员会，1993。

李良玉、陈雷主编《倪嗣冲函电集》，社会科学文献出版社，2011。

张侠等合编《清末海军史料》下册，海洋出版社，1982。

《宣统政纪》（《清实录》第六〇册附），中华书局影印本，1987。

四　全集、文集

骆宝善、刘路生主编《袁世凯全集》第19卷，河南大学出版社，2013。

中国社会科学院近代史研究所中华民国史研究室、广东省社会科学院历史研究室、中山大学历史系孙中山研究室合编《孙中山全集》第1、2、5、6、9卷，中华书局，2021。

尚明轩主编《孙中山全集》第6卷，人民出版社，2015。

丁贤俊、喻作凤编《伍廷芳集》上、下册，中华书局，1993。

刘泱泱编《黄兴集》第1册，湖南人民出版社，2008。

皮明庥、虞和平、吴厚智编《吴禄贞集》，华中师范大学出版社，2011。

张孝若编《张季子九录·政事录》，中华书局，1931。

张謇研究中心、南通市图书馆编《张謇全集》，江苏古籍出版社，1994。

李明勋、尤世玮主编《张謇全集》第 2 册，上海辞书出版社，2012。

黄远庸：《远生遗著》，商务印书馆影印本，1984。

王栻主编《严复集》第 5 册，中华书局，1986。

刘晴波主编《杨度集》，湖南人民出版社，2008。

盛宣怀：《愚斋存稿》下册，上海人民出版社影印本，2018。

张一麐：《心太平室集》，铅印本，1947。

姜义华、张荣华编校《康有为全集》第 9 册，中国人民大学出版社，2007。

胡如虹编《苏舆集》，湖南人民出版社，2008。

樊洪业、张久春选编《科学救国之梦——任鸿隽文存》，上海科技教育出版社，2002。

季羡林主编《胡适全集》第 13 卷，安徽教育出版社，2003。

《吴稚晖全集》第 13 卷，九州出版社，2013。

刘铮云主编《"中央研究院"历史语言研究所傅斯年图书馆藏未刊稿钞本·集部》第 30 册，台北，"中央研究院"历史语言研究所影印本，2014。

五　日记、书信

廖少游：《新中国武装解决和平记》，陆军编译局印刷所，1912。

潘朕凡：《辛亥革命日记》，上海中原书局，1926。

居正：《梅川日记》，大东书局影印本，1945。

中国历史博物馆编，劳祖德整理《郑孝胥日记》第3册，中华书局，1993。

严修日记编辑委员会编《严修日记》第3册，南开大学出版社，2001。

史晓风整理《恽毓鼎澄斋日记》第2册，浙江古籍出版社，2004。

北京市档案馆编《那桐日记》下册，新华出版社，2006。

《胡适留学日记》上册，安徽教育出版社，2006。

中国社会科学院近代史研究所整理《黄炎培日记》第1卷，华文出版社，2008。

许恪儒整理《许宝蘅日记》第1、2册，中华书局，2010。

宝熙：《沈盦日记》，上海社会科学院历史研究所藏稿本。

胡香生辑录，严昌洪编《朱峙三日记（1893—1919）》，华中师范大学出版社，2011。

李向东、包岐峰、苏醒等标点《徐兆玮日记》第2册，黄山书社，2013。

韩策、崔学森整理，王晓秋审订《汪荣宝日记》，中华书局，2013。

《醇亲王载沣日记》，群众出版社，2014。

彭国忠整理《孟宪彝日记》，凤凰出版社，2016。

张剑整理《绍英日记》上册，中华书局，2018。

吴思鸥等点校《徐世昌日记》，北京出版社，2018。

《宗方小太郎日记》下卷，甘慧杰译，上海人民出版社，2016。

〔澳〕骆惠敏编《清末民初政情内幕——〈泰晤士报〉驻北京记者、袁世凯政治顾问乔·厄·莫理循书信集》上册，刘桂梁等译，知识出版社，1986。

全国公共图书馆古籍文献编委会编《袁世凯未刊书信稿》中、下册, 中华全国图书馆文献缩微复制中心, 1998。

易国幹编《黎副总统政书》, 武昌官纸印刷局, 1914。

国家图书馆善本部编《赵凤昌藏札》第 10 册, 国家图书馆出版社影印本, 2009。

马勇整理《章太炎全集·书信集》上册, 上海人民出版社, 2017。

梁勤峰、杨永平、梁正坤整理《胡适许怡荪通信集》, 上海人民出版社, 2017。

钱基博整理编纂《复堂师友手札菁华》下册, 人民文学出版社影印本, 2015。

北京大学历史学系近代史教研室整理《盛宣怀未刊信稿》, 上海人民出版社, 2019。

六　年谱、传记与回忆

陈锡祺主编《孙中山年谱长编》上册, 中华书局, 1991。

毛注青编著《黄兴年谱长编》, 中华书局, 2014。

凤冈及门弟子谨编《民国梁燕孙先生士诒年谱》, 台北, 台湾商务印书馆, 1978。

丁文江、赵丰田编《梁启超年谱长编》, 上海人民出版社, 1983。

蓝薇薇编《蓝天蔚年谱长编》, 上海交通大学出版社, 2016。

佚名编《马锦门先生年谱》, 周德明、吴建伟主编《上海图书馆藏珍本年谱丛刊续编》第 45 册, 国家图书馆出版社, 2019。

张伯桢编《篁溪自订年谱》, 周德明、吴建伟主编《上海图书馆藏珍本年谱丛刊续编》第 62 册，国家图书馆出版社，2019。

卞孝萱、唐文权编《辛亥人物碑传集》，团结出版社，1991。

禅那：《袁大总统传略》，出版者、出版时间不详。

禅那：《唐绍仪传略》，出版者不详，1938。

张孝若：《南通张季直先生传记》，中华书局，1929。

刘厚生编著《张謇传记》，上海书店影印本，1985。

陆宗舆：《陆闰生先生五十自述记》，北京日报社，1925。

《李国镛自述》，中国科学院近代史研究所史料组编辑《辛亥革命资料》（《近代史资料》总 25 号），中华书局，1961。

柏文蔚：《五十年经历》，中国社会科学院近代史研究所近代史资料编辑组编《近代史资料》总 40 号，中华书局，1979。

王锡彤：《抑斋自述》，河南大学出版社，2001。

《颜惠庆自传》，姚崧龄译，中华书局，2015。

《胡汉民自传》，中华书局，2016。

吴叔班笔记，张树勇整理《吴景濂口述自传辑要》，中国人民政治协商会议天津市委员会文史资料研究委员会编《天津文史资料选辑》第 42 辑，天津人民出版社，1988。

吴醒汉《武昌起义三日记》，《建国月刊》第 4 卷第 1 期，1930 年。

曹汝霖：《一生之回忆》，台北，传记文学出版社，1980。

辛亥首义同志会主编《辛亥首义史迹》，辛亥首义同志会，1946。

恽宝惠：《谈袁克定》，政协全国文史资料委员会编《文史资料选辑》第 26 辑，中华书局，1962。

张绍程：《张绍曾事迹回忆》，政协全国文史资料委员会编《文史资料选辑》第 30 辑，文史资料出版社，1962。

吴桢口述，江君谟笔记《纪念辛亥革命七十周年兼忆先父吴振南》，中国人民政治协商会议江苏省委员会文史资料研究委员会编《江苏文史资料选辑》第7辑，江苏人民出版社，1981。

范光华：《忆父亲范腾霄》，中国人民政治协商会议湖北省委员会文史资料研究委员会编《湖北文史资料》总第17辑，中国人民政治协商会议湖北省委员会文史资料研究委员会，1986。

范腾霄：《黎元洪葛店之行和我奉命购枪械的经过》，全国政协文史资料委员会等编，鲁永成主编《民国大总统黎元洪》，中国文史出版社，1991。

中国人民政治协商会议湖北省委员会编《辛亥首义回忆录》第2辑，湖北人民出版社，1957。

中国人民政治协商会议全国委员会文史资料研究委员会编《辛亥革命回忆录》第1、6、8集，文史资料出版社，1981、1982。

全国政协文史资料委员会编《文史资料存稿选编》第1册《晚清·北洋》上册，中国文史出版社，2002。

中国人民政治协商会议全国委员会文史和学习委员会编《亲历辛亥革命：见证者的讲述》，中国文史出版社，2010。

吴长翼编《八十三天皇帝梦》，文史资料出版社，1983。

文安主编《晚清述闻》，中国文史出版社，2004。

七　笔记

朱通儒：《五十日见闻录》，北京通报馆，1912。

楚之梣杬：《武汉阳秋》，武昌官纸印书局，1916。

江庸：《趋庭随笔》，出版者不详，1934。

赵尊岳：《惜阴堂辛亥革命记》，中国社会科学院近代史研究所近代史资料编辑组编《近代史资料》总53号，中国社会科学出版社，1983。

刘体智：《异辞录》，上海书店影印本，1984。

张国淦：《北洋述闻》，上海书店出版社，1998。

袁克文：《辛丙秘苑》，山西古籍出版社，1999。

爱新觉罗·毓盈：《述德笔记》，民族出版社，2009。

陈夔龙著，张文苑、顾菊英整理《梦蕉亭杂记》，中华书局，2018。

丁士源：《梅楞章京笔记》，荣孟源、章伯锋主编《近代稗海》第1辑，四川人民出版社，1985。

八 报刊

《政治官报》，1910—1911年。

《内阁官报》，1911—1912年。

《中华民国公报》，1912年。

《南京临时政府公报》，1912年。

《北洋政府公报》，1912—1914年。

《申报》，1911—1912年。

《大公报》，1911—1912年。

《大公报廿五年国庆特刊》，1936年。

《新闻报》，1911—1912年。

《时事新报》，1911—1912年。

《光华日报》，1911—1912 年。

《民立报》，1912 年。

《时报》，1911—1912 年。

《顺天时报》，1911—1912 年。

《中国日报》，1911—1912 年。

《正宗爱国报》，1912 年。

《宪法新闻》，1913 年。

九　著作

〔日〕内藤顺太郎：《袁世凯》，范石渠译，上海文汇图书局，1914。

黄毅：《袁氏盗国记》，上海国民书社，1916。

沃丘仲子：《徐世昌》，崇文书局，1918。

郭孝成编《中国革命纪事本末》，商务印书馆 2011。

谷锺秀：《中华民国开国史》，上海泰东图书局，1917。

尚秉和：《辛壬春秋》，中国书店影印本，2010。

白蕉编著《袁世凯与中华民国》，人文月刊社，1936。

李廉方：《辛亥武昌首义纪》，湖北通志馆，1947。

胡祖舜：《武昌开国实录》上、下册，中华印书馆，1948。

曹亚伯：《武昌革命真史》中、下册，上海书店影印本，1982。

张难先：《湖北革命知之录》，商务印书馆，2011。

罗正纬：《滦州革命纪实》，出版者不详，1936。

胡鄂公：《辛亥革命北方实录》，中华书局，1948。

〔日〕宗方小太郎：《一九一二年中国之政党结社》，中华书局，2007。

邹鲁：《中国国民党史稿》，民智书局，1929。

谢彬：《民国政党史》，中华书局，2007。

李剑农：《中国近百年政治史》，商务印书馆，2017。

黎澍：《辛亥革命前后的中国政治》，人民出版社，1954。

吴玉章：《辛亥革命》，人民出版社，1974。

"教育部"主编《中华民国建国史》第一篇，台北，"国立编译馆"，1985。

郭廷以：《近代中国史纲》，中华书局，2018。

陶菊隐：《北洋军阀统治时期史话（1895—1916）》上册，上海人民出版社，2022。

胡绳：《从鸦片战争到五四运动》下册，人民出版社，1981。

李侃、李时岳、李德征、杨策、龚书铎：《中国近代史》，中华书局，2012。

章开沅、林增平主编《辛亥革命史》下册，人民出版社，1981。

金冲及、胡绳武：《辛亥革命史稿》第3卷，上海人民出版社，1991。

张海鹏、李细珠：《中国近代通史》第5卷，江苏人民出版社，2009。

杨天石：《帝制的终结》，岳麓书社，2021。

四川省政协文史资料和学习委员会编《辛亥波涛：纪念辛亥革命暨四川保路运动一百周年文集》，天地出版社，2011。

薛观澜等：《袁世凯的开场与收场》，当代中国出版社，2018。

〔英〕埃德温·丁格尔：《辛亥革命目击记：〈大陆报〉特派员

的现场报道》，陈红民等译校，中国青年出版社，2002。

〔澳〕西里尔·珀尔：《北京的莫理循》，檀东鍟、窦坤译，福建教育出版社，2008。

窦坤等译著《〈泰晤士报〉驻华首席记者莫理循直击辛亥革命》，福建教育出版社，2011。

〔美〕保罗·S.芮恩施：《一个美国外交官使华记》，李抱宏、盛震溯译，文化艺术出版社，2010。

桑兵：《旭日残阳：清帝退位与接收清廷》，广西师范大学出版社，2018。

刘江华：《清朝的最后120天》，三联书店，2021。

尚小明：《宋案重审》（修订本），社会科学文献出版社，2022。

十 论文

夏良才：《袁世凯谋取共和国总统的最初一次活动》，《近代史研究》1982年第4期。

宝成关：《论南北议和与孙中山让位》，中华书局编辑部编《纪念辛亥革命七十周年学术讨论会论文集》上册，中华书局，1983。

吴相湘：《袁世凯谋取临时大总统之经过》，"中华复兴运动推行委员会"主编《中国近现代史论集》第17编《辛亥革命》下册，台北，台湾商务印书馆，1986。

李守孔：《南京临时政府成立前后清帝退位之交涉》，"中华复兴运动推行委员会"主编《中国近现代史论集》第 17 编《辛亥革命》下册，台北，台湾商务印书馆，1986。

李守孔：《段祺瑞与辛亥革命》，"中华复兴运动推行委员会"主编《中国近现代史论集》第 17 编《辛亥革命》下册，台北，台湾商务印书馆，1986。

胡绳武：《孙中山让位于袁世凯的历史环境》，《历史研究》1987 年第 1 期。

张海鹏：《湖北军政府"谋略处"考异》，《历史研究》1987 年第 4 期。

侯宜杰：《辛亥革命爆发后袁世凯是否密赴彰德会见袁世凯》，《近代史研究》2011 年第 3 期。

骆宝善、刘路生：《袁世凯与辛亥革命》，《史学月刊》2012 年第 3 期。

马勇：《从君宪到共和：袁世凯的一段心路历程》，《安徽史学》2012 年第 3 期。

王庆帅：《辛亥荫昌南下督师及袁世凯出山内情考》，《中国国家博物馆馆刊》2017 年第 11 期。

王庆帅：《袁世凯与辛亥政局演变》，博士学位论文，北京大学，2019。

丁健：《辛亥革命时袁世凯出山问题的成因及真相考述》，《北京档案》2019 年第 4 期。

蒋永敬：《朱芾煌与辛亥南北议和》，《传记文学》（台北）第 19 卷第 2 期，1971 年。

许育民：《汪兆铭革命生涯的崛起》，《东华人文学报》2001 年第 3 期。

李廷江：《坂西利八郎和辛亥革命——以书简和日记为中心》，李廷江、〔日〕大里浩秋主编《辛亥革命与亚洲》，社会科学文献出版社，2015。

桑兵：《袁世凯〈请速定大计折〉与清帝退位》，《近代史研究》2017年第6期。

侯宜杰：《〈袁内阁请速定大计折〉上奏问题商榷》，《近代史研究》2018年第6期。

桑兵：《〈袁内阁请速定大计折〉的拟定与上奏——答侯宜杰先生商榷文》，《近代史研究》2019年第3期。

桑兵：《辛亥康有为的虚君共和论》，《中山大学学报》（社会科学版）2018年第4期。

朱文亮：《辛亥〈请速定大计折〉再析》，《求索》2022年第4期。

查时杰：《清末的宗社党》，《台湾大学历史学系学报》1971年第5期。

吴兆清：《袁世凯与良弼被炸案》，《近代史研究》1987年第2期。

逯耀东：《对清帝退位诏书几点蠡测》，《中国历史学会史学集刊》1974年第6期。

郭士龙：《张謇与清帝辞位之关系》，《海门县文史资料》1987年第8辑。

宋培军：《袁世凯手批清帝辞位诏书的发现及其对清末民初国体因革的认知意义》，《文史哲》2019年第4期。

骆宝善：《清帝辞位诏书的拟稿与改定》，《澳门理工学报》（人文社会科学版）2022年第1期。

邓华莹:《文本改写与言说真意：辛亥康有为虚君共和论的来龙去脉》,《浙江大学学报》（人文社会科学版）2022 年第 1 期。

曾业英:《袁世凯是辛亥革命的"共和元勋"吗？》,《河北学刊》2017 年第 4 期。

尚小明:《论袁世凯策划民元"北京兵变"说之不能成立》,《史学集刊》2013 年第 1 期。

尚小明:《朱芾煌与辛亥南北议和》,《历史教学》（下半月刊）2021 年第 11 期。

尚小明:《袁内阁〈请速定大计折〉议拟前后内情》,《史学月刊》2023 年第 11 期。

尚小明:《辛亥南北议和演进与清帝退位诏书拟定及颁布》,《史林》2024 年第 1 期。

尚小明:《袁世凯"逼迫清帝退位说"献疑》,《史学集刊》2024 年第 1 期。

图书在版编目(CIP)数据

鼎革：南北议和与清帝退位 / 尚小明著. -- 北京：
社会科学文献出版社, 2024.9（2025.6重印）
（鸣沙）
ISBN 978-7-5228-3741-3

Ⅰ.①鼎… Ⅱ.①尚… Ⅲ.①南北议和（1911）②中国
历史－研究－民国 Ⅳ.①K257.9②K258.07

中国国家版本馆CIP数据核字（2024）第110861号

·鸣沙·

鼎革：南北议和与清帝退位

著　　者 / 尚小明

出 版 人 / 冀祥德
组稿编辑 / 宋荣欣
责任编辑 / 邵璐璐
责任印制 / 岳　阳

出　　版 / 社会科学文献出版社·历史学分社（010）59367256
　　　　　　地址：北京市北三环中路甲29号院华龙大厦　邮编：100029
　　　　　　网址：www.ssap.com.cn
发　　行 / 社会科学文献出版社（010）59367028
印　　装 / 北京盛通印刷股份有限公司

规　　格 / 开　本：787mm×1092mm　1/16
　　　　　　印　张：37.75　字　数：433千字
版　　次 / 2024年9月第1版　2025年6月第3次印刷
书　　号 / ISBN 978-7-5228-3741-3
定　　价 / 108.00元

读者服务电话：4008918866